SMART

스마트
SMART

프레데리크 마르텔 지음 | 배영란 옮김

전 세계 디지털 문명의 현주소에 대한 보고서

글항아리

일러두기-원저자

· 이 책 말미에는 용어집을 수록해두었다. 디지털 분야와 관련하여 자주 등장하는 영어 표현 및 단
어들, 특히 도착어로 번역하기 힘든 용어들의 정의가 수록되어 있으니 참고하기 바란다.(p. 583 '주
요 용어' 참고)
아울러 이 책은 정확한 자료들을 기반으로 한다. 이 책의 집필에 사용된 참고 자료 및 상세한 참
고 문헌 목록, 각종 통계 자료, 전 세계 인터넷 이용자 집단에 대한 소개 자료, 기타 분석 자료
등은 모두 인터넷 웹사이트상에 올려두었으며, 이는 이 책의 연장선상에서 종이책과 웹을 이어
주는 매개체가 된다.(p. 589 '자료 출처' 및 웹사이트 smart2014.com, fredericmartel.com 참고) 추후
업데이트 자료와 최신 동향 관련 자료 또한 저자의 트위터(@martelf) 타임라인을 통해 게시된다.

일러두기-편집자

· 이 책은 Frederic Martel, *SMART: Enquête sur les internets*(Stock, 2014)를 저본으로 하고,
2015년 9월 프랑스에서 출간된 개정판에서 저자가 수정·추가한 내용을 반영하여 번역했다.

· 본문 [ ] 속 내용은 옮긴이가 부연 설명한 것이다.

프롤로그

『스마트SMART』는 전 세계 디지털 보급에 관한 세계 각지의 현장 보고서다. 샌프란시스코, 베이징, 요하네스버그, 가자 지구, 텔아비브 등지를 비롯하여 총 50여 개 국가에서 현지의 IT 실태를 조사한 내용을 담고 있는 이 책은 오늘날 디지털 문명으로의 이행이 어느 정도로 진행되고 있고, 또 디지털 현주소는 어디인지 알아보고자 하는 기획 의도에서 쓰였다. 멀리서 표면적으로만 바라봤을 때는 이 같은 기술의 세계화가 일견 기술적 획일화로 비치기도 한다. 이렇듯 디지털 관행이 발달하고 있는 사례는 도처에서 확인되는데, 13억5000만 가입자를 거느린 페이스북은 전 세계에서 여섯 명당 한 명꼴로 그 서비스를 이용하는 상황이며, 이용자의 절반은 휴대전화를 통해 접속한다. 그리고 페이스북 서비스는 '무료로' 제공된다. 이처럼 전 세계 어디에서나 획일적 이미지로 나타나는 인터넷이지만, 도처에서 보이는 인터넷의 얼굴은 제각각이었다. 이것이 바로 이 책의 논제다.

　이 책의 집필 기반이 된 기본적인 생각은 지극히 단순하다. 인터넷과 디지털은 흔히 우리가 생각하는 바와는 달리 세계화된 양상을 띠지 않고 각 지역의 특성에 맞게 나타난다는 것이다. 웹은 남자건 여자건 정보건 전자상거래건 모바일 애플리케이션이건 소셜 네트워크건 모두가 물리적·실질적으로 연결되어 있는 '스마트 월드'이지만, 그렇다고 '평평한' 세계는 아니다. 각 지역에 따라 특징지어지는 '작은 세상small world'이기도 한 것이다.

　세상이 넓어졌다고 생각하는 사람들에게, 세상이 하나의 네트워크를 향해 진화하고 있으며 문화적·언어적 차이도 서서히 사라져가는 추세라고 '본능적으로' 생각하는 사람들에게, 이 책은 '비본능적'으로 조금 다른 시각을 제안하고자 한다. 이 책은 공간과 국경을 초월하는 디지털 세계화에 대해 사람들이 일반적으로 생각하는 것과는 다른 방향으로 나아간다. 인터넷이라는 게 놀라워 보이기는 해도 그로 인해 전통적인 지리적 경계가 무너지지는 않았다. 인터넷은 문화적 정체성을 말소시켜버리지도, 언어적 차이를 없애버리지도 않았다. 외려 그것들을 공고하게 만드는 데 기여하고 있다.

　지역적 특성을 강화시켜주는 인터넷의 측면은 향후 몇 년간 더욱 커질 것으로 전망된다. 웹 접속이 확대되고 스마트폰 보급이 늘어날 것이기 때문이다. 인터넷의 미래는 세계 차원에서 통합적으로 나타나지 않고 지역 차원에서 개별적으로 펼쳐진다. 인터넷은 세계화되지 않고 지역화될 것이다. 뿐만 아니라 이제부터는 그간의 관행대로 인터넷을 대문자 단수인 'Internet'으로 쓰지 않고 소문자 복수인 'internets'라고 써야 한다. 필자 역시 이 책에서 그렇게 쓸 것이다. 이 책의 주제가 바로 '인터넷의 다양성'이기 때문이다. [프랑스어에서 '인터넷'은 고유명사로 분류되어 늘 첫 글자가 대문자인 단수로 표기했다. 하지만 이제는 보통명사화되어 소문자로 표기해야 한다는 게 필자의 생각이고, 나라별로 인터넷의 양상이 다르게 나타나기에 필자는 인터넷을 단수가 아닌 복수로 표기해야 한다고 주장한다. 하지만 이후 원문에서 소문자로 표기된 'internet'이나 복수로 표기된 'internets' 등은 우리말로 옮길 때 모두 그냥 '인터넷'이라 표기하기로 한다. 언어의 특성상 우리말에서는 인터넷이란 단어에서 '대문자'와 '복수' 표기가 갖고 있는 뉘앙스를 살릴 수 없을뿐더러 '인터넷들'이라고 복수 표기를 했을 경우 우리말 표현이 부적절해지기 때문이다.]

인터넷을 바라보는 이 새로운 방식은 우리가 상상했던 것보다 훨씬 더 '스마트'한 세계를 열어준다. 디지털 세계에서도 인터넷의 다양성, 각국 고유의 특성, 언어와 문화 등이 모두 그대로 존속하는 것이다. 인터넷은 결코 각국 고유의 정체성을 해치지 않으며, 지역적 차이를 없애거나 언어적 다양성을 훼손하지 않는다. '문화적 예외성'에 반하지도, '문화적 다양성'에 위배되지도 않는다. 이 책을 통해 독자들은 이 같은 희소식을 접하게 될 것이다. 디지털 문명으로의 이행은 곧 문화적 획일화를 심화시키지 않으며, 문화적 세계화로 귀착되지 않음은 물론, '메인스트림mainstream'이라는 하나의 주류 문화로 흘러가지도 않는다. 결국 우리 눈앞에 펼쳐지는 이 인터넷이라는 세계적 현상은 훨씬 더 복합적으로 나타나는 셈이다. 따라서 이 같은 관점에서 봤을 때 인터넷을 둘러싼 우려와 불안감은 함께 논의해볼 가치가 있고, 상대적으로 바라봐야 할 필요가 있다. 세계화와 급격한 기술 변화로 인해 스스로의 정체성이 상실될까봐 불안해하는 사람들에게 이 책은 그렇게 비관적일 필요가 없음을 알려준다. 그것은 그리 가능성 높은 시나리오도 아니기 때문이다.

따라서 인터넷은 우리가 생각하는 것보다 더 '스마트'하며, 이 책의 제목이 『스마트』가 된 이유도 바로 여기에 있다. '스마트smart'라는 단어는 영어로 '똑똑한' '편리한'이라는 의미를 담고 있는데 매우 다양한 용례로 쓰인다. '스마트폰'을 비롯하여 '지능형 도시'라는 뜻의 '스마트 시티', 지능형 전력망을 가리키는 '스마트 그리드smart grid'[기존의 전력망에 IT 기술을 접목시켜 에너지 효율을 최적화하는 차세대 전력망], '스마트 경제', 빛과 열에 따라 색이 달라지는 '똑똑한' 창문인 '스마트 윈도', 인터넷 접속이 가능한 '스마트 TV', 조지프 나이와 버락 오바마 미 대통령이 역설한 대로 '하드 파워'와 '소프트 파워'의 결합을 의미하는 '스마트 파워', 그리고 '스마트 월드' 등 '스마트'라는 단어가 쓰인 용례는 끝이 없다. 그렇다면 여기에서 이 단어가 의미하는 바는 무엇일까? 대개의 경우 '스마트'는 곧 '인터넷'의 동의어로 쓰이며, 인터넷의 의미를 비단 인터넷 하나에만 국한시키지 않고 인터넷에 접속된 휴대전화와 모바일 애플리케이션, 디지털 기술과 IT 기술 등을 아우르는 디지털 분야 전반으로 확대시켜준다. 저 유명한 뉴욕 경찰청 NYPD가 '스마트 경찰차smart squads' 도입을 발표했을 때, 이는 곧 감시카메라 장비와 차량 탐지기, 그리고 차량 번호판을 메모리에 저장해 그것을 범죄 데이터베이스와 실시간 비교하는 조사 장비를 탑재한 신형 순찰 차량을 도입하겠다는 뜻이었다.

'스마트'라는 이 세련된 단어는 이렇듯 치안 분야에서도 다양한 의미로 활용되고 있지만, 사실 그보다 더 많은 의미를 담고 있다. 웹의 근본적인 변화와 발전을 지칭하는 말이기 때문이다. 웹은 정보의 수단에서 커뮤니케이션의 수단으로 이행해왔고, 이제는 지능형 인터넷으로 거듭나고 있다. 오늘날 네티즌들은 단순히 콘텐츠를 받아들이는 수준에서 그치지 않고 이를 직접 생산하기 시작했다. 이른바 웹 2.0이라는 인터넷 환경이 탄생한 덕분이다. 누구든 손쉽게 데이터를 생산하고 공유할 수 있는 웹 2.0을 기반으로 한 네티즌들은 오늘날 웹상의 콘텐츠를 하나의 자기 계발 수단으로 삼고 있다. 도심 빈민가나 빈민 지구에 틀어박혀 '셀카'만 찍어대는 것에 그치지 않는 것이다. 이러한 면에서 '스마트'는 인터넷의 미래를 예고하는 중요한 용어다. 지능형 인터넷이라는 미래와 인터넷의 개별화 및 지역화라는 미래를 보여주는 것이다.

나는 인터넷이 지역별로 차별화되는 현상을 도처에서 관찰했다. 현재 진행되고 있는 이 같은 인터넷의 지역화 현상은 전 세계적 차원에서 포괄적으로 가속화되는 추세다. 사실 '메인스트림' 문화와 같은 세계화적 측면이 인터넷에도 물론 존재한다. 하지만 그렇다고 이것이 주도적인 것은 아니다. 통신 수단이 점차 발전하고 우리의 생활 속도가 점점 더 빨라진다는 것에 대해 반박할 수 있는 사람이 누가 있겠는가? 더욱이 우리 미래를 가늠해보면 심지어 숨이 차오를 지경이다. 이른바 '무어의 법칙'에 따르면 마이크로프로세서의 성능과 용량은 18개월마다 두 배로 증가한다(사실 이는 무어의 억측이 가미된 다소 극단적인 예언에 해당된다). 광자의 법칙 또한 광케이블에서 빛의 속도로 이동하는 데이터 양이 9개월마다 두 배로 증가할 것이라고 예측했다. 2013년 기준 데이터 전송 속도는 초당 31테라비트라는 천문학적인 수치에 도달했는데, 이 속도대로라면 세계에서 가장 방대한 양의 장서가 소장되어 있다는 프랑스 의회도서관의 도서 자료 전체를 전송하는 데 1분이 채 걸리지 않는다는 말이 된다. 비록 이 같은 법칙들에서 예언하는 내용들이 불가피하게 물리적·경제적 한계에 부딪힌다 하더라도 디지털 세계의 기하급수적이고 끝없는 성장이 실현되는 것은 시간문제에 불과하다. 최근 구글 대표는 구글의 데이터 보유량에 대해 다음과 같이 언급했다. "우리는 유사 이래 2003년까지 만들어진 콘텐츠만큼의 데이터를 48시간마다 온라인에 만들어내고 있다." 그의 말에 따르면 현재 우리가 쓰고 있는 컴퓨터는 2025년이 되면 지금의 속도보다 64배 더 빨라질 것이라고 한다. 역사와 지리의 법칙에 과감히 도전하는 일대 혁명이 아닐 수 없다. 오늘날 우리는 그저 디지털 과도기의 문턱에 서 있을 뿐이다.

『스마트』는 문화의 세계화를 다룬 필자의 전작 『메인스트림』의 후속편에 해당한다. 전작에서는 세계화와 미국화가 진행되는 와중에 창의적 산업이 처하게 된 상황을 중점적으로 다루기 위해 디지털 분야와 관련된 문제는 의도적으로 배제했었다. 이에 이번 책에서는 인터넷과 디지털 세계에 초점을 맞추기로 했다. 『메인스트림』 때와 마찬가지로 이 책의 집필 과정에서 필자는 직접 들은 정보를 우선시했다. 따라서 현장 조사가 지속적으로 이루어졌으며, 인터뷰 대부분은 전에 없던 새로운 내용이다.

최종적으로 이 책에서 추구하는 바는 디지털 세계의 주체적 권리에 대한 저마다의 각성이다. 즉, 이 책에서는 인터넷에 대한 이해를 바탕으로 우리가 디지털 세계에 대해, 나아가 우리 스스로의 삶에 대해 다시급 주도권을 쥘 수 있다는 점을 보여주고자 한다. 이에 인터넷이라는 것이 현실과 동떨어진 가상세계라거나 전 세계적으로 비슷비슷하게 나타나는 현상이라는 관점에서 탈피하여 하나의 지역, 하나의 공동체에 깊게 뿌리내린 현상이라는 인식을 제안할 것이다. 그리고 인터넷이 우리 모두의 삶과 매우 밀접한 현상이라는 점도 일깨울 것이다. 이 같은 결론은 그 어떤 사상적 논리를 바탕으로 내려진 게 아니라, 그저 필자가 직접 발로 뛴 현장 조사의 결과다.

학자나 기자들은 디지털 분야 관련 문제에 접근할 때 어느 정도 겸손한 태도를 보일 필요가 있다. 웹의 발전 속도가 상당하므로 우리가 확신을 갖는 그 무엇이든 성급한 판단일 수 있기 때문이다. 가령 이 책이 5년 전에 쓰였다면, 2014년 4월에 출시된 아이패드 등 오늘날 디지털 문화를 좌우하는 태블릿에 대해서도 전혀 언급하지 못했을 것이다. 어디 이뿐이겠는가. 불과 7년 전만 하더라도 우리는 오늘날 생활의 중심이 된 스마트폰이라든가 애플리케이션이라 하는 것들에 대해 거론조차 못 했다(아이폰이 맨 처음 출시된 것은 2007년이었고, 최초의 애플리케이션 판매 스토어인 애플 앱스토어가 탄생한 것도 2008년 들어서였다). 트위터가 2006년에 생겼으니 9년 전에는 트위터의 '트'자도 몰랐고, 페이스북과 유튜브의 역사도 이제 막 12년이 됐을 뿐이다. 만일 이 책이 14년쯤 전에 쓰였다면, 2001년에 생긴 위키피디아는 물론 1998년에 막 벤처기업 반열에 오른 구글 역시 언급할 수 없었을 것이다. 한 시대를 풍미했던 핀란드의 노키아나 캐나다의 블랙베리도 떠올리지 않을 수 없는데, 이들은 모두 스마트폰으로의 전향에 실패하여 역사의 뒤안길로 사라져버린 쓰라린 기억을 갖고 있다. MS나 델, AOL, 야후 같은 디지털계의 거물들도 과거에는 천하무적의 기업이었을지언정 이제는 혁신하지 않으면 살아남기 힘든 상황이 되었다. 대표적인 벤처기업인 실리콘 그래픽스Silicon Graphics도 무너졌고, 마이스페이스Myspace는 현실 적응에 성공하지 못했으며, 챗룰렛Chatroulette은 실패한 경제 모델이 됐고, 구글 리더 또한 서비스가 종료됐다. 현대판 폼페이라고 할 수 있는 가상 도시들은 더 말할 것도 없다. 가상현실 게임 '세컨드 라이프Second Life'같이 인적이 거의 없어진 황량한 가상현실 공간을 찾는 이는 이제 어디에도 없다. 기술의 놀라운 발전 속도와 오늘날 우리가 겪고 있는 디지털 혁명은 미래에 대한 그 모든 전망 자체를 불가능하게 만들어버린다.

하지만 전작인 『메인스트림』의 연장선상에서 필자는 이 '차후의 세계'에 대해, 앞으로 펼쳐질 '넥스트 스트림next-stream'에 대해 분석해봐야 한다고 생각했다. 이를 위해서는 어떻게 해야 할까? 실리콘밸리의 노장들은 '글로벌 인터넷'에 대해 오로지 양적인 접근만을 중시하고, 일부 전문가와 컨설턴트는 오로지 사무실 컴퓨터를 대상으로 한 기술 조사만 가능하다고 생각한다. 하지만 이 책에서는 조금 다른 방식을 채택하기로 한다. 우선 인터넷이 여기저기서 동일한 양상으로 나타나지 않는다는 가설을 세우고, 인터넷에 대해 포괄적이고 심도 있는 접근법을 추구하는 것이다. 요즘 흔히 쓰는 말처럼 '폭넓고broad' '심층적인 deep' 접근법을 쓰는 셈이다. 디지털 컨버전스 또한 꽤 다양하게 나타난다. 온라인상에 있다는 사실 하나만으로는 온라인 세계를 인식하는 데 무리가 있다. 따라서 웹 세계의 주체들을 '실제로' 만나봐야 한다. 'IRL'이라는 약어로 쓰는 '실생활in real life'에서 저들을 만나봐야 하는 것이다. 인터넷의 참모습을 발견하려면 인터넷 브라우저는 접어두고 전 세계 곳곳의 현장을 직접 발로 찾아가며 거리 위에서 펼쳐지는 모습을 관찰해야 한다. 이 같은 양질의 현장 조사를 수행하고 오대륙에 걸쳐 수백 회의 인터뷰를 한 후에야 비로소 디지털 과도기의 규모와 현실에 대한 이해가 조금씩 가능해진다.

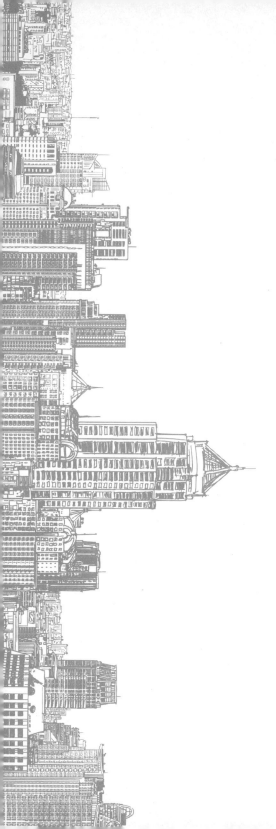

차례

제1장

'밸리'라 불리는 지역

때는 핼러윈데이였고, 나는 한 '코르니숑'과 만나기로 했다. [코르니숑은 미국에서는 흔히 '피클'이라 불리는 것으로 프랑스 피클은 '게르킨 오이'로 담그지만 미국 피클은 좀더 크기가 큰 오이로 만든다.] 미국에서 코르니숑을 일컫는 말인 피클은 간단한 조리 식품을 파는 델리카트슨 매장이나 길모퉁이에서 24시간 내내 문을 여는 작은 식료품 가게에서도 볼 수 있다. 2013년 10월 말경에 찾아간 샌프란시스코 카스트로 거리에는 핼러윈 분장을 한 채 밖으로 나온 미국인들이 수천 명에 달했다. 그들은 그 희한한 모습으로 밤새 기상천외한 파티를 즐길 참이었다. 자신을 간단히 '바르트'라고 불러달라고 말한 바르텔레미 메나야스는 커다란 오이 분장을 하고 있었는데, 자신이 창업한 회사 '피클Pickle'을 홍보하기 위해서였다. 이 젊은 청년이 세운 회사는 지역 중심의 SNS 서비스를 제공하는 애플리케이션 피클을 개발했다. 이 앱 하나만 있으면 친구들과

급하게 저녁 모임을 가져야 할 때 문자를 보내 누구누구가 시간이 되는지, 만나서 영화를 볼 것인지 아니면 식사를 하러 갈 것인지 직접 알아볼 필요가 없다. 모임의 규모보다는 질에 치중하므로 친구 수에 제한을 둔다는 점에서 이 SNS 앱은 기존의 '친구 추가 및 팔로friend-and-follow' 모델과 확실히 차별화된다. 페이스북이나 트위터, 핀터레스트Pinterest, (페이스북이 인수한) 인스타그램, (트위터가 인수한) 바인Vine처럼 친구 등록을 부추기지 않고 소수 정예를 추구한다는 말이다. 피클이 성공을 거둘지는 아직 모르는 일이지만, 바르트는 현재의 SNS가 다다르게 될 종착역이 결국 피클과 같은 형태일 것이라고 생각한다.

30대의 바른생활맨인 바르트는 학교도 수석으로 졸업한 '밸리딕토리언Valedictorian' 공학도다. 우수한 학교를 우수한 성적으로 졸업하여 졸업생 대표가 된 우등생인 셈이다. 스탠퍼드 대학에서 저 유명한 MBA도 취득한 그는 일렉트로닉 아츠Electronic Arts, 줄여서 EA라고 하는 세계적 게임 업체에서 사회생활을 시작했다. 「배틀 필드」 「피파」 「스타워즈」 「해리포터」 「심」 등의 게임을 독점 판매하고 있는 다국적 비디오게임 제작사인 EA에서, 바르트는 그저 신규 게임 하나만 개발하고 나왔다. 그렇다면 바르트는 왜 그 후로도 샌프란시스코에 자리를 잡았을까? "여기 사람들은 하나같이 낙관적이고 고무적인 성향을 갖고 있기 때문이다. 이 사람들에게 프로젝트 하나를 보여주면, 누구 하나 가릴 것 없이 '못 할 거 뭐 있겠어?'라는 반응이다. 이곳 사람들은 당신의 벤처기업이 세상을 바꿀 수 있다는 생각에 대해 개방적인 마인드를 갖고 있다." 그러니 다음 수순은 그저 자기 사업에 착수하는 것뿐이다. 바르트가 오이 피클 복장으로 핼러윈데이 저녁에 샌프란시스코의 한 거리로 나선 것도 전날 출자자 한 명과 함께 출시한 SNS 앱 '피클'의 홍보 전단을 뿌리기 위해서였다.

"이곳 샌프란시스코, 또는 흔히 '밸리'라 불리는 곳에서 개발된 혁신적인 모든 기술이 장차 세계 곳곳에서 이용될 거라는 점은 주지의 사실이다. 하지만 이를 위해서는 우선 베타 테스트 과정이 필요하다. 그러니 벤처기업은 일종의 거대한 실험실이나 마찬가지인 이곳 SFBA에서 자기 기업이 잠재력을 갖고 있는지, 혹은 어떤 스마트폰 앱이 시장에 먹힐 수 있는지 실험을 해봐야 한다. 우선 친구들을 대상으로 테스트를 해보고, 이어 거리의 사람들을 상대로 테스트 과정을 거친다. 그후 도시는 물론 베이 에어리어 전체 사람들을 대상으로 베타 테스트를 시행한다. 테스터들은 저마다 자발적으로 굉장히 많은 평가를 내놓는다. 신규 앱은 다 이 같은 유저들의 자발적인 테스트를 거친다." 바르트가 이런 설명을 해준 장소는 노 거리와 헨리 거리가 만나는 길모퉁이에 위치한 '아마시아Amasia'라는 초밥집으로, 이 도시의 기술 관련 커뮤니티 사람들이 자주 찾는 곳이다. 여기서 통상 '밸리' 혹은 'SFBA'라 불리는 샌프란시스코 베이 에어리어 구역을 전 세계 다른 지역에서는 '실리콘밸리'라 부른다.

샌프란시스코에서는 본인이 직접 일자리를 찾으러 다니거나 해당 직종 업무 담당자와 일대일로 만나는 일이 없다. 그 대신 구인 구직 SNS 사이트 '링크드인Linkedin'을 찾는다. 여러 기업인과 회사원 연락처가 올라와 있는 거대한 주소록이었던 링크드인은 이제 전문 정보가 게시되는 멀티 블로그 역할도 겸한다. 차를 주차할 때도 이제는 '똑똑한' 주차 미터기를 사용한다. 이를 이용하면 전자 시청 시스템에서 실시간으로 정해진 기준 대비 주차 시간과 요율을 정산해준다. '공유 경제sharing economy' 원칙이 발달한 뒤부터는 차를 빌리거나 오토바이를 빌리는 것도, 나아가 집을 빌리는 것도 대수롭지 않은 일이 되었다. 게다가 이제는 어딘가에 체류할 때도 굳이 호텔을 찾을 필요 없이 세계적인 성공을 거두고 있는 로컬 벤처기업인 에어비앤비를 통해 현지 주민 집에서 머물면 된다. 택시를 탈 필요도 없다. 차량 공유 앱 '리프트Lyft'를 이용하여 차를 가지고 있고 기사 역할도 해주는 '친구'를 '소환'하면 되기 때문이다. 돈이 좀 있는 사람이라면 '우버Uber 택시' 앱으로 운전기사를 부를 수도 있다. 이뿐만이 아니다. 이제는 종이도, USB도 필요 없고, 컴퓨터를 들고 다닐 일도 없다. 스마트폰을 이용하여 언제 어디서든 '드롭박스Dropbox'에 접속할 수 있기 때문이다. 가상 드라이브인 클라우드 서비스와 더불어 데이터는 이제 언제 어디서나 즉시 유동적으로 전송할 수 있게 되었다. 음반 상인들은 자취를 감춘 지 오래고, DVD 판매상과 비디오게임 판매상도 가게 문을 닫았다. 오프라인 서점도 존폐 위기에 처해 있으며, 우체국은 이용자 대부분을 잃었다. 이제는 공중전화 부스도 거리에서 사라졌고, 복사 대행점도 셔터를 내렸다. 기존 아날로그 질서를 단절·교란시키는 일명 '디지털 파괴digital disruption' 현상이 가시화되었으며, 특히 샌프란시스코 거리에서 이는 더욱 두드러지게 나타난다.

대부분의 음식점과 카페에는 와이파이가 깔려 있으며, 카일 게이블러에 따르면 이제 "무료 와이파이 접속 서비스를 제공하지 않는 커피숍은 상상하기 힘들다." 구글이나 페이스북, 애플, 트위터 같은 기업들과 마찬가지로 링크드인, 에어비앤비, 리프트, 드롭박스 또한 샌프란시스코 혹은 베이 에어리어에 본사를 두고 있다. 이는 곧 실리콘밸리가 단순히 하나의 지리적 장소가 아닌, 모종의 정신을 대표하는 상징적 지역임을 의미한다.

"맨 처음 내가 비디오게임을 출시했을 때의 마케팅 포인트는 '남자 둘이서 샌프란시스코의 한 평범한 커피숍에 앉아 돈 한 푼 안 들이고 무료 와이파이를 이용하여 함께 게임 개발을 했다'는 점이었다. 언론은 열광했고, 우리는 수백만 개의 게임을 팔았다." 이렇게 설명하는 게이블러와 내가 함께 있던 곳은 마켓 거리 근처의 그라인드Grind라는 카페였다. 물론 그 카페에서는 인터넷 접속이 가능했다. "바로 이 카페에서 내 첫 번째 게임을 구상했고, 그 게임을 팔기 위한 벤처기업을 창업한 곳도 바로 여기다." 게이블러는 뮤지션이자 프로그램 개발자이고, 새로운 기업을 끊임없이 설립하는 '연쇄 창업가serial entrepreneur'다. 그의 친구인 바르트는 그가 "샌프란시스코 비디오게임 업계에서 디자인 분야의 인기 스타"라고 말해주었다. 게이블러는 도시와 상황을 현명하게 선택했다. 그는 웹의 미래가 비단 엔지니어에게만 달려 있지 않다는 점을 깨달았고, 앞으로 디자이너들의 역할이 중요해질 것이라 예상했다. 그는 '인디' 아티스트라는 자신의 신분에 자부심을 느낀다. 요즘 유행하는 말로 그는 디지털 분야에서 창의력을 발휘하는 '스마트 크리에이티브' 업종에 속하는 사람이다.

카일 게이블러가 늘 개인 사업자였던 것은 아니다. 그 역시 EA에서 근무한 경력이 있다. 그곳에서 그는 프로토타입 게임을 개발하고 게임 경험치를 산정하면서 대량생산이 이루어지기에 앞서 필요한 사전 단계 작업을 진행했다. "그리고 어느 날 회사를 나왔다. 커다란 사무실도,

고정돼 있는 근무 시간도, 회사 안에서의 구속도 모두 더 이상은 견딜 수 없었기 때문이다. 그러한 부분들은 내 나이에서 받아들이기 힘든 근무 환경이었다. 나는 나 자신과 더 잘 어울리는 무언가를 하기 위해 모든 것을 다 내려놓았다." 그렇게 회사를 나온 게이블러는 얼마 안 되는 은행 잔고를 밑거름으로 혁신적인 도약을 위한 개인 사업자의 길에 들어섰다. 그에게 필요한 건 딱 두 가지, 노트북 한 대와 드롭박스 계정뿐이었다. "창의력과 머리가 있다면 EA 같은 대기업은 박차고 나올 수 있어야 한다. 그러지 않으면 우울증에 빠져들기 시작할 것이다. 내 꿈은 아웃사이더, 그리고 밑바닥인 약자의 자리에서 무로부터 시작하여 성공을 거두는 사람이 되는 것이다."

카일 게이블러는 샌프란시스코와 실리콘밸리의 정신뿐만 아니라 자신의 스타일도 구현하고 있다. 이동할 때는 오로지 오토바이만 타고 다니며, 음악을 만들기도 한다. 영화 「쥐라기 공원」 테마곡은 정말 훌륭하지 않느냐며 감탄해 마지않던 그는 일찍 일할 때도 있고 늦게 일할 때도 있는 등 자기 입맛대로 근무 시간을 조정한다. '9 to 5'라는 고정된 업무 시간에 결코 따르지 않는 것이다. 동성 결혼을 한 게이블러는 자신이 '베어bear'에 속한다고 말했다. 베어는 카스트로 거리의 동성애 공동체 내에서 꽤 유행 중인 하위문화다. "1970년대로부터 물려받은 이 같은 저항 문화, 기존과 다른 시간대의 저녁 모임, 남미 각지에서 온 히스패닉계 사람들과 아시아 곳곳에서 온 동양인들로 인해, 지역적 특색이 매우 강하면서도 동시에 글로벌한 이곳 카스트로 거리의 분위기가 바로 실리콘밸리의 성공 요인 중 하나를 설명해준다." 이 같은 설명을 듣고 있자니 '부조화'와 '이질성'을 추구하는 실리콘밸리의 인터넷 문화와 국가 통제를 기반으로 '조화'와 '동질성'을 추구하는 중국, 러시아, 이란 등의 인터넷 모델이 얼마나 다른지가 느껴졌다.

카일 게이블러는 그라인드 카페 외에도 마켓 거리의 카페 플로르 Flore나 좀더 동쪽에 위치한 미션 디스트릭트 쪽의 H 카페도 즐겨 찾는다고 했다. 샌프란시스코 지역의 IT 문화와 긴밀하게 얽혀 있는 이 같은 카페 문화는 장소의 중요성을 확인시켜준다. 그날 오전에는 게이블러에게 시간적 여유가 좀 있었기에 우리는 다른 카페로 장소를 옮겼다. "사실 배관공 하나 때문에 오전 일정이 꽤 빡빡할 뻔한 상황이었다. 하지만 그 사람의 변덕에 맞춰줄 의향이 없었기에 다른 날 오라고 했다. 샌프란시스코에서 괜찮은 배관공을 찾기란 쉽지 않은 일이다." 브런치를 마치고 난 그는 잠깐 다른 일 좀 봐도 괜찮겠냐는 제스처를 보인 뒤, '옐프Yelp'라는 생활 정보 검색 전문 앱을 실행시켜 평가가 좋은 또 다른 배관공을 물색하기 시작했다. 옐프 본사 역시 샌프란시스코에 있다.

샌프란시스코에서 실리콘밸리로 들어가는 방법에는 세 가지가 있다. 가장 간편한 방법은 차를 타고 저 유명한 101번 도로를 따라 내려가는 것이다. 만을 끼고 있는 해안 고속도로지만 상습 정체 구간이기도 하다. 이에 대한 대안으로는 인터넷의 제왕인 구글에서 특별히 임대한 전세 버스를 타고 가는 방법이 있는데, 카스트로 거리 18번가 코너에 가면 구글에서 운영하는 G-Bus가 매일 아침 정해진 시각에 직원들을 기다리고 있는 것을 볼 수 있다. 101번 도로에서 교통 체증이 일어나도 문제될 건 없다. 차 안에서 이미 업무를 시작할 수 있기 때문이다. 차량 시스템도 고급이고 실내 기온도 최적화되어 있을뿐더러 승차 요금도 무료이고, 와이파이 접속도 원활하다. 실로 도로 위를 달리는 사무실인 셈이다.

마운틴뷰에 소재한 구글 캠퍼스 '구글플렉스Googleplex'를 방문했을 때, 나는 끝도 없이 늘어선 G-Bus의 행렬을 보고 놀라움을 금치 못했다. 구글 본사에서 출발하여 사람들을 각자의 집으로 데려다주는 그 기다란 흰색 버스는 페이스북 통근 버스보다 큐모가 더 컸다. 직원 한 명이 한 손에 태블릿을 들고서 큰 목소리로 각 버스의 도착지를 알리고 있었다. 마켓, 카스트로, 미션, 소마, 레드우드, 샌타클래라 등 샌프란시스코 각 구역 또는 베이 에어리어의 여러 도시로 향하는 그 버스들의 앞쪽에는 직원들의 자전거를 접어 넣을 수 있는 공간도 마련되어 있었다. 신기하게도 그 버스들에는 구글 브랜드 로고가 보이지 않는다. 그래서 다른 일반 차량들과 함께 고속도로를 달릴 때도 거의 눈에 띄지 않는다.

샌프란시스코와 실리콘밸리 사이를 왕복하는 세 번째 방법은 '캘트레인Caltrain'을 타는 것이다. 로컬 열차인 이 캘트레인은 지연 운행으로 악명이 높고 운행 속도도 제각각인 것으로 유명하다. 이 열차의 노선은 미국의 일부 부유한 도시로 이어지는데, 에버노트Evernote와 EA 본사가 있는 레드우드, 페이스북 본사가 있는 멘로 파크, 실리콘밸리의 중심이자 스탠퍼드 대학이 있는 팰로앨토, 구글과 링크드인 본사 소재지인 마운틴뷰로 연결되고, 남쪽으로 가서 환승을 하면 애플 본사가 있는 쿠퍼티노, 넷플릭스Netflix 본사 소재지인 로스가토스, 이베이 본사가 위치한 새너제이로 갈 수 있다. 아침 7시부터 콩나물시루처럼 붐비는 이 열차는 여명을 가르며 앞으로 내달린다. 반 2층 높이의 구식 형태인 열차 내부는 비좁은 나선형 철 계단까지 갖추고 있어 흡사 과거로 거슬러 올라간 것 같은 인상을 준다. 하지만 밖에서 바라본 캘트레인은 안에서 작업 중인 사람들의 노트북과 태블릿 스크린에서 발산되는 푸른빛으로 인해 미래적인 느낌을 안겨준다.

팰로앨토 역에서는 '마거리트Marguerite'라는 이름의 무료 셔틀버스가 스탠퍼드 대학 학생들을 학교로 태워다준다. 휼렛 패커드가 구상된 곳도, 래리 페이지와 세르게이 브린이라는 두 청년이 박사 학위 논문을 쓰는 과정에서 만나 오늘날 구글이라는 검색엔진을 탄생시킨 기본 검색 알고리즘을 발명해낸 곳도 바로 스탠퍼드 대학이다. 초창기 구글의 시범 검색엔진은 이 학교 웹사이트 계정에 개설되어 google.stanford.edu라는 주소를 가지고 있었는데, 그로 인해 스탠퍼드 대학은 후에 구글 검색 알고리즘에 대한 권리금 조로 약 3억3600만 달러에 달하는 수익을 챙겼다.

"시크릿 소스Secret Sauce다." 브루스 빈센트는 이런 요상한 표현을 썼다. 스탠퍼드에서 내가 만난 다른 교수들도 마찬가지였다. 스탠퍼드 대학에서 IT 분야를 총괄하는 CTO(Chief Technology Officer, 최고기술경영자) 브루스 빈센트는 "결과물을 보고도 그것을 만들어내는 비결은 아무도 모른다는 점에서 요리 비법 같다는 말이다"라고 설명해주었다. 구글의 검색 알고리즘 등을 만들어낸 스탠퍼드의 '시크릿 소스'는 그 정체가 아직 밝혀지지 않았지만, 실리콘밸리의 뿌리가 스탠퍼드 캠퍼스와 그 놀라운 생태계로부터 물을 공급받고 있다는 것은 확실하다. "벤처 창업을 독려하는 것은 스탠퍼드의 정신에 속한다. 우선 교수진부터 모범을 보이고 있고, 학생들도 창업을 위해 스탠퍼드에 온다. 그래서 학생들은 수업을 듣는 한편, '부업으로on the side' 자신의 사업을 개설한다." 스탠퍼드 대학 이사회가 점유하고 있는 넷 기업 수는 상상을 초월한다. 이 대학에 속한 여러 전공 학부의 교수 수십 명이 인터넷 관련 기업을 운영하고 있으며, 그 가운데에는 다국적기업 경영자들도 있다. 가령 구글의 에릭 슈밋 회장만 하더라도 구글 경영자로 일하는 동시에 스탠퍼드에서 학생들을 가르쳤다. 구글 직원 가운데 5퍼센트는 스탠퍼드 대학 출신이며, 이 대학 졸업생들은 약 6만9000개의 회사를 창업했다(그중 3만9000개는 영리기업이고, 3만 개는 비영리 업체다). 업종은 대개 과학과 IT, 신기술 분야다. 물론 스탠퍼드 졸업생들이 세운 기업이 전부 다 유명한 것도 아니고, 개중에는 폐업한 곳도 있다. 하지만 그들 가운데 세계 유수의 기업을 세운 창업자들이 많다는 것은 분명한 사실이다. 구글은 물론 야후, EA, 인스타그램, 시스코Cisco, 넷플릭스, 링크드인, 이베이, 페이팔PayPal, 유다시티Udacity, 코세라Coursera, 실리콘 그래픽스, 판도라Pandora 창업주도 모두 스탠퍼드 출신이고, 갭Gap이나 트레이더 조Trader Joe's, 나이키 같은 IT 기술 분야 외의 기업 창업주들도 스탠퍼드를 나왔다. 하나하나 이름을 열거하자면 아마 끝이 없을 것이다. 브루스 빈센트는 "우리가 실리콘밸리를 만들어냈으나, 이제는 실리콘밸리가 우리를 만들어간다"고 요약했다.

스탠퍼드는 캘리포니아 소재 대학들을 대표하는 표본이다. 야자수가 늘어선 산책로, 커다란 세쿼이아가 늘어선 길, 야외에 설치된 로댕의 진품 조각상, 골프 카트를 타고 돌아다니는 스탠퍼드 경찰들, 1년 내내 반바지 차림에 비치 샌들을 신고 다니는 학생들, 곳곳에서 눈에 띄는 오토바이들, 교정을 날아다니는 원반들, 스케이트보드를 타고 다니는 교수들 등이 모두 이 지역 대학의 분위기를 대변한다. 캠퍼스 안에 위치한 조용한 분위기의 전설적인 커피하우스 코호CoHo에서 나는 이 학교 1, 2학년생들을 바라봤다. 대개 자랑스럽게 '스탠퍼드'라는 로고가 박힌 티셔츠를 입고 있거나 지역 축구 팀 티셔츠를 입고 있었다. 학생들은 캠퍼스 중앙에 위치한 메인 광장 '쿼드quad' 주위를 오가고 있었으며, 식민지 양식으로 지어진 사암 벽돌 건물들은 실리콘밸리의 기술이 걸어온 역사를 고스란히 담고 있었다. 27개 노벨상이 이학교에서 배출되었으며, 이곳을 거쳐간 모든 사람의 수상 경력까지 합하면 무려 58개 노벨상이 탄생한 셈이 된다. 교내에는 기부금을 기증한 졸업생 이름이 붙은 건물이 여럿 있다. 윌리엄 R. 휼렛 티칭 센터나 그 옆에 있는 데이비드 패커드 일렉트리컬 엔지니어링 등이 이에 해당하며, 빌 게이츠가 600만 달러 상당의 자금을 지원하여 건립한 게이츠 컴퓨터 사이언스도 거기서 그리 멀리 떨어지지 않은 곳에 있다. 세르게이 브린, 래리 페이지, 스티브 잡스 등의 이름이 붙은 건물들이 탄생할 날도 머지않았으며, 잡스의 아들인 리드 역시 이 학교 학생이다. 또한 야후를 탄생시킨 제리 양과 데이비드 필로의 이름을 단 건물도 생겨날 것이고, 보스턴과 하버드에서는 페이스북 자금줄을 찾지 못한 마크 저커버그 역시 그 대학들에서 멀리 떨어진 실리콘밸리에 페이스북 본사를 두었으니 그의 이름을 단 건물도 이 캠퍼스에 생길지 모른다. 사학과 교수인 에런 로드리그에 따르면 그런 건물들이 생기는 이유는 간단하다. "스탠퍼드 대학이 곧 실리콘밸리이기 때문이다."

IT 과학 분야의 수호성이라는 이미지에 충실한 스탠퍼드 대학은 민간 분야와의 교류를 용이하게 만드는 여러 가지 수단을 보유하고 있다. 우선 스탠퍼드 기술 벤처 프로그램은 학생들이 혁신적인 프로젝트에 뛰어들어 자신들의 벤처기업을 발전시킬 수 있도록 도와준다. 간혹 교수들이 직접 학생들의 기업에 투자하는 경우도 있다. 빈센트는 "결코 수익 모델로 이어지지 않는 엉뚱하고 정신 나간 아이디어도 상당히 많지만, 바로 거기에 스탠퍼드의 위대함이 담겨 있다"고 확신했다. 또하나의 '급진적인' 공간인 클라크 센터Clark Center 안에서는 공학 엔지니어들이 예술가들과 교류하고 경제학도들이 상경 계열 학생들과 조우한다. 스탠퍼드 경영전문대학원 명예교수 윌리엄 밀러는 "획기적인 혁신은 각자의 전공 분야를 넘어서서 학문과 학문의 교차점으로부터 탄생할 수 있다"고 주장했다. 기술 라이선스 사무국Office of Technology Licensing은 교원 및 학생이 캠퍼스 내에서 발명한 모든 혁신 기술에 대한 특허 출원을 담당하며, 매우 복잡한 소득 배분 및 저작권 공유 원칙에 따라 특허 관리를 한다(이 사무국은 8000개의 특허를 출원했으며, 이는 스탠퍼드 대학 측에 13억 달러의 특허 수입을 가져다주었다). 끝으로 저 유명한 스탠퍼드 리서치 파크Stanford Research Park가 있는데, 3제곱킬로미터에 가까운 규모의 부지 위에 자리 잡고 있는 이 기관은 부속 건물만 160개로, 일종의 기술 허브에 해당한다. 대학의 독립 벤처기업은 물론 기성 기업들도 이곳 사무실을 임대하여 쓸 수 있다. 캠퍼스 울타리 안에 위치한 이 수준 높은 테크노 밸리는 기업의 모든 생태계 구조를 갖추고 있으며, 창의성을 겨루는 경연장 역할도 한다. 현재 150여 개 기업 소속 2만 명의 직원이 이곳에서 일하고 있다.

스탠퍼드의 IT 네트워크 책임자 중 하나인 필립 리스와 함께 캠퍼스를 돌아보던 나는 이 대학의 데이터 센터도 방문했다. 필립 리스는 데이터 센터에 있는 슈퍼컴퓨터와 초고성능 라우터, 그리고 그곳에서부터 뻗어나가 교내 네트워크 라인을 형성하고 있는 수 킬로미터의 광케이블 등 모든 장비가 다 '최신' 설비라고 귀띔해주었다. 100년 된 세쿼이아와 떡갈나무가 우거진 공원을 가로질러 걸어가고 있을 때, 리스는 내게 캠퍼스 내 보안이 초특급 수준이라면서 기술 분야는 "그 무엇도 우연에 맡기지 않는다"고 단언했다. 뭐든 다 만반의 준비를 해놓는다는 것이다. 그는 "연대별로 다양한 야자수와 세쿼이아를 키우고 있는 이 캠퍼스 식물원의 나무 하나하나조차 다 번호가 매겨져 분류 목록에 기록되어 있다"면서, "그래서 여기 있는 나무 중 한 그루가 죽으면 같은 연령의 나무를 가져와 심음으로써 캠퍼스 전체의 조화로운 상태를 유지하고 있다"며 너스레를 떨었다.

그렇다면 이곳의 '시크릿 소스'란 과연 무엇일까? 스탠퍼드 명예교수인 윌리엄 밀러 역시 같은 표현을 썼다. 1965년부터 이 대학 강단에 섰으며 스탠퍼드 비즈니스 스쿨의 학장을 역임한 바 있는 그는 시크릿 소스에 대한 질문에 이렇게 답했다. "다들 스탠퍼드의 비밀을 캐내려 열심인데, 이 상황 자체가 그저 웃길 뿐이다. 내가 봤을 때 답은 매우 간단하다. 이곳은 개척자들의 대학이기 때문이다. 스탠퍼드라는 대학 자체가 탐험가들, 그리고 하나의 공동체를 세우고자 했던 '커뮤니티 빌더Community builder'들인 미국인 손에 의해 세워졌다. 이 같은 탐험가와 개척자 정신의 명맥이 오늘까지 이어지는 것이고, 무언가를 새로 구축해야 하거나 위험을 감수해야 할 때면 우리는 다시금 그 정신을 되새긴다." 밀러 교수 자신 또한 그 오랜 경력 기간 동안 26개 기술 벤처기업에 투자했다. 그리고 지금도 여전히 실리콘밸리에 소재한 대형 업체 세 곳의 이사직을 유지하고 있다. 스탠퍼드 대학 학장인 존 헤네시 또한 구글과 시스코의 주주로 활동하고 있다. 이런 상황으로 인해 교직원과 대학 지도부의 개인 투자에 관한 상세한 규정이 마련되어 있는데, 그럼에도 불구하고 직업윤리 측면에서 간혹 비판이 제기되기도 한다.

크게는 실리콘밸리의 생태, 세부적으로는 스탠퍼드의 생태 구조를 해독하려면 또 하나의 요인을 고려해야 한다. 바로 문화적·언어적 다양성이다. 세르게이 브린만 하더라도 원래는 모스크바 태생으로 여섯 살 때 미국으로 이민을 왔다. 에런 로드리그 교수는 다음과 같이 말했다. "박사 학위 준비생을 포함한 스탠퍼드 외국인 학생들 중 35퍼센트 이상은 동양계 학생이다. 샌프란시스코 만에 있는 버클리 공립대학의 동양계 학생 비율도 50퍼센트 선에 달한다." 대학의 통계자료를 봐도 (미국에서 '백인'을 지칭하는 용어인) '캅카스' 사람은 이제 교내에서 소수 집단에 속한다. 각지에서 모여든 젊은 청년들이 즐비한 실리콘밸리에서는 어느 나라에서 태어났는가보다 몇 년도에 태어났는가를 더 따진다. 태어난 장소보다는 태어난 때가 더 중요하다는 말이다.

이렇듯 학생들의 국적을 보면 스탠퍼드는 다양성을 상징하고 있지만, 캘리포니아 북부 빈민가 출신 학생들은 드물다. 다시 말해 데일시티Dale City, 필모어Fillmore, 텐더로인Tenderloin, 베이뷰Bayview 같은 샌프란시스코 빈민 구역의 흑인이나 남미계 학생들은 거의 없다.

스탠퍼드 대학의 또 다른 비밀은 스탠퍼드 매니지먼트 코퍼레이션Stanford Management Corporation이라는 기구에 있다. 실질적으로 은행 역할을 하는 이 기구는 대학 기부금 관리 업무를 맡고 있다. 기부금 규모는 170억 달러라는 천문학적인 수치에 이른다. 기부라는 박애적 행위로 조성된 이 '군자금'은 수십 개의 상장 기업을 대상으로 "극도로 신중하게" 투자되고 있다는 게 브루스 빈센트의 설명이다. 물론 스탠퍼드는 '기술' 분야에 과감히 투자하기도 한다. 구글이나 페이스북은 물론이고 아직 여물지 않았으나 전도유망한 수많은 로컬 기업, 특히 스탠퍼드 졸업생들이 창업한 기업에 투자하고 있는 것이다.

실리콘밸리에서는 제자리에서 걷거나 뛰면서 일할 수도 있다. 캘리포니아 팰로앨토에 있는 AOL 본사 건물 1층에 위치한 제프 클래비어의 사무실에서 나는 인터넷에 연결된 러닝머신을 보고 적잖이 놀랐다. 얼핏 보면 여느 러닝머신과 다를 바 없었지만, 그 러닝머신은 책상 역할도 했다. 컴퓨터 한 대와 작은 테이블이 장착되어 있기 때문이다. 제프는 러닝화를 신고 러닝머신 위에 올라가 워킹을 시작하면서 동시에 그날의 업무를 시작했다. 계속 걸으면서 엑셀 시트를 열어보고, 이메일을 보내고, 메모를 작성하고, 비서와 이야기도 나눴다. "오늘 아침에는 7000보를 걸었는데, 그리 나쁘지 않은 성적이다. 하루 목표량은 1만 보다." 이렇게 말한 그의 직업은 벤처기업에 초기 자본을 대주는 '시드 벤처 캐피털리스트seed venture capitalist'다. 그는 자신의 직업에 맞게 샌프란시스코의 벤처기업 핏빗Fitbit에도 투자했다. 핏빗은 회사 이름과 같은, 손목에 차는 전자 팔찌 형태의 만보계를 만드는 회사다. 이 만보계는 하루의 보행 수를 측정해주는 것은 물론 보행으로 소비된 칼로리 양도 계산해주고, 수면 질도 체크해준다. 클래비어의 손목에도 검은색 전자 팔찌인 '핏빗 플렉스Fitbit Flex'가 채워져 있었다.

제프 클래비어는 다음과 같이 강조했다. "처음 몇 년간은 '비즈니스

에인절business angel'로 활동했다. 그러니까 처음에는 이곳 펠로앨토에서 내 돈으로 직접 여러 벤처기업에 투자를 한 것이다. 그러다 차츰 다른 사람들의 돈으로 투자를 하기 시작했고, 이제는 자본 증액 과정에 있는 벤처기업에게 다른 사람들의 자금을 대주는 시드 벤처 캐피털리스트가 되었다. 하지만 내 관심사는 예나 지금이나 시작 단계에 있는 벤처기업들이다."

대개 핏빗이나 앞서 나온 피클 같은 벤처기업은 창업주 본인의 돈이나 창업주의 가족 또는 친구들의 돈인 '러브 머니Love money'로 사업을 시작한다. 애플리케이션이나 사이트가 구상되고 난 다음 단계에서는 비즈니스 에인절이 초기 사업 시행에 필요한 자금, 즉 프로토타입을 개발하고 시장 테스트에 들어가는 비용을 대준다. 초기 성과가 확실하면 벤처기업은 창업 1년이 되어가는 시점에서 증자를 실시한다. 이때 시드 벤처 캐피털리스트들의 도움이 필요하다. 이들은 '마이크로 벤처 캐피털리스트micro venture capitalist' 혹은 '슈퍼 에인절super angel'이라고도 불린다.

"우리는 초기 단계에 있는 벤처기업들을 신중하게 검토한 후 그중 몇몇에게 50만에서 200만 불 사이의 자금을 투입한다. 회사 자본의 7~10퍼센트 정도를 투자하는 방식과는 다르다." 클래비어는 이와 같이 상세히 설명해주었다. '씨앗'을 의미하는 'seed'라는 표현은 창업 후 12~18개월 정도 된 신생 벤처기업에 지원하는 소규모의 초기 투자금을 가리킨다. 클래비어에 따르면 시드 벤처 캐피털리스트들은 "로켓의 1단에 해당"하는 사람들이다. 그중 하나인 클래비어는 '소프트테크Soft-Tech VC'라는 자신의 펀드를 통해 50여 개 벤처기업의 포트폴리오를 관리한다. "연간 평균 2000건의 자금 요청을 받지만, 실제로 투자하는 곳은 20여 개 기업뿐이다." 그렇다면 투자 유치에 필요한 기준은 무엇일까? 제프에 따르면 실리콘밸리에서는 소위 '빅3'라 불리는 세 가지 요건을 기준으로 삼는다고 한다. 창업주의 인성과 팀의 역사가 첫 번째 요건이고, 두 번째는 아이디어나 상품의 질이며, 끝으로 수익 구조와 잠재력, 시장 상황 등이다. 클래비어는 벤처기업 피클의 서류도 면밀히 검토 중에 있다고 했다.

벤처기업의 수익 구조가 그려지고 나면 전통적인 투자자들이 개입한다. 클래비어는 이에 대해 "벤처기업을 우선 궤도 위에 올려놓아야 할 시점에 일반적인 벤처 투자자들이 개입한다"고 설명했다. 이 투자자들은 12~18개월 정도의 숙성기에 있는 벤처기업들에게는 500만 불에서 1000만 불 정도 더 높은 금액을 투자한다. 이들은 대개 회사를 통제하려 하기보다는 소수 집단으로 남아 있는 편이다. '시리즈 A'라고 불리는 자금 조달 단계가 끝나면 이어 '시리즈 B' 단계로 들어가는데, 이는 점점 더 많은 자본 총액으로 기업이 확대를 시도하는 시기에 해당한다. 핏빗이 바로 이 단계에 와 있다.

현재 가나안 파트너스Canaan Partners와 연계하여 일하고 있는 로잔 빈첵은 '벤처 캐피털리스트'다. 내가 로잔 빈첵을 만난 건 발렌시아 거리에 위치한 크래프트멘 앤드 울브스Craftmen&Wolves라는 곳으로, '첨단 기술'풍의 시크한 샌프란시스코 미션 지구의 전형적인 카페였다. 벤처기업 초기 사업에 역점을 두는 시드 벤처 캐피털리스트와 달리, 빈첵 같은 벤처 캐피털리스트는 좀더 전통적인 방식으로 투자를 진행한다. 즉, 한 기업이 이미 성과를 보여주었을 경우에만 투자하는 것이다. 대개 2년차 시기부터가 이에 해당한다. 빈첵은 "확실히 시드 벤처 캐피털 쪽보다는 더 제한된 수의 기업에 투자하지만 훨씬 더 많은 액수를 투자한다"면서 "1년에 평균 한두 개 기업에 투자하는 것 같다"고 말했다. 오하이오 출신으로 서부로 건너와 버클리에서 화학을 전공하고 이어 스탠퍼드에서 MBA를 취득한 빈첵은 "스탠퍼드의 생태계는 매우 특이하다"면서 다음과 같이 말했다. "스탠퍼드는 실리콘밸리의 심장 격이다. MBA를 끝냈을 때 스탠퍼드의 모든 동문에게 이력서를 보냈더니 정말 놀라운 상황이 벌어졌다. 내 이력서를 받은 거의 전부가 회신을 준 것이다. 그들은 모두 나를 만나보려 했다. 스탠퍼드의 OB 네트워크야말로 그 학교의 실질적인 힘이다."

로잔 빈첵은 실리콘밸리의 특징인 '규모 확장성scalability'에 대해서도 설명해주었다. '규모의 경제'와 신속히 역량을 증대하여 '규모를 변화시킬 수 있는 가능성' 사이의 개념이라 번역이 꽤 까다로운 이 용어는 캘리포니아 벤처기업의 발전 역량을 집약적으로 표현해준다. 샌프란시스코 지역의 특성상 성장 잠재력이 있는 기업은 수요의 속도에 맞출 수 있는 기술 자원 및 신속한 성장을 위한 재정 자원을 동시에 구할 수 있으며, 그 후에 대중의 평가만 기다리면 된다. 현재 미국의 내수 시장은 3억2000만 명의 잠재적 클라이언트를 보유하고 있는데, 여러 인종과 여러 언어가 공존하는 캘리포니아 주에 속하고 태평양으로 뻗어가는 관문인 항구도시 샌프란시스코에서 시작한 기업은, 미국 내에서는 물론이고 전 세계적 차원으로 기업 역량을 증대해나갈 수 있는 규모 확장성을 손쉽게 확보할 수 있다. 이 규모 확장성은 수익 구조 분석의 핵심적인 데이터이기도 하다.

내가 실리콘밸리에서 만나본 투자자와 기업주들은 상황이 더욱 호전되고 있다고 강조했다. 로잔 빈첵도 그로 인해 "우리 일에도 변화가 생기고 있다"면서 이렇게 덧붙였다. "프리웨어와 클라우드 서비스 보급으로 창업 비용이 점점 더 줄고 있으며, 투자 유치도 더 수월해지고 있다. 제2의 전성기를 맞은 이런 실리콘밸리의 상황 때문에 과거 벤처기업의 주된 자금줄이었던 벤처 캐피털리스트들의 역할도 달라지고 있다." 스마트폰의 보급으로 열린 무궁무진한 애플리케이션 시장도 판도를 바꾸는 요인이 되고 있다. "이곳에서는 우후죽순처럼 회사들이 생겨난다. 팰로앨토, 마운틴뷰, 101번 도로, 엘카미노, 멘로 파크, 샌프란시스코 등지에서 생겨난 신생 기업 수는 말 그대로 어마어마한 수준"이라며 제프 클래비어는 혀를 내둘렀다. 그런 신생 기업들에 돈을 대주는 비즈니스 에인절과 벤처 캐피털리스트가 점점 늘어날수록 그들의 필요성은 점점 낮아진다. 네트워크 혹은 크라우드 소싱으로 자금을 마련하는 경우도 점차 늘어나고 있고, 사업 초기의 난관을 극복할 수 있도록 도와주는 인큐베이터 시스템도 많아지는 추세이기 때문이다. 하지만 그렇다고 벤처 캐피털리스트들이 사라지지는 않을 것이다. 벤처기업의 사활을 손에 거머쥘 수 있었던 그들의 권력만 축소될 뿐이다. "여기에서 돈을 구하는 건 문제가 아니다. 실리콘밸리의 특성상 저마다 벤처기업에 자금을 대려고 한다. 실리콘밸리 모델의 힘은 바로 여기에서 나온다." 클래비어는 이렇게 분석하면서도 벤처 캐피털리스트들의 상황이 그리 걱정할 정도는 아니라는 듯 다음과 같이 덧붙였다. "이런 상황이기에 창업주들은 우리 같은 사람들이 없어도 사업에 별 지장이 없으리라 생각할 수 있지만, 우리는 단순히 돈만 대주는 사람들이 아니다. 마케팅도 지원해주고, 전문가 네트워크를 이용할 수 있도록 다리를 놓아주는 등 인적 자원 측면의 도움도 준다. 뿐만 아니라 법무 분야나 미디어 트레이닝 쪽으로도 관여한다."

그렇다면 실리콘밸리만의 독창적인 특징은 무엇일까? 제프 클래비어는 "아마도 끊임없이 발명에 발명을 거듭하려는 속성이 아니겠느냐"면서 다음과 같이 강조했다. "우리는 늘 끊임없이 혁신하고 또 혁신해야한다. 이곳에서는 '영원하다'는 개념이 존재하지 않기 때문이다. 그 무엇도 한 번 주어진 것으로 결코 끝나지 않는다. 실리콘밸리 사람들이 다들 어느 정도 편집증적 성향을 갖고 있는 것도 바로 그 때문이다." 이 대목에서 그는 마이스페이스의 예를 들었다. 사람들은 누구나 마이스페이스가 페이스북보다 더 크게 될 거라고 장담했지만, 결국 무너진 건 마이스페이스 쪽이었다. 클래비어는 캘리포니아 북부만의 또 다른 풍토를 언급했다. 바로 위기를 두려워하지 않는 것이다. "여기에서도 실패하는 사람들이 많지만 그건 문제가 되지 않는다. 바로 자리를 털고 일어나서 다시 새로운 벤처기업을 만들면 되기 때문이다." 실리콘밸리 사람들은 마치 실패를 하나의 경제 모델로 생각하는 듯, 실패는 당연히 할 수 있는 것이고 다만 빨리 하는 게 중요하다고 이야기한다. 그래서 'To fail quick'이라는 표현이 유행이다.

NSA가 엿듣고 있다

산업 단지 중앙에는 보통 '메인 스트리트'가 있다. 미국에서 모든 신화는 바로 이 메인 스트리트 주위의 소도시 '스몰 타운'(특히 미 서부의 작은 도시들)에서 일어나며, 디즈니랜드의 '메인 스트리트'에서도 이를 희화적으로 재현해내고 있다. 철통 보안이 지켜지는 폐쇄적인 한 회사의 캠퍼스 안에서도 신화가 탄생했다. 다만 그곳에서는 메인 스트리트를 '해커 웨이Hacker Way'라고 부른다.

그곳은 바로 멘로 파크에 소재한 페이스북 캠퍼스다. 그곳으로 가려면 샌프란시스코 만을 따라 길게 뻗어 있는 우회 도로 '베이 프런트 익스프레스웨이Bay Front Expressway'를 탄 뒤, (어떻게 설치했는지는 미국인들만이 알고 있을) 3킬로미터에 가까운 거대한 다리들 중 하나를 건너야 한다. 구글 캠퍼스는 개방되어 있었지만, 일곱 개의 거대한 건물로 구성된 페이스북 본부는 출입증을 배정받지 못하면 안으로 들어가지 못했다. 마치 성벽에 둘러싸여 요새화된 중세 시대 마을 같았다. 공식 출입구는 모두 열아홉 개였다.

캠퍼스 내로 들어가니 구글 캠퍼스와 분위기가 비슷했다. 대개 청바지나 트레이닝복을 입고 티셔츠와 야구 모자를 걸치고 있었으며, 옷깃에는 주황색 ID 배지를 부착하고 있었다. 직원 수가 수천 명에 달했고, 직원들의 평균 연령은 27세밖에 안 되었다. 사람들은 무심히 해커 웨이를 오가고 있었다. 마치 황금 새장 안에 갇혀 있는 듯한 모습이었다. 대부분이 손에 스마트폰과 태블릿, 노트북을 들고 있었고, PC는 죄다 맥북이었다(심지어 관내에는 애플 액세서리를 살 수 있는 자판기도 설치되어 있었다). 와이파이 접속은 어디서나 무료로 가능했다. 캠퍼스 내 카페 중 한 곳에서만 자신의 페이스북 계정으로 이용자 정보를 확인한 후 인터넷에 접속할 수 있었다. 접속하면 자동적으로 바로 그곳 '필즈 커피Philz Coffee'의 미니 광고가 떴는데, 그게 일종의 인터넷 사용료인 셈이었다. 그곳에서 몇 미터 떨어지지 않은 곳에는 두 건물 사이에 '트롤 브리지Troll Bridge'라는 이름의 다리가 놓여 있었다. 24시간 내내 개방되어 있는 캠퍼스 중심에서 약간 벗어나니 19번 출입구로 통하는 건물 하나가 완전히 스포츠 전용 공간으로 할애되어 있었다.

건물 층층마다 '스타트업 문화'가 충만해 있었으며, 창의력과 오락성이 미묘하게 섞인 느낌의 인테리어가 펼쳐졌다. 그네와 날아다니는 커다란 상어 모형과 테이블 축구 놀이대가 있었고, 낙서도 수없이 많은 데다, 무지개 깃발도 펄럭였다. 모든 게 개방형 공간 안에 구축되어 있었으며, 회의실 테이블 위에는 아이패드가 아예 고정되어 있었다. 직원들 중에는 기존의 전통적인 업무용 테이블을 버리고, 서서 업무를 보는 높은 '스탠딩 데스크'로 교체한 이들이 많았다(이렇게 하면 이동이 자유로워 좀더 '단체로' 놀 수 있는 분위기가 형성되고 요통도 피할 수 있다). 한 벽보에는 성희롱을 경고하는 다음과 같은 문구가 쓰여 있었다. '눈을 맞추는 것도 (성적) 접촉이다Eye contact=Contact.'

화이트보드와 벽 곳곳에는 사인펜으로 적힌 이런저런 놀라운 문구들이 눈에 띄었다. '세상을 바꾸라Change the world' '접속권은 인권인가?Is connectivity a human right?' '해킹을 멈추지 마라Never stop hacking' '더 크게 생각하라Think bigger' '과거의 방식에 늘 도전하라Always challenge the old ways' '놀라운 사람이 되어라Be amazing' 같은 표현은 물론 '혁신이 아니면 죽음을 달라Innovate or die' 같은 과격한 문구도 있었다. 여기에서 한 발 더 나아가 'NSA가 엿듣고 있다NSA wiretap'라는 표현도 보였다. IT 교인들의 이 같은 주문들은 실리콘밸리를 인증하는 표어들이다.

페이스북 캠퍼스 내에서는 식비도 무료다. 캠퍼스 내에 위치한 여러 구내식당의 음식은 초밥이든 부리토든 거의 무상으로 제공되며 셀프로 주문하는 시스템이다. 커피나 탄산음료, 에너지 드링크, 잼, 그 외 여러 스낵 따위도 돈 한 푼 안 들이고 자판기에서 뽑아 먹을 수 있다. "이 캠퍼스 안에서는 모든 게 언제 어디서든 다 무료로 제공된다. 페이스북 본사에서 추구하는 건 우리가 여기에서 쾌적함을 느끼며 가능한 한 오랜 시간 머물러 있는 것이다. 다만 문제는 그러다보니 너무 많이 먹게 된다는 점이다. 무언가 약간 부족한 편이 더 이로울 것 같기도 하다. 세탁도 공짜이고 미용실 이용료도 들지 않으며 자전거도 공짜로 탈 수 있다. 오락 시설은 물론 통근 버스도 다 무료다. 그렇게 캠퍼스 안에서 우리는 영원히 학생 같은 생활을 하고 있다." 페이스북 캠퍼스 안에서―무료로―점심을 함께 먹은 채러티 메이저스는 페이스북 본사 내에서의 생활을 이렇게 묘사했다.

눈썹에 피어싱을 하고 귀에도 귀걸이를 다섯 개나 단 채러티는 극도의 채식주의자이지만 위스키만큼은 한 번도 거절해본 적이 없는 젊은 여성이다. 채러티는 페이스북이라는 다국적기업의 한복판에서 '스타트업' 정신을 구현하고 있었다. 마크 저커버그와 마찬가지로 회색 후드 티를 입은 채러티는 이렇게 얘기했다. "이 티셔츠도 여기에서 줬다. 이 후드 티가 한 장에 200달러나 한다. 티셔츠 바깥에는 페이스북 로고가 없지만 안쪽에는 박혀 있다. 내부 전문 인력에게만 한정적으로 제공된다."

하지만 채러티 메이저스는 이곳의 내부 전문가들을 그리 달갑게 여기지 않는 분위기였다. 특히 Q1, Q4나 사분기 실적 등만 생각하는, 오로지 SWOT 분석―강점(Q1), 약점(Q2), 기회(Q3), 위협(Q4)이라는 요인을 규정하는 비즈니스 스쿨의 평가 방식―만 따지는 영업 쪽 전문가들은 아주 질색을 했다. 그때 정장 차림의 직원 하나가 우리 앞을 지나갔는데, 그 사람을 두고 채러티는 내게 이렇게 이야기했다. "이 캠퍼스 안에서 정장 차림을 한 사람들은 드문데, 그런 사람들은 100퍼센트 개발자가 아니다. 마케팅 쪽 사람일 게 분명하다." 정장 차림의 그 사람도 머리에는 비츠 바이 닥터 드레Beats by Dr. Dre 헤드폰을 쓰고 있었다.

채러티는 미국 서북부에 위치한 한적하고 넓은 산악 주인 아이다호 태생이다. 16세에 IT라는 분야를 발견한 채러티는 학교를 때려치우고 샌프란시스코로 달려와 "이 지역의 기후와 자유분방한 분위기, 그리고 이곳에서 발생한 문화에 매료됐다"고 말했다. 채러티는 자신이 독학한 것을 자랑스럽게 여기고 있었으며, 실리콘밸리의 성공한 개발자 중에는 학부 중퇴자들이 헤아릴 수 없이 많다고 했다. 그녀는 카스트로와 미션 거리를 오가면서 캘리포니아 지역의 반反문화를 접했다. 개개인에 특화된 주문형 문신, 그런지 커버 밴드, 아침까지 이어지는 광란의 파티, 채식주의, 거기서 더 나아가 동물성 제품까지 아예 사용하지 않는 비거니즘, 글루텐 프리 푸드 운동 등을 경험한 것이다. 현지의 토속적인 문화나 버섯, 엑스터시 등을 사용하는 통과의례도 주의 깊게 지켜봤다. 그녀는 또한 지하철 안에서 기타를 연주하는 노숙인 예술가가 시에서 배정한 치과 의사와 스마트폰으로 미팅 약속을 잡는 모습, '문예 창작creative writing' 전공 학생들이 비트 세대의 후예를 자처하며 시티 라이트City Lights 서점을 배회하는 모습도 목격했다. [비트 세대란 1950년대에 미국에서 보헤미안적이고 무정부주의적인 성격의 문예운동을 일으킨 문학가와 예술가를 일컫는다.] 브라만교의 영적 스승인 '구루guru'와 전기자동차가 공존하는 샌프란시스코에서는 인종 및 성 차별 반대 운동, 동성 결혼을 지지하는 퀴어 운동도 끊임없이 벌어졌다. 보름달이

뜬 저녁이면 사람들은 '프리 키스'를 즐겼다. 채러티는 "그때 나는 일종의 히피족이었다. 머리도 무척 길게 기르고 거의 항상 맨발로 걸어 다녔다"고 회고하면서 다음과 같이 말을 이었다. "그리고 내가 만난 사람들은 다들 나를 깜짝 놀라게 했다. 너무 똑똑하고 재능도 많은 데다 창의력도 풍부하고 예술적 감성도 뛰어난 엘리트들이었다. 나는 내가 그런 사람들하고 어울린다는 사실이 그저 놀라울 뿐이었다."

샌프란시스코에서 채러티 메이저스는 곧 IT 커뮤니티에 합류했다. 그녀는 무언가 '일을 내는' 사람들과 어울렸다. 다른 사람들이 보기에는 지루하고 식상할지 몰라도, 그들은 늘 무언가를 만들어내는 사람들이었다. 데이터베이스나 프로그래밍 언어를 둘러싼 끝없는 토론이 마냥 좋기만 했다. "영화관 앞에서 한참 줄을 서 있는데 사람들이 컴퓨터 코드와 TCP/IP 프로토콜 같은 것에 대해 수다를 떠는 것을 들었다. 순간 나는 너무 좋아 미쳐버리는 줄 알았다. 나랑 비슷한 사람들을 찾았기 때문이다."

그녀는 자연스레 IT 블로그 '테크크런치TechCrunch', 벤처기업 커뮤니티 '벤처비트VentureBeat', IT 웹진 「와이어드Wired」 등의 글을 읽게 됐고, 해킹 코드와 (IT 분야에 대한 강렬한 지적 열정을 보이는) '기크geek' 문화에 빠져들었다. 첨단 기술 관련 강연회인 TED 콘퍼런스도 즐겨 봤고, (기존 콘텐츠의 조합으로 새로운 콘텐츠를 개발해내는) 매시업Mashup 제작과 집단 프로그래밍 피치 캠프pitchcamps나 그 외 해커톤hackerthons 등에도 관심을 가졌다. 모두가 손을 들고 자유롭게 자기 의견을 내놓는 스타트업 특유의 공동 지배 구조도 마음에 들었다. 그러나 디지털 업계도 남자들 중심이고 여자들은 별로 눈에 띄지 않는다는 점을 깨달았다. 채러티는 그에 대해 다음과 같이 유감을 표했다. "디지털 업계 문화는 상당히 남성적이다. 드라마 「매드맨Mad Men」 속에 있는 것 같다고 해도 과언이 아니다."

심지어 IT 커뮤니티의 남성들이 자신들과 동년배인 30대 미혼 여성들을 두고 마치 브리짓 존스처럼 음식 칼로리에 집착하고 자기계발서만 주구장창 끼고 산다고 비웃자, 채러티는 그들에게서 멀어졌다. 그후 IT 기업에 들어가 프로그램 코드를 만들면서 프로그래밍의 어려움을 맛본 채러티는 인터넷이라는 게 겉보기엔 단순한 듯해도 기술적으로는 극도로 복잡하다는 사실을 깨달았다. 채러티는 "실리콘밸리의 신생 벤처기업 직원들 중 여자들이 별로 없는 이유는 여성 엔지니어가 별로 없기 때문"이라며 웃음을 지었다. 그리고 우리 주위를 돌아다니는 페이스북 직원들이 하나같이 다 남자라는 점을 주지시켜주었다.

어느 날, 채러티 또한 '벤처 바이러스'에 전염되어 친구들과 함께 벤처기업 세우기에 동참해 한 회사의 첫 번째 직원 중 한 명이 되었다. 회사 이름은 '파스Parse'였다. 파스는 개발자들의 앱 개발 환경을 개선해주고 원격으로 클라우드에 앱을 저장할 수 있게 도와주는 기술 플랫폼이다. 오늘날 전 세계 20만 개 이상의 벤처기업들이 파스를 사용한다. 파스 기술은 트래픽에 대한 노하우를 바탕으로 이용자의 비중을 측정하고 페이스북과의 연동성을 가진다는 점에서 수익성이 돋보였다. 파스 플랫폼의 성공이 확인된 2013년 4월에 페이스북이 황급히 파스를 인수한 것도 바로 그 이유에서다. 페이스북은 파스 인수 금액을 공개적으로 밝히지 않았다(채러티도 내게 이 금액을 정확히 말해주길 꺼렸으나, 언론에 따르면 8500만 달러에 이른다고 한다).

페이스북에 인수된 이후 파스 개발 팀은 '인수-고용'이라는 익숙한 모델에 따라 페이스북 캠퍼스로 이주했다. 인수한 기업의 직원들을 재고용하는 대신 페이스북은 기업 전체를 통째로 사들인다(이런 방식을 '인수acquisition'와 '고용hiring'을 합쳐 '인수-고용acqui-hiring' 혹은 줄여서 '수용acqhire'이라고 표현하기도 하고, 재능을 인수했다는 의미에서 '재능-인수talent-acquisition'라는 말을 쓰기도 한다). "페이스북은 인수 기업들이 이곳 캠퍼스 내에 머물기를 고집한다. 자신들이 사들인 기업들이 여기에서 상주하고 서로 교류함으로써 페이스북 생태계의 일부가 되길 바라는 것이다." 그 거대한 다국적기업 본부 한가운데에 위치한, 파스 사무실이 있는 건물로 나를 안내한 채러티는 흐뭇한 표정으로 "보시다시피 여기에는 우리의 개방형 사무 공간도 있고 우리의 티셔츠도 있으며 우리의 커피 잔도 따로 있다"고 말했다.

실리콘밸리의 비밀 중 하나는, 초대형 넷 기업과 신생 벤처기업들이 이렇듯 서로 긴밀하게 유착되어 있다는 점이다. 두 세계 사이는 무수한 다리로 연결되어 있다. 구글이나 페이스북, 트위터 같은 IT 대기업들은 안으로 자사의 발전을 도모하는 동시에 밖으로는 작은 벤처기업들을 인수한다. 채러티는 "기본적으로 이들은 모든 걸 통째로 다 사들였다고 생각한다"며 딱히 누군가를 겨냥하지 않은 채 말했다. 여기에서 중요하게 지적해야 할 점이 있다. 대기업은 간혹 R&D 분야에서 어려움을 겪을 때, 혁신 역량을 입증해 보인 스타트업을 인수한다는 사실이다. 이에 대해 인스타그램 부사장 에이미 콜은 다음과 같이 요약했다. "페이스북은 우리의 혁신 역량을 소유하기 위해서, 또한 자신들의 경쟁 상대를 없애기 위해서 우리를 사들였다."

멘로 파크의 페이스북 캠퍼스에서 나는 그런 식으로 인수되어 사무실을 이전한 수십 개의 신생 벤처기업을 확인했다. 그 기업들은 페이스북을 대신하여 실험적이고 위험한 시도를 도맡고 있었다. 마운틴뷰에 있는 구글 본사 인근의 랜딩스 드라이브Landings Drive에서도 나는 수십 개 건물에 수백 개 신생 기업이 입주해 있는 것을 보았다. 그 기업들이 구글과 맺은 관계는 제각각 다양하다. 서로 파트너십을 체결한 경우도 있고, 구글이 자본 참여만 한 경우도 있으며, 아예 구글이 '모회사'가 된 경우도 있다. 구글 본사 이름인 구글플렉스와 짝을 맞춰, 신생 기업들이 위치한 그 거리는 '파트너플렉스Partnerplex'라 불린다. 여기에는 사무실만 빌려 쓰는 소규모 독립 기업도 있고, 구글이 투자를 하는 기업도 있으며, 칸 아카데미Khan Academy처럼 구글의 재정 지원을 받는 비영리 기업도 있다. 물론 구글이 인수하여 구글 생태계의 작은 위성으로 자리 잡은 신생 벤처기업도 있다. 그런 기업들에 속한 직원들 모두가 구글 직원들과 마찬가지로 구글 캠퍼스 내의 여러 시설을 이용한다. 자전거 대여소에서 컬러풀한 자전거를 빌려 타고, 베이사이더Baysider 카페에서 밥을 먹으며, (실제 해안 모래로 조성된) 발리볼 경기장에서 운동을 즐기는 것이다. 구글 시큐리티의 SUV 순찰차도 자회사, 협력업체, '프렌즈' 기업 가리지 않고 모두 지켜준다.

프리랜서 비디오게임 개발자인 카일 게이블러는 다음과 같이 주장했다. "수많은 사람이 대기업들을 절대악, '악마' 같은 존재로 여기지만, 우리는 그들이 필요하다는 사실을 인정해야 한다." 페이스북과 스퀘어Square를 거쳐 지금은 아사나Asana에서 마케팅 책임자로 일하고 있는 청년 조슈아 토레스도 같은 생각이다(스퀘어와 아사나는 현재 실리콘밸리에서 가장 '핫'한 신생 기업이다. 이는 아마도 두 기업 창업자의 화려한 이력 때문이 아닐까 싶다. 휴대전화 결제 시스템 회사인 스퀘어는 트위터 공동 창업자인 잭 도시가 세운 기업이고, 아사나는 마크 저커버그와 함께 페이스북을 설립한 더스틴 모스코비츠가 세운 소프트웨어 업체다). 토레스는 다음과 같이 말했다. "소기업과 대기업 사이의 경계가 흐려지고 있다. 스타트업 쪽에서는 거대 넷 기업의 돈이 필요하고, 또 대기업은 규모가 작은 회사들의 혁신 역량이 필요하기 때문이다." 구글과 페이스북은 끊임없이 새로운 아이디어를 발굴해내야 하는 처지이고, 이를 맡아주는 것은 신생 벤처기업들이다. "흔히들 하는 생각과는 달리, 소형 벤처기업들은 단지 돈 때문에 움직이지는 않는다. 샌프란시스코에는 약간 정신 나간 벤처기업가들이 많은데, 그들이 추구하는 목표는 단 하나, 좀 더 나은 세상을 만드는 것이다. 그것이 어리석어 보일 수도 있겠으나, 정말 그런 사람들이 있다는 것은 분명한 사실이다. 그들은 문제를 해결할 방법을 찾기 위해 노력한다." 이어 토레스는 이렇게 덧붙였다. "무언가 아이디어가 있어서가 아니라 그저 창업 자체의 즐거움을 누리기 위해 회사를 설립하는 사람들도 있다. 그들은 바이러스 같은 존재들이다. 나는 그런 사람들이 세운 회사들은 규모와 상관없이 모두 허황되다고 생각한다. 그 회사들의 목표가 그것을 만든 사람의 그릇을 넘어서기 때문이다."

조던 멘델슨은 연달아 기업을 세우는 '연쇄 창업가'다. 한때 명성을 떨쳤던 P2P 사이트 냅스터Napster를 탄생시킨 개발 팀 출신인 그는 이후 연달아 스타트업을 세웠다. 샌프란시스코 마켓 거리 근처의 한 카페에서 만난 그는 자신이 가장 최근에 설립한 스타트업에 대해 설명해주었다(사실 그 회사가 정확히 어떤 사업을 하는지 명확히 이해할 수는 없었지만, '클라우드'와 '빅 데이터' 사이에서 기능하는 어떤 서비스를 제공하는 곳인 것만큼은 분명했다). 그런 뒤 다음과 같이 말했다. "스타트업은 여기저기서 수도 없이 생겨났지만, 그들 모두가 지금도 같은 범주에 속하는 것은 아니다. 대기업이 된 회사들도 있고 아직 소기업인 회사들도 있다는 말이다. 전자는 더 이상 과거의 혁신적인 정신을 갖고 있지 않고, 후자는 공회전만 거듭하고 있다. 직원 수가 60명 이하면 보통 스타트업이라 불리지만, 직원들이 서로의 이름을 다 기억하지 못하는 등 하나의 공동체가 아니라면 스타트업이라 부를 수 없다고 생각한다." 카페인에 꽤 취한 듯한 그는 이렇게 덧붙였다. "모든 기업주는 가장 설렜던 순간이 창업 초창기라고 말한다. 신선한 아이디어는 있는데 아직 제품은 없는 경우, 어떤 앱이나 특색 있는 아이템을 출시하기로 결정했지만 수익 구조는 명확하지 않은 경우, 이때가 바로 가장 짜릿한 긴장감이 드는 순간이다. 직원이 한 명이었는데 갑자기 열 명이 되었을 때, 돈이 하나도 없었는데 갑자기 수십만 달러가 손에 쥐여졌을 때, 그 순간 흥분은 극에 달한다. 마치 세상 모든 여자와 다 자고 싶어하는 열여덟 살짜리처럼. 스타트업은 중독이다. 첫 번째 샷, 첫 번째 슛과 같은 마력이 있다."

채러티 메이저스는 페이스북과의 계약 조건에 따라 앞으로 2년간 더 멘로 파크에 머물러야 한다. 실리콘밸리에서 '황금 수갑golden handcuffs'이라고 비꼬아 부르는 법적 구속 요건이다. 그런데 자기 몸 안에도 '스타트업 바이러스'가 있다고 말하는 채러티는 벌써부터 페이스북을 떠나고 싶어 죽겠다고 했다. 채러티가 생각하는 성공의 기준은 자신이 얼마나 자립적으로 행동할 수 있으며 자기 일을 스스로 얼마나 제어할 수 있는가이다. 채러티는 자기 돈을 새로운 모험에 재투자하고 싶어한다. 이런 사람들이 있는 곳이 바로 실리콘밸리다. "나는 대기업을 위해 만들어진 사람이 아니다. 직원 5000명 가운데 한 명이 되고 싶지 않다. 나는 5개년 계획 같은 목표가 없는 혼란스럽고 불확실한 상태를 좋아한다. 속도와 자유, 실험을 좋아한다. 내 생활 리듬대로 내가 시간을 선택하여 일하는 것을 좋아하기에, '아침형 인간'은 아니지만 자기 관리에 집착한다. 벤처기업에 다니는 사람들이 성공하려면 자기 관리가 필수적이다. 나는 나 스스로가 정한 규칙을 좋아한다. 또한 이걸 하지 않으면 죽는 상황, 더 이상 선택의 여지가 없는 상태가 좋다. 어떤 스타트업 티셔츠를 입고 있는 누군가를 맨 처음 길에서 마주치는 순간도 좋아한다. 나는 성공 가능성을 기대하는 전율감과 실패의 위험으로 인한 공포감이 좋다." 페이스북 제국 한가운데에 위치한 거대한 식당 안에서, 채러티는 잠시 말을 멈췄다가 마지막으로 결정적인 한마디를 날렸다. "나는 벤처형 인간이다."

모든 게 지리적 문제로 귀결된다. 실리콘밸리는 전 세계 IT 분야의 수도이지만 오늘날 기술적 혁신은 샌프란시스코 시내에서 더 많이 이루어진다. 드롭박스나 넥스트도어Nextdoor, 우버, 옐프, 폐쇄형 SNS인 패스Path 같은 유수의 기업들도 본사 소재지를 시내에 두고 있다. 트위터가 마켓 거리에 자리 잡고 있는가 하면, 일명 '소마SoMA'라고 불리는 사우스 오브 마켓 거리에는 위키피디아와 인스타그램, 징가Zynga, 에어비앤비 등이 소재해 있다. 실리콘밸리의 서니베일에 본사를 두고 있는 야후도 인력 일부를 샌프란시스코 시내 쪽으로 이전시키는 중이다.

"기크 문화, 해커 문화, 반문화 등은 곧 샌프란시스코로 대변된다. 똑똑하고 창의적인 사람이 되고자 한다면 히피와 게이 문화의 본거지인 이곳 샌프란시스코에 와야 한다. 이곳에서는 다들 각자 여러 직업을 갖고 있는데 하나는 돈을 벌기 위한 '본업'이고, 다른 하나는 스타트업에 돈을 투자하는 일이며, 나머지 하나는 좀더 예술적 성향이 강한 '부업'이다. 바로 이 '부업'이 자신이 정말로 좋아하는 일이라서 거기에도 시간을 투자하는 것이다. 차로 한 시간 거리에 있는 사무실 한 곳에서만 일하는 건 샌프란시스코에서는 생각도 할 수 없는 일이다. 사람들은 바로 이런 샌프란시스코에서 살고 싶어한다." 나는 이렇게 설명해준 리사 그린과 카스트로 거리 근처의 한 퓨전 음식점에서 만났다. 리사 그린 역시 캘리포니아 북부에서 흔히 'Three business-card persons'라고 일컬어지는 사람, 즉 여러 직업을 가지고 왕성하게 경제활동을 하는 사람이었다.

샌프란시스코라는 도시 자체를 사랑하는 사람들은 실리콘밸리를 좋아하지 않는다. 실리콘밸리는 부부도심exurbain, 즉 부도심보다 더 멀리 떨어져 있는 제2, 3도시권에 속하기 때문이다. 젊은 사람들은 실리콘밸리를 빠져나와 도심으로 이동한다. 무엇을 하든 도심이 훨씬 좋기 때문이다. 서민 계층도 실리콘밸리를 벗어나 다소 치안이 불안한 '우범지대'나 생활비가 좀더 저렴한 이스트 팰로앨토, 혹은 오클랜드 빈민가에 자리를 잡는다. 사실 실리콘밸리는 지난 30년간 불평등이 가장 높아진 지역 중 하나다. 거대 IT 기업가들이 전 세계적으로 '이상주의자'(혹은 반대로 '포식자')라는 이미지를 갖고 있기는 하나, 그들은 샌프란시스코 베이 에어리어의 빈곤을 없애지는 못했다. 그들은 모든 문제에 대해 '확장 가능한scalable' 해법을 제안하지만, 자신들의 집에서 그리 멀리 떨어지지 않은 곳에 있는 가난한 사람들, 주머니에 돈이 없거나 스마트폰이 없는 사람들에게는 그 어떤 해법도 제시하지 못한다.

창업주들도 샌프란시스코에서 멀리 떨어진 곳에서는 살기를 꺼린다. 매일같이 길고 긴 왕복 통근 시간을 써야 하는 것이 달갑지 않기 때문이다. 그들은 고속도로며 GPS며 교통 체증이며 하는 것들을 다 내키지 않아 한다. 한마디로 도로 위를 장악하고 있는 모든 '자동차 문화'가 싫은 것이다. "팰로앨토와 멘로 파크는 값이 굉장히 뛴 상태고, 거기에는 이제 남은 사무실 공간도 거의 없다. 실리콘밸리는 멀기도 하고 차 없이는 가기도 힘들다. 그래서 벤처기업을 세우는 젊은 청년들은 미션 지구나 소마 지구, 혹은 시내 중심가 같은 샌프란시스코의 '테크' 시티를 더 선호한다." 이렇게 설명한 벤처 캐피털리스트 제프 클래비어는 여전히 팰로앨토에 사무실을 두고 있다(하지만 그 역시 곧 '도시' 쪽으로 사무실을 이전할 계획이다).

제프 클래비어와 마찬가지로 내 취재에 응해준 수많은 개발자와 투자자, 기업주는 모두 '장소' '지역' '커뮤니티' 같은 개념들이 신생 벤처기업에 있어 매우 중요한 의미를 띠고 있다고 주장한다. 조슈아 토레스도 "에어비앤비나 리프트, 스냅챗Snapchat, 패스, 옐프, 넥스트도어 등 요즘 잘나간다는 IT 기업들은 모두 실생활에서의 상호 관계도 중요하게 여기는 기업들"이라고 말했다.

다시 말해 샌프란시스코와 실리콘밸리 안에서도 사람들이 있는 장소, 사람들이 사는 지역, 사람들이 서로 만나는 곳은 여전히 중요하다. 토레스의 말처럼 "페이스북상에서는 같이 커피를 마시지 못하기 때문"

이다. 샌프란시스코 사람들이 자신의 스타트업을 세울 장소를 도시로 할지, 교외로 할지, 실리콘밸리로 할지, 아니면 다른 부부도심으로 할지를 놓고 치열하게 고민하고 있는 현실은 이 같은 '장소'의 중요성을 방증한다. 물리적 세계나 언어적 차이에서 벗어나 모든 사람이 포괄적으로 교류할 수 있는 세계를 만들겠다는 IT 공룡들의 약속은 다른 어느 곳보다 바로 샌프란시스코에서 실현되지 않고 있다. 각양각색의 모습을 보이고 있는 각 지역 인터넷 중에서도 특히 캘리포니아의 인터넷이 그 어느 곳보다 고유한 특성이 두드러진다는 말이다. 거기에 실리콘밸리를 만들어낸 고유의 속성이 내재되어 있기 때문이다. 그 어디서도 모방하기 힘든 하나의 모델이 된 실리콘밸리는 다음과 같은 생태계를 지니고 있다. 연구자, 투자자, 창업자 상호 간에 원활한 교류와 침투가 이루어지고, 캘리포니아 지역 특유의 언어적·문화적 다양성이 존재하며, 창업과 기업활동에 대한 확신을 갖고 있기에 실패에 대해 관대하다. 또한 자본주의와 노동에 대한 개신교적 윤리관과 부富를 나누고자하는 인식도 갖추고 있다. 소프트 파워, '확장 가능성', 역동적인 불안정성, 공동체에 속하면서도 자기만의 차별성을 살리려는 방식, 스탠퍼드의 '시크릿 소스', 샌프란시스코의 반문화 등도 모두 실리콘밸리 생태계 특유의 요소들이다.

휼렛 패커드에서 스퀘어에 이르기까지 디지털 분야의 과거이자 미래인 실리콘밸리는 역설적이게도 그 자체의 특성 때문에 디지털이 완전히 '세계적'인 현상은 될 수 없다는 것을 보여준다. 카일 게이블러도 "앞으로 인터넷과 과학기술은 실생활에서 사람들이 관계를 맺는, 실재하는 '지역'을 기반으로 할 것"이라고 주장했다. 바르트가 핼러윈데이

저녁에 열심히 피클 분장을 한 것도, 피클 앱이 온라인에서 지속적으로 존재하려면 실재하는 지역에도 기반을 마련해야 하기 때문이었다.

제2장

알리바바와 40인의 도적

디지털 지도 위에서 작은 파란 불빛 수천 개가 깜빡였다. 거래 한 건이 성사될 때마다 불빛 하나가 실시간으로 점등되는 그 디지털 지도를 한 번만 훑어봐도 거래가 동부 연안 지대, 즉 동중국해 부근의 베이징에서 광저우에 이르는 지역을 중심으로 이루어짐을 알 수 있었다. 반면 서부에서는 거래가 그리 왕성하지 않은 편이었다. 동남부에는 타이완 섬이 보였는데, 다른 나라들처럼 노란색으로 표시되어 있지만 일개 '지방'으로 간주하는 듯했다.

가로세로 12×10미터 크기의 그 거대한 현황판은 18개 평면 스크린으로 나뉘어 있었으며, 그중 한 화면 위에는 현재 구매가 이루어지고 있는 브랜드의 이름이 표시됐다. 아디다스, 로레알, 유니레버, 갭, 레이밴, 리바이스, 시세이도, 자라, 토털, 삼성 등 세계 유수의 브랜드와 더불어 표준 중국어로 표기된 중국 현지 브랜드도 다수 눈에 띄었다. 이 놀라운 현황판에 오늘날 IT 중국의 얼굴이 실물 그대로 생생히 그려지고 있었다.

"장기적으로 우리는 글로벌 기업이 되기를 꿈꾸지만, 현재로서는 국내 최대의 전자상거래 기업이 된 것에 만족하고 있다." 이와 같이 설명한 젠빙 구즈브는 중국 최대 전자상거래 기업 알리바바Alibaba의 마케팅 본부장이다. '앨릭스'라는 영어 이름으로도 불리는 그는 흰색 반바지 차림에 티셔츠를 걸치고 퓨마 농구화를 신고 있었다. 앨릭스는 "우리 옷차림은 서양 사람과 다르지 않지만 좀더 간소하게 입는 편"이라면서 알리바바 항저우 캠퍼스에서 근무하는 평균 연령 27세의 직원 8000명(알리바바 전체 직원 수는 2만4000명) 가운데 "넥타이를 맨 사람은 아무도 없다"고 덧붙였다. 내가 앨릭스를 만난 곳은 알리바바 항저우 캠퍼스 안에 있는 스타벅스였다. 상하이에서 급행열차로 한 시간가량 소요되는 저장 성의 성도省都 항저우는 인구 500만이 넘는 대도시다.

1999년에 마윈馬雲(서양식 이름은 잭 마Jack Ma)이 세운 기업 알리바바는 중국 웹의 상징이다. 중국의 스티브 잡스로 통하는 마윈은 지금이야 백만장자 대열에 오른 기업인이지만 원래는 무술에 조예가 깊은 영어 교사였다. 아마존과 이베이, 페이팔의 사업 형태를 다 섞어놓은 듯한 알리바바는 오늘날 그 세 미국 기업 모두를 합친 것보다 거래 규모가 크다. 이에 '세계에서 제일 큰 시장'이라는 별명까지 얻었다. 알리바바에서는 개인과 개인, 기업과 기업, 개인과 기업 간의 거래가 모두 이루어진다. 정치적으로 세계 최대의 공산주의 국가였던 중국이 알리바바로 인해 이제는 세계 제일의 자본주의 국가가 된 셈이다. 알리바바가 '복제본'만 아니었다면, 이 기업의 성공 스토리는 완벽에 가까운 이미지를 얻게 되었을 것이다.

알리바바의 오픈 마켓 타오바오Taobao는 이베이를 따라 했으며, B2C(기업-개인 간 거래) 사이트인 티몰Tmall은 아마존을, 온라인 결제 시스템 알리페이Alipay는 페이팔 방식을 벤치마킹했다. 차이나 야후를 인수해 중국 내 야후 서비스의 지휘봉까지 손에 쥔 알리바바는 초창기 경제 모델이 B2B(기업 간 거래)였기에 그에 특화된 플랫폼도 가지고 있다. 게다가 중소기업에 대출 서비스를 제공하는 은행 사이트와 온라인 보험 서비스, 클라우드 서비스를 제공하는 알리윈Aliyun까지 갖춘 알리바바는 실로 제국과 같은 모습이다. 2014년에 뉴욕 증권시장은 사상 최대 규모의 테크 기업 상장을 맞이하게 되었다(알리바바의 시가총액 평가액이 2230억 달러로 이베이와 트위터, 링크드인 모두를 합친 것보다 더 많았기 때문이다). 서구권에서는 구글, 애플, 페이스북, 아마존을 통칭하는 'GAFA'의 시장 지배적 지위 남용을 우려하지만, 중국에서는 바이두Baidu, 알리바바, 텐센트Tencent를 칭하는 'BAT'의 독점이 우려되는 상황이다. 앨릭스는 다음과 같이 말했다. "우리 힘은 곧 내수 시장의 규모에 있다. 중국을 선도하는 인터넷 기업은 해외에서 이전한 기업도 아니고, 해외 하도급 업체도 아니다. 전부 다 중국 내수 시장을 직접 겨냥하는 자생 기업들이다. 다만 그 기업들은 아직 창의력과 혁신 부문에서 취약하다. 우리에겐 최고의 엔지니어가 있지만, 아이디어나 특허는 부족하기 때문에 다른 곳에서 무엇이 어떻게 이루어지고 있는지를 유심히 살펴본다. 미국 기업들은 하나같이 중국에서 고배를 마셨다. 유튜브와 이베이, 야후, 구글, 트위터 모두가 중국 상륙에 실패했다. 우리가 그 기업들을 다 격퇴한 셈이다."

격퇴를 한 것일까 아니면 표절을 한 것일까? 중국은 부족한 창의력을 해결하기 위한 솔루션으로 웹 세계에 중국판 복제품을 내놓았다. 어떻게 하면 미국의 지배를 받지 않고 강력한 인터넷을 구축할 수 있을까, 또 어떻게 하면 아이디어 부족 상태에서 혁신을 이루어낼 수 있을까를 고민하다가 모방이라는 해법을 찾아낸 것이다. 런런Renren(페이스북)을 비롯하여 유쿠Youku(유튜브), QQ(MSN), 웨이보Weibo(트위터), 베이더우Beidou(GPS), 메이퇀Meituan(그루폰), 웨이신Weixin(WhatsApp) 그리고 바이두(구글)에 이르기까지 미국식 웹 서비스를 모방한 사례는 끝이 없다. 중국이 벤치마킹한 미국 사이트들은 아예 중국에 인수되거나 아니면 중국 땅에서는 접근이 차단되든가 검열을 당하는데, 그 이유는 명확하지 않다. 공식적으로는 그 어떤 미국 사이트도 중국 땅에서 불법이 아니기 때문이다. 중국 내 10여 개 대도시에서 중국판 복제 사이트에 접속해보고 또 그런 사이트를 만드는 회사들의 지사가 있는 홍콩과 싱가포르, 타이완 등을 방문해본 결과, 나는 중국인들이 미국인들과 동일한 웹 서비스를 이용하고 싶어하면서도 미국에 의존적이 되는 것은 싫어한다는 사실을 알 수 있었다. 그래서 그들은 복제로 문제를 해결하려 한 것이다.

그리고 중국은 미국 따라잡기에 성공했다. 상하이에서 베이징으로 달려가는 초고속 열차 안에서, 나는 매우 큰 역사驛舍와 교각, 우회 도로 등을 바라보면서 중국 전체의 규모를 가늠해보았다. 상하이에서 베이징까지만 해도 1300킬로미터나 되었기 때문이다. 휜한 열차 내부에 신문이나 책은 거의 보이지 않았다. 다들 틈만 나면 화면을 들여다보고 있었다. 사람들이 정보를 얻는 공간도, 교류하는 공간도 모두 화면

속에 있었다. 열차 내 바에서 젊은 중국인들은 딸기 맛 쭝쯔粽子 등과 함께 국화차를 마시며 런런이나 웨이보로 메시지를 주고받았다. 바로 옆에 있는 사람과는 별 대화를 하지 않았다. 기차가 빠른 속도로 양쯔 강이나 황허 강 유역 등을 지나갈 때만 가까스로 고개를 들 뿐, 그들의 시선은 대개 화면에 고정되어 있었다.

베이징 서북부에 있는 외곽 도로 3번과 4번 사이에 위치한 바이두 본사의 대변인 카이저 쿼이광은 "바이두는 구글 복제판이 아니다"라고 주장했다. 그는 그 자본주의 다국적기업에서 검은 안경과 찢어진 청바지, 그리고 하나로 묶은 긴 머리로 로커 이미지를 연출하고 있었다. 시간이 날 때면 헤비메탈 그룹 탕 다이너스티Tang Dynasty에서 기타리스트로 활동한다는 그는 팔에 낀 맥북에어를 한시도 내려놓지 않았다.

베이징의 전자 상가 밀집 지역 중관춘에 소재한 바이두 단지는 미국화된 초현대식 분위기였다. 건물 안으로 들어갈 때 내게 준 출입증 카드에는 '방문객Visitor'이 아닌 '친구Friend'라는 글자가 쓰여 있었다. 카이저 쿼는 "이곳에서 우리는 아무것도 숨길 게 없다. 모든 건 상당 부분 개방되어 있다"고 우렁찬 목소리로 말했다. 하지만 서버실에는 들어가지 못하게 했다. 지하에 있을 것으로 예상되는 바이두 서버실은 아마 중국에서 가장 많은 컴퓨터가 상호 접속된 상태로 모여 있는 곳일 것이다. 하지만 그 수가 정확히 몇 대인지는 비밀에 부쳐지고 있다.

'공개'된 바이두 캠퍼스 곳곳은 인상적인 풍경이었다. 자유롭게 쉴 수 있는 분수대 공간이 조성되어 있었고, 조화로운 개방형 공간도 보였으며, 휴식을 취할 수 있는 가죽 안락의자가 마련된 원형 캡슐 형태의 공간도 눈에 띄었다(그 안에 들어가보니 직원 세 명이 낮잠을 즐기고 있었다). 홀에 놓인 커다란 게시판에는 바이두 직원들이 마음껏 휘갈긴 낙서들이 보였다. 전체 1만6000칸 가운데 5000칸을 메우고 있는 그 낙서들 중에는 'Do it! Be cool! Have fun!'이나 'Cool attitude'라는 것도 있었고 'We are hackers'라는 표현도 눈에 들어왔다. 바이두 캠퍼스 내에 있는 한 카페에서 카이저 궈는 내게 작은 목소리로 다음과 같이 속삭였다. "딱 봐도 동성애자로 보이는 게이 무리가 눈에 띌 때도 있다." 마치 상상할 수 없는 범법 행위라도 알려주는 듯 그렇게 말하며 내게 미소를 지어 보이는 그에게, 나 또한 미소로 화답했다. 요컨대 베이징 외곽의 첨단 신도시에 있는 바이두 캠퍼스는 '중국판 실리콘밸리'인 셈이다.

중국의 복제 시스템은 실로 기발한 발상이었다. 비용을 들이지 않고 혁신 사업을 일구어 중국 나름의 훌륭한 사업 모델을 구축했기 때문이다. 남의 것을 훔치는 방식의 경제 모델이긴 하나, 그래도 어쨌든 일거양득의 효과는 누린 셈이다. 하지만 바이두 대변인인 하드록 뮤지션의 생각은 조금 다른 듯했다. 그는 여러 가지 논거와 예를 들며 바이두가 결코 구글의 단순한 복제본이 아니라고 역설했다. 우선 중국을 상징하는 판다 발자국으로 만든 브랜드 로고만 하더라도 구글과 차별성이 있고, '바이두百度'라는 이름 역시 중국 고대 시에서 가져온 거라며 내게 시 한 수를 읊어주었다.

정처 없이 군중 속을 수백 번, 수천 번 헤매다 衆里尋他千百度

홀연히 고개를 돌리니 驀然回首

어두운 불빛 아래 그녀가 거기 있네 那人卻在燈火闌珊處

이 시에 등장하는 '百度'에서 바이두라는 명칭을 따왔다니 실로 굉장하지 않은가?

바이두만의 또 한 가지 특징은 전적으로 한자에 최적화된 검색엔진으로서 한자 사용자의 조회 및 검색 기능을 개선시켰다는 점이며, '박스 컴퓨팅Box computing'도 독창적인 시스템이라고 카이저 쿼는 강조했다. 가령 구글 검색창에 책이나 영화 제목을 입력하면 검색 결과 페이지에 그와 관련된 링크들만 뜬다. 그러나 바이두 검색창에 같은 제목을 입력하면 박스 컴퓨팅 시스템에 의해 링크는 물론이고 콘텐츠 자체도 노출된다. 그 콘텐츠가 중국에서 제작된 것이라면 바이두와의 사전 계약을 통해 합법적으로 배포된 것일 가능성이 높지만, 외국에서 제작된 것이라면 불법적으로 배포된 것일 가능성이 높다(할리우드의 미국 영화협회Motion Picture Association는 이 문제로 바이두와 법정 공방을 벌인 바 있다). 따라서 이 검색엔진을 통해서는 불법 배포된 음원도 얼마든지 다운받을 수 있다.

어쨌거나 바이두는 '바이두 뉴스'를 통해 뉴스도 제공하고, "구글 맵보다 더 정확한" '바이두 맵'이라는 로드뷰 맵 서비스도 하고 있으며, '바이두 비디오 서치' 서비스를 통해 스트리밍 영상도 제공하고, 중국판 위키피디아인 '바이두 바이커'도 서비스한다. 카이저 쿼는 이 모두가 국내에서 만들어졌다는 뜻으로 '홈그라운homegrown'이라는 단어를 힘주어 말했다.

바이두 대변인의 말을 듣고 있으니 갑자기 (최소 3000만 명의 목숨을 앗아간) 중국 토지개혁에 동원되었던 인민군이 생각났다. 바이두도 인민군처럼 민주주의를 실현시키는 존재로서의 좋은 측면만 부각되고 있다고 느껴졌기 때문이다. 카이저 쿼는 바이두가 "4만여 명의 외부 개발자들에게 사이트 개발 업무를 맡기는 개방된 모델"이라면서(이 부분의 사실 여부는 확인이 불가하여 입증 자료가 필요할 듯하다) 7만 개 이상의 애플리케이션을 중국의 독립적인 벤처기업들이 만들어낼 예정이라고 말했다. 이 이상적인 모델을 제시한 과정에서 바이두는 나스닥에 상장되었지만, 같은 시기에 조세 피난처인 케이맨 제도에도 법인 등록되었다(이는 미 증권거래위원회의 문서는 물론 바이두 연례 보고서 도입 부분에서도 확인할 수 있다).

그렇다면 검열 문제는 어떨까? 외국인 응대 경험이 많은 카이저 쿼는 이 문제를 피하려 들지 않았다. 명민한 사람인 그는 일단 바이두 웹상에서 '필터링' 작업이 이루어지기도 한다는 점을 인정했다. 역설적이게도 바로 이 점이 바이두가 구글의 단순 복제판이 아니라는 사실을 증명해준다. 중국판 위키피디아인 바이두 바이커에서는 어느 정도나 자유재량의 여지가 있을까? "바이두 바이커는 협동 기반 웹사이트의 일종으로, 수백만 네티즌이 웹 페이지 작성에 참여한다. 웹 페이지를 작성하는 사람과 이를 편집하는 사람 등 각 유저는 자신의 고유 계정을 하나씩 갖고 활동하며, 작업 결과에 따른 '점수'를 받는다. 처음에는 누구나 낮은 점수에서 시작하기에 편집 권한은 얼마 주어지지 않는다. 점점 편집 권한이 커져 결국 다른 사람의 글까지 통제할 수 있는 권한이 주어지는 식이다." 이 대목에서 나는 웹상의 경력에 따라 활동 권한이 달라지는 바이두 바이커 방식에 주목했다. 이는 중국 인민군과 같은 방식이었다. 나는 바이두 맵도 편집과 차단이 이루어지는지 집요하게 물어봤다. 이에 카이저 쿼는 좀더 공손하게 말했다. "바이두는 중국 전체를 포괄해야 한다. 바이두는 인터넷에 매일같이 접속하고 인터넷 전자상거래 사이트에서 물건을 구매하는 학생, 청년, 회사원 등을 위한 공간이기도 하지만 인터넷을 이제 막 알기 시작한 알파벳을 잘 다루지 못하는 사람이나 연세가 많은 어르신, 웹 접속을 자주 하지 않는 사람 등 중국 전체를 위해 존재하는 공간이 되어야 한다는 뜻이다. 그러니 각 지역 고유의 언어와 관습을 존중해야 한다. 변방 지역에 속하는 중국까지 포함해야 하는 것이다." 완벽한 영어를 구사하는 카이저 쿼는 소위 말하는 'ABC'였다. 'ABC'란 중국계 미국인인 'American-born Chinese'를 뜻한다. 그는 뉴욕에서 자랐는데, 그 때문에 자신의 중국어가 영어 실력보다 못해 유감이라고 했다. 끝으로 그는 의미심장한 문장으로 말을 맺었다. 예기치 못한 순간에 무녀가 뼈 있는 일침을 가하듯 그는 이렇게 얘기했다. "바이두의 전략과 중국 정부의 전략이 반드시 같은 것은 아니다."

그렇다면 바이두의 적이자 쌍둥이 형제 같은 존재인 구글은 중국에서 어떻게 되었을까? 구글은 중국 저항운동가들의 G메일 계정이 해킹되자 중국 본토에 있던 지사를 홍콩으로 옮겼다. 바이두 본사에서 이 문제에 대해 언급하고자 하는 사람은 아무도 없었다. 그런데 베이징에서 만난 다수의 중국 전문가들은 익명을 전제로, 중국 공산당 정부의 제1목표는 바이두의 편의를 봐주는 것이며 검열 또한 그 목표에 이르기 위한 하나의 수단에 불과하다고 말했다. 이 말이 사실이라면, 중국 당국의 검열은 정치적 차원의 일일 뿐만 아니라 경제 애국주의의 한 형태인 셈이다. 국제사회의 자유경쟁 규정에 서명한 중국이, 그 규정이 금지하는 보호주의를 실행하기 위해 검열이라는 속임수를 사용했다는 뜻이기 때문이다. 오늘날 중국 시장 점유율에서 바이두는 60퍼센트 이상을 차지하며, 구글은 그보다 한참 뒤처져 있다. 매월 집계되는 검색 문건 수가 수십억에 달하는 바이두의 검색 로봇은 매일 8억 개 이상의 웹 페이지를 분류하고 업데이트할 수 있다. 바이두의 수입은 매출액의 95퍼센트를 차지하는 광고 수입에 힘입어 기하급수적으로 늘어나고 있다.

이렇듯 바이두는 실로 구글 최대의 경쟁사가 되었다. 그러나 구글은 세계 도처에서 이용되지만, 바이두는 아직 거의 중화권에서만 이용되고 있다. 그래서 바이두는 일종의 중국 인트라넷이 아니냐며 그 폐쇄성을 비판받기도 한다.

이에 대해 카이저 퀴는 다음과 같이 항변했다. "바이두는 글로벌 시장으로 진출하고 싶어한다. 글로벌 시장 밖에서 혼자 고고히 있고 싶은 마음은 전혀 없다. 우리는 중국 인트라넷이 아니라 중국의 글로벌 인터넷을 만들고자 노력한다." 현재로서 바이두의 세계화 작업은 일본의 온라인 쇼핑몰 라쿠텐Rakuten 및 미국의 동영상 사이트 훌루Hulu와 손잡은 수준에 그친다. "사실이긴 하다. 우리는 아직 지나치게 중국에 한정되어 있다. 그러나 앞으로는 상황이 달라질 것이다. 우리는 중국어 이외의 언어도 포함시키고자 하며, 이미 베트남과 이집트, 타이, 브라질에 진출해 있다. 머지않아 터키와 말레이시아로도 진출할 것이다." 내가 이란, 쿠바, 북한에는 진출할 생각이 없냐고 물어보자, 노련한 카이저 퀴는 내가 놓은 덫에 걸려들지 않고 이렇게 말했다. "그쪽은 우리의 개발 모델과 다르다. 게다가 이란에 바이두를 개설하면 사람들의 중국에 대한 편견을 더욱 강화시키는 꼴이 될 것이다. 아직 완전히 결정된 것은 아니지만, 우리는 다음으로 진출할 나라로 인도, 인도네시아, 브라질, 멕시코 같은 신흥개도국을 염두에 두고 있다. 유럽이나 중동 지역도 고려하고 있다. 우리는 서두르지 않고 조금씩 해외로 진출하면서 세계 제2의 검색엔진이 되는 날을 기다릴 것이다. 바이두는 중국 내에서도 로컬화를 지향했듯이, 세계로 진출할 때도 각 나라의 언어와 전통을 존중하는 로컬화 전략을 쓸 것이다. 그렇게 하면서 바이두가 글로벌 사이트로 변모할 날을 기다릴 것이다." 그의 말을 듣고 있자니 유럽의 정신적 아버지 장 모네가 남긴 명언이 떠올랐다(참고로 장 모네는 유럽 경제 통합의 밑거름을 마련해준 프랑스의 경제학자다). '중국에서는 기다리는 법을 알아야 한다. 그리고 미국에서는 되돌아가는 법을 알아야 한다. 이는 두 가지 형태의 서로 다른 기다림에 해당한다.'

1억5443만6443명. 중국의 검색 포털 QQ의 건물 안에 들어서는 순간, 거대한 스크린 위에 이와 같은 온라인 접속자 수가 실시간으로 표시됐다. 텐센트의 영향력을 실감하게 해주는 순간이었다. 1998년에 만들어진 텐센트는 MS의 핫메일이나 구글의 G메일과 같은 형태의 메시징 서비스로 사업을 시작했다가, 이후 야후나 AOL 같은 온라인 포털 QQ.com을 만들면서 그 안에 여러 기능을 추가시켰다. 포털 사이트이자 전자상거래 사이트인 QQ는 온라인 음악이나 인터넷 영화 감상, 컴퓨터게임 같은 주요 엔터테인먼트 분야에서도 선두를 달리고 있다. MS의 MSN과 비슷한 인스턴트 메시지 서비스 QQ는 그룹의 유인 상품에 해당하나, 활성화되어 있는 계정이 8억 개에 달해 부러움을 사고 있다(텐센트 측에서 알려준 수치는 8억 개이나 다른 전문가들은 4억 개 정도라고 말하기도 한다).

텐센트 본부는 선전深圳에 소재해 있다. 30여 년 전만 하더라도 평범한 일개 마을에 불과했던 선전은 오늘날 중국에서 네 번째로 큰 도시가 되었다. 광저우와 홍콩 사이에 위치한 선전은 50여 킬로미터에 걸쳐 길게 뻗어 있는 도시로, 인구는 1000만 이상이다. 도시권 전체를 포함하면 1700만 이상이 살고 있다. 중국 대륙 최남단의 도시 선전이 오늘날과 같이 눈부신 발전을 거듭할 수 있었던 것은 정부 정책 덕분이다. 1979년, 마오쩌둥의 뒤를 이은 덩샤오핑은 주장 강 삼각주 지역을 경제특구로 선정했다. 1992년 1월 18일, 덩샤오핑이 "인민들을 부유하게 만들어야 한다"는 유명한 말을 한 곳도 바로 선전 경제특구였다.

어쨌든 중국이 조금씩 '국영 자본주의' 모델을 수립해온 것은 사실이다. 덩샤오핑이 남긴 또 하나의 유명한 표현인 '사회주의 시장경제'에서 비롯된 이 국영 자본주의 역시 권위주의적이긴 하지만, 자본주의임에는 틀림없다. 생각하기에 따라서는 '국영'과 '자본주의'가 결합된 이 개념이 허무맹랑하게 들릴 수도 있지만 말이다. 역동적인 것은 물론이고 때로는 잔인하기까지 한 '진짜' 자본주의와 여전히 레닌주의를 추구하는 정치 체계의 기이한 조합이 탄생시킨 국영 자본주의는 '중국 경제의 기적'을 낳았다. 물론 중국 정부 내에 부패가 만연해 있고 법치주의가 부재한 상황이므로 이 같은 '기적'은 시각에 따라 다르게 평가될 수도 있다. 2015년 4월에 『뉴욕 타임스』는 중국 정부가 여러 억만장자와 직접적인 금융 커넥션을 맺고 있다는 것을 밝혔는데, 그중 한 사람이 쇼핑몰 및 영화 네트워크로 유명한 완다 그룹의 왕젠린 회장이다. 인터넷에 지대한 관심을 갖고 있는 이 재계의 거물이 과거에 운영한 기업의 주주 및 과거 투자자 중에는 시진핑 주석의 가족과 공산당 중앙 정치국 간부, 전직 총리 측근 등이 포함되어 있었다.

선전 경제특구 서남부에 위치한 난산구 검문소는 형식적인 검사만 대충 하고 나를 통과시켜주었다. 난산구로 들어서자마자 나는 선전이 왜 '중국식' 자본주의 모델의 실험실이 되었는지를 알게 됐다. 눈앞에 아찔하게 솟아오른 마천루 숲은 두바이나 홍콩, 타이베이의 고층 빌딩 숲과 견주어도 손색이 없었다. 도심 외곽으로는 회색 막대기처럼 보이는 100여 개의 아파트가 수십 킬로미터에 걸쳐 펼쳐져 있었다. 아파트 창문마다 널려 있는 빨래가 보였고, 창문 옆에는 위성 TV 신호를 잡아주는 안테나가 설치되어 있었다. 위풍당당한 마천루 숲과 고향을 떠나온 사람들의 소박한 거주 공간이 동시에 존재하는 그곳을 보니, 중국에도 발자크 같은 인물이 나와 문화혁명에서 시장경제로 넘어가는 이 과도기 현장에서 살고 있는 사람들의 이야기를 글로 써줬으면 싶었다.

선전 남부의 하이테크 단지에는 ZTE 본사가 위치해 있다. 주요 통신 장비 업체이자 스마트폰 제조사인 ZTE에서 그리 멀지 않은 곳에는 텐센트 본사가 있다. 텐센트 이사인 베로니카 황은 다음과 같이 말했다. "이 단지에서 일하는 텐센트 직원은 1만2000명이지만, 중국 전국에서 일하는 텐센트의 총 직원 수는 2만여 명 정도다. 직원들의 평균 연령은 26세이며, 관리자급 연령도 30대에서 최대 40대다."

중국의 이 거대 넷 기업은 인스턴트 메시지 서비스 QQ 외에도 50여 개의 다양한 서비스를 거느리고 있다. 텐센트의 혁신 사업은 계속 이어지고 있으며, 베로니카 황에 따르면 그 가운데에서도 특히 두 가지가 역점 사업인 듯했다. 바로 웨이신과 웨이보로, 전자는 3억 명의 유저를 거느린 무료 모바일 메신저이고 후자는 트위터 같은 마이크로 블로그 서비스다.

그 두 가지도 놀라운 수준의 복제판이다. 페이스북에 인수된 왓츠앱 WhatsApp은 스마트폰에서 메시지와 함께 사진, 동영상을 주고받을 수 있게 해주는 서비스다. 페이스북과 인스타그램, 트위터의 기능을 혼합한 서비스인 것이다. 웨이신은 바로 이 왓츠앱의 복제판이다(텐센트는 웨이신과 같은 기능을 원하는 서구권 사용자를 위해 위챗WeChat도 출시했다). 웨이보는 트위터와 마찬가지로 140자 단문 메시지 서비스를 제공하는데, 한자 특성상 라틴어 계열의 알파벳과 달리 훨씬 많은 내용을 전달할 수 있다. 중국어에서 140자는 서양어 140단어에 가까운 수준이다. (마이크로 블로그 서비스 분야에서는 현재 다섯 군데 중국 업체가 서로 경쟁하고 있다. 모두 '웨이보'라는 말을 공통적으로 사용하는 이 업체들은 '텐센트 웨이보' '소후 웨이보' '런런 웨이보' '바이두 웨이보' '시나 웨이보'다. 그중 '시나 웨이보'가 가장 널리 사용된다.)

베로니카 황의 안내를 받아 들어간 텐센트 본사 안의 한 카페는 스타벅스 로고만 없을 뿐 스타벅스 판박이였다. 치즈 케이크도 팔고 있는 그 카페 안에는 이달의 우수 점원 사진이 걸려 있었고, 중국인 1억 명의 인지도를 보유한 텐센트 로고가 박힌 판매용 펭귄 인형도 놓여 있었다. 선전에 자리한 기업들은 상당한 규모의 세금 면제 혜택을 받을 수 있으며, 통관 편의는 물론 원활한 자본 수출입을 위한 은행 우대도 받을 수 있다. 국제 금융 허브인 홍콩과의 근접성까지 지닌 선전은 기업들이 금융 관련 법망을 교묘하게 피해 자금을 운용할 수 있는 '회색 지대'이기도 하다. 선전은 IT 기업들이 상장되어 있는 중국판 나스닥을 포함한 두 개의 주식시장이 있는 도시이기도 하다.

이 같은 '선전 생태계'는 노동자뿐만 아니라 신흥 지식인 계층도 유인한다. 우선 제1생태계가 형성되는 곳은 저 유명한 홍콩 대학의 선전 캠퍼스를 필두로 한 여러 대학 캠퍼스다. 선전 지역 대학들은 인구 증가와 맞물려 성장해왔다. 중국 국민의 대학 진학률은 한 세대 만에 6퍼센트에서 30퍼센트로 증가했다. 현장 노동자와 근로 소득자의 경우, 유연한 행정 조치 혜택을 받는다. 가령 해당 지역 거주 권한과 관련된 일종의 호적인 '후커우戶口' 제도는 실질적으로는 주민들의 거주지 변경을 막아 이농 현상을 원천봉쇄하고자 만들어진 악명 높은 제도다. 그러나 선전 특구에서 일하고자 하는 사람들은 선전 지역의 후커우 취득이 상대적으로 수월하다. 이렇듯 여느 지역과 달리 선전 지역으로의 주거지 이전이 자유로워지면서, 예기치 못한 결과가 나타났다. 중국 남부에서는 통상 광둥어를 사용하나 선전 지역에서는 표준 중국어 사용이 확대되고 있는 것이다. 베로니카 황은 선전 시가 한마디로 "선구적 도시"라고 이야기한다.

텐센트 본부로부터 그리 멀지 않은, 같은 선전 하이테크 단지 내 한 곳에 ZTE 타워가 자리하고 있다. ZTE 타워는 워낙 높이 솟아 있어 멀리서도 한눈에 알아볼 수 있으며, 그 꼭대기에는 커다란 이니셜 로고가 불빛에 환히 빛난다. ZTE의 전략본부장 궈이둥은 "ZTE는 하드웨어 업체이나, 이곳에 있는 회사 대부분은 소프트웨어 업체"라고 설명한다. ZTE 사는 텔레비전, 스마트폰, 전자칩 등을 생산하는 기기 제조 업체다. 그곳 사람들이 내게 구석구석을 다 보여준 안드로이드 스마트폰 ZTE Blade 880은 전 세계적으로 1000만 대 이상 팔린 모델이다.

ZTE의 또 다른 책임자 케빈 킴은 나를 휴대전화 제조 공장으로 안내했다. 골프 카트를 타고 통로 이곳저곳을 돌아보는 동안 하얀 옷차림의 노동자 수십 명을 볼 수 있었는데, 그들은 커다란 기계 위에서 꼼짝 않고 작업에 매진하는 듯했다. 가까이 다가가서 보니 그들은 정말로 '꼼짝 않고' 있었다. 기기들이 모두 정지 상태였기 때문이다. 실로 놀라운 '무대'가 아닐 수 없었다. 그 공장은 시연 공장이었던 것이다. 실제 공장이 아닌 이 같은 '가짜' 공장은 외부인의 공식 방문을 위해 만들어진 곳으로, 직원들은 모두 '엑스트라' 연기를 하고 있다. 겉은 그럴듯하지만 속은 아닌 이 중국식 포템킨 마을에 나는 감탄하기도 했지만 동시에 놀랍다는 생각도 들었다.

ZTE의 실제 공장은 따로 있다. 화웨이Huawei, 쿨패드Coolpad, 레노보Lenovo와 마찬가지로 ZTE는 전 세계 주요 휴대전화 단말기 제조업체 중 하나다. 이들 중국 기업은 현재 시장 선도 기업인 한국의 삼성전자를 위협하고 있다. 대중에게는 아직 잘 알려지지 않은 ZTE는 오랜 기간 '화이트 박스' 단말기를 제조해왔다. '화이트 박스'란 제조사의 브랜드가 부착되지 않은 상품을 의미한다. ZTE는 보다폰Vodafone과 텔레포니카Telefonica, 오랑주Orange, AT&T 및 그 외 전 세계 50여 개 휴대전화 사업자의 저사양 휴대전화를 주로 만들어왔다. 다만 단말기에 ZTE 로고가 드러나 있지 않을 뿐이다. 현재 중국의 연간 스마트폰 판매량은 2억대 이상이며, 중국은 이제 무명의 제조업체 신분에서 탈피하려 하고 있다. 자기 이름을 갖고 이 덩치 큰 시장의 파이 일부를 취하려는 것이다.

중국의 국내시장 경쟁은 상당히 치열하다. 중국은 중앙집권적 공산주의 국가이면서도 국내 선발 주자 사이의 내부 경쟁을 관대히 용인한다. 기업들은 서로 간에 상대적인 자율권을 보장받으며, 서로에 대한 그 어떤 공격도 허용된다. 이 같은 중국 시장에서 ZTE는 화웨이와 겨루는 상황이다. 화웨이 또한 선전에 본부를 두고 있는 휴대전화 단말기 제조업체다. 중국 휴대전화 제조업체는 각자 자사 기밀을 철저히 보호하고 있으며, 필요하다면 경쟁을 복잡하게 만드는 인수 작업도 불사한다. ZTE 대학의 두에인 코빗은 다음과 같이 말했다. "화웨이와 달리 ZTE는 인수 작업에 치우치기보다는 내적 성장을 기하는 편이다. 하지만 그러다보니 앞선 기술력을 유지하기 위해 R&D 분야에 전력을 다해야 한다." 중국 기업 간의 이 열띤 경쟁은 해외에서 지켜보는 이로 하여금 놀라움을 자아낸다. 온라인 백과사전 분야에서도 위키피디아의 두 카피캣(후둥Hudong과 바이두 바이커)이 서로 경쟁을 벌이고 있고, 유튜브의 세 카피캣(유쿠, 투더우Tudou, 바이두 비디오Baidu Video)과 트위터의 다섯 개 카피캣 사이의 경쟁도 치열하다. 이 또한 중국 나름의 전방위적 자본주의에 해당한다. 민족주의 양상으로 보일 수도 있지만 어쨌든 중국 내부적으로 경쟁이 이루어지고 있기 때문이다.

검열 당국은 잠도 한 눈으로 잔다

"웨이보에서 트위터를 번역하는 건 개인적으로 즐겨 하는 심심풀이 중 하나"라며 젊은 블로거 위(가명)는 자신의 활동에 대해 자랑스레 얘기했다. 중국에서 트위터는 거의 100퍼센트 검열이 이루어지므로 트위터에 접속이 가능한 사람들은 베스트 트윗 내용을 번역하여 자국 내 마이크로블로그에 올리는 경우가 많다. 스물세 살인 이 청년은 통신 전문 학과에 재학 중인 대학생 신분이라서, 두려울 게 아무것도 없었다. 베이징 시내의 한 호텔 카페에서 만난 그는 중국의 검열제도에 대한 인터뷰를 수락해주었다. 공공연히 검열에 대해 이야기한 그는 약간의 우회 수단을 통해 검열을 피하고 있었다.

대부분의 중국 사회운동가와 마찬가지로 위가 사용하는 프로그램도 'VPN'(Virtual Private Network)이라는 가상 네트워크 구축 프로그램이었다. 이 같은 조작 기술을 사용하면 이용자의 컴퓨터가 '프록시' 서버에 연결되어 이용자의 현재 위치가 캐나다 같은 다른 지역으로 재설정된다. 따라서 인터넷 서치를 할 때도 중국 검열 당국에 중국인으로 보이지 않는 상태로 자유롭게 웹 서핑을 할 수 있다. VPN 방식이 막히면 접속 차단을 방지하는 IP 우회 프로그램을 사용한다. 울트라서프의 U999나 프리게이트, 4shared.com 같은 우회 프로그램이 이에 속한다. 손쉽게 이용할 수 있는 이 기술적인 방식을 쓰면 검열을 피해 익명으로 주장을 펼 수 있으며, 중국 이외 지역으로 설정하여 가상으로 만든 IP 주소를 이용하거나 조회한 웹 페이지 내역을 모두 안 보이게 처리할 수 있다. '어니언 라우팅'이라는 방식도 있다. 이는 양파 껍질처럼 겹겹이 암호화 층을 구축해 추적을 어렵게 만드는 방식으로, 서로 다른 네트워크를 중계해주는 라우터가 여러 개로 구축되어 특정 메시지가 어디서 와서 어디로 가는지 그 경로를 알지 못하게 한다. 데이터 이동 경로도 뒤죽박죽 섞이고 콘텐츠 내용 또한 하나의 층위를 넘어서면 해독이 어렵기 때문에, 데이터의 내용과 경로 모두 익명성이 보장된다(통상 '토르Tor' 시스템이라고도 하며, 'Invisible Internet Project, I2P'라는 표현도 쓴다).

위가 트위터를 조회하고 자신이 유용하다고 생각하는 트윗 내용을 중국어로 번역해 중국 사람들에게 배포할 수 있었던 것도 바로 VPN 프로그램 덕분이었다. 그가 번역하는 트윗들 중에는 할리우드 스타나 미국 영화, 주류 랩 등에 대한 평이한 연예 정보도 포함되어 있다. 그의 계정이 그토록 인기를 끌었던 이유가 바로 여기에 있는 것일까? 어찌 됐든 그의 웨이보 계정은 20만 중국인이 팔로잉하고 있다. "내가 만일 텐안먼 광장에서 타이완 국기를 흔들며 시위를 하는 사람들 얘기를 한다면, 혹은 마오쩌둥 캐리커처를 들고 시위하는 티베트 게이에 대한 이야기를 한다면, 당국에선 분명 나를 검열할 것이다. 따라서 검열 당국보다 영리해져야 한다. 당국에서 내 계정을 폐쇄하면 나는 다른 데로 간다. 웹상에서는 내가 저들보다 더 빠르다." 그러면서도 위는 검열 체계가 전보다 더 개선되었다며 유감스러워했다. 과거에 비해 지금은 검열도 훨씬 더 교묘하게 이루어진다는 말이었다.

이는 분명한 사실이다. 2009년에 중국의 아티스트 아이웨이웨이의 블로그가 갑자기 폐쇄되는 상황에 처한다. 시나 호스팅을 이용하던 그 블로그는 구독자 수가 1300만 명이 넘었음에도 중국 당국이 그 같은 폐쇄 조치를 강행했던 것이다. 그러나 요즘에는 검열이 좀더 '스마트'하게 이루어진다. 블로그 하나를 아예 막아버리기보다는 일부 페이지만 막아버린다든가, 해당 페이지의 화면이 상당히 느리게 로딩되게끔 하여 기다리다 지친 사람들이 다른 데로 가버리도록 유도하는 것이다. 위의 설명에 따르면 검열 당국은 여기서 한발 더 나아간다. 일단은 특정 저항운동가가 자신의 웨이보에서 140자 이내의 글로 마음껏 의사 표현을 하게끔 방임하다가, 이어 고도의 기술적 조치로 본인 이외의 사람은 그 글을 읽을 수 없게 만든다는 것이다. 발상이 보통 기가 막힌 게 아니라며 위는 젊은 친구답게 호탕하게 웃어넘겼다. 위는 심지어 자기가 쓴 글이 자기도 모르게 수정되어 있는 경우도 경험했다고 말했다. 일부 단어가 더해지거나 삭제되어 도무지 무슨 말인지 모를 글이 되어버렸다는 것이다. 일부 저항운동가들은 자신의 웨이보 팔로어 수가 느닷없이 급격하게 줄어드는 경험을 했다고 한다.

중국 당국의 인터넷 감시는 대개 자동화되어 있다. 특정 단어에 대해, 일부 요주의 인사들을 상대로 검열 시스템이 가동되며, 온라인상에서 글이 올라오는 건 몇 시간씩 늦어질 때가 많다. 이 시간 동안 비공식적으로 내용 검열이 이루어지는 것이다. "간혹 계정이 막히는 경우가 있는데, 어떨 땐 그런 현상이 3, 4일간 지속되기도 한다. 내가 당국의 심기를 건드리는 글을 썼다고 경고를 보내는 한 방식이다. 때로는 트위터의 트윗이나 블로그의 포스트가 통째로 사라지는 경우도 있다. 저들은 '조화로운 운영을 위해서'라고 했다. SNS상에서 내 이름을 아예 사라지게 만들어 아무도 나를 찾지 못하게 만들 때도 있다." 이렇게 이야기하고 나서 위는 박장대소했다. 위는 낮에는 자고 밤에 글을 올리는 '시차법'을 시도해 검열을 피해보려 한 적도 있다면서 다음과 같이 말했다. "간혹 이 방법이 먹힐 때도 있었다. 하지만 대개는 저 사람들도 잠을 자지 않고 깨어 있더라. 검열 당국은 잠도 한 눈으로 잔다." 내 옆에 있던 통역사는 바로 이 말을 통역해주며 너무 웃긴다고 자지러졌다. 그리고 이 중국식 유머는 프랑스어로 옮기기가 힘들다고 덧붙였다. 베이징에서 만난 인권 사이트 aibai.com의 운영자 장후이는 다음과 같이 말했다. "검열은 일종의 벌점 부과제처럼 운영된다. '우리에겐 당신을 제압할 고도의 수법이 있으니 그 점을 알고 있으라'고 일깨워주는 식이다."

그렇다면 왜 중국 정부는 처벌보다는 감시에 치중하는 방식을 써서 블로거들과 사투를 벌이는 고생을 하는 걸까? 우선 제기해볼 수 있는 가설은 중국 정부가 블로그와 트위터를 정부 쪽에 유리하게 이용하고자 한다는 것이다. 인터넷상에서 사람들이 이야기하는 것을 관찰하여 민심의 동향을 살피고 저항 의지를 통제하며 정치적 위기를 미연에 방지하는 것이다. 어느 정도 자유의 여지를 남겨두면서 공들여 만든 검열 방식을 쓰는 편이 무조건 다 금지하고 보는 부산스러운 검열 방식보다는 더 낫다. 물론 금지 위주의 검열도 없는 것은 아니지만 이는 대개 말이 안 통하는 심각한 골수인 경우에 국한된다.

위는 다음과 같이 말했다. "2012년 봄, 검열 당국 쪽에서 연락을 취해온 적이 한 번 있었다. 당시의 일이 똑똑히 기억난다. 내가 블로그를 개설한 시나 측의 누군가가 내게 앞으로 며칠간 포스팅을 일절 하지 않는 편이 좋겠다고 알려왔다. 때는 5월 말로, 6월 4일 톈안먼 사건 기념일을 일주일 앞둔 시기였다. 이 시기가 되면 당국은 늘 예민해진다." 검열 당국은 적발 건수가 누적되는 블로거들에 대해서는 구금 조치를 취하기 전에 마지막으로 '차 한잔 마시자'는 특별 경고를 보낸다. 협박 정도로는 충분하지 않다고 생각되는 블로거들에게 일종의 마지막 기회를 주는 것이다. 위는 그에 대해 다음과 같이 말했다. "오늘날 중국에서 더 이상 폭력은 없다. 이제는 사람을 죽이지 않는다. 다만 '차를 마시자'고 초대할 뿐이다."

그렇다면 중국 정부가 정식으로 채용한, 혹은 돈을 주고 외주로 고용한 공식 검열 인력은 어느 정도나 될까? 이에 관한 정확한 정보는 알 수 없다. 최저 추산치가 4만 명 정도이고, 혹자는 10만 명의 '인터넷 경찰'이 있을 거라 주장하기도 한다. 중국에서는 사이버 저항 세력이 늘어날수록 그에 발맞추어 사이버 단속반도 늘어난다. 내가 반체제 성향의 중국인 블로거 창핑을 파리에서 만나 인터뷰했을 때, 그는 그 현상에 대해 다음과 같이 말했다. "저항 세력에 관대하지 못한 중국 당국은 자신들의 행위를 '검열'이라 표현하지 않고 '조화'라고 일컫는다. 조화는 현 체제의 키워드다. 이는 공자의 주된 사상이자 후진타오 전 주석의 중심 사상이기도 하다." 그는 또한 '선량한' 일반 중국인과 공공연히 정치 경찰에 협력하는 중국인을 구분해야 한다고 주장했다. 전자의 경우 표현의 자유나 다원주의를 탐탁지 않게 여기더라도 어쨌든 자기 소신에 의해 움직이는 반면, 후자는 경찰의 지시를 받아 의도적으로 토론에 끼어들어 문제를 일으킨다는 것이다. "정부로부터 돈을 받는 이 '정치 알바'들은 일반 네티즌 사이로 파고들어 거짓 루머를 퍼뜨리고 대화의 물을 흐린다. 이들은 '우마오당五毛黨'이라 불리는데, 댓글 하나를 달 때마다 당으로부터 5마오 정도를 받기 때문이다." (이 같은 '정치 알바'들은 온라인 대화에 끼어들어 의도적으로 분란을 일으키기도 한다.)

사이버 저항운동가인 장원은 나에게 베이징 시단에 있는 한 버거킹 체인점에서 만나자고 했다. 장원은 자신이 그곳에 오는 이유를 "와이파이가 무료이기도 하고, 익명성이 좀더 보장되기 때문"이라고 설명했다. 감시받고 있을 가능성이 다분하기에 늘 불안한 생활을 하고 있는 그는 버거킹에서는 그나마 마음 편하게 이야기했다. "공산당 쪽이 뻣뻣한 건 아니다. 상황 적응을 무척 잘해 유연하게 대응하는 편이다. 한마디로 전체주의식으로 억압하지 않는다는 말이다. 마지노선만 지켜주면 우리는 정부 당국과 같이 놀 수도 있고 어느 정도의 자유도 보장받을 수 있다." '마지노선을 지킨다'는 것은 과연 무슨 뜻일까? "어느 정도 선까지는 부패 사실을 대중에게 밝힐 수 있다는 뜻이다. 가령 뇌물을 받은 지방 지도자는 비난할 수 있다. 하지만 부패한 정부 관리를 비판하는 건 어려운 일이며, 특히 공산주의 체제 자체를 문제 삼는 건 불가능하다." 따라서 식품 스캔들이나 장기 매매 문제, (애플 제품을 주로 생산한다고 당에서 수치스러워하는) 폭스콘Foxconn 공장 노동자들의 열악한 근무 조건 등은 웹이나 SNS에 얼마든지 대놓고 비판할 수 있지만, '3T'로 통하는 '티베트Tibet' '타이완Taiwan' '톈안먼Tiananmen' 등의 문제에 대해서는 비판을 삼가야 한다. 장원은 "종교나 민주주의, 인권, 법치국가, 자유와 관련한 문제를 비판할 때도 조심해야 한다"고 짚어주었다. 당지도부나 그 가족들을 실명 거론하며 비난하는 것도 매우 위험한 행위라고 했다. 2012년 이후 『뉴욕 타임스』가 중국에서 퇴출된 것도 당 내 특권층의 재산 규모를 발설했기 때문이다. 장원은 다음과 같이 덧붙였다. "명확히 금기시되는 주제도 있지만 금기 여부의 판단이 모호한 주제도 상당히 많다는 점에 유념해야 한다. 상황에 따라 좀더 자유로울 수 있는 부분도 있고, 개인적인 이력에 따라 봐주는 부분도 있으며, 나라 안 상황에 따라 달라지는 부분도 있다. 때에 따라서는 경찰이 당신한테 정중하게 전화를 걸어 본인 손으로 직접 텍스트를 수정해달라고 요청할 수도 있지만, 갑자기 당신 블로그를 완전히 폐쇄시켜버릴 수도 있는 것이다."

검열은 보통 자동 키워드를 통해 이루어진다. 장원에 따르면 이 때문에 블로거들의 온갖 꼼수가 등장한다고 한다. 가령 'freedom' 대신 'free-dawn'이라고 일부러 철자를 틀리게 쓰는 것이다. 하지만 인터뷰에 응해준 다른 몇몇 전문가는 자동화된 검열 작업만으로는 불충분하기 때문에 세부적인 추가 작업이 실시된다고 주장했다. 블로그와 트위터를 하나하나 살펴보는 수작업이 이루어진다는 것이다. 또 다른 소식통은 중국에서 가장 인기가 많은 SNS인 중국판 트위터 시나 웨이보에만 4000명의 검열관이 배치되어 있을 거라고 지적했다.

창핑은 "블로그나 SNS에 톈안먼 사건은 물론 그 일이 일어났던 6월 4일을 언급하는 것도 감히 생각할 수 없는 일"이라고 말했다. 그 날짜는 자동으로 검열되기 때문이다. "웃기는 일이지만, 그래서 다들 '5월 35일'이라고 쓴다. 5월 31일에 나흘을 더해 35일이라고 쓰는 것이다. 검열 당국이 이런 우리 수법을 알게 되자 요즘은 '4월 65일'이나 '3월 96일'이라는 표현도 등장한다. 이런 상황이 계속되면 우리 사이에서도 무슨 뜻인지 모르는 표현이 생겨날 수도 있다."

나는 타이베이의 타이완 대학에서 열린 '화런민주서원華人民主書院'이라는 단체의 회의를 참관할 수 있었는데, 그 단체는 저항운동가를 지지·양성하는 시민 집단이다. 단체 대표인 왕단은 말했다. "타이완은 중국 민주주의의 은거지가 되기에 최적의 장소다. 정치 검열이 심한 싱가포르에 비해 훨씬 더 안전하며, 표준 중국어를 사용하는 곳이라 광둥어를 쓰는 홍콩보다 일하기도 수월하다." 왕단은 타이완으로 망명한 중국의 유명 사이버 저항운동가다(구글은 얼마 전 타이완에 자사의 아시아태평양 지역 '허브'를 개설하고 15헥타르 부지에 거대한 데이터 센터 및 구글 본부도 세웠다).

중국에서 시민사회가 부상하도록 만드는 것이 목표인 왕단은 인터넷에 기대를 걸며 다음과 같이 말했다. "내가 말하는 인터넷이란 소셜 네트워크나 마이크로 블로그라고 불리는 것뿐만이 아니라 스마트폰으로 보내는 SMS도 포함한다. 가령 우리는 TV에서 실시하는 한 아이돌 그룹에 대한 SMS 투표나 오디션 프로그램 「더 보이스The Voice」 아시아 판의 SMS 투표에 참여함으로써 자신의 의견을 제시하는 법을 배울 수 있다. 물론 이는 지극히 사소한 행동이지만, 그러면서 점점 민주주의 방식에 익숙해지는 것이다. 자신과 다른 관점에 그리 관대하지 않은 한 나라에서, 대중 토론과 공론화 자리를 독려하는 모든 것은 긍정적으로 작용할 수 있다."

인터넷은 정치적 통제와 표현의 자유, 둘 중 어느 쪽에 더 유리하게 작용할까? 이 문제는 내가 중국, 싱가포르, 홍콩, 타이완 등지에서 만난 블로거들 사이에서 열띤 토론 주제였다. 베이징 사람들은 대체로 인터넷이 정부 당국의 정치적 통제를 더 용이하게 한다고 주장했다. 왕단마저 "조지 오웰이 저 유명한 작품 『1984』에서 상상했던 미래가 오늘날 중국 인터넷의 현실이다"라고 말했다. 그래서 나는 중국의 몇몇 도서관 책장에 그 전설적인 책이 버젓이 놓여 있는 것을 보고 적잖이 놀랐었다. 반면 장원은 왕단보다는 덜 비관적이었다. "내 생각에는 중국 인터넷이 정부의 감시 체제를 강화하는 역할만 하는 것은 아니다. 중국인들은 인터넷의 긍정적 역할을 과소평가하는 경우가 많은데, 사실 인터넷은 중국의 많은 부분을 상당히 변화시켰다. 그 변화의 흐름을 멈추고 중국을 과거로 되돌아가게 할 수 있는 사람은 아무도 없다. 나는 '정보화'가 민주주의에 미치는 역할을 굳게 믿고 있다. 그래서 중국 인터넷에 대한 불길한 예언만 늘어놓는, 마치 카산드라 같은 미국인들의 의견에 결코 동의하지 않는다. 자기네들이 쓰는 인터넷은 좋은 거고 다른 사람들이 쓰는 인터넷은 나쁘다는 말인가? 우리 스스로 패배주의자가 될 필요는 없다."(장원의 이 말은 사실 기술 회의주의적 입장을 가진 예브게니 모로조프를 겨냥한 말이었다. 벨라루스 출신의 미국 학자 예브게니 모로조프는 인터넷 때문에 정치 통제의 위험이 더욱 커졌다고 비판한 바 있다.)

최근 들어 중국 정부는 블로거나 SNS 이용자에 대해 실명을 강요하는 정책을 써서 감시의 수위를 한 단계 더 높이려 하고 있다. 이런 흐름이 계속되면 웹에서 쓰는 별명이나 익명 계정이 모두 사라질 것이다. 물론 이것은 이론적인 전망일 뿐, 현실에서는 기술적 난제에 부딪히고 있다. 중국은 인구가 수억 명인 데다가, 중국 네티즌들은 저마다 웨이보, 유쿠, QQ 등에 수십 개의 계정을 보유하고 있기 때문이다. 현재로서 중국 정부는 특히 당의 존립이 걸려 있는 사안에 해당하는 한 거침없는 통제의 힘을 보여주고 있다.

완옌하이는 자신의 노트북이 들어 있는 이스트팩 백팩을 결코 내려놓는 법이 없었다. "이 가방은 절대 아무 데나 놓을 수 없다. 이 속에 있는 노트북 안에 수많은 연락처와 암호 코드와 비밀 자료가 저장되어 있기 때문이다. 이 노트북이 해킹되는 날엔 정말 대참사가 벌어질 것이다." 알아듣기 힘든 말투로 후다닥 말을 끝낸 이 키 작은 남자는 진중한 표정에 네모진 안경을 쓰고 있었다. 그와 나는 2011년에는 타이완에서, 2013년에는 파리에서 만나 총 열 시간여에 걸친 대화를 나누었다. 그 자리에서 그는 자신이 인터넷상의 인권 수호를 위해 어떤 길을 걸어왔으며 어떻게 투쟁해가고 있는지 이야기해주었다.

"중국의 문제는 바로 중국 정부의 모순된 측면에 있다. 정부는 인터넷을 완전히 통제하고 싶어하지만, 이제 그 같은 통제는 더 이상 가능하지 않다는 점을 알고 있다. 그래서 일단은 방임하지만, 갑자기 전방위적이고 대대적인 진압 작전을 펼칠 때가 있다. 따라서 중국 네티즌들은 늘 불안감에 시달린다. 정부가 언제 단속에 나설지를 예측하기란 보통 어려운 일이 아니다." 그의 말에서는 반발심도 느껴지고 단호함도 느껴졌다. 또한 그는 스스로를 감옥행이 예정된 사람으로 생각하는 듯했다.

의대생이었던 그는 1986년부터 상하이 민주화 운동에 참여했으며, 1989년에도 '자연스레' 톈안먼 광장에 있게 됐다. 당시 이미 경찰의 감시를 받고 있던 이 '자유운동가'는 지역 내에서 자행된 몇 가지 의료 스캔들을 고발했다. 인터넷이 아직 존재하지 않았으므로 그는 청원서와 전단지 배포라는 전통적인 방식을 사용했다. 그러자 그의 직업상의 앞길이 막히기 시작했다. 급여는 40퍼센트가 삭감됐고, 이어 베이징 국립 보건교육원으로 퇴출되는 처지에 놓였다. 결국에는 스스로 사표를 써야 했다. 자신의 튀는 행동 때문에 비싼 대가를 치러야 했으나, 완옌하이는 똑똑한 친구였다. 자신의 여유 시간을 이용하여 의료 예방 관련 전문 NGO를 창설해 중국 정신의학계의 만행을 고발한 것이다. 인터넷이 발달하자 자기 블로그도 개설하고, 그를 통해 불가피하게 사이버 저항운동가가 된다. "웹이 내 인생을 바꿨다. 인터넷은 나름대로 자유의 공간이다. 다만 우리 앞에는 편집증과 조현병을 앓고 있는 정부가 버티고 서 있다. 양면적인 모습을 보여주는 정부의 논리는 그 모든 이성적 태도의 범주에서 벗어난다. 검열이라든가 조화로운 이상향에 대한 집착은 권력 논리가 될 수 없다. 권력 논리는 규칙의 준수와 개인의 중립성, 신중함이나 사회적 안정성과 같은 가치가 되어야 한다. 정부는 분열을 일으키는 모든 것을 두려워하며, 사람들의 열정을 거부한다. 정부가 바라는 건 사이트를 금지하는 게 아니다. 정부가 생각하는 이상적 관점에서 오로지 허가된 사이트만 존재하는 상태를 추구하는 것이다. 정부가 중국의 자체적인 인터넷 세계를 구축해놓은 이유도 바로 여기에 있다. 정부가 만들고자 하는 것은 블랙리스트가 아닌 화이트 리스트다. 금지 목록이 아닌 허가 목록을 늘려가고 싶은 것이다."

연약해 보이는 완옌하이는 담담한 어조로 이와 같이 일축했다. 인터넷상에서 현지의 오염 혈액 사건을 밝힌 죄로 2002년 거의 한 달간 구금되어 있었던 그는 이제 구금 상태에서 풀려났으나 아직은 주거지에 구속된 상태다. 그렇다고 그가 잠잠해질 사람이겠는가? 그에게는 보통이 아닌 머리와 중국에서 보기 드문 용기가 있다. 때문에 그는 과거에 입었던 손해의 두 배를 더 내기에 걸 것이다. 다만 이 게임에서는 단순히 판돈을 거는 게 아니고 그 자신의 목숨을 거는 상황이긴 하지만 말이다. 그는 또한 중국이 반대파가 없는 나라라고 했다. 반대파는 없고 오로지 저항 세력만이 있을 뿐이란다.

주거지에 구속된 상태라도 완옌하이는 능숙하게, 그리고 언제나처럼 예리하게 웹상에서 운동을 펼쳐나간다. 정부의 집요한 괴롭힘은 점차 거세지고 미행도 더욱 심해진다. "내가 정부와 이 복잡한 게임을 지속해온 지도 오래됐다. 그 끝이 어디인지는 아무도 모른다. 나는 계속해서 그 한계점을 밀어내고 있고 끊임없이 체제의 모순 사이를 비집고 들어간다." 그는 2008년에 민주주의 및 인권 수호 운동가 350명과 함께 08헌장에 서명한 지식인 가운데 한 명이다. 08헌장은 그의 친구인 평화주의 소설가 류샤오보가 발표하고 인터넷에 올렸다. 이 일로 투옥된 류샤오보는 2010년 노벨평화상을 수상한다. 그러자 좀스러운 당국은 이번에는 완옌하이의 단체를 협박한다. 그에게 자유의 대가를 치르게 하려는 것이었다. 완옌하이는 더 이상 물러설 곳이 없다는 단단한 각오를 하고 계속 당국에 반기를 들다가, 2010년 5월 어느 날 자신의 가족과 함께 홍콩행 비행기에 몸을 실었다. 그리고 미국을 우회하여 사전 예고도 통행증도 없이 타이완에 입국했고, 그 후부터 계속 타이완에서 망명생활을 하고 있다. 완옌하이는 인터뷰 도중 이렇게 말했다. "요즘은 블로그와 웹사이트가 아니라 SNS에서 활동한다." 그러면서 자신의 웨이보 계정 일곱 개는 모두 잘렸기 때문에 트위터를 이용한다고 했다.

중국에서 블로그는 이제 문제의 중심이 아니다. 최근에는 마이크로 블로그라고도 불리는 트위터 같은 SNS가 판도를 바꾸었다. 검열 당국으로서는 일이 더 커진 셈이다. 인터넷에서 정체성 규명이 가능한 블로그는 감시하기가 상대적으로 수월하지만, SNS상에서 수억 명이 실시간으로 주고받는 수십억 개의 메시지를 다 관리한다는 건 그보다 훨씬 어려운 일이기 때문이다. 오늘날 중국의 웨이보 계정 수는 3억 개에서 5억 개 정도로 추정된다. 중국 인터넷 역사의 새 페이지가 쓰이고 있는 상황이다.

"우리가 맨 처음 '웨이보'라는 말을 만들어냈다. 그러니까 2009년에

웨이보를 중국에 선보인 것이 바로 우리였다. 처음에는 다들 회의적인 눈으로 우리를 바라봤다. 정부는 물론 네티즌도 미심쩍어했다. 2011년 고속 철도 사고가 일어났을 때 우리의 영향력이 백일하에 드러났다. 이를 계기로 웨이보는 하나의 새로운 매체가 되었으며, 그 후로 세상은 우리를 지켜주기도 하고 한편으로는 두려워하기도 한다." 베이징의 전자 상가 밀집 지역 중관춘에 위치한 시나 그룹 본사에서 동료 세 명과 함께 나를 맞아준 웨이보 담당자 마오타오타오가 내게 이와 같이 설명했다. 인터뷰는 처음부터 끝까지 시나 측의 계획대로 이루어졌다. 본사 정문 게시판에는 내 이름이 커다랗게 걸려 있었고, 사람들은 나를 조심스레 에스코트해주었다. 나는 인터뷰에 응해줄 사람들과 명함을 주고받은 후, 그들 바로 맞은편에 앉아야 했다. 나와 시나 측의 대화는 시나 측이 데려온 통역사에 의해 순차 통역되는 방식으로 이루어졌고, 즉흥적인 대화가 오갈 만한 기회는 전혀 없었다. 나는 그들이 제공해준 재스민차를 마시며 내게 할애된 인터뷰 시간 30분을 썼다. 마지막에는 기념 촬영을 하고 서로 작은 선물을 주고받은 뒤 헤어졌다.

그 인터뷰 자리에서 마오타오타오는 이렇게 말했다. "현재 시나 웨이보 플랫폼에 개설된 정부의 계정은 공식 계정만 해도 3만 개 이상이며, 기업의 공식 계정은 16만 개에 이른다. 물론 유명인들의 계정도 많은데, 그들의 경우 공식 인증 절차를 거친다." 모델로 삼은 것이 트위터냐는 내 질문에, 시나 측은 웨이보는 트위터와는 다른 독창적인 기능을 수없이 도입했다고 지극히 예의 바른 태도로 답변했다. 가령 동영상이나 사진 업로드 기능은 웨이보가 먼저 도입한 것으로 나중에 트위터가 그것을 따라 했으며, 서로 경쟁하는 다섯 개의 대형 업체가 웨이보에 다양한 서비스 기능을 제공하기에 시장 지배적 지위 남용 가능성도 트위터보다 적다는 점을 강조했다. 하지만 마오타오타오는 이 중국판 트위터가 '팔로어'를 판매하고 '리트윗'이나 코멘트 내용을 상품화하여 일정 부분 수익을 올리고 있다는 사실은 말하지 않았다. 뿐만 아니라 시나 웨이보의 지분을 18퍼센트가량 보유하고 있는 중국의 IT 공룡 알리바바가 지분을 30퍼센트까지 확장하기 위해 옵션을 제공했다는 점도 말하지 않았다. "웨이보는 트위터의 카피캣이 아니다. 웨이보는 순수하게 중국이 만들어낸 서비스다." 마오타오타오가 이 말을 되풀이하는 동안 나는 회의실에 나 있는 커다란 창문을 통해 풍경을 감상했다. 단풍나무, 감나무, 안개나무 사이로 사원들이 보이는 베이징 북부의 풍경은 매우 아름다웠다.

중국은 인터넷을 실로 하나의 소프트 파워로 변모시켜가는 중이다. 중국 정부는 창작 산업과 미디어 분야에서는 소극적인 정책을 펼치고 있고 미국의 주류 엔터테인먼트 쪽에 묘한 죄의식도 가지고 있지만, IT 분야에서만큼은 거침이 없다. [중국이 미국 주류 엔터테인먼트 쪽에 죄의식을 가지고 있다는 것은 미국 엔터테인먼트 콘텐츠의 불법 복제가 만연한 중국의 현실을 의식한다는 뜻이다.] 다시 말해 중국은 대중 영화 등 창작 부문에서는 고전을 면치 못하고 있고 해외에 무수히 세워진 중국 문화원인 공자학당도 대개 알맹이가 부실하지만, 자국 인터넷을 공격적으로 구축한 전 세계 유일의 국가다. 중국 네티즌의 수는 5억6000만 명이다. 이 숫자는 유럽과 북미 지역 네티즌 수를 합쳐놓은 것과 맞먹는다. 이러한 엄청난 수의 네티즌과 더불어 중국은 독보적이고 강력한 네트워크를 구축했다.

중국이 이와 같은 성공을 거둘 수 있었던 것은 미국 쪽 경쟁자를 모조리 제거한 덕분이다. 페이스북과 트위터, 유튜브, 구글, 그 외 미국의 여러 IT 서비스 기업이 중국에서 퇴출됐다. 뿐만 아니라 중국은 자국의 IT 산업 분야에 막대한 간접 지원금을 대주었다. 이에 대해서는 사람들이 잘 모르지만, 중국 정부는 여러 가지 복합적이고 우회적인 경로를 통해 자국의 디지털 생태계와 통신 부문, 민간 장비업체 등을 보조한다. 목표는 세 가지, 바로 경제적·정치적·민족주의적 목표다. 그러므로 한 외국 사이트가 폐쇄된다면 이는 해당 사이트에 민감한 콘텐츠가 있었기 때문이라기보다 그 사이트의 시장 점유율이 그에 상응하는 중국 사이트보다 훨씬 더 높아졌기 때문일 가능성이 높다. 페이스북과 트위터가 중국에서 막힌 건 2009년이었는데, 그 얼마 전 시나 사의 첫 웨이보가 출시된 것을 그저 우연이라고 보기는 어렵다.

2013년에 중국 국영 TV인 CCTV와 『런민일보』가 서로 장단을 맞춰 애플 제품의 AS가 부실하다고 비난한 것은 사실 순전히 날조된 언론 공세였다. 이 언론 공세의 진짜 목적은 중국에서 애플 제품의 인기가 날로 치솟고 있는 상황에 제동을 걸기 위해서였다(중국 휴대전화 제조업체 대표 주자인 레노보와 화웨이, ZTE 등이 이렇다 할 혁신을 이루지 못해 궁지에 몰려 있었기 때문이다). 2010년 초에 중국이 영화 「아바타」에 대한 검열을 실시한 것도 이와 비슷한 맥락에서였다. 처음에는 이 영화에 대해 아무런 조치를 취하지 않았던 중국은, 자국 영화의 피해가 우려되자 뒤늦게 검열을 실시했다. 이렇듯 중국의 검열은 경제적 애국주의를 근간으로 하고 있다.

중국은 자급자족에 가까운 인터넷을 구축하기 위해 해외 사이트나 콘텐츠로의 접근을 차단하는 방화벽을 구축했고, 이것은 흔히 '가상의 만리장성'이라 불린다(이 방화벽을 구축한 중국의 계획이 바로 '황금 방패 프로젝트Golden Shield Project'다). 그러나 어마어마한 규모의 검열을 뜻하는 '만리장성'이라는 표현이 중국의 현실을 정확하게 반영하지는 못하고 있다. 만리장성이라고 하면 우리는 흔히 완전히 닫힌 벽을 떠올리게 마련이지만, 중국의 검열은 꽤나 복잡해서 자동화 시스템에 의해 벽이 완전히 닫히기도 하지만, 때로는 산발적으로 열리기도 한다. 굳이 말하자면 벽보다는 오히려 거미줄 형상에 가깝다. 검열관과 엔지니어, 해커, 돈을 받고 활동하는 온라인 선전 부대, 웹 감시 요원, 경찰 등 수만 명의 작업반이 14개의 서로 다른 부처에 소속되어 활동하고 있으며, 2011년에 창설되어 이들 사이에 다리를 놓아주는 중국 인터넷 정보국 State Internet Information Office도 일반적인 경우처럼 특정 부처에 속한 기관이 아니라 중국 공산당 직속 기관이다. 이곳의 최고위 관료인 루웨이는 55세의 권위적인 공산당원으로, 시진핑 주석과 비슷하다는 평을 받고 있다. 검열 전문가인 그는 2014년 말에 인터넷 단속 경찰의 총괄 책임자가 되어 인터넷계의 '차르'로 격상되었다. 중국에서 이제 하나의 '전략' 부문으로 간주되는 인터넷은 이렇듯 최고위급 단계에서 세심하게 규제된다.

중국 정부가 인터넷에 대해 검열이라는 은밀한 활동만 하는 것은 아니다. 온갖 설득의 기술을 동원해 스포츠 스타나 가수 등 언론에 가장 많이 노출되는 인물들에게 SNS 계정을 통해 정부의 선전 메시지를 전달해달라는 부탁도 서슴지 않는다.

한발 더 나아가 만행이라고 할 만한 행동도 하고 있다. 정치적으로 문제가 되지 않는 미국의 영화, 음악, 도서를 복제한 콘텐츠가 중국 내에서 퍼져나가는 현상을 방치하고 있는 것이다. 이는 분명 국제 저작권법을 무시하는 행동이다. 바이두와 유쿠, 투더우 등은 불법 다운로드 문제로 비난을 받은 바 있고, QQ 또한 AOL의 인스턴트 메시지 코드를 그대로 갖다 베꼈다는 혐의를 샀으며, 알리바바는 위조 상품 판매로 종종 비난을 받는다. 그 결과 지금 중국은 네티즌들에 대한 정치적 통제 문제 못지않게 IT 분야의 국가적 자주성 문제에 대한 고민 또한 깊을 것으로 보인다.

중기적 관점에서 봤을 때 중국이 고립무원 상태를 더욱 강화하지는 않을 것이다. 반대로 국제 무대에서의 성장을 꾀하고자 할 것이다. 정확히 말하자면 중국은 '인트라넷'을 구축하려는 게 아니라 스스로의 규칙에 따라 구축된 '또 다른' 인터넷을 탄생시키고 싶어하기 때문이다. 그래서 자국 내 트위터를 금지시킨 중국이, 놀랍게도 그들의 공식 기관인 CCTV나 『런민일보』, 공자학당 같은 곳에 대한 홍보는 모두 트위터를 통해 하고 있는 것이다.

내 취재에 응한 사람들 가운데 일부는 시진핑 주석이 권위주의적인 강경 노선을 보일 것이라고 우려를 표하기도 했는데, 안타깝게도 이러한 우려는 현실로 나타났다. 2013~2015년에 중국 인터넷 검열은 상당히 강화되어 블로거들의 체포 행렬도 잦아졌는데, 이러한 현상은 특히 홍콩의 우산 시위 당시 두드러졌다. 시진핑 주석은 한편으로는 '소프트 파워'에 대한 관심을 다시 고조시키고 있으나 민족주의적 행보도 보이고 있다. 교과서에서 고대 경전의 시가와 산문을 빼는 것을 반대한다는 의견을 표명하는가 하면 대학에서 마르크스주의에 대한 학습을 강화해야 한다고 역설했다. 예술가들에게는 "좀더 현실적이 되라"고, 극단적인 창의성을 추구하기보다는 "일반적인 시민들"을 위한 예술을 하라고, "바람직하지 않은 심미적 요소를 버리라"고 충고했다. '인권'이라든가 '법치국가' '시민사회' '입헌주의' 같은 서구적 가치를 배척하라고 한 것은 두말할 필요도 없다.

더 심각한 것은 마오쩌둥과 같은 방식으로 '빅 파파' 시진핑에 대한 신격화 작업이 진행되고 있다는 점이다. 이에 따라 생뚱맞은 찬사가 쏟아지기도 하고, 국가 주석의 '사상' 관련서가 1700만 부나 인쇄되기도 했다. 제2의 『마오쩌둥 어록』이 탄생하는 것일까? 시진핑 주석은 자기만의 방식으로 전형적인 애국주의를 앞세우고 있으며, 일종의 문화적 마오쩌둥주의를 표방함으로써 문화, 미디어, 디지털 분야의 생산을 안정적 궤도에 올려놓으려 하고 있다. 이 모든 것이 중국 공산당의 엄격한 통제하에 놓여 있음은 물론이다. 이에 대해 완옌하이는 이렇게 설명했다. "대량의 데이터로 미국이 무엇을 할 수 있었는지가 스노든 사건으로 밝혀진 이상, 중국이 어떤 대비책을 마련할 수 있을지는 쉽게 짐작이 간다."

이제 핵심이 되는 문제 한 가지가 남는다. 그토록 넓은 지역의 그토록 많은 인구를 대상으로 어떻게 이렇듯 특징적인 인터넷이 지속적으로 존재할 수 있는 걸까? 단지 '가상의 만리장성'으로 대표되는 중국 당국의 검열과 감시 체제만으로는 이 같은 성공을 설명할 수 없다고 생각한다. 그보다는 디지털 관행의 기본 요소인 지역화가 이를 설명해줄 수 있을 것이다. 엄청난 인구의 중국인들은 사실 중국 밖으로 벗어날 필요가 거의 없다. 중국어의 특수성과 영어권 사용자의 경미한 비율, 이미 중국인들 손에 쥐여진 다른 나라의 콘텐츠 등을 감안해봤을 때, 중국 인터넷은 지금 이대로도 중국인들에게 (비록 검열된 것일지언정) 정보와 오락 등 필요한 서비스를 제공하기에 충분하다.

이 같은 한계는 대개 반체제 인사들의 공분을 산다. 그들은 현 체제의 불투명성과 그 은폐적 관행이 끊임없는 부패와 권력 남용을 부추긴다는 사실을 익히 알고 있기 때문이다. 특히 해외 화교들 사이에서 이에 관한 비판의 목소리가 고조되고 있는데, 중국이 대륙 내에서만 자급자족적인 인터넷 환경을 구축하고 있기 때문에 해외의 화교사회와 중국 대륙 간의 교류가 어려워진다는 지적이다. 중국으로 진출하고자 하는 해외 기업들의 경우는 말할 것도 없다. 이들은 디지털 보안 문제와 본부–자회사 간의 커뮤니케이션 문제로 인해 중국 진출을 망설일 수 있다. 중국 기업들조차도 해외로의 수출을 원한다거나 국제 경쟁에 참여하고 싶어도 예의 검열 문제 때문에 고충을 겪게 된다. 이는 모두 틀림없는 사실이며 서구에서도 응당 비판할 만한 사안이다. 하지만 한 가지 중요한 부분을 잊을 때가 많다. 중국이 새로운 종류의 막강한 인터넷을 발전시켜가고 있는 중이라는 점이다. 물론 중국은 웹의 영향력을 두려워해 '가상공간의 톈안먼 사건'을 피하고자 갖은 노력을 기울이고 있지만, 한편으로는 전 세계를 상대로 한 디지털 전쟁에서 승리를 거두려 하고 있다.

여러 가지 양상에서 인터넷이라는 도구는 중국의 체제와 정반대되는 성격을 갖고 있다. 심지어 '중국 인터넷'이라는 표현 자체가 모순적으로 들릴 정도다. 하지만 '사회주의 시장경제'라는 말을 처음 들었을 때 우리는 분명 의아하게 생각했지만 오늘날 그것은 분명한 현실이 되지 않았는가. 중국 인터넷도 그렇게 되지 말라는 법은 없다.

중국 인터넷은 검열뿐만 아니라 그보다 더 막강한 원동력에 기반하고 있다는 사실을 인정해야 한다. 그러지 않으면 그것이 현재 미국식 인터넷의 독보적인 대안 모델로서 계속 존재하고 있는 이유를 설명할 수가 없다. 중국만의 세력권을 형성하고 있는 '국가 소유'의 중국 인터넷의 기반은 바로 애국심이다. 다시 말해 '메이드 인 차이나' 인터넷이 원활하게 돌아가는 이유는 다른 모든 지역의 인터넷과 마찬가지로 해당 지역 안에 굳건히 뿌리내리고 있어서다. 한 지역 인터넷의 영향력은 해당 지역을 넘어설 수도 있고 그러지 못할 수도 있지만, 어쨌든 디지털 방식의 대화와 상거래, 교류 등은 대부분 해당 지역을 중심으로 이루어진다. 또한 역설적이게도 미국 디지털 체계의 완벽한 대척점에 서 있는 중국의 권위주의적 디지털 체계는 인터넷이 전반적으로 어떻게 돌아가는지를 파악할 수 있게 해준다.

제3장

모바일

통신 재벌 카를로스 슬림의 아들 카를로스 슬림 주니어에게 고용된 개인 비서 콘셉시온의 책상 위에는 타자기 한 대가 놓여 있었다. 호화롭고 현대적이며 초고속 인터넷이 깔린 통신 재벌의 비서실에 타자기가 놓여 있다는 게 무언가 걸맞지 않은 느낌이었다. 그러나 다시 생각해 보니 그 타자기는 중산층도 발달되지 않았고 디지털 붐도 일어나지 않았던, 즉 신흥개도국이 되기 이전의 멕시코의 모습을 고스란히 간직한 물건이었다.

"스마트폰이라는 이름은 정말 잘 지었다고 생각한다. 그야말로 '똑똑한' 전화기인 스마트폰을 얼마 후면 모두가 한 대씩 들고 있을 것이다." 카를로스 주니어는 내게 이렇듯 진부한 이야기를 늘어놓았다. 터키 블루 색상의 넥타이에 밝은 청색 와이셔츠를 입은 재벌 2세인 그는, 스페인어 억양이 강한 영어를 구사하는 내성적인 성격의 도련님이었다.

내가 카를로스 주니어를 만나기 위해 찾아간 곳은 멕시코시티 북부 폴랑코 지역에 소재한 슬림 왕국의 본사였다. 그 왕국을 세운 사람은 74세의 카를로스 슬림이다. 레바논 출신의 마론교(레바논의 가톨릭교) 신자인 카를로스 슬림은 '다행히도' 30여 년 만에 억만장자가 되었지만, 그 바람에 '불행히도' 시장 지배적 지위를 남용하는 독점 기업 총수가 되었다. 남미 통신업계의 거물인 카를로스 슬림은 『포브스』가 선정한 세계 제일의 갑부다. 슬림 가에 부를 가져다준 건 바로 휴대전화였다. "우리가 통신 사업을 시작했을 무렵, 전 세계 통신 부문에서 멕시코의 순위는 70위에 불과했다. 유선전화 한 대를 놓는 데에도 몇 달의 시간이 걸렸고, 공중전화는 늘 고장이 나 있었다. 부친께서는 후대에 전화가 담당하게 될 역할에 대한 선견지명이 있으셨다. 오늘날 멕시코 사람들은 모두 휴대전화 한 대씩은 갖고 있다."

멕시코 정부는 1990년대 초에 오래된 국영 통신사였던 텔멕스Telmex를 민영화하면서 본의 아니게 카를로스 슬림이 그의 제국을 건설할 수 있도록 만들어주었다. 멕시코 재무부 장관이 남긴 유명한 말에 따르면, "텔멕스의 민영화는 신흥개도국이라는 개념 자체를 탄생시킨 신호탄이었다." 우연이었는지 특혜였는지는 몰라도, 어쨌든 그 낡은 통신 사업을 인수하면서—당시에는 그 누구도 그 잠재력이나 가치를 가늠하지 못했던—휴대전화 사업 권한까지 얻게 된 슬림은 모바일(텔셀Telcel)과 인터넷(텔멕스) 네트워크의 인프라 구축에 모든 것을 걸었다. 수천 킬로미터에 달하는 케이블망을 구축하고 중계탑도 세웠으며, 곧이어 광케이블도 설치하기 시작했다. 그는 또한 영리하게도 면도기는 손해를 보고 팔지만 면도날로 수익을 보는 질레트를 모범 삼아서, 휴대전화는 헐값에 팔고 통신 요금에서 이윤을 남기는 수익 구조를 마련한다. 그에 대해 카를로스 주니어는 다음과 같이 말했다. "부친께서는 누구나 휴대전화를 살 수 있게 하려면 휴대전화 기기에 보조금을 대주어야 한다는 점을 간파하셨다. 또한 선불제 요금을 고안해낸 분이기도 하다." 개도국인 멕시코 중산층의 주머니 사정을 고려해 휴대전화 기기에 보조금을 지원하고, 텔셀 유심칩 사용자를 대상으로 가입비와 월정액 기본 요금의 부담이 없는 선불제를 실시한 것은 큰 성공으로 이어졌다. 이렇듯 카를로스 슬림이 원칙에 얽매이지 않고 하루에 세 가지 이상의 아이디어를 생각해내는 사람이지만, 자신의 주장대로 선불제를 처음 고안한 사람은 아니다(휴대전화 통신비 선불제가 처음 실시된 곳은 남아프리카공화국이다). 그렇더라도 그가 선불제를 이용해 큰돈을 번 사람이라는 점은 분명하다. 현재 멕시코 휴대전화 사용자의 80퍼센트는 통신비를 정액제가 아니라 선불제로 낸다.

카를로스 슬림의 이름을 그대로 물려받은 장남 카를로스 슬림 주니어는 47세의 나이로 1순위 상속자가 되었으며, 이미 그룹의 조종대를 잡고 있다. 카를로스 슬림은 마치 피그말리온처럼 장남에게 자신의 꿈을 불어넣고 있으며, 장남은 공식적으로 자신이 후계자로 천명될 날을 기다리며 칼을 갈고 있다. 내성적인 성격에 유흥생활과도 거리가 먼 카를로스 주니어는 여느 재벌 2세들과 달리 허세를 부리지도 않는다. 신중함이라는 미덕을 가르쳐준 아버지와 함께 그가 키워나가고 있는 기업은 이제 단순히 가족형 재벌 기업이라 부를 수 없을 만큼 영향력이 커졌다.

카를로스 주니어는 멕시코 유선전화 시장의 80퍼센트와 유선 인터넷 시장의 75퍼센트를 차지하는 텔멕스 이사회는 물론이고 휴대전화 시장의 70퍼센트를 차지하는 텔셀 이사회도 주재한다. 또한 베네수엘라와 쿠바를 제외한 라틴아메리카 시장에서 '클라로Claro'라는 브랜드로 휴대전화 시장을 주도하는 아메리카 모빌America Movil도 이끌고 있다. 카를로스 주니어는 "18개국에서 2억6300만 명의 휴대전화 가입자를 보유하고 있다"며 흡족해했다. 그는 유통, 은행, 부동산, 정유 산업, 대규모 산업 인프라, 도로, 파이프라인, 전기, 광케이블, 해저케이블 등으로 다각화된 지주회사 카르소Carso 그룹도 다스린다. 전부 합치면 슬림 제국 하나가 멕시코 증시 주식의 3분의 1을 차지하고 있는 셈이다.

아버지인 카를로스 슬림이 장남에게 그룹 전체의 지휘봉을 내주어 장남이 여러 이사회 의장직 등 왕 노릇을 하고 있긴 하나, 아버지는 여전히 200여 개에 이르는 자신의 회사를 계속 지켜보고 있다. 카를로스 주니어를 만나고 몇 달 후 나는 다시 멕시코에서 신임 문화부 장관 토바르 이 데 테레사를 만났는데, 그 자리에서 장관은 이렇게 단언했다. "카를로스 주니어는 아버지의 지지가 없으면 그 어떤 결정도 내리지 못한다."

카를로스 주니어는 자기 그룹에 대해 "우리는 일단 통신 그룹"이라면서 "전 세계적으로 우리가 가장 강한 부문도 바로 이 통신 분야"라고 말했다. 이어 다음과 같이 설명했다. "얼마 후면 전 세계 모든 사람이 스마트폰으로 인터넷에 접속하게 된다. 그러므로 혁명은 현재진행형인 셈이다. 앞으로는 언제 어디서든 인터넷 접속이 가능한 상황이 될 것이다." 과거 자신의 그룹이 담배 분야에서 돈을 벌었다는 이유로 비난받고 있는 것에는 전혀 신경 쓰지 않는다는 듯이 카를로스 주니어는 말버러 한 대를 꺼내 피웠다. 그의 사무실 벽에는 멕시코 록 그룹 '엘 트리El Tri'의 빈티지 기타와 함께 그의 또 다른 관심사인 포뮬러 원 경기복이 걸려 있었다. 본인 소유인 멕시코 유통업체 산보른스Sanborns의 올빼미 마스코트 수십 개도 여기저기에 놓여 있었다.

10층에 있는 그 사무실 창문으로는 그의 부모님 이름을 딴 광장과 돌아가신 그의 어머니 이름을 딴 수마야 미술관이 눈에 들어왔다. 그의 어머니는 그의 아버지와 마찬가지로 레바논 출신으로, 그 유명한 제마엘 가문 태생이다. 수마야 미술관은 뉴욕의 구겐하임 미술관과 비슷한 달팽이 모양의 외관을 하고 있으며, 내부 자재나 음향 시설은 LA 월트디즈니 콘서트홀을 연상시킨다. 대중에게 무료로 개방되는 그 미술관은 로댕의 작품 300여 점 등 프랑스 작품을 가장 많이 소장하고 있는 곳 중 하나로 손꼽힌다(일부 그림은 그 진위성 여부가 논란이 되기도 했다).

작은 보석 같은 건축물인 그 미술관을 관조적으로 내려다보던 그는 거만하기는커녕 겸허한 태도로 레바논을 향한 자신의 애정을 털어놓았다. 그런 후 자유무역에 필수적인 미국과의 경제 협력이 순조롭게 이루어질 수 있도록 가족 차원에서 벌인 박애주의적 활동에 대해서도 들려주었고, 슬림 가에서 8퍼센트 지분을 보유하고 있는 『뉴욕 타임스』와 멕시코 록 음악에 대한 자신의 생각도 밝혔다(슬림 그룹은 스마트폰용 자동 음악 검색 애플리케이션 샤잠Shazam의 지분도 상당 부분 보유하고 있다). 자신이 소유한 시어스Sears에서 판매하는 옷을 입고, 자신이 이사회를 주재하는 마트 및 레스토랑 체인인 산보른스에서 식사를 하는 이

'도련님'은 자신의 아버지에 대한 이야기도 들려주었다. 그는 아버지가 자신들이 가진 부를 상대적으로 바라보는 법을 가르쳐주었다면서, 거의 들릴락 말락 한 목소리로 뭐라고 속삭였다. 스콧 피츠제럴드의 『위대한 개츠비』의 첫 대목을 되뇌는 것 같았다.

어릴 적 아버지는 내게 이런 말을 해주셨다. "누군가를 비판하고 싶을 때면, 우선 세상의 모두가 너만큼의 특권을 갖고 있지 않다는 점을 생각해라."

꿈에서 다시 돌아온 슬림은 이렇게 말했다. "아버지는 내게 지극히 사소한 진리를 가르쳐주셨다. 이승에서 우리는 단지 한순간 부를 지키는 관리인일 뿐이라고 말이다. 이는 우리 집안의 철학이다."

슬림과 함께 그의 사무실에서 나올 때, 그의 경호원이 나를 매의 눈초리로 쏘아봤다. 슬림 제국의 상속자에게 따로 붙어 있는 개인 경호대는 과도한 무장은 갖추고 있지 않았다. 마약 밀매범에 의한 정치인 납치와 유명인 암살로 악명이 높은 나라인데도 말이다. 하지만 경호대는 주위를 유심히 살폈다. 1994년에 슬림 가 일원 중 한 명이 납치되었다가 3000만 달러의 몸값을 지불하고 나서야 풀려난 뒤로 이 상속자에 대한 경호는 더욱 철저해졌다. 정문 입구에서 슬림이 갑자기 손짓으로 나를 불러 세웠을 때, 그가 다국적기업의 근엄한 수장임이 실감되었다. "이제 중요한 건 사람들 사이를 연결시키는 접속에 관한 문제가 아니다. 그 문제에 관해서라면 우리 슬림 가는 다 알고 있다. 앞으로 알아봐야 할 것은 모두가 서로 접속된 상태에서 콘텐츠와 자유를 어떻게 활용할 것인가의 문제다."

흰색 셔츠를 입고 손목에는 주황색 형광 시계를 찬 안토니오 마르티네스 벨라스케스는 28세의 멕시코 청년이다. "멕시코의 휴대전화 요금은 어마어마하게 비싸다. 그리고 멕시코는 인터넷이 세계에서 제일 느린 동시에 제일 비싼 나라 중 하나다. 이게 다 누구 잘못이겠는가? 바로 카를로스 슬림이다. 우리가 슬림에게 요구하는 것은 딱 한 가지, 고속 인터넷 접속을 가능하게 해달라는 것이다. 현재는 인터넷 속도가 빠르지도 않을뿐더러 가격도 엄청나게 비싸다. 슬림이 할 일은 바로 이 문제를 해결해주는 것이다. 나머지는 우리가 알아서 할 수 있다." 멕시코 소나 로사에 있는 북 카페 엘 펜둘로El Péndulo에서 나와 마주 앉은 안토니오는 단단히 화가 나서 그렇게 말했다. 반은 컴퓨터광이고 반은 법률가인 그는 자신을 '지식재산권 전문 변호사'라고 소개했다. 그리고 혹여 의심이라도 살까봐 "해커들을 옹호한다고 해서 내가 해커인 것은 아니다"라고 선을 그었다. 웹 전문가이기도 해서 유명한 TV 채널 아스테카Azteca 사이트의 운영을 맡은 적도 있는 그는, 현재 인터넷에서의 표현의 자유를 옹호하는 한 영국 NGO 단체에서 일하고 있다. 인구 1억2000만 명의 멕시코에서는 (전화 모뎀과 ADSL, 광케이블 접속 모두를 통틀어) 전체 국민의 10퍼센트만이 집에서 인터넷 연결이 가능하다. 휴대전화 보급률은 88퍼센트에 달하지만, 집에서 인터넷 접속이 가능한 사람은 열 명 중 한 명꼴에 불과한 것이다. 그래서 안토니오는 초고속 인터넷의 일반화는 물론 이동통신 커버리지 개선도 저해하는 사람들에 대한 불만을 표출했는데, 특히나 겨냥하고 있는 대상은 카를로스 슬림이다. 안토니오는 멕시코 정부가 몇 년째 텔멕스와 텔셀의 시장 독점을 저지하지 못하는 무능함을 비난하면서 다음과 같이 말했다. "슬림 가의 독점 때문에 통신 분야의 모든 경쟁이 다 막혀 있다. 독점에 대한 더 많은 규제가 필요하다."

몇 년 전에 나는 인수르헨테스 대로 1143번지에 위치한 멕시코 연방 통신 규제청 코페텔Cofetel을 방문한 적이 있다. 그때 만난 코페텔 청장 모니 데 스완도 어조는 부드러웠지만 안토니오와 비슷한 얘기를 했었다. "멕시코의 인터넷 접속률은 가정과 회사에서의 유선 접속, 휴대전화를 통한 무선 접속을 다 포함해도 30퍼센트를 넘지 않는다. 이 정도면 인터넷 보급률이 전 세계 최저 수준이라 할 만하다. 전 세계 인터넷을 좌지우지하는 사람 중 한 명이 바로 멕시코의 억만장자임에도 불구하고 상황은 이러하다." 그런 뒤 다음과 같이 덧붙였다. "그러나 코페텔은 현재 멕시코 통신 시장을 독점하여 왜곡하고 있는 기업에 어떠한 처벌도 내리지 못한다. 코페텔은 아마도 제재 권한이 전혀 없는 전 세계 유일의 규제 당국일 것이다. 물론 이 상황을 해결하는 방법이 무엇인지는 알고 있다. 바로 멕시코 내의 통신 부문 경쟁을 확대해 인터넷 보급률을 개선하는 것이다." 슬림 그룹은 현재 멕시코의 통신 부문은 물론 TV 부문까지 텔레비사Televisa로 독점하고 있다. "이 두 가지 독점 상태를 깨는 것 외에 다른 해법은 없다. 하지만 현재로선 우리가 깨지고 있는 상황이다. 기사를 봐서 이미 알고 있는지 모르겠지만, 슬림 그룹이 우리 조직을 해산시키려 하고 있다." (실제로 코페텔은 2012년에 해체됐다. 그 후 신규 규제 당국 이페텔Ifetel이 들어섰다. 2014년 들어 엔리케 멕시코 대통령이 슬림 그룹의 독점을 막기 위해 대대적인 개혁을 단행한 결과, 2015년 1월부터 모바일 시장 부문에서 부분적으로 경쟁이 일어나고 있다.)

멕시코 네티즌들 사이에서는 '빔보'라 불리고 야당 측으로부터는 '바비 인형'이라 불리는 알레한드라 라구네스 소토 루이스는, 새빨간 의자에 앉아 있었다. 새빨간 구두, 새빨간 매니큐어, 몸에 딱 붙는 스키니진과 가느다란 핑크색 벨트를 한 그 금발 머리 여성은 텔레비사 채널의 토크쇼 진행자이지만 텔레노벨라Telenovela 채널의 여자 주인공으로 나서도 손색이 없을 만한 미모를 갖췄다. 그녀는 멕시코 대통령 엔리케 페냐 니에토의 디지털 분야 특별자문위원이기도 하다.

"기어 변속이 필요해서, 우리는 현재 디지털 분야와 관련된 새로운 의제를 설정하는 중이다. 이전 정권의 방식과는 확실히 구분될 것이다." 과거 야후 멕시코뿐 아니라 MSN, 구글, 텔레비사에서도 근무한 경력이 있는 루이스는 다음과 같이 덧붙였다. "오픈 데이터, 기술 혁신, 클라우드 분야에 집중하고 있지만, 단 하나의 우선 과제가 있다면 국가 전체를 웹에 접속시키는 것이다."

그녀의 책상에는 'Mexico Conectado'('웹에 접속된 멕시코'라는 뜻)라는 문구가 쓰여 있는 선인장 화분이 놓여 있었는데, 그 선인장은 물을 충분히 공급받지 못했는지 시들해 보였다. 루이스는 내가 무슨 생각을 하고 있는지 간파하고는 이렇게 말했다. "보시다시피 이 선인장은 어떻게든 살아남고 있다. 물이 부족한 상태에서도 말이다. 이게 바로 멕시코다. 우리는 지금 사막에 살고 있다. 물 한 방울 없지만 그래도 우리는 웹에 접속할 수 있다. 인터넷이 우리가 앞으로 나아가도록 도와줄 것이다."

멕시코는 매우 모순적인 두 개의 이미지를 동시에 갖고 있는 나라다. 높은 성장세를 보이는 젊고 역동적이며 도시적인 신흥 경제국이자,

한편으로는 부패와 독점과 마약 밀매로 몸살을 앓고 있는 나라다. "디지털 분야의 발전이 부패를 잠재울 수 있을 것"이라는 루이스의 말에 내가 회의적인 반응을 보이자, 그녀는 단념한 듯 멕시코의 도심 빈민 지역 소나스 데 미세리아zonas de miseria 문제로 화제를 옮기더니 인터넷이 그곳 사람들을 극도의 빈곤 상태에서 벗어날 수 있도록 해줄 것이라고 단언했다. "빈민 지역 사람들도 모두 휴대전화는 갖고 있다. 그들은 집 컴퓨터로 인터넷을 쓸 수 있는 형편은 아니지만, 휴대전화를 통해서는 인터넷에 접속할 수 있다." 그녀는 세 개의 휴대전화를 계속 만지작거리면서 멕시코 정부는 중산층을 타깃으로 하고 있으며, 이 중산층을 발판으로 서민층과 나라 전체를 빈곤에서 벗어나게 할 계획이라고 말했다.

그렇다면 중산층이란 누굴 말하는 걸까? 중산층의 정의가 그리 어려운 건 아니다. 세계은행 소속 경제학자들에 따르면 중산층은 하루 평균 소득이 10~50달러인 사람들이다. 이 소득 범위를 넘어서면 부유층이고, 4~10달러이면 취약층(혹은 하위층), 그리고 4달러 미만이면 빈곤층으로 분류된다. (OECD의 경우 이와는 다른 모델을 사용하는데, 각국 평균 소득의 50~150퍼센트에 위치한 모든 사람을 중산층에 포함시킨다.)

경제학자들은 소득을 비교하여 중산층을 정의하지만, 사회학자들은 교육 수준이나 직업, 가계 지출과 같은 다른 기준을 우선시한다. 예를 들면 차를 살 수 있는 능력을 중산층의 기준 가운데 하나로 포함시키는 것이다. 어느 쪽 관점이든 간에 10여 년 전부터 남미 지역에서는 놀라울 정도로 중산층이 확대되고 있다. 세계은행 자료에 따르면 2003년과 2009년 사이 남미 지역 중산층은 1억300만 명에서 1억

5200만 명으로 증가했다. 50퍼센트에 가까운 증가치다(OECD 기준으로는 그 두 배에 가까운 2억7500만 명으로 증가했으니 중산층에 대한 양측의 정의가 얼마나 다른지를 알 수 있다). 반면 같은 기간 동안 남미 지역 빈곤층은 전체 남미 인구의 41퍼센트에서 28퍼센트로 눈에 띄게 감소했다.

굉장히 빠른 사회적 신분 상승세를 보이고 있는 남미인들의 생활 방식도 달라졌다. 아동 취학률도 증가하고 대학 진학률도 점차 높아지는 추세이며, 소비 또한 1차 생필품의 범위를 넘어 점점 확대되고 있다. 이렇게 중산층이 확대되면서 브라질과 멕시코에서 멀티플렉스 영화관의 수가 열 배나 증가하고, 유료 TV 채널도 늘어나는 추세다. 이제 중산층에 속하는지 아닌지는 두 가지 새로운 조건으로 판별된다. 바로 웹 접속 여부와 휴대전화 보유 여부다. 따라서 이 두 가지 조건을 아우르는 스마트폰은 남미 지역의 성장을 압축적으로 보여주는 요소가 됐다.

브라질 중산층의 계층 이동

"중산층에게 있어 악몽은 바로 '오르컷Orkut' 당하는 것이다." [현지 발음대로라면 '오르쿠트'에 가까우나 국내에는 통상 '오르컷'이라 소개되어 '오르컷'으로 표기한다.] 상파울루의 나시오네스 우니다스 대로 인근에 있는 출판 및 미디어 그룹 아브릴Abril 본사에서 베자Veja라는 사이트를 운영하는 카를루스 그라이에브는 이렇게 말했다. 이 브라질 최고의 뉴스 매거진 사이트는 매주 국민의 생활 방식을 심층 해부한다. 이 사이트를 찾는 사람들은 대개 교양 있는 부유층이지만, 이 사이트가 조명하는 쪽은 주로 브라질 중산층 계급이다. 그라이에브는 "과거에는 오르컷이 브라질의 선구적인 사이트로 페이스북과 흡사한 소셜 네트워크였다"고 말했다. 오르컷은 구글의 한 직원이 개발한 소셜 서비스로, 2004년 1월에 만들어졌으니 페이스북보다 시기적으로 조금 앞선다. 그라이에브는 오르컷에 대해 다음과 같이 설명했다. "굉장히 혁신적이고 선구적인 사이트였다. 브라질에서 뜻밖의 성공을 거둔 사이트였는데, 처음에는 영어로만 서비스되어 주로 상류층이 이용했지만 차츰 포르투갈어로 개편되어갔다. 이후 중산층이 대거 합류하면서 오르컷은 메이저급 소셜 네트워크로 자리 잡는다." 2012년에 오르컷에서 왕성하게 활동하는 이용자 수는 3300만 명이었고, 그들 대부분은 브라질에서 접속하는 사람들이었으나 인도와 일본에서 접속하는 사람들도 꽤 있었다(미국의 오르컷 가입자 대부분은 미국에 사는 브라질 사람들이었다). 이후 이 사이트는 브라질에서 관리되기 시작한다. 브라질 동남부 벨루오리존치라는 도시에 소재한 구글 브라질에서 운영을 맡게 된 것이다.

이 소셜 네트워크만의 특징을 알아보기 위해 계정을 개설하려고 시도하니, 구글플러스로 연결되었다(구글플러스 개발의 모태가 되었던 오르컷은 현재 구글플러스에서도 사라진 상태다). 인터페이스는 데스크톱 중심이었고 스마트폰에 대한 고려는 별로 없었다. 또한 페이스북과는 달리 특정한 계층까지 모이는 구조로 이루어져 있었다. 그라이에브는 "페이스북은 모든 사회계층이 한데 섞여 있지만 오르컷에서는 각 계층의 분리가 확연히 이루어지는 편"이라고 설명했다. 페이스북과의 또 다른 차이점은 이용자가 자신의 프로필을 보고 간 네티즌의 이름을 알 수 있다는 점이었다. 즉 링크드인과 비슷한 구조다.

"오르컷의 문제점은 저급화에 있었다. 고상한 맛이 점점 사라지며 차츰 우스운 모양새로 변질됐고, 서민층 젊은이들이 이 같은 분위기를 더욱 심화시켜 결국 수준 낮고 저속한 SNS로 여겨졌다. 이에 상류층 사람들이 차츰 오르컷을 떠나게 되었다. 오르컷이 '구린내 나는cheesy' 곳이 되어버렸기 때문이다. 게다가 '오르컷'이라는 단어 자체가 '퇴물'을 뜻하는 일종의 은어가 되고 동사 형태의 '오르컷하다orkutiser'라는 말도 등장하자, 'C계층' 사람들도 오르컷을 버리고 페이스북으로 옮겨가기 시작했다."

브라질 학자들은 브라질의 사회계층을 크게 다섯 개로 분류한다. 최상위 계층은 A계층이고 최하위 계층은 E계층이며, 그 한가운데 있는 C계층은 하루 평균 소득이 6.10~26.20달러에 속하는 사람들이다. 룰라 다시우바 전 대통령은 이 C계층을 명실상부한 중산층으로 만들고자 노력했기에 이 계층은 '룰라 계층'이라고도 불린다. 룰라의 후임인 지우마 호세프 현 브라질 대통령도 선거 기간 동안 이 C계층을 중산층으로 변모시키겠다고 공언했다.

브라질의 검색 포털 우니베르수 온라인UOL의 책임자 중 한 명인 헤지스 안다쿠는 "오르컷은 C계층의 사이트였다"고 단언했다. 상파울루 파리아 리마 대로에 소재한 UOL 본사에서 만난 그는 브라질 농촌 지역의 서민 가정에서 자라난 일본계 브라질인이다. 안다쿠는 "B계층을 타깃으로 하는 UOL이 C계층을 위해 별도로 만든 포털 사이트(bol.com.br)는 주로 연예나 스포츠 관련 정보를 제공하고, 그 사이트의 이용자들은 축약어를 자주 사용한다"고 말하고는 다음과 같이 덧붙였다. "브라질의 경제 발전으로 인해 과거에는 정부 보조금으로 생활하던 도시 빈민가의 E계층 일부가 월급을 받는 D계층으로 옮겨갔고, 그들 중 일부는 다시 C계층으로 편입되어 C계층의 폭이 크게 확대됐다.

이제 브라질 국민 중 절반이 스스로 C계층에 속한다고 생각한다. 그들은 하위 계층과 단절되기를 원하기에, 오르컷에서 페이스북으로 옮겨간다."(브라질 최대 방송사인 TV 글로부Globo의 한 연구에 따르면 A계층은 브라질 전체 인구의 2퍼센트를 차지하며, B계층은 전체의 23퍼센트, C계층은 49퍼센트, 그리고 이제 구분이 모호해진 D계층과 E계층은 도합 26퍼센트를 차지한다.)

오르컷의 몰락을 야기한 또 다른 요소들은 다음 세 가지 법칙으로 설명될 수 있다. 첫 번째는 전 세계적인 '메인스트림' 법칙이다. 마돈나와 저스틴 비버, 레이디 가가 등이 페이스북에 계정을 만들자 오르컷 회원인 브라질 사람들도 그 스타들의 일상을 팔로잉하기 위해 페이스북에 계정을 만들어야 했다. 즉 브라질 지역에 한정된 소셜 네트워크의 한계점이 드러난 것이다. 두 번째는 '쿨하다'는 인식의 법칙이다. 브라질 대학생과 젊은이들은 페이스북이 국제적일 뿐만 아니라 좀더 '히피'스러운 곳이라는 인상을 받았다. 그들이 보기에 페이스북 인터페이스상에서는 브라질 사람들끼리 포르투갈어로 말해도 '쿨한 느낌'이 들었다. 세 번째는 시장의 법칙이다. 구글의 지속적인 지원에도 불구하고 오르컷은 변화에 적응하지 못했다. 페이스북처럼 빨리 인터페이스를 발전시키지도 못했고, 특히 미디어 콘텐츠나 애플리케이션 수에서 많이 뒤처졌다. 또한 이 브라질 소셜 네트워크는 모바일 플랫폼으로의 이동에도 실패했다. 페이스북 이용자의 3분의 2가량은 자신의 휴대전화나 태블릿을 통해 페이스북 계정에 접속한다. 전 세계로 보면 10억 이상의 인구가 휴대전화로 페이스북을 열어보는 셈이다. 스마트폰이 일반화되면서 페이스북은 모바일 쪽으로 전향해 스스로 자처한 대로 '모바일 선두 기업'이 되었다. 페이스북의 중기적 목표는 이메일을 페이스북 그룹 채팅 기능으로 대체하고 휴대전화 SMS를 개인 채팅 기능으로 대신하며 휴대전화 연락처 목록을 친구 목록으로 바꾸는 것인데, 젊은 이용자들은 이미 그러한 이용 방식을 보이고 있다. 이런 페이스북 목표가 실현되면, 페이스북상에서 친구관계인 사람들은 상대방의 이메일 주소도 휴대전화 번호도 알 필요가 없어진다. 휴대전화를 한마디로 '소셜폰'이라 불러도 될 정도로 모바일상에서 소셜 네트워크가 일반화되는 것이다. 상황이 이렇게 변하리란 점을 미처 예상하지 못했던 오르컷은 불과 몇 달 만에 시장에서 도태됐다(2014년 여름, 구글은 결국 오르컷 서비스를 완전히 중단하겠다고 발표한다).

'카데?Cadê?'라는 브라질 검색엔진도 오르컷과 같은 운명을 맞았다('카데Cadê'는 글자 그대로 번역하면 '어디where'라는 뜻이다). 2000년대 초만 하더라도 잘나가던 이 사이트는 2002년 야후에 매각된 뒤 하향세를 보이다가 결국 야후에 완전히 통합됐다. 현재는 구글플러스, 페이스북, 트위터, 이 세 가지 소셜 네트워크가 브라질을 장악하고 있다. 2억 인구에 매우 높은 경제 성장률을 기록하고 있는 이 나라는 미국의 IT 공룡들에게 있어 더 볼 것도 없는 굉장한 시장이다. 페이스북은 브라질 시장 개척에 성공해 현재 브라질 페이스북 사용자 수는 인도를 제치고 미국 다음으로 많은 6500만 명이 되었다. 브라질은 트위터 계정 수가 세계에서 두 번째로 많은 나라이기도 하며, 가정에서 인터넷을 이용하는 사람들의 비율은 전체 인구의 40퍼센트가 안 되지만 휴대전화 보급률은 125퍼센트에 이른다. (휴대전화 보급률이 100퍼센트를 넘는 것은 유심칩 수가 인구수보다 더 높게 나오는 경우가 있기 때문이다. 특히 선불제 요금이 주도적인 국가에서는 유심칩이 다량으로 사용된다. 여러 개의 유심칩을 꽂을 수 있는 휴대전화도 있는데, 브라질에서 제조하는 벤쿠venko도 그중 하나다. 이 기기는 네 개의 유심칩을 동시에 꽂을 수 있으며, 가장 저렴한 요금을 제공하는 유심칩을 자동 인식하는 기능도 탑재하고 있다. TV 글로부의 한 연구에 따르면, 브라질의 실질적인 휴대전화 보급률은 87퍼센트 선일 것으로 추정된다.)

오르컷과 카데의 실패는 소셜 네트워크와 플랫폼, 미국 거대 넷 기업의 승리를 확인시켜주는 것이라고 생각할 수 있다. 하지만 그렇다고 콘텐츠도 지역적 성향이 아닌 세계적 성향을 띠게 되는 것일까? 꼭 그렇다고 단언하기는 힘들다. 페이스북은 언어 현지화 작업을 소화해내 이용자가 포르투갈어로 대화할 수 있도록 만들어주었고, 구글도 브라질 각지에서 들어오는 수많은 지역 검색어에 대해 상당히 만족할 만한 검색 결과를 보여준다. 이들이 브라질에서 성공할 수 있었던 것은 바로 이 같은 현지화 전략 덕분이며, 모바일은 이러한 프로세스를 더욱 강화시켜주었을 뿐이다.

UOL의 헤지스 안다쿠는 브라질이 기존의 허물을 벗고 근본적인 변화를 시도하기 위한 직전 단계에 와 있다고 생각하고 있었다. 그는 "현재 브라질 사람들이 대부분 선불 유심칩을 꽂을 수 있는 피처폰(2G폰)을 쓰고 있어서 아직은 스마트폰 사용률이 낮은 편이지만, 단언컨대 5년 후면 모든 게 달라져 스마트폰이 시장을 점령할 것"이라고 주장하면서 C계층이 스마트폰을 선택한다면 "D계층과 E계층도 자연히 그 뒤를 따를 것"이라고 말했다. 하지만 그러면서도 그는 C계층이 스마트폰을 사용하게 만드는 일이 만만치 않을 것임을 시인했다. "우리는 현재 어떻게 하면 C계층의 반발을 사지 않고 그들을 스마트폰으로 유인할 것인가를 고민하고 있는데, 쉽지 않은 일이다. C계층은 일단 영어를 쓰지 않고, 특히 로컬 콘텐츠에 대한 관심이 높다. TV 글로부나 우리 UOL이 성공할 수 있었던 건 모두 C계층 덕분이지만, 그들은 현재 그들보다 좀더 잘사는 B계층으로 진입하지 못해 좌절감에 휩싸인 상태다. 그래서 자신들보다 높은 계층에 대한 반발심을 표출하기도 하고, 동시에 D계층이나 E계층과 구별되고자 안간힘을 쓰고 있다." 그와의 인터뷰가 끝나고 몇 주 후인 2013년 6월, 브라질의 100여 개 도시에서 100만 명 이상이 열악한 공공서비스와 부패, 값비싼 생활비 등에 반기를 들며 대대적인 가두시위를 시작했다. 상파울루의 버스 요금이 20센타부(0.2헤알) 수준으로 인상된 것을 계기로 일어난 그 시위의 선봉에 선 사람들은, 어느 정도 교육 수준을 갖춘 C계층이었다.

오늘날 전 세계에서 사용되는 휴대전화 수는 70억 대에 가깝다. 71억이라는 전 세계 인구수를 조금 밑도는 수치다. 물론 이 수치는 다소 부풀려진 것이긴 하다. 앞서 살펴본 바와 같이 한 사람이 다회선을 보유하거나 선불제로 여러 개의 유심칩을 이용하고 있기 때문이다. 유엔 산하의 국제전기통신연합ITU은 전 세계 휴대전화 보급률이 96퍼센트에 달할 것으로 추정한다. ITU 전 사무총장인 말리 출신 아마둔 투레와 제네바에서 인터뷰를 했을 때, 그는 "자료 통계를 보면 선진국보다 개도국에서 휴대전화 보급률이 더 높게 나타난다"고 지적했다. 빠른 증가세를 보이고 있는 인터넷 보급률은 전 세계 인구의 40퍼센트에 해당하는 27억 명에 도달했다. 물론 인터넷 보급률은 선진국 쪽이 우세하지만, 세계 도처에서 증가세를 보이고 있다. 모바일 인터넷 접속률은 40퍼센트 속도로 증가하고 있으며, 이미 20억 명 이상이 모바일 인터넷에 접속했다. 물론 현재 모바일 인터넷 보급률은 유럽의 경우 70퍼센트에 가깝고 아프리카는 기껏해야 11퍼센트 수준이다. ITU에 따르면 2025년경에는 세계 인구 중 상당수가 스마트폰을 통해 인터넷에 접속하기에 무선 인터넷이 표준 접속 방식이 되고 유선 인터넷은 예외적 접속 경로가 될 것이라고 한다. 그렇게 되면 인터넷 접속 인구가 현재의 27억 명에서 60억 명으로 늘어나는, 그야말로 일대 혁명이 일어날 것이다.

인도의 중산층은 3억 명으로 추산되며, 또 다른 3억 명이 추가로 중산층에 합류할 전망이다. 중국과 브라질의 중산층 인구는 각각 4억 명, 1억 명 정도로 추산된다. 인도네시아, 콜롬비아, 멕시코, 터키, 이집트 등지의 중산층 인구도 놀라울 정도로 많다. 과학기술의 미래는 이 중산층 수치와 모바일에 달려 있다.

중국의 휴대전화 제조업체 TCL과 ZTE, 레노보 등은 이미 50달러 정도에 구입할 수 있는 저가 스마트폰 제작에 힘쓰고 있다. 이에 질세라 영국 기업 데이터윈드Datawind 또한 인도에서 30달러 선의 안드로이드 기반 태블릿을 테스트하는 상황이다. 2011년 스마트폰 한 대의 평균 가격은 443달러였다. 애플의 아이폰이나 한국의 삼성 갤럭시폰, 중국의 화웨이폰 등은 앞으로도 몇 년간 평균 가격보다 100달러 이상 높은 가격을 유지할 것으로 보이지만, 저가형 스마트폰 가격의 눈에 띄는 하락세가 시장에 활력을 불어넣어줄 것으로 전망된다. 2013년에는 전 세계에서 10억 대가량의 스마트폰이 판매된 것으로 집계됐다.

신흥개도국들은 이러한 여러 측면에 기반해 디지털 부문을 낙관적으로 전망하고 있다. 이번 취재 기간 동안 신흥개도국에 자리한 세계의 디지털 수도인 멕시코시티와 베이징, 뭄바이, 두바이, 모스크바, 리우데자네이루 등에서 내가 만나본 사람들은 디지털 분야의 발전에 기대를 걸고 있었다. 멕시코 텔멕스 그룹 디지털 전략 본부장 알레한드로 라모스 사베드라는 인터뷰 중 내게 이런 말을 했다. "이곳 멕시코에서는 그 누구도 인터넷을 하나의 위협으로 보지 않으며 그보다는 하나의 기회로 인식한다." 유엔 본부에서 만난 아마둔 투레 전 ITU 사무총장도 현재 일고 있는 변화에 대해 흡족한 듯 말했다. "2000년에 전 세계 휴대전화 가입자 수는 5억 명 정도였는데, 오늘날은 이 수치가 70억에 달한다. 2000년에는 전 세계 인터넷 접속자 수가 2억8000만 명이었는데 이제는 27억 명이 됐다." 이에 대해 회의적인 사람들도 있다. 프랑스의 휴대전화 및 인터넷 사업자 프리Free의 사장인 백만장자 그자비에 니엘은 파리 본사 내에 있는 그의 사저에서 내게 이런 말을 했다. "만일 모바일 업계가 일부 사람들의 예측대로 향후 10년간 크게 발전한다면, 나는 아마 굉장한 부자가 될 것이다." 물론 모바일의 미래를 과소평가하지 않는 사람들도 있다. TV 글로부 그룹 대표 호베르투 이리네우 마리뉴는 브라질 모바일의 미래를 낙관하면서 "브라질을 신흥개도국이라고 표현하는 건 다소 깔보는 표현이 아닌가?"라고 말했고, 카를로스 슬림 주니어 또한 멕시코의 엄청난 인구수로 볼 때 자국 모바일의 미래는 희망적이라며 다음과 같이 말했다. "멕시코 같은 나라에서 인구수는 더 이상 장애물이 아니라 강점이다."

제4장

IT = Indian Technologies

"내 이름에서 'S'를 'Y'로 바꾸면 '야후Yahoo'가 된다. 재밌지 않나." 사시 칸타 사후Sasikanta Sahoo는 내게 이렇게 말하며 웃음을 지었다. 자신의 이름과 어울리는 야후에서 일을 하고 있다는 사실에 매우 흡족해하는 듯 보였다.

우리는 인도 특유의 이동 수단인 인력거 '릭샤rickshaw'를 타고 이동 했다. 소형 엔진을 장착하고 따로 문이 없는 그 노란색 세 발 수레를 타고 인도의 실리콘밸리라 불리는 벵갈루루에 있는 음식점 유비 시티 UB City로 향하던 중, 사시칸타 사후는 내게 안드로이드 기반의 앱 '수 룩Suruk'을 사용해보라고 말했다. 그것을 사용하면 릭샤의 주행 요금을 계산할 수 있어 바가지요금을 피할 수 있고, 릭샤왈라(릭샤를 끄는 사 람)에 대한 평점도 줄 수 있으며, 위험한 상황에 닥치면 'SOS' 버튼을 활용할 수도 있다고 했다. 목적지에 무사히 도착한 나는 '수룩'에서 릭샤왈라에게 후한 점수를 주고 팁도 넉넉하게 챙겨주었다. 그는 음식점 출구 쪽에서 기다리고 있겠다고 했다. 우리가 식당에서 나가게 될 시간은 세 시간 뒤였는데도 말이다.

사후는 인도의 22개 공식 언어 중 '오디아어'를 사용하는 동부 오리사 주 출신으로, 그곳에서 학업을 마친 뒤 벵갈루루에서 일하고 있다. 인도 남부에 위치한 인도 제3의 도시 벵갈루루는 실로 인도반도 IT 업계의 중심지다. 최근 들어 인도의 도시들은 식민지 시절의 이름을 버리고 원래의 이름으로 돌아가는 경우가 많은데, 봄베이는 뭄바이로, 캘커타는 콜카타로, 마드라스는 첸나이로 바뀌었으며, 방갈로르 또한 벵갈루루라는 지명을 되찾았다.

"여기에선 젊은이들이 보통 프로그래머가 되고 싶어하며, 이공계 전공자들은 더욱 그렇다." 사후 역시 LAMP 유틸 전문 프로그래머다. LAMP는 웹사이트 구축에 필요한 프리웨어인 Linux, Apache, MySQL, PHP의 묶음을 일컫는다. "인도에서는 통용되는 언어가 워낙 많아 인도 사람들은 새로운 언어를 배우는 데 익숙하다. 나 또한 열두 개가량의 언어를 구사하고 있다. 따라서 새로운 웹 언어를 배우는 것도 그리 어렵지 않게 느껴진다. 하나의 웹 언어에서 다른 웹 언어로 넘어가는 것은 마치 오디아어에서 힌디어로, 혹은 영어에서 칸나다어(벵갈루루 지역에서 쓰는 방언)로 넘어가는 것과 비슷하다."

야후 인디아에서 사시칸타 사후는 하위 직급도 아니지만 매니저급도 아닌 일개 프로그래머에 불과하다. 야후에서 그가 하는 일은 자기 팀과 함께 스마트폰 전용 애플리케이션 '야후 크리켓Yahoo Cricket'을 개발하는 일이다. 크리켓은 인도 국민 대다수가 좋아하는 스포츠이기에 그는 자신이 야후 앱에 '크리켓'이라는 이름을 붙이는 데 일조했다는 사실에 남다른 자부심을 느끼고 있다. 벵갈루루의 야후 캠퍼스에서 근무하는 7000명가량의 사람들은 모두 자신의 일이나 급여에 대한 비밀을 지키겠다는 조항이 포함된 계약서에 서명했기에, 사실 그의 인터뷰 내용을 공개하기란 쉬운 일이 아니었다. 그럼에도 불구하고 그는 인터뷰로 인해 문제가 생기더라도 다른 일을 쉽게 찾을 수 있다면서 공개를 허락했다.

사후는 야후 인디아가 '원가 계산cost accounting' 및 '원가 절감cost cutting' 즉 비용을 매우 중시하기에 "노동력은 최대한 하청을 주고 있다"고 털어놓았다. 덕분에 야후 인디아는 비용을 절감했을 뿐만 아니라 애플 제품을 생산하는 중국 폭스콘 공장과는 달리, 부당한 처우에 반발하는 직원들의 소요 사태도 피할 수 있었다. 그에 대해 사후는 다음과 같이 말했다. "야후 인디아에는 프로젝트를 맡아 진행한 뒤 곧 사라지는 하청업체 소속 직원들이 많다. 그래서 회사 측은 정직원들에게 최소한의 급여만 지급해도 될뿐더러 하청업체들 사이의 극심한 경쟁을 이용해 프로젝트를 최대한 빨리 마무리할 수 있다." 사실상 야후는 야후 인디아를 통해 '오프쇼링' 전략을 사용하고 있는 것이다. [기업들이 국내가 아닌 해외 하청업체에 일을 맡기는 것을 오프쇼링이라고 한다.] 인포시스Infosys, 위프로Wipro, 타타 컨설턴시 서비스Tata Consultancy Services, 타반트 테크놀로지Tavant Technologies 등이 야후 인디아가 일을 맡기는 하청업체다. 사후는 다음과 같이 말했다. "야후 인디아에서 일하는 직원 7000명 가운데 3000명 정도만 야후 정직원이고, 나머지는 '임대된' 하청업체 사람들이다."

사시칸타 사후는 그리 반골적인 성향도 아니고 노조에 대한 관심도 없었으며 자기주장을 내세우는 사람도 아니었다. 아무것도 할 수 있는 게 없다는 무력감이 느껴질 때면 혼자 마음을 달래고는 다시 웃음을 지으며 살아온 사람인데, 그런 그가 내 앞에서는 자유롭고 기탄없이 진실을 털어놓았다.

6년간의 근무 기간 동안 그는 매월 5~6만 루피(650~750유로) 상당의 급여를 받는 것에 만족했다. "벵갈루루에서 야후 직원은 급여를 꽤 많이 받는 축에 속한다. 물론 구글이나 페이스북의 급여가 좀더 높은 편이지만 나는 지금 수준에 만족한다. 야후에서 일하는 것에 자부심도 느끼고 있다. 전 세계적으로 유명한 기업이 아닌가." 그는 자기 급여에서 교통비 등 생활비를 제외한 남은 돈으로 부모님께 용돈을 드리기도 하고, 직업이 없는 아내에게 액세서리를 사주기도 하며, 자신이 만든 웹사이트를 운영하기도 한다.

사후는 검소한 사람답게 유행이 꽤 지난 격자무늬 셔츠를 입고 있었으며, 내성적인 성격이었다. 그는 더듬거리는 영어로 딱 한 가지 꿈이 있다고, 자신이 "회사 일을 하는 틈틈이" 돈 한 푼 없이 홀로 시작한 iexamcenter.com 사이트에 자신의 힘과 열정과 에너지를 쏟아붓는 것이라고 했다. 그 사이트는 컴퓨터 프로그래밍 관련 도서를 무료로 다운로드할 수 있는 e-book 플랫폼이다. 그러나 P2P 사이트와는 달리 웹상에 이미 무료로 풀린 책들의 링크를 모아서 제공할 뿐, 무단으로 책을 업로드하지는 않는다. 그는 그 사이트가 이미 1000종 이상의 책을 제공하고 있으며, 일일 방문자 수는 8000명에 가깝다고 밝혔다. "내 목표는 개발자로 일하고 싶어하는 취업 준비 대학생들에게 도움을 주는 것이다. 기업들은 세 단계를 거쳐 직원을 채용한다. 우선 영어와 수학을 중심으로 한 필기시험으로 지원자를 추려내고, 그다음 기술 역량과 프로그래밍 언어 테스트를 한다. 마지막 단계가 구술 테스트인데, 이는 지원자가 폭넓은 지식을 가지고 있는지 그리고 전체적으로 '스마트'한 인재인지 알아보기 위한 절차다. 내 사이트에서 취업 준비생들은 매뉴얼 자료도 찾아볼 수 있고, 테스트 자료나 면접 문제 유형, 그리고 직무 지필 기출 문제도 구할 수 있다." 사후는 '굳이 원하거나 바라지 않아도 충분히 시도해볼 수 있고, 굳이 성공하지 않아도 지속할 수 있다'는 말을 좌우명으로 삼고 있다. 나는 그의 사이트에 들어가봤는데, 돈 한 푼 받지 않고 자발적으로 그렇게나 많은 자료를 모아둔 것에 혀를 내둘렀다. 인도의 개발자 커뮤니티를 위해 헌신하고 있는 그의 모습은 감탄스러웠다. 특히 그의 사이트에서 제공되는 직무 지필 기출 문제는 취업 준비생들이 기업별·도시별·시기별 출제 유형에 익숙해지도록 도와준다.

그가 그토록 헌신하는 것이 자신의 꿈을 실현하기 위해서인지, 아니면 다른 누구를 위해서인지 나로서는 알 수 없었다. 어쨌거나 일정도 빡빡하고 진행 중인 프로젝트도 많고 생각도 많은 사시칸타 사후는 걱정스러울 정도로 열심히 자신의 사이트를 들락거렸다. 작은 거인이자 작은 기사로서 그는 자신이 만들어놓은 그 웹상의 피조물에 완전히 푹 빠져 지내고 있었는데, 흡사 한 여자와 사랑에 빠진 남자 같았다. 그리고 감히 말하건대 그는 자신의 꿈을 키워가기 위해서라면 궁핍한 생활도 견뎌낼 준비가 되어 있었다.

"나는 삶을 바꾸고 싶다. 이 사이트를 개발하느라 3년을 보냈고, 매일 밤, 또 주말마다 계속 사이트 작업을 한다. 내 모든 힘과 돈을 내 사이트에 쏟아붓고 있는 만큼 내가 바라는 건 딱 한 가지, 바로 이 사이트가 유명해지는 것이다. 나는 나 자신을 넘어서는 무언가를 만들어내고 싶다. 이는 언젠가 내 삶에 하나의 의미를 부여해줄 것이다. 나는 내 아내만큼이나 내 사이트를 사랑한다." 사시칸타 사후는 결혼한 지 얼마 안 된 새신랑이다. 그는 자신의 사이트를 홍보하기 위해 구글에서 광고도 구매했다. 그의 아내는 페이스북과 링크드인, 그리고 여러 블로그에 남편의 사이트에 관한 포스팅을 올리면서 그를 돕고 있다. 사후는 "구글에서 높은 순위에 랭크되면 정말 좋을 것 같다"고 했다.

혹 난관에 부딪히거나 어떤 문제를 만나면, 사후는 자신의 신에게 기도한다. 시바 신과 가네시 신에게 기도를 올리는 것이다(힌두교에서 가네시 신은 코끼리 두상을 한 모습으로 나타나는데, 장애물을 극복하게 해주는 신으로 알려져 있다). 사후는 자신의 스마트폰을 꺼내서 매일 별자리 운세를 제공해주는 한 달 이용료 30루피(40상팀) 정도의 점성술 앱은 물론, 자신이 자주 접속하는 시바 신과 가네시 신 관련 앱도 보여주었다. "이들은 나의 수호신이다. 나는 이 신들을 사랑한다." 그는 자신이 '사후'라는 이름으로 불리는 한 사람으로서 실재한다는 것을 보여주는 일차적 증거인 UID(Unique ID) 신분증도 자랑스레 보여주었다.

서른 살이 채 되지 않은 이 평범한 사무직 엔지니어 청년을 통해 내 눈앞에 신흥개도국 인도의 초상화가 그려졌다. 인도의 수많은 엔지니어 가운데 이름 없는 일개 엔지니어에 불과한 그를 통해 나는 자신의 삶과 나라는 물론, 세계를 바꾸고자 하는 인도의 모습을 보게 된 것이다.

26억 개 눈의 홍채 인식

"성명, 주소, 성별, 생년월일, 사진, 열 손가락 지문, 그리고 두 눈의 홍채 정보, 이게 전부다. 다른 것은 아무것도 들어가지 않는다. 종교나 카스트상의 신분, 인종 정보도 포함되지 않는다."

스리칸트 나다무니는 벵갈루루 동남부의 아다르시 팜 리트릿Adarsh Palm Retreat에 위치한 자택에서 이렇게 말을 꺼냈다. 그의 자택이 있는 곳은 야자수가 드리워져 있고 철통 보안이 지켜지는 선택받은 자들의 도시였다. 그는 카레를 준비해준 요리사에게 감사 인사를 표했다. 인근의 외곽 순환도로를 따라 포진해 있는 일곱 개의 기술 단지 안에는 시스코, 노키아, 캡제미니CapGemini, 액센처Accenture, 인텔의 인도 지사가 자리 잡고 있었다. 나다무니가 또 하나의 '자식'인 전자신분증 UID에 대해 설명해줄 짬을 낼 수 있었던 것은, 당시 그의 아내와 아이들이 미국 MIT 공대에 가 있었기 때문이다.

"인도 사람들은 모두 자신이 유일한 존재라고 생각하지만, 그것을 증명할 방법은 생각만큼 확실하게 찾아내기 어렵다. 13억 인도 인구 가운데서 이름도 같고 생년월일도 같은 사람이 부지기수이기 때문이다. 전자신분증이 있으면 자신이 세상에서 단 한 명의 유일한 존재임을 입증할 수 있다." 그는 좀더 자세히 설명하고 싶어했다. "기존의 신원 정보들을 다 조합해도 단 한 명의 유일한 개인으로 존재할 확률은 97퍼센트에 머문다. 즉 자료상으로는 나와 같은 사람이 두 명 이상 존재할 가능성이 남는 것이다. 또한 신분 위조 가능성도 있다. 그러나 기존 신원 정보에 열 손가락 지문을 추가하면 신뢰도는 99퍼센트로 올라간다. 거기에 홍채 정보까지 추가하면 99.96퍼센트까지 확실해진다. 이보다 더 완벽할 수는 없다."

인도의 UID 프로젝트 수립자 중 한 명인 나다무니는 이 프로젝트의 CTO(최고기술경영자)로 있다. 이 프로젝트가 수집한 개인 정보가 모두 저장되어 있는 데이터 센터에서 200미터 떨어진 곳에 살고 있는 그는 이렇게 말했다. "그 데이터 센터에서는 기존 데이터와 매일 100만 개씩 들어오는 신규 데이터를 합치는 과정에서 하루 평균 350조의 정보를 비교 대조한다. 세계에서 가장 방대한 정보 시스템을 운영하고 있는 것이다."

따라서 어찌 보면 상당히 무모한 발상이기도 했던 이 생체 인식 프로젝트에 따라 향후 2017년까지 13억 인도 국민은 세상에서 단 하나밖에 없는 UID카드를 발급받을 예정이다. 이 프로젝트를 맨 처음 구상한 사람은 인도의 백만장자이자 전 인포시스 회장인 난단 닐레카니다. 인포시스는 하청 기업이긴 하나 IT 아웃소싱 분야에서 인도 굴지의 기업에 속하는 업체이며, 본사는 벵갈루루에 소재해 있다. 인도 정부가 그의 프로젝트 진행을 허가해주자, 여당 총재 소냐 간디와 만모한 싱 총리가 참석한 가운데 그 프로젝트의 개시를 기념하는 행사가 성대하게 치러졌다. 그렇게 자그마치 26억 개의 홍채와 130억 개의 지문을 수집한다는 계획이 시행됐다. "시작부터 진행이 매우 순조로워서 일부 주에서는 작업이 꽤 많이 진척된 상태다. 이미 3억5000만 명의 자료가 등록되었기에 2014년 말 이전까지 6억 개의 UID카드가 발급될 수 있으리라 생각한다." 스리칸트 나다무니는 뿌듯해하며 이렇게 말했다. 하지만 과감하게 시작한 이 프로젝트는 현실의 벽에 부딪히고 있다. 시골 방식으로 대중없이 살아가는 빈민가 주민, 부족민, 이주 노동자, 농촌 지역 주민이 자발적으로 UID 시스템에 필요한 정보를 등록하도록 유인하는 일이 쉽지 않기 때문이다. 나다무니조차 "인도에는 최소한 60만 개의 마을이 있는데, 각 마을에 정확히 몇 명이 사는지도 모르는 실정"이라고 말했다. UID카드 한 개당 3달러 정도 드는 비용도 만만찮다. 어쨌든 인도 국민은 나라 곳곳에 있는 4만여 개의 채용 센터에서 자신의 신원 정보를 등록할 수 있다. 채용 센터가 없는 낙후된 지역으로는 지프를 탄 사람들이 찾아가 개인 신원 자료를 수집하는데, 그들은 모두 자원봉사자들이다. 그들이 무료로 그 일을 하는 이유는 UID 시스템이 확립되면 은행 계좌를 통해 사회보장 수당을 지급받는 등 각종 사회적 지원을 받을 수 있다는 기대 때문이다. 개인 데이터 등록은 인도의 모든 국민을 대상으로 한다. 두 팔이 없는 장애인도 지문을 뺀 정보를 등록할 수 있고, 맹인도 홍채를 제외한 나머지 정보를 등록할 수 있다. 갓난아기의 경우 지문과 홍채 정보가 면제되는데, 이 두 가지 생체 정보는 다섯 살경부터 확실히 자리 잡기 때문이다. UID 시스템에서는 세 개의 성별을 허용하고 있으므로 트랜스섹슈얼도 예외가 되지는 않는다. 인도에 거주한 기간이 180일 이상만 되면 UID 시스템 등록이 가능하므로 인도에 거주하는 외국인도 등록할 수 있다. 불법 이민자도 등록이 가능해 이 문제로 의회에서 논란이 일고 있다. 유일하게 'NRI'만 등록이 불가능하다.

NRI란 'Non-Resident Indians'의 약자로, 인도 이외의 지역에 거주하고 있는 해외 이민자를 일컫는다. 스리칸트 나다무니 역시 미국 실리콘밸리에서 15년을 산 NRI였다. 그는 왜 본국으로 돌아왔을까? "인도는 수백만 사람이 가난에서 벗어나고 있고, 할 일이 많은 젊은 국가이기 때문이다. 난단 닐레카니가 내게 몇몇 사람과 함께 UID 프로젝트를 위한 스타트업을 세워보지 않겠냐고 제안했을 때, 내 나라를 위해 그 일을 해야 한다는 사실을 깨달았다." 그래서 그는 망설이지 않고 조국으로 돌아왔다.

그의 자택에는 매우 오래된 듯한 나무 문 하나가 있었다. "매우 희귀한 목재로 만들어진, 100년도 더 된 이 나무 문을 내가 직접 복원했다." 그가 그렇게 말하며 나무 문을 열자, 놀랍게도 내 앞에 비슈누, 크리슈나, 가네시 등의 힌두 신 형상과 금 장식물, 그리고 향으로 가득한 작은 공간이 펼쳐졌다. 신발을 벗고 촛불을 켠 후 그 안으로 들어가니, 그 집안의 영적 지도자들 사진도 보였다. "이 신들의 이름은 여러 개다. 내가 쓰는 타밀어, 아내가 쓰는 텔루구어, 그리고 힌디어로 제각각 다르게 불리기 때문이다. 인도에서 신은 종교적 존재라기보다는 영적 존재에 가깝다. 신을 섬기는 것이 종교 행위라기보다 삶의 방식이기 때문이다. 신들에게는 UID가 없다."

UID 프로젝트의 공식 명칭은 '아드하르AADHAAR'로, 이는 기반, 기초 혹은 '나의 권리'를 의미하는 힌디어다. 이 전자신분증은 형태만 카드일 뿐, 사실 열두 자리 숫자라고 할 수 있다. 나다무니는 말했다. "카드는 그리 중요하지 않다. 카드에는 사실 데이터도 들어 있지 않다. '스마트카드'가 아니라 한낱 종이 쪼가리에 불과하다." 나다무니는 그 카드의 번호를 통해 개개인이 유일한 존재임이 증명된다는 것이 중요하다고 지적했다. "어떤 사람이 자기 번호를 말하고 지문 인식기에 손을 갖다 대면, 컴퓨터는 8초 만에 그 사람이 데이터에 등록된 본인이 맞는지 '예' 혹은 '아니오'로 대답해준다. 컴퓨터는 그 외에는 어떤 정보도 제공하지 않는다. 숫자는 카드보다 훨씬 안전하다." 앞으로는 인도의 공공 서비스와 사회보장 서비스 대부분은 물론 유권자 카드, 여권, 배급 카드, 면허증, 조업 허가권 등도 UID 시스템을 기반으로 할 것이다. 은행에서도 UID를 요구하게 되는데, 의무 사항은 아니지만 카드가 제작되면 은행 계좌도 권유될 예정이기 때문이다. 전기나 가스 회사, 휴대전화 업체, 항공사, 보험사, 경찰청 등도 UID 시스템의 자료를 이용하게 될 것이다. UID 시스템을 통해 행정 절차가 간소화되기를 기대하는 사람도 많다. 사실 인도에서는 휴대전화 유심칩 인증부터 비자 발급 등 일상생활에 필요한 행정 절차가 마치 아프리카 독재 국가처럼 까다로워서 지나치게 오랜 시간이 걸리기 때문이다.

이 프로젝트는 규모도 그렇지만 추구하는 목표 또한 남다르다. UID 는 자유로운 인터페이스로 구축된 신원 조회 시스템으로, 사용 승인을 받은 행정기관 및 대기업이 각자의 응용 애플리케이션을 통해 활용할 수 있다. 이 프로젝트는 정부의 사회적 지원 정책과 부패 방지의 일환으로 시행된 것이기도 하다. "가족 수당이든 조세 환급이든 의료비 지원금이든 간에 어떤 사람에게 100루피를 지급한다고 했을 때, 그게 정말 그 사람인지 어떻게 확신할 수 있겠는가?" 나다무니는 그렇게 말하면서 자신이 좋아하는 캘리포니아 커피를 탄 와인을 마셨다.

UID 프로젝트는 여러 비판과 의문점을 불러일으키고 있는 사업이다. 한편에서는 인도 국민 모두가 이 생체 ID카드를 통해 웹에 접속할 수 있게 되었다고 떠벌리지만, 다른 한편에서는 하수도 시설도 제대로 구비되지 않은 인도에서 그런 카드가 무슨 소용이냐고 비꼬기도 한다. 인터넷 및 사회 센터Center for Internet&Society의 책임자인 니샨트 샴도 우려의 목소리를 높였다. "UID는 공공 부문과 민간 부문 사이의 경계를 무너뜨릴 위험이 있다. 민간 기업들이 운영하는 응용 애플리케이션의 개인 정보가 활용되는 과정에서 그런 문제가 발생할 위험이 높다. 다만 한 가지 진일보한 점이 있다. 인도에는 데이터 보호에 관한 법이 없었는데, 역설적이게도 UID에 대한 토론 덕분에 한 가지 보호법을 갖추게 됐다." 인도 테스코의 전 대표로, 지금은 인도 IT 기업 위프로wipro의 교육 재단을 총괄하고 있는 수디시 벤카테시 또한 이 프로젝트에 대한 우려를 표했다. "인도는 워낙 큰 나라이기 때문에 정부가 효율적으로 될 수 있도록 모두가 도와줘야 한다. UID도 정부가 어떻게 하면 초등학생 급식비와 중학생 교복 보조금을 좀더 효율적으로 지급할 수 있을까를 고민하다가 만들어진 것이다. 하지만 UID 시스템이 전국 120만 개 초등학교에 소속된 2억2000만 명의 학생과, 700만 명의 교사를 실제로 아우를 수 있을지는 의문이다. 그것이 불가능하다면 아무짝에도 쓸모없는, 그냥 복잡하기만 한 시스템이 되지 않겠는가." 이보다 더 회의적인 입장의 사람들은 정부가 이 시스템을 통해 하려는 일이 비공식적인 경로로 일하는 사람들의 소득에 세금을 부과하는 것이라고 생각한다(인도에서는 과세 소득을 신고하는 사람 수보다 휴대전화 가입자 수가 15배나 많다).

대규모 투자자인 샤라드 샤르마는 더 낙관적인 전망을 내놓는다. "UID 데이터 보호 측면을 걱정하는 것도 무리는 아니다. 다만 문제를 상대적으로 바라봐야 한다. UID 시스템에 등록되는 개인 정보는 지극히 기본적인 수준의 것이지 그렇게 민감한 종류는 아니다. 사실 인도 사람들의 개인 정보는 구글에 훨씬 많다. UID에는 들어가지도 않는 개인 정보까지 거기 다 있다."

한편에서는 UID 프로젝트와 연계하여 이루어지는 은행 계좌 개설 권유가 정확한 설명도 없는 강요 행위라고 비판하는 목소리도 있다. "사회보장 수당이 UID 번호를 통해 인도 국민의 계좌로 직접 들어가는 것, 그것은 분명 UID 시스템의 장점이다. 하지만 그 시스템을 이용하면 국민에 대한 통제도 쉬워진다. 그것이 바로 정부가 국민의 은행 계좌 개설을 권장하는 간접적인 이유다." 벵갈루루에서 발행되는 『타임스 오브 인디아Times of India』의 경제 분야 편집장 존 수지트는 이 같은 견해를 밝혔다. 그러나 일부 경제학자들은 인도 국민이 UID 프로젝트를 통해 금융 서비스에 접근할 수 있다는 사실에 반색을 표했다. 국민이 은행 계좌를 가지고 있지 않으면 정부가 빈곤 문제에 대한 조치를 취하기도 어렵고 사람들이 돈을 저축하기도 쉽지 않기 때문이다. UID 도입을 찬성하는 사람들 중에는 이렇듯 사회 통합 논리를 우선시하는 이가 많다. 김용 세계은행 총재 또한 UID 프로젝트가 "새로운 빈곤 근절 수단이 될 것"이라며 환영했다.

전 세계적으로 유명한 심장 전문의 데비 셰티 박사의 병원 대기실에는 형제자매는 물론 삼촌, 이모, 고모까지 데려온 환자들도 있었다. 나는 양해를 구하고 데비 셰티 박사의 널따란 진료실 안으로 들어갔다. 환자들은 대개 다섯 명 이상으로 무리 지어 들어왔고, 환자당 진료 시간은 7분을 넘지 않았다.

내가 데비 셰티 박사가 운영하는 벵갈루루의 나라야나Narayana 종합 병원을 방문한 이유는, 그가 왜 UID 사업을 가장 앞장서서 지지하는지 알고 싶었기 때문이다. 하얀 가운 차림에 마스크를 쓴 그는 밀려드는 환자들 때문에 바쁘게 일하는 와중에도 침착함을 잃지 않고 환자의 수술 가부를 결정했다. 그는 매일 세 차례의 심장 수술을 직접 집도하며, 진료도 30여 차례나 보고 있다(이런 진료 횟수는 인도는 물론이고 전 세계적으로도 가장 높은 축에 속한다). 그는 나에게 가까이 오라는 제스처를 보인 뒤 상기된 모습으로 이야기를 시작했다. "UID는 작은 단위의 의료보험 제도를 구축해줄 수 있을 것이다. 인도에서는 현재 가난한 사람들이 의료보험 혜택을 받지 못하고 있는 실정이다." 그래서 벵갈루루 의료 단지 '헬스 시티Health City'에 위치한 자신의 병원에서 10분도 채 안 되는 진료를 받기 위해 먼 길을 달려오는 사람들이 하루 수백 명에 달하며, 그중에는 서른 시간이나 차를 타고 오는 사람들도 있다면서 다음과 같이 말을 이었다.

"지금이야 UID가 고작 행정적인 숫자 정보에 불과하지만, 곧 이 정보를 환자의 의료 정보와 연계시킬 수 있을 것이다. 데이터 보호만 잘 이루어진다면 이는 실로 인도 의료계의 발전에 기여함과 동시에 기술의 힘을 보여주는 계기가 될 것이다. 가난한 사람들을 서로 규합하게 해주기 때문이다. 돈 없는 사람들은 서로 떨어져 있을 때는 약하지만, 함께 있을 때는 강해진다."

병원 로비는 사람들이 길게 줄을 서 있는 수준을 넘어 공항 터미널을 방불케 할 정도로 붐볐다. 뉴델리와 뭄바이의 병원들도 그랬지만, 벵갈루루의 그 병원은 심각할 정도로 사람이 많았다. 데비 셰티 박사는 자신의 병원이 포화 상태에 이르렀음을 인정했다. "인도의 보건 상태가 취약한 것은, 병원까지의 거리가 너무 멀어서다. 외딴 지역 서민들은 치료를 받으려면 도시까지 나와야 한다. 게다가 이곳 벵갈루루도 그렇지만 인구밀도가 너무 높은 것 또한 문제다. 인터넷 진료가 유일한 대안이 될 수밖에 없다."

데비 셰티 박사의 지척에는 테레사 수녀의 대형 사진 몇 장이 놓여 있었다. 내가 그것을 보고 깜짝 놀라자 그가 말했다. "오래전에 콜카타에서 일한 적이 있는데, 그때 테레사 수녀를 치료하고 수술하는 영광을 누렸다. 이후로 나는 수녀님의 제자 중 한 명이 되었다."

"인도에는 수천 개의 병의원이 있다. 하지만 그 수준은 만족할 만한 정도가 못 된다. 복합적인 심장 문제가 발생한 환자를 받은 현지 의사가 그 환자의 상태를 동영상 촬영해서 인터넷으로 우리 병원에 넘기면, 우리가 그 환자에 대한 진단을 내릴 수 있다. 이어 현지 의사가 우리의 진단에 따라 모든 검사를 진행하고 그 분석을 마치면, 그 의사와 나는 함께 환자의 치료 방향을 논의한다. 매일 100~400건 정도의 동영상 자료가 우리 병원에 접수되는데, 환자 한 사람당 진단을 내리는 데 걸리는 시간은 10분 미만이다. 이미 5만3000명가량의 환자를 이런 식으로 치료했다. 이런 의료 협력이 더욱 광범위하게 이루어질 수 있도록 탄탄한 네트워크를 구축해나가고 있는 중이다."

그 병원의 지하로 내려가니, 인도 각지의 병원과 그 병원을 연결시키는 150여 개의 데스크가 있는 원격 진료 센터가 나왔다. 내가 갔을 때도 스카이프를 통해 콜카타의 한 병원과 대화가 이루어지고 있었다. 나는 의사들이 원격으로 진단을 내리는 모습을 주의 깊게 살펴봤다. 옆방에는 컴퓨터 인터넷상에 심전도 기록이 뜨고 있었다. 사람들은 한 신생아의 심장 수술 여부를 두고 고민하고 있었는데, 나는 상황이 꽤 위급하다는 걸 알 수 있었다. 이 같은 서비스는 인도의 모든 도시를 대상으로 24시간 내내 진행된다. 또한 아프리카 일부 마을에도 서비스를 제공하고 있다(셰티 박사는 범아프리카 전자 네트워크Pan-African e-Network의 원격 의료에 동참하고 있다).

원격 진료 센터에서 몇 걸음 더 가니 20여 명의 신생아가 있는 병동이 나왔다. 여러 간호사가 아이들의 상태를 계속 지켜보고 있었다. 아이들은 모두 얼마 전 심장 수술을 받은 후였으며, 이제 막 수술 기구를 떼어낸 아이도 있었다. 나를 그곳으로 안내해준 인턴은 "이곳이 신생아 심장 수술 전문 병동"이라며 "셰티 박사는 생후 9일 된 아이에게 이 같은 형태의 수술을 시행한 최초의 의사"라고 말했다. '로니'라는 이름의 그 아이는 꽤 유명해진 모양이었다. 우리는 작은 침대들 사이를 돌아다녔다. 언제 어떻게 될지 모르는 그 아이들의 작디작은 몸이 반창고로 고정되어 있는 모습을 보니 마음이 짠했다.

"UID 시스템을 활용하면 인도는 국민 건강 문제를 자본의 논리와 분리시키는 최초의 국가가 될 수 있다. 우리는 부자 나라가 아니더라도 국민에게 충분한 의료 서비스를 제공할 수 있다는 사실을 세상에 입증할 것이다. 의료 서비스는 봉사 차원의 문제가 아니라 국민이 당연히 누려야 할 권리다." 데비 셰티 박사는 이렇게 말하면서 앞으로 몇 년 안에 의료 분야가 교육 및 디지털 분야와 함께 핵심 사업이 될 것이라고 예언했다.

중국에 하드웨어가 있다면 인도에는 소프트웨어가 있다

벵갈루루 남부에 위치한 '일렉트로닉 시티ELECTRONICS CITY'에 가려면 유료 고가도로를 타야 한다. 이 도로는 IT 아웃소싱 대기업들의 본사까지 빨리 갈 수 있도록 특별히 만들어진 길이다. 위프로, 삼성, TCS(Tata Consultancy Services), 모토롤라, HP, 지멘스 등과 함께 인포시스 캠퍼스도 이곳에 소재해 있다.

IT 인도의 현주소를 보여주는 창과 같은 일렉트로닉 시티는 해안 계곡이 아니라 800미터 고도의 평원에 위치해 있지만 통상 '인도의 실리콘밸리'라 불리며, 'IT 시티'라고도 칭해진다. 한 벤처기업의 젊은 대표는 뭄바이에서 우스갯소리로 내게 이런 말을 했다. "인도 사람들은 자국의 기술적 진보에 대해 지나치게 자부심을 가진 나머지, 'IT'가 'Indian Technologies'를 의미한다고 생각한다."

인포시스는 1981년에 250유로가 채 안 되는 자본으로 출발한 IT 기업이다. 오늘날 이 기업의 시가총액은 300억 달러에 이르며, 전 세계 여러 대륙에 걸쳐 고용된 직원 수는 13만 명에 달한다. 벵갈루루의 인포시스 본사에는 2만2000명의 직원이 일하고 있으며, 평균 연령은 28세다. 광활한 인포시스 캠퍼스 안에서는 자동차 운행이 금지되어 있기에, 나는 골프 카트를 타고 돌아다녔다. 직원들은 캠퍼스 안에 있는 수백 대의 자전거 중 하나를 빌려 탔다가 원하는 곳 어디든 두고 갔다. 테니스장과 농구장, 헬스장이 눈에 띄었고 세계 각지의 음식을 맛볼 수 있는 푸드 코트도 일곱 곳이나 됐다. 루브르 피라미드를 모사한 텔레비전 스튜디오도 있었다. 짧게 깎인 잔디는 촉촉하게 물을 머금고 있었고, 멋진 분수가 설치된 인공 호수도 여기저기 눈에 띄었다. 참고로 인도는 식수 부족이 심각한 나라다.

인포시스에 들어온 신입 사원들은 일단 23주간 교육을 받는다. 교육은 전부 영어로 이루어지며, 1만4000명을 대상으로 한꺼번에 실시된다. 교육은 차로 세 시간 거리에 있는 벵갈루루 내 또 다른 캠퍼스에서 진행된다. 이후 직원들은 본사 캠퍼스 내에 있는 도서관에서 누구나 자유롭게 계속 공부할 수 있다. 방대한 규모의 도서관에는 각종 IT 프로그래밍 도서들이 구비되어 있다. 인포시스의 대변인 프리양카 와그르는 "우리는 이곳 본부 캠퍼스와 교육센터를 포함하여 인도 국내에 모두 아홉 개의 캠퍼스를 두고 있다"고 짚어주었다. 그와 함께 나는 그 다국적기업 본부 이곳저곳을 돌아보았다. 커다란 목련나무들과 초현대식 건물 사이에 작은 발전기 하나와 하수 처리 시설이 있었다. 바로 그런 설비 덕분에 그곳에서는 인도에서 그토록 자주 일어나는 단전, 단수를 피할 수 있었다. 프리양카는 "단전되어도 이곳은 자력으로 사나흘 정도는 버틸 수 있다"고 말했다. 사실 내가 방문한 인도의 모든 IT 기업은 저마다 UPS(Uninterrupted Power Supply, 무정전 전원장치)라 불리는 발전기를 갖추고 있었다. 인포시스 본사의 인터넷은 일렉트로닉 시티에 특별히 깔려 있는 광케이블에 연결되어 있었다. 또한 그곳에는 경호 및 치안을 담당하는 '중앙 산업 보안대Central Industrial Security Forces'라는 특별 경찰이 있었다.

IT 시티에서 몇백 미터만 가도 수십 명의 어린아이가 맨발로 걸어 다니고, 오물이 잔뜩 쌓여 있고, 인도에서 신성한 동물로 대우받는 소가 쓰레기 더미 사이를 배회하는 빈민가가 나온다. 나는 벵갈루루에서 인도 산업무역부 국장 비디아샨카르도 만났는데, 그는 여전히 낙후되어 있는 벵갈루루의 모습에 대해 이렇게 말했다. "물론 발전하려면 아직 멀었다. 단전·단수 문제, 인터넷 속도 문제, 행정 처리 문제 등 많은 과제가 남아 있지만, 장담컨대 벵갈루루는 앞으로 인도 전체에서 하나의 모델이 될 것이다. 벌써 벵갈루루의 많은 사람이 가난에서 벗어나 기술 문명의 혜택을 보았고, 인도 사람들은 전 세계 여러 곳에서 IT 시스템을 개발하고 있다. 이제 우리는 남들에게 서비스를 판매하던 단계에서 우리 자신에게 서비스를 공급하는 단계로 넘어가야 한다. 인도 국민에 대한 고민을 더 많이 해야 하는 것이다. 우리 스스로를 위한 가치와 지식을 만들어내기 위해 우리는 더 스마트해져야 한다."

인텔과 MS, 시스코시스템스, 구글, IBM, 제너럴일렉트릭, 텍사스인스트루먼트 등 미국의 거대 기업들 사이에서 '벵갈루루되다'라는 표현은 꽤 유명하다. 부정적 뉘앙스를 가진 이 말은 미국의 일자리가 임금이 5~10배가량 낮은 벵갈루루 하청 기업으로 넘어갔음을 의미한다.

인도는 사실 미국 경제의 '백 오피스back office'가 되었다. 실리콘밸리에 있는 기업은 물론 콜센터를 두고 있거나 데이터베이스를 이용하는 미국의 모든 통신, 자동차, 보험, 은행, 보건 관련 기업의 배후 기지가 된 것이다. 인도는 미국 사람들이 필요로 하는 모든 서비스를 원격으로, 그것도 최소한의 비용으로 관리해주는 법을 터득했다. 이 나라는 낮은 시급으로 24시간 내내 프로그램 코드를 생산해내는 데도 성공한다. 인도에서는 이제 하나의 상징적 존재가 된 콜센터에서 일하는 수만 명의 인도인들은 보잘것없는 돈을 받아가며 인도 억양의 영어로 미국 소비자들의 여러 문제를 해결해준다. IT 관련 문제도 해결해줄뿐더러 은행 업무도 수월하게 만들어주고, 의료 서비스도 책임져주며, 보험사에 재해 신고도 넣어준다. 전화나 인터넷 접속, 항공권 예약 문제에 대한 요청도 다 들어주고 있다. 나는 그중 한 곳인 화이트필드 로드에 있는 벵갈루루 국제 IT 파크의 콜센터에 찾아가보기도 했다. 그런데 이제 인도는 이 분야에서 다른 나라들의 도전을 받고 있다. 필리핀 사람들은 더 좋은 영어 발음을 무기로 내세우고, 인도네시아 사람들은 더 저렴한 노동력을 제공한다. "15년 전만 해도 인도에서 콜센터 일은 매우 괜찮은 직업이었다. 그래서 가난한 인도 젊은이들이 자기가 살던 마을을 떠나와서 얼마 안 되는 급여를 받으면서도 기꺼이 야근까지 했다. 그러나 오늘날 젊은이들은 급여를 더 많이 주지 않으면 콜센터 일을 하려 하지 않는다. 게다가 사무실 임대료도 많이 올라서 지금 인도의 콜센터는 더 이상 수익률이 높지 않다." 일간지 『타임스 오브 인디아』의 존 수지트가 내 앞에서 내놓은 분석이다. 우리가 이야기를 나누는 동안 군용기가 도심의 상공을 수놓았다. 벵갈루루가 애초에 군사적 필요에 의해 조성된 기술 도시임을 일깨워주는 순간이었다. 이곳에서 IT 산업이 발달한 것은 군사 기술에 대한 수요가 충족된 이후 적절한 군사-기술 생태계가 조성되었기 때문이다.

인포시스나 위프로, TCS 등 인도의 거대 아웃소싱 기업들은 최근 들어 성장 한계에 다다라 주춤한 상태에서 새로운 수익 모델을 추구하고 있다. 인도는 미국 이외의 나라 중에 영어를 할 수 있는 엔지니어가 가장 많이 배출되는 곳으로, 그들은 인도의 가장 소중한 자산이다. 매년 430만 명씩 쏟아져 나오는 인도의 박사 학위 소지자들 중 150만 명은 엔지니어이거나 정보공학 및 기계공학 전공자들이다. 그런데 인도는 컴퓨터와 휴대전화, 태블릿 등 기기 생산 면에서 앞서 있는 중국을 경쟁 상대로 보지 않는다. 존 수지트는 그 이유를 이렇게 설명했다. "중국에 하드웨어가 있다면 인도엔 소프트웨어가 있다." 실리콘밸리에는 글로벌 감각을 갖춘 인도계 미국 엔지니어들의 커뮤니티가 있는데, 그 커뮤니티와 인도 내 엔지니어 간의 교류가 원활하다는 것도 인도의 강점 중 하나다.

그렇다면 인도는 지금 상황에서 무엇을 해야 하는 것일까? 인도인들은 이미 그 답을 찾았다. 바로 시대에 적응하는 것이다. 동물을 신성시하는 인도 입장에서 보면 불경스러운 표현이 될 수도 있겠지만, 지금 인도인들은 '다윈주의자'가 되었다고 말할 수 있을 정도다. 이 말은 그들이 가장 강한 존재가 되려 한다는 뜻이 아니라, 환경에 적응하는 법을 터득하려 한다는 것이다. 그래서 인도인들은 몇 년 전부터 미국에만 의존하지 않고 유럽 및 아시아 지역으로도 눈을 돌리는 지리적 시장 다각화를 꾀하고 있다. 애널리스트들은 2013년에 1000억 달러 규모였던 인도의 IT 내수 시장이 2020년에는 3000억 달러 규모 이상으로 성장할 것으로 기대하고 있는데, 실제로 그렇게 되면 수출도 더욱 늘어날 것이다. 미국의 IT 산업은 계속 성장세를 보이고 있지만, 미국의 전 세계 IT 시장 점유율은 67퍼센트에서 54퍼센트로 줄어들 것으로 예상된다. 앞으로는 아시아와 유럽의 전 세계 IT 시장 점유율이 높아질 전망인데, 현재 아시아의 전 세계 IT 시장 점유율 중 7퍼센트를 차지하는 것이 바로 인도다. 유럽의 전 세계 IT 시장 점유율은 지금의 26퍼센트에서 32퍼센트로 확대될 전망이다.

인도는 지리적 시장 다각화에 더해 IT 산업 재조정 전략도 진행하고 있다. 외국 기업을 위해 컴퓨터 시스템을 운영하고 사이트와 소프트웨어를 개발하던 기존의 오프쇼링 모델에서, 자국 기업을 위해 창의적 프로세스를 진행하는 모델로 변화하고 있다는 말이다. 주요 타깃이 되는 부문은 소셜 미디어, 모바일, 데이터 분석, 그리고 클라우드 서비스다. 인도 정보산업 상공회의소 부대표인 K. S. 비스와나탄은 다음과 같이 말했다. "우리는 인도 기술의 미래가 바로 SMAC(Social Media, Mobile, Analytics, Cloud)에 달려 있다고 생각하고, 창의력을 중시하는 쪽으로 나아가고 있다. 물론 우리는 미래의 컴퓨터가 인도에서 만들어질 것이라는 헛된 꿈은 꾸지 않는다. 그러나 미래의 컴퓨터를 가동시킬 미래의 소프트웨어는 '메이드 인 인디아'가 될 것이다." 그의 말에 따르면 MS는 이미 인도에서 자사의 소프트웨어를 구상하고 있다. 인도 정보산업 상공회의소 소속 애널리스트들도 "인도가 프로그래밍이라는 수동적 모델에서 탈피하여 창의적인 모델을 실현한다면" 정보 서비스 부문에서 크게 성장할 것이라고 전망한다. 인도는 고도의 기술 실현이 가능한 혁신적인 공학 기술을 갖춘 인재를 보유하고 있기 때문에 애플리케이션, 인프라, 데이터 저장 등 일체의 인터넷 서비스가 차츰 인도 반도 쪽으로 이전될 것이라는 뜻이다. "창의력을 기반으로 한 지적 혁명이 앞으로의 관건이 될 것이다. 현재 인도에서는 그야말로 '스마트 혁명'이 일어나고 있는데, 수많은 특허와 저작권 등록이 이를 방증한다. 인도 기업들은 이제 자체 생산 제품들의 지식재산권을 해외 기업에 양도하기보다는, 지식재산권의 공동 창출을 추구하고 있다. 그로 인해 모든 것이 달라질 것이다." 비스와나탄은 꽤 흥분한 상태로 이렇게 말했다. 존 수지트도 다음과 같이 말했다. "인도에서는 지금 '지식 프로세스 아웃소싱knowledge process outsourcing'이라는 표현이 자주 쓰이는데, 이는 '스마트 아웃소싱' 일에 주력하고 있기 때문이다. 다시 말해 지금 인도는 지식과 가치를 만들어내는 과정에 있다." 현재 인도 사람들은 특히 스마트폰용 부가가치 서비스를 개발하고 싶어한다.

물론 지나친 낙관주의를 경계하는 인도 사람들도 있다. 인도에서 가장 유명한 연구 대학 중 하나인 인도 과학원Indian Institute of Science의 파드마나반 발라람 교수는 다음과 같이 말했다. "인도의 기술 분야는 미국과 근본적으로 차이가 있다. 정확히 말하면 지식 수준의 차이다. 실리콘밸리에서는 모든 것이 R&D, 즉 연구 개발 분야에서 출발하기에 스탠퍼드와 MIT 등 대학과의 상호작용을 기반으로 발달해왔다. 반면 인도의 IT 부문은 연구가 아닌 사업을 기반으로 발달해왔다." 그는 인포시스나 위프로 같은 인도 유수의 기업들이 중등 과정만 마친 학생들을 자사의 캠퍼스로 데려가서 실무 중심의 교육만 시킨다면서 다음과 같이 강조했다. "반면 우리 학교의 박사 과정 학생들은 기업들의 관심 밖에 놓여 있다. 이런 비즈니스 중심의 인도와 아이디어 중심의 미국은, 혁신 개발 측면에서 결국 굉장한 차이가 날 수밖에 없다."

TCS의 통신사업 개발국 본부장 스리가네시 라오 또한 회의적인 입장이다. "슬슬 인도 사람들의 관심이 R&D와 창의력 쪽으로 이동하는 것은 사실이다. 그러나 글로벌 마케팅에서 주도권을 장악하고 있는 것은 여전히 미국이다. 미국은 품질이나 디자인 면에서 여전히 브랜드 이미지를 유지하고 있다. 반면 인포시스나 위프로, 그리고 우리 회사 TCS 등 인도 기업들은 아직도 자체 브랜드가 없어 여전히 남의 브랜드만 개발해주고 있는 실정이다." 벵갈루루에서 만난 사람들 대부분은 내가 'Designed by Apple in California'라는 애플의 광고 슬로건을 언급하면 갑자기 안색이 어두워졌다. 애플 제품이 인도가 아닌 중국에서 만들어지고 있기 때문이기도 하겠지만, IT 부문의 창의력은 여전히 미국이 주도하고 있기 때문일 것이다.

그러나 인도가 미래의 '스마트' 산업을 주도할 수 있는 생태계를 보유하고 있는 것은 분명한 사실이다. 혁신적인 발명 역량을 가진 벤처기업이 수천 개나 포진해 있기 때문이다. 가령 데이터뱅크와 클라우드 부문에서 인도 1위를 달리고 있는 클라우드바이트Cloudbyte의 기술은 놀라운 수준이다. 인도에서 개발된 주목할 만한 애플리케이션도 많다. 트래픽 바이얼레이션Traffic Violations은 지불해야 할 교통 위반 벌금이 얼마인지 알아봐주는 앱이고, 북마이쇼Bookmyshow는 발리우드Bollywood 영화 시간표를 제공해준다. 인도판 스포티파이Spotify인 음악 스트리밍 앱 사븐SAAVN은 가입자가 1300만 명에 이른다. 도심의 도로 교통 상황을 알려주는 트래플린Traffline과 실시간 택시 위치 정보를 얻을 수 있는 올라캡스Olacabs도 인기가 높다. 이 모두가 인도 국민의 일상생활을 개선시키고자 하는 인도 벤처기업들의 작품이다.

"이런 벤처기업을 세운 사람들 대부분은 젊은 시절 콜센터에서 일하다가 이후 MS나 야후, HP, 인포시스 등에서 일했다. 그리고 지금은 혁신적인 기업주가 되어 있는 것이다." 인터넷 호스팅 서비스와 클라우드 서비스를 제공하는 꽤 큰 벤처기업 대표 스리비바반 발라람은 이렇게 말했다. 그의 회사를 포함해 일렉트로닉 시티에 있는 벤처기업들이 역동적인 사업을 펼쳐나갈 수 있었던 건 위험을 감수하고 그들을 지원한 비즈니스 에인절 네트워크 덕분이다. 신규 프로젝트에 대규모 재정 지원을 하고 있는 투자자 샤라드 샤르마는 상황을 낙관한다. "인도 시장은 20여 년 전에야 가까스로 자유화되었다. 그래서 우리가 경제 자유화 1세대에 속한다. 현재는 인도 벤처기업에 들어가는 연간 투자금이 미국 벤처기업에 들어가는 하루 투자금보다 낮은 수준이지만, 상황은 곧 바뀌리라 본다."(인도 경제 자유화의 기점은 1991년 7월이었다. 전 인도 총리 만모한 싱이 당시 재무부 장관이었는데, 그가 인도 경제 자유화를 위해 네루식 사회주의 모델을 폐기하고 글로벌 시장경제를 도입한다.)

현재 기로에 서 있는 인도는 강력한 내수 시장을 구축하고자 하는 중국 모델과 전 세계적으로 성공을 거두고 있는 미국 모델을 걱정과 질투 섞인 마음으로 주의 깊게 지켜보고 있다. 또한 혁신적인 벤처기업들의 수출을 지원하고 나라 전체의 벤처기업화를 지향하는, 현재로서는 규모가 크지 않지만 장래성 있는 이스라엘 모델도 연구하고 있다.

2014년 5월에 취임한 인도의 나렌드라 모디 총리는 보수 진영 정치인으로, 디지털 분야와 관련하여 큰 포부를 지니고 있다. 그는 인도가 여전히 갈 길이 멀다는 것을 잘 알고 있는 사람으로, 인도 내에 100개 이상의 스마트 시티를 건설하고 수만 개의 마을에 초고속 인터넷을 보급하는 '디지털 인디아' 프로젝트를 실시하고 있다. 그의 트위터 계정을 팔로잉하고 있는 사람은 무려 1300만 명에 이른다.

인도는 객관적인 차원에서 여러 가지 사항을 고려하고 주관적인 관점에서 경제적 동맹국과 정치적 경쟁국 사이의 지정학적 관계를 고려하여 자국만의 새로운 모델을 개발해내야 하는 입장이다. 아는 것으로써 모르는 것을 다스리고 과거의 요소와 미래의 요소를 조합해 혁신적인 인도 모델을 세워야 하는 것이다. 그러자면 현상 유지를 위해 계속해서 서구권에 서비스를 판매하면서도 동시에 국내시장을 구축하여 한 걸음 더 앞으로 나아가야 한다. 한마디로 매우 어려운 상황에 봉착해 있는 셈이다. 야후의 젊은 개발자 사후도 지금은 개발자를 꿈꾸는 인도 청년들에게 시험 대비 자료를 제공하는 사이트를 운영하고 있지만, 언젠가는 인도에 독자적인 혁신 모델이 수립되어 자신이 새로운 도전을 할 수 있는 날만을 기다리고 있다. 하지만 현재로서 그는 선의를 바탕으로 한 자기만의 프로젝트인 사이트를 운영하면서 동시에 미국 거대 기업에서도 일하는 삶을 계속 유지해나가야 한다. 거기서 더 나간 무모한 도전은 할 수 없다. '스마트'한 삶을 바라지만, 그에겐 먹을 것도 필요하기 때문이다.

제5장

스마트 시티

버스는 오지 않았다. 버스가 고장 난 것일까 아니면 기사가 아침에 못 일어난 것일까? 어쨌든 러시아의 21세기 최대 기술 프로젝트인 스콜코보Skolkovo의 R&D 단지로 향하는 주요 교통수단에 그날 아침 버그가 발생했다.

스콜코보는 '스마트 시티' 즉 IT 인프라가 갖추어진 지능형 도시를 지향한다. 케냐의 콘자 테크노 시티나 브라질의 포르투 디지털 시티도 기술 혁신 도시가 되는 것이 목표다. 이스라엘은 나라 전체에 걸쳐 스마트 시티를 조성함으로써 실로 '창업 국가'를 구축하려는 포부를 보이고 있다. 세계 곳곳의 이런 사례는 실리콘밸리의 영향력이 어느 정도인지를 잘 보여주는 동시에, 앞으로 살펴보겠지만 그 모델을 그대로 따라 하는 것이 얼마나 힘든지도 입증해준다.

내가 도착하자 스콜코보 연구 단지의 총괄 책임자 세르게이 쿠릴로프는 "버스 쪽에 무슨 일이 생긴 건지 모르겠다"며 사과했다. 스콜 코보 연구 단지는 모스크바에서 30여 킬로미터밖에 떨어져 있지 않지만, 버스가 끊기는 바람에 나는 그곳까지 가는 데 두 시간이나 걸렸다. 세르게이 쿠릴로프는 "2~3년 후가 되면 여기에도 전철역 두 개가 생길 것"이라고 안심시키듯 말해주었다. 34세의 쿠릴로프의 사무실에는 'Don't Talk'라 쓰인 소비에트 포스터와 전 소비에트 연방 서기장이자 KGB 의장이었던 유리 안드로포프의 사진이 걸려 있었다. 소비에트 포스터는 왜 붙인 것인지 이해가 갔지만, 안드로포프의 사진은 다소 의외였다. 탁자 위에는 아이패드와 맥북에어가 놓여 있었다.

세르게이 쿠릴로프는 신흥 부호이거나, 그게 아니라면 적어도 성공한 러시아 신진 계층을 대표하는 인물임에 틀림없었다. 그런 소수의 상류층 러시아인들이 역사적 소양을 과시하는 속물근성을 보이기 때문이다. "우리는 건물을 지었고 도로를 닦았다. 곧 전철도 다닐 테니 회사들은 이곳에 입주만 하면 된다. 하지만 앞으로의 상황에 대해 100퍼센트 확실하게 말할 수는 없다. 도시계획이란 정확한 과학이 아니기 때문이다. 주변 분위기, 사람들이 이곳에서 살고자 하는 의지, 바이오 경제, 스마트 그리드, 오픈 데이터, 그리고 이곳이 '쿨하다'는 느낌을 줄 수 있느냐에 따라 좌우되지 않겠나." 이런 쿠릴로프의 말을 듣고 있자니 그가 대체 무엇에 대해 말하고 있는지, 소련의 스푸트니크 위성에 대해 말하고 있는지 아니면 그보다 더 옛날 나폴레옹 군대와 싸웠던 베레지나 전투의 군사작전에 대해 말하고 있는지 알 수 없는 기분이 들었다.

스콜코보는 툰드라 지대에 위치한 작은 마을의 이름이기도 하지만,

또한 푸틴 대통령과 메드베데프 총리가 실시한 시범 프로젝트 명이기도 하다. 두 사람의 계획은 그 작은 마을에 완전히 새로운 디지털 기술 중심의 도시, 이른바 '스마트 시티'를 세우는 것이다.

일방통행로 입구에 검문 초소가 보였다. 앞에는 바리케이드가 쳐져 있고, 러시아 깃발도 보였다. 스콜코보로 들어가는 관문인 그 검문소를 지나자 끝이 보이지 않는 드넓은 평원 지대가 펼쳐졌다. 그 도시는 아직 평야에 불과했다. 키 작은 나무 몇 그루와 고사리류, 그리고 지의류가 깔려 있을 뿐 주민이라고 할 만한 건 그곳에서 살아왔던 산토끼들뿐이었다. 낮이라 그나마 일꾼들이 보였다. 지금은 일꾼 수가 수백 명 수준이지만 곧 수천 명 수준으로 늘어날 것이라고 했다. 하나같이 주황색 안전모를 착용한 일꾼들은 디지털 신도시의 건물을 짓느라 분주한 모습이었다. 그중 책임자는 세르비아계 사람들이고 직책이 낮은 일꾼들 중에는 '흑인'이라 불리는 캅카스 사람들도 있지만 주로 타지키스탄, 키르기스스탄, 조지아, 아르메니아 등 구소비에트 연방에 속했던 나라 출신이라는 것이 다소 의외였다. 아제르바이잔 출신 일꾼은 한 명도 없었는데, 스콜코보 대변인은 아제르바이잔 사람들이 "건물을 짓는 육체노동을 하기에는 너무 잘산다"고 했다. 여러 측면에서 그 현장은 오늘날 러시아 내의 위계질서를 보여주는 축소판 같았다.

여러 대의 크레인 사이로 '더 큐브The Cube'라는 건물이 보였다. 그곳에서 제일 먼저 준공된 그 건물은 2012년 가을에 성대한 개관식을 마쳤다. 그 건물 안에는 이미 여러 개의 기관이 입주해 있었으며, 저작권 보호 사무국도 그곳에 둥지를 틀고 있었다. 러시아 현대화 위원회도 그곳에 자리 잡을 예정이다.

조금 떨어져 있는 또 다른 건물은 아직 비어 있었는데, 안내인은 그곳에 혁신적인 아이디어들을 수익성으로 연결시키는 것을 가르치는 "스콜코보 비즈니스 스쿨이 들어올 예정"이라고 했다. 거기서 조금 더 들어가자 그 건조한 초원 지대에 가까스로 조성한 부지가 보였다. 일본 건축가들이 제작하는 거대한 유리공 형태의 '더 스피어The Sphere'라는 건물이 들어설 예정이라고 했다. 그 건물 내부를 캘리포니아 기후로 만들 것이라는 말도 했는데, 겨울에는 영하 30도까지 내려가는 그곳에서 그런 시도를 한다는 것이 매우 의미심장하게 들렸다.

'진짜' 스콜코보는 여전히 평온하고 작은 마을에 불과하지만, 거기서 몇 킬로미터 떨어진 스마트 시티 스콜코보의 공사 현장은 이렇듯 미국을 모방하려 하고 있었다. 내 옆에 있는 안내인은 고속도로와 경전철, 쇼핑몰, 영화관, 운동장 등이 들어서면 그곳은 팰로앨토와 비슷해질 거라고 했다. 또한 친환경 녹색 도시를 지향하며 "자전거, 소형 전기 자동차, 골프 카트, 경전철 등만 교통수단이 될 것이기에 제2의 쿠퍼티노가 될 것"이라고도 했다(쿠퍼티노는 애플 본사가 위치한 실리콘밸리 내의 도시다).

곳곳에 담장과 철책이 눈에 띄는 그곳에는 이미 물과 전기가 들어와 있었다. 안내인은 몇몇 트럭을 가리키며 "저것들이 이동 기지국 역할을 해서 무선 인터넷도 가능하다"고 했지만, 내 눈에는 그저 위성 안테나를 단 달구지에 불과해 보였다. 어쨌든 나는 사륜구동차를 타고 400헥타르에 이르는 스콜코보의 진창을 달렸다.

스콜코보 혁신 도시는 국가의 현대화에 이바지할 다섯 개 분야의 '클러스터'로 구성되어 있다. 첫 번째는 에너지 효율, 두 번째는 바이오

의료, 세 번째는 원자력, 네 번째는 우주 및 원거리 통신, 다섯 번째는 정보 및 통신 분야다. 이 다양한 분야에 속하는 1000여 개 이상의 기업들은 현재 이 특별 경제 구역에 '가상 입주'한 상태이지만, 벌써부터 (평균 15만 달러에 달하는) 보조금은 물론 10년간 부가가치세 및 사업세 면제라는 조세 감면 혜택도 받고 있다. 게다가 러시아 정부는 얼마 전 스콜코보 입주 기업들에게는 사회보장 분담금을 50퍼센트 인하해주고, 특히 해외 기업에게는 관세 혜택 및 비자 절차 간편화를 실시하겠다고 발표했다(다만 해외 기업들은 지사가 아니라 자회사 형태로 입주해야 이 같은 혜택을 받을 수 있다).

스콜코보는 얼마 전 러시아 의회에서 실시한 투표 결과로 인해 행정적으로 모스크바에 속하게 되었다. 따라서 모스크바 세 개 공항 어디에서든 이 스마트 시티로의 진입이 수월해질 전망이다. 스콜코보 재단에서 일하고 있는 카티아 가이카는 스콜코보가 실리콘밸리의 복제판은 아니라면서 다음과 같이 말했다. "제2의 쿠퍼티노를 건설하겠다는 말은 사실 농담이고, 그곳과는 무언가 다른 곳이 될 것이다. 물론 캘리포니아 모델을 본보기로 삼은 것은 사실이지만, 우리는 보스턴의 MIT 공대와 싱가포르의 스마트 시티도 참고했다. 벤처기업과 대학, 그 외연구 기관, 투자자가 모두 어우러진 기본 틀을 만들어야 한다는 게 우리 생각이다." 스콜코보 캠퍼스에 있는 대학인 스콜코보 과학기술연구원SkTech은 2015년부터 석박사 학위자 2000명을 배출한다. 스콜코보 프로젝트를 시작할 당시 러시아 대통령은 이 학교를 위해 거금을 들여 미국 MIT의 '브레인'들을 유치하겠다고 말한 바 있는데, 1년에 고작 몇 주 동안만 스콜코보에 머무는 그 브레인들에게 쏟아부은 금액이 정확히 어느 정도인지는 알려지지 않았다.

스콜코보 프로젝트에 회의적인 입장을 보이는 사람들은 이 프로젝트가 냉전 시대에 강제수용소 정치범들이 크렘린 궁의 지시에 따라 건설한 고리키, 사로프, 스네진스크, 젤레즈노고르스크 등의 '과학 도시 Naukograd'를 답습한 것에 불과하다고 말한다. 시베리아 한복판 등 외딴 지역에 건설된 그 도시들은 공산주의 독재의 지배하에 엄격하게 진입이 통제되고 그 어떤 지도에도 표시되지 않았다. 스콜코보 재단의 카티아 가이카는 "스콜코보는 아주 개방적이라는 점에서 구소련 체제하의 그 도시들과 매우 다르다"고 설명했지만, 과연 어디까지 개방적인 걸까?

"사실 스콜코보는 하나의 도시가 아니라, 모스크바에 속한 새로운 구라고 생각해야 한다." 이렇게 말한 스콜코보 프로젝트의 부대표 코너 레니헌은 러시아 사람이 아니라 완벽한 아일랜드 억양을 가진 아일랜드 사람이다. 그는 아일랜드에서 오랜 기간 과학기술혁신부 장관을 지냈고, 이후 인권 및 사회통합 부처도 책임진 바 있다. 자신이 속해 있던 중도 우파 성향의 공화당이 정권 장악에 실패하자, 그는 더블린에서 멀리 떨어진 러시아로 건너왔다.

이 범상치 않은 '외래' 스콜코보 주민은 과학기술 개발 및 파트너십 체결 분야를 담당한다. "러시아 법은 모든 공공 대기업이 예산의 7퍼센트를 스콜코보에 투자해야 한다고 규정하고 있다. 대통령의 결정을 법이 뒷받침하고 있는 것이다." 그는 내 앞에서 그런 구시대적인 러시아의 면모를 눈썹 하나 까딱하지 않고 밝혔다. 각종 회의로 정신이 없는 레니헌이 내게 내줄 수 있는 시간은 잠깐에 불과했다. 내가 그에게

이 프로젝트의 한계를 인지하고 있느냐고 묻자, 그는 다음과 같이 대답했다. "러시아 사람들은 협력 정신이 부족해서 서로 협력하도록 만드는 것이 보통 어려운 일이 아니다." 과학기술 개발에 있어 난제는 없느냐고 묻자 다음과 같이 말했다. "러시아 사람들은 모두 혁신적이며, 훌륭한 과학기술 인재도 많다. 벤처기업도 상당히 많다. 그러나 연구 단계에서 시장 단계로 쉽사리 넘어가지 못한다는 문제가 있다. 실험과 연구는 하고 있으나 그 성과가 쓸 만한 프로젝트로 이어지기 어렵다는 것이다. 다행히도 상황은 달라지고 있다. 러시아에서 스티브 잡스의 자서전이 굉장한 베스트셀러가 되면서, 이곳 젊은이들에게 잡스는 하나의 모델이 되었다."

그러나 스콜코보는 스티브 잡스가 구상한 도시가 아니라, 메드베데프 총리의 머리에서 나온 도시다. 스콜코보 프로젝트는 러시아가 디지털 맵에서 어떤 위치를 차지하고 싶어하는지를 잘 보여주지만, 또한 소비에트 이후의 관료주의와 계획주의에서 나타나는 한계점도 명확히 보여준다. 더욱이 메드베데프 총리는 스콜코보 이사회를 직접 지휘하고 있다.

스콜코보에서 국제 교류 분야를 맡고 있는 또 다른 부대표 세다 품피얀스카야는 "현재 러시아 정부는 이 프로젝트에 가장 공을 들이고 있다"고 말했지만, 프랑스에서 러시아 디지털 정보 전문 사이트를 운영하는 아드리앵 에니는 그 프로젝트가 "의지만 앞섰고 실현 가능성은 희박했던 스푸트니크 시대의 공공 프로젝트와 비슷하다"고 비판했다(여기서 공공 프로젝트란 미소 우주 경쟁 시절이던 1950년대에 나온 소련의 각종 프로젝트를 뜻한다). 2014년, 2017년, 2030년으로 3단계별 목표가 나뉘어 있는 스콜코보 프로젝트는, 실제로 1단계 목표인 스마트 시티 완공도 2016년으로 연기된 상태다. 2014년 G8 정상회담 장소가 스콜코보에서 소치로 변경된 것도 그 때문이었다(G8 정상회담은 우크라이나 사태로 인해 결국 소치에서도 열리지 못했다).

"우리도 스콜코보로 러시아의 모든 문제가 해결될 것이라고는 생각하지 않는다." 품피얀스카야는 이렇게 말했다. 사실 스콜코보 프로젝트는 생산 품목에 변수가 많고 석유 및 가스의 국제 시세도 일정치 않아 서비스 및 디지털 분야로 경제 구조를 다각화할 수밖에 없는 러시아의 한계를 명확히 반영하고 있다. 하지만 러시아 정부는 이 프로젝트가 성공해 북미나 유럽으로의 두뇌 유출 현상이 중단되기를 바라고 있다. 러시아의 두뇌 유출 현상은 구글의 공동 창업자 세르게이 브린의 이름을 따서 '세르게이 브린 신드롬'이라고도 불린다. 미국에서 살고 있는 세르게이 브린은 현재로서는 다시 고국 러시아로 돌아갈 생각이 전혀 없어 보인다. 타냐 록시나는 "스콜코보는 어쩌면 세르게이 브린 시티라 불리는 것이 더 정확할지도 모른다"고 일침을 놓았다.

유대인 가정에서 태어났으나 정교회 신자인 타냐 록시나는 왕성하게 활동하는 러시아의 인권운동가다. 나는 모스크바 아르미안스키 거리에 위치한 비정부기구 휴먼 라이츠 워치Human Rights Watch 본부에서 그녀를 만났는데, 그곳으로 그녀를 협박하는 편지가 끊임없이 배달되고 있었다. 다갈색 머리카락과 허스키한 목소리가 인상적인 그녀는 감히 반박할 수 없는 어조로 다음과 같이 단언했다. "러시아는 굉장히 바람직하지 않은 방향으로 나아가고 있다." 실제로 푸틴의 러시아, 혹은 메드베데프의 러시아는 구소련과 마찬가지로 권위적이고 중앙집권적이어서 반정부 세력을 수시로 체포한다. 푸틴의 재집권을 반대하는 공연을 벌인 인디 밴드 '푸시 라이엇Pussy Riot'은 체포되어 유죄를 선고받기도 했다. 이런 러시아 정부가 인터넷을 통제하는 것은 어찌 보면 당연한 일이다. 총명하고 다소 가벼워 보이기도 하는 타냐는 인터넷을 통제하고 검열하는 러시아 정부가 갑작스레 디지털 분야에 큰 관심을 보이는 게 놀랍기만 하다면서 다음과 같이 말했다. "이곳에서 개인의 사생활은 겉으로 보면 상당히 자유로운 편이다. 자신이 원하는 신문을 선택해서 읽을 수 있고, 인터넷 검색도 자유롭게 할 수 있고, 여행도 얼마든지 할 수 있고, 반체제 시위에도 참석할 수 있다. 분명히 소비에트 연방 시절과는 다르다. 하지만 아직 법치국가라고 보기는 어렵다. 가령 캅카스 북부 지역의 반체제 활동가들은 체포되면 고문을 받고, 러시아의 TV 채널은 정부가 완전히 장악했다. 정교회도 비정상적일 정도로 크렘린 정책에 영향을 받는다. 아직 이 나라는 정의가 실현될 수 있는 곳이 아니다." 이렇게 말하는 타냐의 어조는 조금 서글펐다. KGB 출신인 푸틴 대통령의 뜻은 법령과 칙령으로 발표되고 있고, 야당의 입지는 점점 더 좁아지고 있으며, 기자가 살해당하고 시위 주도자의 차량에 폭발물이 설치되는 상황이다. 타냐 본인도 매일 신변에 위협을 느끼고 있다. 사실 이런 파렴치하고 부패한 푸틴 정부가 디지털 분야에 관심을 가진다는 것은 어울리지도 않을뿐더러 어딘가 미심쩍다. 타냐는 푸틴 정부에 어울리는 것은 보드카, 가스 독점, 보톡스, 핵무기뿐이라고 일갈했다.

러시아 정부의 인터넷 검열 방식은 아직 충분히 알려지지 않았지만 중국이나 이란의 검열 방식보다 교묘하다. 일반 대중에게 먹힐 법한 논리, 즉 아동 포르노 근절, 마약 퇴치, 동성애 선동 방지라는 명분으로 인터넷 통제권을 확립해 더욱 효율적으로 검열을 실시하고 있는 것이다. (한 러시아 주요 사이트의 대표가 일러준 정보에 따르면) 러시아 법은 매우 엄격하기 때문에 정부는 눈에 거슬리는 인터넷 업체가 발견되면 수많은 법 조항을 들어 그 업체를 압박할 수 있다. 반푸틴 성향의 유명 블로거 블라트 투피킨도 러시아의 검색 포털 얀덱스Yandex나 러시아 구글이 검열은 안 당할지 모르나 '필터링'은 당할 수 있다고 말했다. 그와의 만남은 모스크바에 있는 강제수용소 희생자 추모 기념관에서 이루어졌다(이 기념관은 포드 재단과 미국의 대외 원조 기관인 국제개발처 USAID의 재정 지원을 받는다).

그는 러시아 정부의 검열이 "굉장히 은밀한 방식으로 진행된다"면서 다음과 같이 말했다. "사이트 검색 결과와 검색 순위를 조작하는 방식이다. 원래 이 두 가지는 자동화된 작업이지만, 실제로는 정부가 특정 글이 다른 글보다 우선적으로 나오게끔, 혹은 검색 순위가 바뀌게끔 수작업을 한다. 그 결과 정부가 달가워하지 않는 글들이 인터넷상에 남아 있기는 하되, 눈에 잘 띄지 않게 된다."

러시아 정부는 자본주의적인 방식으로 인터넷을 통제하기도 한다. 직접 요주의 사이트의 대주주가 되거나 심복의 이름을 빌려 대주주가 되는 것이다. mail.ru 그룹과 러시아 야후 등 30여 개의 주요 사이트는 물론 SNS나 온라인 게임 일부도 그런 식으로 이미 러시아 정부의 손에 넘어간 상태다. 내가 모스크바에서 만난 사람들은 러시아 행정부가 바로 그런 방법으로 여러 웹사이트를 압박하고 있으며, 필요하다면 OPA(주식공개매입)도 불사한다고 말했다.

타냐도 "얀덱스와 mail.ru가 정부 통제하에 들어가 있는 것은 분명한 사실"이라고 말했다. 그러나 아드리앵 에니는 다른 의견을 내놓았다. "러시아 인터넷을 이데올로기적 시각에서 바라봐서는 안 된다. 위키피디아와 트위터를 빼면 러시아에서 접속 가능한 해외 웹사이트 대부분이 러시아 사람들에게 넘어간 것은 사실이나, 그것은 철저히 비즈니스적인 차원이다. 특정 사이트에 대한 러시아 정부의 검열은 아주 드물게만 이루어진다."

사실 겉으로 보면 러시아 인터넷상에서 반푸틴 세력을 진압하려는 움직임은 찾아보기 힘들다. 러시아 '블로고스피어blogosphere'(블로그 커뮤니티)는 매우 자유롭게 활동하고 있어 다른 나라 블로거들의 부러움을 살 정도다. 블라트 투피킨은 이에 대해 다음과 같이 말했다. "블로고스피어 자체가 이제는 러시아 비판 세력과 더 이상 어울리지 않는 단어가 됐다. 현재 러시아 비판 세력은 블로그가 아니라 페이스북, 브콘탁테VKontakte(러시아판 페이스북), 트위터, 라이브저널LiveJournal 등 SNS로 옮겨갔다. gazeta.ru나 slon.ru 같은 온라인 매체나 인권 NGO, 싱크탱크 등도 활동 무대를 SNS로 옮기고 있다. 즉 러시아 정부에 대한 비판 여론이 제기되는 곳은 이제 SNS가 되었다."

어쨌거나 대도시에만 국한되어 있던 러시아 시민사회가 웹으로 인해 빠르게 확장되자 그에 대한 정부의 통제와 감시가 심해진 것은 사실이다. 이전까지 러시아 정부는 모스크바의 반문화 세력을 크게 걱정하지 않았다. 어느 나라든 그 나라의 중심 지역에는 반정부적인 부르주아 계급은 물론 레즈비언이나 펑크 조직도 존재하기 때문이다. 그러나 이 같은 세력이 중산층 계급과 농촌 지역으로까지 확대되자 정부는 그들을 탄압의 대상으로 삼게 되었다. 그래서 웹상에서 반정부적인 의견을 개진하는 사람들이 예기치 못한 세금 조사를 받거나 주거지를 강제로 수용收用당하는 사례가 심심치 않게 등장하게 되었다. 법적으로 봤을 땐 아무런 하자가 없는 조치다. 블로그를 통해 적극적으로 반정부 활동과 반부패 운동을 벌인 알렉세이 나발니도 2013년에 그와 비슷한 일을 당해 사기죄 및 횡령죄로 5년형을 선고받았다(러시아 정부가 증거를 조작했을 가능성도 제기된다). 그는 집행유예로 풀려나 사법 당국의 감시를 받으면서도 지칠 줄 모르는 반푸틴 활동을 벌였고, 모스크바 시장 선거 때는 야당 후보로 출마해 2위를 차지했다. 그가 시 당국의 재원을 마음껏 이용할 수 있는 여당 후보에 맞서, 게다가 선거 직전에 일어난 야당 사이트 사이버 공격에도 불구하고 2위를 차지한 것은 대단한 성과다. 현재 모스크바 서점가에는 반푸틴 서적이 넘쳐나지만, 야당 인사들은 정부로부터 이렇듯 겉으로는 아무 문제가 없는 '합법적인' 형식의 공격을 받고 있다.

2015년, 상황은 더욱 악화되었다. 이번에는 문제가 겉으로도 확연히 드러났다. 푸틴 대통령의 공공연한 정적 보리스 넴초프가 크렘린 궁 앞에서 총격으로 암살당한 것이다. 인터넷상에서 그는 꽤 폭넓은 지지층을 보유하고 있었고, 특히 브콘탁테에 올리는 그의 게시물은 조회수가 높아 반푸틴 시위를 조직하는 데도 크게 기여했다. 그런 보리스 넴초프의 암살 사건이 벌어졌을 때 동시에 새로운 법도 등장해 러시아 네티즌의 데이터가 모두 국내 서버로 옮겨지게 되었다. 뿐만 아니라 푸틴 정부는 브콘탁테를 통제하기 위해 그 회사의 주식을 사들이는 등 의심스러운 전술을 구사하기 시작했다. 그런 상황을 맞자 브콘탁테의

CEO 파벨 두로프는 고국을 떠났다. (텔레그램 개발자이기도 한) 파벨 두로프는 현재 유럽과 아시아, 미국 등지를 떠도는 일종의 '디지털 망명' 생활을 하고 있다.

도심 부유층의 범위를 넘어 지금처럼 계속 인터넷 보급률이 높아지면, 푸틴의 권위주의 체제가 인터넷 사이트와 블로거에 대해 더욱 강경한 입장을 취하게 될 것이라는 예상이 나오고 있다(2014년 초 소치 올림픽 당시 러시아 정부가 법적 절차 없이 몇몇 사이트를 차단한 것이 그 전조라고 볼 수 있다). 이제 러시아 인구의 50퍼센트가량인 7000만 명이 집에서 인터넷 접속을 할 수 있다. 따라서 지난 선거 때만 해도 텔레비전만 매체로 인정하던 크렘린 궁이 앞으로는 웹사이트와 블로그, SNS도 주요 매체로 인정할 가능성이 높다. 트위터에는 블라디미르 푸틴 대통령의 공식 계정인 @KremlinRussia를 패러디한 @KermlinRussia 계정이 등장해 있다. 'Sasha'와 'Masha'라는 두 네티즌은, 이 계정을 통해 푸틴의 우스꽝스러운 행태는 물론 부패한 권위주의 체제를 그럴듯하게 포장하려는 그의 노력도 비웃고 있다.

바로 이러한 상황에서 러시아 정부는 디지털 생태계를 재정립하고 스콜코보 프로젝트도 추진해야 한다. 내가 만나본 러시아 웹 전문가 대부분은 메드베데프의 스마트 시티가 실현될 가능성은 별로 없다면서 다음과 같이 말했다. 실리콘밸리가 탄생할 수 있었던 것은 1960년대에 미국 캘리포니아에서 마약 복용 등 온갖 형태의 위반과 탈선을 유행시킨 반문화가 형성되고 쿠바의 카스트로의 인기로 대변되는 저항 정신이 싹텄기 때문인데, 스콜코보가 러시아 시민사회와 블로고스피어를 인정하는 순간 러시아 정부는 그 프로젝트를 중단할 것이라고.

스마트 시티의 총괄 책임자 세르게이 쿠릴로프는 그런 의견에 대해 "다들 스콜코보에 스타벅스도 열고 게이 바도 열라고 말한다"면서 슬쩍 넘어갔다. 그러고는 스마트 시티 건설에 진짜 걸림돌이 되는 것은 지식재산권 문제라고, 러시아에서는 문화 콘텐츠는 물론 기업의 상표와 특허, 도메인도 제대로 보호받지 못해 러시아 기업 대부분이 유럽 쪽에서 상표 출원을 한다면서 다음과 같이 말했다. "미국의 벤처기업은 직원이 다섯 명만 있어도 굴러간다. 수많은 서비스를 해외에 하청을 줘도 지식재산권에 대한 걱정이 없기 때문이다. 그러나 러시아 벤처기업들은 지식재산권을 도둑맞을까봐 하청을 주지 못하기에 직원이 100명은 필요하다."

스콜코보 프로젝트의 또 다른 취약점은 스콜코보가 가스 공장이 아니라 수많은 벤처기업이 들어서야 할 디지털 업무 단지임에도 불구하고, 모스크바와 너무 떨어진 곳에 위치해 있다는 점이다. 때문에 그 프로젝트를 계속 추진하는 것보다 이미 모스크바에 급증하고 있는 벤처기업 지원 프로젝트를 실시하는 것이 더 효율적이라고 생각하는 사람들이 많았다. 가령 아드리앵 에니는 다음과 같이 말했다. "현재 모스크바의 벤처 생태계는 굉장히 훌륭하다. 창업 지원 프로그램도 있고 민간 투자금도 들어오는 등 네트워크가 잘 구축되어 있는 상황이다. 스콜코보는 그렇지 못하다. 따라서 모스크바에서 벤처기업 프로젝트를 추진하는 것이 더 낫다고 본다." 내가 이런 의견을 전해주자 세르게이 쿠릴로프는 다음과 같은 모호한 말만 했다. "구름 위의 도시를 만드느냐 물리적으로 실재하는 도시를 만드느냐가 논의의 주제가 될 것이다." 스콜코보에 대한 가장 타당한 논거를 제시한 인물은 이 프로젝트의 부대표인 아일랜드인 코너 레니헌이었다. "하나부터 열까지 모두 만들어내야 하는 스콜코보 프로젝트를 계속 추진해야 하는 이유는, 이같은 형태의 프로젝트를 진행할 수 있는 국가가 러시아밖에 없기 때문이다. 스마트 시티는 국가가 중앙집권적으로 관리하고 운영해야 한다."

공산주의 성향보다 민족주의 성향이 더 짙은 푸틴 체제는 러시아의 자부심인 슬라브계 및 키릴계와 다시 손을 잡고, 가능하다면 백러시아(벨라루스)와 청러시아(우크라이나, 불가리아 일대), 적러시아(헝가리 일대)까지 포함한 대러시아 라인을 재구축하려는 포부를 드러내고 있다. 스콜코보 프로젝트도 이런 미국과 서구권에 대한 배타적 국수주의라는 틀에서 이해해야 한다는 것이, 내가 러시아에서 인터뷰한 여러 사람의 견해였다. "소비에트 시절 정부 계획의 완벽한 연장선상에 놓여 있는 그 전제적 프로젝트가 진행 중인 스콜코보는 어찌 보면 모스크바와 가깝지만, 또 어찌 보면 모스크바와 너무 멀다. 거기까지 가서 일하려는 사람은 거의 없을 것이고 거기서 살려는 사람은 더더욱 없을 것이다. 그곳은 극지방에 가까운 시골 지역이라 심지어 제대로 걷기조차 힘들다." 러시아의 한 유력 사이트 대표는 스콜코보 프로젝트에 대해 이렇게 평했다(그는 자신이 크렘린 측과 자주 교류한다면서 익명으로 처리해달라고 부탁했다).

러시아의 구글 격인 얀덱스의 공동 창업자 중 한 명인 엘레나 콜마놉스카야는 꽤나 신중하게 말했다. "우리가 스콜코보에 들어가는 일은 없을 것이다. 이유는 단 하나, 우리는 벤처기업이 아니기 때문이다." 스콜코보 프로젝트가 현 정부의 모순을 그대로 드러내고 있다는 점을 그녀 또한 잘 알고 있었지만 그렇게 한발 물러난 모습을 보인 것은 그 프로젝트가 아직은 '파워포인트 프레젠테이션 단계'에 있기 때문이다. 엘레나는 교묘하게 이렇게만 말했다. "언젠가 그 스마트 시티가 결국 빛을 볼 날이 오면 좋겠다."

진격의 아프리카

케냐 IT 부처에서 일하고 있는 경제학자 케네디 오갈라는, 기린과 타조와 영양과 얼룩말과 물소 그리고 키 작은 나무만 보이는 사바나 초원 지대가 분명 '콘자 테크노 시티'가 될 곳이라고 확인시켜주었다. "이곳은 스마트 시티인 동시에 동물 친화적 도시가 될 것"이라는 그의 말에 나는 당황스러웠다. 물론 그곳이 동물 친화적 도시가 될 것임은 분명해 보였지만, 어떻게 스마트 시티까지 될 수 있단 말인가?

차가운 지역에서 추진되는 스콜코보 프로젝트와 뜨거운 사바나 지역에서 추진되는 콘자 테크노 시티 프로젝트는 정반대의 기후로 인해 얼핏 보면 공통점이 없는 것 같지만, 자세히 들여다보면 놀라울 정도로 비슷하다.

케냐 나이로비 동남부에서 1시간 30분 거리에 있는 콘자 시티로 들어가려면 아프리카의 열악한 도로 상황을 체험해야 한다. 수천 대의 트럭은 물론, 지붕 위에 수십 개의 짐을 잔뜩 실은 '마타투스matatus'라는 미니버스와 두 발로 그 도로를 지나가는 수천 명의 사람을 뚫고 지나가야 하는 것이다. 게다가 과일, 채소, 장난감, 타이어, 가구, 고서, 의류를 파는 상인들도 있고 소 떼도 그 길 위를 지나간다. 실로 있을 건 있고 없을 건 없는 아프리카 전통 시장을 방불케 하는 곳이 바로 아프리카 도로다.

케네디 오갈라는 사바나 한복판에 케냐 최초의 디지털 도시를 건립하는 일을 감독하고 있다. "나는 정부의 콘자 시티 건설 일을 맡고 있는데, 보시다시피 오늘은 이곳 토양과 수심을 알아보기 위해 우리 팀원들과 함께 시추 작업을 하고 있다." 헐렁한 옷차림의 그는 땀을 비 오듯이 흘리고 있었다. 그는 나를 자신의 SUV에 태웠고, 우리는 '콘자 랜치'라 불리는 곳을 지나갔다. 그는 "몇 년 후면 이곳이 케냐 최고의 기술 기업과 주민 50만 명을 거느린 스마트 시티가 될 것"이라고 말했지만, 내 눈에는 2000헥타르 부지 위에 덜렁 놓인 돌 하나만 보였다. 그 돌은 케냐 대통령 우후루 케냐타가 2013년 1월 착공식에서 놓은 것이다(그는 현재 반인륜범죄 혐의로 국제형사재판소의 조사를 받고 있다).

케냐 정보통신부에서 일하고 있는 비탄게 은데모 박사의 나이로비 사무실에서 나는 앞으로 건설될 콘자 테크노 시티 모형을 볼 수 있었다. 그 모형 안에는 테크노 시티에서 나이로비까지 20분 만에 주파할 수 있는 초고속 열차와 4차로 도로는 물론 세 개의 캠퍼스도 담겨 있었다. 첫 번째는 디지털 벤처기업들이 입주하는 IT 파크 캠퍼스, 두 번째는 대학 및 연구 기관이 입주하는 사이언스 파크 캠퍼스, 세 번째는 국제 콘퍼런스 센터가 입주하는 캠퍼스였다. 캠퍼스 주위로는 대형 쇼핑몰을 비롯한 크고 작은 상점, 호텔, 학교, 종합경기장, 병원이 보였다. "우리는 이곳이 살아 있는 도시가 되길 원한다. 사람들이 단순히 일만 하는 곳이 아니라 즐겁게 생활할 수 있는……." 거기까지 말하고 그는 전화를 받느라 말을 멈췄다. 나와 인터뷰를 하는 도중 그의 사무실에 있는 여섯 대의 유선전화와 두 대의 휴대전화가 쉴 새 없이 울렸다. 그가 "국회의원들은 다 나쁘다"고 말하는 걸로 보아, 그들이 그에게 싸움을 걸고 있음을 알 수 있었다. 그 와중에도 그는 내게 스마트 시티가 케냐에 가져다줄 이점들을 펜으로 써주기도 했고, '아웃소싱 사업' 'IT 응용 서비스' '부가가치 서비스' '고객 관계 관리' 등을 언급하며 케냐의 금융과 관광 분야의 미래에 대해 이야기하기도 했다. 영미권 컨설턴트들이 입에 달고 사는 그 상투적인 표현들을 듣고 있자니 그가 내게 보여준 스마트 시티 건설 현장이 더욱 비현실적으로 느껴졌다.

전자정부 시스템 도입 관련 업무를 맡고 있는 케냐 ICT 이사회의 빅토르 캴로 의장은, 나이로비 중심에 위치한 그 유명한 텔레포스타 타워 20층의 자기 사무실에서 들뜬 모습으로 이렇게 말했다. "우리가 그곳에 짓고 있는 도시의 별명은 바로 '실리콘 사바나'다. 별명도 기획 방향도 정해졌으니 이제는 그 도시가 건설될 일만 남았다." 그는 자신이 '실리콘 사바나'라는 별명을 지은 것에 자부심을 느끼고 있었다. 계획대로 케냐에 광케이블로 연결된 '스마트'한 현대적 도시가 완성되면, 그 도시를 광고하는 문구에 그 별명도 사용될 것이다. 그는 "그 새로운 기술 도시이자 생태 도시가 완성되면 일자리가 생겨 나이로비의 인구밀집 현상도 해소될 것"이라고 말했다. 그의 말이 맞다면 그 도시는 마타투스도 역사의 뒤안길로 사라지게 할 수 있고, 빈곤과 에이즈의 상징인 나이로비의 빈민가 키베라도 사라지게 할 수 있을 것이다. 캴로에게 케냐가 그 엄청난 계획을 실현시킬 재원을 확보하고 있느냐고 묻자, "그건 우선순위의 문제일 뿐"이라고 답했다.

사실 케냐 정부는 재원도 확보하지 못한 상태에서 스마트 시티를 만들고 싶다는 욕심에 그 계획을 추진한 것이다. 프랑스의 통신업체 오랑주Orange의 케냐 지사 대표 미카엘 고생은 레바논 출신으로 요르단 통신업계에서 오랜 기간 일한 사람이다. 그는 이렇게 말했다. "2000년 말 무렵부터 스마트 시티를 만들겠다는 생각이 여러 나라에 유행처럼 번졌다. 요르단 사람들은 암만에, 사우디 사람들은 제다에 스마트 시티를 세우고 싶어했다. 이집트 사람들도 마찬가지였다. 다들 머릿속에 두바이 인터넷 시티를 모델로 삼고 있었지만, 아무도 그걸 재현해내지는 못했다. 요르단 미디어 시티는 여전히 제자리걸음 상태이고, 내가 마지막으로 제다에 갔을 때 거기엔 아무것도 없었다. 콘자 시티도 서류상으로만 그럴싸하지, 답이 안 나오는 프로젝트다. 아직은 신기루 같은 환상의 도시라는 말이다."

그렇다면 대안은 무엇일까? "답은 바로 이것이다"라며 미카엘 고생은 내게 자기 사무실 벽에 걸려 있는 여러 장의 해저 광케이블 평면 구형도를 가리켰다. 케이블 사업자가 인쇄한 것, 장비업체가 인쇄한 것, 통신업체가 인쇄한 것 등 각종 버전이 있었다. 인터넷에서(예를 들어 submarinecablemap.com에서) 본 해저 광케이블 지도는 더욱 놀라웠다. 이 나라에서 저 나라로, 이 대륙에서 저 대륙으로 연결된 광케이블이 수백 개에 달했으며 거기에는 Africa Coast to Europe, Aphrodite 2, Apollo, Lion 2, Sirius, Taiwan Strait Express, Ulysses, Yellow 같은 이름이 붙어 있었다.

가령 2009년에 완공된 TEAMS(The East African Marine System)는 아랍에미리트에서 인도양 연안 도시 몸바사까지 연결된 케이블로, 케냐의 인터넷 접속을 가능하게 하는 다섯 개 케이블 중 하나다. "케냐에서 광케이블 상태를 개선하고 나면 회사나 관공서는 물론 집에서도 인터넷 접속이 용이해진다. 그러면 스마트 시티 같은 건 필요도 없다." TEAMS를 비롯하여 세 개의 해저 케이블을 운영하고 있는 그는 이렇게 힘주어 말하며, 그 케이블의 설치 및 유지 비용이 비싼 이유를 설명했다(한 개당 1~2억 유로). 난바다를 5킬로미터 깊이까지 들어가서 설치해야 하고, "1년에 평균 한 번꼴로 끊어지는 케이블" 보수비도 만만치 않기 때문이라고. 케이블이 끊어지는 이유는 무엇일까? "산호에 쓸려서 혹은 선박의 닻에 걸려서 끊어질 수도 있고, 누군가 악의적으로 끊어놓을 수도 있다. 제일 위험한 곳은 케이블이 땅으로 들어가는 입구인 연안 쪽이다. 화물 적재기가 배에서 땅으로 물건을 내려놓을 때 케이블을 완전히 끊어놓을 수 있기 때문이다." 그는 케이블 하나의 수리비가 100만~200만 유로 정도이며, 수리 기간도 1~4주가량이라고 말했다. 그의 사무실 벽에는 케냐 오랑주의 사훈인 '환영합니다'라는 뜻의 '카리부Karibu'라는 스와힐리어가 커다랗게 쓰여 있었다.

스마트 시티로 기획된 콘자 시티에 대해 회의감을 품고 있는 것은 비단 미카엘 고생만이 아니었다. 케냐 정부와도 일하고 있기 때문에 익명을 요청한 몇몇 사람은 이 디지털 시티 프로젝트가 "아프리카 독재에 걸맞은 미친 구상"이라면서, 오프더레코드를 전제로 가차 없는 비판과 비난을 쏟아냈다. 케냐 기업인들이나 서구의 다국적기업 운영진은 케냐 정부의 스마트 시티 계획에 여전히 믿음을 갖고 있지만, 세간의 생각은 다르다. 아무도 살고 싶어하지 않는 사바나 한복판에서 스마트 시티를 세우느라 수백만 달러를 낭비하느니 차라리 현재 벤처기업이 우후죽순 생기고 있는 나이로비에서 그 구상을 실현하는 것이 낫다는 의견이 압도적이다.

케냐 벤처기업들의 본부 역할을 하는 아이허브iHub 사무실은 벽에 마타투스 노선도가 걸려 있고 한가운데에 미니 축구대가 놓여 있는 개방형 공간으로, 나이로비 서부 공 로드에 위치한 현대식 건물의 4층과 꼭대기 층을 쓰고 있었다. 그곳에서 하루를 보내는 엔지니어와 개발자 수십 명은 무료로 와이파이에 접속하고 있었는데, 와이파이 비밀번호는 'ihubnairobi'라고 알려주었다. 그들은 그곳에서 컴퓨터 관련 서적도 빌려 보고, 티 라테와 간단한 케이크 및 유기농 우유로 만든 액상 요구르트도 주문할 수 있는 카페에서 업무 미팅도 가졌다.

그곳에서 사람들이 제일 많이 모여 있는 곳은 미니 축구대였다. 모포가 깔린 그 작은 축구대 위로 신발을 벗고 올라간 네 명의 엔지니어가 스와힐리어로 시끄럽게 떠들며 접전을 벌이고 있었고, 다른 사람들은 모두 그들을 지켜봤다. 그 축구대 위에는 IT 분야의 글로벌 기업 로고(구글, 애플, 모질라Mozilla, 구글 아프리카Google Africa, 앵그리 버드Angry Birds, 글로벌 보이스Global Voices)는 물론이고 현지 신생 벤처기업(메드아프리카MedAfrica, 우샤히디Ushahidi, 이리무eLimu, 아이카우iCow)의 로고도 스티커가 붙어 있었다. 몇 가지 슬로건도 눈에 띄었는데 '무능한 것은 자랑이 아니다Dare not to be square' '마음은 통한다Empathy happens' 등과 함께 '아프리카를 사랑한다면 공정하게 구입하라Show your love to Africa, buy Fair'는 공정거래 권장 문구도 쓰여 있었다. 그런 자유로운 분위기가 실리콘밸리를 연상시켰다.

"이곳은 벤처 인큐베이터가 아니라 단순한 벤처 커뮤니티에 불과하다. 열린 공간이라 누구나 올 수 있지만, 다만 '기술' 분야 종사자여야 한다. 이곳은 일주일 내내 열려 있다." 아이허브 관리자인 지미 기통가는 이렇게 설명했다. 삼성, 구글, 마이크로소프트, 노키아 등 이 커뮤니티에 드나드는 글로벌 IT 기업 사람들은 다른 기업과 상호작용할 수 있고 고용을 창출할 수 있는 기업을 예의 주시하면서 느닷없는 돌풍을 불러일으킬 수 있는 혁신적인 벤처기업이 보이면 과감하게 투자를 결정한다.

'엘리무ELimu'는 태블릿 애플리케이션을 개발하는 벤처기업이다. 이 회사를 세운 여성 창업가 니비 무커지는 "스와힐리어로 '엘리무'는 '교육'을 뜻한다"면서 다음과 같이 말했다. "우리는 정부의 교육 프로그램과 부합하는 출판사의 교재를 선정하고, 어린이들이 좋아할 만한 그림 자료와 영상 자료도 만들고 있다." 케냐에서 태블릿 한 대 가격은 (중국산 저가 모델을 기준으로) 100달러 미만이다. 니비 무커지는 "태블릿 가격이 컴퓨터보다는 싸지만, 아프리카 사람 대부분에게는 접근하기 힘든 가격이기에 우리 회사는 초등학교에 무상으로 태블릿을 나눠주는 시범 사업을 벌이고 있다"고 말했다. 미국의 한 대형 통신 장비 업체(퀄컴Qualcomm)에서 자금 지원을 받고 있는 엘리무는 공공 부문보다 민간 부문의 지원을 기대하고 있다. "케냐에서는 정부 지원을 기대하면 일이 제대로 진행되지 않는다. 우리의 성공에 도움을 줄 수 있는 곳은 바로 시장이다." 니비 무커지는 다소 허탈한 목소리로 이렇게 말했다.

아이허브 소속 개발자들이 만든 'Mprep'이라는 애플리케이션은 각각 다섯 개 문항으로 이루어진 600개 이상의 다양한 퀴즈를 제공한다. 어린이를 대상으로 하는 이 애플리케이션은 어린이의 기초 지식을 테스트하기 위해 제작됐다. 퀴즈 하나당 3실링(0.03상팀)으로 제공되는 유료 서비스이며, 문자로 제공된다.

'M-Farm'은 농부들을 위한 애플리케이션으로 향후 5일간의 과일 및 야채 예상 판매가를 제공한다. M-Farm의 대변인 주스투스 므발루카는 "이 애플리케이션이 제공하는 정보를 활용하면 농민들은 도매업자들과 좀더 수월하게 가격 협상을 할 수 있다"고 말했다. 이 애플리케이션은 (삼성의 재정 지원을 받고 있어서) 안드로이드 체제에서만 실행된다.

아이허브 소속 개발자들이 개발한 게임 애플리케이션도 많다. Ma-3Racer.com에서 제공하는 게임은 아프리카 도로를 배경으로 펼쳐지는 마타투스 레이싱 게임이다. 스와힐리어로 '버스'를 의미하는 '마타투스'는 14개 좌석을 갖춘 미니버스로, 특히 케냐에서 널리 이용되는 동아프리카의 대표적 교통수단이다. 후원 업체인 노키아 휴대전화를 중심으로 서비스되고 있는 이 게임은 150개국에서 84만 회 다운로드되었으므로 다국적 게임이라고도 할 수 있지만, 마타투스에서 영감을 받았기에 케냐의 지역색이 반영된 게임이기도 하다.

나는 나이로비 중심가에 위치한 케냐 정보통신부 소속 관료들에게, 벤처 생태계가 활성화되어 있는 나이로비에서 그토록 멀리 떨어진 곳에 콘자 시티라는 스마트 시티를 세우려는 이유를 물어봤다. '실리콘 사바나'에 대한 자부심으로 가득한 관료들은, 내 질문을 달가워하지 않았다. 특히 비탄게 은데모 정보통신부 국장과 빅토르 캴로 케냐 ICT 이사회 의장은 다시 한번 그 프로젝트의 이점을 역설했다. 그러면서 스마트 시티와 나이로비 벤처 생태계의 역동성은 모순되지 않으니, 일석이조의 효과를 얻기 위해 나이로비 벤처기업 모두를 콘자 시티로 이주시킬 수도 있다고 말했다.

정부 관료들의 이 같은 독선적인 모습에 실망감은 물론이고 당혹감까지 느낀 나는 정보통신부 사무실을 나와 승강기 쪽으로 가다가 한 건의함을 보게 되었다. 그 건의함에는 '반부패 건의함'이라는 문구가 쓰여 있었다. 그리고 그 위엄 있는 건물 20층의 승강기 앞에 섰을 때, 나는 그 건물의 모든 승강기가 고장 상태임을 알게 됐다.

브라질은 확실히 너무 빨리 나아가고 있다

승강기 입구에는 경고 문구가 쓰여 있었다. '승강기에 오르기 전 승강기가 잘 도착해 있는지 확인하고 타시기 바랍니다.' 그러나 이날의 문제는 문이 열려도 도착하지 않은 승강기가 아니라, 승강기 A의 문이 닫히지 않는다는 것이었다. 승강기 B도 수리 중이었다. 브라질의 IT 클러스터 '포르투 디지털'은 그렇게 날 환영해주었다. 결국 우리는 목적지인 16층까지 걸어서 올라갔다.

케냐의 스마트 시티와 브라질의 스마트 시티는 서로 8000킬로미터나 떨어져 있지만, 승강기는 똑같이 고장이 나 있었다. 하지만 두 스마트 시티의 공통점은 그게 끝이었다. 브라질 동북부 헤시피에 자리한 디지털 도시 포르투 디지털은 아직 구축 단계에 있는 스콜코보나 콘자 시티와 달리 이미 한창 운영되고 있는 도시였다.

"18세기에 이 항구도시는 남미 지역 최대의 항구 중 하나였다. 헤시피는 전 세계의 중심에 있었고, 특히 사탕수수 산업이나 이후 곡물, 옥수수 산업 분야에 있어 세계적인 무역 중심지였다. 제2차 세계대전 때까지만 해도 헤시피는 잘사는 지역이었다. 지금이야 우편엽서상의 추억으로만 남아 있을 뿐이지만 당시엔 전차도 있었고, 경제는 믿을 수 없을 만큼 활기를 띠었으며 심지어 비행선도 있었다. 하지만 이후 항구는 죽어버렸다." 포르투 디지털 타워의 층계를 올라가는 동안 '시쿠 Chico'라는 별칭의 프란시스쿠 사보야는 내게 이렇게 설명해주었다.

높은 곳에 위치한 시쿠의 사무실에서는 항구 전체를 360도로 조망할 수 있었다. 항구는 두 개의 섬을 기반으로 조성되어 있었는데 그 섬들과 헤시피 사이에는 10여 개의 다리가 놓여 있었다. 항구 일대에는 과거의 화려함을 간직한 빛바랜 파란색, 빨간색, 노란색 등의 산업용 건물들이 장장 100헥타르에 걸쳐 포진되어 있었는데, 그중에는 폐쇄된 빈 창고도 있었다. 거주민의 수는 고작 1000명 정도밖에 되지 않았는데, 이들이 포르투 디지털의 실질적인 주민들이었다. 교회 건물도 여럿 있었고, 미 대륙 최초의 유대교회당도 보였다. 유대교회당은 한 차례 허물어진 뒤 유대인 거리에 다시 똑같은 모양으로 복원되었다(과거 '유대인 거리Rue des Juifs'라 불리던 이 거리는 가톨릭교도들에 의해 '선한 그리스도 신부의 거리Rue Père du Bon Jésus'라 불리며 자연스레 명칭이 바뀌었다).

거리 여기저기에는 철로가 눈에 띄었는데, 지금이야 더 이상 사용되지 않지만 과거에는 항구 운영에 필수적인 시설이었다. 시쿠는 중앙 광장 한가운데에 놓인 건물 하나를 보여주었는데, 그 건물이 바다 쪽 시야를 가리고 있었다. 시쿠는 "머지않아 이 건물을 허물 예정이다. 시일이 지체되진 않을 것이다"라고 말했다. 그는 갑자기 손을 벌려 건물이 폭발하는 듯한 제스처를 취했다. 항구 앞에는 자연적으로 조성된 부두가 있었는데, 방파제 역할을 하는 동시에 파도를 막아주는 차단막 역할도 하고 있었다. 위에서 내려다본 항구는 그 같은 둑의 이중 보호를 받으며 그보다 더 뛰어날 수 없는 섬 지형을 이루고 있었다. 저 아래 있는 한 술집에서 흘러나오는 훌리오 이글레시아스의 노래가 16층까지 들려왔다.

2000년대 초에 브라질 신기술 담당청과 지자체 측은 스마트 시티 건설 계획을 세운 후 적당한 장소를 물색하다가 헤시피를 선택했다. 스마트 시티 이름이 '포르투 디지털'(직역하면 '디지털 항구')이 된 것도 헤시피가 과거 항구도시였기 때문이다. 경제학 교수이자 기업가이며 포르투 디지털의 총괄 책임자인 시쿠는 그에 대해 다음과 같이 설명했다. "우리는 스마트 시티도 과거의 역사와 연장선상에 있는 장소에 건설되어야 한다고 생각하고 고민을 거듭한 끝에 헤시피를 선정했다. 과거에 전 세계를 이어주는 역할을 하던 항구도시가 오늘날에 같은 역할을 하는 스마트 시티로 거듭나는 것이 그럴듯하게 생각되었기 때문이다. 다시 말해 산업화 시대에 상품 교역을 위한 항구였던 헤시피가, 디지털 시대에도 그에 걸맞은 교역이 이루어지는 항구로 거듭나길 바란 것이다."

포르투 디지털 프로젝트는 12년 만에 헤시피를 뚜렷하게 변화시켰다. 과거 창고들이 차지하고 있던 5만 제곱미터의 공간에 서른세 개의 음식점, 세 개의 쇼핑몰, 한 개의 미술관이 들어섰다. 대학 주변으로 7000여 명이 근무하는 200여 개의 벤처기업도 자리 잡았다. 거리 곳곳에 총 25킬로미터에 달하는 광케이블도 깔렸다. 그야말로 스마트 시티로 거듭난 것이다.

시쿠는 다음과 같이 말했다. "2020년경에는 이곳 벤처기업에서 근무하는 직원 수가 2만 명에 달할 전망이다. 하지만 서두를 필요는 전혀 없다. 우리는 모든 걸 우리 속도에 맞게끔 진행한다." 세계 각국의 스마트 시티와 마찬가지로 포르투 디지털도 벤처기업들에게 조세 감면 혜택을 주고 있었으며, 그들을 대상으로 창업 교육 및 '인큐베이팅 케어도 실시하고 있었다. 이는 그곳의 벤처기업들이 투자자와 연결되어 있다는 뜻이다. 시쿠는 다음과 같이 말했다. "이곳 벤처기업들에게는 18개월의 시간이 주어진다. 그보다 더 짧은 인큐베이팅 기간은 별 의미가 없고, 그렇다고 그 이상의 시간을 줄 필요도 없다. 창업 기업 중 성공하는 경우는 25퍼센트에 불과하다."

브라질의 스마트 시티 프로젝트에는 헤시피의 항구 기능 복원 계획도 포함되어 있다. 이에 대해 시쿠는 다음과 같이 말했다. "우리는 폐쇄된 건물들을 하나둘 매입하여 그 공간을 항구에 맞게 리뉴얼했다. 스마트 시티는 단순한 문제에 대한 단순한 해법이 아니라 총체적인 문제에 대한 총체적인 해법이다." 즉 포르투 디지털은 스콜코보와 대척점에 서 있다.

땅거미가 내린 뒤, 나는 포르투 디지털 거리를 걸으면서 과거의 역사가 한 도시에 미래를 가져다줄 수 있다는 사실을 깨달았다. 전쟁 전에는 분명 꽤 유명한 기업이었을 해운업체의 상호명이 흐릿하게 남은 폐쇄된 건물 옆에 액센추어, IBM, 오길비Ogilvy, 마이크로소프트, HP, 삼성, 모토롤라 같은 으리으리한 기업들의 로고가 새로 그려져 있는 리뉴얼된 건물들이 서 있었기 때문이다.

포르투 디지털은 이른바 '삼중 나선 모델Triple Helix model'이라 불리는 경제 모델을 기반으로 구상된 최초의 디지털 도시 중 하나다. '삼중 나선 모델'은 1990년대 영국의 대학교수 헨리 에츠코위츠가 발전시킨 개념이다. 헨리 에츠코위츠는 서로 다른 세 개 분야, 즉 대학과 산업과 정부 사이의 상호작용에 따라 혁신이 좌우된다고 생각했다. 그래서 공공 권력만 지나치게 우선시한다거나 반대로 시장의 절대 권력만 우선시하기보다 공공 분야와 민간 분야 사이의 상호작용을 중시하고 그 양쪽은 대학의 연구로부터 자양분을 얻는다는 점에 주목해야 한다고 주장했다. 그는 포르투 디지털을 하나의 본보기로 제시했는데, 그곳에서는 민관학 세 영역 중 어느 하나도 다른 영역을 지배하지 않기 때문이다. 각 분야의 세력 균형과 분리는 이 모델의 키포인트다. 그는 아울러 프로젝트 구상에 있어 도심이라는 지역적 측면을 중시해야 한다고, 그래야만 스타트업 기업들이 도시 내에서 상호작용할 수 있다고 주장했다. 말하자면 러시아의 시골 구석이나 사바나 한복판이 아니라 쾌적한 도시 생태계 내에서 디지털 시티가 발전해야 한다고 본 것이다.

"우리가 여기에서 제기하는 문제는 바로 '왜 장소가 중요한가'이다. 그리고 내가 봤을 때 스마트 시티 조성 사업에서 가장 중요한 건 정체성의 구축이다. 우리는 이곳 헤시피에서 살고 있다. 우리가 느끼는 것, 우리의 교류 관계, 우리가 경험하는 모든 것이 바로 이곳 헤시피에 있다. 우리는 헤시피에 있는 식당과 카페테리아에서 만나 이야기를 나누면서 예술도 풍성하게 즐길 수 있다. 헤시피에는 브라질 사람들의 문화생활에 영향을 미쳐온 열여덟 개 이상의 서로 다른 음악 양식이 존재하기 때문이다. 심지어 얼마 전에는 게이 바도 문을 열었다. 이 모든 것이 사회적 관계를 만들어낸다." 시쿠와 함께 거리를 거닐면서 우리는 '벤다Venda'라는 이름의 한 작은 식료품점 앞을 지나갔다. 초저녁, 항구 쪽을 바라보는 이 가게 안에서는 저녁 인사를 의미하는 '보아 노이치Boa Noite'라든가 '올라Olá' 같은 가벼운 인사말이나 '감사합니다Obrigado' 같은 일상어들이 흘러나왔다. 시쿠는 가게 주인에게 인사를 건넸고, 가게 주인도 그에게 고맙다는 인사를 전했다. 우리 앞에는 기마경찰이 조용히 순찰을 돌고 있었는데, 그것이 그곳의 규칙인 듯했다. 그 스마트 시티의 모든 곳에서 경찰들이 말을 탄 채 순찰을 돌고 있었기 때문이다. 시쿠는 이렇게 말했다. "아마존 우림에 스마트 시티를 건설하겠다는 계획은 터무니없다. 이곳은 과거 항구도시였기에 스마트 시티가 되기에도 매우 적절한 장소다. 즉 스마트 시티 계획에서 제일 중요한 것은 장소 선정 문제다."

몇 년 전 룰라 대통령은 헤시피에 내려와 포르투 디지털을 둘러본 뒤, "포르투 디지털이 브라질 발전의 열쇠"라고 말했다. 하지만 시쿠는 "그렇다고 이곳에 대해 결코 과장해서 말하지는 않을 것"이라며 다음과 같이 설명했다. "이 도시는 우리가 구입해놓은 네 대의 오티스 승강기와 비슷한 문제에 봉착해 있다. 우리는 오티스 승강기를 구입해놓고도, 그것을 설치해줄 인력이 없어서 세 달째 기다리는 중이다. 이곳뿐만 아니라 브라질 전체가 전반적으로 발전 속도가 너무 빨라서 인프라가 미처 그 속도를 못 따라가는 상태다."

창업 국가

스콜코보가 냉혹한 추위의 러시아 들판에, 콘자 시티가 뜨거운 열기의 아프리카 대초원에 건설되는 곳이라면, 포르투 디지털은 해당 지역 고유의 생태계 속에 스마트 시티를 자리매김하려는 모델에 해당한다. 물론 내가 직접 가본 다른 스마트 시티도 여러 곳이 있다. 요르단 암만의 미디어 시티나 사막에 세워진 두바이 인터넷 시티, 카이로의 미디어 시티, 멕시코의 산타페 클러스터, 로잔 연방 공대 인근에 위치한 로잔 테크노파크, 뉴욕의 실리콘앨리, 홍콩의 테크놀러지 클러스터 등

그 예는 끝도 없다. 칠레 산티아고의 '칠리콘밸리Chilicon Valley'도 가보았는데, 그 이름이 웃기다고 '벤처 칠레'의 역동성을 우습게 봐서는 안 된다. 민관이 반반 섞여 있는 칠레 내 벤처 생태계에는 스타트업 액셀러레이터와 벤처 인큐베이터가 응집되어 있었다. [스타트업 액셀러레이터와 벤처 인큐베이터 모두 벤처기업에 초기 자금과 멘토링을 제공하는 곳이나, 전자가 후자보다 더 초기 단계에 있는 벤처기업을 지원한다.] 또한 칠리콘밸리는 스탠퍼드 MBA 과정 수료 후, 혹은 버클리 논문 통과 후 비자 문제로 미국 내 체류가 힘들어진 해외 인력들을 유치하고 있다. 산티아고에서 만난 칠리콘밸리 책임자 디에고 모랄레스는 "우리의 '벤처 칠레' 시스템을 거쳐간 창업자는 900명 이상"이라고 주지시켜주었다. 런던을 방문했을 때는 그 도시 동부에 있는 카나리 워프 타워 꼭대기 층에 위치한 민간 벤처 인큐베이터 및 액셀러레이터 기관인 레벨39Level39를 둘러보았는데, 그곳에는 알리바바 유럽 사무국 같은 대형 IT 기업의 지사를 포함해 200여 개의 벤처기업이 입주해 있었다. 스페인 사라고사에서는 밀라 디지털 프로젝트 현장을 찾았는데, 시 당국에서 구상한 이 '1킬로미터 디지털 클러스터'의 목표는 거대 넷 기업들의 스페인 본사와 신생 기업들을 유치하고 여가 시설을 조성하며 벤처 인큐베이터 에토피아Etopia를 끌어다놓는 것이다. 부지는 스페인 초고속열차 아베AVE 기차역 인근으로 선정했다. 핀란드 헬싱키 근처 에스포 지역에도 오타니에미Otaniemi 기술 단지가 조성됐는데, 피오르와 자작나무 숲 중간에 위치한 이 기술 단지 내에는 노키아와 (앵그리 버드를 개발한) 로비오 엔터테인먼트 본사를 비롯하여 수십 개의 다국적기업이 소재해 있다. 부에노스아이레스의 스마트 시티에는 '팔레르모 밸리Palermo Vallay'

라는 이름이 붙었는데, 프로젝트 담당자 중 한 명인 다닐로 두라소에 따르면 그곳의 목표는 "디지털 혁신 지도 위에 아르헨티나를 올려놓는 것"이다. 그는 "이곳이 진짜 '밸리'(연안 지대)는 아니지만 이름은 잘 짓지 않았냐"고 덧붙였다. 싱가포르의 미디어폴리스 프로젝트 담당자들도 만나봤는데, 그들은 "새로운 종류의 디지털 미디어 허브"를 조성하는 것이 목표라고 했다. 싱가포르 서부의 교외 지역 '원 노스One North'에 위치한 미디어폴리스는 도심으로부터 15킬로미터 정도 떨어진 곳에 있는데, 19헥타르 규모의 그 스마트 시티는 2020년경에 완성될 것이라고 했다. 싱가포르 미디어 개발국 국장 케네스 탄은 다음과 같이 설명했다. "우리가 믿고 있는 것은 세 가지, 우리의 기술적 진보와 매우 역동적인 창의적 산업 경제, 그리고 이미 이 교외 지역에 자리 잡고 있는 대학들의 우수한 학술적 역량이다. 우리가 지닌 또 다른 강점은 뛰어난 언어 구사력이다. 영어가 공식 언어로 사용되고 있기 때문이다. 아울러 다문화적 모델도 긍정적으로 작용하리라 기대한다. 우리는 일종의 싱가포르 '미디어 퓨전' 프로젝트를 구상하고 있는 셈이다." 나는 '미디어 퓨전'이라는 표현이 재미있기도 하고 꽤 현실적인 말이라는 생각도 들었다.

그 외에도 스마트 시티 프로젝트는 많다. 직접 가보진 않았지만 한국의 송도 테크노파크라든가 제노바의 디지털 항, 말레이시아 정글에 생겨난 디지털 도시 사이버자야Cyberjaya 등이 그 예다. 이 프로젝트들은 정부가 주도하고 있기에 위에서 아래로 향하는 '하향식' 모델에 해당한다. 중앙집권적이고 권위주의적인 성격을 내포하고 있는 것이다. 물론 실리콘밸리와 보스턴 '루트 128'[보스턴과 케임브리지 주에 걸쳐 있는 순환도로 이름으로, 인근에 있는 하버드대와 MIT 덕분에 정보통신 산업이 발달해 실리콘밸리와 함께 미국 IT 산업 메카로 통한다]에서도 중앙집권적이고 권위주의적인 프로젝트가 진행되기도 한다. 미 연방 정부가 직접 투자한 군사 및 학술 연구, 고속도로 사업, 공항 시설 건설 등이 그 예다. 그러나 '테크노폴technopoles' '에지 시티edge cities' '테크 시티tech cities' '클러스터clusters' 등으로 불리는 미국의 과학 도시들은 대부분 정부의 계획이 아니라 자생적으로 형성된 것이다. 그래서 그런 도시들은 준準교외 지역(교외 지역보다 도심에서 더 멀리 떨어진 이런 지역을 '부부도심'이라고도 한다)의 도로와 쇼핑몰, 업무 지구 사이에 무질서하게 조성된 경우가 많다. 다시 말해 미국의 스마트 시티 프로젝트는 스콜코보나 콘자 시티 등 현재 우후죽순처럼 생겨나는 프로젝트와 대부분 정반대 입장에 서 있다.

물론 모든 스마트 시티 프로젝트가 이런 모델을 따르고 있는 것은 아니다. 가령 포르투 디지털은 해당 지역과 역사 속에 도시를 안착시키고자 하는, 브라질의 특색을 살린 모델을 개발해 미국식 클러스터 모델의 훌륭한 대항마로 자리 잡았다. 벵갈루루의 디지털 생태계도 인도의 고유성을 잘 살리면서 꽤 효율적으로 조성된 듯하다.

내가 이 대목에서 말하고자 하는 바는 해당 국가의 현실과 단절된, 혹은 캘리포니아 모델을 표면적으로만 답습하여 현지에 단순 이식시키려는 모델을 가진 스마트 시티는 그 효율성이 의심된다는 것이다. 이런 경우, 제아무리 많은 자금이 투입되어도 아무것도 달라지지 않는다. 스마트 시티가 도시의 모든 문제를 근절시켜줄 기적의 명약이라 생각하는 의원들의 환상 또한 현실을 변화시키지는 못한다. 즉 그런 모델의 스마트 시티는 여러 가지 면에서 실제로는 결코 존재하지 않았던, 하나의 전설에 불과한 '하얀 코끼리white elephants'가 될 가능성이 높다. 따라서 그런 모델을 따를 바에는 이스라엘처럼 아예 제대로 된 '창업 국가'를 추구하는 편이 낫다. 하나에서 열까지 새로운 스마트 시티를 조성하려고 애쓰기보다는 기존에 존재하던 도시들이 '스마트'해질 수 있는 방안을 구상하는 것이 낫다는 말이다.

'창업 국가'. 이것은 이제 이스라엘을 표현하는 유명한 문구가 되었다. 인구가 겨우 800만에 불과한 이 나라의 신생 기업 수가 캐나다, 영국, 프랑스, 독일, 중국, 인도, 일본 등 대부분의 IT 선진국보다 많기 때문이다. 인구당 신생 기업 수는 미국보다 높으며 나스닥에 상장된 신생 기업 수는 세계 2위를 차지한다. 이스라엘의 이 같은 '기적'을 어떻게 설명할 수 있을까?

텔아비브 중심부에 위치한 로스차일드 대로는 '창업 국가'라는 말을 실감하게 해준다('창업 국가'라는 표현은 2009년에 『창업 국가: 이스라엘 경제의 기적적인 성공 신화Start-Up Nation, The Story of Israel's Economic Miracle』라는 책이 나오면서 대중화되었다). 1930년대 바우하우스 스타일의 가옥들과 더불어 텔아비브의 역사적 동맥을 이루고 있는 로스차일드 대로는 트렌디한 레스토랑과 게이 친화적인 카페가 즐비한 '보보스풍의 대표적 공간이다. ['보보스'란 '부르주아'와 '보헤미안'의 줄임말로, 부르주아의 물질적 풍요와 보헤미안의 정신적 풍요를 누리는 새로운 상류층을 일컫는다.] 그곳에선 모바일 인터넷에 원활하게 접속할 수 있는데, 무조건 무료로 제공되는 와이파이 덕분이다. 그 거리에는 유리로 된 초현대식 건물들이 즐비한데, mappe-dinIsrael.com의 집계에 따르면 바로 그런 건물들에

600여 개의 신생 기업이 입주해 있다. 이에 대해 이스라엘 유력 일간지 『하레츠Haaretz』편집장 베니 지퍼는 "사실 설명할 것도 별로 없는 상황"이라면서 다음과 같이 말을 이었다. "이스라엘은 천연자원이 거의 없는 나라이기에 모든 걸 스스로 만들어내야 한다. 따라서 혁신과 기업가 정신은 이스라엘의 생존 조건이다. 이스라엘 기술 생태계에 결정적인 역할은 한 것은 군대, 그리고 미국과의 우호적 관계다. 이스라엘 사람들은 다들 자신의 스타트업이 미국에서 팔리길 염원한다." 로스차일드 대로에 있는 아르카페 커피숍에서 만난 그는 유명한 소설가이기도 해서 『하레츠』의 문학 분야를 주도하고 있기도 하다. 또한 그가 운영하는 텔레비전 관련 블로그는 꽤 인기가 높다.

'메이드 인 이스라엘'의 기술 및 기업은 여러 차례 높은 가격에 팔렸다. 2013년에는 혁신적인 애플리케이션 웨이즈Waze가 10억 달러 이상의 가격으로 구글에 매각됐다. 웨이즈는 정체 구간과 주유소 위치는 물론 감시 카메라, 경찰, 사고 관련 정보를 네티즌들이 직접 알려주는 GPS 애플리케이션이다. 같은 해 페이스북은 휴대전화 데이터 전송료 관리에 특화된 이스라엘의 신생 벤처기업 오나보Onavo를 손에 넣었다. 페이스북은 2012년에 안면 인식 소프트웨어 '페이스Face'를 사들이기도 했는데, 구입가는 6000만 달러 정도로 추정된다. 2014년에는 야후가 온라인 동영상 배포 전문 신생 기업 레이브이RayV를 인수했으며, 2015년에는 아마존이 클라우드 전용 네트워크 칩 제조 부문의 스타트업 안나푸르나 랩Annapurna Labs을 3억6000만 달러에 사들인다. 다른 성공 사례도 많지만, 이 다섯 가지 사례가 특히나 이 나라의 혁신 수준과 첨단 산업의 역동성을 잘 보여준다. 이스라엘에서 첨단 산업 분야는 전체 경제의 40퍼센트를 차지한다.

"웨이즈, 세계 최고의 메신저 서비스 ICQ, 그리고 겟택시GetTaxi 등을 개발한 벤처기업들은 모두 이스라엘 기업들이다. 그래서 이스라엘을 '창업 국가'라고 한다." 텔아비브의 이츠하크 라빈 광장에 위치한 유명 음식점에서 나를 만난 니찬 호로비츠는 이렇게 말하며 뿌듯해했다. 우리가 있는 곳에서 두어 걸음 떨어진 곳이 바로 이츠하크 라빈 전 총리가 암살된 현장이었다. 호로비츠가 언급한 것들 외에 바이버Viber, 아웃브레인Outbrain, 콘듀잇Conduit, 와이넷YNet 그리고 구글 검색어 자동완성 기능을 제공하는 구글 서제스트Google Suggest도 이스라엘에서 탄생한 소프트웨어다.

청바지에 셔츠 차림을 한 녹색 눈의 니찬 호로비츠는 마흔아홉 살의 국회의원으로, 당시 아직 성장기에 있던 이스라엘 신진 좌파를 대표하는 인물이었다. 2013년 지방 선거에서 그는 좌파 후보로 텔아비브시 선거에 출마했다(그의 페이스북은 '좋아요'가 5만 개를 넘었지만 그는 결국 선거에서 패배했고, 2015년에는 정계를 떠난다). 텔아비브 근처에서 태어난 그는 폴란드 출신의 동구권 유대교 집안 태생으로, 국가 건립에 이바지한 다비드 벤구리온의 노동당과 좌파 정당인 마팜Mapam, 자신이 속해 있는 이스라엘 노동자 총동맹 히스타드루트Histadrut 등 여러 세력이 뭉쳐 있는 유대인의 나라 이스라엘에 대해 애착이 강한 편이었다. 그는 이스라엘에서 어떻게 세력이 나뉘어 있으며 연대 정신이 어떠하고 공동체의 의미는 무엇인지 열변을 토했다. 그는 이 같은 공동체 정신이 최근 여러 도시에서 성행하고 있는 도심 내 신규 '키부츠'(이스라엘 집단 농장 체제)로 구현된다고 보았다.

점심 식사를 하는 동안 호로비츠는 내게 '이스라엘의 혁신 정신'에 대해 으스대며 말했다. 테크니온 공대같이 우수한 대학들의 고등교육에 대해서도 자랑을 늘어놓았고, 규모가 작은 외딴 지역에 있어서는 실로 '엘도라도'와도 같은 인터넷의 '결정적인' 중요성에 대해서도 역설했다. 그는 신기술 분야에서 이스라엘이 선전할 수 있었던 것은 군대와 연관이 있다고 분석했다. "우리의 안보 위기 상황이 가져온 예기치 못한 결과였다. 중동 분쟁이라는 비극 때문에 우리는 주변 국가들에 대해 군사적 우위를 유지하고자 어쩔 수 없이 노력을 기울여야 하는 입장이고, 이러한 상황에서 군대와 시민사회는 서로 힘을 합쳤다. 오늘날 우리가 해야 할 일은 평화를 위해 이스라엘의 이 새로운 기술과 과학적 자원을 이용하는 것이다."

이스라엘에서는 남자든 여자든 18세 무렵이 되면 3년간 의무적으로 군대에 다녀와야 한다. 제대한 후에도 45세가 될 때까지 매년 한 달간 예비역 훈련을 받는다. 베니 지퍼는 이에 대해 다음과 같이 설명했다. "이는 벤구리온이 주창한 '국민 군대' 모델에 해당한다. 군대와 시민사회는 서로 불가분의 관계에 있다." 공학을 전공하는 학생의 경우, 군대의 기술 부대에서 군복무를 하는데, 가령 '탈피오트talpiot'나 저 유명한 '8200 부대' 같은 최정예 부대에서 군생활을 하는 것이다. 이들 부대는 일종의 이스라엘판 정보국으로, 전자공학 부문의 지식을 이용한 5전자 전쟁이나 암호화 및 암호 해독, 바이러스 및 안티 바이러스 등의 분야에 특화된 곳이다(이스라엘의 이 정보 부대는 플레임Flame 바이러스와 스턱스넷Stuxnet 바이러스를 공동으로 개발한 혐의를 받고 있으며, 스턱스넷 바이러스는 이란 핵 기지에 피해를 입히기도 했다).

라파엘 우잔은 8200 부대에서 5년간 군에 복무했는데, 이 젊은 이스라엘 청년은 이란에 저항하기 위해 개발한 바이러스와 관련해서 언급하려 하지 않았고, 자신이 있던 기밀 부대가 내부적으로 어떻게 운영되는지에 대해서도 이야기하려 하지 않았다. 다만 그곳에서 이루어지는 작업들이 상당히 고차원적이라는 점만 확인시켜주었다. "군 복무를 할 때는 자기 자신에 대한 생각을 하지 않는다. 모두가 스스로를 잊고 단체생활을 하는 것이다. 군대에서 우리는 어린 나이에 매우 빨리 작전 책임권을 손에 쥔다. 열아홉 살에 이미 나는 병사 10명을 관리했다. 부대에서 우리는 사업가로서의 자질을 습득하며, 군대는 리더십을 함양하기에 더없이 좋은 학교가 된다. 내 스타트업을 세우기 위한 만반의 준비를 군대에서 했다고 해도 과언이 아니다." 우잔은 내게 저 유명한 '카페 누아르Café Noir'에서 만나자고 했다. 텔아비브 로스차일드 대로에서 몇 미터 떨어지지 않은 곳에 있는 그 카페는 '창업 국가' 이스라엘의 '허브' 가운데 하나였다. 프랑스계 이스라엘인인 이 열정적인 IT 전문가는 유럽에서 공부하던 시절의 유감스러운 감정을 여전히 간직하고 있었다. "프랑스에서 사람들은 내게 파워포인트 다루는 법을 가르쳤는데, 이곳 군대에서 나는 로봇을 만들었다." 속칭 '스타트업 부대'라 불리는 8200 부대에서 제대한 후, 우잔은 자기만의 창업 프로젝트를 가동한다. 그가 세운 회사 중 한 곳은 '빌가드BillGuard'란 업체인데, 개인 금융이나 은행 정보 보호에 특화되어 있다. 이용객은 이미 150만 명에 달한다. 뿐만 아니라 라파엘 우잔은 '이스라엘 테크 챌린지Israël Tech Challenge'라는 단체의 공동 설립자이기도 하다. 이 단체가 하는 일은 해외 인재들을 발굴하여 유치하는 것이다. "우리는 총리 사무국과 연계하여 사업을 벌이고 있으며, 이미 약 15개 국가에서 기술 혁신 전문가 150명을 데려왔다."

사샤 드라트와가 걸어온 길도 비슷하다. "이스라엘의 모든 적은 다 웹상에 있다. 따라서 우리 '역시 웹에 있어야 한다." 이와 같이 자신의 업무를 정당화한 드라트와는 이스라엘 방위군 차할Tsahal의 SNS 부대 지휘자였다. 그와 만난 곳은 로스차일드 대로 부근에 있는 '네하마 바헷시Nehama VaHetsi' 카페였다. 그는 거기에서 이스라엘의 디지털 부대가 어떤 일을 하는지를 길게 설명해주었다. "우리는 SNS를 역사를 제대로 알리는 통로로 이용한다. 그래서 거기에 우리가 만든 컴퓨터 그래픽을 글과 함께 게재한다. 이스라엘에는 해외 각지에서 조국으로 돌아온 이주민들이 있기에, 우리는 다섯 가지 언어로 작업할 수 있다." 그 역시 벨기에에서 살다가 열여덟 살에 이스라엘로 돌아와 군인이 된 사람이다. 그는 "군에서 배운 기술을 이용해 벤처기업을 창업하기로 결심한 상태다"라고 말했다.

이스라엘의 해커와 기크geek(IT 전문가), 신생 벤처 창업가 대부분은 사샤 드라트와처럼 차할의 정보부대에서 일하면서 자신의 기술 역량을 향상시킨 사람들이다. 베니 지퍼는 "차할 정예부대를 거쳤다는 건 미국으로 치면 하버드나 스탠퍼드를 나온 것과 비슷하다"고 설명했다. 제대 후 그들은 회사를 세움과 동시에 세상 어디에도 없는 IT 교육을 실시한다. 즉 그들은 조국을 위해 군대에 가서 혁신을 위한 실험을 하며, 회사를 위해서는 투자를 하며 성공을 꿈꾼다. '국민 군대' 방식과 '기업 정신', 창업 국가가 만들어질 수 있었던 비결은 바로 거기에 있었다.

로스차일드 대로에 있는 여러 회사를 둘러보면서 나는 그곳의 복잡한 기업 생태계를 파악할 수 있었다. 세계화된 기업과 정부의 R&D 보조를 받는 신생 벤처기업, 그리고 뛰어난 연구 중심 대학이 합쳐진 구조였다. 라파엘 우잔은 다음과 같이 말했다. "로스차일드 대로는 이 도시의 주요 동맥이라 할 수 있다. 비싼 동네이긴 하나, 이스라엘의 디지털 허브인 '실리콘 와디Silicon Wadi'의 중심에 해당한다. 이곳에는 수많은 회사가 들어서 있으며, 벤처 인큐베이터와 투자 기금 또한 이곳에 결집되어 있다." 우리가 만난 카페 누아르에서 우잔은 내게 손짓으로 위층을 가리키며 그곳에 유명한 디지털 클러스터인 'Start-Up Nation Central' 본부가 있다고 했다. 보건 분야의 디지털 문제 관련 전문 변호사인 아디 니브-야고다에 따르면, "창업 국가의 성공은 이스라엘 고등교육의 질적 수준으로 설명된다. 이는 교육을 우선시하는 유대 문화에서 기인한다." 천연자원의 부재 또한 호재로 작용했다. 자원이 없기 때문에 이스라엘 입장으로서는 "가능한 한 빨리 발전하기 위해 인적 자본과 혁신, 창의력으로 눈을 돌리는 수밖에 없었다"는 것이다. 그는 또한 로스차일드 대로의 벤처기업 내에 러시아 이민자 출신 자녀들이 상당수 있다고, 그들 대부분은 1990년대 초에 대거 이스라엘로 몰려온 러시아 사람들의 자녀라고 지적했다. 『하레츠』 편집장 베니 지퍼는 "이스라엘 모델의 경우, 개인주의와 공동체 정신, 자주의식, 과감함, 창의력, 성공에 대한 의지 등이 매우 독특하게 결합된 모델"이라고 요약했다.

지퍼는 내게 항구도시 하이파에 함께 가보자고 권유했다. 이어 갈릴리 지방의 나사렛으로도 데려갔다. 우리는 아코와 예루살렘, 자파 등지에도 가보았다. 이스라엘 남부와 북부에 있는 여러 곳을 그와 함께 둘러보면서 나는 그 나라 IT 업체들의 활력을 가늠할 수 있었다. '창업 국가'라는 이스라엘 모델은 하나의 도시에만 국한된 것이 아니라, 여러 곳에서 구현되는 그 나라 정신의 근간이었다. 사람들은 그런 곳들을 다 합쳐 '실리콘 와디'라 칭했다. 지형적 특징과 상관없이 전 세계 어디서나 쓰이는 말인 '실리콘밸리'의 히브리어식 표현이다.

이스라엘 북부의 하이파에서 이 같은 정신이 구현되고 있는 곳은 바로 대학 캠퍼스 안이었다. '테크니온'이라는 이름으로 더 널리 알려진 이스라엘 공대 연구실에서 메모리칩이 발명되었고, 인스턴트 메시지 서비스가 개발되었으며, '아이언 돔Iron Dome'이라는 별칭으로 유명한 미사일 요격 방어 시스템이 탄생했다. 건조 지역에 소량씩 물을 대주는, 수자원을 절약할 수 있는 미량 관개 방식도 그곳에서 만들어졌다. 1만 3000여 명의 학생들이 생활하는 그곳은 미국의 MIT나 스탠퍼드를 방불케 하는 현대적 캠퍼스였다(학생 중 3분의 1가량은 연구원을 겸하고 있다). 미국 쪽 대학들과 마찬가지로 테크니온 공대 역시 인텔이나 IBM, 마이크로소프트, 야후 같은 초대형 첨단 기술 기업과 연계되어 있어 그 기업 사무실 모두가 테크니온 인근에 자리 잡고 있었다. 카페에서 젊은 학생들이 저마다 노트북을 들고 벤처 창업을 꿈꾸며 공부하는 모습은 적잖이 인상적이었다. 하이파라는 도시는 오랜 시간 잠들어 있다가 기술의 힘으로써 깨어난 듯한 인상이었는데, 노동당 출신의 하이파 시장 요나 야하브는 그런 내 느낌에 동의해주었다. 차할 중령 출신인 그는 그 도시가 디지털 분야를 중심으로 발전해오는 과정을 모두 지켜본 사람으로, 그곳이 "이스라엘 기술 발전의 동력"이라고 자부했다. 하지만 신생 벤처기업들이 차츰 다른 지역에, 가령 텔아비브의 로스차일드 대로나 헤르츨리야에 소재한 아커슈타인 타워Ackerstein Towers

의 비즈니스 센터, 베에르셰바 도심, 하르 호츠빔에서 예루살렘에 이르는 산업 단지, 혹은 텔아비브 인근의 구글 캠퍼스나 MS 캠퍼스에 자리 잡고 있는 경향도 인지하고 있었다. 그런 경향에서 확인할 수 있는 것은, '창업 국가' 정신이 외떨어진 캠퍼스나 키부츠, 사막의 정착촌 등 장소와 상관없이 구현될 수 있지만, 젊은 기업가들은 확실히 보보스풍의 도심 지역을 선호한다는 점이다. 즉 샌프란시스코에서 확인된 규칙은 텔아비브 로스차일드 대로에서도 확인된다.

하이파에서 또 한 가지 놀라웠던 점은 이민자가 많다는 사실이었다. 하이파의 한 음식점에서 함께 저녁 식사를 한 이스라엘 인권협회장 겸 소설가 사미 미카엘은 "이민자의 나라는 본디 기업가의 나라가 될 수밖에 없다"고 지적했다. 대부분의 나라는 이민을 제한하지만, 이스라엘은 이민을 선호한다. 사미 미하엘이 "어떤 해에는 이민자 수가 감소하기도 하는데, 그러면 사람들의 걱정이 높아진다"고 말할 정도다. 따라서 이스라엘 첨단 기술 분야에는 이스라엘 본토에서 태어난 유대인인 '사브라'도 꽤 많이 포진해 있지만 러시아, 영국, 아르헨티나 이민자도 많아서 그들이 세운 신생 기업 수는 일일이 헤아리기 힘들 정도다. 게다가 테크니온 학생의 20퍼센트를 차지하는 아랍인들도 있다. 이에 대해 사미 미하엘은 다음과 같이 말했다. "하이파에서 아랍인들은 매우 왕성하게 활동한다. 이스라엘이 발전할 수 있었던 것은 일정 부분 그들의 공이다. 따라서 그들도 고려해야 한다."

이스라엘에서 함께 이야기를 나눈 요나 야하브, 사미 미하엘, 베니 지퍼 등의 견해에 따르면 그 나라의 성공 요인 중 또 하나는 이스라엘 국민성으로 간주되는 '후츠파chutzpah' 정신이다. 히브리어에서 파생된 이 이디시어[중부 및 동부 유럽 출신 유대인이 사용하는 언어]는 '대담함'이나 '용기' 정도로 번역할 수 있는데 때로는 '뻔뻔함'을 의미하기도 한다. 요나 야하브 시장은 "그 말은 이곳에서는 무언가 고정된 틀에서 벗어나 생각하는 것, 즉 'Thinking outside the box'와 같은 뜻으로도 자주 쓰인다"고 말했다. 그 말을 통해 상투적이지 않은 참신한 아이디어나 독창성, 실험 정신 등이 장려되고 있는 것이다. 직업적인 의미의 서열뿐 아니라 더 포괄적인 의미의 위계질서 및 서열을 탈피한 문화, 실험 정신에 관대한 풍토, 실패에 대한 너그러운 인식 등도 이스라엘의 성공 요인으로 제기됐다. 혹자는 이스라엘의 성공 요인으로 'mesugalut'를 꼽기도 하는데, 지퍼의 설명에 따르면 이는 "개인의 책임감과 이스라엘 국민 특유의 도전 정신이 결합된 뜻을 가진" 히브리어다.

이스라엘 정부와 군대가 하이파에 상당한 수준의 재정 지원을 하고 있다는 점도 지적해야 한다. 하이파에 있는 테크니온 공대와 기업가들이 바로 그런 지원을 받고 있으며, 후자는 세금 면제 혜택도 받는다. 경제부 산하 기관 '타맛Tamat'은 갓 창업한 신생 벤처기업에도 자금을 지원한다. 니찬 호로비츠 의원은 "베냐민 네타냐후 총리가 디지털 보안 분야, 즉 사이버 전쟁 분야 쪽에 상당한 투자를 하고 있다"면서 "그 분야의 기술이 평화와 화해 정착을 위한 수단으로 사용된다면 그만큼 가치도 있고 경제 발전의 원동력도 될 수 있을 것"이라고 안타까움을 표했다. 참고로 니찬 호로비츠 의원은 베냐민 총리에 반대하는 주요 정적 가운데 하나다. 지역적 잠재력을 중시해 크네셋Knesset(이스라엘 의회)에서 지역 협력을 조율하고 있는 호로비츠 의원은, 사이버 보안 문제보다 지역 경제 발전에 더 역점을 두어야 한다면서 다음과 같이 말했다.

"요르단과 이집트, 특히 팔레스타인 등 인근 지역 사람들도 이러한 전 세계적 디지털 혁명에 동참하길 원하고 있다. 이 문제에 있어 이스라엘은 결정적인 역할을 할 수 있을 것이다." 인터넷에는 물론 장단점이 있지만, 이스라엘 좌파 세력 가운데 일부는 (아마도 낙천적인 성향을 바탕으로) '사이버 전쟁'보다 '사이버 평화'의 측면을 우선시하는 듯하다.

이러한 평화주의 논거는 최근 몇 년간 이스라엘에서 어느 정도 반향을 일으킨 듯하다. 하지만 '시온주의' 좌파인 여당이 재집권하기에는 역부족이었는지 결국 2015년 3월 선거에서 이긴 것은 우익 연합 정당 리쿠드였으며, 리쿠드 당 대표 베냐민 네타냐후 총리는 계속해서 정부 수반의 자리를 지킨다. 호로비츠 의원은 진작에 출마를 포기함으로써 항복했고, 결국 '사이버 전쟁'을 중요시하는 측이 승리하고 만다.

이후 이스라엘에서는 또 다른 비판이 제기되었는데, 이스라엘의 온건파 언론까지 가세한 이 비판에 따르면 '창업 국가'는 하나의 신화에 불과하다는 것이다. 이는 이스라엘의 영토를 벗어난 현상으로서, 거의 탈지역화의 양상까지 보이고 있다는 게 이들의 주장이다. 혁신 역량을 갖춘 이스라엘이 비록 R&D 분야에서 세계 2위를 달리고는 있으나, 이스라엘의 벤처기업 대부분은 맨 처음 기업적 성공을 거두자마자 곧 미국인들에게 팔려나간다. 국내에는 마땅한 자금줄이 없기 때문이다. 이스라엘 기업들의 경제적 가치는 제한적이며, 이들이 출원하는 특허의 수도 그리 많지 않다(특허와 관련하여 이스라엘은 세계 31위 수준에 그친다). 게다가 이스라엘의 스타트업들은 단기적 수익에만 집중하는 경향이 있어 자국 경제에는 실질적으로 기여하는 바가 거의 없다. IT 부문에 종사하는 근로자 수도 기존의 10퍼센트에서 10년 만에 1.1퍼센트

하락하여 2015년 기준 8.9퍼센트가 되었다. 2015년에 발간된 『예루살렘 리포트Jerusalem Report』는 심층 분석 기사를 통해 바로 이러한 부분이 '창업 국가의 어두운 단면'이라고 결론지었다.

그럼에도 베니 지퍼는 "모든 벤처기업의 꿈이 미국 기업에 팔리는 것"이라고 강조하며 이스라엘의 피할 수 없는 미국화에 대해 확인시켜주었다. 텔아비브와 예루살렘 등지에서 에프라임 바르슈무엘, 일란 할레비, 시몬 에프슈타인, 톰 세게프 같은 여러 사학자를 인터뷰하는 동안 확신하게 된 사실 한 가지는 이 히브리 민족의 나라가 키부츠 모델 및 벤구리온 스타일의 사회주의 모델로 대표되는 공동체 모델에서 탈피하여 개인주의 및 실용주의 가치를 가진 미국식 모델로 점차 전향하고 있다는 점이다. 미국과 이스라엘은 서로에게 막대한 영향을 끼치고 있어 '이스라엘은 미국의 51번째 주'라는 농담까지 있을 정도이지만, 두 나라의 유사성이 가장 두드러지는 분야는 바로 디지털 분야다. 따라서 디지털 분야의 경우 그 농담은 사실과 크게 다르지 않다.

『하레츠』의 문화평론가 가엘 핀토 역시 같은 생각이었다. 텔아비브에 있는 『하레츠』 본사 건물에서 나와 인터뷰한 그는, 이스라엘의 이 같은 미국화가 실질적으로 거의 완성 단계에 와 있으며 국내에서는 그에 대한 어떤 비판도 일지 않는다고 말했다. "여기서는 미국의 제국주의나 패권에 대한 토론이 벌어지지 않는다. 벌써 기정사실화된 것이다. 우리가 이미 너무도 미국화되어서 그것이 더 이상 논란거리조차 되지 않는 것이다." (이 인터뷰 이후 핀토는 TV 프로그램 '이스라엘 빅 브라더'를 통해 유명 인사가 되었다.) 가엘 핀토와 함께 『하레츠』에서 일하는 톰 세게프는 유명한 사학자이기도 한데, 그는 이스라엘이 오늘날 미국과 같은 '창업 국가가 된 것이 바로 문화적 미국화 현상을 뒷받침하는 증거라며 자신이 쓴 책 한 권을 내밀었다. 『예루살렘의 엘비스Elvis in Jerusalem』, 제목만 봐도 무엇에 관한 책인지 알 수 있었다.

요르단 강 서안 지구에 있는 다른 이스라엘 정착촌과 마찬가지로, 내가 방문한 정착촌에도 검문소가 있었고 이스라엘 군대의 호위를 받고 있었다. 나는 여기자인 아미라 하스와 함께 그곳을 찾았다. 아미라 하스는 팔레스타인 지구에 거주하는 유일한 이스라엘 유대인 기자로, 다수의 언론상을 수상하는 등 국제사회로부터 많은 찬사를 받는 인물이다. 『하레츠』에 실리는 팔레스타인 지역 이스라엘 정착촌에 대한 그녀의 분석 기사들은 학술적일 만큼 세심하고 면밀한 것으로 명성이 자자한데, 이스라엘인인 그녀는 오히려 팔레스타인 난민들 편에 서 있다. 때로는 다소 극단적으로 보이기도 하는 이 좌파 기자는 이스라엘 당국은 물론 팔레스타인 당국과도 수차례 언쟁을 벌인 바 있다. 팔레스타인 당국의 태만함과 난맥상, 부패 등을 자주 소리 높여 비난했기 때문이다. 아미라가 타고 다니는 차 앞 유리 왼편에는 구멍이 뚫려 있었다. 총알에 맞아 생긴 구멍이었다. 차 백미러에는 체 게바라 펜던트가 걸려 있었는데, 행운을 바라는 일종의 부적이었다. 아미라 하스는 "나는 팔레스타인 사람들에 대해서도 상당히 비판적이다. 모든 게 이스라엘 사람들 탓이라고는 말하기 힘들다"고 이야기했다. 부드러운 인상 때문에 겉으로는 잘 드러나지 않지만, 꽤나 강한 저항 기질을 갖고 있는 사람이었다.

어쨌든 그녀와 함께 팔레스타인 한복판에 있는 유대인 정착촌으로 들어갔다. 이스라엘 개척민들이 모여 사는 곳이었기에, 농업 공동체 키부츠 1세대가 사막 한복판에서 올리브 나무와 유칼립투스 나무를 키우고 토마토를 재배하는 장면이 눈앞에 떠오르는 듯했다. 영어로 'outpost'라고도 불리는 그 정착촌에는 이스라엘 국기가 바람에 나부끼고 있었고, 캐터필러 사에서 만든 대형 크레인 한 대가 통로를 가로막고 있었다. 그 정착촌 주민 한 사람이 우리를 맞아주었는데, 지극히 왜소한 체격이었지만 상당히 다부지게 보였고 일을 꽤 해본 사람 같은 커다란 손도 인상적이었다(그의 이름과 그가 사는 정착촌 이름은 밝히지 않겠다. 아미라 하스의 소식통이기도 한 그는 자신의 신분이 공개되는 것을 원치 않았기 때문이다). 그 사람은 'bitzy'ist'에 해당했다. 이 히브리어를 번역하면 '건축업자' 정도 되는데 자신이 목표한 바는 어떻게든 이루고 마는 실리 추구형 남자라는 의미도 포함된 단어다. 우리가 앉은 사무실 안에는 팬 소리를 내며 돌아가는 여러 대의 선풍기가 있었고, 이제는 사어가 된 단어가 휘갈겨 쓰여 있는 책도 한 권 있었으며, 이스라엘 군대와 통신할 수 있는 CB 무선기도 한 대 있었다.

남자는 좌파인 노동당원이었다. 이는 곧 극단적으로 교리를 앞세우는 극우파 신도들만 정착촌을 건설하는 것이 아니라는 사실을 방증한다. 그 정착촌은 시오니즘의 기원으로 돌아가고 싶어하는 듯했고, 그곳 아이들은 과거 키부츠 아이들의 자리를 대신하고 있었다. 본질적으로 이스라엘은 이민 갔다가 돌아온 사람들이 고향 땅 위에 '한 발 한 발dunum dunum' 조심스럽게 만들어낸 사회다. 현재 팔레스타인 영토에 살고 있는 이스라엘 정착민 수는 55만 명에 이른다(2009년과 2013년 사이 정착민 수는 18퍼센트 증가했다). "정착촌은 이스라엘 국민성과 연계되어 있다. 정착촌을 구축하며 살아가는 것이 곧 이스라엘 국민 정체성의 일부인 것이다." 아미라 하스는 씁쓸한 어조로 이렇게 내뱉었다.

그 정착촌 내에서도 IT 기술의 힘을 확인할 수 있었다. 위성 안테나와 정밀한 와이파이 기지국이 눈에 띄었고, 사람들은 수없이 많은 인터넷 사이트를 들락거렸다. 그들은 (웨이즈를 포함한) GPS 애플리케이션은 물론 무료 통화 애플리케이션인 바이버도 사용하고 있었다. 헤브론 시가지의 유대인 정착촌과 마찬가지로 그 정착촌에서도 정착민 정신이 꽤 인상 깊게 느껴졌다. 모험을 추구하고 절대적인 것을 지향하며 자연과 두려움 없이 대면하는 것, 그것이 바로 이스라엘의 정착민 정신이다. 그런 이스라엘 사람의 시각에서 보면 헤브론에 정착촌을 건설하는 이유는 매우 타당하지만, 팔레스타인 사람의 시각에서 보면 그 이유는 말도 안 되는 것이다. 서로 완벽하게 척을 지고 있는 그 두 나라 사람들은 위험을 감수하고 헤브론에서 싸움을 벌인다. 자신의 집은 물론 경우에 따라서는 목숨까지 잃을 수 있음을 잘 알면서도, 그 반목의 땅을 지키고 서 있는 것이다. 그리고 인터넷은, 새로운 급진적인 유대인들에게 있어 매우 마음에 드는 곳이다. 인터넷에서 이스라엘은 적에게 둘러싸인 곳이 아니라, '위험을 감수하는' 스타트업과 스마트 시티의 땅이기 때문이다. 또한 인터넷은 새로운 국경이기도 하다. "이스라엘은 인터넷과 마찬가지로 신생 국가다." 내가 만난 이스라엘 정착촌 사람은 그리 따뜻하지 않은 시선으로 나를 바라보며 그렇게 말했다.

'창업 국가' 정신은 바로 그런 이스라엘 사람들의 본질 안에 있는지도 모른다. 'Far West'라 불리는 미국 극서부 지방과 'Wild Wild West'라 불리는 미국 서부 황무지로 나아간 개척자들과 마찬가지로, 이스라엘 사람들의 마음속에도 모든 위험을 감수하며 진취적으로 이

상향을 좇는 용기와 정복자 정신이 녹아 있다. 그리고 이스라엘에서든 캘리포니아에서든 오늘날의 'Wild Wild West'는 바로 'World Wide Web'이다.

제6장

도시의 소생

케냐 나이로비에 위치한 빈민촌 키베라는 구글 맵에서 '키베라 슬럼 Kibera Slum'으로 표기되어 있지만, 명확한 구획 설정이 되어 있지는 않다. 그저 몇 개의 도로만 표시되어 있을 뿐이다. 위성에서 아무것도 포착하지 못한 것일까? 아니면 구글 카가 깜빡하고 그곳은 들르지 않은 걸까? 혹은 그 지역에서는 구글 맵 제작을 위한 사진을 찍는 것이 힘들었나? 어쨌든 구글 맵에 따르면 그 지역에는 사람도 살지 않고 물건 파는 가게도 없다. 하지만 키베라는 세계에서 가장 규모가 큰 빈민촌 가운데 하나다.

케냐에는 스마트 시티 프로젝트도 있지만 극심한 빈곤 지역이 도처에 깔려 있다. 포르투 디지털이 있는 브라질에도 수천 개의 도심 빈민가가 존재한다. 남아공 역시 인터넷이 앞서 있는 나라이긴 하나 대도시 주변의 흑인 거주 구역은 여전히 기술이 낙후되어 있다. 하지만 과학기술은 '보보스' 문화로 대표되는 멋지고 근사한 부자 동네에서만 경제 발전의 동력이 되는 것이 아니라 멕시코의 소나스 데 미세리아 같은 도심 빈민 지역을 되살리는 수단도 될 수 있다. 게토, 파벨라favela, 타운십township, 바리오barrio, 슬럼, 그 외 여러 명칭으로 불리는 위험한 도심 빈민가 안에도 삶은 비록 각박할지언정 인터넷은 존재하기 때문이다. 오히려 그러한 환경일수록 인터넷은 더욱 필수적이며 그 효용성도 높아지게 마련이다.

조스팟 케얏은 내게 "키베라에 온 걸 환영한다"고 말했다. 그리고 "잠보Jambo"라고 덧붙였다. 스와힐리어로 '안녕'이란 뜻이다. 긴 머리카락을 세 갈래로 땋아 내리고 끈 없는 캔버스화를 신은 조스팟은 손에 스마트폰을 들고 있었다. 그는 키베라 중심부에 있는 키베라 TV에서 근무하는데 그곳은 차로 통행이 불가능한 막다른 길 끝에 위치해 있었다. 그곳에서 조금 떨어진 카란자 로드에 있는 맵 키베라Map Kibera 건물에서 일하는 자원봉사 팀은 온라인 지도 정보를 제공하는데, map-kibera.org를 통해 조회가 가능하다. 그들이 제작한 지도에는 구글 맵에서 보이지 않는 모든 정보가 나온다. 작은 골목길과 비포장도로, 식수 공급처, 청결한 공중 화장실, 폐가, 학교, 성당 등의 위치 정보가 기록되어 있고 피시방의 위치도 표시되어 있다. "지도 정보는 매일 꾸준히 업데이트되며, 수원 한 곳이 폐쇄되거나 이전되면 이용자들에게 그 정보도 알려준다. 이 지도 서비스는 무료로 제공되며, 정보 업그레이드는 모두가 참여하는 방식으로 이루어진다. 구글 맵이 키베라 정보를 빼놓자 주민들은 이와 같이 맞대응하며 나섰다. 우리도 엄연히 존재한다는 사실을 알리는 것이다."

맵 키베라는 '우샤히디Ushahidi'라고 하는 나이로비 비영리단체가 개발한 지도 애플리케이션이다('우샤히디'는 스와힐리어로 '증인' '목격자'를 뜻한다). 이 단체는 사람들이 제공하는 막대한 자료들을 수집하여 지도 정보로 입력한 뒤 확인 절차를 거쳐 누구나 무상으로 이용할 수 있는 지도 형태로 펴낸다. "우리가 맵 키베라를 만들긴 했지만 맵을 운영해나가는 건 일반 대중이지 우리가 아니다. 키베라 주민들은 누구나 자신이 원하는 정보가 지도에 표시되도록 할 수 있다. 키베라를 움직이는 건 바로 그 사람들이다. 말하자면 권력이 하향 분산된 일례라고 할 수 있다. 우리는 모두에게 권력을 배분해주었다." 우샤히디의 책임자 중 한 명인 다우디 웨레는 이와 같이 설명한 뒤 덧붙였다. "키베라 같은 곳에는 구글 카가 들어가지 않는다. 그래서 구글은 키베라에 대해 아무것도 모른다. 하지만 이곳에도 분명 사람이 살고 있으며, 그들은 지역 정보에 눈이 밝다. 그리고 그들에게도 자기가 사는 동네의 지도가 필요하다." 우샤히디가 개발한 지도 제작 소프트웨어로부터 4만 개 이상의 지도가 탄생했다. '오픈 스트리트 맵Open Street Map'이라는 이름의 이 소프트웨어는 무상으로 재사용이 가능하며, 전 세계 159개국에서 30여 개 언어로 이용되고 있다. [소프트웨어 재사용은, 제공되는 오픈 소스를 모태로 코드 일부를 수정하여 같은 종류의 소프트웨어를 새로 제작하는 것을 말한다.]

키베라는 거의 폐허라 해도 과언이 아닌 극빈 지역이다. 골목에는 생활하수가 흘러넘치고, 오염된 개울물은 흐르지 않고 고인 채 악취를 풍긴다. 길가에는 쓰레기 더미가 쌓여 있으며, 온통 파리 떼 천지에 길거리를 배회하는 동물도 많다. 두세 살배기 어린아이들이 그런 진창에서 뒹굴고 있어도 아무도 걱정하지 않는 듯하다. 말라리아 환자는 거의 없다고 봐도 무방하지만 장티푸스와 콜레라, 이질 등은 한번씩 마을을 휩쓸고 지나가는데도 말이다. 에이즈 발병률도 상당히 높은 편이다. 그곳에 있는 수백 개의 작은 노점상은 한곳에서 일시적으로 장사를 하다 떠나는 일종의 행상이다. 몇 안 되는 학교에서 수업을 마치고 나오는 어린아이들은 넥타이를 맨 제법 그럴듯한 차림이다. 요컨대 빈민굴 키베라에도 학교생활과 경제생활이 존재한다.

키베라에 살고 있는 주민 수는 얼마나 될까? 이를 정확히 말하기는 힘들다. 100만 명에 달할 거라는 주장이 곧잘 제기되지만, 그것은 확실히 과대평가인 것 같다. 하지만 주민 수가 그 절반인 50만 명 정도라고 해도 키베라는 아프리카 최대 빈민촌 중 하나가 된다. 제시 자카리는 말했다. "그 누구도 정확한 주민 수는 알지 못한다. 이곳 토박이도 있지만, 고향을 떠나 이곳에 들어오는 사람도 많기 때문이다. 그들 중에는 어쩔 수 없이 계속 머물러 있는 사람도 있고 잠깐 살다가 떠나는 사람도 있다. 상당히 의아하게 들리겠지만, 키베라는 사회적 신분 상승을 꿈꾸는 사람들이 오는 곳이기도 하다." 제시 역시 그런 꿈을 품고 키베라로 온 사람들 중 하나다. 나이로비 북부에 위치한 그의 고향은 키베라에서 차로 여섯 시간 떨어진 거리에 있다. 1년 전쯤에 고향을 떠난 제시는 부득이하게 키베라에 정착하게 되었다. 현재 그는 키베라 공립도서관 수위로 근무한다. 내가 그를 만난 곳도 바로 그 도서관이었다. 얼굴에 작은 흉터가 있는 그는 옷차림이 보잘것없고 신발도 다 떨어진 스물네 살의 청년이었다. 그래도 나름 말쑥해 보이려고 애쓴 듯했다. "일주일에 5일 밤낮을 이곳에서 일한다. 도서관을 살피는 일을 하는데, 특히 꼬맹이들이 책을 슬쩍 집어가진 않는지 감시한다. 아이들이 나갈 때는 주머니 검사도 하는데, 안 그러면 그 애들이 책을 가지고 나가 도서관에 되팔기 때문이다. 간혹 양말 속에 숨기고 나가는 경우도 있다."

그 도서관은 케냐 국립도서관의 지부로, 빈민가 중심에 있었다. 그래서 그곳으로 가려면 심하게 울퉁불퉁한 비포장 황톳길을 지나야 했다. 사실 그곳은 도서관이라고 하기에는 무리가 있었다. 슬레이트 지붕이 있는 헛간이나 다름없었으며, 주위에는 철사로 울타리를 쳐놓은 게 다였다. 제시의 설명에 따르면 그 철조망에는 '고압 전선'이 깔려 있다. 피터 관장은 장서 규모가 8000권 정도이며, 매일 200명 정도가 책을 보러 온다고 했다. 모든 걸 체념한 듯 무기력해 보이는 피터 관장은 키베라에 살지 않았다. 도서관은 유료로 운영되는데 1일 입장료는 20실링, 연간 회원권은 300실링(약 3유로) 정도다. 도서관 이용객 대부분은 어린아이들이며, 관내 공간은 방과 후 교실로도 활용된다.

나는 제시 및 피터 관장과 함께 도서관을 돌아봤다. 관장은 내게 얼마 전 입고된 삼성 태블릿 여러 대를 보여주었다. 본인도 태블릿을 한 대 갖고 있는데, 열쇠로 잠가놓은 캐비닛 안에 있다고 했다. 관장은 와이파이가 설치되길 기다리고 있는데, 그러면 건물 안에서 인터넷 접속이 좀더 수월해질 것이라고 했다. 지금은 지붕 위로 올라가야만 3G 스마트폰으로 인터넷에 접속할 수 있다고 했다. 제시는 다음과 같이 추가로 설명했다. "이곳 사람들도 다들 기본적인 휴대전화는 한 대씩 갖고 있다. 스마트폰은 아직 드문 편이다. 컴퓨터를 갖고 있는 사람도 드문데, 가격 때문이기도 하지만 누가 훔쳐갈까봐 집에 들여놓지 못한다.

주택가 치안 상태가 별로 좋지 않기 때문이다. 키베라에서는 PC보다 스마트폰이 먼저 보급될 것이다." 다시 말해 키베라도 다른 빈민 지역과 마찬가지로 PC 단계는 건너뛰고 곧바로 태블릿이나 휴대전화로 넘어가 그것들로 인터넷 접속을 하게 될 것으로 보였다.

그 도서관에서 마지막으로 들른 곳은 지붕이었다. 그곳에 올라가니 키베라 전체가 한눈에 들어왔다. 들쭉날쭉한 지붕들이 끝도 없이 펼쳐졌다. 여러 의미에서 키베라는 실로 진정한 빈민가였다. 그때 갑자기 우리 머리 위로 비닐봉지 하나가 날아갔다. 그 비닐봉지는 다른 집 지붕 위로 철퍼덕 떨어졌다. "여기서는 걸을 때 늘 조심해야 한다. 언제 어디서 뭐가 날아올지 모른다." 제시가 웃으며 얘기했다. 그 비닐봉지는 사람들이 아무 데나 투척하는 배설물 봉지였다. 그곳에는 화장실이 따로 없기 때문에 사람들은 비닐봉지에 일을 본 뒤 그 봉지를 지붕 위로 던져버린다.

그 도서관에서 수백 미터 떨어진 경사가 가파른 골목 바닥에는 구정물이 흥건해서, 염소와 오리들이 신나게 첨벙대고 있었다. 바로 그곳에서 윌프레드는 컴퓨터 가게를 운영하고 있었다. 상호명은 '멀티플 비즈Multiple Biz'였다. 발전기에 연결된 두 대의 컴퓨터가 있었고, 컴퓨터는 3G 키를 통해 와이파이에 연결됐다. 마을 주민들은 그 작은 가게로 와서 휴대전화 충전을 했다. 그는 내 휴대전화를 가져가더니 자신의 컴퓨터에 연결하며 말했다. "이렇게 하면 충전이 된다. 요금은 충전 시간당 20실링이다." 윌프레드를 포함한 몇몇 케냐의 영세 상인들은 전기가 귀한 지역적 특성을 이용해 휴대전화 배터리 충전 서비스라는 독창적인 경제 모델을 고안해냈다. 윌프레드의 가게에서는 복사와 인터넷 조회도 가능했고, DVD를 살 수도 있었다. DVD는 주문형 판매라고 했다. 윌프레드가 가게 운영 방식을 스와힐리어로 설명하면 제시가 통역을 해주었다. 윌프레드는 공 DVD 한 장을 컴퓨터에 집어넣었다. 그 가게에서 DVD로 팔고 있는 영화 목록을 보니 주로 할리우드 블록버스터였고 '놀리우드' 영화도 있었다. 놀리우드란 나이지리아 영화 산업을 일컫는 말이다. [나이지리아에서는 한 해 1000여 편의 영화가 제작되는데, 이는 할리우드 영화 제작 수보다 많은 수치다. 나이지리아의 영화 제작 수는 전 세계에서 인도 다음으로 많다.] 내가 영화를 선택하자 윌프레드는 40실링(35상팀)에 그 영화를 DVD로 구워주었다. "이는 지극히 합법적인 행위"라고 윌프레드는 강조했다. 내가 못 믿겠다는 표정을 짓자 윌프레드는 종이 한 장을 흔들어 보였다. 당국의 날인이 찍혀 있는 그 문서에는 해적판 DVD 판매를 허가하는 내용이 적혀 있는 듯했다.

키베라 TV, 맵 키베라, 그리고 '보이스 오브 키베라Voice of Kibera' 블로그는 키베라의 몇 안 되는 매체다. 그 매체들은 100퍼센트 디지털 서비스만 제공한다. 조스팟은 키베라 TV에 대해 "유튜브에서만 이용할 수 있는 텔레비전 채널"이라고 설명했다. 조스팟은 팀원들과 함께 수백 편의 2~3분짜리 단편 영화를 제작했다. 그는 키베라 사람들의 일상을 대개 '긍정적으로' 담아내는데, 작품이 완성되면 곧 유튜브에 올린다.

키베라에서는 전기가 들어왔다 나갔다 하기 때문에 키베라 TV 건물에서는 UPS(무정전 전원장치)를 사용한다. 그리고 각각의 콘센트에는 '하이볼트 가드Hivolt Guard'라는 게 꽂혀 있다. 일종의 미니 변압기로, 과전압이 되면 자동으로 전기를 차단하고 전압이 부족할 때는 대체 배터리 기능도 겸한다. 키베라에서는 정전도 자주 일어나지만 제공되는 전기 품질도 좋지 않다. 그래서 주민들은 아이디어를 짜내거나 아니면 불편한 상황을 그냥 견뎌야 한다. 그들은 실험을 통해 개선책을 모색하고, 집단적으로 상황을 풀어간다. 종이는 재활용하고 텔레비전은 함께 보며 저렴한 소형 태양열 집적기로 전기를 모은다. 리튬으로 작동되는 그 집적기는 사파리컴Safaricom이라는 나이지리아 통신 기업이 개발한 제품이다. 물론 각자 혼자서 그럭저럭 전기 문제를 해결하는 경우도 많다. DIY는 그곳 빈민가 사람들의 기본적인 생존 방식이다.

그곳 사람들은 와이파이도 나눠 쓴다. "키베라에서는 인터넷에 접속할 수 있는 사람이 얼마 없기 때문에, 모두가 그 사람들에게 의지한다. 그래서 보다시피 집과 집 사이에 선들이 깔려 있다. 전기나 수도도 상황이 비슷하다." 키베라 중심부에서 멀리 떨어진 곳에 있는 므찬가니이코 커뮤니티 센터Mchanganyiko Community Center에서 활동하는 여성운동가 제나의 말이다. 제나는 '므찬가니이코'라는 스와힐리어가 '다양성'을 뜻한다고 말해주었다. 그 커뮤티니 센터 문화원에서는 매주 일요일 테드엑스TEDx 강연회가 열린다. 미국 테드 사이트 정신에 충실한 그 강연회는 형식에 구애받지 않고 자유롭게 진행되며, 사람들의 일상과 관련된 문제를 중심으로 토론도 이루어지고 영상도 곁들여져 재미있게 구성된다. 케냐의 테드엑스 책임자인 케빈 오티에노는 "현재 이곳 빈민촌 사람들은 스스로의 미래를 그려보지 않는다. 따라서 지금 현재 그들과 관련 있는 문제들을 이야기해주어야 한다"고 말했다. 케빈 역시 키베라에 살고 있다. 제나는 "매주 200명가량의 사람이 우리가 개최하는 강연회에 참석한다"고 말했다.

그 커뮤니티 센터에 있는 나무 방갈로 안에는 컴퓨터 전용 공간이 마련돼 있었다. 컴퓨터의 인터넷 연결 홈페이지는 '보이스 오브 키베라' 블로그로 설정돼 있었다. "이 블로그는 주민 모두의 정보가 모이는 공간이다. 주민들은 이 블로그 운영진에게 'SMS 리포트'를 한다. 중요한 정보를 알았거나 뭔가 이상한 것을 보았을 때, 자신의 비밀번호와 함께 자신이 듣고 본 사실을 문자로 보내는 것이다. 운영진은 그 내용을 블로그에 올린다." 센터 컴퓨터들은 학교를 파하고 온 6, 7세 아이들의 컴퓨터 수업에 사용된다. 제나는 "이곳에 8, 9세 이상이 된 아이들을 대상으로 한 교육 프로그램은 없기 때문에 그들은 학교가 파해도 받아줄 수 없다"며 유감을 표했다. 따라서 그 또래 아이들은 방과 후에 거리를 배회한다.

키베라에는 전체적으로 무기력하고 생기 없는 분위기가 팽배해 있다. 실업률도 상당히 높고 빈곤 정도도 걱정스러운 수준이다. 그렇다고 키베라를 수동적이고 무기력한 동네로만 치부해서는 안 된다. 도서관 경비 일을 맡고 있는 제시는 이렇게 결론지었다. "키베라는 야망의 도시다. 성공하기 위해 고향을 떠나 이곳으로 왔지만, 이곳에서 벗어나고 싶어하는 사람들의 꿈과 희망으로 넘쳐나는 곳이 바로 키베라다."

빈민가에서 벗어나고 싶어하는 사람들에게 디지털 기술이 과연 도움이 될 수 있을까? 스마트폰은 빈곤 지대에 변화를 만들어낼 수 있을까? 인터넷이 도시 빈민가에 활기를 불어넣는 수단이 될 수 있을까? 나는 확신은 없었지만 브라질의 판자촌 파벨라, 콜롬비아와 베네수엘라의 빈곤 지대 바리오, 멕시코의 극빈 지대 소나스 데 미세리아, 미국의 흑인 및 남미인 거주 구역 게토, 남아공의 흑인 거주 지역 타운십, 팔레스타인의 난민촌, 인도의 빈민국 등 수십 개의 빈민 지역에서 그

답을 찾아보려고 노력했다. 그런데 키베라에서 엠페사Mpesa를 발견한 날, 나는 기술이 실제로 어떤 도움이 될 수도 있겠다는 사실을 확인할 수 있었다.

엠페사는 케냐 최대의 이동통신 기업 사파리컴이 고안해낸 세계 유일의 서비스다(사파리컴 지분 중 40퍼센트는 영국의 보다폰 소유다). 케냐 사람들은 엠페사 시스템을 통해 물건 값을 지불할 수도 있고, 안전하게 자금 이체도 할 수 있다. 나도 케냐에 있을 때 엠페사 계정을 만든 뒤 내가 쓰는 삼성 휴대전화로 나이로비의 한 카페에서 엠페사 앱을 실행시켜보았다. 'Buy Goods' 버튼을 누른 뒤 그 카페의 엠페사 번호 Till Number를 입력하고 지불할 금액을 입력한 것이다. 몇 초 후, 나는 거래가 성사되었음을 확인시켜주는 문자를 받았고, 판매자에게도 내 결제 내역이 문자로 통보된 것을 확인했다. 굉장히 신속하고 간편하며 효율적인 결제 방식이었다.

키베라에 있는 작은 구멍가게들은 물론 행상들도, 멀리서도 한눈에 알아볼 수 있는 'MPesa Till Number'라고 쓰인 녹색 표지판을 내걸고 있었다(사파리컴의 집계에 따르면, 케냐 전체에 걸쳐 엠페사 가맹 점포는 6만 개에 이른다).

"케냐 사람들은 은행 창구를 거의 이용하지 않아 은행을 통해 돈을 송금하는 사람이 별로 없다. 고향에 계신 부모님께 돈을 드리고 싶을 때는 돈 봉투를 마타투 버스 운전기사에게 맡겼다. 그러면 며칠 후 돈이 부모님께 전달될 때도 있었고 그러지 못할 때도 있었다. 그런데 지금은 엠페사를 이용해 불과 몇 초 만에 매우 안전하게 돈을 보낼 수 있다." 사파리컴의 기술 본부장인 프랑스인 티보 르롤이 이와 같이 설명했다. 나는 나이로비 서북부의 거대한 복합 건물에 소재해 있는 사파리컴 본사에서 티보 르롤을 만났는데, 그도 엠페사가 그렇게까지 성공한 것에 놀라는 눈치였다. "매일 1700만 케냐 사람들이 휴대전화로 엠페사 시스템을 이용한다. 엠페사로 거래되는 총 금액은 케냐 국내총생산의 30퍼센트 정도에 이르는 것으로 추정된다."

엠페사는 송금 서비스나 오프라인 상점에서의 지불 서비스는 물론 유무선 인터넷상 구매 서비스도 제공한다. 뿐만 아니라 이 시스템을 통해 전기료나 학교 급식비 등도 낼 수 있는데 수수료는 거래 금액의 1퍼센트 정도로 저렴하다. 일부 기업들은 급여도 직원들의 엠페사 계정으로 지급한다.

엠페사는 매우 안전한 애플리케이션이다. 나이로비의 벤처 커뮤니티 아이허브의 매니저 지미 기통가에 따르면, 엠페사 계정을 개설하려면 신분증과 개인 고유 핀 번호 그리고 본인 소유의 휴대전화가 필요하다. 계정은 10만 실링(850유로) 정도로 상한선이 정해져 있고, 결제 금액에 오류가 있었거나 수신인을 잘못 지정해 송금한 경우 'reverse' 기능을 통해 수신인의 동의하에 거래 자체를 취소할 수 있다. 상인들에게는 상한선을 넘어 거래할 수 있으며 안전 수위를 더 높인 별도의 솔루션을 제공한다.

티보 르롤은 다음과 같이 강조했다. "케냐가 놀라운 건 유선전화 단계를 완전히 뛰어넘어 곧바로 휴대전화 단계로 이행했다는 점이다. 그래서 은행 거래 부분과 모바일 화폐 분야에서 실로 놀라운 발전이 이루어졌다." 케냐에서 개발된 엠페사 시스템은 현재 동아프리카 전역으로 확대되고 있는데, 특히 탄자니아를 중심으로 서비스가 확산되고 있다. 남아프리카공화국과 아프가니스탄도 이 시스템을 받아들였다.

"나는 키쿠유 족이고 키쿠유 언어를 사용한다." 리웰은 이렇게 짤막하게 말했다. 야구 모자를 쓴 그는 말을 썩 재미있게 하는 택시 기사였다. 매일 아침 6시면 나이로비에 있는 한 건물 앞에 차를 대고 손님을 물색한다고 했다. "이젠 단골손님들이 으레 그 건물 앞에서 나를 찾는다. 그러니 거기에 차를 대고 있어야 한다. 마치 그곳에 가게라도 차린 기분이다. 손님들은 현금이 없으면 엠페사로 지불할 수 있다는 사실을 잘 알고 있다." 그의 차는 꽤 혹사당한 상태라 계기판도 맛이 가기 일보 직전이었고 소음도 꽤 심했다. 하지만 전화는 문제없이 돌아갔고, 그의 엠페사 계정도 활성화되어 있었다.

케냐에서 엠페사 개발이 가능했던 건 바로 모바일 때문이었다. "케냐에서 모바일 혁명은 아직 진행 중이다. 전 국민의 70퍼센트가 휴대전화를 소지하고 있고, 인터넷 접속의 90퍼센트는 휴대전화로 이루어진다. 이제는 8000실링(약 70유로)짜리 휴대전화도 나왔다. 저가형은 주로 안드로이드 시스템의 노키아나 화웨이 휴대전화인데, '미니 스마트폰'이라 불리는 그것을 모두가 갖고 싶어한다." 나이로비 벤처 인큐베이터 '나일랩Nailab'의 책임자인 샘 기추루는 그렇게 말한 뒤 다음과 같이 덧붙였다. "케냐 사람들은 원활한 인터넷 접속이 가능한 좋은 휴대전화를 갖기 위해 무엇이든 희생할 준비가 되어 있다. 그것을 사기 위해 끼니를 거르거나 전기를 포기하는 사람들도 있다. 곧 있으면 케냐 사람들 모두가 스마트폰을 갖게 될 것이다."

개도국 전 단계에 있는 케냐에는 전기도 제대로 들어오지 않지만 안드로이드 폰은 있다. 케냐인 대부분은 휴대전화가 케냐 발전에 기여하게 될 것이라고 생각한다. "케냐의 신생 벤처 대부분은 엠페사 시스템 덕분에 비즈니스 모델을 발견하고 있다. 온라인 결제 솔루션인 엠페사가 경제 해법이 되고 있는 것이다." 기추루의 말이다.

IT 기술은 과연 무기력한 빈민가에 다시 활기를 불어넣을 수 있을까? 엠페사가 있는 케냐에서는 분명 가능할 것이다.

파벨라와 '통합'

다른 나라로 눈을 돌려보면 또 다른 모델을 발견할 수 있다. 브라질은 몇 년 전부터 혁신을 모색하면서 자국 내 판자촌인 파벨라 살리기에 나섰다. 룰라 전 대통령은 이를 위해 디지털 분야를 사회정책의 주축으로 삼았고, 지우마 호세프 현 대통령도 같은 노선을 따르고 있다. 물론 실패한 부분도 있지만 상당히 성공적인 부분도 있다.

콤플레슈 두 알레망Complexo do Alemão은 리우데자네이루에서 가장 넓은 파벨라다. 도심에서 북쪽으로 약 45분 거리에 있는 페냐 지구에 위치한 그곳은 브라질 대로를 통해 접근이 가능하다. 입구는 헌병대가 지키고 있었는데, 검문은 허술한 편이었다(여러 개의 파벨라가 있는 그 구역은 2010년 초반에 평화 주둔 부대가 '평정'했다).

도토르 노가시 거리 371번지에는 파란색 건물 외벽에 페인트로 '코무니다지 잉 아상Comunidade em Ação'이라고 쓰여 있는 센터가 있었는데, 그곳을 그냥 지나칠 수가 없었다. 센터 건물은 한 학교와 연결되어 있었다. 안으로 들어가려면 왼편의 좁고 긴 계단을 한참 올라가야 했는데, 경사가 상당히 가팔랐다. 센터 입구 표지판에는 '디지털 통합 센터Center for Digital Inclusion'라고 쓰여 있었다. 'Transformando vidas atrav_és da tecnologia'라는 모토도 쓰여 있었는데, 번역하면 '기술로 삶을 변화시키자'라는 의미다.

거기서 얼마 떨어지지 않은 곳에 비가리우 제라우Vigario Geral라는 또 다른 파벨라가 있다. 그곳 조제 후카스 거리에 있는 문화원 '그루푸 쿠우투라우Grupo Cultural'에서도 디지털 프로젝트를 우선 과제로 삼고 있다. 디지털 공간과 온라인 대학도 갖춘 그 파벨라는 과학기술이 삶을 개선시킬 수 있다고 확신한다. 문화원 담당자 조르지 루이스 파수스 멘지스는 이제 파벨라라는 명칭은 부적절하다고 지적했다. "이제 여기서는 파벨라라는 말을 별로 좋아하지 않는다. 이곳이 '평정'되었다는 점을 잊지 말라. 지금은 파벨라보다 '공동체'라는 표현을 더 많이 쓴다."

리우 지역에만 수천 개에 달하는 이 '공동체'들은 대부분 가파른 언덕배기에 조성되어 있다. 건축 허가를 받지 못한 불법적인 거주지여서 처음에는 수도도 전기도 들어오지 않았지만, 현대화된 일부 공동체는 이제 모든 것을 갖추었다. 심지어 소유권도 인정된다. 그 안에서 차량 통행은 불가능한데, 길이 좁고 가파르기도 하거니와 동네 치안을 자청한 현지인 무리가 차량 진입을 제한하기 때문이다. 따라서 오토바이형 택시를 타거나 걸어서 거리를 올라가야 한다. 아니면 공중 케이블카를 타는 방법이 있다. 파벨라 또한 구글 카가 들어오지 않는 곳이다. 가난한 것도 서러운데 지도에도 표시되지 않는 비운의 지역이 브라질에도 있는 것이다. 예전에는 모든 파벨라에서 마약과 무기 밀매가 성행했다. 갱단이 파벨라 전체를 장악하여 내부 질서 유지 역할까지 담당했기 때문이다. 파벨라의 마약 갱단은 외부인은 물론 경찰에게도 공포의 대상이다. 룰라 정부가 들어서자 '파벨라 평정화' 사업이 실시됐다. 마약 갱단의 손으로부터 파벨라를 접수하여 경찰이 그곳의 공공질서를 확립하게 하는 이 사업을 지우마 호세프 대통령도 이어가고 있다. 그로 인해 파벨라가 하나둘 평정되고 있고, 특별히 창설된 무장한 질서유지군도 도처에 배치되어 있지만, 결과는 아직 미미한 수준이다.

콤플레슈 두 알레망, 이그레자 다 페냐Igreja Da Penha, 비가리우 제라우와 같은 평정된 파벨라의 거리들을 돌아보면서 나는 '랜 하우스LAN houses'라는 곳이 너무 많아 깜짝 놀랐다. 그곳은 일종의 PC 카페로, 인터넷 조회도 가능하며 DVD도 구울 수 있고 복사 및 팩스 전송도 가능하다. 컴퓨터게임으로 시간을 보낼 수도 있고 시원한 음료수를 사먹을 수도 있다. 포털 사이트 UOL의 헤지스 안다쿠는 다음과 같이 설명했다. "랜 하우스는 쉽게 말해 브라질 빈민들이 인터넷을 사용하는 공간이다." 초창기의 랜 하우스는 보통의 PC 카페와 달리 인터넷 접속이 가능한 곳이 아니라, 근거리 네트워크 즉 'LAN'이라 부르는 로컬 네트워크상에서 컴퓨터게임(대개는 해적판)을 즐기는 곳이었다. 그래서 랜 하우스라는 이름이 붙은 것이다. 지금도 그 이름을 유지하고 있지만 이제는 그곳의 컴퓨터 대부분이 고속 인터넷에 바로 연결된다. 랜 하우스 입구에는 보통 'Banda Larga'라는 포르투갈어가 쓰인 표지판이 붙어 있는데, 그 말은 '고속'을 의미한다.

19세의 브루누는 'J.L.A.com'이라는 랜 하우스를 운영한다. 브라질 국기 색깔의 나이키 티셔츠를 입은 브루누는 "오후에 학교가 파하면 꼬맹이들이 떼로 몰려와 곧장 페이스북에 접속한다"고 말했다. 각각의 컴퓨터에는 'LAN01' 'LAN02' 'LAN03' 등의 번호가 붙어 있었고, 이용 요금은 시간당 2헤알(0.6유로)이었다. 브루누는 "파벨라의 젊은이들도 랜 하우스를 많이 찾는다. 주로 이력서 작성, 송장 출력, 신분증 코팅을 위해 온다"고 말했다. 비가리우 제라우 문화원의 조르지 루이스 파수스 멘지스는 "이곳 공동체에 경제 발전 양상이 나타나고 있는 것은 분명하지만, 아직은 불안정한 상태"라면서 다음과 같이 그 이유를 밝혔다. "오늘 아침에도 총격 사건이 있어서 경찰이 장갑차를 몰고 올라왔다." 실제로 거리 곳곳에서 '평화 유지' 기능을 수행하는 경찰들을 볼 수 있었다. 파란 헬멧을 쓴 그들은 한눈에 봐도 중무장 상태였다.

리우 시 남부 글로리아 구에 있는 비바 파벨라Viva Favela 본사에는 10여 명의 활동가가 팀 블로그를 운영하고 있었다. 그 블로그의 목적은 주류 언론의 편견에서 탈피하여 파벨라의 실상을 이야기해주는 것이다. 비바 파벨라의 책임자 빅토르 샤가스는 이렇게 이야기했다. "파벨라 주민들이 직접 제작한 영상과 직접 찍은 사진, 직접 쓴 기사와 직접 제보한 정보를 제공한 건 우리 블로그가 처음이다. 300명의 통신원이 자유롭게 자신들의 일상을 이야기해주는데, 이를 통해 우리는 이곳 공동체 내부의 또 다른 모습을 보여준다." 블로그의 보조 코디네이터인 마리아나 가구는 다음과 같이 부연 설명했다. "우리는 파벨라의 이미지를 바꾸고 싶다. 내부의 시각과 관점으로써만 그것이 가능하다." 그들은 인터넷이 지역 주민들의 삶을 심도 있게 변화시킬 수 있다고 확신했다. 아울러 '통합' 또한 진전시킬 것이라고 했다. 그곳에서 인터뷰를 진행하는 동안 나는 '디지털 통합' '시각적 통합' '더 나은 통합' 등 '통합'이라는 단어가 들어간 말을 수도 없이 들었다.

그러나 랜 하우스를 운영하는 브루누는 조금 다른 주장을 내비쳤다. "NGO는 물론이고 정부도 계속해서 빈민촌의 '디지털 통합'과 '디지털 문맹 해소'를 강조하지만, 이는 사실 바보 같은 짓이다. 파벨라의 젊은이들은 이미 다들 스마트폰을 갖고 있어 인터넷에 능숙하기 때문이다."

비바 파벨라 팀은 정부보다 세심하게 디지털 통합 문제에 접근하려 한다. 그들에 따르면 디지털 통합에는 세 가지 요소가 필요하다. 첫 번째는 사회 통합, 두 번째는 인터넷 접속 증가, 세 번째는 총기류 감소다(비바 파벨라 본사 건물 1층에서는 무기를 부수는 프로그램이 진행되고 있었다). 빅토르 샤가스는 "초창기 랜 하우스는 빈민가 주민들의 인터넷 접속 욕구를 해소해주었다"고 말했다. 하지만 스마트폰으로 인터넷 접속을 하게 되면서 오늘날 랜 하우스의 비중은 점차 줄어드는 추세다. (2011년 기준 가정에서 인터넷 접속을 하는 브라질 국민 수는 10만 명 수준이었는데, 그중 서민층은 5퍼센트 정도밖에 되지 않았고, 파벨라 주민들은 그보다 적은 비율을 차지했다.)

나는 콤플레슈 두 알레망에서 집과 집 사이에 아무렇게나 널브러져 있는 수십 개의 전선을 보고 놀랐다. 랜 하우스 간에도 전선들이 보였다. 이에 대해 브루누는 다음과 같이 말했다. "우리는 이런 방식으로 전기를 나누어 쓰면서 텔레비전을 본다. 인터넷 접속도 같은 식으로 이루어진다. 인터넷 접속이 가능한 사람들이 소정의 사례금을 받고 회선을 나눠주는 것이다." 브라질의 이런 불법적인 네트워크는 '가투넷 Gatonet'이라 불린다. 아프리카에도 '스파게티'라 불리는 같은 방식의 네트워크가 있다. 나는 그런 네트워크를 만들어낸 빈민가 사람들의 창의성에 적잖이 놀랐다. 인터넷은 이렇듯 예기치 못한 방식으로도 전파될 수 있다.

리우 시 라렌제이라스 구 알리스 거리에 소재한 CDI(Comitêpara Democratização da Informática, 디지털 통합센터) 본부에서 나는 호드리구 바지우를 만났다. 그는 20년 전 CDI를 세웠으며, 과학기술을 통해 도심 활성화를 유도한 그의 계획은 전 세계에 귀감이 되었다. 바지우는 내게 "우리 방식은 바로 디지털 권능화digital empowerment"라고 했다. "우리는 신기술을 이용하여 행동하고 움직이며, 브라질 사람들의 삶을 변화시키는 데에도 신기술을 활용한다. 그렇게 함으로써 개개인이 자신의 공동체에서 생기는 문제점들을 규명해내고 문제의 본질을 이용하여 해결책을 모색하도록 하는 것이다. CDI는 사람들이 스스로 해결하기로 결정한 문제들을 해결해줄 수단을 제시한다." 바지우의 어조는 매우 차분해서 놀랍도록 설득력이 있었다. 올림픽 축구 선수만큼이나 장신인 그는 시종일관 입가에 미소를 지어 보였다. 나는 그의 단호함과 실용주의적인 생각에 매료되는 한편, 인터넷에 대한 과하다 싶을 정도의 믿음에 놀랐다. "우리는 사람들을 교육하고 양성하여 그들 스스로 커뮤니티 매니저나 운영자가 되도록 만든다. 그들은 우리에게 교육을 받은 이후 스스로 애플리케이션을 만들고 웹사이트를 구축하며 벤처기업을 세운다. 우리가 인터넷에 기대를 거는 건 바로 그 때문이다. 긍정적인 방식으로 기술을 활용하면 사람들 스스로 '체인지 메이커change makers'로 거듭날 수 있고, 그들은 세상을 변화시킬 수 있다." CDI는 직접적으로 나서서 활동하지는 않는다. 다만 현지에서 활동하게 될 사람들을 교육할 뿐이다. 쉽게 말하면 교사들의 교사, 양성인들의 양성인, 창업주들의 창업주인 셈이다. CDI 방식은 수백 개의 학교와 NGO 단체는 물론 각종 협회와 커뮤니티 센터 등에도 적용된다. 바지우는 "언제나 우리는 지역사회에 깊게 연루되어 있는 파트너 및 중개인과 함께 작업한다"고 말했다. CDI 팀과 함께 나는 리우 시 레블롱 구의 작은 빈민가에 있는 한 학교에 가보았다. CDI 프로그램이 실시되는 715개 학교 중 하나였다. 권위적이고 근엄한 교장 수녀님이 기강을 잡고 있는 그 가톨릭 학교에도 인터넷은 있었다. 이어 도심 동부 쪽의 CDI 업무 타워도 가보고, 스마트폰 애플리케이션을 구상한 고등학생에게 학위를 수여하는 행사도 참관했다. 방문한 곳 어디든 현지의 주체들이 스스로 계획을 운영하고 있었다. CDI의 역할은 그저 그들에게 가이드라인을 제시하면서 보조하는 것이었다. 바지우는 다음과 같이 설명했다. "파벨라에는 언제나 디지털 차별apartheid digital이 존재한다. 하지만 인터넷 접속률이 점차 개선되고 있기에 5년 후면 정보 격차 문제는 상당 부분 해소될 것이며, 디지털 권능화가 핵심적인 문제로 떠오를 것이다. 인터넷은 개개인이 한껏 꿈을 펼치며 자기 삶의 주도권을 가질 수 있게끔 해줄 것이다. 브라질 사람들도 인터넷을 이용해 자기 삶의 지배권을 되찾고 있다."

CDI와 비바 파벨라 블로그 팀, 리우데자네이루의 문화원, 상파울루의 SESC(Serviço Social Do Comércio), 그리고 헤시피와 포르투 알레그리 등에 있는 유사한 종류의 수십 개 단체 사람들은 하나같이 내게 빈곤과의 전쟁이 디지털 혁명기를 거치고 있다고 주장했다. 그 디지털 혁명이 경제 모델을 제공하고 신세대 기업가들을 탄생시킬 수 있다고 강조하면서. 구체적인 방법들을 활용하여 디지털 혁명을 진행한 끝에 일차적으로 나온 통계 수치 결과는 상당히 고무적이다. 브라질에 '디지털 통합' 공간이 780개쯤 만들어진 것이다. (CDI의 전망에 따르면) 이런 디지털 공간이 200만 명의 브라질 사람들을 빈곤에서 해방시켜줄 것이다.

디지털 기술에 역점을 두는 SESC는 프랑스 청소년 문화의 집Maison des jeunes et de la culture françcais과 영미권 YMCA의 중간쯤 되는 곳으로, 집산주의 정신에 입각해 브라질 전역에 수많은 지부를 두고 있다. 상파울루에서 SESC 폼페이아Pompeia와 SESC 벨렌지뉴Belenzinho를 찾았을 때, 그곳의 미디어 시설을 보고 무척 놀랐다. 우선 아무나 자유롭게 이용할 수 있는 컴퓨터가 굉장히 많았고, 컴퓨터 강좌가 진행되는 멀티미디어실도 여러 개였다. 상파울루에서 만난 SESC 책임자 중 한 명인 호베르투 세니는 다음과 같이 말했다. "우리도 미디어를 사용하는 접근법이 처음엔 자연스럽게 느껴지지 않았다. 제2차 세계대전 이후 지속되어온 이 나라의 교육 및 사회주의 전통과 확연히 구분되는 접근법이기 때문이다. 하지만 미디어는 분명 효율적인 통합 수단이기에 우리는 그것을 사용하기로 결정했고, 결과는 긍정적이다."

서민 출신인 룰라 전 대통령은 디지털 분야가 각 지역에 미치는 영향력에 크게 고무됐다. 언론에서도 대서특필한 바와 같이 그는 자신이 랜 하우스를 방문하여 느낀 경이로운 소감을 모두와 공유했다. 그리고 오랜 망설임 끝에 결국 디지털 부문을 재임 말년의 우선 과제 중 하나로 삼았다. 룰라 정부는 파벨라의 기관 및 단체에 저가형 컴퓨터를 나눠줬으며, 프리 소프트웨어 개발을 장려하고 초고속 인터넷 분야에 막대한 재정 지원을 약속했다. 월드컵과 올림픽 개최가 눈앞으로 다가오자 후임인 지우마 호세프 대통령도 그 연장선상에 있는 계획들을 크게 늘렸다.

이에 질세라 리우데자네이루 시청도 IBM과의 공동 기획으로 프로그램 하나를 선보였는데, 다수의 CCTV와 디지털 센서를 기반으로 산사태 위험을 감지하는 프로그램이었다. 파벨라에서는 산사태가 흔하게 일어나는데, 일기예보 및 재해 알고리즘을 바탕으로 한 이 프로그램은 보통 집중호우 관련 산사태 위험도를 예측해준다. 비바 파벨라의 빅토르 샤가스는 다음과 같이 말했다. "디지털은 정보에 접근할 수 있게 해주는 한편 정보 전달 면에서도 이점을 발휘한다. 지반 붕괴를 야기하는 격렬한 폭우가 쏟아지면, 66개 빈민 지역에 설치된 인터넷 사이렌을 통해 신속하게 경보가 발령된다."

디지털 분야에 힘을 쏟은 것이 브라질 발전에 실질적으로 어떤 결과를 가져왔는지에 대한 대대적인 차원의 객관적 평가는 아직 부족한 상태다. 세계은행은 국민 가운데 10퍼센트가 추가로 휴대전화를 쓰게될 때마다 GDP가 0.6~1.2퍼센트가량 상승한다고 보고 있다. 상파울루에서 만난 잡지 『베자véja』의 웹사이트 담당자 카를루스 그라이에브는 이렇게 주장했다. "브라질의 도약에 정확히 무엇이 탄력적인 역할을 담당할 것인지 단언하기는 힘들다. 다만 브라질이 인터넷과 더불어 부상하고 있다는 점만큼은 분명하다. 한 나라의 도약과 디지털 혁명은 분명 서로 관련되어 있다. 브라질은 인터넷과 더불어 성장을 이어갈 것이다."

마약 밀매상들에게 맞서는 트위터

디지털 문명은 분명 생기를 잃은 빈민 지대에 다시 활력을 불어넣어줄 수 있다. 뿐만 아니라 디지털은 폭력이 기승을 부리는 지역에서 폭력 관련 정보 전달 수단으로도 활용된다. 몬테레이와 살라파, 베라크루스 같은 지역이 그 대표적인 예인데, 모두 멕시코에서 살인율이 가장 높은 도시다.

"#Monterreyfollow는 일개 개인도 아니고 하나의 계정도 아니다. 그것은 그 누구에게도 속해 있지 않으며 하나의 대화 주제를 일컫는다." 멕시코 북부의 황량한 대도시 몬테레이의 한 카페에서 만난 토마스 에르난데스는 이렇게 말했다. 그는 교수이자 예술가이며, 몬테레이에서 활동하는 기자이기도 하다. 몬테레이에서 차로 두 시간이 채 안 되는 곳에 있는 리오그란데 강(멕시코 사람들은 이 강을 리오브라보 강이라고 부르길 좋아한다)을 경계로 멕시코와 미국이 나뉜다. 오늘날 몬테레이는 세계에서 가장 위험한 지역 중 하나다.

7만여 명의 사망자와 3만여 명의 실종자를 만들어낸 마약 밀매 조직원 사이의 전쟁은 주로 멕시코 북부와 동부에서 일어난다. "이곳 몬테레이의 상황은 정말 끔찍하다. 이곳은 폭력 도시 그 자체다. 모든 도덕적 가치가 다 사라졌다. 사회 조직도 와해됐다. 범죄가 어디에서 시작해서 어디에서 끝나는지도 모른다." 이와 같이 분석한 58세의 시인 하비에르 시실리아는 아들인 후안 프란시스코가 마약 밀매상에게 살해된 후 사회운동가가 되어 '평화와 인간 존엄을 위한 행진'을 이끌어가고 있다. "나는 과거에도 그랬듯이 지금도 내 아들을 무척 사랑한다. 아들은 친구들과 함께 납치되었는데, 그들 모두가 살해됐다. 아무런 힘도 써볼 수 없었다. 이유가 전혀 없는 살인이었다." 그러고 나서 그는 이렇게 덧붙였다. "싸움에서 지더라도 삶은 계속해서 지켜나가야 한다.

아들 덕분에, 아들의 죽음에 무언가 의미를 부여하고자 하다가 그 사실을 깨달았다." 머리카락과 수염이 하얗게 센 하비에르에게선 결연한 의지가 느껴졌다. 몬테레이 홀리데이인 호텔 테라스에 앉아 있는 그의 모습에서 마약 밀매상에 대한 두려움은 찾아볼 수 없었다.

몬테레이 마약 밀매상에 대한 취재나 조사를 하는 블로거, 기자, 소설가는 이제 별로 없다. 대부분 살해됐기 때문이다. 살해된 이유는 단 하나, 그 문제에 대해 글을 썼기 때문이다. 하비에르는 "언론에서 그 누구도 이 문제를 얘기하려 하지 않는다"며 유감을 표했다. "사람들은 아무것도 모른다. 그래서 우리에게는 기자들이 필요하다. 삶에 대해 호의적인 기자들이."

마약 밀매 조직원들에 대한 소식이나 그들이 저지른 범죄에 대한 이야기를 비교적 상세히 다루는 블로그가 아직 하나 남아 있긴 하다. blogdelnarco.com이라는 블로그인데, 운영자가 누구인지는 아무도 모른다. 이 블로그 운영자도 갱단과 관련 있다는 소문이 돌긴 하지만 입증된 바는 없다. 어쨌든 지금 몬테레이에서 자기 정체를 밝힌 채 마약 관련 글을 쓰는 사람은 거의 없다. 기자들도 그 문제에 대해서는 함구한다. 다만 일부 예외적인 기자들이 있기는 하다.

디에고 엔리케 오소르노가 그런 기자들 중 한 명인데, 나는 몬테레이에 있는 푼타 델 시엘로Punta del Cielo 카페에서 그를 만났다. 그는 경호원 없이 혼자서 나를 만나러 왔다. 다소 정신없고 바빠 보이는 분위기였다. 멕시코의 다른 도시들과 마찬가지로, 우리 앞에는 순찰을 도는 경찰들이 있었다. 검은색 SUV를 타고 순찰을 도는 그들은 단단히 무장한 모습이었다. 오소르노가 말했다. "지난 6개월간 1000명가량이

살해됐다. 이번 주만 해도 60명이 납치되어 목숨을 잃었다." 그는 멕시
코에서 꽤 여러 권의 소설을 낸 베스트셀러 작가이기도 하다. 대표작으
로는 『시날로아의 카르텔El Cártel de Sinaloa』과 좀더 최근에 나온 『로스 세
타스의 전쟁La Guerra de Los Zetas』이 있다. 그는 그 책들에서 갱단 이야
기를 다루었다. 소설을 쓰지 않는 시간에는 특유의 과감함을 발휘하여
독립 기자로서 인터넷상에 기사를 올린다. 그가 인터넷에 기사를 올리
는 이유는, 주기적으로 그의 기사를 실어줄 만큼 용감한 오프라인 신
문이 없기 때문이다. 그는 블로그도 하나 운영하고 있고, 자신이 만든
사이트 Barrio Antiguo(elbarrioantiguo.com)도 관리한다. 실명으로 된
아이디를 쓰는 트위터 계정(@diegoeosorno)을 통해서도 여러 가지 정
보와 사진, 짧은 동영상을 올린다.

그는 왜 이토록 모두와 다른 길을 가고 있는 걸까? 무슨 이유로 목
숨을 거는 위험을 감수하고 있는 걸까? 파렴치한 인간들에게 맞서는
영웅 심리일까, 아니면 남들과 다른 길을 가는 묘미를 맛보고 싶은 걸
까? 디에고 오소르노는 자신은 그저 하고 싶은 일을 하는 것뿐이라고,
다만 자신이 활동하는 무대가 몬테레이라서 위험한 처지가 된 것뿐이
라고 했다.

오소르노는 마약 밀매 조직원들 간의 전쟁이 일으키는 사회경제적
여파에 대한 글쓰기에 집중하고 있다. "상당히 주의를 기울여 글을 쓴
다. 나는 최대한 중립적 입장을 유지하고자 그 어떤 조직의 편도 들지
않으려고 애쓴다. 제보자에 대해서는 밝히지 않는다는 원칙을 철저히
지킨다. 내가 두려움을 느끼는 만큼 제보자의 익명성도 보호하는 것
이다. 두려움은 이제 내 글쓰기의 일부가 되었다. 물론 내가 알고 있는

모든 것을 다 쓰는 것은 아니다. 그랬다면 나는 이미 이 세상 사람이 아닐 것이다."

그도 다른 사람들과 마찬가지로 유튜브, 페이스북, 트위터, 인스타그램, 텀블러 등 SNS에서도 여러 정보와 자료를 얻고 있다. 멕시코에서는 갱단에 대해 침묵하는 현지 언론을 대신해 SNS가 목소리를 내고 있기 때문이다.

멕시코 몬테레이 주민들은 2009년 이후부터 트위터에서 정보를 얻기 위해 '#Monterreyfollow'라는 해시태그를 검색하기 시작했다. 해시태그는 트위터상의 키워드를 말한다. 몬테레이가 속한 누에보레온 주당국에서 일하는 카르멘 홍코는 다음과 같이 말했다. "그 해시태그를 검색하면 어디가 위험한지, 어느 곳에서 살인이 벌어지고 있는지 실시간으로 알 수 있다. 또 경찰 초소는 어디에 있는지, 안전한 음식점이나 술집은 어디에 있는지도 알 수 있다." 그러고는 덧붙였다. "나처럼 밤마다 밖으로 나가는 열아홉 살짜리 아들이 있다면 '#Monterreyfollow'를 꼭 검색해봐야 한다." 익명성 보장 면에서는 블로그나 그 어떤 SNS보다, 트위터가 우월하다. 트위터의 바로 그런 이점을 활용하면 누구라도 부담감이나 보복에 대한 우려 없이 트위터상에 글을 올릴 수 있다.

로스산토스에 사는 호세 에스카미야는 몬테레이 공대의 디지털 담당자다. "몇 년 전까지만 해도 몬테레이는 꽤 치안이 좋은 축에 속하는 도시였다. 하지만 2009~2010년 즈음부터 갑작스레 모든 게 엉망이 됐다. 마약 조직 간의 전쟁이 벌어지기 시작한 탓이다. 이후 이곳은 지옥이 되었다." 그는 사무실 창문 너머로 손을 내밀어 대학생 두 명이 살해당한 장소를 가리켰다. 지엄한 대학 구내에서 벌어진 일이었다.

"몬테레이 시내에서 마약 밀매상들이 서로 치고받고 싸우기 시작한 순간부터 모든 게 완전히 무너져버렸다. 그래서 이제 트위터가 아니면 아무런 정보도 얻을 수 없게 되었다. 해가 지면 음식점이나 카페, 카지노에 가기 전에 일단 트위터에 들어가서 신뢰할 만한 사람의 글을 보거나 해시태그를 검색해본다. 어느 곳에서 폭발음이 들렸다는 글을 읽으면 그 지역은 피한다. 또한 트위터를 통해 교통사고 관련 정보나 경찰 바리케이드가 쳐진 곳에 대한 정보도 얻는다. 날이 갈수록 상황은 점점 더 악화되고 있어서 이제 밤이 되면 웬만하면 집 밖으로 안 나가려 한다."

몬테레이 공대는 멕시코 최고의 공대로, 멕시코의 MIT와도 같은 곳이다. 남미 지역 대학 중 디지털 분야에서 으뜸으로 꼽히는 곳이기도 하다. 그 대학 캠퍼스를 둘러보니 그곳의 기술 수준은 물론이고 그곳에서 운영하는 디지털 스튜디오와 온라인 매체도 상당히 인상적이었다. 그런데 마약 조직 간의 전쟁 여파로 몇 년 전부터 그 대학 입학생 수가 줄어들고 있다고 한다. 그리하여 대학 당국은 조금 덜 위험한 지역에 또 다른 캠퍼스를 열기로 결정했다. 대규모 포털 사이트도 만들어, 학생들이 온라인 강의만 받아도 학위를 딸 수 있는 시스템을 조성했다.

폭력이 만연한 몬테레이 같은 지역에선 SNS가 안전을 위해 요긴하게 쓰인다. 이렇듯 미국의 플랫폼인 트위터와 페이스북은 지역마다 이용 양상이 다르다. 멕시코 블로거인 안토니오 마르티네스 벨라스케스는 다음과 같이 말했다. "마약 밀매 지역에서는 매우 간결한 메시지가 주로 뜬다. 이모티콘 같은 건 일절 없다. '거리 어디어디에 시신 9구' 또는 '이 다리에 시신 3구 걸려 있음'과 같은 간결한 글뿐이다. 전 세계 사람들이 모두 페이스북과 트위터를 사용하고 있지만, 멕시코 사람들이 그 안에서 주고받는 이야기는 지극히 멕시코에만 한정된 내용이다." (멕시코에서 그와 인터뷰를 했을 당시, 그가 활동하는 NGO 단체 직원들이 마약 밀매상들의 살해 협박을 받아 연방 경찰이 출동한 상태였다.)

몬테레이는 멕시코에서 트위터 계정이 가장 많이 등록된 도시 중 하나다. 몬테레이 사람들은 트위터상에 #Monterreyfollow 외에도 #mtyfollow, #mtyalert, #monterreyshootings 같은 해시태그를 쓰기도 한다. 웹사이트 cic.mx처럼 멕시코 뉴스를 종합해서 올리는 트위터 계정 @Cicmty도 있다. 우범 지대를 비롯하여 멕시코 도처에서는 익명의 정보 공유 모델이 급격히 늘어나고 있다. 레이노사 사람들은 #reynosafollow, 살라파 사람들은 #xalapafollow, 베라크루스 사람들은 #veracruzfollow, 그리고 미국 텍사스 주의 엘패소에 버금갈 만큼 범죄율이 높은 시우다드후아레스 사람들은 #juarezawareness라는 해시태그를 주로 쓴다.

SNS상에서 자주 눈에 띄는 'SITUACIÓN DE RIESGO'라는 말은 '위험 상황'이라는 뜻이다. "트위터상에 'SITUACIÓN DE RIESGO' 혹은 이를 줄인 'SDR'라는 표현을 붙여서 올린 글들은, 어떤 장소에 위험 상황이 발생했음을 알려준다." 멕시코 동부 멕시코 만에 위치한 도시 베라크루스에서 만난 훌리안 에르베르트가 이야기해준 내용이다. 작가인 그는 블로거로도 활동한다. 또 하나의 범죄 온상지인 베라크루스에 대해 그는 다음과 같이 설명했다. "이곳 베라크루스에서 폭력 사태가 자주 발생하는 이유는, 마약이 밀반입되는 대규모 항구가 있기 때문이다. 이곳에서는 특히 기자들이 주요 타깃이 된다. 기자들에게 있어 베라크루스는 세계에서 제일 위험한 도시일 것이다. 대략 120명의 취재 기자들이 목숨을 잃었다. 그러자 사람들이 다들 SNS상에서 익명으로 글을 쓰게 됐다. 누가 믿을 만한 사람이고 누가 그렇지 않은 사람인지 이제는 아무도 모른다. 트위터에는 멕시코 경찰들이 만든 계정도 있을 것으로 추정된다. 멕시코에서 폭력 사건이 발생한 바로 그 순간 그 현장 맨 앞에서 찍은 것으로밖에 생각할 수 없는 사진들이 올라오기 때문이다." 멕시코 기자와 블로거를 대상으로 한 폭력 사건들을 조사하고 있는 멕시코 NGO 'Article 19'에 따르면, 그런 폭력 사건들 중 많은 수는 부패한 현지 경찰과 정부 당국이 저지른 것이며 그 배후에는 마약 밀매상과 민간 기업 그리고 정당도 있다고 한다. 몬테레이에서 발행되는 『인디고Indigo』의 국장 라몬 알베르토 가르사는 다음과 같이 말했다. "살해된 기자의 60~80퍼센트는 특정한 마약 조직과 결탁해 있었다. 즉 그들은 그 조직에 대한 호의적인 기사를 쓰는 기자들이었다. 그런 그들이 살해된 이유는, 그 조직에 대한 호의적인 정보를 언론에 충분히 노출하지 않았거나, 다른 마약 조직에 의해서 정체가 탄로 났기 때문이다." 멕시코 독립 사이트 '아니말 폴리티코Animal Político'의 운영자 다니엘 모레노는 다음과 같이 말했다. "멕시코 기자들에게 있어 가장 위험한 일은 바로 마약 조직단과 지방 당국 사이의 커넥션을 밝혀내는 일이다."

내가 멕시코 살라파에 있는 한 술집 테라스에 앉아 있었을 때, 그 중소 도시를 사륜구동 차량을 타고 순찰하는 경찰들의 모습을 볼 수 있었다. 그 경찰들은 방탄조끼를 입고 있었고 철저히 무장한 상태였다. 이빨 끝까지 무장하고 있다는 표현이 그렇게 완벽하게 들어맞는 경우를 본 것은 그때가 처음이었다. 살라파에서 라디오 방송을 진행하는 펠리 다발로스는 이런 얘기를 해주었다. "일간지도 라디오도 이곳의 폭력 사건에 대해서는 일언반구도 하지 않는다. 모두가 그런 일은 아예 일어나지 않는다는 듯 외면한다. 얼마 전까지만 해도 마약 조직 관련 소식을 꾸준히 보도하는 웹사이트가 하나 있었다. 그 웹사이트 사무실이 있는 건물에 폭탄이 터지자, 그 후로는 어떤 매체도 마약 조직 문제를 다루지 않는다."

SNS에 익명으로 글을 올리는 멕시코 사람들 중엔 기자들뿐만 아니라 마약 밀매 조직원들도 있다. 즉 멕시코 마약 밀매 조직 또한 SNS를 이용한다. 특히 '로스세타스'는 참극의 현장을 유튜브에 올려 유명해진 조직이다. 마약 밀매 조직에 관한 심층 취재를 하는 영국 기자 에드 부일라미와 파리에서 인터뷰를 진행했을 때, 그는 이렇게 이야기했다. "마약 밀매 조직 내에는 폭력 문화가 뿌리내려져 있다. 그래서 잔인하고 끔찍한 폭력이 자행된다. 그들은 자신들이 행한 처형 장면을 동영상으로 촬영해 인터넷에 올리기도 한다. 믿기 힘든 가학적 성향이다. 로스세타스는 그런 조직 간의 전쟁에서 두각을 나타내고 있다. 이 조직은 마치 영화 「대부」나 「스카페이스」를 그대로 재현하려는 욕망을 가지고 있는 것 같다." 나는 그 조직이 인터넷에 올린 영상 몇 편을 보았다. 절단기에 사람 목이 잘리는 장면, 다리에 시신을 내거는 장면 등 끔찍한 장면들이 그대로 다 나왔다. 정말 다행스럽게도 유튜브는 이같은 영상에 대한 신고가 들어오면 그 즉시 삭제해주었다.

유튜브에서는 '마약 문화'와 관련된 영상도 누구나 쉽게 찾아볼 수 있다. 인기가 많아 때로는 결혼식에 쓰일 정도로 암암리에 확산되고 있는 그 유명한 '나르코코리도스narco corridos'('마약 음악'을 가리킨다) 비디오들이 그 예다. 특히 멕시코 밴드인 '로스 티그레스 델 노르테Los Tigres del Norte'의 노래 「El Nin~o y la Boda」「Contrabando y Traición」「Camelia la Texana」의 뮤직 비디오는 조회 수가 수천만에 이른다. 하지만 그런 뮤지션들이라고 해서 마약 조직으로부터 해를 입지 않는 것은 아니다. 가령 마약 음악을 한 또 다른 멕시코 밴드인 '콤보 콜롬비아Kombo Kolombia'는 2013년 1월 콘서트를 끝낸 지 얼마 지나지 않아 멤버 전원(가수와 연주자까지 총 17명)이 몬테레이 근처에서 걸프 조직에 의해 암살됐다.

멕시코의 영향력 있는 언론인 라몬 알베르토 가르사는 다음과 같이 말했다. "마약, 범죄, 폭력이 별안간 멕시코 전체로 흘러들어왔다. 마약 조직에 대한 이야기는 영화와 책으로까지 나오면서 완전히 멕시코 문화로 자리 잡았다." 텔레비사 방송국과 『레포르마Reforma』에서 근무했던 그는, 현재는 복합적인 성격을 띤 매체 '인디고'를 운영한다. 몬테레이에서 함께 저녁 식사를 할 때 내가 멕시코 전통 음식을 먹고 싶다고 하자, 그는 메뚜기와 지렁이와 원숭이 골이 들어간 타코와 '에스카몰레escamoles'라고 하는 개미 알 요리 중에서 골라보라고 했다. 내가 후자를 선택하자, 가르사는 이렇게 말했다. "잘 골랐다. 에스카몰레는 멕시코의 캐비어다."

이러니저러니 해도 인터넷은 마약 조직에 있어서는 거치적거리는 대상이다. 조직 측이 언론의 입을 막고 있긴 하나 블로거의 수적 증가나 페이스북과 트위터 등 SNS의 익명성과 분권적 특성은 마약 조직에 분명 걸림돌로 작용한다. 이를 방증하는 사건이 하나 있었는데 2011년 9월, 국경도시 누에보라레도의 한 다리 위에서 몇몇 블로거가 시체로 발견되었다. 그 시체에는 '나불거리는' 모든 사람에 대한 경고를 담은 표지판이 걸려 있었다.

트위터와 페이스북에서 익명으로 소식을 알리는 사람들이 모두 믿을 만한 존재는 아니다. 사실보다 더 빠르게 확산되는 소문은 때로 공포를 조장하기도 한다. 그렇지만 훌리안 에르베르트는 지나친 경계를 오히려 경계한다. "모든 건 신뢰를 기반으로 한다. 그러니까 일단 신뢰할 만하다고 생각되는 계정들은 모두 팔로잉했다가, 속았다 싶으면 팔로잉을 해제하면 된다. 한 번에 거의 모든 '팔로어'나 '친구'를 잃는 계정도 있다." 안토니오 마르티네스 벨라스케스는 SNS에 대해 다음과 같이 말했다. "SNS는 대중의 자정 능력이 나타나는 곳이다. 조작된 정보나 악의적 정보는 금세 탄로 난다."

"사실 거짓 정보와 진짜 정보를 구분하는 건 무척 어려운 일이다. 지금 이 상황에서 문제가 되는 주체는 범죄 조직들이다. 하지만 정말 끔찍한 건 그런 조직들이 전혀 처벌받지 않는다는 점이다. 경찰은 그들에 대해 아무 조치도 취하지 않기에, 그들에 대한 수사도 이루어지지 않는다. 지방 당국과 마약 조직 사이의 커넥션도 현 사태를 일으킨 문제점 중 하나다." 아니말 폴리티코 본부에서 만난 운영자 다니엘 모레노는 이렇게 설명한 뒤, 다음과 같이 덧붙였다. "이미 말했듯이, 나는 기자들에게 마약 조직과 지방 의원 샤이의 관계를 파고들어보라고 했다. 하지만 기자들은 무척 신중하게 접근해야 한다. 그래야 스스로를 지킬 수 있기 때문이다. 기자들은 매우 상세히 정의된 안전 지침을 따르고 있다. GPS로 끊임없이 그들의 위치도 추적하고 있다. 호텔도 매일 밤 다른 곳으로 이용하고, 접선 대상의 이름도 본사에 보고한다. 그들의 기사가 닉네임으로 발행되는 것은 물론이다. 그래도 티에라 칼리안 테나 시우다드후아레스처럼 마약 조직이 완전히 장악해버린 도시로는 아무도 파견하지 않는다. 그곳에서 취재를 했다가는 살아 돌아올 확률이 매우 희박하다."

 2014년 9월 26일, 멕시코 남부 아카풀코로부터 100여 킬로미터는 훌쩍 떨어진 이괄라 인근 교외 지역에서 아요트시나파Ayotzinapa 사범대 학생 43명이 납치되는 사건이 발생한다. 워낙 낙후된 외딴 지역이었기에 그들의 소식을 알릴 만한 신문이 없어 그 실종 사건은 외부에 알려지지 않은 채 은폐되고 있었다. 그런데 실종자 가족들이 SNS상에 '#Ayotzinapa'란 해시태그를 달아 이 소식을 퍼뜨리기 시작한다. 그에 따라 입소문을 타고 빠르게 확산되며 '핫 이슈'가 된 그 납치 사건은 불과 몇 주 만에 전 국가적인 사안이 된다. 이후 게레로 주지사가 교체되고 시장이 종적을 감춘다. 유례없는 정치적 위기를 불러온 그 사건의 여파는 엔리케 대통령에게까지 미친다. 결국 그해 11월 멕시코 법무부 장관은 용의자들이 43명의 학생들을 살해했다고 자백한 사실을 시인해야 했다. 학생들은 시장의 요구로 마약 카르텔 게레로 우니도스 Guerreros Unidos와 손잡고 있던 경찰들에 의해 용의자들에게 인도된 뒤, 살해되어 그 시신이 모두 불에 태워진 것으로 추정된다. 게레로 우니도스는 납치 및 마약 정제 전문 카르텔이다.

2014년 말에 무기한 동맹 파업에 들어간 멕시코 국립 자치대 학생 야라 알몬테는 "실종된 43명의 학생들을 위해 함께 투쟁하고 있다"고 설명했다. 그곳 교정에는 '아요트시나파 만세!' '지방 사범대 학생들에 대한 고문과 탄압을 중지하라'와 같은 문구가 쓰인 플래카드가 내걸렸다. 그리고 SNS상에는 '#justiciaAyotzinapa'라는 해시태그가 여기저기 등장했다. 그러자 곳곳에서 분노한 사람들이 나서기 시작했다.

멕시코의 저명한 지식인이자 작가인 호르헤 볼피는 "현재 멕시코 사람들은 전 국가적 비극을 겪고 있다. 멕시코 역사상 최악의 시간을 보내고 있다"고 이야기한다. 멕시코 공립대학 연구실에서 만난 정치학자 호세 볼덴베르크 또한 "멕시코의 최근 역사 가운데 가장 끔찍한 순간"이라고 말을 보탰다. 그는 멕시코 민주주의의 정신적 지도자로 여겨지는 인물이다. 이번 실종 사건을 계기로 멕시코의 여러 문제점, 즉 부패와 빈곤, 토착민 통합 작업 실패, 지역 의원과 마약 카르텔의 유착관계, 사법부의 무능, 정권의 실패 등 온갖 결함이 백일하에 드러난 것이다. 콘데사의 사무실에서 만난 마르셀로 에브라르드 전 멕시코 시티 시장도 내게 "이번 사건은 구조적인 문제를 건드렸으며, 이는 좌파 정치권 내에서 대대적인 변화를 불러올 것"이라고 말했다. 그는 2018년 대선에서 주요 후보로 거론되는 인물이다. 폭스 정부 시절 외무부 장관을 지낸 호르헤 카스타녜다도 "이번 위기는 좌파든 우파든 극복하기 매우 어려울 것"이라고 전망했다.

정치권은 침묵하고 정부는 핑계 대기에 급급한 반면, 멕시코 청년들은 인터넷을 중심으로 들고일어나기 시작했다. 예술가들은 무고하게 목숨을 잃은 43명의 사범대 학생들을 기리기 위해 블로그와 인스타그램, 페이스북에 대대적으로 작품을 올렸다. 대학가와 거리 그리고 SNS 등 도처에서 희생된 학생들의 사진과 짧은 생애를 담은 이야기가 게시되었다. 그들은 18~21세의 젊은 청년들이었으며, 멕시코 토착민 공동체 출신이거나 빈농의 자녀들이었다. 한 희생자의 형이 살아생전 그 학생이 얼마나 착하고 좋은 아이였는지를 구구절절 풀어놓은 글, 한 어머니가 죄 없이 죽어간 아들의 억울함을 호소한 글은 사람들의 마음을 울렸다. 뿌리 깊은 멕시코 좌파 계열인 그 사범대학에서 그동안 얼마나 진보적인 교육이 이루어졌는지를 밝힌 글, 그리고 그 학교가 교육 현장에서 종교를 배제한 모범 사례였음을 기술한 글도 등장했다. 대안 세계화주의자로서 끈끈한 공동체를 이루고 있던 그 젊은 학생들은 낮에는 밭일을 하고 밤에는 마르크스의 책을 읽는 주경야독의 생활을 했었다. '엘 추로el Churro'라 불렸던 헤수스 알리아스를 비롯해 호세 미구엘, 빅토르, 이스라엘 등 이름 없이 묻힐 수도 있었던 그 젊은 학생들의 이름은 이제 멕시코 전역에 알려졌다.

멕시코에서 일어난 이 비극적 사례를 통해 우리는 SNS가 우범 지역에서 남다른 용도로 쓰일 수 있다는 사실을 알게 됐다. 하지만 이 멕시코의 사례나 키베라 같은 빈곤 지역에서의 SNS 기능과는 또 다른 SNS 기능이 있다. 그 기능은 슬럼가에서만 발생하는 '비즈니스 모델'과 관련되어 있다.

419 스캠

피시방 안으로 들어가면서 나는 꽤 당황스러웠다. 그 작은 가게를 튼튼한 철조망이 지켜주고 있었고, 카운터도 유리로 막혀 있어 안에 있는 직원을 보호하고 있었다. 여기저기 커다란 자물쇠가 걸려 있는 것도 보였다. 스스로 도둑질을 하면서도 도둑을 무서워하는 게 이상하게 느껴졌다.

내가 들어간 그 피시방은 남아프리카공화국 요하네스버그 중심가에 있는 힐브로 빈민가에 속한 프리토리아 거리에 있었다. 그 동네는 중심 업무 지구Central Business District, 약어로 CBD라고도 불린다. 이 빈민가는 유달리 위험한 동네로 혼자서 돌아다니는 것은 권장되지 않으며, 특히 밤에 돌아다니는 것은 금지되어 있다시피 하다. 그곳의 '중심 업무'는 '419 스캠Scam'이라 불린다.

피시방 입구에서는 서른 살가량의 한 남자가 작은 터퍼웨어 통에 담긴 밥과 고기를 먹고 있었다. 그는 우리에게 원하는 게 뭐냐고 물어봤다. 피시방에 왔으니 인터넷 검색이나 할 생각이라고, 나와 동행한 현지 주민 노마가 대답했다. 우리 앞에는 인터넷이 연결된 PC가 10여 대 있었고, 손님들은 줄루어로 크게 떠들어대며 컴퓨터 앞에서 바쁘게 무언가를 하고 있었다. 피시방 직원은 "오늘은 인터넷이 안 된다"며 무서운 어조로 대꾸했다. 상황은 명료했다. 우리가 그들의 공간을 방해하고 있는 것이었다. 우리가 재차 안으로 들여보내달라고 하자, 이번에는 불호령이 떨어졌다. 부랑자 분위기의 그 직원은 우리를 들여보내줄 마음이 전혀 없어 보였다. 자신이 사기를 치고 있는 현장에 우리 같은 방해꾼을 들여놓기가 싫은 것이었다. 우리는 그 자리를 뜨는 게 상책이라고 생각했다.

프리토리아 거리의 여러 피시방은 우리가 흔히 생각하는 피시방과는 다르다. 먹고살 방도가 없어진 그곳의 가난한 사람들은 피시방에서 노다지를 캐는 방법을 고안해냈다. 노마가 그에 대해 상세히 설명해주었다. "이곳 피시방에서는 온갖 불법 행위가 벌어지고 있다. 마약을 팔고, 무허가 주류를 팔고, 금지된 포르노 영화도 팔고, 가짜 신분증도 판다. 인터넷 스캠의 발현지도 바로 여기다." 영어 'scam'은 '사기'를 뜻하는 말로, 인터넷 스캠이란 바로 인터넷 사기를 가리킨다. 인터넷 스캠은 금융 사기를 금하는 나이지리아 형법 419조의 숫자를 따와 '419 스캠'이라고도 불린다. 하지만 419 스캠은 나이지리아에서만 벌어지는 현상이 아니라 베냉과 토고, 파키스탄, 러시아, 그리고 내가 방문한 남아프리카공화국에까지 퍼져 있는 범죄다.

변종 스캠 수법도 무수히 존재한다. 가령 이메일 스캠은 주로 다음과 같은 패턴이다. 누군가가 당신이 복권 당첨금을 받게 됐다는 혹은 몰락한 독재자의 막대한 재산을 받게 됐다는 소식을 알리며, 그 돈을 받으려면 당신의 신용카드 번호나 이메일 계정 비밀번호를 알려달라고 한다. 패턴이야 어떻든 이런 형태의 이메일은 전부 '419 스캠'에 해당한다.

노마는 다음과 같이 말했다. "이곳 사람들은 '나이지리아 419 스캠'이라고 말하는 습관이 있는데, 그런 사기 수법은 나이지리아에만 있고 우리 나라에는 없다고 우기기 위해서다. 하지만 그런 식의 인터넷 사기는 힐브로의 이 거리에서 매우 중요한 사업 중 하나가 되었다." 남아공 빈곤 지대인 그곳에서는 대량의 이메일을 보내는 사람들을 '스패머'라 하지 않고 '스캐머'라 부른다. 그리고 그곳에서 스캐머는 하나의 엄연한 직업이 되었다.

우리는 프리토리아 거리의 다른 피시방에도 가보았지만, 어디서든 냉랭한 대접만 받았다. 그들은 경찰과 실랑이를 하는 것보다 우리 같은 외부인에게 관찰당하는 것을 더 우려하고 있었다. 그 사람들은 '피싱'

사기로 돈을 버는 것을 복권 당첨 정도로 여기는 것 같았다.

　그래도 우리에게 인터넷 검색이나 휴대전화 선불 충전권인 '에어 타임air time' 구매를 허용해주는 피시방이 몇 군데 있긴 했다. 대부분의 피시방 안에는 '음경 확대와 성기능 강화' 시술을 광고하는 포스터가 눈에 띄었으나, 그와는 정반대로 한 피시방에서는 '유튜브 같은 포르노 사이트에 접속하는 건 금지되어 있습니다'라는 문구가 보여 내 눈이 의심스러울 정도였다.

　힐브로는 일반적인 선악의 구분이 통용되지 않는 곳이었다. 사기꾼은 될 수 있지만 색골이 되어선 안 되는 곳, 사나이가 부적을 들고 다닐 수는 있지만 품위가 떨어져서는 안 되는 곳, '대부Godfather' 정신은 통하지만 만델라 정신은 통하지 않는 곳이 바로 힐브로였다.

제7장

My Isl@m

갑자기 대회장 화면에 그의 얼굴이 비쳤다. 커다란 안경을 쓰고 짧고 흰 턱수염을 가진 그는 카리스마가 넘쳤는데, 머리에는 그 유명한 시아파 지도자를 상징하는 검은 터번이 둘러져 있었다. 선지자의 후손임을 나타내는 표식이었다. 그가 화면에 나타나자마자, 1000여 명의 사람들이 일제히 자리에서 일어나 승리의 표식으로 주먹을 들어 올렸다. 계단식 대회장 곳곳에서 군가가 우렁차게 울려 퍼졌다. 사람들 말이, 지금 화면에 나오고 있는 그의 연설은 헤즈볼라의 두 주요 매체인 알 마나르Al Manar TV 방송국과 알 누르Al Nour 라디오 방송국의 웹사이트는 물론 수십 개의 블로그를 통해서도 인터넷상에 실시간 방송되고 있다고 했다. 헤즈볼라의 총장이자 군 총사령관인 하산 나스랄라가 '신의 정당' 헤즈볼라 당국자들을 대회장에 모아두고 화면을 통해서나마 실시간 연설을 하는 것은 상당히 드문 일이다. 전 세계 수배자 명단의 상위에 랭크된 인물이기 때문이다.

2013년 5월 9일에 열린 그 비밀 대회의 취재 허가를 받기 위해, 나는 몇 주 전부터 베이루트 남부 하렛 흐레이크 지구—'다히예' 혹은 그냥 '남쪽 교외'라고 불리기도 한다—에 위치한 헤즈볼라 보도 담당국을 여러 번 찾아갔으나 번번이 거절당했다. 그런데 대회 당일에 보도 담당국으로부터 전화가 왔다. 취재를 허가한다면서, 베이루트 남부 비르 하산에 있는 레하브란 동네로 가서 입구 표지판에 '레바논 예술원 Center of Lebanese Art'이라 쓰여 있는 곳을 찾으라고 했다. 베이루트 남부는 수니파 팔레스타인 난민촌인 사브라Sabra 및 샤틸라Chatila와 매우 가까운 지역이었지만, 비르 하산만큼은 시아파가 완전히 장악하고 있었다.

레바논 예술원 건물은 소박한 외양이었으나 높이 3미터 이상의 거대한 콘크리트 벽으로 둘러싸여 있었고, 그 주변에는 헤즈볼라 특수 경찰 알 인디바트Al Indibat가 배치되어 있었다. 귀에 이어폰을 꽂고 무장한 남자들이 육중한 정문 앞에서 건물 안으로 들어가려는 사람들을 세심하게 검문하고 있었다. 검문을 받기 전에 그 남자들에게 내 이름을 말하자, 그들은 내 미들 네임까지 호명하며 확인 절차를 거쳤다. 신기한 일이었다. 나는 헤즈볼라 측에 내 미들 네임을 알려준 적이 없고 내 기자증과 방문증에도 미들 네임은 적혀 있지 않았기 때문이다. 그들은 내 주머니까지 뒤지면서 세심하게 몸수색을 했지만 그렇다고 거친 방식은 아니었고, 나를 대하는 태도도 친절한 편이었다. 약간의 기다림 끝에 나는 지하 2층으로 안내됐다. 거기서 100미터 정도 되는 통로를 지나자 TV 스튜디오와 회의실, 컴퓨터실을 갖춘 초현대식 지하 사무소가 나왔다. 컴퓨터실에서는 여러 명의 사람이 헤즈볼라 공식 사이트 중 하나인 al.manar.com.lb에 글과 이미지를 올리고 있었다. 그날 취재 허가를 받고 그 지하 '벙커' 안으로 들어온 서양인은 나 한 사람뿐이었다. 헤즈볼라 측은 내 취재가 순조롭게 이루어질 수 있도록 협조해주면서도 나에 대한 감시를 늦추지 않았다.

대회가 열리는 곳은 그 지하 사무소보다 더 아래에 위치한 대회장이었다. 장내는 거의 비어 있는 상태였다. 의자들은 모두 들여놓은 지 얼마 안 되는 새것이었고, 장비들은 최신식이었는데 그중 공중에 있는 디지털 카메라는 거의 로봇 같은 최첨단 자동 장비였다. 슈퍼 스코피오 타입의 타워캠[타워 형태의 무선 조종 카메라]이었는데, 높이가 10여 미터에 달했고 브랜드는 '크레인Crane'이었다. 지상에 있는 케이블맨이 12미터 길이의 신축식 카메라 지지대를 이용하여 그 카메라를 조종하고 있었다. 다수의 제어 스크린 위에는 180도 파노라마 시야로 이동 촬영된 놀라운 영상들이 나타나고 있었다.

대회장 안이 차츰 사람들로 채워졌다. 히잡을 쓴 여성들은 대개 왼편에 착석했고, 앞줄은 높은 계급임을 한눈에 알 수 있는 군인들이 차지했다. 그 앞줄 좌석은 화면을 향하지 않고 청중 쪽을 향해 있었다. 사람들 설명에 따르면 앞줄 좌석은 보통 헤즈볼라 국회의원과 지방의원, 군 지도자가 경호원을 대동하고 앉는다고 했다(2013년 여름 이후부터 유럽연합은 헤즈볼라 군 조직을 테러 조직으로 간주하고 있다).

저녁 6시가 되자 대회장 안은 사람들로 꽉 찼고, 연설이 시작됐다. 사람들의 박수갈채가 이어졌으며, 신나는 음악도 흘러나왔다. 무대 위에는 하얀 꽃다발들이 널따랗게 펼쳐져 있었고, 노란색 헤즈볼라 깃발

옆에는 레바논 국기가 걸려 있었다. 헤즈볼라 깃발은 한눈에 알아볼 수 있었다. 손으로 높이 들려 있는 AK-47 형태의 초록색 소총 위아래에 붉은색으로 쿠란 구절과 '레바논 이슬람 저항단'이라는 슬로건이 쓰여 있는 모양새였다. 서구권 기자나 레바논의 기독교도 혹은 수니파 교도는 한 명도 없었지만, 이란의 언론 대표단과 레바논 내 시아파 교도들은 제일 마지막 줄에 자리해 있었다. 알 마나르 웹사이트의 한 젊은 여기자가 내게 연설 내용을 통역해줬다.

그날의 행사는 공식적으로는 알 누르의 개국 25주년을 기념하는 것이었다. 하지만 연단에 오른 헤즈볼라 총리의 연설, 그리고 인터넷으로 전송된 하산 나스랄라의 연설은 단순한 축사 수준을 넘어섰다. 나스랄라는 미디어 문제에 관한 일장 연설을 늘어놓으면서, 알 누르와 알 마나르 기자들의 '저항 업무'를 다음과 같이 치하했다. "다른 미디어 기자들과 경쟁이 되지 않는다. 하나의 이유를 위해 싸우기 때문이다." 연설 도중 웃음을 지으며 매력을 발산하기도 하고, 군인들을 격려하는 한편 호통치며 비판하기도 하던 나스랄라는 이어서 다음과 같이 말했다. "다른 매체들은 거짓을 일삼고 있다. 우리는 뉴스 속보에 치중하지 않으며 다양한 어젠다로 방송을 하고 있다. 이는 이스라엘에 대한 심리전이다. 우리는 저항운동을 하는 사람들이다." (다른 사람들도 똑같은 말을 했지만 알 마나르의 한 여성 블로거도 내게 나스랄라가 현재 '몇백 미터 떨어진 안전한 곳'에서 '생방송'으로 연설을 하고 있다고 했다. 하지만 나는 상당히 의심스러웠다. 내가 보기엔 녹화된 영상 같았기 때문이다.)

하산 나스랄라의 연설이 진행됨에 따라 내 주위의 모든 기자가 연설 내용을 인터넷상에 꼼꼼하게 보도했다. 알 마나르와 알 누르 기자들은 물론이고 알라헤드 뉴스Alahed News, 타야르Tayyar, 알 아크바르Al Akh-bar, 알 마야딘Al Mayadine 사이트 기자들, 그리고 이란의 알 알람Al Alam 같은 포털 사이트 소속 블로거들도 있었다. 가까이 있는 뉴스 룸에도 그 시아파 지도자의 말을 수십 개의 웹사이트와 위성 채널에 내보내기 위해 분주히 움직이는 사람들이 있었다. 나스랄라의 연설 중 하이라이트 부분은 여러 계정을 통해 즉각 유튜브에 올려졌고, 트위터와 페이스북에도 그의 연설이 추가 설명과 함께 확대판으로 배포됐다. 번역가들은 헤즈볼라의 영어권 사이트에 게재할 영어 버전 연설문은 물론 프랑스어와 스페인어 버전도 내놓았다. 헤즈볼라 보도 담당국 책임자인 라나는 헤즈볼라가 17개 언어로 소식을 전달한다고 내게 프랑스어로 자랑스레 얘기했다.

레바논의 디지털 전쟁

나는 총 세 차례 레바논을 방문했고, 그때마다 레바논 남부나 베이루트 남부의 헤즈볼라 책임자들과 만나 수많은 인터뷰를 진행했다. 이를 통해 나는 헤즈볼라가 몇 년 전부터 공식 사이트들을 중심으로 구축해온 미디어 및 디지털 네트워크의 규모를 서서히 파악할 수 있었다. 일단 알 인티카드Al Intikad 사이트(alahednews.com.lb)에 발표되는 내용은 헤즈볼라의 공식적인 발언으로 간주할 수 있다. 그 사이트를 운영하는 후세인 라할은 헤즈볼라 정당의 '디지털 통'으로 통하는데, 그는 아랍어와 영어, 스페인어, 프랑스어를 모두 구사하는 인물이다. 알 마나르 국장 레일라 마스부디는 "그 사이트가 헤즈볼라를 공식적으로 대표하는 곳이라서 우리도 참고한다"고 말한 뒤 다음과 같이 덧붙였다.

"그에 반해 알 마나르는 좀더 독립적이다. 이슬람권 위성 채널인 알 마나르는 주로 아랍어로 방송되며, 여러 언어로 된 방송 동영상 클립을 제공하는 매우 우수한 웹사이트도 운영하고 있다." 그 웹사이트의 주소는 almanar.com.lb이다.

나는 마즈부디를 베이루트 남부의 고급 레스토랑 알 사하Al Saha에서 만났다. 히잡을 쓰고 나온 그녀는 프랑스어로 다음과 같이 말했다. "헤즈볼라는 군 조직과 정치 조직이 완전히 별개로 이루어져 있다. 우리 알 마나르는 헤즈볼라 정치인들하고만 접촉할 수 있고 군인들은 한 번도 만나본 적이 없다. 우리는 그들이 어디 있는지조차 모른다." (그러나 알 마나르를 관찰해온 몇몇 사람은, 알 마나르가 헤즈볼라 군 조직의 방송국처럼 보인다는 의견을 내놓았다.)

알 마나르 본사는 2006년 2차 레바논 전쟁 때 열다섯 차례 폭격을 받은 바 있다. 그 본사는 베이루트 남부의 다히예에 위치해 있다. 헤즈볼라 지역의 '표본' 같은 다히예 이곳저곳을 거닐다보면, 헤즈볼라가 그곳에서 어떤 활동을 벌이고 있는지 쉽게 알 수 있다. 헤즈볼라는 무상 사회보장 서비스를 수립하고 학교, 자선단체, 병원, 이슬람 사원을 확충하는 등 시아파 구역 재건을 위해 엄청난 노력을 하고 있다. 헤즈볼라의 '저항'활동이 아니라, 바로 그런 지역 공동체 및 사회적 차원의 재건활동이 사람들을 매료시키고 있었다. (이런 도시 재건을 위한 공약을 아랍어로 '와드waad'라고 하는데, 헤즈볼라는 이 공약을 지키기 위해 이미 3억 유로 이상을 썼다. 그중 3분의 1은 레바논 정부가 지원한 것인데, 헤즈볼라는 그 부분에 대해서는 상기시키지 않을 때가 많다.) 반부패 슬로건도 헤즈볼라의 인기에 한몫했다.

헤즈볼라는 미디어와 디지털 분야를 우선시한다. 전쟁 중에도 알 마나르는 방송을 계속했는데, 이스라엘 군대의 공격으로 완전히 파괴된 본관 건물은 재건축 중이다(현재는 다른 지역에 있는 임시 건물에서 방송을 송출하고 있다. 나는 그곳의 방문을 시도해보았지만 허가가 나지 않았다). 재건축이 진행되고 있는 알 아리드 거리를 찾았더니, 현장 감독인 알리가 14층 높이의 그 재건축 건물은 "매우 고차원적인 방법으로" 곧 완성될 것이라고 했다. 내 앞에는 열 명 정도의 노동자가 작업 중이었는데, 바로 그들 곁에서 기중기 한 대가 상당히 위험하게 움직이고 있었다. 알리는 그 건물 중 여러 층이 알 마나르 웹사이트 전용 공간으로 할애되는 등 재건축 프로젝트 자체가 매우 현대적이라고 말했다. 알리에게 방송국 건물이 또다시 파괴되지 않을까 걱정되지 않느냐고 묻자, 그는 "두렵지 않다"면서 다음과 같이 덧붙였다. "만일 폭격을 받으면 그에 대한 응징을 할 것이다. 우린 준비가 되어 있다. 우린 같이 싸울 것이다."

알 아크바르 사이트나 위성 채널 알 마야딘 사이트도 친헤즈볼라 성향의 매체이나, 알 마나르보다는 한층 독립적인 지위를 갖고 있다. 레일라 마즈부디는 "그런 사이트들은 헤즈볼라와 공통분모를 갖고 있긴 하나 공식적으로 헤즈볼라를 대표하지는 않는다"고 말했다. 그러면서 그녀는 끊임없이 스마트폰을 만지작거렸는데, 브랜드는 애플이 아니라 삼성이었다. 그녀는 "기술적인 부분을 생각해 앞으로 아이폰을 살 수도 있지만, 그렇다고 내가 미국을 선호하는 것은 아니다"라면서 웃음을 지었다. 그녀와 헤즈볼라의 공통점은 무엇일까? 이 질문에 대해 그녀는 다음과 같이 대답했다. "미국과 이스라엘에 저항하려는 목표를 갖고 있다는 점이 아닐까."

베이루트 남부 시아파 지역 한가운데에 있는 한 기념품점에서, 나는 친헤즈볼라 성향의 레바논 청년 마흐디를 만났다. 턱수염을 사흘쯤 기른 듯한 얼굴에 녹색 로고가 박힌 야구 모자를 쓰고 휴고 보스 후드 티를 입은 그는 헤즈볼라 문화 상품을 판매하는 그 상점의 점원이었다. 알 아리드 거리의 그 상점은 알 마나르 본관 건물 바로 맞은편에 있었다. 그곳에서는 하산 나스랄라의 주요 연설이 담긴 CD와 DVD, 저항군 음악이 담긴 CD, '무살살레mousalsalets'라고도 불리는 '라마단 드라마'가 담긴 DVD도 판매되고 있었다. 마흐디는 그중 「알 갈리분Al Ghaliboun」('승리자' 혹은 '병기兵器 르네상스'라는 뜻)이라는 드라마를 보여주었다. 헤즈볼라가 만든 컴퓨터게임 「스페셜 포스1」과 「스페셜 포스2」도 출시되어 있었는데, LA의 EA 스튜디오가 제작한 게임 「배틀 필드2: 스페셜 포스」를 이름까지 베낀 게임이었다. "미국판 게임에서는 미국인들이 헤즈볼라 병사들을 죽이는 걸로 나오는데, 우리가 만든 리메이크 버전은 그와 정반대 설정이다. 헤즈볼라 병사가 미국인을 죽이는 것이다." 마흐디는 태연하게 그렇게 설명했다. 2차 레바논 전쟁을 배경으로 한 또 다른 게임도 있었는데, 시아파 전사 캐릭터가 이스라엘 사람들을 죽이는 미션을 수행하는 것이었다. 2012년에 출시된 헤즈볼라의 또 다른 게임인 「알 레드완Al Redwan」은 2008년 차량 폭발로 숨진 군 수장 이마드 무니예를 추모하는 뜻에서 만들어졌다(헤즈볼라 측은 이 테러의 책임을 이스라엘 측에 돌리고 있지만, 이스라엘은 자신들과는 무관한 일이라는 입장을 밝혔다. 유럽연합은 무니예를 테러리스트로 규정했다). 그 게임의 캐릭터는 이스라엘 점령군에게 죽임을 당하지 않으면서 무니예의 군사

작전을 수행해야 한다.

　나와 대화를 나누던 중 마흐디는 그 게임들이 그리 큰 성공을 거두지는 못했음을 시인했다. 베이루트의 시아파 근거지인 그곳에서도 헤즈볼라의 게임은 크게 인기를 끌지 못한 것이다. 게다가 내가 세 차례나 가본 그 상점에는 늘 손님이 거의 없었다. "우리는 「콜 오브 듀티」나 진짜 「배틀 필드」를 더 좋아한다. 「스페셜 포스」나 「알 레드완」은 정치적 관점은 좋지만, 미국 게임이 질적인 면에서 앞서기 때문이다. 그래서 어쩔 수 없이 헤즈볼라 유니폼을 입고 싸울 수 없는 미국 게임을 하는 것이다. 다만 「배틀 필드」를 할 때는 미국 진영을 선택하지 않고 미국에 맞서는 중국이나 러시아 쪽을 선택한다." 나와 함께 간 통역사의 입을 빌려 마흐디는 이와 같이 털어놓았다. 중동 젊은이들은 매우 인기가 높은 게임 「제너럴스Generals」를 할 때, 캐릭터 외양 변경이 가능한 아이템을 이용해 무슬림 테러 집단인 GLA(Global Liberation Army) 유니폼을 선택한다. EA의 「제너럴스 제로 아워Generals-Zero Hour」 게임을 할 때도 그런 아이템을 이용해 자기 나라의 국기를 선택한다. 마흐디가 일하는 상점에 있는 두 대의 평면 TV에서는 알 마나르 채널이 나오고 있었다. 그는 느린 인터넷에 연결되어 있는 구형 컴퓨터를 통해서도 이슬람의 온라인 게임을 즐길 수 있다는 것을 보여주었는데, shiatv. net에서 제공되는 온라인 게임은 심지어 무료였다. 이는 이슬람 온라인 게임이 상업적 목적보다 선전 도구적 목적이 더 크다는 점을 방증한다.

　마흐디는 개인적으로 미국 드라마에 관심이 많았다. 그는 자기 컴퓨터로 「프리즌 브레이크」를 다운받아 보고 있었는데, 내게 또 다른 미드인 「걸스」와 「글리」를 구해줄 수 없겠느냐고 부탁했다. 얼마 후 자신이 일하는 상점에서 두 걸음 정도 떨어져 있는 알 자와드Al Jawad 식당에서 나와 다시 만난 마흐디는, 자신이 헤즈볼라에 투표하는 시아파 무슬림 인 것은 맞지만 헤즈볼라 기념품 상점에서 일하는 건 별로 좋아하지 않는다고 털어놓았다. "아버지가 명령하지 않았다면 거기서 일하지 않았을 것이다. 그러니까 거기서 일하는 건 내 의지가 아니다."

레바논 남쪽으로 장장 한 시간을 달려가 블리타로 향했다. 가는 길에 수니파 지역을 지나갔는데, 암살당한 레바논 전 총리 라피크 하리리의 초상이 수도 없이 눈에 띄었다. 또 시아파 지대를 지날 때는 곳곳에서 노란색 헤즈볼라 깃발이 펄럭이는 것을 볼 수 있었고, 하산 나스랄라와 그의 장남 무함마드 하디가 같이 찍은 사진도 볼 수 있었다(무함마드 하디는 레바논 남부에 있을 때 이스라엘 측이 쏜 총에 맞아 쓰러졌다). 이렇듯 레바논 남부는 모든 파벌이 공존하는 곳이었다. 친시리아 성향의 시아파 동네도 있었고, 헤즈볼라에 반대하는 아말파의 지도자 나비 베리의 얼굴을 여기저기 내걸고 있는 동네도 있었다. 사이다 시를 넘어가자 그때부터는 레바논 군대가 발급한 통행증과 헤즈볼라가 발급한 통행증이 모두 필요했다. 그 두 통행증이 다 있어야 여러 검문소를 지나고 다수의 마을과 산을 통과해 이슬람 저항 세력의 상징적 장소인 블리타에 다다를 수 있다.

헤즈볼라 자원의 중심지이자 전시관인 블리타는, 그 자체로 헤즈볼라의 선전 조직이었다. 헤즈볼라 군인들이 사용하는 군사 터널도 눈에 띄었고, 전투 중 획득한 이스라엘 무기를 수집해놓은 어마어마한 규모의 공간도 있었다. "사진을 찍어도 된다. 우리는 숨길 게 전혀 없다." 내 방문을 허락해준 아드리스가 그렇게 말했는데, 그는 군인이 아니라 민간인이었다. 믈리타의 헤즈볼라 사무국 벽에는 이스라엘 군의 부대별 조직도가 걸려 있었다. 무척 상세해서 지휘관의 이름까지 다 나와 있다. 헤즈볼라는 그 조직도를 통해 자신들이 적의 내부까지 속속들이 알고 있음을 과시하려는 것 같았다. 작은 전망대에서는 레바논과 이스라엘 사이의 완충지대인 군사 분계선도 보였는데, 이스라엘 국경에서 불과 40여 킬로미터밖에 떨어져 있지 않은 그곳에는 유엔 평화유지군이 자리 잡고 있었다.

믈리타의 헤즈볼라 사무국은 친헤즈볼라 성향의 웹사이트, 블로그, 페이스북 페이지도 관리하고 있었다. 그중에는 외견상으로 믈리타 관광 홍보용으로 보이는 mleeta.com, 헤즈볼라 학살을 추모하는 페이스북 페이지, 다소 정치적인 성향이 짙은 moqawama.org.lb도 있다. 이 마지막 사이트는 아랍어로만 접근이 가능한데, 아드리스는 "군 저항활동에 대한 가장 많은 정보가 들어 있는 사이트"라고 말했다. 아드리스에게 이스라엘 쪽에 감청될까 두렵지 않느냐고 물어보자, 헤즈볼라는 레바논 정부나 일반인이 사용하는 회선과는 다른, 보안이 강화된 전용 전화선과 인터넷 네트워크를 사용한다고 대답했다. 여러 자료에 따르면 이 같은 네트워크는 이란의 지원을 받은 하산 라키가 구축한 것이다(라키는 2013년 말 베이루트에서 암살됐다).

"헤즈볼라는 매우 중앙집권적인 조직이며 웹상의 선전활동에 상당히 강하다. 도처에 있는 헤즈볼라 군 간부와 정치인들에게 수십 개의 중계 사이트를 통해 즉각적으로 하나의 메시지를 전파하는 능력은 헤즈볼라를 따라잡을 곳이 없다." 퓨처Future TV의 웹사이트 운영자 디아나 무칼레드는 이렇게 단언했다(그녀는 시아파이지만, 그녀의 직장인 퓨처 TV는 레바논 전 총리 하리리 가문이 운영하는 친수니파 미디어 그룹 산하에 있다. 그녀와의 인터뷰는 퓨처 TV 본사에서 이루어졌다). 그러고는 다음과 같이 덧붙였다. "과도한 중앙집권적 조직이 겪는 문제점은 블로그나 SNS에서 적절한 대응을 하기가 쉽지 않다는 점이다. 이런 경직된 위계 구조는 웹 2.0 기반의 플랫폼과 어울리지 않는다. 중앙의 공식 성명이 나오기 전에는 자기만의 생각을 보여줄 수도 없고 즉각적인 대화에 참여할 수도 없다. 그래서 헤즈볼라 진영에는 블로거가 거의 없고 자신의 SNS 계정을 가진 사람도 별로 없다. 헤즈볼라 측 사람들이 농담 삼아 무슨 글을 올리는 건 한 번도 본 적이 없다."

기자인 카셈 카시르도 같은 생각이었다. 온건한 시아파에 속하는 그와 베이루트에서 만나 인터뷰를 진행했을 때, 그는 이렇게 말했다. "헤즈볼라, 즉 신의 정당은 그 이름에서도 알 수 있듯이 당의 언어를 갖고 있다. 그런 언어는 TV나 라디오에서는 상당히 잘 통하지만, 웹이라는 환경과는 전혀 맞지 않는다. 헤즈볼라의 정신은 인터넷의 기본 정신과는 완전히 다르기에, 헤즈볼라로서는 사람들이 개인적인 의견을 다는 행위가 불편할 수밖에 없다. 페이스북 같은 SNS나 블로그의 속성인 대화와 소통은 헤즈볼라의 DNA에는 존재하지 않는다. 그래서 현재 헤즈볼라 주요 인사 중에 페이스북과 트위터에 계정을 가진 사람은 한 명도 없다. 헤즈볼라 정책은 인터넷과 SNS라는 두 분야에서는 거의 힘을 쓰지 못한다."(하산 나스랄라와 또 다른 헤즈볼라 지도부 한 명이 트위터 혹은 페이스북에 계정을 가지고 있었지만, 그 계정은 미 정부 측의 요청으로 폐쇄됐다는 정보도 있다.)

카셈 카시르뿐만 아니라 다른 시아파 사람들도 이 문제를 잘 알고 있었다. 그래서인지 최근 몇 년간 시아파는 알 마야딘, 알 아크바르 같은 뉴미디어를 만들고 더 앵그리 아랍The Angry Arab 같은 블로그도 제작했다. 디아나 무칼레드에 따르면 "알 마야딘은 베일 없는 헤즈볼라와 같다." 초현대식 웹사이트(almayadeen.net)까지 갖춘 위성 TV 채널 알 마야딘의 운영 책임자는 가산 벤 제두다. 과거 레바논 알 자지라의 사무국장이었던 그는 레바논에서 아주 유명한 언론인으로, 꽤 복잡한 이력을 지닌 튀니지 출신이다. 수니파와 기독교에 반대하는 그는 이란 출신 시아파 여성과 결혼했다. 무칼레드는 알 마야딘 채널에 대해 다음과 같이 말했다. "이란과 헤즈볼라 성향이 상당히 강한 채널이지만 알 자지라의 경쟁 상대가 되길 바라며 매우 영리한 방송을 내보내고 있고, 재원도 풍부한 편이다." 카셈 카시르 기자는 "최근 생겨난 매체들에서 근무하는 여성들은 히잡을 쓰지 않는다. 그러나 그 매체들이 헤즈볼라를 지지하는 것만큼은 분명하다"면서 다음과 같이 덧붙였다. "그 매체들은 무신론자도 뽑지만 상당히 순종적인 논설위원을 고용하여 헤즈볼라의 입장을 따르게 한다. 그리고 알 마야딘의 가산 벤 제두는 선거 기간 동안 확실히 헤즈볼라와 손을 잡았다." 벤 제두에 대해서는 환호하는 사람도 많지만 반대하는 사람도 많다. 특히 기독교도들과 수니파 교도들에게 있어 그는 이란과 시리아에 종속된 배신자의 전형이다. 레바논 알 자지라에 근무하던 시절에도 그는 종교적 성향 덕분에 헤즈볼라 사무총장 하산 나스랄라를 인터뷰할 수 있었다(벤 제두에게 수차례 인터뷰 요청을 했지만, 그는 이 책에 자신의 생각이 실리는 걸 원치 않았다).

문자 그대로 해석하면 '뉴스'라는 뜻을 가진 알 아크바르 사이트의 편집장 피에르 아비 사브는 완벽한 프랑스어로 다음과 같이 말했다. "우리 매체는 여느 시아파 매체와 달리 자유주의 좌파 성향이 강하다. 그러나 우리 역시 이스라엘과 팔레스타인 문제를 메인으로 다루고 있다. 우리는 이스라엘에 완전히 반대하는 입장이다." 나는 이 호감형 지식인과 베이루트 서부 함라 거리 근처에 있는 브레드 리퍼블릭Bread Republic 카페에서 여러 차례 만나, 원래 마론교도였던 그가 시아파 매체에서 일하게 된 경위를 들을 수 있었다.

아비 사브에게 있어 가장 중요한 문제는 팔레스타인 민족 수호와 이스라엘에 대한 저항이다. 그런 그의 입장에서는 레바논 기독교인들이 제시하는 합의안도 성에 차지 않았고, 친하리리 성향의 수니파 의견도 만족스럽지 못했다. 그리하여 조금씩 방향을 전환하던 그는, 마침내 시아파 매체이지만 자유주의 성향이 강한 알 아크바르에 들어가게 된 것이다.

그러나 퓨처 TV의 디아나 무칼레드는 알 아크바르에 대해 전혀 다른 의견을 내놓았다. "자유주의적이고 개방적이며 독립적이라는 인상을 주는 사이트이긴 하다. 특히 문화나 관습 같은 부차적인 주제를 다룰 때 더욱 그렇다. 가령 여성 문제에 대해 현대적인 시각을 제시하고, 심지어 동성애에 찬성하는 놀라운 인식을 보여주기도 한다. 그러나 중요한 정치 사안이나 이란 및 시리아 문제에 관한 한 그곳 편집진은 완전히 헤즈볼라와 똑같은 노선을 따르고 있다. 한마디로 친헤즈볼라 성향의 매체 중 가장 영악하다."

나우(now.mmedia.me/lb/ar)의 편집장 하닌 가다르도 알 아크바르에 대해 이렇게 빈정거렸다. "언제든 레바논 국민을 배신할 수 있는 성난 좌파다." 아름다운 갈색 머리를 가진 이 여성은 시아파 평신도이지만, 헤즈볼라에 격렬히 반대하는 입장이다. 그녀와 나는 베이루트에서 30여 킬로미터 떨어져 있는, 레바논 남부의 도시 사이다에서 만났다. 바로 그곳의 시아파 가정에서 태어난 그녀는 다음과 같이 말했다. "헤즈볼라는 알 마나르 같은 매체를 만들어내기도 했지만, 알 마야딘이나 알 아크바르 같은 사이트를 지원하고 있기도 하다. 겉으로는 공식 매체나 공식 계정만 자신들을 대표한다고 하지만, 사실은 자신들이 지원하는 사이트들을 통해 매우 교활한 전략을 구사한다. 흥미로운 점은 그 사이트가 모두 레바논 밖에서 호스팅을 받고 있다는 것이다. 심지어 아랍권 밖인 미국에서 호스팅되는 경우도 많다." 가다르는 레바논의 모든 매체가 특정 정당이나 종교 집단에 속해 있다는 사실을 인정하면서, 자신이 일하는 나우는 계속 독립적인 지위를 유지할 수 있으면 좋겠다고 말했다. "우리 사이트는 확실히 친레바논적이지만 그 어떤 정당과도 연결되어 있지 않으며 그 어떤 민간 그룹에 속해 있지도 않다. 레바논의 디지털 환경에서 이는 꽤 독특한 케이스다. 다만 우리가 독립적 지위를 유지하고 있다고 해서 중립적인 입장만 취한다는 것은 아니다. 우리도 이런저런 특정한 입장들을 선택하는데, 이때 정교분리적인 원칙에 입각한다. 우리는 정교분리가 실현된 레바논을 꿈꾸기 때문이다. 헤즈볼라는 이란의 자금 지원을 받아 이란 측에서 이끌어가고 있는 정당이므로 정교분리를 주장하고 있는 우리는 결코 헤즈볼라에 찬성할 수 없다." 온라인 매체로만 활동하는 '퓨어 플레이어Pure Player'인 나우는 아직은 구글 뉴스 내용을 그대로 내보내는 수준이며 기사의 노출 경로도 페이스북 네트워크에 의존하고 있지만, 이용자가 급격히 증가하고 있다. 가다르는 이에 대해 다음과 같이 말했다. "레바논 사람들은 대부분 페이스북을 통해 우리 사이트에 게재된 기사들을 읽는다. 사실 아랍권 지역 사람들은 대체로 페이스북을 통해 뉴스 기사를 읽는다." 중동의 '슬레이트Slate'[1996년에 미국에서 만들어진 웹진]를 표방하는 나우의 소유주는 마론교도인 엘리 쿠리로, 백만장자인 그는 하리리 가로부터 나우를 사들였다. 나우는 미국 재단의 지지도 받고 있다. 나는 베이루트에 있는 나우 건물에 직접 찾아가봤는데, 아랍어권 파트와 영어권 파트로 나뉘어 일하고 있는 40여 명의 기자를 볼 수 있었다. 상임 기자 수는 모두 70여 명 정도라고 했다.

레바논에서 꽤 영향력 있는 다른 사이트들도 있는데, 헤즈볼라와 연대하는 마론교 지도자 미셸 아운 장군이 대표로 있는 타야르(tayyar.org)도 그중 하나다. LBC TV 사이트(lbcgroup.tv)도 상당한 이용자를 보유하고 있다. 정치적 노선이 약간 애매하긴 하나 아운에게 밉보이지 않으려는 성향을 갖고 있다. 베이루트 북부 LBC 본사에서 만난 제시 아무하비브는 다음과 같이 말했다. "위성 채널 간의 경쟁은 웹사이트 상에서 열 배는 더 격렬해진다. 종교적 충돌도 인터넷상에서 더 심하게 나타난다."

LBC 본사에서 그리 멀지 않은 곳에 있는 MTV 방송국은 완전히 다른 노선을 걷고 있다(물론 여기서 MTV란 Murr Television의 약어로, 우리가 익히 알고 있는 MTV 채널과는 무관하다). 대개 젊은 층을 대상으로 한 토크쇼와 오락물을 방송하는 MTV는 기독교 성향인 동시에 반反헤즈볼라 성향이 매우 강하다. 그래서 고의로 악의적인 방송을 내보내 무슬림을 도발하는 일을 서슴지 않으며, 관습이나 풍속에 관해서 매우 자유로운 발언을 구사하고, 여성성에 대한 표현도 딱히 금기를 두지 않는다. 물론 MTV의 인터넷 사이트(mtv.com.lb)에서는 수위가 한층 더 높아진다. MTV 사이트의 책임자인 자드 야민은 "우리가 신중하지 못했던 것은 사실"이라면서 가볍게 웃더니 다음과 같이 덧붙였다. "인터넷상에서는 이제 무엇이든 다 보여줄 수 있다. 특정 콘텐츠를 보고 정색하는 처녀들을 보면 어떻게 해야 할지 모르겠지만, 사실 대부분이 인터넷에서 볼 건 다 보지 않나. 지켜야 할 한계선 같은 건 이제 없다. 이미 모든 한계를 다 뛰어넘었기 때문이다." 기독교인들의 보루인 베이루트 남부 교외에 위치한 MTV 스튜디오 및 그룹 본사 사람들은 모두 헤즈볼라에 대해 뿌리 깊은 반감을 갖고 있기에, 그들은 이렇듯 인터넷에서 다른 방식으로 정치 싸움을 이어가고 있다.

(친하리리 계열의) 퓨처 TV 프로그램 기획자인 롤랑 바르바르와의 인터뷰는 베이루트 중심에 있는 퓨처 TV 방송국 벙커 안에서 진행됐다. 레바논 군대가 주의 깊게 지켜보는 가운데 철조망과 콘크리트로 만든 높은 울타리를 넘고 수차례 검문소를 지나, 결국 그 수니파 요새의 중심에 도착했다. 유리벽으로 둘러싸인 반 2층 공간에 자리한 그의 사무실에서는 방송국 뉴스 룸이 한눈에 들어왔다. 뉴스 룸은 넓기도 넓거니와 초현대식 시설을 갖추고 있었다. 퓨처 TV의 실세인 그는 수니파 미디어의 위력을 강력하게 믿고 있었기에, 시아파인 헤즈볼라의 디지털 역량을 과소평가하며 내게 완벽한 프랑스어로 이렇게 말했다. "웹은 주로 독립적인 기업들 위주로 돌아간다. 그런데 헤즈볼라는 간섭과 통제 위주 모델에 기반을 두고 있지 않나. 복지 서비스와 병원 서비스

등 구호활동에 관계된 프로그램을 늘려서 어느 정도 성공을 거두긴 했으나, 헤즈볼라의 방식은 웹의 전반적인 생리에 배치된다. 그들에게 있어 더 심각한 문제는 웹이라는 분야가 시아파의 전반적인 활동에 정면으로 배치된다는 점이다. 다시 말해 장사꾼이니 비즈니스맨이니 사업가니 하는 것들은 시아파의 생태와 정반대된다." 그는 친헤즈볼라 성향의 스타트업 네트워크가 취약하고 그런 사이트의 수가 적은 건 바로 시아파의 이데올로기적 성향으로 설명된다고 보았다. "반면 기독교 세계와 수니파들에게 있어서 이런 부분은 생소한 게 아니다." 그럼에도 바르바르는 헤즈볼라가 굉장한 적응력을 갖고 있다는 점은 인정했다. 그리고 웹의 중요성을 인식한 당이 "앞으로 몇 년 안에 실제로 레바논 디지털 전쟁"에 뛰어들 우려도 있다고 했다. 그는 이렇게 결론지었다. "전쟁은 이미 시작됐다."

"가자 지구에 오신 것을 환영합니다."

이집트 라파 터미널을 통해 국경을 막 넘어서자 아랍어로 SMS가 날아왔다. '가자 지구에 오신 것을 환영합니다.' 문자 말미에는 '자왈Jaw-wal'이란 로고가 찍혀 있었다.

팔레스타인 사람들에게 라파 터미널은 가자 지구에서 외부의 다른 지역으로 이어질 수 있는 유일한 관문이다. 남한과 북한 사이의 군사분계선과 더불어, 세계에서 가장 넘어가기 어려운 분기점 중 하나다. 무르시 대통령이 축출된 이후 이집트에서 가자 지구로 들어가는 길은 사실상 폐쇄됐다. 이집트인을 포함하여 외국인들도 거의 이 터미널을 이용할 수 없는 상황이다(나는 2013년 여름 가자에 들어갔으므로, 2014년 여름의 잔혹한 전쟁이 벌어지기 전이었다. 이후 이어지는 글은 2014년 여름 전쟁이 벌어지기 전에 작성된 것임을 밝혀둔다).

외교관이나 기자, 인도주의자라면 가자 지구로의 진입이 수월한 편이다. 다만 나 역시 가자로 들어가기 3주 전에 미리 파리 주재 이집트 대사관에 허가 신청서를 요청해야 했다. 그렇게 이집트 정부의 특별 통행 허가증을 발부받아야만 라파 국경을 넘어갈 수 있다. 아울러 가자 지구의 팔레스타인 영토를 다스리는 하마스 측에도 비슷한 종류의 입국 허가서를 요청해야 했다. 입국 허가 요청은 대부분 이집트 사람들 선에서 거부된다(하마스의 경우, 서구권 기자들의 진입을 한층 좋은 시선으로 바라본다). 그런데 간혹 최후의 순간에 이집트 대사관이 허가를 내주기도 하는데, 내가 그런 경우에 속했다. 카이로로 떠나기 바로 전날이었다. 비용은 40유로 정도였다.

라파 국경 초소에 가기 위해서는 이집트 수도에서 차로 여섯 시간을 달려가야 한다. 그 지대는 위험 구역이라 시나이 동북부의 주요 도시인 엘 아리시와 라파 사이에는 10여 개의 군 초소가 연달아 배치되어 있었다. 내가 가자 지구에 도착한 것은 2013년 여름 어느 날이었는데, 바로 그 전날에 한 외국인 관광객이 납치되어 살해당하는 사건이 일어났고 경찰 수십 명도 같은 운명을 맞았다. 1978년에 지미 카터 미 대통령 주재로 이집트와 이스라엘 간에 체결된 캠프 데이비드 협정에 따라 시나이 반도가 무장 해제된 이후, 불한당들이 무늬만 군인인 무장 해제 군인에 맞서 자유롭게 무기를 휘두를 수 있게 되어 시나이의 치안 상태가 날로 심각해진 것이다.

라파 국경 초소 주위에는 시나이 사막이 있었다. 사구가 길게 펼쳐져 있고 작은 관목들도 눈에 띄며 종려나무와 선인장도 몇 그루 보였다. 그리고 거대한 철책이 길을 막아섰다. 사람들의 여행은 대부분 바로 거기서 끝나고, 제대로 된 통행 허가증을 가진 사람만 그곳을 넘어갈 수 있었다. 수많은 사람이 장사진을 치고 있었는데, 퇴짜를 맞은 사람도 있었고 시나이 지역의 아랍계 유목민인 베두인 사람도 있었다. 전통 의상 '토브'를 입은 베두인 사람들은 가자에서 쓰이는 이스라엘 화폐 셰켈을 내밀면서 이집트 파운드와의 교환을 제안했다. 택시 운전사들은 잠재 고객들을 기다렸으며, 가자로 들어가는 공식 경로에서 거부당한 사람들을 '터널'로 통과시켜주는 일을 하는 몇몇 베두인 사람도 있었다.

철책을 통과해 100여 미터를 걸어가자 거대한 창고 같은 곳이 나왔다. 거기서도 100명 이상의 사람들이 줄을 서서 하염없이 기다리고 있었다. 그러다가 가까스로 자기 차례가 오면 '여권과' 창구 앞에서 여권을 제시했다. 그러고도 또 기다려야 하는 그 과정은 총 한 시간에서 세 시간 정도 소요된다.

심사를 마친 팔레스타인 사람들은 대부분 분주히 무언가를 하고 있는 모습이었다. 작은 매점에서 산 과자를 먹는 사람도 있고, 마시기 힘든 수준의 네스카페 한 잔을 마시는 사람도 있었다. 여자들은 예외 없이 히잡을 써서 머리를 가리고 있었고, 심지어 몇몇은 머리는 물론 눈만 빼고 얼굴까지 다 가리는 니캅을 쓰고 있었다. 소리치는 아이도 있었고 뛰어노는 아이도 있었다. 한쪽에는 플라스틱 의자 위에서 아기 기저귀를 채우고 있는 사람이 보였고, 또 다른 쪽에는 더위 때문에 정신을 잃은 남자 하나가 보였다. 사람들이 그 사람을 땅바닥에 그대로 눕

히고는 물을 먹이는 등 정신을 차리게 하려고 애를 썼다(그를 구하러 오는 의사나 구급대는 없었다).

그런 팔레스타인 사람들의 침착함과 인내심에 나는 놀라움을 금치 못했다. 이집트인 직원 하나가 내게 와서 정중하고 친절하게 기자 전용 입국 서식에 서명을 해달라고 요청했다. 그 서식에는 가자에 방문해서 기자로서 책임을 다할 것이며, 위험 사항을 숙지하고 있고, 어떤 일이 생기더라도 이집트 정부에 책임을 묻지 않겠다는 내용이 명시되어 있었다. 나는 그 종이 위에 서명을 했다. 직원이 이내 모습을 감추었고, 나는 족히 한 시간은 더 기다렸다. 마침내 그 직원이 'Exit via Rafah'(라파를 통해 출국)라는 직인이 찍힌 내 여권을 갖고 돌아왔다. 이집트 국경을 넘을 수 있는 마법의 주문이 생긴 것이다.

'여행 방향'이라고 쓰여 있는 통로를 지나 그 끝에 다다르자 버스 한 대가 기다리고 있었다. 버스 안에서도 30여 분을 더 기다렸다. 버스 안이 사람들로 가득 채워지자 마침내 버스가 출발했다(돌아올 때 경험으로 알게 된 것인데, 그 버스 안에서 대여섯 시간을 기다려야 하는 경우도 있다). 버스는 겨우 100미터쯤 가서 멈추었다. 거대한 철문이 통행을 가로막고 있었기 때문이다. 약 4미터 높이의 육중한 벽돌 담벼락이 감싸고 있는 그 철문이 열리자 곳곳에 철조망이 보였으며 수많은 군인이 무기를 지키고 서 있었다. 장갑차 한 대도 떡하니 자리 잡고 있었는데, 사람들 말로는 장갑차도 비무장된 상태라고 했다. 거기서 팔레스타인 쪽 두 번째 검은 문을 지나자 이윽고 버스는 가자 지구에 이르렀다.

순간 내 이집트 휴대전화의 보다폰 네트워크가 작동을 멈추었다. 각 기지국은 확실히 구간이 나뉘어 있었다. 버스는 100여 미터를 더 가고 난 뒤 멈추었다. 버스 뒤쪽에는 트레일러가 하나 걸려 있었는데, 거기 100여 개의 여행 가방과 커다란 짐 보따리들이 실려 있었다. 버스에 타고 있는 팔레스타인 사람들의 짐을 다 담기에는 버스 화물칸이 좁았기 때문이다. 버스에 트레일러가 달려 있는 걸 본 건 그때가 처음이었다.

다시 새로운 입국 절차가 시작됐다. 이번에는 하마스 경찰이 입국 심사를 했다. 심사는 정중하게 이루어졌다. 나는 팔레스타인 쪽 내 공식 '스폰서'의 이름을 명시해야 했다. 국경 초소 반대편에서 그 사람이 직접 나와 하마스 통행 허가증을 제출하고 내 방문 이유를 설명해야 했다. 그리고 나는 또 하나의 새로운 서식에 서명해야 했다. 결국 나는 세관 사무소를 벗어난 마지막 1인이 되고 말았다.

라파 초소에 도착한 지 다섯 시간이 지난 후에야 나는 최종적으로 라파를 통해 이집트 국경을 벗어날 수 있었다. 도시는 두 곳으로 나뉘어 있었다. 한쪽은 이집트 구역, 다른 한쪽은 팔레스타인 구역이었다. 당시 시각은 14시로, 그때부터 내 휴대전화는 이집트 보다폰 네트워크가 아니라 자왈 네트워크로부터 신호를 받게 되었다. '가자에 오신 것을 환영합니다'라는 문자가 떴다.

자왈은 가자 지구의 준독점 통신업체다. 팔레스타인 자치 정부의 임시 행정 수도인 라말라를 기반으로 활동하는 자왈 사는 팔레스타인 백만장자 무니브 알 마스리가 소유한 그룹에 속해 있다. 무니브 알 마스리는 유선(팔텔PalTel), 무선(자왈Jawwal), 인터넷(하다라Hadara) 등 통신업계 모두를 장악하고 있는 부호다. 오슬로 평화협정에 따라 모든 전화선 및 광케이블은 이스라엘 에레즈Erez 국경 기지국을 거쳐가야 한다. 이에 따라 팔레스타인은 가자 지구 안의 모든 통신 시설을 통제할 수 있게 됐다. 한번은 에레즈에서 뻗어 나온 공식 케이블 하나가 적재기에 잘려서, 며칠 동안 가자 인터넷이 먹통이 된 적이 있다. '캐스트 리드 작전Operation Cast Lead'이라고도 불리는 이스라엘의 2008년 가자 침공 때는 이스라엘 군대 차할이 의도적으로 가자 인터넷 선을 끊기도 했다. [캐스트 리드 작전으로 2008년 12월과 2009년 1월 사이에 팔레스타인인 1387명과 이스라엘인 9명이 죽었다. 이는 이스라엘의 2014년 7월 가자 공격 전까지, 이-팔 분쟁 중 최고의 민간인 피해 사례로 기록되었다.]

"이스라엘 사람들은 그 어떤 대화도 다 들을 수 있고, 그 어떤 이메일도 다 읽을 수 있다. 통신 분야에 있어서 이 사람들은 정말 기가 막힌다." 팔레스타인 자치 정부의 집권당 하마스의 주요 매체인 알 아크사Al Aqsa TV 방송국 편집국장 모하메드 메시메시는 그렇게 얘기했다. 가자의 이동통신 요금은 저렴한 편이며, 인터넷 접속은 카페에서든 가정에서든 일반화되어 있다. 사실 역설적이게도 가자 지구의 팔레스타인 사람들은 시나이는 물론 이집트의 네트워크보다 더 우수한 품질의 네트워크를 이용한다. 가자 지구의 수많은 휴대전화 매장에서는 팔레스타인 사람들이 접근 가능한 가격의 전화기를 찾아볼 수 있다. 이러한 휴대전화 기기를 포함하여 가자 지구로의 반입이 허용된 소비품 대부분은 가자 지구 남부 케렘 샬롬Kerem Shalom 국경 물자 검문소를 통해 들어온다. 라파 국경 근처에 있는 그곳에서 나는 세미 트레일러 트럭들의 끝없는 행렬을 보았다. 짐을 모두 바닥에 내려놓은 트럭들이 엄격한 검문을 받고 나면 그 후 트럭 운전기사가 교체됐고, 때로는 짐을 싣고 갈 차량 자체가 바뀔 때도 있었다. 어쨌든 수 톤에 이르는 제품들이 주말을 빼고 매일 그 검문소를 통해 합법적으로 가자 지구로 넘어온다. 그 제품들 중에는 온갖 브랜드의 전화기와 태블릿, 컴퓨터 등이 포함되어 있다. 이런 정상적인 경로 외의 방법으로 가자 지구에 들어오는 모든 물건은 이른바 '터널'을 통한다.

하마스 미디어 본부에서 만난 모하메드 메시메시는 "이곳의 미디어 매체와 웹사이트는 당과 연계되어 있다"고 인정했다. 밖에서 바라본 미디어 본부 건물은 그다지 볼품이 없었다. 그 건물이 있는 도시 북부의 알하즈 아민 알후세이니Al-Haj Amin Al-Houseini 거리는 도로 포장조차 안 된 상태였다. 20미터 이상 되는 높이의 송출 안테나가 달린 다소 정신없는 분위기의 그 건물은 고급 빌라가 아니라 일반적인 형태의 빌라라서 평범하고 소박했다. 1층에는 먼지 쌓인 차고 두 개만 있었다. 나는 간단한 검문을 거친 뒤 모하메드 메시메시와 함께 2층으로 올라갔다. 유리문을 통과하자 모든 게 달라졌다. 더러운 싸구려 콘크리트는 흔적도 없이 사라지고 그 위에 호화로운 카펫이 깔려 있었다. 1층에서 느꼈던 극심한 열기는 더없이 훌륭한 에어컨 시설 덕분에 전혀 느껴지지 않았고, 먼지 쌓인 계단 대신 우수한 성능의 승강기가 있었다. 도처에 생수 병이 눈에 띄고 아름답고 상큼한 꽃들도 있었다. 다만 그 꽃들을 꽃다발 형태로 묶은 솜씨는 내 눈에는 다소 투박해 보였다.

앞으로 확인하게 되겠지만 가자의 모든 미디어 매체와 웹사이트는 하마스, 이슬람 지하드, 파타Fatah 등의 정치 조직에 종속되어 있는 구조였다. 하마스 미디어 본부 건물에는 공식 라디오 방송국인 보이스 오브 알 아크사Voice of Al Aqsa와 웹사이트 관련 사무국, 그리고 SNS를 관리하는 커뮤니티 매니저 사무국이 있었다. 그 건물에서 조금 떨어진 곳에는 알 아크사 TV 방송국도 있었다. 모두 하마스와 관련된 주요 매체 기관이다. (하마스는 여러 나라에서 공식적으로 테러 조직으로 간주된다. 미국은 물론 프랑스가 포함된 유럽연합도 하마스를 테러 조직으로 규정한다.)

10여 년 전부터, 특히 2006년 가자 지구 총선에서 승리하고 2007년 가자 지구 전체를 무력 제압한 이후, 하마스는 이례적으로 미디어 및 디지털 분야에서 두각을 나타냈다. 그러자 알 아크사 TV 방송국 송신기와 라디오 스튜디오는 수차례 폭격을 당했고, 인터넷 사이트도 여러 차례 접속이 끊겼다. 결국 알 아크사 방송국은 이스라엘의 캐스트 리드 작전 때 완전히 파괴되었고, 그 후 그 방송국 소속 기자들은 지하에 있는 비밀 사무실에서 일했다. 하지만 이젠 숨어서 일할 필요가 없다고, 하마스 특유의 은둔적 관행과는 완전히 단절했다고 모하메드 메시메시는 내게 말했다. 그와의 인터뷰를 끝낸 후, 나는 하마스 미디어 본부 건물을 층마다 꼼꼼히 살펴볼 수 있었다. 내가 이 사무실 저 사무실을 돌아다니고 있을 때, 그는 내게 구아바 주스와 터키 커피 한 잔을 건네주었다.

자유롭게 건물 안을 둘러보며 만난 30여 명의 기자들은 모두 남자였고, 깍듯한 모습이 인상적이었다. 그들은 각자 스튜디오와 주조실, 편집실, 그리고 2층의 디지털 기밀 회의실 등에서 열심히 일하고 있었다. 하마스는 인터넷을 중시하는 만큼 공식·비공식 사이트는 물론 페이스북 페이지와 트위터 계정도 갖고 있었는데, 그곳 사람들은 내게 그 모두를 보여주었다. 그 사이트들과 SNS 계정들이 하마스의 선전 도구인지는 모르겠으나 어쨌든 하마스의 목소리를 퍼뜨리는 공간임은 분명했다.

"이스라엘 사람들은 무엇이든 할 수 있다. 그들은 원한다면 우리를 완전히 부숴버릴 수도 있고, 아니면 우리의 송출 장비만 파괴할 수도, 혹은 안테나를 고장 나게 할 수도 있다. 심지어 원격으로 우리 방송을 통제해 우리 프로그램 대신 자기들이 내보내고 싶은 메시지를 방송해 버릴 수도 있다." 모하메드는 이렇게 푸념한 후 한술 더 떠 다음과 같이 말했다. "그들은 우리 페이스북 계정과 사이트를 해킹해 직접 글을 올리는 일도 할 수 있다. 마치 자기들이 우리 웹사이트 관리자인 양 마음대로 주무를 수 있는 것이다."

하마스는 또 다른 중요한 홍보 수단을 개발해냈다. 바로 온라인 카페 '카삼 포럼Kassam Forum'이다. 나는 카삼 포럼 관리 사무국에 직접 찾아가 '중재자'라 불리는 관리자들을 만날 수 있었다. 그러나 파타 쪽 책임자는 "그들은 중재자가 아니라 강경파"라고 말했다. 가자에 살고 있어 하마스의 보복이 두렵다며 익명을 요구한 그는 이렇게 덧붙였다. "카삼 포럼은 무늬만 온라인 카페일 뿐, 사람들이 서로 자유롭게 의견을 나눌 수 있는 곳이 아니다. 카페에 들어가려면 일단 회원 가입을 해야 하고, '중재자'라 불리는 운영진은 당의 선전 방향에 부합하는 글만 승인할 뿐 그렇지 않은 글은 공공연하게 삭제해버린다. 게다가 그곳은 실시간 운영 방식이 아니라서 더욱 일방적이다." (실제로 카삼 포럼은 여느 온라인 카페와 달리 글이 즉시 게시되는 방식이 아니며, 채팅방 같은 실시간 동기화 기능도 없다.)

하마스 온라인 카페 운영진과 하마스 쪽 블로거들을 인터뷰했을 때, 그들은 자신들의 활동 대부분이 실은 '부적절한' 사람들의 유입을 막는 것이라고 했다('부적절한' 사람들이라 함은 이스라엘 사람들을 가리키지만 파타 쪽 사람들을 가리키는 것이기도 하다). 적의 침투를 막기 위해 그들은 신중을 기하며 신원 확인을 한다. 그들 가운데 하나는 자신이 "야후 메일과 G메일, 핫메일 등 열두 개의 이메일 계정을 갖고 있다"고 말했다. 간혹 미국의 대형 인터넷 기업들이 독단적으로 하마스의 일부 계정을 폐쇄시켜버리는 경우가 있기 때문이다. 가령 하마스의 중앙 군사 조직인 알 카삼 여단의 트위터 계정 @AlqassamBrigade은 트위터 측에 의해 막혀버렸다. 하마스는 '불공평한 처사'라며 분개했다.

벽과 복도에는 이스라엘 군대에 의해 목숨을 잃은 하마스 기자 두 명의 사진이 걸려 있었다. 시간이 꽤 지나 내가 다시 1층으로 돌아왔을 때 젊은 남자 하나가 엘리베이터에서 나오며 내게 어느 나라에서 왔느냐고 공손히 물어봤다. 내가 프랑스 사람이라고 하자 그는 웃으면서 "무슬림이 되어보는 건 어떠냐"고 권유했다. 그랬더니 또 다른 남자가 그에게 "그만해"라고 말했다. 남자는 관대한 얼굴을 보여주려 애쓰는 듯했다.

하마스는 '관대함'이라는 덕목과는 거리가 먼 조직으로 유명하다. 여러 국제 인권 조직은 이스라엘에 대한 테러 공격 외에도 팔레스타인 야당 인사들에 대한 수많은 약식 처형을 한 하마스를 비난하는 상황이다. 하마스는 이미 상당히 보수적인 사회인 가자에서도 사상과 문화, 풍기 문란에 대한 엄격한 단속을 추진했다. 요르단 강 서안 지구의 팔레스타인 집권당인 파타 쪽 기자들과 운동권 인사 수백 명은 하마스의 활동에 대해 미온적인 태도를 보였다는 이유로 취조를 받거나 체포 구금되었으며, 비정부기구 휴먼 라이츠 워치와 국제적십자사의 여러 보고서에 따르면 간혹 고문을 받거나 처형된 일도 있다고 한다.

하마스가 가자 지구에서 승리한 이후 그 지역에서 페이퍼 미디어 하나 둘 수 없게 된 파타 정당은 인터넷 쪽으로만 파고든다. [팔레스타인 양대 정파인 하마스와 파타는 각각 가자 지구와 요르단 강 서안 지구를 장악하고 있다. 가자 지구 내 파타 세력을 무력으로 축출한 하마스는 가자를 완전히 장악한 상태이고, 파타는 팔레스타인 자치 정부의 주도권을 잡고 있다.] 파타는 상시 채팅 공간인 '파타 포럼'을 개설했는데, 권력 분산 방식의 그 카페는 (파타 측 담당자에 따르면) 회원 수가 50만 명에 달한다. 매우 효율적으로 운영되는 그곳 게시판은 점조직 형태로 분산되어 있는 익명의 운영진이 조율하고 있기 때문에 운영진의 존재를 밝히기는 그리 쉽지 않다. 과거 파타의 미디어 담당자였던 아테프 아부세이프는 다음과 같이 말했다. "내 형제 한 명이 파타 포럼 때문에 12일간 감옥에 갇혀 있었다. 하마스가 그를 끌고 가 운영진 이름을 불라고 했던 것이다." 그는 아직도 가자 지구 북부의 자발리야Jabaliya 팔레스타인 난민 캠프에 살고 있다. 그는 이렇게 덧붙였다. "하지만 파타 포럼은 상당히 복잡한 조직이다. 누가 그 포럼을 운영하고 있는지는 아무도 알지 못한다. 서버도 분명 해외에 있을 것이다. 만일 당신이 파타 측 사이트의 파견 기자라고 자백한다면 하마스가 당신을 최소 6개월간 감옥에 가둬둘 것이다."

파타의 온라인 카페는 물론 수많은 페이스북 페이지는 파타 당원 간의 소통 수단으로 활용되며, 아울러 팔레스타인 자치 정부 행정 수도인 라마랄 측과의 커뮤니케이션에도 쓰인다. 이용자의 지역 분포는 인터넷 카페 쪽보다 페이스북 쪽이 더 한정적이다. 파타 조직 내에서 쓰이는 지리적 구분 단위인 '만테카manteka'별로 파타의 공식 페이스북 계정이 존재한다. 자발리야에는 네 개의 만테카가 있으므로 그곳에는 네 개의 페이스북 계정이 있고, 가자 서부 10여 개, 가자 동부 15개 등 가자 지구 전체를 합하면 모두 100여 개의 계정이 있다. 그 페이스북 계정을 통해 사람들은 회의 관련 정보도 얻고 지역 소식도 접하며 사망자 소식도 전해 받는다. 아테프 아부세이프는 "하마스는 우리 페이스북 페이지에서 그들에게 적대적인 메시지를 발견하는 순간, 우리를 체포한다"고 토로했다.

파타는 SMS를 통한 매우 독창적인 직접 커뮤니케이션 시스템도 구축했다. 당원들 혹은 단순 지지자들의 휴대전화 번호로 파타 정당은 대량의 SMS를 발송한다. (라말라에서 관리하는 것으로 추정되는) 이 시스템은 중앙에서 관리 운영하는 방식으로, 팔레스타인 모바일 통신업체인 자왈 네트워크를 통해 발송된다. 각각의 발송 목록에는 수천 개의 전화번호가 포함되어 있으며, 유사시 파타 지지자 모두에게 경고 메시지가 날아간다. 이 목록을 관리하는 운영진의 체포를 막기 위해 메시지 발송 시에는 익명의 유심칩을 이용한다. 가자 지구에 있는 자왈 판매자들에게는 공식적으로 신고되지 않는 유심칩이다. 그럼에도 이 목록을 관리하는 다수의 담당자가 하마스 경찰에 소환된 적이 있으며, 그중에는 3개월의 징역형을 산 사람들도 있다. 하마스는 가자에서 우스갯소리로 '베일 칩'이라 통하는 이런 익명의 유심칩 사용을 일절 금지시키고 있다.

아테프 아부세이프는 말했다. "하마스는 우리끼리 모이지도 못하게 하고, 서로 말도 못 하게 한다. 전통적으로 정치 토론이 이루어지던 우리 회교 사원도 없애버렸다. 그래서 우리는 페이스북과 휴대전화에 치중한다." 가자 지구 내 파타 지부는 이렇듯 신기술을 활용하여 활동을 벌이고는 있으나 현지 젊은이들 사이에서는 크게 신뢰를 잃은 듯한 분위기였다. 아부세이프 역시 "파타도 꽤 오래된 조직"이라며 한계를 인정했다. "파타의 정계 인사도 나이가 들어 그들의 생각은 구식이 되었다. 우리에게는 새로운 발상이 필요하다. 어떤 팔레스타인 사람이 자신은 정당도 없고 싸울 생각도 없다고 하면 사람들은 그래도 파타에 투표하지 않았냐며 그를 비웃는다. 이건 분명 우리가 바꿔나가야 한다." 작가 겸 교수인 아부세이프는 현재 정치활동에서 물러나 있다. 그는 자신이 더 이상 파타의 공식 네트워크 어디에도 속해 있지 않다고 했다.

가자 지구 밖에 있는 사람들이 흔히 생각하는 바와 달리, 그곳의 정치적 갈등은 결코 팔레스타인과 이스라엘 사이의 싸움이 아니다. 물론 팔레스타인 사람들이 하나같이 이스라엘에 반대하고 있긴 하나, 가자 지구 통치를 둘러싼 팔레스타인 내부 세력 간의 대립이 더욱 극심한 상황이다. 하마스가 저항활동이라는 명분을 내세우며 실시하는 검열과 정치적 다원주의에 대한 거부, 수많은 체포활동 등은 민주주의를 크게 해치는 위협적 요인이다. 최근에는 남녀공학을 반대하는 새로운 법을 채택하는 등, 하마스는 가자 지구 내 법치국가의 존립과 조화로운 사회생활 기반 자체를 흔들어놓고 있다. 요르단 강 서안 지구에서 활동하는 파타 세력 역시 하마스 당원들에 대한 파행적 행태로 비난의 도마에 올랐다.

하마스와 파타 양측은 저마다 자신의 의제만 내세운다. 파타의 경우 공식적으로는 팔레스타인 해방만이 유일한 우선 과제다. 하지만 마흐무드 압바스가 이끄는 파타가 팔레스타인 해방을 위한 활동은 아무것도 하지 않은 채 마피아스러운 파행적 활동만 하고 정부 재정도 횡령

하고 있다는 비판이 제기된 지 오래다. 하마스 역시 수니파 관련 문제에만 집중하고 있으며, 특히 무슬림 형제단 활동을 우선시한다는 지적이다. 팔레스타인 해방 문제 관련 투쟁 일정은 포괄적으로만 잡아두는 하마스는 카타르의 자금 지원을 받는다. 또한 헤즈볼라 세력 중 예전에는 시리아와 레바논 측의 지원을 받았으나 현재는 이란 측 지원만 받고 있는 것으로 보인다. 무르시 정권 축출 이전까지는 이집트 정부로부터도 자금 지원을 받았을 것으로 추측된다. 따라서 하마스는 팔레스타인 사람들의 이해관계보다는 대외 전략에 더 크게 좌우되며, 이스라엘과 팔레스타인 각각의 독립 국가 건설에 반대하면서도 이스라엘과의 평화적 조율안 역시 완강히 거부한다. 그 외에도 이 무장 테러 정당이 반대하고 나서는 것은 한두 가지가 아니다. 끝으로 이슬람 지하드의 경우, 이란으로부터 자금 지원을 받고 있기에 좀더 국제적인 차원의 문제를 우선시한다. 가령 이스라엘이 이란 핵무기 문제에 개입하고 나서면 이슬람 지하드는 그에 대한 보복으로 가자에서 즉각 이스라엘에 대한 공격을 감행할 것이고, 하마스가 이를 약간 거들어줄 것이다. 자국의 '해방'이라는 공통 목표를 갖고 있는 파타와 하마스 그리고 이슬람 지하드는, 이렇듯 거의 모든 사안에서 서로 의견 일치를 보지 못하고 있다.

짧게 깎은 머리에 작은 안경을 낀 와엘 파노나의 이마에는 기도 때 바닥에 얼굴을 문지르다 생긴 자국이 지워지지 않은 채로 남아 있었다. 그것은 그가 독실한 교인이라는 증표였다. 그는 가자 지구 내 이슬람 지하드의 미디어 본부 국장을 맡고 있다. 나는 가자 시내 중심에 있는 미디어 본부 사무국 건물 7층에서 그를 만났다. 사방으로 열려 있는 그의 사무실 창문으로 거세게 들어오는 바람이 돈 안 드는 자연산

에어컨 기능을 하고 있었다. 사무실 안의 모든 것이 바람에 휘날렸다. 선반에는 수없이 많은 증서가 놓여 있었으며, 지하드 깃발은 물론 각지의 기념품들도 있었다(개중에는 예루살렘 바위 돔 모형도 있었다). 이슬람 지하드 창립자인 파디 사카키의 목탄 초상화도 있었다(그는 몰타 제도에서 이스라엘 비밀 요원들의 손에 암살됐다). 와엘 파노나는 다음과 같이 말했다. "이 미디어 본부에 있는 매체들은 이슬람 지하드당 소속이지만, 그 매체에서 일하는 사람들 대부분은 당 소속이 아니다. 또한 우리 정당 조직과 군사 조직은 엄격히 분리되어 있다." 극도로 조용하고 침착하며 예의 바른 그의 모습에 나는 상당히 놀랐다. (곧이어 나는 그가 24세 때 이스라엘에 체포되어 23년간 감옥살이를 했다는 사실을 알게 됐다. 그는 2011년 이스라엘 병사 길랏 샬리트를 풀어주는 대가로 교환 석방된 팔레스타인 죄수 중 한 명이다.)

그의 사무실 창문으로는 가자 시내가 한눈에 들어왔다. 넓디넓은 도시의 모습은 화사하고 시끌벅적했다. 가자 시민들은 삶을 사랑한다. 그리고 수없이 전기가 끊기는 상황에서도 정상적인 생활을 추구하며 살아간다(전기는 하루 중 약 여덟 시간 동안 사용 가능하며, 동네별로 번갈아가며 전기가 공급된다). 물도 석유도 언제나 동이 나 모자라고 도시는 봉쇄된 상태에다 간헐적으로 폭격도 일어나지만, 그래도 주민들은 평범한 하루를 꿈꾸며 살아간다. 가자에서 유엔 팔레스타인 난민 구호 기구의 대표 한 사람을 만났는데, 그는 결코 끝나지 않는 이 전쟁이 상당히 부조리한 느낌이라고 이야기했다. 미국인들이 돈을 대준 폭탄을 쓰는 이스라엘 군대가, 유럽인들이 돈을 대준 팔레스타인 시설물을 파괴하고 있기 때문이다.

게다가 검열 문제도 있다. 다음 날 카페에서 만난 한 이슬람 지하드 파 블로거는 "사실 나는 이슬람 지하드 당원도 아니고 그 조직에 호의적인 것도 아니지만, 가자에서는 특정 정당에 속해 있지 않는 한 기자로서 할 일이 없다. 그래서 여기서 일하고 있는 것"이라고 말했다(이 블로거는 자신의 얘기를 익명으로 내보내달라고 했는데, 발언의 성격도 그렇지만 당의 보복이 두렵다고 했다). 또한 그는 블로그 일을 하면서 자신이 매우 상세한 지침을 따라야 한다고도 얘기했다. 인터넷과 블로그, 페이스북에서 이슬람 지하드가 구축해놓은 모든 것은 상당히 높은 수준의 통제하에 있으며 위계질서도 분명히 잡혀 있다.

이슬람 지하드의 당사 건물 3층에는 알 쿠즈Al Quds TV가 있는데, 이는 당의 위성 TV 채널이다. 7층에는 알 쿠즈 라디오와 웹사이트 사무국이 있다. 그리고 엘리베이터가 고장이 나서 줄곧 걸어서 올라가야 했던 매 층에는 언론 통신사가 눈에 띄었으며, 제일 꼭대기에는 전파 송신기가 있었다. 와엘 파노나는 다음과 같이 말하며 유감을 표했다. "2012년 11월에 이스라엘 군대가 감행한 일명 '구름 기둥 작전Pillar of Defence'으로 이 건물 꼭대기에 있던 송출기가 모두 파괴되었다. 건물은 전혀 손상시키지 않고 송출기만 모조리 파괴한 것이다." 이스라엘 군대의 그 놀라운 기술에 대해 그는 놀라움과 동시에 분노를 표출했다. 인터뷰를 지켜보던 알 쿠즈의 대기자 압드 알나세르 아보 운은 그 사실을 확인시켜주기 위해 스마트폰을 꺼내 내게 송출기 파괴 영상을 보여주었다. 그는 "당시 이 현장을 촬영한 사람은 다리 하나를 잃었다"고 말했다.

인터넷은 폭격에 맞서기 위한 하나의 해법으로 보였다. 중계기를 통한 방송 송출은 비용도 많이 들 뿐만 아니라 안테나의 위치도 적에게 노출된다. 반면 웹상에 오디오 및 비디오 방송을 게시하는 일은 적군의 눈에 띌 위험 없이 쉽게 이루어질 수 있다. 그곳에서 일하는 온라인 기자 압달라는 이슬람 지하드에서 제일 우선시되고 있는 것이 바로 웹 분야라고 했다.

바로 그 웹에서 하마스와의 경쟁도 이루어지고 있다. 와엘 파노나는 하마스와 이슬람 지하드의 관계가 꽤 좋은 편임을 인정하면서도, "아마 우리가 하마스 측 미디어보다 더 자유로울 것"이라고 말했다. 그는 약간 시기 어린 눈초리로 하마스 측 스튜디오가 자기네 스튜디오보다 시설이 더 좋은지 물어보기도 했다.

내가 도착하기 얼마 전, 이슬람 지하드는 하마스의 휴전 지침에 대한 적대감을 표출하기 위해 가자에서 이스라엘에 대한 소규모 공세를 감행했다. 지하드 측은 자신들의 알 쿠즈 로켓을 하마스의 카삼 로켓과 동급으로 보고 있지만, 알 쿠즈 로켓 10여 대로 인한 이스라엘 측 피해는 경미한 편이었다. 그래도 그 공격은 이스라엘 측의 즉각적인 반격을 불러왔다. 다음 날 밤 이스라엘은 지하드의 전략적 요충지 네 곳에 짤막한 폭격을 퍼부었다. 내가 가자에 방문했을 당시 뉴스는 온통 그 교전 사태에 대한 이야기였으며, 뉴스 룸에서 일하는 사람들도 모두 그에 대한 이야기를 내게 늘어놓았다.

나는 한 시간가량 이슬람 지하드의 미디어 본부 건물을 둘러보았는데, 특히 웹 담당 기자 수가 많고 그들이 대부분 젊은 층이라는 점이 놀라웠다. 그들은 당의 페이스북 페이지는 물론 독립적인 웹 페이지와 트위터 타임라인도 관리했다. 게다가 아이폰과 안드로이드 애플리케이션 개발에도 공을 들이고 있었다. 사무실마다 수십 대의 컴퓨터가 있었고, 테이블이나 선반 위에는 이슬람교 경전인 쿠란이 굴러다녔다. 건물 입구에는 기도실도 있었다. 이슬람 지하드의 방송 스튜디오 시설은 사실 하마스보다 좋지 못했으며, 보잘것없는 수준이라 해도 틀린 말은 아니었다. 다만 분위기는 그곳이 더 좋았다. 사람들은 천진난만한 모습으로 열심히 방송을 제작하고 있었다. 벽에 걸려 있던 하산 샤코라의 커다란 사진도 언급하지 않을 수 없다. 이슬람 지하드의 기자였던 그는 사진 속에서 터틀넥 풀오버 차림이었다. 이슬라엘 군대에 의해 목숨을 잃었을 당시 그의 나이는 겨우 스물넷이었다.

그 문제의 장소에서 가장 그럴싸한 곳은 밖에서 언뜻 보면 플라스틱 뚜껑으로 덮어둔 창고 같고, 가장 허접한 곳은 방수포를 덮어놓은 시골 비닐하우스 같다. 사방에서 바람이 불어와 허공에 있는 건 아닌가 하는 착각도 들지만, 사실 그곳은 완전한 지하세계다. 터널은 인간 세상의 모든 법체계에 도전장을 내밀고 있는 듯하지만, 누군가에게는 생명줄이기도 하다. 블로거 마흐무드 오마르의 시각에선 '기발한 아이디어'로 보이기도 한다.

오마르는 터널에 대해 이렇게 설명했다. "정식 루트로는 가자에 들어가지 못하는 사람 수가 200만 가까이 된다. 팔레스타인 사람들은 '땅 위에서' 살 권리가 없기 때문에 '땅 밑으로' 이동한다." (오마르는 가자에 사는 팔레스타인인으로, 나는 카이로에서 그와의 인터뷰를 진행했다. 오마르는 가자와 이집트 사이를 오가며 지낸다.) 가자 지구 남부에 위치한 라파시 부근에는 이집트 국경 밑으로 지나가는 터널이 수백 개에 이른다. 이 수치는 출처에 따라 500개에서 800개 정도로 달라진다. 노트북과 휴대전화가 들어오는 길을 알아보기 위해 내가 직접 가보았던 터널들은 도심 교외 지역에 위치해 있었으나, 그 외 다른 터널들은 대체로 서쪽에 뚫려 있었다(동부에 터널이 뚫려있는 경우는 드물었다). 터널 길이는 보통 300~700미터 정도이며, 깊이는 3~7미터다.

터널에 가려면 그곳을 관리하는 하마스의 허가증이 필요하다. 터널은 상당히 체계적인 상거래 조직을 갖추고 있다. 결코 무법 지대가 아니라는 소리다. 팔레스타인 영화감독 칼릴 무자옌은 "터널은 아주 제대로 된 무역업이 정착된 곳으로, 하마스에 상당히 많은 것을 가져다준다"고 말했다. 터널로 가는 통과 지점을 관리하는 하마스 관계자 여러 명과 입씨름을 벌인 결과, 나는 그들이 세금을 거둬들이고 있다는 사실을 알아냈다. 놀랍게도 하마스 정부는 터널 관련 정식 부처인 '국경 및 터널 관리부Borders and Tunnels administration'까지 만들어 터널을 규제하고 십일조를 떼어간다는 것이었다.

이스라엘이 가자 지구 내로 반입을 허용하지 않는 상품들을 들여오기 위한 이 '민용' 터널 외에 또 다른 '비밀 터널'이 존재한다. 한층 깊은 곳에 안전하게 뚫려 있는 그 비밀 터널을 통해 하마스는 물자를 공수한다. (모하메드 메시메시의 설명에 따르면) 컴퓨터와 믹서 장치 등 하마스의 웹사이트와 방송국 운영에 필요한 모든 기술 장비는 다 그 비밀 터널을 통해 운반된다. 그렇다면 무기도 그 경로를 통해 들어올까? 내게 그에 대해 말해준 사람은 아무도 없었고 내 눈으로 확인한 바도 없지만, 하마스가 그 비밀 터널을 통해 무기를 들여오고 있다는 건 공공연한 비밀이다.

터널은 가자 지구의 일상생활에도 기여를 하고 있다. 터널을 통해 냉장고와 세탁기가 일주일에 수백 대씩 반입되고 건설 장비나 벽돌, 시멘트 역시 전용 터널을 통해 가자 시내로 들어온다. 차량이라고 못 들어올 것도 없다. 일부 터널은 너비가 꽤 넓어서 진짜 도로 같은 수준이다. 터널은 금지된 물품 반입에만 사용되는 것이 아니라 저렴한 가격에 재화 거래를 할 수 있게 도와주는 통로이기도 하다. 터널을 통해 들어오는 물건들이 가자 지구와 이스라엘, 이집트 간의 상품 거래 국경 초소인 케렘 샬롬을 통해 들어오는 물건들보다 시중에서 훨씬 저렴한 가격에 거래되기 때문이다.

가자 지구 내 팔레스타인 거리와 쇼하다Shohadaa 거리 모퉁이에 있는 자왈 숍에 휴대전화와 태블릿을 판매하는 젊은 팔레스타인 청년 아메드 샤와는 다음과 같이 설명했다. "이스라엘을 통해 들어오는 전화기와 태블릿, 컴퓨터 등은 품질이 우수하지만 값이 꽤 비싼 편이다. 좀 더 저렴한 기기를 보유하려면 터널을 통해야 한다."

얼마 전에는 '야마마 딜리버리Yamama Delivery'라는 상호의 팔레스타인 판 페덱스도 등장했다. 빠른 물류 배달 서비스를 제공하는 그 신생 업체는 특히 지하 터널을 통해 가자로 KFC 배달을 대행해주면서 주문 물량이 상당히 많아졌다. 사실 이집트에서 가자 지구로 KFC 배달을 해주는 서비스는 성공이 보장된 것이나 다름없다.

"가자에서는 택시만 부르면 터널까지 갈 수 있다. 24시간 언제든 터널까지 데려다주는 택시 회사까지 있을 정도다. 터널에 가고 싶을 땐 '국경'이나 '공항'으로 가자고 하면 된다. 사실 터널을 이용하는 것이 훨씬 빠르게 국경을 넘어갈 수 있는 방법이다." 이렇게 말해준 마흐무드 오마르 자신도 터널을 통해 이미 수차례 국경을 넘어간 바 있다. 그는

"요금은 15달러"라고 했다.

다만 정치적으로 민감한 시기엔 이집트 군대가 엄격하게 보안 구역을 설정하는데, 바로 그런 구역에서는 터널로의 진입이 엄격히 제한된다. 최근 카이로에 들어선 새 정부는 수십 개의 지하 터널을 파괴하고 하마스를 테러 조직으로 분류했다. 그런데 공식적인 국경 초소인 라파 초소도 대중없이 아무 때나 폐쇄되곤 한다. 따라서 터널도 막히고 국경 초소도 막혀버리는 시기엔 가자에서 살아가는 170만 주민들이 그야말로 지붕 없는 감옥에서 살아가는 셈이다. 제아무리 생명줄 같은 인터넷 네트워크가 있다 해도 그들은 물자 품귀 현상이 예정된 상황에서 살아갈 수밖에 없다.

"이란 시민들도 내가 올린 트윗을 읽을 수 있을까?"

람야르는 테헤란 최대의 재래시장 그랜드 바자르에서 휴대전화를 판매한다. 그 이란 청년이 일하는 골목에서는 그뿐만이 아니라 모든 상인이 휴대전화 판매상이다(이란 관련 부분에서는 일부 인명이나 지명이 실제와 다름을 밝혀둔다).

그랜드 바자르는 상상할 수 없을 만큼 많은 사람이 모여드는 번잡스러운 곳이다. 그곳에서 매일 30만 명이 일을 하며, 물건을 사는 손님 수도 60만 명에 이른다. 곳곳에서 흥정과 물물교환이 이루어지고, 소동과 소란이 이어진다. 유구한 역사를 지닌 예루살렘 재래시장이나 다마스 재래시장처럼 예쁜 맛은 없지만, 그보다 훨씬 방대한 규모를 지녔다. 규모나 분위기 면에서는 이집트 카이로의 재래시장 칸 알 칼릴리 Khan Al Khalili와 비슷하고, 성별 구분이 엄격하다는 면에서는 사우디아라비아 리야드의 알 투마이리Al Thumairi 재래시장을 연상시킨다.

형형색색에 온갖 냄새를 풍기는 이 시장에는 한 가지 특징이 있다. 파는 물건이 상점별로 다른 것이 아니라 골목별로 다르다는 점이다. 즉 한 골목에 있는 상점들은 모두 같은 물건을 판다. 향신료 골목을 지나면 건과일 골목이 나오고, 다음에는 빵 가게 골목이 나온다. 그다음으로는 벨트 골목, 옷걸이와 외투 걸이 골목이 나오는 식이다. 영어로 된 저렴한 책들만 파는 골목도 있는데, 거기서는 롱맨 사전 수백 권을 볼 수 있다(다 불법 복제된 해적판이다). 또 다른 골목으로 들어가면 시계가 산더미처럼 쌓여 있는데 롤렉스, 브라이틀링, 돌체 앤드 가바나 등의 브랜드가 눈에 띄지만 모두 위조품이다. 위조품 롤렉스는 그 재래시장에서는 50달러 정도이지만, 테헤란 북부에서는 값이 5000달러로 뛴다.

내가 휴대전화 골목의 상인 람야르와 인터뷰할 때 통역을 해준 사람은 의대에 다니는 파테메흐라는 이름의 여학생으로, 그녀는 내내 히잡을 쓰고 있었다. 람야르는 '선한 무슬림'이자 '요즘 사람'이기도 한 그곳 휴대전화 판매상들이 휴대전화 애플리케이션이라면 무엇이든 다운로드하여 써본다면서 "그렇게 해야 휴대전화를 제대로 팔지 않겠느냐"고 말하며 웃었다. 휴대전화로 인터넷 접속이 가능해지기 전에도 휴대전화는 이란 사회에 일대 혁명을 불러일으켰다. "휴대전화가 없고 집 전화만 있던 시절에는 부모님이 자식들의 모든 통화 내용을 감시할 수 있었다. 그래서 특히 여자아이들은 그 누구하고도 제대로 통화를 할 수 없었다. 그러나 젊은이들 모두가 휴대전화를 갖게 된 후부터는 부모가 더 이상 자식들의 통화 내용을 감시할 수 없게 됐다." 이 같은 휴대전화 혁명 덕분에 밥벌이를 하게 된 람야르의 말이다. 국제전기통신연합의 통계에 따르면 이란 인구의 75퍼센트가 휴대전화를 보유하고 있으며, 상류층으로 가면 이 비율은 92퍼센트로 높아진다. 휴대전화로 인터넷 접속을 하는 이란인은 전체 인구 7500만 명 중 3000만 명 정도다. "이곳에서는 모두가 바이버, 스카이프, 왓츠앱 같은 무료 통화 애플리케이션을 이용한다. 또한 말이 아니라 글로 소통하는 SMS와 블루투스 메시지도 자주 이용한다. 휴대전화로 인해 이곳 젊은이들, 특히 여자들은 굉장한 독립성을 얻게 되었다." 람야르는 이렇게 말하고는 자기 휴대전화의 바이버 애플리케이션에 친구로 등록된 수많은 여자와 주고받은 문자를 보여주었다. 그가 "내 여자 친구들"이라고 부른 그들의 프로필 사진을 보니, 신기하게도 히잡을 쓴 여자가 한 명도 없었다.

"이란 여자들은 사우디아라비아 여자들에 비해 자유로운 편이다." 람야르는 그렇게 말하면서 테헤란에서는 여자들이 운전도 할 수 있지만 리야드에서는 남편을 대동한 여자들도 운전을 할 수 없다고 했다. 그가 농담으로 "그래서 리야드 도로가 더 안전할 것이다"라고 덧붙이자, 통역을 해주던 파테메흐가 불쾌하다는 듯 그를 쏘아보았다. (내가 이란에서 머무는 동안 사우디아라비아에서 여성해방운동을 벌이는 여성 정보처리 기술자 마날 알 샤리프가 리야드 거리에서 운전하는 자신의 모습을 촬영해 유튜브와 페이스북에 올린 동영상이 화제가 되어 급속도로 퍼졌다. 그 동영상은 사우디 정권에 대한 '도발'로 간주되어 마날 알 샤리프는 며칠간 구금형에 처해졌다.)

람야르가 일하는 작은 상점으로 들어가니 화면에 아이튠스가 띄워져 있는 컴퓨터와 연결된 두 개의 스피커에서 음악이 흘러나오고 있었다. 아이튠스 재생 목록에는 LA에서 '수입'된 이란 음악과 영미권 히트곡이 잔뜩 들어 있었다. 점원 중 한 명은 이란판 페이스북인 '클룹 Cloob'을 들여다보고 있었다. 람야르가 클룹은 페이스북에 비해 기능은 많이 떨어지지만 그나마 필터링이 덜 되고 완전히 이란어로 되어 있어 이용이 편리하다고 하자, 또 다른 점원 한 명이 "페이스북도 이란어 설정이 가능하다"고 반박했다. 그는 내게 자신의 이름은 밝히지 않았다.

사실 이란은 블로그가 중심인 나라다. 이례적인 수준으로 발달한 이란의 블로고스피어(블로그 커뮤니티)는 '블로기스탄blogistan'이라고도 불린다. 이란의 블로거 수는 70만 명으로 추산된다. 나는 테헤란 교외에서 모흐센이라는 이란 블로거를 만났는데, 그는 다음과 같이 말했다. "검열을 통해 기소, 체포된 이란 블로거들이 누구누구인지 다 알 수는 없다. 수십만 명에 이르기 때문이다." 이란 반사회 문화의 중심에 있는 그는 이란에서 법적으로 결성이 금지되어 있는 록그룹의 싱어이기도 하다. 그는 내게 "블로거이자 로커로서 일단 망명의 길을 선택했다"고 웃으며 말했다(잠시 후 나는 모흐센이 얼마 전 3년형을 살고 나왔음을 알게 됐다).

원래는 디지털 쪽에 별로 관심이 없었던 이란 정부는 300만 명의 사람들이 테헤란 거리로 나와 목숨을 걸고 경찰에 맞섰던 2009년의 녹색 혁명을 계기로 위기감을 느끼게 된다. [이란 대선 결과에 반발한 이란 국민이 일으킨 이 혁명은, 시위대 조직에 트위터가 중요한 역할을 했다는 이유로 '트위터 혁명'이라고도 불린다.] 이란의 종교 지도자들 및 물라Mullah(이슬람교 율법학자)들은, 녹색 혁명이 해외 사이트인 유튜브와 트위터에서 유포된 음모론 때문에 일어난 것이라고 주장했다. 당시 미 정부가 트위터 측에 이란 시위대가 계속 트위터에 접속할 수 있도록 서버 관리 유지 작업을 미루라는 요청을 했다는 설은 지금까지 회자되고 있다. (사실 녹색 혁명과 트위터의 관계에 대해서는 논란이 분분한데, 2009년에 스마트폰을 이용해 트위터에 접속할 수 있었던 이란인 수는 제한적이었기에 트위터가 이란 현지에서 큰 역할을 했을 가능성은 별로 없다. 다만 재미 이란인들이 트위터를 통해 그 혁명에 동조한다는 뜻을 적극적으로 밝힌 것은 분명한 사실이다. 당시 트위터에 올라온 그 사건에 대한 글 대부분이 이란어가 아니라 영어였던 것도 그 때문이다.)

어쨌든 이란 당국의 인터넷 통제는 2009년부터 시작됐다. 이란 의회 '마즐리스Majlis'는 중국의 모델을 벤치마킹하여 3억8000만 유로라는 거금을 풀어 인터넷 감시 체제를 구축하고, 이란 이슬람 경찰국 산하에 'FATA'라고 하는 사이버 수사대도 마련했다.

나는 이란 당국의 인터넷 통제가 어느 정도인지 알아보기 위해 테헤란에서 구글 검색창에 '섹스'라는 단어를 쳐봤다. 그랬더니 쿠란 경전 구입을 제안하는 페이지가 떴다. 뛰어난 유머 감각이었다. 미국의 전 부통령 딕 체니의 이름도 이란 인터넷에서는 검색되지 않았다. 반미 의식 때문일 수도 있겠지만, 그보다는 '딕'이 남성 생식기라는 뜻을 가지고 있기 때문인 듯했다.

모흐센은 "검열이 대중없이 마구잡이로 이루어지기에 경찰도 필터링 기능이 방지된 컴퓨터를 통해서만 검열을 할 수 있다"고 강조했다. 내가 테헤란에서 드나들었던 피시방들도 손님들에게 필터링 방지 기능이 장착된 컴퓨터를 내주었고, 심지어 그 사실을 버젓이 밖에다 광고하고 있었다. 튤립 공원 인근 현대 미술관과 카펫 박물관 사이에 위치한 어느 피시방의 주인은 "최고의 필터링 방지 프로그램은 러시아 소프트웨어"라고 짚어주기까지 했다.

하지만 이란 사람들은 모두 경계를 늦추지 않는다. 2012년에 대대적인 블로거 소탕 작전이 벌어진 적이 있기 때문이다. 그때 이란 사이버 수사대에 체포되었던 블로거 중 한 사람인 35세의 사타르 베헤슈티는 죽을 만큼 심한 고문을 당했다. 같은 해 유엔 보고서에 따르면, 당시 체포된 이란 블로거들 중에는 온라인 매체 기자와 인터넷 활동가도 다수 포함되어 있었다.

이후로 이란 블로거들은 SNS로 대거 이동했다. 내가 테헤란에서 만난 몇몇 블로거도 당국의 수사를 피하기 위해 이제는 SNS나 인스턴트 메신저 서비스, 즉 MSN 메신저나 GTalk, BBM, 왓츠앱, 야후 메신저 등을 이용한다고 말했다. 메신저상에 올라온 글에 대한 검열은 뒤늦게 이루어지기 때문이다. 페이스북, 트위터, 유튜브는 현재 이란에서 공식적으로는 막혀 있는 상태다. 내가 인터뷰한 이란 블로거 다수는 내게 G메일과 야후 메일, 핫메일 중 개인 정보가 가장 확실히 보장되는 메일 서비스가 어떤 것이냐고 물어봤다. 야후는 중국 검열 당국과의 유착관계가 밝혀진 이후 사람들의 시선이 곱지 않고, 핫메일은 이제 별로 인기가 없기에, 현재로서는 중국 대륙에서 홍콩으로 옮겨간 G메일이 가장 믿을 만하고 쓸 만한 메일 서비스라고 대답해주었다(이란 블로거들은 미국 측이 메일을 감시할 가능성에 대해서는 거의 걱정을 안 하는 분위기였다).

모흐센은 "내 실제 삶도 페이스북 페이지처럼 이루어진다"면서 다음과 같이 말했다. "신뢰하는 수준에 따라 페이스북상에서 친구를 맺는 사람이 있고 그렇지 않은 사람이 있듯이, 실제 삶에서도 어느 정도 신뢰하느냐에 따라 직접 만나는 사람도 있고 만나지 않는 사람도 있다. 사람들을 만날 때는 상당히 신중해야 한다. 나랑 같은 친구를 공유하고 있지 않은데 새로이 다가오는 사람은 위험하다. 하지만 친구들을 통해서는 새로운 사람을 만날 수 있다." 그의 페이스북 페이지에 '좋아요'를 눌러 그와 친구관계를 맺은 사람 대부분과 그가 아는 블로거들, 그리고 그의 록 콘서트장에 오는 팬들이 그의 '패밀리'다.

그와 같은 그룹에서 드럼을 연주하는 라술은 "이 나라에서 음악은 가장 금기시되는 문화"라면서 다음과 같이 설명했다. "이란에서는 오직 전통 음악과 일부 남자 가수들의 사랑 노래만 허용된다. 이러한 제도권 가수들만 돈을 받고 음악을 할 수 있으며, 음악을 가르칠 수 있는 것도 이 사람들뿐이다. 그 외 나머지 사람들에게는 음악활동이 금지되어 있다. 따라서 지하 반문화 세계에서 움직여야 한다. 이란에서는 록 음악과 랩, 그리고 특히 라이브 공연이 정부 당국에 의해 완전히 금지되어 있다." 그는 잠시 말을 끊었다가 나를 바라보며 한마디 던졌다. "어떻게 록 음악을 금지할 수 있나? 어떻게 음악 자체를 다 실질적으로 금지할 수 있는 것인가?" 나 역시 그와 마찬가지로 이해할 수 없다는 표정을 지어 보였다. 그러자 그는 말을 이었다. "그래도 나는 매일 밤 테헤란 길거리로 나가 창고 같은 데서 즉석 공연을 펼쳤고, 한번은 한 유치원에서 한밤중에 비밀 콘서트를 연 적도 있다. 인맥만 있으면 그런 일이 충분히 가능하다." 그러다가 위험한 일을 당한 적은 없느냐고 물었더니 라술은 다음과 같이 대답했다. "내 드럼이 완전히 박살난 적도 있고, 이틀간 감옥에 갇힌 적도 있다. 심지어 태형으로 75대를 맞은 적도 있다." 그러고는 이렇게 덧붙였다. "mp3와 아이튠스, 마이스페이스, 유튜브가 모든 것을 바꿔놓았다. 예전에도 이란 젊은이들은 카세트테이프로 몰래 록 음악을 들었지만, 이젠 그런 것도 필요 없다. 당국의 금지 조치로 우리는 언더그라운드에 있어야 하지만, 사람들은 다들 우리 음악을 알고 있다."

인터넷이 이렇게 판도를 바꿔놓은 것이다. 이란어로 노래하는 오미드 같은 록 뮤지션은 이란 젊은이들 모두가 아는 유명 가수인데, 그도 이란에서는 활동을 할 수 없어 LA에 거주하면서 CD 음원을 mp3 형태로 온라인 발매한다. 나는 이란에 있을 때 여러 차례의 저녁 식사 자리에서, 그가 이란에서 얼마나 굉장한 스타인지 직접 확인할 수 있었다. 이란의 음악 검열제도는 카세트테이프가 보급되면서부터 휘청거리기 시작했으나 mp3와 아이튠스는 그것을 사실상 폐지시켜버렸다(비록 법적 폐지는 아니지만). 캘리포니아의 '테헤란젤레스Teherangeles'를 방문했을 때, 나는 이란 반문화의 후방 기지를 발견한 느낌이었다(테헤란젤레스는 80만 명 이상의 이란인이 거주하는 LA 웨스트우드 구역을 일컫는 별칭이다). 그곳에는 무슬림 전통 음식점과 전통 카페는 물론 이란의 온갖 하위문화도 자리하고 있었다. 이란 록 콘서트홀은 물론 이란어로 방송되는 25개의 위성 채널 방송국도 있었다. 캘리포니아에서 송출되는 그 위성 채널들은 민간 위성 안테나를 통해 이란에서도 시청할 수 있다.

오늘날 이란에서 해방의 움직임은 '핫버드Hotbird' '유텔셋Eutelsat' '튀르크셋Türksat' 같은 낯선 위성 방송 네트워크를 통해 이루어진다. '아랍셋ArabSat' '나일셋NileSat' '아시아셋Asiasat' 같은 이름도 눈에 띄는데, 이는 모두 이란의 통신 위성들이다.

그리고 이제는 인터넷을 통해서도 해방의 움직임이 일고 있다. 이란의 검열은 이제 미국의 반검열 문화와 맞서야 하는 상황이 되었다. 또한 테헤란젤레스에 사는 청년들, 회교 지도층 반대파, 컴퓨터 전문가들, 벤처기업 직원들 등 수천 명의 이란인들은 이란 검열 당국의 술책을 무산시키기 위한 소프트웨어를 실시간으로 발명해낸다. 그들은 결코 짧은 생각으로 그런 일을 벌이는 것도 아니고, 자기 시간을 챙기려고도 하지 않는다. 그 결과 시차를 이용하여 이란 당국의 웹 봉쇄를 해제시켜버린다. "테헤란에서 어떤 사이트 하나가 차단되면 LA나 샌프란시스코에 있는 재미 이란인들이 우회해서 그 사이트에 접근하거나 또 다른 프록시 서버를 구축하여 차단을 풀어버린다. 그래서 다음 날이면 다시 그 웹사이트에 원활히 접속할 수 있다. 이란 인터넷에 대한 AS라고 보면 된다." 자못 흥분한 모습으로 그렇게 말하는 모흐센의 얼굴에서는 재미 동포들에 대한 감사의 마음이 느껴졌다. 기쁜 마음으로 이슬람 원리주의자들과 맞서 싸우는 재미 이란인들은 상당히 열성적인 모습을 보여준다. 이란에 남아 있는 동지들과 달리, 그들은 그렇게 큰 위험 부담을 지지도 않는다. 그들 중 일부는 정치적 이유로 어쩔 수 없이 망명한 사람들이고, 다른 일부는 경제적 이유로 자발적으로 고국을 떠난 사람들이다. 첫 번째 카테고리인 정치적 망명을 한 사람들 중엔 블로거가 많다. 이중 국적을 유지하고 있는 벤처기업 사장들은 두 번째 카테고리에 속한다. 그들 양측을 하나로 묶어주는 것은 바로 꿈에 그리던 머나먼 고국에 대한 향수다. 비록 몸은 테헤란젤레스에 있을지언정 인터넷상에서는 고향의 모습이 생생하게 그려진다. 마이애미가 쿠바의 후방 기지 역할을 하는 것처럼 두바이, 이스탄불과 함께 캘리포니아는 자유 이란의 후방 기지다.

간혹 이란 인터넷 커뮤니티는 예기치 못한 지지의 메시지를 받게 되는 경우도 있는데, 가령 이란의 신임 대통령인 하산 로하니가 자신의 트위터 계정(@HassanRouhani)을 개설했을 때, 잭 도시(@Jack) 트위터 회장은 140자가 안 되는 짧은 글로 캘리포니아에서 직접 다음과 같은 환영의 메시지를 날렸다. "대통령 각하, 안녕하세요. 이란 시민들이 각하의 트윗을 읽을 수는 있는 겁니까?"

아미르는 아티스트이자 컴퓨터 그래픽 디자이너다. 테헤란 남부 이맘 호메이니 광장 근처 한 작은 골목 지하에 있는 유명 카페에서 그를 만났는데, 그곳은 무선 랜 서비스가 되는 '웹 카페'였다. 그 카페가 있는 건물은 이슬람풍과 스탈린풍이 합쳐진 듯한 양식으로, 한눈에 봐도 놀라움을 자아냈다. 카페 안으로 들어가니 말 그대로 언더그라운드 분위기가 펼쳐졌다. 한 록 그룹이 이란에서는 금지된 곡들인 밥 딜런의 「Blowin' in the Wind」, 존 레넌의 「Imagine」, 마빈 게이의 「What's Going On」 등 반문화의 고전들을 계속 들려주었다. 경찰의 과격한 진압을 꼬집는 'picket lines and picket signs'라는 구절을 비롯하여 장발, 전쟁 등을 언급하는 「What's Going On」의 가사가 그 작은 카페 안에 울려 퍼질 때, 남녀 구별 없이 한데 섞여 있는 손님들은 전혀 주의를 기울이지 않는 모습이었고, 아미르는 그 음악의 자유로움에 도취되어 있었다. 전문가로서 그는 내게 이 그룹이 지미 헨드릭스의 「Purple Haze」와 밥 말리의 「No Woman no Cry」, 롤링 스톤스의 「Sympathy for the Devil」을 빼먹었다고 얘기했다. 나는 그의 말에 동의하며 그 목록에 데이비드 보위의 「Changes」와 짐 모리슨의 「When the Music's

Over」를 덧붙였다. 아미르는 치즈 케이크를 먹었다. 그리고 밥 말리의 그 유명한 후렴구인 "Everything's gonna be all right"를 흥얼거렸다.

꽤 번듯한 외관을 가진 그 카페의 내부는 세 곳의 방으로 구성되어 있었는데, 연기 자욱한 그 방에서 (알코올이 들어가지 않은) 음료도 마실 수 있었고 그날그날 바뀌는 오늘의 요리도 저렴한 가격에 먹을 수 있었다. 무선 인터넷 접속은 무료로 제공됐다. 한 대학생 그룹이 유튜브에 있는 레이디 가가의 「Telephone」 뮤직 비디오를 클릭하자, 여성 동성애자들이 권력을 잡고 이성애자들은 교도소로 끌려가는 화면이 펼쳐졌다. 내 주변에 있는 일부 소녀들은 과감한 색깔의 두건을 이용해 재치 있게 자기 식의 히잡을 쓰고 있었고, 립스틱도 칠하고 보석 장신구까지 걸치고 있었다. 그 카르티에 장신구가 진짜인지 아닌지는 중요한 게 아니다(물론 모두 위조품이었다). 어쨌든 그녀들이 이슬람법이 허용하는 한도 내에서 그런 장신구로 치장을 하고, 눈에 띄게 화장을 하고, 시계도 찼다는 게 중요하다. 그녀들은 또한 몸을 휘감고 있는 검은 외투 안에 커트 코베인처럼 찢어진 청바지를 입고 있었다.

이란 정부는 '타락한 서구 문명'을 '개화된 오리엔트 문명'으로 물리칠 꿈을 꾸고 있는데, 무엇보다 자기 나라가 서구 문화에 오염되는 것을 극도로 두려워하기 때문이다. 통역을 맡아준 파테메흐는 다음과 같이 말했다. "이란 젊은이들이 록 음악과 영화, 텔레비전, 인터넷, 성적 자유 등을 꿈꾸고 있다는 사실은 정부도 익히 알고 있다. 이란 내에서 표출되고 있는 현대 문화의 뚜렷한 영향력을 정부 스스로도 매일 확인하고 있기 때문이다." 그런데 2014년 가을, 패럴 윌리엄스의 「Happy」라는 곡을 불렀다는 이유만으로 이란 젊은이 여섯 명이 형을 선고받는 당혹스러운 사건이 발생한다. 이 사건은 서구 문화 유입에 따른 '문명의 충돌'이라는 말로는 도저히 설명되지 않는다. 그 젊은이들이 직접 아이폰으로 촬영해 유튜브에 올린 'Happy in Tehran'이라는 영상에는, 테헤란의 지붕과 테라스에서 춤을 추며 행복해하는 그들의 모습이 담겨 있었다. 이 영상은 입소문을 타고 빠르게 확산되면서 '풍기 단속 경찰'의 관심을 끌게 된다. 영상 속 젊은 여성 세 명은 히잡을 착용하지 않은 상태였는데, 이란에서 여성의 히잡 착용은 반드시 지켜야 할 의무 사항이기에 그것이 체포 사유가 되었다. 그런데 문제는 그들에게 지나칠 정도로 엄한 형이 부과되었다는 점이다. 집행유예와 함께 9개월 징역에 태형 91대가 선고된 것이다. 이 사건은 전 세계적으로 유감을 불러일으켰다. 테헤란젤레스의 이란계 미국 청년들은 이에 대한 반감을 드러냈고, 패럴 윌리엄스도 그 사건에 경악해 트위터에 '슬픔 이상의 감정'이라는 메시지를 남겼다. 그러자 하산 로하니 대통령도 한발 물러서야 한다고 생각했는지 자신의 트위터 계정에 관용을 호소하는 다음의 메시지를 남겼다. '행복은 우리 국민이 누려야 할 하나의 권리이며, 우리는 즐거움을 추구하려다 벌인 행동에 대해 지나치게 강경한 대응을 해서는 안 된다.' 그러자 사법부는 확정한 형을 결국 집행유예로 바꾸었다.

교리에 충실한 이란 시아파 독재 정부는 이렇듯 상당히 엄격한 모습을 보여준다. 따라서 이란 젊은이들에게는 터무니없이 봉건적인 규정들에 대해 스스로 저항하는 것 외에 다른 선택의 길은 없다. 아미르는 이란 젊은이들의 의식에 대해 다음과 같이 설명했다. "이란 젊은이들 사이에서 이슬람 혁명은 그 생명력을 다했다. 그 혁명이 이란 젊은이들에게 무엇을 가져다줄 수 있겠나. 죽은 지 1000년도 넘은 알리니 후세인 같은 사람들의 순교 의식이 그들에게 무슨 의미가 있겠는가? 숨어 있는 열두 번째 이맘에 대한 기대? 지나가던 개가 웃을 소리다." [시아파는 열두 번째 이맘(이슬람의 종교 지도자)인 무하마드 알 무타자르가 아직 죽지 않고 숨어서 살아 있으며, 언젠가는 나타나 현세를 구원할 것이라고 믿는다.] 원리 원칙을 내세우는 교리 신봉주의자들에 맞서는 문화가 번성하면서 이란은 종교 지도자들이 강조하는 계율로부터 멀어지고 있다. 이란 청년들은 자신들에게 보장되지 않는 공적인 자유 대신 사적인 자유를 모색하고 휴대전화와 인터넷을 장악했다. 이란 청년들의 이 같은 의지와 열망은 확실히 이란 사회 내에서 어느 정도 위력을 떨치고 있다. 물론 아직은 음지에서 느릿느릿 자라나는 수준이지만, 젊은이들의 이런 열망은 분명 기존의 가치와 사고 체계에 대대적인 수술을 가하고 있다. 이란 정권이 그들을 탄압, 처벌하고 심지어 암살한다 해도, 그 같은 변화 자체를 막아내지는 못할 것이다. 이란의 젊은 층 인구수는 이례적으로 많기 때문이다. 이란 전체 인구수 7500만 명 중 65퍼센트가 35세 미만이며, 그들 중 여성까지 포함한 많은 수가 매우 높은 교육 수준을 갖추고 있는 중산층 출신이다. 바로 그들이 이란 도처에서 신기술을 개발하고 역동적인 내수 경제를 만들어 이란을 신흥국 반열에 올려놓았다. 딱히 뭐라고 정의하긴 어렵지만 이란에서는 분명 시대정신과 의식의 변화가 감지되고 있다.

물론 변방에서 변화를 추구하는 이 젊은 세대의 영향력을 너무 크게 봐서는 안 된다. 나 또한 외부에서 지켜보는 관찰자의 입장일 뿐이기에, 이란 사회 내에서 인터넷이 맡고 있는 역할과 반사회적 문화가 미치는 영향력을 과대평가해서는 안 될 것이다. 다만 나름의 질서와 체계를 갖춘 모든 독재 및 권위주의 체제 내에는 언제나 언더그라운드 영역이 존재한다. 치열한 주류 세계에서 벗어나 비주류의 여유를 만끽하는 집단은 어디든 있다는 말이다. 그렇다면 이란의 청년 집단은 체제 변방에서 비주류로 활동하는 돈 많고 자유분방한 디지털 엘리트일까, 아니면 이란 사회의 미래를 예고하며 청년들을 규합하는 대대적인 주류 운동 세력일까? 이에 대한 답은 이란 '이슬람 공화국'의 미래에 따라 크게 달라질 것이다. (이란의 공식 국가 명칭은 이란 '이슬람 공화국'으로, 이란의 종교계와 정교분리파 사이의 갈등은 이 나라 이름을 둘러싸고도 표출되고 있다.)

이란에서 만나본 사람들 중에는 2009년 선거 결과에 대한 국민적 저항으로 흔들린 이란 정부가 중국식 모델을 향해 나아갈 것이라고 생각하는 이들이 많았다. 즉 이란 정부가 정치를 안정화시키기 위해 경제와 인터넷, 문화, 관습적인 측면에서는 고삐를 느슨하게 할 것이라고 예상하고 있었다. 하나를 얻으려면 하나는 포기해야 하니까.

그와는 반대로 이란 정부가 더욱 강경 일변도로 나아가고 있다는 견해도 있다. 그야말로 치안에만 치중하는 독재로 변질되고 있다는 것이다. 그것이 사실이라면 인터넷은 한층 강화된 통제를 받을 것이다. 파테메흐는 "국민과 정부가 서로 정반대 방향으로 가고 있다는 점만은 확실하다"고 말하면서도 낙관적인 전망을 포기하지 않았다. 파테메흐는 더 이상 이란 혁명 수비대 '파스다란Pasdaran'이 두렵지 않다고 했다. 여성의 히잡 착용 여부와 사회적으로 '부도덕한' 행위를 감시하는 풍기문란 단속 경찰 '바시지Bassidji'도 무섭지 않다고 했다. 파테메흐는 컴퓨터와 반문화가 역사의 방향을 보여준다고 생각한다. 그 같은 언더그라운드 혹은 온라인에서의 삶이 진정한 시민사회를 형성하고 있다고 믿는 것이다. 아미르는 아직 음지에 있는 반문화 사회가 이란의 '리얼 라이프'라며 다음과 같이 덧붙였다. "이란 반문화 사회가 바로 지금의 이란이다."

'신이 허락한' 인터넷

카이로에 있는 알 아즈하르 대학 캠퍼스는 이집트 전 대통령 안와르 엘 사다트가 암살당한 장소에서 몇백 미터 떨어지지 않은 곳에 위치해 있다. 카이로 동북부의 대규모 교외 지역 나스르 시 중심가에는 그 날을 가슴 아프게 기리는 기념비가 세워져 있다. [1970년에 이집트 제3대 대통령으로 취임한 사다트 대통령은 현실주의적인 온건 노선을 취하여 중동 평화를 위해 노력한 공로로 1978년 노벨 평화상을 수상한다. 그러나 이스라엘을 국가로 인정하고 서방 국가들과 친선관계를 꾀한다는 이유로 아랍권 내에서 인기가 하락하던 중 1981년에 이슬람 원리주의 세력에 의해 암살된다.]

수박과 신문을 판매하는 행상들이 눈에 띄는 대학 입구는 출입이 엄격히 통제되고 있었지만, 그곳을 통과하기만 하면 50여 개 건물이 들어선 거대한 캠퍼스 부지를 차를 타고 돌아다닐 수 있었다. 캠퍼스 구내에는 ISNU(Information System Network Unit)라는 이름의 건물이 있었는데 그곳이 바로 수니파 무슬림 인터넷의 본거지였다.

"알 아즈하르 대학은 대표적인 엘리트 교육 기관인 동시에 수니파 신학 교육의 성지다. 이곳의 판례와 파트와Fatwa(이슬람 유권 해석에 따른 칙령)를 도처에서 문자 그대로 따른다. 알 아즈하르의 최고 이맘은 이집트 내 수니파 이슬람의 최고 지도자이며, 따라서 원칙적으로는 전 세계 수니파의 최고 지도자인 셈이다." 내게 현장을 견학시켜준 아슈라프는 이렇게 설명했다. 아랍어로 '화려한' 혹은 '장엄한'이란 뜻을 갖고 있는 이 대학은 10세기에 카이로 시내 중심부에 지어졌다. 근처에는 같은 이름의 사원도 있다. 네 개의 커다란 첨탑과 화려하고 장엄한 돔 지붕이 우뚝 솟아 있는 이 대학은 전 세계 수니파 무슬림들이 경외해 마지않는 곳으로, 대대로 상당히 중요한 기관의 자리를 차지해왔다. 그래서 수니파 무슬림들에게 학위를 발급해주고 파트와를 공표하기도 하는 이 대학은, 주류인 온건파 이슬람을 대표하는 곳이다. 즉 무슬림 형제단의 이슬람 원리주의와는 거리가 멀며, 사우디아라비아의 살라피즘이나 와하브교 같은 극단적 교리 중심파와는 더더욱 거리가 멀다. 무슬림 세계 안에서 인기가 높아 해외에 있는 많은 이슬람 젊은이까지 다수 입학하는 그 대학은 결국 나스르 시 국방부 바로 앞에 새로 대규모 캠퍼스를 지었는데, 그 후로 바로 그곳이 메인 캠퍼스가 되었고 유서 깊은 카이로 캠퍼스는 이제 그 대학을 상징하는 일종의 전시관이 되었다.

　모하메드 호스니는 ISNU의 관리자다. 그는 친절하면서도 짐짓 엄숙한 태도로 내게 그곳의 핵심인 40여 개 연구실을 견학시켜주었다. ISNU 건물 2층에는 그곳 시스템의 헤드 격인 지멘스Siemens 슈퍼컴퓨터가 위치해 있었다. 방 하나를 그 슈퍼컴퓨터가 다 차지하고 있었으며, 그 기기를 보호하기 위해 창문은 모두 녹색의 두꺼운 커튼으로 가려져 있었다. 소음이 굉장하지만 성능은 뛰어난 에어컨 한 대도 열기로부터 그 컴퓨터를 지켜주었다. 호스니는 그곳에 있는 라우터 브랜드

(Juniper)와 교환기 브랜드(Foundry)도 알려주면서 내 모든 질문에 성심성의껏 대답해주었다(참고로 이 브랜드들은 모두 미국 것이다). 그 대학 캠퍼스 내부에는 근거리 네트워크인 LAN 선이 깔려 있었고, 수십 개의 서버를 통해 인터넷 접속도 가능했다.

알 아즈하르 대학에서 추진하는 시범 계획 가운데 하나는 '알 아즈하르 온라인 프로젝트Al Azhar Online Project'로, 2005년에 시작되었다. 아랍에미리트 측으로부터 막대한 자금 지원을 받고 있는 이 프로젝트가 추구하는 목표는 알 아즈하르 대학이 소장한 희귀 필사본 자료와 주요 이슬람 사료를 디지털화해 누구나 조회할 수 있게 만드는 데 있다. 이 대학은 무슬림들이 실생활에서 제기하게 되는 실질적인 문제들에 답을 해주기 위한 핫라인도 개설했다. 그래서 무슬림들은 전화나 이메일로 어떤 질문이든 다 할 수 있으며, 질문에 대한 답변은 48시간 이내에 완료된다. 알 아즈하르 대학이 1990년대 말부터 진행하고 있는 또 한 가지 작업은 바로 이집트 온라인 매체들에 대한 종교적 검열이다.

캠퍼스 안을 돌아다니다가 나는 이러닝E-learning 학습실을 발견했는데, 그곳은 소프트웨어 전용실과 하드웨어 전용실로 나뉘어 있었다. 그 학습실 바깥의 복도 끝에는 굉장한 규모의 수리실이 있었는데, 엄청난 양의 분해된 컴퓨터가 산더미처럼 쌓여 있었다. 그 광경을 보니 그 대학은 새 컴퓨터를 사는 것보다 오래된 컴퓨터를 수리하여 쓰는 것을 선호한다는 점을 알 수 있었다. 컴퓨터실이 모여 있는 공간에서 나오던 길에 화려한 카펫 위에서 무릎 꿇고 기도하는 남자 세 명을 발견했다. 카펫 위에는 작은 나침반이 부착되어 있었는데, 메카의 위치를 알려주는 도구였다.

알 아즈하르 대학의 ISNU 건물은 꽤 자리가 잡힌 듯했지만, 그리 인상적인 시설은 아니었다. 그곳에 구축된 기술 시스템은 작동 수준이 시원찮은 듯했고, 먼지가 쌓여 있는 IT 장비도 그리 최첨단은 아닌 것 같았다. 구캠퍼스와 신관 캠퍼스에서 똑같이 이루어지는 몇 가지 수업(쿠란 강의 및 영어, 컴퓨터 수업 등)을 참관했을 때 나는 글을 쓸 공책도 필기구도 없이 수업을 듣는 '종교학과 학생'들을 발견했다. 그들 중 일부는 의자에 모로 누워 자고 있었다. 고리타분한 성직자 겸 교수들은 학생들의 총체적 무관심 속에 더듬더듬 강의를 하고 있었다. 중간에 나가는 사람이나 들어오는 사람, 전화하는 사람도 부지기수였고, 아무도 교수의 말을 듣지 않았다. 오리엔트풍의 알록달록한 대학 캠퍼스 안에 있는 여러 개의 회교 사원 역시 관리 상태가 엉망이라 이곳저곳에서 나뒹구는 새 의자들은 포장도 뜯지 않은 채로 방치되어 있었다. 캠퍼스 내의 한 컴퓨터실에 있는 작은 게시판에는 '당신은 디지털 원어민인가?'라는 문구가 영어로 쓰여 있었는데, 사람들이 흔히 하던 이야기와는 달리 알 아즈하르에서는 그에 대한 긍정적인 답을 찾을 수 없을 것 같았다.

신이 허락한 '할랄Halal' 인터넷이란 어떤 것일까? 온라인상에서의 움마oumma(이슬람 공동체)에 대한 밑그림을 좀더 명확하게 그려보기 위해서는 다른 방향으로의 접근을 시도해야 한다. 정부보다는 기업 쪽에 기대를 걸어야 하는데, 이집트 역시 대부분의 다른 무슬림 세계와 마찬가지로 스타트업 창업주들이 이슬람 환경에 적합한 애플리케이션 및 사이트를 양산해내고 있기 때문이다.

카이로 중부의 호화로운 고급 지구 자말렉 섬에 있는 P.S 카페에서는 와이파이 접속이 무료로 제공된다. 카페 안에는 100여 명의 사람이 있었는데, 다들 나처럼 어안이 벙벙한 상태로 대형 평면 TV를 통해 생중계되는 2차 이집트 혁명을 바라보고 있었다(나는 2013년 6월 30일에 그곳을 찾았는데, 당시는 무르시 대통령에 반대하는 대대적인 시위가 벌어지던 때였다). 그들은 TV를 보는 도중에 스마트폰을 통해 수시로 SNS에 뜨는 정보를 확인하기도 했다. 알고 보니 사우디 TV 채널 알 아라비야 Al Arabiya 방송과 알 자지라 방송을 비교하고 있는 것이었다. 알 아라비야는 시위대 편을 드는 반면 알 자지라는 무르시 대통령과 무슬림 형제단의 편을 들어 뭇 사람의 원성을 사고 있었다.

그 카페에 있는 사람들은 대체로 부유하고 어느 정도 '서구화'된 이들로, 반이슬람 원리주의 성향이 강했다. 그중 통신 관련 학과에 다니는 대학생 모하마드는 이집트 사람들이 저마다 스마트폰에 '할랄' 애플리케이션을 여러 개 다운받아 쓰고 있다고 했다. 모하마드는 내게 '아이쿠란iQuran'이라는 애플리케이션을 추천해주었다. 이집트에서 상당히 인기 있는, 쿠란을 볼 수 있는 애플리케이션이었다('아이쿠란 라이트 iQuran Lite'라는 기본 버전은 무료로 이용할 수 있지만 프로 버전은 앱스토어에서 3.59유로로 판매된다). 쿠란의 여러 가지 온라인 버전은 다운로드 수가 수백만 회에 이른다. 모하마드는 매일 아침 첫 기도 시간에 문자로 쿠란 인용구를 받아보는 무료 서비스를 이용한다면서, 자랑 삼아 최근에 받은 문자를 보여주었다.

모하마드는 금식을 하는 라마단 기간에는 좀 특별한 애플리케이션을 이용한다. 가령 '라마단 타임'이라는 앱을 이용하면 어느 곳에 있든 금식이 끝나는 정확한 시간을 알 수 있다. 이 앱이 휴대전화의 GPS 기능을 통해 사용자가 있는 지점의 일출 및 일몰 시간을 알려주기 때문이다. 그 밖에도 이슬람 사람들의 용도에 맞는 여러 가지 앱이 있는데, 이를 두고 모하마드는 스마트폰과 인터넷의 '이슬람화'라고 했다. 그는 곧 다가올 라마단 동안에는 영어를 공부할 예정이라며, 내게 영어 어휘 실력을 늘리는 데 도움이 되는 애플리케이션을 보여주었다. 내가 그에게 라마단 기간에 그렇게 종교와 무관한 활동을 하며 보내도 되느냐고 묻자 그는 다음과 같이 대답했다. "해마다 라마단이 다가오면, 나는 개인적인 목표를 세운다. 라마단은 자기 자신에 대해 성찰하고 계획을 세우는 기간이기도 하기 때문이다. 그 연휴 기간 동안 나는 가족들과 함께 있겠지만, 낮 시간에는 특별히 할 일이 없다. 그때 다른 사람들처럼 라마단 드라마나 보며 시간을 헛되이 쓰는 것이 싫다. 올해 라마단 기간에는 인터넷 강의를 들으며 영어 실력을 키울 생각이다."

이스마일이란 청년이 우리 대화에 끼어들었다. 그는 망고 음료 한 잔과(그 카페에서는 알코올이 들어간 음료는 팔지 않았다) 이슬람 물담배 '시샤' 한 대를 주문하고는, 자신의 삼성 스마트폰을 자랑스러운 듯 꺼내 보였다. 그 갤럭시S4 폰에는 이집트 통신 회사 보다폰이 기본 앱으로 장착해둔 '쿠란 나침반'이 깔려 있었다. 이슬람 성지인 메카의 위치를 가리켜주는 것이었다. 암송한 쿠란 구절 수를 계산해주는 미니 전자 계수기도 깔려 있었는데, 그것은 말하자면 전자 묵주였다. 이스마일의 스마트폰에는 하루 다섯 번 소원 기도를 하는 시간을 알려주는 앱도 깔려 있었는데, 그 앱 역시 GPS 기능이 장착되어 있어 장소와 상관없이 해당 시간을 알려주었다. 이스마일은 독실한 신자는 아니었으나, 그래도 그 유명한 아메드 아자미가 독송한 쿠란 앱은 다운로드해둔 상태였다('홀리 쿠란Holy Quran'이란 이름의 이 앱은 안드로이드 휴대전화 사용자라면 누구나 구글 플레이에서 무료로 다운받을 수 있다). 이스마일은 그 앱의 장점에 대해 이렇게 설명했다. "이 독송 버전 쿠란이 좋은 이유는 자신이 원하는 장을 하나하나 다운로드하여 오프라인에서 들을 수 있다는 점이다. 또한 블루투스로 공유할 수도 있다." 최근에 업데이트된 그 앱의 최신 버전에는 'Stop playing when somebody call you'라는 기능도 있었다. 전화가 오면 자동으로 재생이 멈추는 기능이었다. 이스마일은 "누군가에게서 전화가 오면 쿠란 강독을 중단하는 게 상대방에 대한 예의"라고 말했다.

이슬람 원리주의자들은 모든 애플리케이션을 선지자 무함마드에게 불손한 것으로 간주한다. 심지어 일부 이맘은 휴대전화 벨소리로 쿠란 구절을 사용하는 것을 반대하는 파트와를 발표하기도 했다. 인터넷과 신기술을 모두 금지하고자 하는 이맘들도 있다. 수니파 무슬림들은 이맘들의 그 같은 독단적 결정에 별로 개의치 않는데, 수니파는 시아파와 달리 성직자가 없기 때문이다. 수니파 무슬림들은 이맘들의 견해에 귀를 기울이긴 하지만 오직 신의 뜻에만 응답한다. 따라서 신의 뜻에 대한 개인적인 해석이 가능하다. 스마트폰이 아랍권 세계에서 점차 확산됨에 따라 소위 '신이 허락한' 것으로 여겨지는 애플리케이션과 모바일 위젯이 점차 늘어나고 있으며, 저마다 자신에게 맞는 맞춤형 종교 생활을 향유한다.

종교 기관의 권위적인 계율에는 신경 쓰지 않는 대학생 자크는 '선지자'라는 휴대전화 벨소리를 들려줬다. 부모님께 드릴 벨소리라고 했다. 그는 친구들에게 보낼 벨소리로는 리한나 음악이 좋다면서 아랍판 스포티파이인 안그하미Anghami라는 사이트를 알려줬다. 또한 그는 영어와 아랍어가 지원되는 동명의 애플리케이션을 이용하면 이집트의 암르 디아브, 이라크의 마지드, 시리아의 조르주 와수프, 사우디아라비아의 아부 바크르 살림과 모하메드 압도, 튀니지의 라티파, 시리아의 아살라, 레바논의 엘리사 등 중동 지역 모든 스타의 음악을 들을 수 있다고 했다(그 스트리밍 서비스가 제공하는 한 음반 재킷에는 '케피예'라는 남성용 두건을 쓴 사우디아라비아의 두 남자 가수의 모습이 담겨 있었다).

P.S 카페 안은 사람들로 가득 차 있었다. 바로 옆 가구점이 문을 닫자, 카페 사장은 가구점 바로 앞까지 테라스를 확장하여 영업 면적을 두 배로 넓혔다. 체리 향 시샤를 피우며 스무디를 홀짝거리고 초콜릿 머핀 등 미국식 디저트를 먹던 이스마일과 모하마드, 자크는 이제 자기네들끼리 인터넷에 대한 이야기를 주고받았다. 화제의 발단이 된 건 당시 무슬림 형제단에 반대하여 일어나고 있던 시위였다. SNS가 그러한 시위에 도움이 되느냐는 내 질문에, 그들은 다들 SNS를 통해 시위 관련 수십 개의 메시지를 받았고 페이스북상에서는 무르시 대통령에 반대하는 청원서도 봤다면서, SNS가 대중 동원에 효과적인 것은 확실하다고 말했다. 그러나 자크는 이런 말도 덧붙였다. "물론 더 근본적인 시위의 원동력은 무슬림 형제단의 실정失政이다. 그들은 국정 운영 능력이 없고, 그저 권력만 손에 쥐려고 한다."

세 사람의 대화는 디지털 분야에 대한 이야기로 이어졌다. (야후가 인수한) 아랍 포털 막툽Maktoob 얘기가 나왔는데, 무함마드는 그 포털이 아랍어로 되어 있기 때문에 이메일 편의성이 높다고 했다. 반면 이스마일은 서비스 수준이 떨어진다며 핫메일이나 G메일을 더 선호했다. 아랍 네티즌들이 주로 접속하는 아랍넷ArabNet과 아랍권 여성들이 자주 찾는 디와니Diwanee에 대한 이야기도 나왔다. 이후 휴대전화에 기본으로 장착되어 있는 메카 인식 GPS 기능에 대한 간단한 대화도 오갔다. 자크는 사고에 대비해 차량 앞뒤로 쿠란 구절을 써놓고 수호상도 잔뜩 달아놓은 택시 기사들이 정작 안전띠를 착용하는 건 한 번도 못 봤다며 웃기도 했다.

이 세 명의 이집트 청년은 몇몇 최신 사이트에 대한 이야기도 들려주었다. 그중 이슬람 온라인(islamonline.net/ar)은 카타르에서 활동하는, 알 자지라의 유명한 TV 전도사 셰이크 유세프 알카르다위가 만든 사이트다(무슬림 형제단과 가까운 것으로 알려진 그는 이집트에서 추방된 인물이다). 이 사이트는 현대사회를 살아가는 무슬림들이 현실에서 직면하는 구체적인 문제들에 대한 답을 제시해준다. 'Ask the Scholar'라는 메뉴에 질문을 올리면 답을 얻을 수 있다. 수백만 무슬림들이 유세프 알카르다위의 생각과 그가 제시한 파트와의 영향을 받고 있으며, 이는 알 자지라와 이슬람 온라인 방송으로도 나간다. (유세프 알카르다위에 대해서는 논란이 많다. 대표적인 팔레스타인 진영 수호자이지만 자살 테러의 주범이기도 하기 때문이다. 그는 미국이 이라크를 침공한 후 미국을 적으로 간주했고, 프랑스 공립학교에서 히잡 착용이 금지되자 프랑스에 대한 성전聖戰을 벌이자고 호소하기도 했다. 9.11 테러를 일으킨 알카에다에 대해서는 '역효과'만 일으켰다고 비난했다. 때에 따라서는 진보적 면모도 보여주는데, 특히 여성 문제에 관해 그렇다.)

무슬림 형제단은 그간의 행적으로 보건대, 스스로 언론에 흘린 내용대로 뛰어난 능력을 갖춘 조직이 아닌 듯했다. 그러나 모하마드는 그들이 "인터넷 덕분에 계속 높은 영향력을 유지할 것"이라고 예측했다. 무바라크와 무르시가 연이어 축출되기 전에도, 무슬림 형제단은 웹상에서의 자신들의 막강한 영향력을 증명한 바 있다. 형제단의 메인 사이트(ikhwanonline.com)는 영어 버전(ikhwanweb.com)을 함께 운영하고 있으며, 이 두 사이트는 이슬람 원리주의 관련 정보를 전달하는 쌍두마차다. 이집트의 유명 여성 블로거 란다 아부 엘 다하브는 "무슬림 형제단은 지하에서 활동하는 것에는 이력이 난 단체"라면서 다음과 같이 설명했다. "무바라크 시절이나 지금이나 형제단은 소외된 존재다. 따라서 그들은 웹사이트 운영에 대한 대비가 잘되어 있다. 특히 페이스북 타임라인에 개입하기 위한 온라인 활동 그룹도 만들었다. 그들은 그야말로 괴물같이 등장한다. 간혹 거짓 사유를 들어 특정 계정의 폐쇄를 요구하는 요청 수백 건을 남발할 때도 있다. 따라서 어떤 이집트 민주 인사의 계정이 엉뚱하게도 음란물 게시 혐의로 폐쇄될 가능성은 얼마든지 있다. 페이스북 측이 계정 폐쇄 요구 사유의 진실성 여부를 늘 일일이 확인하는 것은 아니기 때문이다." 나는 란다를 카이로 중심가의 한 나세르계 레스토랑 에스토릴에서 만났다. 그곳에서는 무슬림 형제단에 반대하는 연로 사회주의자들과 옛날식의 범아랍 민족주의자들의 모습도 볼 수 있었다. 란다는 무슬림 형제단의 인터넷 사이트를 구축하고 거기에 거금을 지원하는 인물은 돈 많은 엔지니어 모하메드 카이라트 사드 엘 샤티르라고 했다(그는 2013년 7월 2차 이집트 '혁명' 이후 체포, 구금됐다).

그러나 무슬림 형제단의 디지털 파워가 보잘것없다고 보는 사람들도 있었다. 또 다른 블로거인 무함마드 엘 고하리는 형제단이 한창 권력을 장악하고 있던 2011~2013년에도 웹세계는 통제하지 못했다고 강조했다. "그 사람들은 인터넷을 전혀 이해하지 못한다. 심지어 가장 신랄한 비판이 터져나오는 야당 사이트들도 차단하지 못한 사람들이다. 그들은 트윗상에서 아이디가 인용된 한 블로거를 기소 처분하고자 했으나, 법정에서 그 블로거는 즉각 무혐의로 풀려났다. 트윗과 멘션의 차이도 모르는 사람들이다." 엘 고하리나 그 외 전문가들 시각에서 보면 무슬림 형제단은 지나치게 경직된 중앙 통제식 조직이라 인터넷을 통해 자유자재로 커뮤니케이션을 할 능력이 없다. 회원 간의 상호작용과 댓글 문화, 블로거의 자유 등을 형제단 입장에서는 용인하지 못하기 때문이다. 오랜 기간 지하에서 활동해온—그리고 다시 지하로 돌아간—형제단은 비밀 문화 속에서 구축된 조직, 즉 규율과 위계질서가 엄격하고 정보의 수직적 통제가 이루어지는 조직이다. 충성과 복종을 기반으로 한 그런 권위주의 모델은 웹세계의 수평적이고 탈위계적인 성격과 위배된다는 게 엘 고하리의 생각이다. 그러나 엘 고하리는 형제단이 2000년대 말부터 웹과 페이스북이 아랍권 세계에 미치는 영향력과 역할을 인지하고 있었다는 사실은 인정했다. 그래서 사무국 수보다 웹사이트 수를 늘렸고, 직원 수보다는 '팔로어' 수가 늘어나는 것을 더 좋아했다면서 다음과 같이 말했다. "다만 인신공격과 루머 확산을 일삼는 등 지나치게 구시대적인 선전 방식으로 진행한 게 문제였다. 그들은 페이퍼 저널에서도 이미 그런 방식을 보여주었기에 웹에서 그런 방식을 쓰는 것이 놀랍지도 않다. 그들이 이해하지 못하는 것이 있다. 이제는 사람들이 형제단의 공격을 웹상에서 반격할 수 있다는 것, 그들이 유포하는 루머의 진실성 여부를 웹이라는 수단을 통해 즉각 밝힐 수 있다는 것이다. 따라서 루머 확산이 잘된다는 이유로 웹 분야를 비판하는 지식인들은 잘못 생각하고 있는 것이다. 루머는 오프라인 언론에서도 이미 존재해왔다. 이제는 루머의 실체를 밝혀내는 게 훨씬 수월해진 셈이다."

2009년 이란의 '녹색' 혁명 이후, 그리고 2011년 아랍 지역에서 혁명의 열기가 피어오르던 당시, 인터넷을 통한 대중 동원이 과연 적절한 것인가에 대한 비판의 목소리가 많았다. 미국의 기자 맬컴 글래드웰도 주간지 『뉴요커New Yorker』에 기고한 유명한 기사 「작은 변화, 혁명이 트윗되지 않는 이유Small Change, Why the Revolution will not be tweeted」에서 이란의 경우를 빗대어 '예전에는 활동의 동기로써 정의되던 사람들이 이제는 디지털 도구에 의해 정의되고 있다'며 온라인 활동가들을 비꼬았다. 그는 인터넷과 SNS가 '약한 결속weak ties'을 만들어내고 있을 뿐이며 제대로 된 대중 동원을 위해서는 '강한 결속관계strong ties connections'와 진정한 '동지'가 필요하다면서, 위계 조직을 갖춘 운동과 페이스북상의 활동을 구분하지 못하는 '사이버 이상주의자'와 '소셜 미디어 전도사'를 비판했다. 물론 페이스북은 사회운동 네트워크 구축 및 '참여'에 유용한 도구이긴 하나, 직접적으로 '행동'을 불러일으키지는 못한다면서 '페이스북 혁명'이라느니 '트위터 혁명'이라느니 하는 것들은 말도 안 되는 소리라고 단언했다. 2010년 10월에 게재된 이 유명한 기사의 주장은 두 달 후 튀니지를 필두로 일어난 아랍세계의 대중 봉기로 인해 힘을 잃고 만다. 튀니지 중부의 작은 도시 시디 부지드에 사는 젊은 청과물 노점상 모하메드 부아지지의 분신자살을 계기로 일어난 그 대중 봉기는 최근 몇 년 사이 있었던 아랍권 봉기 중에 가장 규모가 컸다.

유튜브에 올라온 영상이나 페이스북 페이지가 그 '아랍의 봄'에 결정적인 역할을 했음은 논란의 여지가 없다. [2010년 12월 17일 모하메드 부아지지의 분신자살로 인해 일어난 튀니지의 대중 봉기가 결국 '아랍의 봄'의 시발점이 되었고, 이듬해 1월 튀니지 대통령 벤 알리는 축출되었다.]

이렇듯 글래드웰의 주장은 현실에서 무너졌지만, 인터넷과 민주주의의 관계에 모순적 측면이 있음은 분명한 사실이다. 가령 나는 모로코에서 정부 쪽을 지지하는 블로거들을 만나봤는데, 그들은 민주적 성향의 블로거들을 비난하는 데 온통 자기 시간을 쏟아붓는 전제 군주의 병사들이었다. 누군가가 정부 비판적인 정보를 흘리면, 그들은 루머와 중상모략 등 역정보를 대량 살포하여 그 정보를 묻어버렸다. 이로 미루어볼 때 블로거가 꼭 '선'이라는 법도 없고 '진보' 쪽이라는 보장도 없다.

알제리 정부 산하의 안전정보국도 인터넷 게시판이나 동맹 사이트를 통해 루머를 퍼뜨린다. 테러 척결을 명분으로 웹사이트를 통제하는 안전정보국은 여러 명의 블로거를 체포하기도 했다. 안전정보국과 연계된 일부 사이트들도 해로운 영향을 미친다. "매우 보수적인 성향의 인기 있는 일간지 『에코루크Echorouk』의 임무는 지면과 웹사이트를 통해 여론과 온라인 공간을 오염시키는 것이다." 알제에서 만난 『엘 와탄El Watan』의 편집장 페이살 메타위는 이와 같이 말했다.

왈리드 오마리는 요르단 강 서안 지구 라말라에 위치한 알 자지라 TV 팔레스타인 사무국을 담당하고 있다. 중동 지역에서 가장 유명한 언론인 중 한 명인 그 역시 인터넷을 지지하면서도 동시에 경계했다. 라말라에서 그를 인터뷰했을 때, 그는 가자 지구와 요르단 강 서안 지구 모두를 커버하는 '고전적이면서도 초현대식인' 정보 체계를 구축했다고 말했다. "도시마다 믿을 만한 현지 통신원을 두고, 그들이 다시 수십 명의 자발적 소식통과 연결되는 구조다." 그런 구조를 만든 것은 팔레스타인 '영토' 내에서 일어나는 모든 일을 가장 먼저 전달하면서도 수많은 루머에 이용당하지 않기 위해서라고 했다. 오마리는 통신원 및 소식통 간의 연락은 SMS와 페이스북, 인터넷을 통해 이루어진다면서 "그렇게 하면 웹의 신속성도 살리고 신뢰성 있는 정보 관리도 된다"고 덧붙였다. 아랍인이지만 이스라엘 여권을 갖고 있는 그는, 오래전부터 이스라엘 군을 문제 삼는 정보가 들어오면 이스라엘 군 측에 직접 연락해 그들의 말과 입수한 정보를 대조하는 과정을 거쳤다. 2000년 인티파다intifada 때와 2008~2009년 이스라엘 군의 가자 침공 때도 바로 그런 과정을 거쳐 팔레스타인 전역에 뉴스를 전달했다. [아랍어로 '봉기'를 뜻하는 '인티파다'는 팔레스타인 사람들의 반이스라엘 저항운동을 일컫는 말이다.] 2002년 이스라엘이 요르단 강 서안의 제닌 팔레스타인 캠프를 진압했을 때 발생한 사망자 수가 현지 주민들이 주장하는 수치에 훨씬 못 미친다는 사실을 제일 먼저 간파한 것도 바로 그였다. 그는 "그렇다고 63명이라는 사망자 수가 적다는 뜻은 아니다"라고 덧붙였다.

튀니지의 블로그 연합 사이트 나와트Nawaat는 지금도 튀니지 혁명을 상징하는 곳으로, 나는 2014년 초 튀니스에서 그 사이트의 공동 개발자 리아드 게르팔리를 만나 인터뷰했다. 당시 그는 튀니지 정부가 헌법 제32조를 개정해 '세계 최초'로 인터넷 접속권을 법에 의해 보장한 것을 환영하면서도, 인터넷에 대한 기본적인 생각에는 변함이 없었다. 그는 3년 전 벤 알리 대통령 축출에 인터넷이 한몫하기는 했지만, 하나의 '도구'였을 뿐 결정적인 역할을 한 것은 아니라면서 다음과 같이 말했다. "인터넷 그 자체가 혁명을 부추긴 것이 아니라, 통제되지 않는 인터넷의 특성이 역사의 흐름을 가속화시킨 것이다." 나는 튀니스의 밥 브넷 거리 42번지에 있는 나와트 건물에서 열린 신진 블로거 교육 회의를 참관했다. 그 자리에서 나는 게르팔리와 그의 밑에서 일하는 말렉 카드라위가 '투쟁 블로그 커뮤니티' 나와트와 함께 일할 젊은 블로거들을 모집 중이라는 것을 알 수 있었다(카드라위는 내게 나와트에 올라오는 모든 글이 블로거들의 '공동 창작물'이라고 일러주었다). 당시는 혁명의 기운이 꽤 사그라진 때여서 나와트의 생존을 위해 새로운 수혈이 필요할 때이긴 했지만, 여전히 나와트 소속 블로거들은 700명이나 되었다(2011년 말 기준 나와트 소속 블로거 수는 500명이었다). 나는 게르팔리, 카다르위와 헤어진 뒤 나와트 건물을 나오다가, 입구에서 커다란 포스터 한 장을 발견했다. 모하메드 부아지지의 멋진 초상화였다.

나라마다 특색이 있게 마련이지만, 인터넷과 대중운동에 관한 논란에 대해 이집트의 블로거 엘 고하리는 다음과 같이 요약했다. "아랍권 국가들에 대해 이야기할 때 '인터넷 혁명' 혹은 '페이스북 혁명'이라는 표현을 쓰는 것은 확실히 도가 지나친 면이 있다. 다만 페이스북과 유튜브, 특히 SMS를 통해 이집트 내에서 대중운동이 더욱 탄력을 받은 건 사실이다. SNS도 촉매제 역할을 했다. 이 같은 시스템이 운동 동력을 가속화한 건 맞지만 운동 그 자체를 만들어낸 건 아니다. 간단히 말해 페이스북이 혁명을 만들어냈다고 이야기할 수는 없지만 그렇다고 혁명과 무관하다고 말하기도 힘들다." 신기술이 없었다면 인터넷 혁명가 슬림 아마무도, 팀 블로그 나와트도, 그리고 모하메드 부아지지의 분신자살도 튀니지 정권 축출의 기원이 되지는 못했을 것이다. 구글의 마케팅 책임자 와엘 고님이 경찰에 의해 암살된 이집트 청년을 기리며 '우리는 모두 칼리드 사이드다We Are All Khalid Said'라는 페이스북 그룹을 만들지 않았다면 무바라크 정권이 그렇게 빨리 무너지지는 않았을지도 모른다. (군부를 등에 업은) 타마로드Tamarrod 조직 내 사이버 활동가들이 SNS상에서 청원활동을 벌이지 않았다면, 무슬림 형제단이 세운 정권이 2013년 카이로 타흐리르 광장에서 그렇게 단기간에 흔적을 감추진 못했을 것이다. 즉 민중 해방 측면에 있어 웹의 이점을 부인하기는 어렵다는 뜻이다.

한 나라의 주요 연령대 또한 각 나라의 인터넷에 영향을 미친다. 중동과 마그레브 지역(알제리, 모로코, 튀니지 등 북아프리카 지방)에서 전체 인구의 60퍼센트는 30세 미만이다. 구체적으로 보면 이집트는 전체 인구의 61퍼센트, 모로코와 알제리는 50퍼센트, 사우디아라비아는 68퍼센트, 요르단은 64퍼센트, 팔레스타인 지역은 72퍼센트, 레바논과 튀니지는 52퍼센트가 30세 미만이다. 인터넷에 접속하고 디지털 문화를 향유하는 이 신세대가 아랍사회 전반에 인터넷 문화를 보급해, 이제 아랍 각국의 인터넷 접속률은 50퍼센트가 넘는다(이라크와 예멘만 예외다). 심지어 걸프 지역 국가들의 인터넷 접속률은 70퍼센트를 상회하고 페이스북 이용자 수도 상당히 높은 편으로, 사우디아라비아의 경우 전체 인구 2600만 가운데 600만가량이 페이스북 이용자다. 그 외 걸프 지역 국가와 요르단 및 레바논의 페이스북 이용자 수도 상당히 많은 편이다.

SNS는 분명 대중을 움직이고 혁명을 효율적으로 조직할 수 있다. 그러나 한 나라의 운영이나 정치 계획 수립에 도움이 되기에는 아직 역부족임을 엘 고하리도 인정했다. 유튜브와 페이스북이 저항운동을 가속화하는 데는 유용했지만 민주주의 제도화에 도움을 줄 수 있을지는 좀더 두고 봐야 한다는 것이다.

헤즈볼라와 하마스, 무슬림 형제단 등은 인터넷이 어느 정치 세력에게나 도구로 활용될 수 있음을 보여주었다. 자유주의 진영이든 권위주의 체제든 누구나 자기 목적에 맞게 쓸 수 있는 인터넷은 테러리즘 확산 경로가 될 수도 있고 반대로 평화 확산 경로가 될 수도 있으며, 이슬람 원리주의자들의 성전에 동원될 수도 있고, 여성 해방 운동가나 아랍권 동성애 운동가들의 도구가 될 수도 있다. 이렇듯 인터넷은 엄연히 자유의 도구인 동시에 억압의 도구도 될 수 있다. 지역이나 상황에 따라 SNS는 민주 진영에 설 수도 있고, 독재의 편에 설 수도 있는 것이다. 따라서 양날의 칼과도 같은 이 도구는 그 자체로 좋다 나쁘다 말할 수 없다. 다만 인터넷과 SNS가 상호성과 교류를 기반으로 한 새로운 대화 형식의 포문을 열어주었다는 점은 분명한 사실이며, 그것만으로도 유용하다고 할 수 있다.

무함마드 무르시 대통령을 권좌에서 물러나게 한 대규모 시위가 벌어졌던 2013년 6월 30일 저녁, 타흐리르 광장에 모인 이집트 청년들은 다들 휴대전화를 손에 들고 있었다. 취재차 그 현장에 있었던 나는 그들이 저마다 페이스북 타임라인에 글을 작성하고, SMS를 보내고, 트위터에 사진을 올리고, 유튜브를 조회하는 모습을 직접 목격했다(워낙 사람들이 운집해 있어 3G망 접속률은 상당히 제한적이었다). 그들은 이슬람 원리주의에 반대하여 일어난 도심 청년들이었지만, 이집트의 일반 군중이기도 했다. 그날 저녁 뜻을 같이한 사람 수는 1000만 명 이상으로 추산된다. 그러나 그날의 대중 봉기는 이후 본의 아니게 군부에게만 좋은 일이 돼버렸다. 압둘팟타흐 시시 장군이 대통령이 됨으로써 그가 이끄는 권위주의 군부 독재가 들어섰기 때문이다. 그로 인해 집시권은 다시금 제한되었고, 언론의 자유도 심히 위협받게 되었다. 이슬람주의 야당 사이트들은 폐쇄되고 무슬림 형제단 측근 기자들도 체포되어 유죄를 선고받았으며, 2011년 1월 및 2013년 6월 평화 혁명의 주역이었던 청년과 블로거들도 체포, 수감됐다. 혁명 이후의 복고주의 움직임으로 봐야 할까? 2015년 이집트의 사막 도시 10월 6일 시6th October City에 있는 자택에서 만난 작가 알라 알 아스와니는 "오늘날 이집트에 민주주의는 없다"며 개탄했다. 그는 팔로어 수가 200만 명에 달하는 트위터 계정을 통해 꾸준히 자기 목소리를 내고 있으나, 그의 작품은 이제 자국 내에서 출판이 금지됐다. 이쯤 되면 2013년의 시위는 '혁명'이 아니라 오히려 무바라크를 축출한 2011년 혁명의 성과를 무마시킨 사건이라고 봐야 하는 걸까? 알 아스와니의 생각은 그렇지 않다. 안타깝게도 권력은 다시 '현명한' 독재자에게 돌아갔지만, 2013년의 일도 2011년의 일과 마찬가지로 분명 SNS로 탄력받은 진정한 혁명이라고 했다. 다만 그는 그 말을 하는 도중 '현명한'이라는 표현을 사용할 때 상당히 주저하는 모습을 보였다. '페이스북 혁명'이라는 표현은 다소 과장되었다고도 볼 수 있지만, 휴대전화와 SNS는 분명 아랍의 혁명 과정에서 결정적인 역할을 한 진정한 통신 수단이었다.

2013년 6월 저녁 타흐리르 광장에서, 나는 행상들이 늘어놓은 생수와 팝콘, 따끈따끈한 고구마, 민트 티 사이에서 이집트 파운드로 3파운드(0.3유로) 정도 하는 작은 스티커가 수없이 쌓여 있는 것을 발견했다. 불꽃놀이가 하늘을 환하게 수놓고 있고, 헤아릴 수 없이 많은 사람이 손에 든 이집트 국기를 펄럭이며 노래를 하고 있는 와중에, 나는 그 스티커 몇 장을 구입했다. 조지 오웰의 소설 『1984』에 대한 경의의 표시인지 아니면 무슬림 형제단을 은근히 비꼬는 표현인지 모르겠지만, 시위대는 '빅 브라더가 당신을 지켜보고 있다Big Brother is watching you'라는 슬로건을 내걸고 있었다.

제8장

웹의 규제자

"보다시피 오늘 밤에 열릴 우리 팀의 크리스마스 파티를 준비하고 있다." 2013년 12월 말에 방문한 베타웍스Betaworks의 오픈 스페이스에는 리본이 잔뜩 달린 선물 꾸러미 장식, 화환, 산타 할아버지가 선물을 담아줄 목이 긴 양말 등으로 꾸며진 크리스마스트리가 놓여 있어 크리스마스 분위기가 물씬 풍겼다. 뭐라 형언할 수 없는 약간의 흥분감도 맴돌았다. 앤드루 매클로플린은 자신이 파티를 위한 짤막한 연설도 하나 준비했다면서, 늘 그렇듯이 서두 부분에 '조크'도 들어 있다고 말했다. 잠시 후면 100여 명의 직원과 함께 크리스마스 축하 파티를 열 앤드루 매클로플린은 종종 세계적으로 유명한 인터넷 전도사 중 한 명으로 소개된다.

베타웍스가 있는 건물은 뉴욕 서부 13번가 미트패킹 지구에 위치해 있다. 미트패킹은 과거 대형 정육점과 도축장이 몰려 있는 산업 지구였으나 지금은 고급스러운 상업 지구로 변신했다. 상류층 부르주아의 옷으로 갈아입은 부유한 신엘리트 계층 '보보스' 족과 스타트업 기업들을 끌어들이고 있는 것이다. 다목적 기업인 베타웍스는 여러 가지 역할을 한다. 에어비앤비, 그루폰Groupon, 킥스타터Kickstarter, 버즈피드Buzzfeed, 패스, 핀터레스트Pinterest, 트위터, 텀블러(텀블러는 매클로플린이 부회장으로 있다가 이후 야후가 인수한 기업이다)와 같은 웹 기업에게는 투자자 및 벤처 캐피털리스트로서의 역할을 한다. 어떤 경우에는 디그Digg, 인스타페이퍼Instapaper, 차트비트Chartbeat, 트윗덱TweetDeck, 비틀리Bitly 같은 스타트업을 직접 운영하는 모회사가 되기도 한다. 따라서 그 기업들도 베타웍스와 같은 건물 안에 입주해 있다. 앤드루 매클로플린은 내게 자신의 팀을 소개해주었다. 디그 전용 공간도 있고 인스타페이퍼 전용 공간도 있는 그곳에 수십 명의 젊은 개발자와 그래픽 디자이너, 그 외 또 다른 IT 분야의 전문가들이 세상과 단절된 채 맥북으로 열심히 무언가 작업을 하고 있었다. 흰색 헤드폰을 끼고 음악까지 듣고 있어 외부의 소음으로부터도 완벽하게 차단된 모습이었다. 그곳에서는 경직되지 않은 자유로움이 느껴졌으며, 벽에는 이런저런 좌우명들이 쓰여 있고, 작은 산타 인형도 눈에 띄었다. 실리콘밸리를 연상시키는 모습이라고 하자 매클로플린은 "이건 브루클린 스타일의 분위기"라고 바로잡아주었다. 실리콘밸리와 브루클린의 차이가 뭔지 묻자 다음과 같이 대답해주었다. "여기서는 기술적인 부분에만 관심을 두지 않는다. 우리는 다른 사람들을 돕는 일을 하고 싶다. 우리는 세상을 바꾸고 싶어하는 사람들이다."

올해 나이 44세의 앤드루 매클로플린은 사우스다코타 출신으로 예일대와 하버드 로스쿨에서 훌륭한 교육을 받고 '자유 언론 변호사free speech lawyer' 즉 표현의 자유를 위해 싸우는 전문 변호사로 사회생활을 시작했다가, 그 후 운까지 따라주어 디지털 부문으로까지 경력을 확장하게 된 인물이다. 그가 표현의 자유를 위해 싸우기 시작한 것은 1990년대 초 미국시민자유연맹 ACLU를 변론하면서부터다. 당시 미국은 실로 예술 분야의 표현의 자유를 둘러싼 '문화 전쟁'이 한창이었다. 정부의 문화 기관들이 사진가 로버트 메이플소프, 안드레 세라노, 낸 골딘, 그리고 극작가 토니 커슈너 등 유명 예술가들의 작품을 선정적이고 동성애적이며 사도마조히즘적이라는 이유로 검열했기 때문이다. 게다가 얼마 후 의회에서 인터넷 분야를 규제하는 법이 통과된다. 백악관의 빌 클린턴 대통령의 섹스 스캔들로 민주당이 수세에 몰린 의회에서, 공화당 주도하에 미성년자 보호를 명목으로 인터넷 검열을 허용하는 '통신품위법'이 통과된 것이다. 그러자 표현의 자유 등 미국인의 기본권을 위해 미 정부와 싸워온 ACLU는 포르노를 포함한 웹상의 모든 콘텐츠에 대한 규제를 막기 위해 변호사 매클로플린을 내세워 법무장관 재닛 리노에 대해 위헌 소송을 제기한다. 법정 싸움이 계속되고 예기치 못한 변수가 불거지자 이 사건은 점점 더 큰 반향을 불러일으켰고, 결국 1997년에 대법원은 정부가 인터넷을 검열하는 것은 표현의 자유에 관한 미 수정헌법 제1조를 위반하는 것이라는 역사적인 '리노 대 ACLU' 판결을 내린다. 당시 아직 젊은 변호사였던 매클로플린은 이로써 인터넷의 가장 위대한 승리에 자기 이름을 올리게 된다. 매클로플린은 그 판결에 대해 다음과 같이 말했다. "상당히 기술적인 사례였지만 매우 결정적인 사건이었다. 대법원이 인터넷을 결국 다른 언론 분야와 동일시한 셈이었기 때문이다. 따라서 오프라인 언론과 마찬가지로 인터넷에서도 형태를 막론하고 그 어떤 검열도 이루어질 수 없게 됐다. 다만 TV 및 라디오 분야는 주파수의 희소성 때문에 정부가 어느 정도 규제권을 갖고 있다. 어쨌든 그날의 판결은 인터넷 역사를 바꾼 것이라 할 수 있다. 그로 인해 넷 분야가 중립성을 띠게 되었고, 수많은 사이트가 아무런 제약 없이 기하급수적으로 늘어날 수 있게 되었기 때문이다." 그의 말은 약간 과장일 수도 있지만, 어쨌든 그 판결이 인터넷 역사에서 하나의 전기가 된 것만은 분명하다. 그리고 젊은 변호사의 시야를 넓혀주는 계기가 되기도 했다.

매클로플린은 이야기할 때, 마치 인터넷 광속도를 흉내 내듯 상당히 빠른 속도로 말했다. 민머리에 기다란 안경을 쓴 그는 사흘간 면도를 하지 않아 하얀 턱수염이 자라 있었다. 손목에는 수면 시간과 일일 운동량을 측정해주는 웨어러블 밴드인 핏빗을 차고 있었다. 베타웍스에서 모퉁이에 있는 사방이 막힌 사무실, 즉 말 그대로 코너 오피스corner office를 쓰고 있는 사람은 몇 명 되지 않았는데, 그중 하나가 매클로플린이었다. 그 사실만 봐도 그가 인터넷계에서 차지하는 위치를 알 수 있었다. 소파에 기댔다가 다시 몸을 일으키는 자세를 반복하면서 그는 자기 삶에서 중요했던 순간들을 대략적으로 훑어줬다. 감정 표현이 풍부한 그는 말할 때 손을 많이 움직였는데, 그 손짓만 보면 무척 불안하고 산만한 사람 같기도 했다.

인터넷은 1990년대 초반에는 전문가들만의 영역이었다. 스탠퍼드와 UCLA, USC, 하버드, MIT 등 캘리포니아와 매사추세츠의 일부 대학을 나온 컴퓨터 전문가들만의 분야였다. 구글도 페이스북도 없었던 그 시절, 앤드루 매클로플린은 몇몇 세미나와 회의를 오가다가 웹 분야의 '선구자'들을 만났다. 인터넷 프로토콜 공동 개발자 밥 칸과 빈트 서프(국제인터넷주소관리기구인 ICANN 대표를 역임했으며 현재는 구글 부사장 겸 '인터넷 수석 전도사'), 빌 클린턴 정부의 인터넷 규제 위원 래리 어빙, 그리고 인터넷 주소 체계를 창시한 존 포스텔 등이었다. 그중 포스텔은 당시 미 상무부 소관이던 인터넷 주소 관리 업무를 담당할 독자적인 기관 ICANN을 만들기 위해 미 정부와 협상을 벌이고 있었는데, 매클로플린이 그의 변호사가 되면서 바로 그 협상 자리에 참석하게 된다. 그리고 마침내 창설된 ICANN의 첫 번째 직원은 바로 매클로플린 본인이었다. 그는 "당시만 해도 ICANN의 급여는 미 상무부 산하 국립과학재단에서 나왔다"고 말했다. 그러나 독자적인 이사회가 꾸려지면서 ICANN은 점차 독립성을 획득하게 된다. 매클로플린은 4년간 ICANN의 정책총괄책임자Chief Policy Officer, 재무총괄책임자Chief Financial Officer를 거쳐 결국 부회장직에까지 오른다.

2004년 하버드 대학에 잠시 머물던 매클로플린은, 당시 신생 벤처기업이던 구글에 전격 합류한다. 실리콘밸리로 가서 구글의 대표 래리 페이지와 세르게이 브린 바로 밑에서 일하게 된 것이다. 공무 책임자로서 그는 대정부 로비활동을 벌였고, 또한 중국 진출을 꿈꾸는 구글 대표를 대신해 검열에서 자유로운 구글의 활동을 보장받기 위해 중국으로 건너가 중국 당국 측과 협상을 벌이기도 했다. "당시 나는 6주에 한 번씩 중국으로 날아갔으며, 때로는 래리, 세르게이와 함께 가기도 했다. 장단점을 충분히 저울질해본 뒤, 나는 두 사람에게 중국 진출 포기를 권유했다. 하지만 구글 이사회는 결국 중국 진출을 결정했고, 나는 그들의 의견에 따라야 했다." (중국 당국의 검열이 도를 넘자 2010년에 구글은 결국 중국을 버리고 홍콩으로 옮겨갔다.)

구글 지도부에서 5년을 일한 매클로플린은, 그 후 버락 오바마 대선 캠프에 합류한다. 민주당 경선에서 힐러리 클린턴이 지기 전부터 매클로플린은 오바마 쪽에 승부수를 던진 상태였다. 그의 시각에서 봤을 때 인터넷을 이해할 사람은 오바마밖에 없었기 때문이다. 2008년 말 오바마가 대선에서 당선되자, 그는 대통령직 인수위원회로 들어간다. 그리고 2009년 1월 오바마가 백악관에 입성한 이후에는 미국 대통령의 디지털 고문 겸 그의 첫 CTO(최고기술경영자)가 된다. "정확히 말하면 나는 부CTO였다. 구글 출신이라 상원이 내게 CTO 자리는 결코 허락하지 않았을 것이다. 대신 대통령은 디지털 고문만큼은 내가 맡아주길 원했다."

'웨스트 윙West wing'이라 불리는 그 유명한 백악관 서관으로 들어갔을 때, 개 한 마리가 나를 보며 으르렁거렸다. 치안 강화의 필요성은 십분 인정하지만, 이미 보안 요원들의 엄격한 수색을 여러 차례 거친 뒤라 개 검문까지 받을 필요는 없을 것 같았다. 어쨌거나 영화 속 한 장면 같은 상황이었다.

미 행정부 인력 대부분이 근무하는 아이젠하워 빌딩은 정말이지 벌집처럼 복잡하고 정신없는 곳이었다. 복도와 계단은 미로 같은 구조였고, 모두 고위직으로 보이는 여러 자문위원이 분주한 발걸음으로 돌아다녔으며, 영향력 있는 전략전술가로 보이는 사람들도 떼거리로 몰려 있었다. 오바마의 고문 두 명이 나를 맞아주었는데, 그들은 미국식 은어인 'background only' 'not for attribution'과 같은 표현을 쓰면서 자신들과의 인터뷰 내용을 인용하지 말아달라고 부탁했다. 쉽게 말해 오프더레코드로 인터뷰를 진행하자는 말이었다. 대통령의 디지털 혁신 정책 고문인, 데이비드 에덜먼과 디지털 전략 고문인 네이트 루빈은 모두 준비된 시나리오에서 한 치도 어긋남이 없는 답변만 늘어놓았다. 그들의 이야기를 들으면서 나는 사무실 벽에 걸려 있는 오바마 대통령의 사진을 주시했다. 머리 위에 하얀 후광 같은 게 있어 마치 성인처럼 보이는 오바마의 모습이 경직된 그 성전 안을 한결 유머러스하게 만들어주는 듯했다.

백악관의 인터넷은 누가 담당할까? 상당히 많은 사람이 담당하고 있었다. 우선 디지털 분야의 공공 정책을 담당하는 자문위원들이 있었고, 오바마 개인의 인터넷 커뮤니케이션을 담당하는 자문위원들도 있었다. 하지만 앤드루 매클로플린은 "오바마가 대통령 당선과 재선을 위해서는 인터넷을 매우 잘 활용한 반면, 공공 정책을 정할 때는 인터넷 활용에 매우 부진한 모습을 보였다"고 잘라 말했다(그는 오바마 집권 1기 때 백악관을 떠났다).

정책적으로 가장 중요한 자리는 오바마가 새로 만든 직위이자 대통령 고문직을 겸하게 되는 CTO로, 현재는 토드 박이 맡고 있다. CIO(Chief Information Officer, 최고정보책임자)도 따로 두고 있는데, 현재는 스티브 밴뢰켈이 맡고 있다. 이 두 가지 직위가 백악관과 연방 정부의 디지털 정책을 총괄한다. 구체적으로 말하면 CTO는 미국 정부 기관·도시·기업의 웹사이트가 오픈 데이터로 전환해 더욱 활발하게 교류할 수 있는 '스마트'한 환경을 조성할 것을 홍보하는 일을 맡고 있다. CIO가 하는 일은 각 부처의 디지털 정책을 조율해 공동 표준을 만들어 그에 따른 정부 투자를 결정하는 것이다. 연방 정부 차원의 기술 분야 투자금은 (관련 정보를 얻을 수 있는 사이트인 IT Dashboard에 게시된 공개 자료에 따르면) 연간 800억 달러 수준인데, 백악관이 직접 운용하는 이 막대한 자금이 미국의 디지털 생태계, 즉 IT 재벌, 신생 벤처 기업, 대학을 비롯한 R&D 기관, 데이터 센터, 클라우드 업체 등을 뒷받침하는 강력한 자양분인 셈이다.

앤드루 매클로플린은 "대체로 CTO가 대외적인 부분을 맡고, CIO가 행정부 대내적인 측면을 담당한다고 보면 된다"고 요약해주었다. 뉴아메리카 파운데이션New America Foundation 재단에서 인터넷 파트를 맡고 있는 사샤 메인라스는 "CTO는 사실 딱히 쓸모 있는 자리가 아니다. 일종의 치어리더라고 보면 된다"고 비꼬아 말했다.

행정부에 속하며 사무실도 백악관 내에 있어 대통령과 직접 연결되는 CTO와 CIO가 마련한 정책을 실제로 시행하는 기관은, 그리 많이 알려지진 않았지만 매우 중요한 역할을 맡고 있는 미 상무부 산하의 전기통신정보국NTIA이다. NTIA 청장은 상무부 차관보에 해당되는 자리이기에 매주 백악관에서 열리는 상무부 총괄 회의에 소집되는데, 현재는 로런스 스트리클링이 맡고 있다.

"처음에 NTIA는 그저 백악관 소속의 일개 사무국에 불과했는데, 당시 명칭은 대통령 기술실Office of the President for Technology이었다. 1978년 지미 카터 정부 시절에 백악관 체제가 축소되면서 이 기관은 상무부로 이관됐다." 1990년대 초 빌 클린턴 정부에서 통신 담당 차관보를 역임한 래리 어빙은 이와 같이 회고했다. 내가 래리 어빙과 만난 해이애덤스 호텔의 라파예트 레스토랑 창문들은 모두 백악관 쪽으로 나 있었다. 브루클린의 흑인 빈민가에서 태어나 스탠퍼드 로스쿨을 졸업한 래리 어빙은 클린턴 행정부의 상징적 인물이다. 그가 걸어온 행보는 그의 품위 있는 몸가짐만큼이나 인상적이다. 아마도 그가 '디지털 격차digital divide'라는 단어를 제일 먼저 사용한 사람일 것이다. 그리고 그보다 더 중요한 사실은 바로 그 디지털 격차를 줄여야 한다고 정부에 제안한 최초의 인물이라는 점이다. "원칙적으로 NTIA는 대통령과 밀접한 관계를 유지해야 한다. 당시에는 매주 화요일 앨 고어 부통령 집무실에서 디지털 분야 회의가 열렸다. 그때만 해도 미국의 인터넷 접속 인구는 100만~200만 명 수준에 불과했다. 즉 우리가 모든 걸 만들어내야 하는 상황이었다." 백악관에서 열린 그 주간 회의에는 인터넷과 관련된 모든 담당자가 소환되었기에 NTIA는 물론 국무부와 상무부의 인터넷 담당자, 그리고 법무부 산하 반독점국 국장과 연방통신위원회 FCC 위원장도 참석해야 했다. "그때 이미 우리는 그 회의에서 디지털 격차와 사생활 분야에 관한 논의를 했다. 하지만 그때는 구글도 없던 인터넷 태동기에 불과해서 우리가 하는 이야기가 무슨 뜻인지 이해하는 사람이 별로 없었다."

지금은 그때와 상황이 많이 달라졌다. 상무부 관계자를 만났을 때 나는 NTIA가 디지털 분야는 물론이고 전통적인 통신 관련 업무인 위성 관리와 공용 및 군용 주파수 분배도 담당함을 알 수 있었다(참고로 민용 주파수 분배는 FCC가 맡는다). NTIA의 국제 관계 관리자인 피오나 알렉산더는 "우리의 역할이 많이 달라졌다"면서 "미국에는 통신부가 없는 대신 여러 행정 당국과 담당청이 통신 문제를 관리한다"고 덧붙였다. NTIA는 특히 초고속 인터넷 분야와 디지털 정책, (국가정보기관과 연계하여) 사이버 보안 문제, (상무부 특허청Patent&Trademark Office 및 백악관 산하 지식재산권총괄청Intellectual Property Enforcement Cordination Office 과 협력해) 저작권 보호 문제에 집중하고 있으며 디지털 격차를 줄이기 위한 연방 정책도 총괄한다. 또한 클린턴 정부하에서 미국의 1만 6400개 국립도서관과 10만 개 학교 도서관의 인터넷 부문 계획을 담당한 NTIA는, 현재의 오바마 체제하에서는 2009년부터 실시된 미 경기부양책의 인터넷 부문 계획을 담당하고 있다. 40억 달러라는 막대한 예산을 바탕으로 2015년까지 실시되는 이 계획은 디지털 격차 해소보다 디지털 문해력digital literacy 증진을 우선 과제로 삼고 있다. 즉 디지털 문맹을 해소해 디지털 문화 습득 능력을 신장시키겠다는 것이다. 미국 내 도서관들을 대표하는 주요 로비 단체인 미 도서관 연합American Library Association 디지털 부문 담당자 라라 클라크는 "이번에도 국립도서관이 NTIA가 수립한 계획의 중심에 있다"면서 다음과 같이 말했다. "미국 내 도서관들은 웹 접속을 100퍼센트 무상으로 제공한다. 따라서 외딴 시골 지역이나 도심 빈곤 지역에 거주하여 집에서 인터넷 접속을 할 수 없는 사람들은 도서관에 가면 인터넷 페이지를 열어볼 수 있다. 우리는 도서관의 미래가 디지털화에 있다고 생각한다. 도서관은 상업성이 배제된 공간이지만, 어느 지역에 사는 누구나 쉽게 찾을 수 있는 거리에 있는 웹 서비스 이용 공간으로 거듭난다면 계속해서 살아남을 수 있을 것이다." (클라크는 '비블리오테크BiblioTech'라는 단어를 여러 차례 사용했는데, 그것은 종이책이 없는 신형 도서관을 말한다. 미국 내 비블리오테크는 현재 NTIA의 재정 지원을 받아 운영된다. 대표적인 비블리오테크로 텍사스 주 샌안토니오에 있는 베어 카운티 디지털 라이브러리Bexar County Digital

Library를 들 수 있는데, e-리더기 500대와 컴퓨터 48대를 갖추고 있으며 종이 책은 단 한 권도 없는 반면 전자책 1만 권을 소장하고 있다.)

좀더 전략적인 차원에서 NTIA는 전 세계 인터넷 거버넌스에도 참여한다. 국제 도메인 이름을 관리하는 ICANN 이사회에서도 NTIA가 미 정부를 대표한다. 더욱이 NTIA는 원칙상 독립 기관인 ICANN 측과 독점 계약을 맺고 있어 ICANN이 미국 내 법인 지위를 유지하도록 강제하고 있다. 그러한 방법으로 미국 정부는 IP 주소와 도메인 이름 배분을 담당하고 있는 그 세계적인 인터넷 조직을 실질적으로 감독하고 있는 것이다. NTIA는 미 상무부에 속한 기관이고 미 상무부는 백악관에 종속된 부처이기에, 이로써 우리는 미 정부가 암묵적으로 추구하는 목표가 무엇인지 개략적으로 알 수 있다. 미국에 있어 통신 분야를 담당하는 기관은 자국의 보안과 관련된 기관이 아니라 일종의 비즈니스 기관인 것이다.

NTIA 본부에서 나는 피오나 알렉산더 및 그녀의 두 동료와 함께 오랜 시간을 보냈다. 그들은 내게 수많은 녹서와 백서와 청서를 보여주었는데, 그 안에는 사생활, 소비자, 저작권, 전자상거래, 사이버 보안 문제 등과 관련된 미국의 공공 정책이 단계별로 어떻게 달라졌는지를 기록한 문서들이 담겨 있었다. 그 문서들을 녹서, 백서, 청서로 구분하여 수록한 기준을 물어봤더니 피오나는 이렇게 대답했다. "녹서는 회의 중에 제안된 여러 견해를 담고 있고, 백서는 그런 견해 중 최종 승인된 내용을 담고 있으며, 청서는 그중에서 실행에 들어간 내용을 담고 있다. 이런 서류 구분 방법은 유럽에서 건너온 것으로 알고 있다."

연방통신위원회

"내가 레이건 대통령에게 거부권을 쓰라고 했다. 대통령은 그렇게 했고, 법은 공포되지 않았다. '공정성 원칙fairness doctrine'은 완전히 제거됐다." 앨프리드 사이크스는 이렇게 말하며 내심 즐거워했다. 그가 사는 메릴랜드 주의 작은 도시 이스턴까지 가기 위해서는 워싱턴에서 차로 거의 두 시간을 달려가야 했다. 레이건 정부 시절 상무부 차관보와 NTIA 청장을 지낸 뒤 조지 부시 정권하에서 연방통신위원회 FCC 위원장을 역임한 사이크스는, 은퇴 후 시골 한복판에 농장 하나를 만들었다. 그리고 그곳에 옥수수와 아스파라거스는 물론 사과나무와 복숭아나무도 심었다. 직접 꿀을 채취하려고 벌집도 갖다놓았다. 사이크스는 그 농장으로 나를 초대했다. 미국 통신 역사의 거물이 지금은 그렇게 농장을 가꾸며 지낸다는 것이 묘하게 느껴졌다. 73세의 사이크스는 내게 자신의 아내 마티 여사와 강아지 두 마리를 소개했다. 첫 번째 강아지는 검은색 래브라도 암컷인 제니였고, 두 번째 강아지는 웨스트 하일랜드 화이트 테리어 수컷인 맥이었다. 사이크스는 "애플 컴퓨터의 그 맥Mac"이라고 짚어주었다.

앨프리드 사이크스는 공화당 온건파로, 친절하고 신중한 성격이었다. 다만 내가 에드워드 스노든의 이름을 거론하자 얼굴이 굳어지더니 "배신자"라고 딱 잘라 말했다. 에드워드 스노든은 자신이 정보 요원으로 일한 미 국가안보국 NSA의 인터넷 정탐활동 관련 기밀문서 수천 건을 영국 일간지 『가디언』에 제보하여 화제가 된 인물이다.

"내가 레이건 행정부에서 NTIA를 이끌던 시절에는 인터넷이 없었기에, 우리의 우선 과제는 일단 위성 분야였다. 그 후 내가 부시 행정부의 FCC 수장이 되었을 때는 사람들이 인터넷의 미래에 대한 감을 잡기 시작한 시기였다. 다들 그 '네트워크의 네트워크'에 대한 이야기를 나눴고, 나 역시 조만간 세상 모든 컴퓨터가 서로 연결되면 모든 게 달라지리라는 걸 직감했다." 미국의 두 주요 통신 기관을 차례로 다스린 흔치 않은 경험을 한 그에게, 나는 양쪽 기관의 차이를 물어봤다. 70대의 공화당원인 그는 진지하게 대답했다. "NTIA는 일종의 자위행위 같은 것이다. 진짜 여자랑 자는 건 바로 FCC다."

FCC는 1934년 루스벨트가 창설한 조직이다. 이후로 어떻게 해서 이 조직이 인터넷을 규제할 수 있었는지 이해하려면, 설립 초기의 역사를 알아볼 필요가 있다. 루스벨트의 시각에서 봤을 때 1929년 경제공황 요인 중 하나는 몇몇 기업의 지나친 독점이었다. 따라서 그는 기업의 독점적 지위 남용 척결을 우선 과제 중 하나로 삼았다. 그렇다고 그가 반자본주의 철학을 가진 것은 아니었다. 시장경제에 규제를 가하려 한 것이지 시장경제 자체를 끝장내려 한 것은 아니었다.

루스벨트는 우선 의회에 한 법안을 통과시켜줄 것을 부추긴다. 그것이 바로 그 유명한 1934년 통신법이다. 그 법에 따라 주파수와 라디오를 규제하는 기관인 FCC가 탄생한다. "FCC는 뉴딜 정책의 정신을 구현하고 있었다. 공익을 위한 임무를 수행하는 기관이었던 것이다." 빌클린턴 행정부 시절 FCC 위원장이었던 윌리엄 케너드는 이렇게 강조했다. 1934년 통신법에는 '코먼 캐리어common carrier'라는 중요한 개념이 등장하는데, 이는 오늘날까지도 디지털 콘텐츠에 차별화를 둬야 하는지에 대한 논란의 중심에 서 있는 개념이다. 딱히 번역하긴 애매하지만 일종의 '공익 사업자'를 가리키는 '코먼 캐리어'라는 개념이 1934년 통신

법에 등장했다는 것은 전화 신호나 라디오 신호를 전파하기 위해 사용되는 네트워크가 물이나 전기 같은 공공재로 취급되고 있음을 의미한다. 더욱이 신문과 달리 헤르츠파를 쓰는 라디오의 경우, 주파수 자원의 희소성에 따른 특정한 법적 의무를 지고 있다. 헤르츠파의 전파 도달 범위는 미국인 모두의 재산에 속하므로 정부는 인가된 라디오 전파에 주파수 형태로 라이선스만 부여해줄 뿐이다. 그러므로 라디오 전파를 송신하는 측에서는 '공공의 이익'을 위해 전파를 운용해야 하며, '동등한 기회'를 제공해야 한다. 가령 선거운동 기간에는 모든 정당 후보자에게 똑같은 기회를 부여해야 한다. 이에 1934년 법은 미 수정헌법 제1조에서 규정하는 '표현의 자유'를 재확인하면서도 다원주의에 입각하여 이를 해석함으로써 지상파의 영향력이 고르게 배분될 수 있도록 한다.

1949년 FCC는 (정당한 다원주의를 구현하는 차원에서) '공정성 원칙'을 천명한다. 이 원칙에 따라 라디오 및 텔레비전에서는 공익성 프로그램 방송이 의무화됐으며, 다양한 의견을 수렴하는 발언대도 제공해야 했다. 이는 수정헌법 1조를 근간으로 하는 미국적 개념인 '표현의 자유'에 상당한 변화를 일으킨 조치였다. 이전까지 미국에서 표현의 자유는 그 무엇으로도 침해할 수 없고 그 어떤 제약도 허용되지 않는 절대적 자유였는데, FCC가 '공정성 원칙'을 내세워 헌법을 위배하고 나선 것이다. 라디오는 신문과 달리 희소성 있는 전파를 사용하는 매체이기에, 완전한 자유보다 일정 정도 '중립성'이 우선되어야 한다는 것이 그 이유였다. 그로 인해 방송국에서 표현의 자유는 '권리'가 아니라 하나의 '의무'가 되었다. 대중은 다양한 관점을 들을 권리를 누릴 수 있어야 하기 때문이다.

　이후로 FCC는 한발 더 나아가 지역 방송 차원에도 다원주의 개념을 적용한다. 당시 미국의 일부 도시는 NBC와 CBS라는 두 개의 방송 네트워크가 사실상 복점複占 시장을 형성하고 있었다. FCC의 시각에서 이는 다원주의를 해치는 행위였다. 이에 FCC는 TV 네트워크 방송사가 미국 내의 한 도시에서 하나의 채널만 소유할 수 있도록 하는 엄격한 독점 방지 규정을 제정했다(또한 한 TV 네트워크 방송사가 한 주에서 라디오와 TV 채널을 12개 이상 소유할 수 없게 했다). 이 같은 다원주의 규정이 도입되자마자 NBC는 바로 그에 반발하여 법원에 제소한다. 하지만 대법원은 다원주의 원칙을 확인시키며 NBC 측에 다수의 방송국 매각을 권고하는 그 유명한 1943년 판결을 내린다. 이로써 세 번째 지상파 네트워크 방송사인 ABC가 탄생한다.

　루스벨트 정신과 마찬가지로 당시의 FCC 및 대법원의 논리도 반자본주의적인 것은 아니었다. 즉 상업적 지상파 네트워크 방송사를 제거할 목적을 가진 것은 아니었다는 뜻이다. 더욱이 1940~1950년대는 미국식 미디어 모델의 요체인 '신디케이션' 시스템이 수립됨으로써 민영 네트워크 방송사가 크게 발전한 시기였다. (독립적인) 지역 방송국들이 지상파 방송사들과 제휴를 맺고 그들로부터 프로그램 수백 개의 배급권을 사서 미국 전역에 방송할 수 있었던 것이다(신디케이션 시스템으로 인해 생긴 배급권 수입이 이후 광고 수입과 더불어 미국 지상파 네트워크의 주요 수입원이 된다). 하지만 FCC는 이 같은 신디케이션 시스템에도 1970년부터 다음과 같은 엄격한 규정을 부과한다. 지상파 네트워크 방송사 측이 신디케이션 시스템을 통해 배급하는 시청각 프로그램에 대해서는 저작권을 보유하지 못하도록 한 것이다. FCC가 흔히 핀신룰 Fin-Syn rule('Financial Interest and Syndication Rules'의 약칭)이라 불리는 이런 규정을 만든 목적은, 지상파 방송사들의 저작권을 제한함으로써 그들이 독립 제작업체에 외주를 맡기는 것을 장려하기 위해서였다. 그러니 당시 FCC의 기본 논리는 반자본주의적인 것이 아니라, 오히려 기업 독점을 해소하고 '공정한' 경쟁을 장려하려는 지극히 자본주의적인 것이었다.

레이건과 부시 정권하에서 일했던 앨프리드 사이크스는 다음과 같이 말했다. "나는 FCC에 들어가기 전부터 나름의 계획을 가지고 있었다." 그것은 미디어 부문에 대한 대대적인 손질을 하겠다는 계획이었다. 그리고 그는 바라던 것 이상의 결과를 얻어낸다.

"지상파 네트워크가 세 개밖에 없을 때는 다원주의와 정치적 공정성을 강요할 필요가 있었다. 그러나 1980년대 이후 채널 수가 꾸준히 증가해 미국에 수백 개의 방송 채널이 생기자, 우리는 채널의 양적 증가가 곧 다원주의와 정치적 균형을 보장한다는 것을 깨달을 수 있었다. 상황이 그러했기에, 그때까지만 해도 논평의 자유가 없어 온건하고 미온적인 입장만 취했던 방송국 측에 선택과 결단의 권리를 되돌려줄 필요가 있었다. 'opinionated'한 채널로 만드는 것, 그것이 내 계획이었다." 사이크스가 이 대목에서 쓴 'opinionated'라는 영어 단어를 적절히 번역하기란 쉽지 않은데, 독선적인 수준까지는 아니지만 대개 확고하고 단정적인 자기 생각을 가진 사람을 표현하는 말로 사용된다.

이런 공화당의 입장에 따라 FCC는 1987년에 공정성 원칙을 폐기한다. 이어 법원과 의회도 차례로 이 원칙에 반대한다. 민주당은 법을 통해 억지로라도 이 원칙을 되살리려 했지만, 레이건 대통령은 당시 NTIA 청장으로 있던 사이크스의 조언에 따라 거부권을 행사한다. 사이크스는 "FCC에서 먼저 공정성 원칙을 사살한 뒤, 레이건이 다시 한 번 확인 사살을 한 격"이라며 흐뭇해했다. 그에 따른 결과는 즉각적으로 나타났다. 공정성 원칙이 폐기되지 않았더라면 강경 보수적 성향의 폭스 뉴스Fox News 채널이 그렇게 막강한 힘을 발휘하지 못했을 것이며 러시 림보, 글렌 벡, 빌 오라일리 등이 진행하는 극우적 성향의 토크쇼도, 아울러 앨 프랭컨의 극좌적 토크쇼도 세상의 빛을 보지 못했을 것이다.

공정성 원칙으로부터 멀어진 텔레비전 채널은 이로써 일반 언론 매체 시스템을 따라가며 헌법에서 보장된 절대적 자유를 만끽한다. 그리고 이는 곧 인터넷 분야의 모델로 작용한다.

TV 신디케이션 규정과 관련해서도 비슷한 상황이 연출됐다. 사이크스는 다음과 같이 말했다. "규모가 큰 지상파 네트워크 방송사는 더 많은 자유를 필요로 했고, 지역 방송국들을 통해 방송되는 자사의 프로그램 저작권도 되찾을 필요가 있었다." NBC와 CBS, ABC에 이어 제4의 지상파 네트워크 방송사로 등장한 폭스 채널의 사례를 살펴보면 자유가 우선시되던 변화의 본질을 읽어낼 수 있다. 호주 출신의 대부호 루퍼트 머독은 레이건 행정부와 가까웠던 보수주의자로, 할리우드 영화사인 20세기폭스를 인수하면서 미국에 첫발을 내딛는다. 1985년부터 그는 다수의 지역 텔레비전 방송국에 투자하면서, 조금씩 자신의 지상파 방송국을 만들기 위한 발판을 닦는다. 그는 그 과정에서 미국 국적까지 취득했다. FCC는 외국인이 미국 TV 채널을 소유하는 것을 불허했기 때문이다. 이제 루퍼트 머독에게 걸림돌이 되는 문제는 '핀신룰' 규정이었다. 그 규정으로 인해 자신의 20세기폭스가 제작한 영화를 자신의 지상파 네트워크 방송사에서 방영하고 싶다는 꿈을 못 이루게 될 수도 있었다. 이러한 상황에서 루퍼트 머독이 선택할 수 있는 길은 세 가지였다. 지상파 네트워크 방송사를 소유하고 싶다는 꿈을 포기하든가, 영화사를 팔든가, 아니면 핀신룰 규정을 바꾸는 것이었다.

당시의 루퍼트 머독의 움직임에 대해 사이크스는 다음과 같이 말했다. "우리는 그가 네 번째 지상파 네트워크 방송사를 탄생시키기를 바랐다. 그렇다고 머독에게 영화사를 팔라고 요청할 수는 없었다. 나는 바로 지금이 신디케이션에 관한 규제를 풀 때라고 생각했다." 1980년대부터 서서히 약화되던 핀신룰은, 사이크스의 계획대로 1993년에 FCC에 의해 완전히 폐기된다. 이렇듯 모든 기반이 조성된 상태에서, 폭스 채널은 미국의 네 번째 지상파 네트워크 방송사가 된다. 1940년대 이후 미국에서 개국한 방송국 중 지상파 네트워크 방송사로 발전한 것은 폭스가 처음이었다. 폭스는 보수적인 성향의 폭스 뉴스를 앞세워 수많은 위성, 케이블, 인터넷 채널을 거느리는 눈부신 성공을 거두게 된다.

50년 가까이 미국 통신계를 지탱해오던 루스벨트식 구상이 1980년대부터 서서히 무너지기 시작한 것은 공화당의 새로운 어젠다인 '탈규제' 때문이었고, 사이크스가 바로 그 어젠다를 만들어낸 사람들 중 한 명이다. '탈규제'는 어쩌면 1980년대의 시대정신이었다고 할 수도 있지만, 어쨌든 이는 이후 인터넷 분야에도 지속적인 영향을 미친다.

미디어 독점 현상은 콘텐츠의 다양성과 맞지 않는다는 미국 내의 오래된 중론에 대한 반박이 시작된 시기도, 바로 이 레이건 정부 시절인

1980년대였다. 보수주의 경제학자들을 중심으로 시작된 이 움직임을 우파 싱크탱크가 이어받아 미디어 다원주의에 대한 재해석을 가해 새로운 사상으로 발전시킨 끝에, 마침내 부시 정부 시절 이 사상이 구체화된 정책이 의회에서 만장일치로 통과된다. 민주당까지 찬성한 것이다. 이후로 빌 클린턴과 버락 오바마 정부도 이 사상을 정책 기조로 삼았다. 이 모순적이고 반反직관적인 사상에 따르면, 생산수단의 소유자와 콘텐츠의 다양성 사이에는 아무런 관련이 없다. 보수주의 경제학자들은 심지어 미디어 재벌들이 콘텐츠 다양성을 더 키워줄 것이라고 주장했다. 한 지역에 유선전화 사업자도 케이블 사업자도 하나뿐이라면 경쟁이 존재할 수 없음에도 불구하고, 그들 사이에서 새로운 경쟁이 발생할 것이므로 어떤 규제도 필요 없다는 것이 이 보수주의 경제학자들의 주장이다.

이 새로운 사상에 따라 FCC는 다원주의 보호 차원에서 규제를 중시하던 기존 입장에서, 시장경제가 장려하는 경쟁을 중시하는 입장으로 변모한다. 이것을 계기로 미국의 통신 분야뿐 아니라 다른 분야의 정책까지 규제 중심에서 경쟁 중심으로 이행한다.

FCC는 미 대통령이 선정하는 다섯 명의 위원으로 구성되는데, 위원장을 포함한 세 명은 여당 측 사람 중에서, 나머지 두 명은 야당 측 사람 중에서 뽑아야 한다. FCC 위원들 모두 상원의 비준을 받아야 하며 한번 선정된 의원은 변경할 수 없다. FCC의 공무원 2000명은 직업상 비밀 준수의 의무를 가진다(관련 연구 조사에 따르면 FCC 공무원은 대개 민주당 소속이라고 한다). 2013년 기준 3억5000만 달러 규모에 이르는 FCC의 예산은 '적자 중립성deficit neutral' 원칙에 따른다. FCC 본부 사람들은 다들 이 단어를 많이 사용했는데, 이 기관이 정부에서 재정을 지원받는 게 아니라 규제 관련 비용과 매체들이 지급한 사용료로 자금을 마련하기 때문이다. 사이크스는 "FCC가 미국의 일반 납세자 돈은 한 푼도 받지 않는다"고 단언했다. 새로운 주파수 할당 방식을 제안한 이도 바로 사이크스였는데, 시청률이나 추첨을 통한 기존의 방식 대신 주파수 경매 방식을 내세운 것이다. 이후 전 세계 다른 지역으로도 확산된 이 같은 주파수 할당 방식은 공화당 측에서 제안한 것이었지만 최종적으로는 민주당에서 선호하는 방식이 되었다. 연방 정부의 금고를 채워주는 방식이기 때문이다. FCC가 정치적 독립성보다 경제적 독립성을 가졌다는 것은, 이 기구의 정체성을 짐작하게 해주는 핵심 요소다. 그리고 FCC의 경제적 독립성은 양쪽 정당의 국회의원들 모두가 마음에 들어하는 부분이다.

"사실 공화당 소속이든 민주당 소속이든 국회위원들은 우리 일에 대해 잘 알지 못한다. 우리가 하는 일은 그들의 이해 수준을 넘어서는 것이기 때문이다. FCC 위원들은, 대통령과 의견 일치를 보지 못하면 언론의 관심을 더 받을 수 있다는 사실을 정확히 인지하고 있다." 사이크스는 이렇게 냉소적으로 말한 후, FCC는 의사 결정을 할 때 거의 만장일치 결과가 나오며(평균 94퍼센트) 소수의 안건(전체 안건의 6퍼센트)만 논란이 된다고 얘기했다. 그는 "규제에서 경쟁으로 가는 것이 내 철학"이라며 다음과 같이 말했다. "우리 목표는 더 이상 규제에 있지 않다. 그보다 우리는 건전한 경쟁을 장려한다. 이 같은 모델은 인터넷 분야에도 적용됐다. 이러한 경쟁 철학에 대해서는 공화당과 민주당이 어느 정도 의견 일치를 보고 있다."

내가 만난 역대 FCC 위원장이나 위원들이 모두 사이크스의 의견에 공감하는 것은 아니었지만, 다들 1980년대 이후 FCC가 달라졌음은 시인했다. 클린턴 정부에서 FCC를 이끈 리드 훈트는 "내가 위원장이었던 시절에는 내가 규제자 역할을 했다. FCC는 규제 기구"라고 강조했다. 하지만 루스벨트가 꿈꾸던 독립적인 기관이 이제 꽤 변했다는 사실에 대해서는 리드 훈트 역시 공감했다. 요금에 대한 규제를 하기보다는 더 더욱 경쟁을 가속화하고 있다는 것이다. 훈트는 내게 "공화당의 통신 정책과 민주당의 통신 정책 사이에 어떤 차이가 있는지 아느냐"며 심술궂게 물었다. 워싱턴에 있는 그의 변호사 사무실 건물에서 인터뷰를 진행했을 때였는데, 그는 보드마커를 집더니 화이트보드 위에 여러 개의 동그라미를 그렸다. "공화당 입장에서 공정한 경쟁이란 독점, 복점 체제를 말한다. 최악의 경우 한 분야에서 세 개 업체가 경쟁하는 수준까지는 공정한 경쟁으로 쳐준다. 민주당에서는 네 개 업체부터를 경쟁으로 친다."(참고로 그는 민주당 소속이다.) 이어 훈트는 그래프 하나를 그렸는데, 경쟁업체의 수에 따른 자본 마진이 어느 정도인지 한눈에 보여주는 그래프였다. "도식적으로 보면 대략 이렇게 된다. 당신이 독점을 하고 있을 때 마진율은 80퍼센트를 넘어간다. 두 개 업체가 시장을 양분하는 복점의 상태라면 마진율은 60퍼센트 정도다. 세 개의 경쟁업체가 있을 경우엔 40퍼센트로 떨어진다. 그리고 네 개 경쟁업체의 상황이라면 20퍼센트로 곤두박질친다." 그는 한눈에 들어오는 커브 곡선을 그리며 내게 말했다. "알다시피 규제를 원하는 기업이 어디 있겠나. 특히 독점적 지위를 누리고 있는 상황이라면 어떻게 될지 생각해보라. 나는 잘 모르겠지만 자본 논리를 신봉하는 공화당 쪽에서 독점을 선호하는 이유는 바로 여기에 있다. 이는 지극히 간단한 문제다."

　　그렇다고 공화당과 민주당의 구분이 꼭 명확하게 나타나는 것은 아니다. 빌 클린턴 행정부의 FCC 위원장 윌리엄 케너드는 민주당의 미디어 규제 정책도 많이 달라졌다고 주장한다. "압박이 상당했지만, 그렇다고 '공정성 원칙'을 되살리고 싶지는 않았다. 미디어 다원주의가 필요한 건 매체 공급이 드물 때의 얘기다. 채널이 10배나 늘어난 상황과는 맞지 않는다. 오늘날 공정성 원칙은 넷 중립성을 지키기 위한 우리 노력을 통해 나타난다." 조지 W. 부시 행정부가 FCC 위원으로 임명한 뒤, 이후 오바마 정부에서 다시 임명된 공화당 로버트 맥다월 위원도 공화당과 민주당의 뚜렷한 구분을 흐려놓는다. 맥다월 위원에 따르면 "오바마는 실리콘밸리 내 거대 넷 기업들과 철저히 이해관계를 같이한다." 2007년 1차 선거와 이어 2008년 및 2012년 대선 선거운동 당시 그 기업들이 오바마 진영에 막대한 자금 지원을 해주었기 때문이다. (당시 구글의 CEO였던 에릭 슈밋은 오바마 측근 인사로, 그의 공식 자문단 중 한 명으로 알려져 있다.) 넷의 중립성 문제나 NSA의 포괄적인 인터넷 감시 문제에 있어서도 민주당 측은 소비자들보다 실리콘밸리의 영향을 더 많이 받고 있다는 지적이다. "NSA는 사생활 침해에 관한 미국 수정헌법 제4조의 내용을 위반했다는 게 내 개인적인 생각이다. 일부 공화당 인사들도 나와 같은 생각을 하고 있으며, 정부의 권위와 감시에 대해 적대적이며 개인의 자유와 투명성을 추구하는 절대 자유주의 우파 모두 같은 생각이다." 양당이 함께 운영하는 FCC는 대부분의 사안에 대해 공화당과 민주당 사이에서 균형을 잡으려 노력한다. FCC의 법률 고문 제임스 버드는 워싱턴 본부에서 진행한 인터뷰에서 다음과 같이 짚어주었다. "우리의 주된 임무는 경쟁을 장려하는 것이다. 이는 비단 경쟁 체제를 보호하는 데서 끝나지 않는다. 우리는 적극적으로 경쟁을 부추기길 원한다." 그의 앞에 있는 테이블 위에는 청색 표지의 묵직한 자료집이 놓여 있었다. 족히 수천 페이지는 되어 보였다. 제임스 버드는 이게 "FCC의 바이블"이라고 말했다. 루스벨트가 만든 저 위대한 1934년 통신법의 1996년 수정법이었다.

FCC 내부에서는 바로 이 수정법을 둘러싸고 여러 사안에 대한 논란이 일어나기 시작했다. AT&T와 T-Mobile의 합병 문제가 논란이 되었을 때 FCC는 결국 합병에 반대했다. 합병이 이루어지면 이동전화 사업자 수가 네 개에서 세 개로 줄어들어 경쟁의 폭이 좁아지기 때문이었다(하지만 오늘날 FCC는 당시의 결정이 옳았다고 확신하지 못하고 있다). AT&T와 버라이즌Verizon이 유선 인터넷 시장을 복점하는 상황에 대해서는 인터넷 사업자 측에 거의 모든 것을 일임했다. 그 결과 소비자들은 경쟁을 통해 품질이 개선되지 않는, 요금만 비싼 서비스를 이용하게 되었다. FCC는 검색엔진 시장에서 시장 지배적 지위를 남용하고 있는 구글에 대해서도 방관만 하고 있다. 구글이 검색 시장에서 독점적 지위를 차지한 것은 "그럴 만한 이유가 있어서"라는 게 그들의 견해다. 구글 카가 거리 곳곳을 돌아다니면서 사진뿐만 아니라 민감한 개인 정보까지 아무렇지 않게 수집하고 있는 상황에 대해서는 조사를 실시했지만, 실질적인 성과는 아무것도 없었다. 지역 케이블 시장에서 독점적 지위를 남용하고 있는 사업자들에 대해서는 처음에는 뭉그적거리다가 결국 조사를 실시했지만, 그때는 이미 신규 사업자들이 그 시장에 뛰어들 수 있는 상황이 아니었다. 그 결과 미국 소비자들은 해당 지역에서 이미 독점적 지위를 확보하고 있는 케이블 네트워크 사나 유선전화 네트워크 사 중에 하나를 선택할 수밖에 없게 되었다. 유선 인터넷 분야도 경쟁이 없는 상태에서 접속 속도는 개선되지 않고 요금만 점점 올라가자, 그 분야의 기업 분산을 허용해야 한다는 의견이 제기되었다. 이에 대해 FCC는 긍정적인 답변을 냈으나 공화당은 그런 FCC의 의견에 동의하지 않았다. 그리하여 유선 인터넷 요금은 계속해서 올라갔고, 결국 미국인들은 전화를 통한 인터넷 접속보다 케이블을 통한 인터넷 접속을 선호하게 되었다(케이블 인터넷은 컴캐스트Comcast와 타임 워너Time Warner 두 곳이 복점 시장을 형성하고 있다). 리드 훈트는 "내가 위원장으로 있을 당시에는 FCC가 기업 분산을 요구하여 인터넷에 유리한 방향으로 나아갔으나, 내 뒤를 이어 FCC를 맡은 공화당 쪽 후임자들은 기업 분산을 거부했다. 이에 따라 기업 분산이 이루어지지 않은 상태에서 미국의 인터넷은 유선전화를 통해 성장하지 못하고 케이블을 통해 성장했다. 이는 규제가 없어서 생겨난 미국 시장의 특징적인 측면"이라고 말했다. (오늘날 미국 가정의 60퍼센트는 케이블을 통해 유선 인터넷에 접속한다. 전화를 통한 ADSL 접속은 32퍼센트, 광케이블을 통한 인터넷 접속은 8퍼센트에 불과하다. 즉 미국에서 초고속 인터넷은 그리 크게 발전하지 못해 전 세계 15위 수준이다.)

그렇다면 결과적으로 미국에서는 누가 인터넷을 규제하는 걸까? 인터넷 규제가 가능하기나 할까? 이는 대수롭지 않게 넘길 문제가 아니다. 그 답에 따라 미국 내 인터넷 운용 방식이, 나아가 전 세계의 인터넷 운용 방식이 크게 달라지기 때문이다. 이 문제에는 FCC의 원칙 문제도 관련되어 있지만 영역 싸움의 문제도 개입되어 있다.

FCC에는 인터넷을 규제할 권리가 있을까? FCC는 전화망과 위성, TV 채널에 관한 규제 권한은 분명 미 의회로부터 위임받았지만, 인터넷 규제 권한에 대한 법률적 기반은 불분명했다. 그런 상태에서 FCC가 인터넷 접속 서비스까지 제공하는 케이블 회사 컴캐스트와 전화 회사 버라이즌에 대해 넷 중립성과 관련한 규제를 가하려 하자, 그 회사들은 반발하여 법원에 소송을 제기했다(FCC의 모든 의결 사항에 대해서는 연방 법원에 제소할 수 있다). 2014년 1월 '버라이즌 대 FCC' 판결에서 버라이즌이 승소하자, 이후 FCC의 인터넷 통제 권한은 (미디어 관련 부분만 제외하고) 축소되었다. 그러자 모든 규제를 반대하는 공화당과 규제를 원하는 민주당 사이에서 반복되던 논쟁이 이번에는 인터넷 규제를 둘러싸고 또 한 번 벌어졌다. 공화당 측은 규제가 혁신을 죽이며 성장을 저해하고 고용 안정성도 훼손한다고 생각한다. 반면 민주당은 소비자의 권익 보호를 위해 규제가 필요하다고 생각한다. 다만 그 두 진영은 '넷 중립성'에 관해서는 공식적으로 모두 찬성하는 입장이었다. 대부분의 사람들도 같은 입장이다. 넷 중립성 원칙을 버리면 인터넷 접속 서비스 업체들이 특정 콘텐츠를 차단하거나 차별적으로 취급할 수 있고, 나아가 정부의 허가하에 유튜브나 넷플릭스 같은 콘텐츠 배포 업체로부터 돈을 받을 수도 있기 때문이다. 일부 사람들은 넷 중립성 폐기가 TV 방송에서 공정성 원칙을 폐기하는 일에 해당되기에, 만약 그런 일이 생기면 미국은 물론 전 세계의 웹에 큰 변화가 일어나 웹의 역사 자체가 달라질 것이라고 주장한다.

강제로 규제를 당하기보다는 외려 규제를 강화하는 쪽이 더 낫지 않겠냐는 입장도 있다. FCC 위원장이었던 민주당 소속 리드 훈트는 다음과 같이 주장했다. "내가 위원장이었던 시절 FCC는 인터넷을 따로 규제할 필요가 없을 만큼 규제 자체를 장려하자는 철학을 가지고 있었다. 당시 FCC가 인터넷에 개입하지 않았더라면 대신 다른 기관이 했을 것이다." 한편 FCC의 인터넷 개입에 반대하는 공화당의 로버트 맥다월은 이렇게 말했다. "의회는 FCC가 인터넷 분야를 맡는 것을 허용한 적이 없다." 그러나 FCC의 선임 고문 제임스 버드는 꼭 그렇지만은 않다고 말했다. 그는 1934년 통신법은 1조에서부터 '유선과 무선에 의한 통신communication by wire and radio'이라고 적시되어 있기에 라디오, 텔레비전, 전화, 위성, 케이블뿐만 아니라 인터넷에도 적용되며, 2010년에 의회가 초고속 인터넷 접속 장려 업무를 FCC 측에 맡긴 것은 사실상 FCC가 인터넷 분야를 담당하는 게 적법하다고 인정한 바라고 했다. 그러면서 다음과 같이 덧붙였다. "우리가 인터넷을 직접적으로 규제할 수는 없지만 전파와 전화선, 케이블을 규제하여 인터넷이 독점 상태에 빠지지 않도록 할 수는 있다." 오바마 정부의 한 자문위원은 내게 다음과 같이 단언했다. "우리 입장은 분명하다. 넷 중립성 수호, 이것이 우리 원칙이다." 하지만 미국 연방 통신법은 인터넷이 생기기 이전에 만들어졌기 때문에 이 법을 인터넷에 적용하기에는 분명 애매한 면이 있었고, 인터넷 규제 권한이 정부의 어느 기관에 있느냐에 대한 해석도 분분했다. 그리하여 인터넷 규제 원칙에 관한 논란은 물론이고 누가 인터넷을 규제할 것인가라는 영역 싸움도 뒤따랐다.

2014년 가을과 2015년 겨울 사이, 미국에서 넷 중립성에 관한 논란이 크게 불거진다. 버락 오바마 대통령은 본격적으로 이 논란에 뛰어들어, 케이블 사업자나 인터넷 접속 서비스 업체에 돈을 지불하는 콘텐츠 배포자들은 더 빠른 '추월 차선fast lane'을 이용하고 그렇지 않은 사람들은 '서행 차선slow lane'을 이용하는 인터넷 속도 차별화는 옳지 않다고 주장했다. 그러자 인터넷 속도 차별화가 일반화되면 일차적으로 피해를 입게 될 넷플릭스와 유튜브는 물론, 구글과 페이스북 등 거대 넷 기업들도 혁신 운운하며 차별적인 콘텐츠 취급 허용을 요구하는 통신사들의 로비에 반대하고 나섰다. 오바마 대통령이 모두가 동일한 조건에서 동일한 속도로 콘텐츠를 즐길 수 있어야 한다는 기존의 넷 중립성 입장을 재차 천명한 이유는, 인터넷은 물이나 전기와 마찬가지로 하나의 공공재라고 생각하기 때문이다. FCC 역시 오바마와 같은 생각이기에 미국 네티즌들에게 '무료' 인터넷을 지지하는 메시지를 보내달라고 요청했고, 그러자 미국 네티즌들은 400만 개 이상의 메시지로 그에 화답했다.

미국 인터넷 규제 권한을 주장할 수 있는 미국 기관은 여러 곳인데, 우선 법무부 산하 반독점국을 들 수 있다. 이곳은 이미 AT&T의 유선 전화 부문 독점을 종식시키기 위해 개입한 전력이 있고, MS가 자신의 독점적 지위를 남용하는 행위(인터넷 익스플로러 기본 설치)에 제약을 건 적도 있으며, 구글과 야후의 광고 제휴를 공정 경쟁 위반으로 판단하여 제한한 적도 있다. 또한 (아마존에 대항하여 동맹을 결성한) 출판사들과 전자책 가격에 대한 불법적인 협약을 맺은 애플을 처벌받게 만들었고, (컴캐스트가 NBC 방송에 유리한 편성을 하지 못하도록) 컴캐스트와 NBC 유니버설의 합병 과정도 철저히 감독했다. 하지만 FCC와 달리 반독점국은 직접적인 제재 권한이 없기에 법의 판결을 통해 자신들의 요구를 관철시킬 수 있고, 독립적인 기관이 아니라 법무부 직속 부서이기에 정치적 영향도 받을 수 있다. 그래서 때때로 반독점국은 거대 넷 기업의 시장 지배적 지위 남용을 방관만 하고 있다는 비판도 받는다. 이에 대해 반독점국의 프랜시스 마셜은 다음과 같이 말했다. "반독점국은 새로운 규제법을 만들어내는 기관이 아니라, 기존의 법이 잘 지켜지는지를 감시하는 기관이다."

루스벨트가 만든 또 하나의 독립 기관인 연방거래위원회FTC는 인수 합병에 관한 모든 문제에 있어 발언권을 가진다. 미국 소비자들을 위해 공정거래를 수호하는 기관인 FTC는 (비록 그 성과는 미약했을지라도) 구글이 검색 결과를 자사 서비스에 유리한 방향으로 유도하는 움직임에 제재를 가하기도 했고, 구글이 애플의 사파리에 피해를 입혔다는 이유로 무거운 처벌을 받게 하기도 했다. 1998년에 보건 및 아동이라는 두 민감한 분야의 정보 보호 권한을 의회로부터 부여받은 FTC는, 13세 미만의 아동에게는 원칙적으로 SNS 접속이 금지되어 있는 아동 보호법(온라인 아동 정보 보호법Children Online Privacy Protection Act)에 의거하여 아동에 대한 사생활 침해 소지가 있는 페이스북 조항에 대해 제재를 가하기도 했다. '사전 고지 및 동의notice&consent' 원칙에 따라 웹사이트 이용 약관은 사전에 네티즌의 클릭으로 동의를 받아야 한다는 조건을 만든 것도 바로 FTC였다. 크게 눈에 띄지는 않았지만 이렇듯 FTC는 이미 디지털 분야에 폭넓게 관여해왔고, 앞으로도 소비자 보호와 넷 중립성, 사생활 보호에 관한 스스로의 권한을 더욱 강력하게 행사할 것이 분명하다. 만일 FCC의 인터넷 단독 규제가 허용되지 않는다면, 시장 지배적 지위 남용 사례가 확인되었을 때 FTC가 FCC를 대신할 수 있을 것이다. 그렇게 되면 규제 문제를 더 폭넓게 바라볼 여지가 생긴다. 다만 리드 훈트는 "인터넷 규제와 관련하여 FTC가 FCC를 대체하면 FCC의 권한이 약화되는 결과를 야기할 것"이라고 우려했으며, 아울러 이 같은 방식을 쓸 경우 "규제 방향이 인터넷 자체보다는 시장의 무절제함 쪽으로 잡힐 것"이라고 지적했다. 워싱턴 펜실베이니아 애비뉴에 소재한 FTC 본부에서 동료 직원 네 명과 함께 나와 인터뷰를 한 FTC 경쟁 사무국장 데버러 파인스타인은 다음과 같이 강조했다. "우리 역할은 소비자를 보호하고 기업을 통제하는 것이다. 인터넷 분야에 대해서도 그런 역할은 달라지지 않는다. 다시 말해 인터넷 사회 또한 우리 통제에서 벗어나지 못한다." 루스벨트 시절에 지어진 환상적인 외관의 FTC 본부 건물에는 유명한 아르 데코 조각 두 개가 장식되어 있는데, 그중 하나에는 '거래를 통제하는 자Man Controlling Trade'라는 제목이 붙어 있었다.

조세 문제와 관련해서는 이미 연방 행정부 소속 여러 기관이 나서고 있다. 구글, 애플, 페이스북, 아마존 등 거대 IT 기업들이 케이맨 제도나 버뮤다 제도, 버진아일랜드 같은 조세 천국에 본사 소재지를 이전하여 유럽에서 내야 할 세금 일부는 물론 본국인 미국 세금도 피하는 '세금 최적화'를 실시하자, 미 국세청과 의회는 당연히 가만있지 않았다. 2013년에 상하원 공동 조사위원회는 애플이 2009~2012년에 최소 740억 달러 수익에 대한 세금을 회피했다는 사실을 확인했다. 아일랜드에 국제 영업 본사를 두는 편법을 씀으로써, 같은 규모의 미국 기업이 내는 평균 35퍼센트의 수익세를 아일랜드 현지에도 미국에도 내지 않았던 것이다. 이 명백한 탈세 행위에 상하원 의원들은 모두 격분했다. 따라서 앞으로 몇 년간 미 의회는 물론 예산부와 국세청도 이 IT

공룡들에 대한 감시 수위를 높일 것으로 예상되며, 디지털 업계에 적용되는 조세 규정 자체를 손질할 가능성도 높다.

미국은 지역 차원에서도 IT 업계에 대한 규제를 강화하는 추세다. 특히 사생활과 개인 정보 보호 관련 규제가 강화되고 있는데, 개인 정보를 무단으로 수집했다는 혐의로 제소된 구글 스트리트 뷰는 38개 주 법원으로부터 위법 판결을 받기도 했다. 부가가치세에 준하는 '매출세sales tax'에 대한 규제도 강화되었다. 사실 몇 년 전까지만 해도 주 정부는 대형 IT 기업들의 온라인 매출에 대한 세금을 부과하지 못했다. 물리적 사업장이 존재해야 매출세를 부과할 수 있다는 규정 때문이었다. 이에 캘리포니아 주와 뉴욕 주 등 12여 개 주 정부는 그 규정으로 인해 연간 130억 달러 이상의 조세 수입을 빼앗기고 있다며 소송을 제기했고, 결국 2013년에 대법원은 주 정부가 IT 기업의 온라인 매출에 대해 세금을 부과하는 것을 허용한다. 현재는 온라인 매출세 기준이 50개 주마다 제각각인데, 결국에는 이를 통일해야 할 것이다. 주 정부들은 일단 각자의 기준에 따라 매출세를 징수하면서, 매출세 통일에 관한 의회 결정이 나기를 기다리고 있다.

디지털 분야와 관련하여 일정 부분 역할을 하는 다른 행정 당국도 많다. (NSA를 포함한) 미 국방성과 국토안보부를 중심으로 모여 있는 미국의 모든 보안 기구가 이에 해당한다. (미국의 국토안보부는 상당히 다양한 일을 하는 일종의 내무부 같은 조직으로, 산하에 무척 많은 하부 조직을 거느리고 있다. 이민국을 포함하여 총 22개에 달한다.) 2013년 거대 인터넷 기업들은 가급적 더 많은 '그린카드'와 저 유명한 임시 취업 비자 'H-1B'를 발급받기 위한 캠페인을 벌였다. 특히 'FWD.us'라는 이름의 '싱크 두 탱크think do tank'가 창설되었는데, 페이스북의 마크 저커버그가 주도하는 이 조직은 국토안보부와 의회, 백악관에 압력을 가하기 위한 목적으로 만들어졌다('싱크탱크think tank'처럼 단지 생각만 하는 곳이 아니라 생각한 것을 현실화하는 '싱크 두 탱크'이므로, 이 조직은 행동도 겸비한다).

사실 실리콘밸리는 이민자들의 역할이 적지 않은 곳이며, 실리콘밸리 또한 이 사실을 익히 알고 있다. 구글의 창업주인 세르게이 브린만 하더라도 모스크바 태생이고, 야후의 창업주 제리 양은 타이완 출신이며, 페이스북의 공동 창업자 에두아르두 사베린도 브라질에서 태어났다. 여러 연구 자료에 따르면 미국 내 스타트업 창업주의 25퍼센트가 이민자 출신이다(캘리포니아 지역만 한정해서 본다면 이 비율은 40퍼센트까지 올라간다). 미국 내에서 석사 및 박사 학위를 취득한 엔지니어의 45퍼센트도 외국인이다(미국 국립과학재단 집계 기준). 현재 H-1B 비자는 발급 비용도 비싼 편이지만 대개 비자 발급을 위해 변호사를 선임해야 하는 경우가 많다. 때문에 비자 발급에 소요되는 총 비용이 수천 달러에 이른다. 더욱이 연간 발급 건수도 6만 5000건으로 제한되어 있어서 실리콘밸리의 대표들 입장에서는 턱없이 부족하다. 고용주 측에서는 사실 간접적으로 고용 비용을 줄이고자 애를 쓰고 있고, 반대로 노조 측에서는 기술 분야의 외국인 노동자 수를 제한하고 국내 엔지니어 및 개발자의 급여를 인상하려 안간힘을 쓴다. 결국 FWD.us 측에서는 나라별 비자 발급 상한선 폐지를 주장하고 나선다. 인도나 중국처럼 인구가 많은 나라 출신의 외국인 노동자 고용에는 불리한 제도였기 때문이다. 뿐만 아니라 저커버그의 이 로비 단체는 투자자들을 위한 그린카드(무역 투자 비자E-1 및 투자 비자E-2) 수의 증가도 요구한다. 게다

가 기술 분야 업체에 재정을 지원하는 '스타트업 비자'와 우수한 자질을
갖춘 외국인 엔지니어 전용 특별 비자 신설도 요구하고 있다. 오바마
대통령은 이러한 압력에 민감하게 반응하여 2013년 1월 연두교서에서
이민자 관련법 개정의 필요성을 피력했으나, 공화당이 다수를 차지하
는 하원에서 개정안은 계류 상태에 머물러 있다. 결국 오바마 대통령
은 2014년 말 대통령령 형태로 부분적으로나마 이민자 관련법을 손질
했다. 거대 인터넷 기업들은 다른 문제에 대해서도 마찬가지지만 정책
문제에 관해서도 그들의 능력을 발휘한다. 최근 몇 년 사이 거대 인터
넷 기업들은 워싱턴에 공무 전담 사무국을 차려 노련한 로비스트를 고
용해 로비활동을 벌였고, 그들만의 정치활동위원회Political Action Commit-
tee도 만들었다. [정치활동위원회는 1974년 미국의 연방선거운동법이 개정되
면서 창설된, 합법적인 정치 자금 후원이 가능한 조직이다.] IT 기업들이 만
든 이 정치활동위원회는 친오바마 성향임에도 불구하고 민주당뿐 아니
라 공화당에도 돈을 대는 기회주의적인 자세를 보인다. 워싱턴에만 이
미 30여 개 로비 회사를 두고 있는 구글을 비롯하여 애플, 페이스북,
아마존 등 대형 IT 업체들은 이렇듯 미국의 정책에 영향력을 행사하기
위해 매년 수십만 달러의 로비 자금을 퍼붓는다.

  스노든 사건 이후 더더욱 민감해진 사생활 보호 문제처럼 중대하거
나 민감한 인터넷 관련 사안은 의회가 직접 나서서 해결할 수도 있고
대법원도 자기 몫을 할 수 있다. 미 수정헌법 제4조에 따르면 개인의
사생활 영역은 침해되거나 간섭받지 않을 권리가 있다. '프라이버시'의
권리를 인정하는 것이다. 그러므로 미국에서 개인의 사생활 영역은 특
히 보장이 잘되는 편이다. 헌법적 가치를 지니기 때문이다. 미 대법원

은 저 유명한 1967년 '카츠 대 미국 정부Katz v. United States' 판결을 통해 개인의 통신 관련 부분으로까지 사생활 보호권을 확장시킨 전례가 있다. 그러나 1979년 '스미스 대 메릴랜드 주Smith v. Maryland' 판결에서는 (용의자의 통화 기록은 사생활 보호 대상이 안 된다고 봄으로써) 사생활 보호 영역에 어느 정도 제한을 걸었는데, 바로 그것이 그 후 복잡한 논란의 불씨가 됐다. 전문가들은 공화당이 의석의 다수를 장악하고 있는 상황에서는 사생활 보호 문제가 재검토되기 어렵다고 보고 있다. 그렇게 되면 대법원이 개입할 수밖에 없다.

난관에 처한 인터넷 규제 주체 문제

"이 전화기는 1953년에 만들어졌다. 1953년은 내가 태어난 해다." 아마둔 투레는 꽤 신이 난 모습으로 검은색 다이얼패드가 있고 회전판을 돌려야 전화를 걸 수 있는 구식 전화기를 보여주었다. 그 전화기의 다이얼패드에는 숫자와 함께 알파벳도 쓰여 있었다. 이런 전화기는 지금 보면 박물관에 있는 유물 같지만 1990년대까지만 해도 어디서나 볼 수 있었다. "최근에 어린이 단체 손님을 맞이한 적이 있는데, 아이들은 이런 전화기로 어떻게 전화를 걸 수 있는지 궁금해했다. 그래서 내가 전화 거는 시범을 보여주었다. 한 어린이가 다이얼패드 옆에 알파벳은 왜 있을까 하자, 다른 아이가 '문자를 보내기 위해서잖아' 하더라." 아마둔 투레는 그렇게 말하며 웃음을 지었다.

투레는 사하라 이남 지역에 위치한 말리의 통북투Tombouctou에서 태어났다(참고로 그는 무슬림이다). 대학을 소련에서 나왔기 때문에 러시아어도 유창하게 구사하는 그를 일부 사람들은 '공산주의 무슬림'이라고 비꼬기도 한다. 실제로 그는 미국을 걱정시킬 만한 이력을 가졌다. 그럼에도 투레는 2007년에 유엔의 주요 기구 중 하나인 ITU의 사무총장으로 임명됐다.

제네바에 위치한 그의 널찍한 사무실 창문으로는 레만 호수와 몽블랑 산 정상이 보였다. "ITU는 유엔 소속 조직 중 가장 오래되었다. 1945년에 유엔에 편입된 이 조직은 1865년 파리에서 창설되었다. 당시에는 전신국의 모스 부호를 관리하는 게 임무였다. 이후 전화기, 라디오, 텔레비전, 위성, 인터넷이 차례로 등장함에 따라 ITU가 하는 일도 달라졌다." 위성 분야를 전공한 공학도인 그는 이와 같이 자기 조직의 역사를 짚어줬다.

이어서 그는 다음과 같이 말했다. "디지털 분야를 중심으로 우리 업무가 이루어진다. 우리가 수립한 규범들 그리고 인터넷 네트워크에 필요한 인프라를 유지시켜주는 ITU 회원들 덕분에 전 세계적 차원에서 웹 공간이 운영될 수 있는 것이다." 그런 뒤 이렇게 덧붙였다. "물론 우리가 콘텐츠 영역을 다루지는 않는다. 그건 우리 일도 아니고 우리에겐 그럴 권한도 없다." 2012년 12월 두바이에서 열린 대규모 ITU 정상회담에서 전 세계 인터넷 협치에 관한 문제가 제기되자 러시아, 이란, 아랍에미리트, 중국 등은 인터넷 규제권이 ITU로 귀속되길 원했다. 반면 미국을 중심으로 한 다른 나라들은 ITU의 권한이 그렇게 확대되는 것에 반대 의견을 표명했다. ITU가 인터넷 규제권을 갖길 바라는 나라들은 유엔을 앞세워 국제인터넷주소관리기구ICANN로부터 자국의 인터넷 통제권을 회수하고 싶어했다.

그러나 두바이에서 제기된 인터넷 규제권 관련 안건은 현 상태를 유지하는 쪽으로 결정되었다. 193개 회원국 중 39개국만 인터넷 규제권을 ITU에 귀속시키는 개정안에 서명했기 때문이다. 따라서 IP 주소 할당과 도메인 이름 배분 권한은 계속 ICANN이 갖게 되었다. 하지만 이 상황이 언제까지 지속될지는 알 수 없다. 2013년에 스노든 사건이 발생했기 때문이다.

내가 아마둔 투레를 인터뷰한 때는 스노든이 NSA에 관한 1차 폭로를 한 이후였는데, 투레는 (다소 상심한 표정으로) "디지털 분야의 국제 규제권 문제가 교착 상태에 빠져 있다"고 말했다. 그러면서 향후 몇 년간 계속 그 문제에 대한 협의가 이루어질 테지만 "민감한 문제에 대해서는 다루지 않을 것"이라고 했다. 사실 인터넷 규제권을 유엔에 위임하는 것에 반대하는 측은 미국만이 아니다. 공식적으로는 자유로운 웹 접근권과 국제적 차원의 상호 운용성을 내세워 미국만 반대하고 있긴 하나, 유럽연합 또한 ITU의 개입을 거부하는 입장이다. (검열을 일삼고 인권도 잘 지켜지지 않는) 중국, 이란, 러시아, 싱가포르, 시리아 등의 국가가 디지털 분야의 포괄적 규제에 개입하는 것은 미국은 물론 유럽연합도 용납할 수 없는 일이기 때문이다. 그래서 유럽연합 소속 국가들은 동서 혹은 남북 간 논쟁에 개입하는 것은 피하면서, 자신들의 서구권 소속을 확실히 하며 미국과의 '긴밀한' 협상을 진행했다. 멕시코, 콜롬비아, 칠레, 터키 등의 신흥개도국도 다자주의는 신뢰하지 않았기에 조용히 미국과의 일대일 교섭을 원했다. 워싱턴도 바라던 바였다. 거대 인터넷 기업들은 '오픈 인터넷' 수호를 외치며 ITU의 개입에 강력하게 반대한다. 그중에서도 구글은 ITU가 끼어들 경우 실리콘밸리가 늘 높이 평가해온 인터넷 특유의 혁신적인 상향식 모델이 끝나고 말 것이라고 자극했다. 아울러 구글은 정부나 국가가 통제하는 인터넷 체제 수립에 비난의 목소리를 높였다. ITU 정상회담에 참여했던 멕시코 코페텔 청장 모니 데 스완은 "미국 기업들은 두바이에서 개정안 서명을 거부했고, 협상이 진행됨에 따라 자신들이 원했던 것을 다 얻어갔다"며 분개했다. 그러고는 이렇게 덧붙였다. "내 생각에는 그 국제 회담에 상정된 개정안을 무산시키기 위해 미 정부에 압력을 넣은 기업은 구글인 것 같다. 멕시코까지 찾아와서 무차별적으로 로비활동을 벌인 IT 기업은 구글밖에 없었다." 싱가포르 쪽 생각도 마찬가지였다. 싱가포르 현지에서 만난 미디어 개발 당국(디지털 및 창의 산업은 물론 인터넷 검열 업무까지 맡고 있는 기관) 국장 케네스 탄은 미국의 인터넷 장악을 비판하면서 "인터넷은 국제적인 기구가 관할해야 한다"고 주장했다.

반면 공화당의 로버트 맥다월은 내게 이렇게 말했다. "중국과 이란은 분명 두바이에서 문제가 됐었다. 각국이 일정 형태의 인터넷 주권을 가져야 한다는 점에 대해서는 공감하지만, 우리는 인터넷 분야에 대한 국제 관할권을 수립하는 게 불가능하다고 생각한다." 그 역시 두바이에서 열린 ITU 정상회담에 FCC 위원 자격으로 참석한 사람이었다.

민주당 출신의 전 NTIA 청장 래리 어빙도 다음과 같이 말했다. "미국은 ITU가 판에 끼어드는 것을 계속해서 반대할 것이다. 유엔이 인터넷을 규제하는 것은 바람직하지 않다. 이는 곧 오픈 인터넷의 종말을 예고하기 때문이다. 그럴 경우 불가피하게 인터넷이 화약고가 될 수 있다."

백악관도 인터넷 규제권을 국제기구가 담당할 경우 인터넷이 또 하나의 화약고가 될 수 있다고 우려했다. 오바마 대통령의 한 디지털 고문은 "인터넷이 결코 화약고로 변하지 않도록 감시하는 게 바로 내가 돈 받고 하는 일"이라고 못 박았다.

워싱턴에서는 '멀티 스테이크홀더multi-stakeholder'라는 단어가 유행이다. 인터넷에 관한 한 '다중 주체'와 함께하는 협치 모델을 우선시해야 한다는 의미다. 백악관은 물론 NTIA, FCC, FTC 같은 주요 기관 내의 모든 사람이 이 표현을 입에 달고 산다. ICANN에서도 이 단어는 새로운 마법의 주문이 됐다. 이런 상황이 된 데에는 스노든 사건도 한몫했다.

워싱턴 서북부 17번가에는 ICANN의 사무국이 있다. ICANN 본부는 LA에 있지만 소속 로비스트들은 이 사무국에 상주한다. 그곳에서 만난 ICANN 대표의 특별 고문 제이미 헤들런드는 "우리는 '멀티 스테이크홀더' 형식의 협치 모델로 나아갈 것"이라고 말했다. 그에게 있어 멀티 스테이크홀더 모델은 미국 일국 체제에서 벗어나는 동시에 유엔의 관할을 거부할 수 있는 방법이다. 헤들런드는 "미국 정부가 우리에게, 그리고 인터넷에 대해 한 일 중 가장 의미 있는 일은 ICANN이 ITU에 흡수되지 않도록 해준 것"이라고 말했다. 그에 따르면 인터넷이 유엔 기구를 통한 협치로 다스려질 경우, '오픈 인터넷'은 끝을 맞이하게 된다. 각국이 사안마다 거부권을 행사해 의사 결정이 지지부진해지면 결국 웹이 마비될 것이라는 뜻이다. 그래서 제이미 헤들런드는 유엔 기구보다는 ICANN을 통한 협치를 주장한다. 이미 100여 개 국가의 정부 대표 위원회가 존재하고 있는 ICANN 산하에 시민사회, 기업, 대학, 기술 커뮤니티, 사용자 대표까지 참여하는 협의체를 만들면 '멀티 스테이크홀더' 모델이 가능하다는 게 그의 생각이다.

이 모델은 ICANN 뒤에 서 있는 미 정부가 지나친 개입을 하지 않는다면 효과적이겠지만, 현재 도메인 이름 배분을 실질적으로 관리하는 곳은 여전히 미 상무부(정확히 말하면 미 상무부 소속 NTIA)다. ICANN은 그저 계약에 의해 미 정부를 대신해 그 일을 하고 있을 뿐이다. 따라서 미국과 ICANN의 긴밀한 관계를 타파해야 한다는 주장은 지금도 계속 제기된다. 그러나 헤들런드는 다음과 같이 반박했다. "ICANN이 미 정부의 지배하에 있다는 의심을 사고 있는 것은 그 조직의 역사 때문이다. ICANN은 원래 미 정부의 직속 기관이었으나, 빌 클린턴 행정부 시절에 독립적인 비영리단체가 되었다. 지금도 ICANN은 NTIA와 계약 관계에 있다는 점 때문에 독립성을 의심받고 있지만, 분명히 미 정부로부터 자유로운 단체다." 헤들런드는 이어 신뢰성 있는 어조로 다음과 같이 덧붙였다. "나는 사람들의 의식이 성숙해지고 있다고 생각한다. 따라서 언젠가 그들은 NTIA와 ICANN의 관계가 대리석처럼 견고하지 않다는 것을 알게 될 것이다." (한편 2013년 가을에 만난 ICANN 대표 파디 셰하데는 미국이 2014년 3월부터 일정 기간 과도기를 거쳐 ICANN과의 유착관계를 느슨하게 할 예정이라고 말했다.)

클린턴 행정부 시절 FCC 위원장이었고 현 오바마 행정부에서는 주 유럽연합 대사를 맡고 있는 윌리엄 케너드는 상황의 맥락을 강조했다. "내가 FCC에 들어간 1993년에는 휴대전화도 이메일도 없었을뿐더러 컴퓨터조차 없었다. 당시는 다이얼패드가 달린 구식 전화기를 사용하던 시절이었다. 나는 그런 디지털 혁명 초창기에 FCC 위원장으로 임명됐다. 사람들이 인터넷에 대해 말하기도 전에 인터넷을 규제하게 될 기관을 다스린 셈이다. 1995년에 비로소 대학과 비영리 기구, 연방 정부 등에 인터넷이 설치되기 시작했는데, 당시 인터넷을 관리하던 곳은 미국의 공공 기관인 국립과학재단이었다. 이후 조금씩 민간 부문과 기업에 인터넷을 개방해주었다. 인터넷이 미 정부의 감독하에 있게 된 건 이 같은 초창기의 역사적 맥락 때문이다. 이후 지극히 당연한 수순으로 ICANN이 인터넷 감독 일을 넘겨받았고, 결국 이 기구는 독립 기관으로 거듭났다." 전 ICANN 담당자이자 오바마 대통령 고문을 역임했던 앤드루 매클로플린은 좀더 회의적인 입장이다. "나로선 다소 실망스러운 상황이다. 과거 ICANN의 역할은 웹 사용자를 위해 일하는 것이었는데 오늘날 이 기관은 도메인 이름을 운영하는 기업들을 위해 일하고 있다. ICANN이 원래의 경로를 이탈한 것이다."

스노든 사건이 판세를 완전히 뒤바꾸어놓았음은 말할 것도 없다. ICANN의 뒤에 미국이 버티고 있는 상황에 대해서는 이미 여러 사람이 비정상적이라 여기고 있었는데, 이제는 그게 확실히 문제적 상황으로 받아들여지게 된 것이다. 에릭 슈밋 구글 회장은 비공식적인 자리에서 다음과 같이 말한 바 있다. "워싱턴을 중심으로 한 동부 지역에서 에드워드 스노든은 분명 배신자로 여겨진다. 하지만 실리콘밸리를 필두로 한 서부 지역에서 그는 영웅으로 인식된다." 워싱턴에서는 보기 드문 스노든 지지자이자 내로라하는 인터넷 전문가인 사샤 메인라스는 실리콘밸리 사람들과 같은 입장을 가지고 있다. 그는 다음과 같이 말했다. "나는 에드워드 스노든을 배신자라고 생각하지 않는다. 그는 미수정헌법 제4조 사생활 보호 조항을 훼손시키는 사건을 목격한 후, 그 조항을 수호하기 위한 행동을 취한 것뿐이다. 스노든은 민주주의 체제라면 목적뿐만 아니라 방법에 있어서도 전제주의 체제와 달라야 한다고 생각했다. 목적이 수단을 정당화시켜주지는 않는다고 생각한 것이다. 그에게 있어서 수억 명에 대한 사생활 감시는 미국 민주주의의 근간을 뒤흔드는 위험한 행위였다." 이 점에 있어 스노든은 페이스북 대표 마크 저커버그와 대척점에 서 있다. 저커버그는 개인의 사생활 부분에 대한 생각은 거의 하지 않기 때문이다. 사샤 메인라스는 스노든에 대해 다음과 같이 덧붙였다. "스노든은 우리가 두려워하던 부분을 밝혀주었다. 미국에서는 이제 최소한의 데이터 보호도 이루어지지 않고 있음을 빼도 박도 못하게 입증한 것이다." 메인라스는 이 사건으로 인해 미국 인터넷이 신뢰를 잃었다며 "우리가 다시 신뢰를 만들어내야 한다"고 역설했다.

일부 사람들은 ICANN이 미 정부와의 유착관계를 끊으려면 본부를 스위스 같은 중립국으로 이전하여 법적으로 중립적인 단체가 되어야 한다고 주장한다. 또 다른 사람들은 인터넷 관리 권한을 ITU로 이양하는 데 실패했으니 이제는 세계무역기구WTO가 그 권한을 넘겨받도록 해야 한다고 주장한다. 이 같은 답보 상태에서 공격적인 행동을 결심한 사람들도 있는데, 게리 리백도 그중 하나다.

반독점 소송 전문 변호사인 그의 별명은 '반독점 불도그'다. 실리콘밸리의 중심 멘로 파크에 있는 페이스북 본사에서 얼마 안 되는 거리에 그의 사무실이 있다. 과거 공장 창고를 사무실로 개조한 곳이다. 그곳에서 그는 유명 법률 사무소 카 앤드 페렐Carr&Ferrell 소속 변호사로 일하고 있다. 작은 안경을 쓰고 검은색의 작은 체크무늬가 들어간 셔츠를 단정하게 차려입은 게리 리백은 테네시 출생이다. 예일대 졸업 후 스탠퍼드 로스쿨을 나온 그는 현재 디지털 신교도로 명성을 날리며 독점 기업의 횡포를 추적하고 집요하게 이권 분쟁을 좇아다닌다. 이해관계 대립으로 보이는 사건이라면 일단 관심을 갖고 뒤를 밟는다. 그는 두려울 게 전혀 없다. 저 거대한 마이크로소프트도, 구글도 전혀 두렵지 않다. 그리고 일단 한번 물면 결코 놓지 않는다.

"NSA보다 더한 게 바로 구글이다. 나는 스노든의 폭로 사건이 미국 사생활 보호 정책의 전환점이 되어 구글이 압박을 받기를 원한다." 내게 이렇게 이야기한 게리 리백의 첫인상은 차분하고 부드러웠으며, 심지어 무기력한 사람으로까지 보였다. 캘리포니아 주가 제일 두려워하는 변호사라는 소문이 믿어지지 않을 정도였다. 그러나 내가 '구글'이라는 단어를 언급하자 순간 흥분하며 위와 같이 말했고, 그 후로도 말을 그치지 않았다. "구글은 자신들이 소비자의 이익을 위해 무료로 다양한 서비스를 제공한다고 선수를 치지만, 검색엔진 부문의 독점적 지위를 남용해 자사에 유리한 방향으로 전자상거래 부문 검색 결과를 조작하고 있다. 유튜브도 마찬가지다. 우리는 유튜브가 구글에 넘어가는 상황을 결코 방관하지 말았어야 했다. 구글 폰, 안드로이드, 애드 센스, 웨이즈, 구글 맵 등은 전부 사생활을 침해하는 수준으로 개인 정보를 수집하고 있다. 한마디로 구글은 NSA의 민간 버전이라고 보면 된다. 구글의 공공연한 비밀은 바로 그렇게 모은 개인 정보를 상업적으로 이용한다는 것이다. 구글은 G메일의 이용 약관까지 수정해 그 어떤 사생활도 주장할 수 없게 철통 방어막을 쌓았다." [구글은 '해싱 기술hashing technology'이라는 자동 검색 시스템을 사용해 G메일 이용자들의 메일 내용을 검색 스캔하고 있는데, 2014년 4월 G메일 약관을 수정해 이용자들에게 메일 내용이 자동으로 분석될 수 있음을 고지했다.] 리백은 이렇듯 검색 결과 조작이나 사생활 침해 문제는 모두 구글에서 비롯되었기에, 우선 구글을 시장 지배적 지위 남용 혐의로 공격해야 한다고 주장했다.

그런데 과연 누가 구글을 공격할 수 있을까? 리백은 "그게 바로 문제의 핵심"이라며 구글을 공격할 수 있는 잠재적 힘을 가진 미국의 여러 단체를 하나하나 비판했다. "우선 공화당은 독점을 나쁘게 생각하지 않고 모든 형태의 규제에 반대하기에 구글 편에 있다. 오바마 대통령과 민주당도 구글을 지지할 가능성이 있다. 구글이 그들의 선거운동에 자금을 대주고 있기 때문이다. 따라서 오바마 체제하에서는 백악관에도 의회에도 기대를 걸 수가 없다." 그렇다면 FCC와 FTC는? "그쪽 또한 기대하기 힘들긴 마찬가지다. 현재 FCC는 인터넷 통제 권한이 막혀 있다. FTC의 경우 몇 년 전부터 구글 관련 조사를 벌이고 있지만, 아무것도 해결한 게 없다." 법무부의 반독점국은? "역사적으로 봤을 때 그곳은 FCC보다 더 큰 힘을 가진 기관이다. 그래서 약간의 희망을 걸어볼 수도 있겠지만 그곳 역시 점점 의지가 떨어지고 있는 것으로 보인다. 그리고 그곳은 백악관의 지시에 따라야 한다." 그렇다면 상무부와 NTIA는? "그 사람들의 업무는 해외에서 미국 물건이 좀더 많이 팔리게 만드는 것이다. 그러니 그들 역시 구글에 대해서는 두 손 놓고 있을 게 뻔하다." 결국 게리 리백은 미국에서 디지털 분야에 대한 규제가 이루어질 가능성은 매우 낮다는 암울한 결론을 내렸다. 그는 "규제 자체가 가로막힌 상황"이라고 요약했다.

자본주의 규제 방법을 알고 있던 루스벨트 대통령 시절 미국에서 자라난 게리 리백은 사실 남는 게 없는 장사를 하고 있다. "나는 자본주의 신봉자다. 나에 대한 오해는 없길 바란다. 나는 시장경제를 신뢰하고, 경쟁을 믿는다. 그게 내 철학이다. 다만 도를 지나친 기업집중을 피하기 위해서는 무엇이든 다 해야 한다. 법률은 신생 기업을 도와주어야 하고, 새로운 자금 조달 방식에 지원을 아끼지 않아야 한다. 이미 기존 시장에서 실권을 장악하고 있는 업체들을 장려해선 안 된다. 예전에는 거대 기업들로부터 소비자를 보호해야 했다면 이제는 그들로부터 스타트업을 지켜내야 한다. 그것이 거대 기업들과 싸우는 더 효율적이고 현대적인 방식이며, 그 방식이 최종적으로는 소비자에게도 유리하다." 이 같은 논리를 가지고 그는 인터넷 브라우저 넷스케이프 측의 변호사가 되어 마이크로소프트와 싸웠다. 2000년대 초 가장 반향이 컸던 소송 중 하나로, 그는 그 싸움에서 이겼다. 그리고 바로 그 결과로 인해 "몇 달 후 구글이 탄생했다." 그로부터 15년이 지난 지금, 그는 구글에 대해 비슷한 소송을 벌여야 하는 입장이다. 이 검색엔진 괴물을 처벌하여 경쟁 스타트업 기업들이 성장할 수 있게 도와줘야 하는 것이다. "독점은 혁신을 방해한다. 중요한 건 인터넷 규제가 아니라 독점 기업들과 싸우는 것이다. 그래야 경쟁이 장려된다. 나는 규제라는 단어보다는 반독점이란 말을 더 좋아한다."

기업집중 방지를 관할하는 미국 정부 기구들에는 희망이 없다고 하니, 그렇다면 누가 그 일을 해야 하느냐고 물어봤다. 그러자 게리 리백은 한 치의 망설임도 없이 웃으며 이렇게 말했다. "그건 바로 당신들이다. 이 일을 할 수 있는 건 바로 당신들, 유럽 사람들이다. 유럽연합이 이 일을 해야 한다. 미국에는 구글을 누를 수 있는 사람이 아무도 없다. 이걸 할 수 있는 유일한 사람이 바로 당신들이다."

입구에서 무장한 GI 군인 한 명이 매서운 눈초리로 나를 쏘아봤다.

내가 금속 탐지기를 통과하기 전, 그는 내 신분증을 꼼꼼히 살펴봤다. 어느 정도 경계를 늦춘 그는 결국 부하에게 "with cell"이라고 말했다. 내가 휴대전화를 가지고 들어가도 되는 사람이라는 뜻이었다. 대사관 방문객들은 휴대전화를 가지고 들어갈 수 있는 사람과 그렇지 않은 사람으로 나뉘는데, 대사가 초청한 방문객들의 경우 휴대전화 소지가 허락된다.

윌리엄 케너드는 현재 주 유럽연합 미국 대사로 파견되어 있다. 오바마 대통령이 임명한 그는 인터넷 전문가로 정평이 나 있다. 스탠퍼드 대학과 예일대 로스쿨을 졸업한 그는 클린턴 행정부의 FCC 위원장이었으며, 통신 분야의 막대한 투자금을 관리했었다. 그런 그가 현재 미국을 대표하여 브뤼셀에 있다는 것은 국제 협상 무대에서 미국이 디지털 및 통신 분야에 부여하는 비중에 대해 많은 점을 시사한다.

현재 미 대사는 스노든 사건으로 신뢰성이 실추된 미국의 이미지를 회복하기 위해, 미국 쪽에 개인 정보가 저장되어 있는 유럽 이용자들을 위한 사생활 보호 규정인 '세이프 하버 원칙Safe Harbor Privacy Principles'을 놓고 유럽연합 측과 재협상을 벌여야 한다. 케너드는 그 합의 과정이 지난할 것임을 잘 알고 있지만, '자유로운 인터넷'을 지키려면 꼭 해야 할 일이다. 케너드가 FCC에 있던 시절은 '넷 중립성' 개념이 막 생겨나기 시작한 때였고, 디지털 격차도 줄여야 했다. 당시에 대해 케너드는 이렇게 회고했다. "형편이 좋은 미국인들만 디지털 기술의 혜택을 누리던 시절이었다. 장애인이나 빈민 지구에 따로 몰려 살았던 흑인과 히스패닉계는 그런 혜택을 못 누렸다. 농촌 지역의 가난한 사람들은 인터넷 접속조차 하지 못했다. 한마디로 인터넷과 관련하여 할 일이 산더미같이 많았던 시절이다." 당시 그에게 가장 감명 깊었던 순간은 언제였을까? 바로 FCC가 W3C 권고안에 따라 인터넷 접근성 강화 조치를 한 이후, 청각장애단체 총회에 참석했을 때였다. "내가 회장에 들어가자 모든 사람이 조용히 손을 들어 올렸다. 손가락을 벌린 채 손목을 왼쪽에서 오른쪽으로 돌리더라. 나는 그게 무슨 의미인지 몰랐다. 주최 측에서 내게 '위원장님, 지금 기립 박수를 받고 계시는 겁니다'라고 말했다."

케너드는 그가 FCC 위원장으로 있던 시절과 지금의 인터넷 중점 사안이 같지 않다는 사실을 잘 알고 있다. 스마트폰과 태블릿을 통해 디지털 격차는 어느 정도 해소되었고, 초고속 인터넷 발달과 광섬유 이용으로 넷 중립성도 더 나아질 것이다. 그에 반해 사생활 보호 문제는 매우 민감한 사안이 되었다. 인터넷이 점점 더 스마트해질수록, 민감한 보건 및 교육 관련 데이터를 포함한 모든 개인 데이터 보호 문제가 더욱 첨예한 사안이 될 것이다. 그래서 이용자의 데이터를 다시 본국으로 귀속시키는 문제가 제기되는 등 웹 분야에서 그야말로 화약고가 터질 조짐이 일고 있다.

케너드의 사무실에는 버락 오바마가 당선되었을 때 발간된 『뉴욕 타임스』 1면이 액자에 끼워져 있었다. 머릿속으로는 변함없이 '뉴딜러'(루스벨트 지지자)인 민주당원 케너드는 미국이 인터넷 규제를 꺼린다는 점을 익히 알고 있다. FCC 위원장으로 있을 당시, 그는 '21세기형 신진 FCC'라는 이름의 유명한 전략 계획을 수립해 조직의 쇄신을 장려했다. 그때도 그가 추구한 것은 규제에서 탈피하여 경쟁을 장려하는 것, 그리고 공정 경쟁을 수호하기 위한 제약 조건을 마련하는 것이었다. 독점을 제한하는 데 그치지 않고 경쟁 구조를 개선하는 데 힘쓰는 새로운 철학을 가지고 있었던 그는, 미국에 통신부가 없다는 것이 차라리 잘된 일이라고도 생각했다.

그러나 케너드는 유럽인들이 우려하는 바도 주지하고 있었으며, 바로 그 문제를 해결하는 것이 자신의 직업적 임무라는 것도 알고 있었다. 내가 유럽인들의 우려에 대한 질문을 던지자, 그는 '인터넷은 오픈되고 자유로운 곳이어야 한다'는 오랫동안 품어온 원칙과 '미국은 다시 신뢰를 만들어야 한다'는 현재의 상황 사이에서 고뇌하는 듯 대답을 망설였다. 어떤 대답을 하든 인터넷의 평화적 가치를 훼손시키지 않을 수 없는 딜레마적 상황에서 그는 자신의 외교적 발언이 자국과 해외에 미치게 될 영향을 동시에 고려하고 있었다. 디지털 분야와 관련하여 내려지는 미국의 결정이 미국뿐 아니라 전 세계에도 파장을 일으킨다는 사실을 그는 어느 누구보다 잘 알고 있었기 때문이다. 백악관에서 만난 한 대통령 고문도 "미국에서 벌어지는 일은 전 세계로 영향을 미친다"고 말했는데, 그 말은 결코 과장이 아니다.

세계 곳곳의 인터넷은 워싱턴의 결정 사항에 의해 좌우된다. 그런데 미국 정부의 의사 결정 시스템은 꽤 독특하고 특이한 면이 있다. 여러 정부 기구들이 서로 뒤얽혀 있고, 수없이 쌓여 있는 판례도 고려해야 하는 데다, 책임 소재가 불분명한 경우도 많다. 그러니 밖에서 보면 이해하기 힘든 구조다. 다른 곳에서는 이런 미국식 모델을 그대로 차용하기 힘들 것이다. 미국의 디지털 모델 또한 상당히 독특한, 미국에 한정적인 모델이다.

나는 케너드에게 작별 인사를 했다. 케너드 역시 유럽연합에 작별을 고할 준비를 하고 있었다. 2013년 가을이면 대사 임기가 끝나 워싱턴으로 돌아가야 하기 때문이다. 그가 워싱턴으로 돌아가면 그의 후임자가 그가 하던 유럽연합 설득 작업을, 즉 유럽인들과의 화해를 위해 노력하고 그들을 안심시키기 위해 담보물을 제시하는 일을 해야 할 것이다. 케너드가 확실히 이야기한 건 아니지만, 스노든의 NSA 문건 유출 사건을 계기로 그는 자신이 갖고 있던 원칙과 갈등을 빚고 있는 것 같았다. 원래 그는 몰래 각 가정을 훔쳐보는 신화 속 악마이자 디아블로 3의 캐릭터인 아스모데우스를 결코 좋아하지 않았다.

자리에서 일어나는데 벽에 걸려 있는 그림 한 점이 눈에 들어왔다. '아트 인 디 엠바시Art in the Embassies'라는 미 외교 프로그램의 일환으로 공관에 걸린 그 거대한 유화는 해리엇 로젠바움의 「일몰Sunset」이었다. 나는 오바마를 닮은 그 흑인 대사와 악수를 나누었다. 오바마보다 몇 살 더 많은 그의 푸른 눈에선 기품 있는 교양이 흘러넘쳤다. 돌아가는 길에 나는 어렴풋이 미국의 '소프트 파워'를 느낄 수 있었다. 아마추어 예술가의 작품이 대사 공관에 전시되게 만드는 미국의 정책과 케너드에게서 느껴지는 고상함, 그 소프트 파워가 문화 및 디지털 분야에서 절대적인 영향력을 행사하는 미국의 '하드 파워'를 잊게 하는 것은 아닐까, 미 국무부의 압력과 NSA의 대대적인 도청 및 해킹이 그렇게 소프트 파워 안에 묻히는 건 아닐까 하는 생각이 들었다.

제9장

스마트 큐레이션

엘 아테네오 그란드 스플렌디드EL Ateneo Grand Splendid는 세상에서 제일 아름다운 서점이 아닐까 싶다. 부에노스아이레스 도심의 산타페 거리 1860번가에 위치한 이 서점의 역사는 아르헨티나의 문화와 공존해왔다. 이 서점은 원래 극장이었다. 1919년 개관한 그란드 스플렌디드 극장은 탱고의 성지 중 하나로, 매일 밤 사람들은 그곳에서 2박자 리듬에 맞추어 춤을 추었다. 위층에 있는 스튜디오에서는 아르헨티나를 상징하는 탱고 음악의 음반 녹음 작업도 이루어졌다. 또한 그곳에서 라디오 스플렌디드가 탱고 음악 방송을 시작하면서 더 많은 사람이 그 음악을 들을 수 있게 되었다. 1920년대 말 유성영화 시대가 열리면서 그 극장은 영화관으로 변신한다. 아르헨티나 최초로 유성영화가 상영된 곳이 바로 그란드 스플렌디드 극장이었다. 그동안 말이 없던 영화 배우들이 "잠시만 기다리세요. 당신은 아직 아무것도 못 들었어요"와 같은 대사를 읊어대자 그 극장을 가득 메운 관중은 기쁨의 환호를 질렀다.

그 2000제곱미터 면적의 부지에 들어선 엘 아테네오 서점은, 과거 영화관이었던 시절의 흔적을 고스란히 간직하고 있다. 시카고의 밸러밴 앤드 캣츠 극장, 뉴욕의 지그펠트 극장, 디트로이트의 폭스 극장 등 양차 대전 사이에 지어진 미국의 극장과 마찬가지로, 그랜드 스플렌디드 극장도 화려한 홀과 널찍하고 웅대한 계단, 천장 장식, 인터미션 동안 불을 밝히는 거대한 샹들리에, 여인상 기둥, 금색 거울, 고급스러운 카펫 등을 갖추고 있었다. 무대 위에는 차례로 열리고 닫히는 거대한 붉은 벨벳 커튼 두 개도 달려 있었다. 바로 그 극장 1층에 있던 수천 개의 좌석이 12만 권의 책이 꽂힌 선반으로 교체됐고, 2층 관람석이 CD와 DVD 판매대로 바뀌었으며, 박스석 자리는 조용한 독서 공간으로 탈바꿈한 것이다. 그 독서 공간에서 나는 바닥에 앉아 보르헤스의 세계문학 컬렉션 '바벨의 도서관' 시리즈나 들뢰즈와 가타리의 공저 『천개의 고원Mille Plateaux』을 읽고 있는 예술학교 학생들과 문예창작 전공 학생들을 볼 수 있었다. 2000년에 문을 연 이 서점에는 매년 100만 명 이상의 사람들이 찾아와서 책을 비롯한 각종 문화 상품을 산다. 하지만 과연 언제까지 책은 '상품'의 형태로 남아 있을 수 있을까?

원래는 극장 무대였던 공간에 들어선 카페에서 나는 에르난 보트볼을 만났다. 그는 아르헨티나의 주요 사이트 중 하나인 타링가(taringa.net)의 공동 설립자 중 한 명이다. 그의 사무실이 그 서점 건물 안에 있어서 그는 내게 책과 음반, DVD, 잡지로 둘러싸인 카페 임프레소에서 만나자고 한 것이다. 엘 아테네오 서점의 수많은 매대를 바라보며 잠시

뜸을 들이던 그는 이렇게 말했다. "이 책이며 CD며 DVD며 하는 것들은 나중에는 박물관에나 가야 겨우 볼 수 있는 물건이 될 것이다."

타링가는 페이스북이나 트위터와 유사한 점도 있지만(타링가에 올리는 글은 '샤우트shout'라고 부르는데, 트위터의 트윗이 140자 미만으로 제한되는 것처럼 샤우트는 256자 미만으로 제한된다. '리샤우트reshouts' 역시 마찬가지 규정이 적용된다) 중요한 차이점이 있다. "페이스북에서 중요한 것은 오프라인에서의 생활이다. 오프라인 생활이 온라인으로 옮겨진 것이 바로 페이스북이기 때문이다. 그러나 타링가의 경우 중요한 건 바로 문화 콘텐츠다. 타링가 이용자들은 자기 마음에 드는 문화 콘텐츠를 올리는 사람들을 팔로잉한다." 타링가는 P2P 사이트와 텀블러형 블로그의 중간 형태로 구축되어 있어서 문화 콘텐츠를 서로 손쉽게 제안하고 교환할 수 있다. 가령 스트리밍 방식으로 매우 간편하게 음악 파일을 배포할 수 있는 기능을 개발해 이용자 간의 '대화'를 부추겼다. "문화 분야에서의 새로운 수익 모델은 오프라인 음반 판매를 대체하는 온라인 음원 판매가 아니다. 이제는 무제한 스트리밍 서비스에서 수익이 생긴다. 아이튠스 같은 곳에서 한 곡씩 음원을 판매하는 것에는 더 이상 미래가 없다. 사람들은 이제 그런 식으로 음악을 구입하려 하지 않을 것이다. CD도 DVD도 죽었지만, 다운로드 문화도 죽어간다. 그보다는 무제한 스트리밍 서비스에 희망이 있다고 생각한다. 다만 이 시스템에는 새로운 형태의 저작권 제도가 적용될 것이다." 에르난 보트볼은 음원 시장의 미래를 그와 같이 점쳤다. 그의 사이트에는 매달 1억3000만 명에 가까운 네티즌들이 방문한다.

현재 타링가의 수익 모델은 광고 기반이지만 스포티파이나 판도라,

디저Deezer처럼 유료 서비스 가입을 통한 콘텐츠 배포도 검토 중이다. 타링가 운영 팀은 이 불가피한 서비스 방향 전환에 있어 결정적이 될 알고리즘에 대해 세심히 검토하고 있으며, 자체적인 콘텐츠 공급도 고려 중이다. 보트볼은 다음과 같이 말했다. "창작 산업 분야에서는 인터넷을 상품 배포의 수단으로 생각한다. 따라서 인터넷은 새로운 문화가 생산되는 곳이기도 하다." 타링가는 아르헨티나를 기반으로 남미 지역 전체로 뻗어나갈 계획을 갖고 있으며, 나아가 미국 내 남미권 시장도 겨냥하고 있다. 이에 대비하여 타링가는 2013년 가을 마이애미에 사무국을 개설했다.

타링가 사이트는 회원제 서비스와 추천 문화, 알고리즘, 유저 간 대화, 새로운 형태의 저작권과 콘텐츠 품질 등이 디지털 시대의 문화에 있어 결정적인 요소임을 분명히 밝혀준다. 또한 이 사이트는 하나의 '상품'이었던 문화가 '서비스'로 이행해가는 과정을 보여준다. 발터 벤야민이 쓴 저 유명한 선구적 에세이의 제목 '기술복제 시대의 예술작품'을 약간 비틀어 '디지털 복제 시대의 예술작품'에 대해 논하는 에르난 보트볼에게 있어 문화의 운명은 이미 예정되어 있었다. 이를 잘 보여주는 것이 바로 엘 아테네오 그란드 스플렌디드 서점이다. 과거 탱고 전용 극장이었던 그곳은 탱고 음반으로 유명세를 탄 라디오 방송국과 영화관이 되었다가, 주변 멀티플렉스 영화관들에 밀려나 서점이 되었다. 그리고 이번에는 인터넷의 습격을 받을 차례다. 에르난 보트볼은 인터넷이 모든 것을 장악할 것이라고 확신한다. 그란드 스플렌디드 내에 있는 사무실을 임대함으로써 그는 대세에 동참하는 첫걸음을 내디뎠다.

오늘날에는 인터넷이 과연 문화 분야를 변화시킬 수 있을 것인가라는 질문은 별로 의미가 없다. 문화 분야가 디지털화되는 현상은 이미 돌이킬 수 없을 만큼 총체적으로 진행된 상태이기 때문이다. 이제 우리가 던져야 할 질문은 인터넷이 어떻게, 그리고 과연 어느 정도까지 판세를 변화시킬 것인가이다. 이제 막 시작된 이 혁명이 끝날 때쯤에는 작품 그 자체와 문화 분야의 위계질서, 비평 저널리즘, 경제적인 수익 구조 등이 과연 어떻게 될 것인가도 생각해볼 문제다. 이번 장에서 나는 이 책의 집필을 위해 세계 각지에서 만나본 모든 이의 가설을 늘어놓을 생각이다. 그들 또한 부에노스아이레스의 에르난 보트볼과 마찬가지로 장차 네티즌 간의 추천 문화가 문화부 기자들의 역할을 대신하게 될 것이며, 문화 '서비스'가 회원제 방식으로 제공될 것이라고 내다봤다. 아울러 알고리즘 역시 더욱더 막강한 기능을 갖추게 될 것이라고 예측했다. 스트리밍 사이트 같은 음원 제공 플랫폼이나 크라우드 펀딩crowd funding(다수의 대중으로부터 조금씩 자금을 조달하는 방식), 토털 매니지먼트 전략 등으로 인해 음악 시장의 수익 구조도 달라질 것으로 내다봤다. 아마존은 물론 인도판 아마존인 플립카트Flipkart와 러시아판 아마존인 오존Ozon, 그리고 브콘탁테에 대한 이야기도 나왔는데, 마케팅 감각도 뛰어나고 나름의 프로모션도 진행하는 그 업체들의 전망에 대한 의견은 분분했다. 연령대별은 물론이고 특히 거주 지역에 따라 의견이 달랐는데, 이 점은 디지털 시대에도 지역이 결정적인 역할을 한다는 사실을 방증한다. 사람들이 대중없이 늘어놓은 견해들을 여기에 모아놓으면 현재의 상황에 무언가 의미를 부여할 수 있지 않을까 한다.

비상업적 문화 분야의 확대

샌프란시스코 중심가에 위치한 사무실에서 존 키저는 창문 너머로 몇백 미터 떨어져 있는 마켓 거리에 위치한 트위터 본사를 가리켰다. 키저는 미국의 주요 관현악단 중 하나인 샌프란시스코 심포니에서 사무국장을 맡고 있다. 인터넷이 일으킨 문화혁명을 기꺼이 받아들이는 그는 이렇게 말했다. "일찍이 우리 관현악단은 데이비스 심포니 홀 무대에서만 연주해서는 안 된다는 점을 간파했다. 공연은 그런 무대 위에서뿐만 아니라 디지털 무대 위에서도 이루어져야 한다." 그러고는 말을 이었다.

"확실히 우리는 남들보다 먼저 디지털 분야의 위력을 인식할 수 있었다. 실리콘밸리가 가까워서 그날그날 어느 정도의 진보가 이루어졌는지 금세 파악할 수 있었기 때문이다. 우리 같은 관현악단도 그 영향을 받을 수밖에 없다." 샌프란시스코 심포니 이사회에는 페이스북과 페이팔의 창업주가 포함되어 있다. 음향회사 돌비Dolby의 창업주 레이 돌비도 생전에는 이 이사회 위원이었다. 샌프란시스코 심포니는 서라운드 인코딩과 데이터 압축 기술, 잡음 제거 등에 특화된 음향회사 돌비와 함께 소리에 대한 연구를 계속했다. 그들은 스마트폰과 태블릿의 음질을 향상시키기 위해 돌비 트루 HD를 공동 개발하기도 했다. [돌비 트루 HD는 원본 데이터의 압축 과정에서 음질 손실이 거의 없는 차세대 입체 음향 시스템이다.]

이렇듯 샌프란시스코 심포니는 디지털 분야를 우선시해왔다. 샌프란시스코 심포니 홈페이지(sfsymphony.org)는 공연 프로그램을 소개하고 그 티켓을 파는 데만 그치지 않는다. 동영상 및 TV 방송, 두 개의 라디오 채널, 팟캐스트, 수많은 음악 관련 기사 등이 있는 실로 고전 음악을 위한 포괄적인 플랫폼이다. 샌프란시스코 심포니는 키핑스코어 (keepingscore.org)라는 실험적인 사이트도 만들었다. "우리는 온라인 상에서 상호 간의 실제 경험을 중심으로 한 대화의 장을 만들고자 한다. 우리에게 있어 디지털 분야는 교육의 일환이기 때문이다." 샌프란시스코 심포니의 '교육 및 지역 연계 프로그램education&outreach' 담당국장 로널드 골먼은 내게 이렇게 설명했다. 그 사이트상에서는 차이콥스키 교향곡 4번 악보를 한 소절씩 따라갈 수도 있고, 원하면 중간에 멈춰서 오케스트라 단장의 명쾌한 설명을 들을 수도 있다. 실로 매혹적인 지적 향연이 아닐 수 없다. 물론 마법의 지휘봉을 잡은 사람은 대중과의 소통을 즐기는 마이클 틸슨 토머스 샌프란시스코 심포니 단장이다.

모두에게 MTT라는 약어로 더 친숙한 마이클 틸슨 토머스는 도시든 인터넷이든 어디서나 모습을 드러낸다. 그는 팔로어 수가 7만 명에 달하는 트위터 계정(@mtilsonthomas)뿐만 아니라 왕성하게 활동하는 페이스북 계정과 링크드인 계정도 갖고 있다. 실리콘밸리 네트워크에 제대로 안착한 그는 구글, 판도라, 트위터 사장들과도 종종 대화를 주고받으며 자신의 오케스트라 협연 자리에 그들을 초대한다.

존 키저는 다음과 같이 설명했다. "MTT에게 있어 그런 활동은 하나의 사명과도 같은 것이다. 그의 조부모 세대는 이디시(동유럽 유대인)풍의 극장에 자주 다녔고, 그의 부모 세대는 텔레비전에 빠져 있었다. 그리고 그는 자기 세대의 사명이 디지털 분야에 있다고 생각한다." MTT와 유튜브 측의 대화 결과로 유튜브 심포니오케스트라YouTube Symphony

Orchestra 채널이 만들어지기도 했다. 2011년 시드니 오페라하우스에서 있었던 MTT 지휘의 라이브 공연 실황이 이 채널에서 방송되었을 때, 전 세계에서 3300만 명 이상이 시청한 것으로 집계됐다. 키저는 다음과 같이 단언했다. "우리가 무슨 대가를 바라며 디지털 프로젝트 부문에 투자하는 것은 아니다. 그저 교육과 마찬가지로 우리의 사명 가운데 하나로 여길 뿐이다." (그는 다만 2500만 달러 이상이 드는 키핑스코어 사이트의 운영비는 거대 IT 기업들의 메세나 활동과 자선 기부로 충당된다고 귀띔해주었다.)

MTT의 주도하에 유튜브에 샌프란시스코 심포니 채널도 생길 예정이다. 또한 그는 어바인 캘리포니아 주립대학 게임학과와 컴퓨터게임을 공동 개발 중이다. 게다가 인터넷 라디오뿐만 아니라 칸 아카데미에도 클래식 강좌를 개설해 음악 교육을 실시할 계획이다.

존 키저는 "현재 고전음악이 역사적 전환점에 와 있다고 생각한다" 며 다음과 같이 결론지었다. "고전음악의 존립 여부가 결정될 시험 무대는 바로 인터넷이 될 것이다. 거기에 고전음악을 중심으로 한 대화의 장을 마련하지 못한다면, 우리는 더 이상 대중을 오프라인 공연장으로 끌어들이지 못할 수도 있다." 그의 책상 뒤 선반 위에는 MTT 지휘의 저 유명한 말러 교향곡 CD 전집이 놓여 있었다.

미국에서 시대를 앞서가는 문화 기관은 비단 샌프란시스코 심포니 하나만이 아니다. 시카고 심포니오케스트라 역시 전용 미디어플레이어와 라디오 방송국까지 갖춘 독창적인 홈페이지(cso.org)를 구축해 일반 대중에게 수많은 음악 관련 자료를 제공한다. 또한 메이킹 뮤직Making Music은 음악을 배우는 데 필요한 가이드를 제시하는 곳이며, 재능 주식회사Ingenuity Incorporated는 학교 예술 교육을 위한 플랫폼이다. 아트룩 맵Artlook Map은 시카고의 예술 명소를 알려주는 인터랙티브(대화형) 맵이다.

미술관의 경우 뉴욕 메트로폴리탄 미술관이 디지털 혁명의 선봉에 섰다. 메트로폴리탄 미술관장은 IT 기술이 미술관과 관람객 사이의 관계는 물론 미술관의 입지도 근본적으로 변화시킬 것으로 내다보고, 2011년부터 미술관의 기존 정책을 바꾸기 시작했다. 그중 가장 눈에 띄는 정책 변화는 전시관 내에서 금지되어 있던 스마트폰 사용을 오히려 장려하기로 한 것이다. 그를 위해 70여 명의 직원으로 이루어진 디지털 팀이 전용 애플리케이션을 개발하고, 온라인 도록을 만들고, 인스타그램에 수시로 미술관 작품들을 올리고 있다. 홈페이지에 사진이나 동영상을 올려 미술관 소식을 전할 때도 있다. 특히 샤를 르브룅의 대작 「에베르하르트 야바흐와 그 가족의 초상Portrait d'Everhard Jabach et de sa famille」을 취득했을 때는 그 작품이 보안 시스템이 적용된 보관함 속에 담겨 뉴욕에 도착하는 순간부터 그것을 미술관으로 옮겨 개봉하고 전시실에 내거는 모든 과정을 동영상에 담아 공개했다. 이렇듯 메트로폴리탄 미술관은 관람객뿐 아니라 전 세계 모든 사람을 대상으로 한 온라인 서비스를 실시한다. 같은 맥락에서 이 미술관은 중국 소셜 네트워크에서도 활동하고 있는데, 가령 웨이보에 60여 개의 포스트를 올려 300만 명 이상이 그것을 볼 수 있게 했다. 이 미술관 홈페이지의 '타임라인'(www.metmuseum.org/toah)은 최고의 전문가들이 7000여 개의 예술품에 관해 쓴 900편 이상의 원고가 모여 있는 곳으로, 기원전 8000년부터의 미술사가 총망라되어 있다. 주요 참고 자료로 쓰이는 대표적인 예술사 교본 못지않은 이 '타임라인'은 전 세계를 통틀어 가장 많은 사람이 찾아보는 디지털 콘텐츠 가운데 하나가 되었다. 메트로폴리탄 미술관은 이미 다음 행보까지 생각해두고 있다. '타임라인'을 모든 미술관이 상호 연계된 곳으로 발전시켜 모든 사람의 기준 자료가 되게 하는 것이다.

뉴욕 현대 미술관MoMA은 온라인 가상 방문 툴을 갖춘 홈페이지(moma.org)를 통해 온라인 서비스를 제공한다. 일부 서비스는 회원들에게만 개방되어 있지만 기본적으로는 모두에게 소장 그림 및 예술 관련 자료를 제공한다. 보스턴 미술관도 온라인 관람 툴을 갖춘 홈페이지(mfa.org)를 통해 SNS에 특화된 콘텐츠를 제공한다. 이런 미술관들은 자신들의 홈페이지에 크리스천 마클리의 작품 「The Clock」나 낸 골딘의 연작 「All by myself」 중 일부, 현대예술가 무라카미 다카시가 만든 그 유명한 카녜이 웨스트의 뮤직비디오 「Good Morning」 등을 게시해 일반 대중이 볼 수 있게 했다. 또한 3D 전시에도 노력을 기울이고 있어 앞으로는 집에서도 입체감 있는 작품 감상이 가능해질 전망이다. 게다가 3D 프린터를 통한 작품 복제 서비스도 기대된다. 미술관들은 오디오 부문의 디지털 흐름에도 촉각을 곤두세우고 있다. 가령 뉴욕 현대 미술관은 2012년에 독일 전자음악 그룹 크라프트베르크Kraftwerk의 회고전을 열어 오프라인 전시장과 온라인 사이트에서 동시에 이 그룹의 「Computer World」와 「Home Computer」라는 선구적 타이틀을 전시한다. 디지털 시대에 새로이 나타나는 이 같은 실험들을 보면, 앙드레 말로의 '상상의 미술관'이라는 개념이 괜한 것이 아니었다는 생각이 든다.

미국의 미술계는 관객과의 '대화'를 중시하는데, 디지털 분야가 이에 도움을 주고 있다. 온라인 사이트와 애플리케이션, SNS 페이지 등을 통해 여러 문화 주체가 회원에게 한발 더 다가가고, 교사 및 학생에게 자료를 제공하며, 놀랍게도 지역의 저소득층을 지원하는 '커뮤니티 개발 기구Community Development Corporations' 및 사회교육자들과 연계활동까지 벌인다. 이를 보면 그들은 인터넷을 글로벌 커뮤니케이션 도구라기보다는 지역민들과의 대화 수단으로 생각하는 듯하다. 휴스턴 미술관과 브루클린 미술관, 필라델피아 심포니오케스트라 등이 디지털 분야에 막대한 투자를 하는 것도, 잠시 머물다 가는 관광객을 위해서가 아니라 현지의 잠재적 고객과 대화를 나누기 위해서다.

이상의 사례들은 미국 내 비영리적 문화 부문의 중요성과 아울러 인터넷상에서 이루어지는 비상업적 활동의 발전 양상을 잘 보여준다. 인터뷰를 진행한 사람들 가운데 일부는 이 같은 비상업적 문화 영역의 확대가 미래의 모델처럼 보인다고 말했다. 그들은 인터넷으로 인해 문화 상품의 가치가 떨어질 수도 있지만, 인터넷 덕분에 문화의 기본적인 틀 자체가 영리 목적에서 비영리 목적으로 변화할 수 있다고 주장했다.

미국에서 교향악단과 미술관, 오페라단, 도서관, 발레단, (브로드웨이를 제외한) 극장, 예술 및 실험 영화관, 수천 개의 영화제, 대학 출판부, 그 외 (정부의 재정 지원 대상이 아닌) 대부분의 대학은 모두 '비영리' 부문에 속한다. 그 문화 기관들은 공공 기관으로 보기도 힘들고 상업적 맥락에서 봤을 때 '민간' 기관이라고 하기에도 애매하다. 그저 독립적인 비영리 기관에 속할 뿐이다.

이 비영리 부문 기관들은 미국 세법 501c3조의 적용을 받기에, 기부금을 받을 수도 있고 공익적인 일을 하면 면세 혜택도 받을 수 있다. 또한 누군가가 이런 비영리 기관에, 가령 미술관에 돈을 대면 그만큼의 감세 혜택을 볼 수 있다. 물론 이와는 다른, 철저히 영리적인 문화 부문에 속하는 것들도 있다. 대부분의 영화관, 대학 출판부를 제외한 모든 출판사, 록이나 재즈나 랩 음반을 제작하고 콘서트를 기획하는 음악 회사, 브로드웨이 극장, 컴퓨터게임 회사 등이다. 이러한 업체들은 모두 상업 기업으로 분류되기에 기부금도 받지 못하며 면세 혜택도 주어지지 않는다.

서로 근본적으로 다른 이 두 부문에서 간혹 탈선행위나 조세 포탈 스캔들이 일어날 수도 있기에, 미 국세청은 양쪽 다 낱낱이 감시한다. 비영리 문화 기관 이사회는 매년 해당 문화 기관에 자금을 조달하기 위해 기부금을 조성해야 하는데, 그 규모가 때로는 수십만 달러에 육박하기도 한다. 반면 일반 창작 기업의 이사회는 연말에 주주와 함께 수익을 배분받는다. 각각 서로 완전히 다른 세계에 속한 이 두 부문이 미국 문화 모델의 근간이다.

상업성을 배제한 문화 영역이 확대될 수 있을까? 그 가능성은 고전적인 상업 백과사전 모델에서 벗어나 무료 온라인 백과사전 서비스를 선보이는 위키피디아에서 발견할 수 있다. 또한 리눅스 운영체제나 파이어폭스 같은 프리웨어, 프리 라이선스나 오픈 소스 콘텐츠, 그리고 수많은 창작 툴 및 창작 콘텐츠를 제공하는 공유 사이트와 상호 운용 커뮤니티 등에서도 발견할 수 있다.

내가 인터뷰했던 사람들은 대개 비영리 문화와 상업 문화 사이의 경계가 그리 명확하지는 않다고 생각했다. 가령 미술과 발레는 20세기에는 상업 문화에 속했으나 이제는 비영리 문화에 속해 있기 때문이다. 20세기에는 기부금의 세금 공제가 허용되지 않았다. 하지만 이제는 허용되어 기부금 문화가 활성화되었고, 이는 비영리 문화 분야 전반에 영향을 미치고 있다. 대중성보다는 도서의 질적 수준을 추구하는 전문 출판사나 고전음악, 재즈, 미술, 실험 영화관, 연극 무대 등 일부 예술 분야는 수익 자체를 포기하는 방향으로 나아갈 수도 있다. 수익성은 인터넷 쪽에서 추구하거나 아니면 비영리 부문이라는 지위를 이용하여 기부금을 조달받는 식의 구조를 세운 뒤 비영리적 문화활동을 추구하는 것, 이것이 디지털 시대의 새로운 모델이 될 수 있다.

이렇듯 문화의 미래는 비상업적 부문의 확대 발전에 달려 있다고 생각하는 측이 있는 반면, 저작권 규정의 수정이나 완화에 달려 있다고 보는 측도 있다.

공동 라이선스 '크리에이티브 코먼스'

미국 드라마 「웨스트 윙West Wing」의 시즌6에서, 한 배우는 실존하는 저명한 법대 교수를 연기한다. 그 교수가 한밤중에 미 대통령과 언쟁을 벌이는 장면을 보면 미국 지식인들은 실제로도 국가 원수와 대화를 나눌 것만 같지만, 그 드라마 속의 로런스 레시그와 달리 현실의 로런스 레시그는 통치권자들에게 조언을 하지 않는다. 다만 그들에 대한 도발과 도전을 일삼고 그들의 모순을 정면으로 반박한다. "나는 '표현의 자유free speech'를 지키는 것과 마찬가지로 '문화의 자유free culture'를 지킬 뿐이다. 여기서 '자유'라는 표현은 말 그대로 '자유로움'을 의미하지 '무료'라는 뜻이 아니다." 작은 안경을 쓴 이 하버드대 교수는 열심히 활동하는 사회운동가이기도 하다.

디지털 시대의 문화 사상가들 중에서도 가장 전위적인 축에 속하는 레시그 교수는 극단적 논객으로 알려져 있어 적도 많지만, 어쨌든 개혁과 혁신을 주도하는 인물이다. 일찍이 레시그 교수는 디지털 시대로의 이행 과정에서 저작권 문제가 대두될 것이라고 보고, '크리에이티브 코먼스Creative Commons'라는 공동 라이선스 제도를 고안해낸다. 이는 저작권자 스스로가 자신의 저작물 사용 조건을 규정할 수 있도록 해주는 라이선스 제도다. 약어로 CC라고 칭하기도 하는 크리에이티브 코먼스의 라이선스 종류는 여섯 가지인데, 그 모두에 저작자의 이름을 표시하는 조건하에 자유로운 작품 배포가 허용됨을 뜻하는 저작자 표시 항목 'CC BY'가 포함된다. 경우에 따라 콘텐츠 내용을 자유롭게 번안 혹은 각색할 수도 있지만 이를 금할 수도 있으며(CC BY-ND 저작자 표시-변경 금지), 영리적 목적으로 사용할 수도 있지만 이를 금할 수도 있다(CC BY-NC 저작자 표시-비영리). 콘텐츠가 동일한 조건에서 재배포되길 요구하는 경우도 있지만 조건 변경이 가능한 경우도 있다(CC BY-SA 저작자 표시-동일 조건 변경 허락). 레시그 교수는 다음과 같이 설명했다. "크리에이티브 코먼스의 저작권 라이선스와 관련 도구들은 기존의 저작권 시스템을 보완하는 역할을 한다. 크리에이티브 코먼스 시스템은 기존 저작권 제도의 범위를 넘어서지만 그렇다고 그 제도 자체를 폐기하는 것은 아니기 때문이다. 뿐만 아니라 이 새로운 저작권 제도는 작가 및 창작 예술가가 자기 작품의 배포 유형을 자유롭게 선택할 수 있도록 해준다. 이는 매우 중요한 부분이다. 만일 브리트니 스피어스가 돈을 지불한 사람들에게만 자기 음악을 들려주고 싶다고 하면,

나는 그에 대해 전혀 반대하지 않는다. 브리트니 스피어스의 음악에 대한 권리는 바로 그녀에게 있기 때문이다. 하지만 브리트니 스피어스가 아닌 사람들도 많다. 아마추어 음악가일 수도 있고 교사나 학자일 수도 있는 그들은 단순히 예술이나 과학을 사랑하는 마음으로 어떤 콘텐츠를 만든 이들이다. 이런 사람들은 수익에 그다지 신경을 쓰지 않고, 작품 배포 방식을 관리할 생각도 없으며, 그저 인지도를 얻고 싶을 따름이다. 크리에이티브 코먼스에서 말하는 라이선스 제도는 바로 그들을 위한 것이다."

오늘날 전 세계 수십만 개 사이트와 수백만 개 콘텐츠가 이 같은 저작권 프리 라이선스 시스템을 따르고 있다. 그 가운데 가장 유명한 것은 위키피디아의 글과 플리커Flickr의 일부 사진, 알 자지라의 가자 전쟁 관련 보도, 프랑스의 무료 일간지 『뱅 미뉘트20minutes』, 그리고 로런스 레시그 교수의 저서 등이다. "저작권 보호 부분을 극단적으로 내세우는 콘텐츠 기업들을 보면 화가 치민다. 그 같은 극단적인 시각은 사실 지식재산권을 지키기 위해 이어온 오랜 투쟁과 전혀 무관하다. 그런 과도한 관점 때문에 디지털 시대가 열어준 기회들이 막히고 있다." 이와 같이 주장한 레시그 교수는 저작권의 존재 이유가 바로 혁신을 장려하는 데 있다고 생각한다. '지배적인 문화 기업' 모델을 보호하기 위해 저작권이 존재하는 것이 아니라는 뜻이다. 다른 지식인들과 마찬가지로 그는 불법 다운로드를 한 개인에 대한 처벌을 줄여야 한다고 주장한다. 사적 복제에 관한 법을 수정하고 '공정 이용fair use' 관련 규정을 확대해야 한다는 게 그의 생각이다. 가령 어느 영화의 토막 영상이나 대사 일부를 배포하는 것은 공익적 사용이므로 저작권법 위반 적용을 받지 않아야 한다는 것이다. 그는 또한 매시업Mashup을 장려한다. 매시업이란 여러 개의 곡을 조합하여 새로운 곡을 제작해내는 기법이다. 패럴 윌리엄스와 로빈 시크가 공동 작곡한 「Blurred Lines」가 매시업 기법을 사용한 작품에 해당된다(이 두 사람은 마빈 게이의 곡을 표절한 혐의로 기소되어 2015년에 결국 유죄를 선고받았다). 레시그 교수는 저작권 보호 기간 단축을 위해서도 싸우고 있는데, 현재 미국의 저작권 보호 기간은 저자 사후 70년까지다. 그는 저작권의 미래는 어둡다고 보지만, 디지털 시대에 알맞은 창의적 콘텐츠의 미래는 밝다고 생각한다. 그는 인터넷 덕분에 문화 분야가 점점 더 풍요로워지고 한층 고차원적이 되고 있다고 생각한다.

크리에이티브 코먼스는 협력 경제Collaborative Economy 및 카피레프트 운동과 같은 맥락에 있다. 카피라이트의 반대 개념인 카피레프트는 이용자에게 프리웨어 사용을 장려하며, 이를 공유하고 수정하려는 사람들에게 자유로운 재사용권도 허용한다. 즉 카피레프트는 카피라이트를 내세우지 못하도록 하기 위해서 만들어진 신조어다.

레시그 교수는 "내가 저작권 폐지론자는 아니다"라고 못 박았다. "오히려 나는 저작권 제도가 현대 문화에 있어 중요한 요소이며, 창조 경제에 있어서도 없어서는 안 될 요체라고 생각한다. 저작권은 필요하다. 단, 일정 정도까지만이다. 저작권은 예술가들이 새로운 작품을 만들어내고 작가들이 새로운 책을 쓸 수 있도록 부추기고 장려하는 요소가 되어야지 그 이상이 되어서는 안 된다. 저작물에 대한 적절한 보호와 과도한 규제 사이에서 올바른 균형점을 찾아야 한다. 그러지 않으면 문화의 자유는 온데간데없이 사라지고 규제된 문화, 틀에 갇힌 문화만 남을 것이다. 좀더 많은 사람의 잠재력이나 창작 욕구를 부추기지 못하는, 일부 예술가 및 엘리트 그리고 콘텐츠 산업에만 득이 되는 문화는 일종의 '소작sharecropping' 문화다." (레시그 교수는 의도적으로 'sharecropping'이라는 부정적 뉘앙스의 단어를 사용했는데, 이는 대개 흑인이었던 소작인들이 주로 백인이었던 지주들에게 수확의 일정 비율을 나누어주었던 방식이다.)

이 같은 발언은 일부 문화 주체들에게 충격적으로 들릴 수도 있다. 한쪽에서는 메시아로 통하는 레시그 교수이지만 저작권자 사회에서 그는 혐오의 대상이다. 레시그 교수에 반대하는 사람들은 그가 불법 다운로드나 불법 복제 행위를 하는 사람들에게 유리한 논거를 제시해주었다면서, 인터넷에서 카피라이트가 위협받고 있는 지금의 상황에서는 외려 저작자들에 대한 보호를 더욱 강화해야 한다고 주장한다. 그러지 않으면 예술작품은 위험에 처해지고, 예술가들도 르네상스 시대처럼 기업의 메세나 활동에나 기댈 수밖에 없게 된다는 것이 그들의 생각이다. 한편 또 다른 일각에서는 미국식 카피라이트보다 유럽식 저작권인 '저작인격권droit moral'을 더 중시하기도 한다. [저작권은 인격권과 재산권으로 나뉘는데, 재산권과 달리 인격권은 양도나 상속이 불가능하다.] 저작인격권이 예술가의 권리를 더 많이 보호해줄 수 있기 때문이다. 유럽연합의 유럽의회 내에서도 유럽식 저작인격권을 고집하는 사람들과 카피라이트를 지지하는 사람들, 그리고 레시그 교수처럼 규정 완화를 요구하는 사람들 사이에서 격론이 일고 있다. 서로 공통분모가 거의 없어 당장은 의견 조율이 안 되고 있지만, 이 유럽연합 내의 갈등이 어떤 합의점에 이르느냐에 따라 미래의 향방이 결정될 것으로 보인다.

어쨌든 자유주의 정신에 입각한 저작권을 주장하는 파는 전 세계에 걸쳐 수많은 열성 신도를 보유하고 있다. 나는 신흥국을 비롯한 세계 도처에서 '자유 문화', 심지어 '무료 문화'를 신봉하는 여러 문화 주체를 만나볼 수 있었다. 그 가운데 가장 대표적인 인물은 일흔 살이 넘은 지우베르투 지우로, 유명한 보사노바 가수이자 '트로피컬리즘Tropical-ism'이라는 예술운동을 창시한 사람 중 하나다. 그를 인터뷰했을 때는 그가 아직 룰라 행정부의 문화부 장관 자리에 있을 때였다. 그는 "크리에이티브 코먼스에 찬성하는 입장"이라고 말하고는 자기도 "물론" 저작권을 지지한다고 덧붙였다. 다만 자신은 "음악의 자유로운 배포"를 장려하는 데 힘을 쏟고 있다며 우스갯소리로 스스로를 '해커'라고 부르기도 했다. 그 역시 문화의 비상업적 형태에 믿음을 걸고 있었다. 그는 가난한 브라질에서 자랐던 젊은 시절의 자신을 떠올리며, 디지털 문화를 바탕으로 빈민가 젊은이들이 서로 소통하는 것을 돕고 싶다고 했다. 나와 인터뷰를 한 바로 그날 저녁, 지우베르투 지우는 무대에 올라 「인터넷에서On the Internet」라는 노래를 불렀다. "나는 웹에 있길 원한다네/ 논란을 부추기고/ 인터넷에서/ 코네티컷 팬클럽을 모으고 싶다네/ 나는 웹에 있길 원한다네/ 바로 여기에 네팔의 집들과 가봉의 선술집들을 모아놓고 싶네."

문화 상품 시대의 종말

"음반 산업은 유머 감각이 없다." 영화 「소셜 네트워크The Social Net-work」에서 숀 파커 역을 맡은 저스틴 팀버레이크가 내뱉은 이 유명한 대사를 아직도 많은 사람이 기억하고 있을 것이다. 페이스북 창업 멤

버이자 온라인 음원 공유 사이트 냅스터의 대표이기도 했던 숀 파커가 정말로 이렇게 말했는지는 알 수 없지만, 어쨌거나 이 대사는 음악 분야와 인터넷 사이의 복잡한 관계를 압축적으로 표현한 말이다. 하지만 이제는 상황이 달라졌다. 음악 분야도 웃음을 되찾았기 때문이다.

이제 음악 산업은 디지털 생태계에 익숙해졌다. 그래서 합법적인 온라인 음원 공급 경로를 통해 대부분의 타이틀을 제공한다. 음악 분야의 수익 구조는 크게 세 가지로 나뉘는데 첫 번째는 '스마트 라디오'라고도 하는, 다운로드가 불가능하고 단방향 형태의 서비스를 제공하는 무료 인터넷 라디오다(시리우스Sirius XM, 삼성의 밀크 뮤직Milk Music, 아이튠스 라디오iTunes Radio 등). 두 번째는 음원별 혹은 앨범별로 제공되는 유료 다운로드 서비스로, 애플의 아이튠스가 대표적이다. 세 번째는 (스포티파이, 판도라, 애플 뮤직Apple Music, 디저 등과 같은) 회원제를 기반으로 하는 무제한 음악 듣기 서비스로, 스트리밍이나 다운로드 중에서 선택할 수 있으며 전용 앱이 제공되기도 한다.

'스마트 라디오', 즉 인터넷 라디오 모델은 특히 무료 서비스라는 점에서 소비자에게 유리하다. 그러나 메이저 음반 업체는 이 모델을 통해서는 원하는 만큼의 수익을 올리지 못한다. 광고 수입이 있다 해도 무료 서비스는 유료 및 회원제 서비스보다 수입이 적어 아티스트의 저작권료를 훨씬 낮게 지급하기 때문이다. ('스마트 라디오' 모델은 애초부터 저작권료 기준이 낮을 수밖에 없기도 하다. 청취자가 원하는 음악을 선택할 수 없기 때문이다. 일부 타이틀의 반복 재생 혹은 다음 곡 재생 같은 기능이 제공되기도 하나, 기본적으로 청취자에게는 선곡권이 없다.) 이 같은 단점에도 불구하고 인터넷 라디오 서비스는 지속될 가능성이 높다. 개도국이나 아프리카 지역을 중심으로 소비자 측의 수요가 상당하기 때문이다. 인터넷 라디오 모델은 도처에서 점차 늘어나고 있으며, 점점 전문화되는 모델(튠인 라디오 프로TuneIn Radio Pro, 샤우트캐스트Shoutcast, 아이튠스 라디오 등)도 있다.

애플이 보급시킨 유료 다운로드 모델은 사실 한계에 다다랐다. 물론 이 모델은 다음의 네 가지 혁신을 달성시키는 역할을 했다. 첫째로 아이팟과 아이폰이라는 뛰어난 음원 재생 플레이어 개발, 둘째로 mp3보다 더 나은 음질을 제공하는 AAC 포맷 일반화, 셋째로 개인별 무료 미디어 보관함을 음원 스토어와 연계시킨 아이튠스 플랫폼 개발이다. 마지막으로 가장 결정적이었던 혁신은 바로 앨범이 아니라 곡당 음원 구입을 가능하게 한 주문형 음원 판매 방식이다. 하지만 애플이 달성한 이 네 가지 성과는 현재 그 수명을 다해가고 있다. 몬트리올에서 인터뷰한 라디오 캐나다 국장 파트리크 보두앵은 "사람들이 예전에는 듣기 위해 음악을 샀지만, 이제는 사기 위해 듣는다"고 강조했다. 이 정도만 해도 낙관적인 축에 낀다. 런던에서 만난 EMI 지도부 중 한 명인 닉 갯필드는 좀더 씁쓸한 어조로 이렇게 얘기했다. "사람들은 오로지 히트곡밖에 사지 않는다. 그래서 앨범이 아니라 곡당 판매를 하게 되면 살아남기가 더 힘들어진다. '롱 테일Long tail' 법칙에 따라 다수의 비주류 상품 매출이 소수의 주류 상품 매출을 능가할 거라고 생각하는 것은 신화적인 믿음에 가깝다. 목록상의 모든 콘텐츠가 팔리는 일은 없을 것이다." (영국 EMI는 이후 일부가 유니버설에 매각됐다. 콜드플레이, 데이비드 게타, 티나 터너 등과 같은 아티스트들의 사업권이 유니버설로 넘어갔고, 그 외 아티스트들도 미국 워너 사로 이동했다.) 아이튠스는 아직 온라인 음악 시장에서 압도적인 우위를 선점한 상황이다. 유료 다운로드 시장의 3분의 2 이상을 차지하는 아이튠스는 시장 지배적 지위 남용 행태도 보이지만, 더 이상 소비자들의 이용 패턴에 부합되지 않을 것으로 보인다. 내가 인터뷰한 사람들 대부분은 그 같은 음원 구입 모델에 더 이상 미래가 없다는 견해를 보였다.

회원제 서비스 모델은 (영국의 HMV, 미국의 보더스Borders, 프랑스의 버진Virgin 같은) 대형 레코드숍의 CD 판매 부진으로 인한 음악 산업의 막대한 수익 손실을 다 보전해주지는 못하지만, 적어도 그 산업을 지속시킬 수 있는 방법으로 인식되고 있다. 파리에서 만난 유니버설 사장 파스칼 네그르는 다음과 같이 말했다. "소비자 쪽에서나 음악 산업 쪽에서나 가장 미래가 밝은 모델은 바로 회원제 서비스라고 생각한다."

이미 여러 개의 플랫폼이 이 무제한 스트리밍 회원제 서비스 시장을 공략하고 있다. 2008년 스웨덴에서 만들어져 시장을 선도하고 있는 스포티파이를 비롯하여 미국의 랩소디Rhapsody, 판도라, 알디오Rdio, 프랑스의 디저도 바로 이 서비스를 제공하고 있고, 클래식 음악에 특화된 고음질 음원 사이트 코뷔즈Qobuz와 낙소스Naxos, 새로운 모습으로 등장한 냅스터도 이 시장에 뛰어들었다.

대형 인터넷 기업들도 이 분야에 합류했다. 구글은 구글 플레이는 물론 유튜브 뮤직 키music key의 베타 버전을 내놓았고, MS는 엑스박스 뮤직Xbox Music을 선보였으며, 소니는 (스포티파이와 협력하여) 플레이스테이션 뮤직playstation Music을 출시했다. 최근에는 2014년 비츠 뮤직Beats Music을 인수한 애플이 애플 뮤직을 선보여 스트리밍 서비스 모델의 유효성을 확인시켰다(아마존의 프라임 뮤직prime music도 프라임 서비스 이용자에게만 제공되는 무제한 스트리밍 서비스다).

여기서 유튜브 이야기를 안 할 수가 없는데, 구글 산하에 있는 유튜브는 무료 음악 생태계에 있어 빠질 수 없는 주체이기 때문이다. 여러 가지 서비스가 복합적으로 모여 있는 유튜브는 매달 10억 명의 방문객이 찾는 초대형 사이트로, 평균 60억 시간의 동영상 자료를 재생한다. 무엇보다 세계 최대의 동영상 검색 사이트로서, 온라인상에서 무료로 동영상과 음악 데이터를 서비스한다. 광고가 들어가 있는 스트리밍 서비스 형태로 동영상을 제공하지만 라디오와 같은 단방향 송출 방식은 아니다. 이용자는 자신이 원하는 타이틀을 선택해서 볼 수 있으며, 다만 이를 다운로드할 수 없을 뿐이다. 유튜브의 콘텐츠는 대개 합법적이며, 유튜브는 광고 수입의 50퍼센트를 문화 산업에 환원한다. 모바일은 유튜브의 중점 사업 분야로, 이미 유튜브 전송량의 40퍼센트가 모바일로 이루어지고 있다. 따라서 유튜브가 앞으로 스마트폰 및 태블릿 모바일 시장에서 입지를 굳힐 거라는 전망도 얼마든지 나올 수 있다. 어쨌든 유튜브의 독특한 모델은 세계적인 성공을 거두고 있다. 무료 스트리밍 시장의 선두 주자인 유튜브는 80퍼센트 이상의 시장 점유율을 보인다(일부 국가에서는 지역 사업자가 유튜브와 경쟁을 벌이기도 하는데 중국의 유쿠와 투더우, 일본의 니코 니코Nico Nico, 프랑스의 데일리모션Dailymotion, 이란의 메흐르Mehr 등이 이에 해당한다). 이와 더불어 유튜브는 인터넷 라디오와 유사한 형태의 무료 테마 음악 채널을 개설했다(경우에 따라서는 '인터넷 TV'에 해당하는 서비스라고 볼 수도 있다). 끝으로 구글 검색 엔진의 경쟁력을 등에 업은 유튜브는 스포티파이의 모델을 따른 회원제 유료 스트리밍 서비스인 뮤직 키 서비스를 곧 정식으로 출시할 예정이다. 이를 전략적이고 일시적으로만 창작 산업과 평화적 관계를 유지해오던 유튜브가, 예기치 못한 상황 변화로 인해 동영상 및 음악 서비스를 유료로 전환하기 시작할 것임을 예고하는 신호탄으로 생각할 수도 있다. 유튜브의 무료 음악 서비스는 완전히 막을 내리고, 유료 서비스 모델로 재출발할 수도 있다는 말이다. 그 모델이 아직은 창작 산업 분야에 안정적으로 자리 잡지는 못했지만 말이다.

궁극적으로 구글과 아마존, 애플 등의 음악 서비스는 '온라인 음악 보관함'에서 '온라인 음악 데이터베이스'로 이행할 것이다. 이용자가 자신이 소유한 음원들을 보관해두던 공간에서, 소유할 수는 없되 언제든 들을 수 있는 음원들의 집합 데이터베이스 모델로 변해갈 것이라는 말이다.

'원하는 만큼 모든 것을 먹을 수 있는all you can eat' 무제한 뷔페식 레스토랑에 비유할 수 있는 이 모델은 진지하게 말하면 '개방형 음악 서비스 모델'에 해당하는 것으로, 모바일 플랫폼에 최적화되어 있으며 인터넷 라디오나 가격이 비싼 다운로드 방식과 달리 소비자와 메이저 음반 업체를 동시에 만족시켜준다는 장점이 있다. 이미 이 모델을 구현하고 있는 스포티파이나 디저 같은 회원제 스트리밍 플랫폼의 성공은, 사람들의 의식이 변화했음을 증명한다. 냅스터가 '음악은 공짜로 듣는 것'이라는 생각을 심어줬던 10년쯤 전에, 사람들은 소비자들이 더 이상 음악을 돈 주고 들으려 하지 않을 것이라고 얘기했다. 즉 소비자들이 자신이 원하는 음악 파일을 인터넷에서 계속 불법 다운로드할 것이라고 전망한 것이다. 그러나 지금의 현실은 다르다. 음원 소비자층이 기꺼이 스포티파이에 돈을 지불하고 있는 것이다. 물론 2015년 기준 광고가 포함된 무료 서비스 이용자와 광고 없는 유료 회원제 서비스 이용자 수는 각각 4500만 명과 1500만 명으로, 아직은 무료 서비스 이용자 수가 많지만 말이다. 메이저 음반 업체들의 입장 선회도 주목할 만한 부분이다. 불과 5년 전만 해도 이 업체들은 스트리밍 서비스에 대해 게거품을 물고 반대했다. 광고가 포함된 무료 서비스 형식이든 스포티파이 같은 회원제 형식이든 결코 용납하지 않았던 것이다. 그런데 지금은 (프랑스 기업 비방디Vivendi에 속한) 유니버설과 소니(일본), 워너(미국) 등 3대 메이저 업체들이 바로 이 스트리밍 서비스 모델을 채택하고 있으며, 심지어 이 같은 방향으로 더 멀리 더 빨리 나아가고자 하고 있다. 매년 미 텍사스 주 오스틴에서 열리는 '사우스 바이 사우스웨스트 SXSW' 축제의 위원장 롤런드 스웬슨을 오스틴에서 만났을 때, 그는 내게 이런 말을 했다. "2000년대 말까지만 해도 우리 축제는 전적으로 음악에만 치중했었는데 지금은 세계적인 디지털 혁신 축제로 거듭났다. 이 같은 사실은 그동안 음악 분야가 디지털 혁신을 거듭해왔다는 것을 반영하고 있다." (그의 말대로 과거에는 뮤직 페스티벌이었던 SXSW가 지금은 인터랙티브 페스티벌Interactive Festival이 되어, '핫'한 신진 스타트업들이 자신의 존재를 알리는 장 역할을 하고 있다. 2007년에는 트위터가, 2009년에는 포스퀘어Foursquare가, 2015년에는 미어캣Meerkat이 바로 이 축제에서 화제가 되었다.)

메이저 음반 업체들은 유료 회원제 스트리밍 서비스 이용자가 전 세계를 통틀어 1억 명에 달할 경우, CD 판매 하락으로 인한 수익 손실이 상쇄될 것이라고 기대하고 있다. 스포티파이가 벌써부터 음반 업체 측에 수십억 달러에 달하는 로열티를 지급하고 있기 때문이다(한 곡 듣는

데 고작 0.05유로 정도밖에 안 되는데도 말이다). 2014년에 가수 테일러 스위프트가 스포티파이에서 자신의 앨범을 빼는 사건이 벌어지면서, 일각에서는 회원제 서비스에 대한 음반 업체들의 높은 기대치는 실현 가능성이 없다는 지적도 나온다. 하지만 음반 업계가 수년 전부터 해온 대로 현실을 부정하며 버티기보다는, 현실에 대한 기대를 품고 사는 편이 더 낫지 않겠는가?

내가 가본 대부분의 신흥개도국에서는 이 같은 회원제 모델이 부상하고 있었으며, 그 모델을 적용한 곳은 대부분 현지화된 서비스를 제공하는 자국 기업들이었다. 회원제 모델은 문화 분야에서의 중요한 흐름, 즉 문화 상품에서 문화 서비스로의 이행을 확인시켜주는 사례이기도 하다. 스트리밍 서비스에 회원 가입하면 원하는 곳에서 원하는 때에 어떤 플레이어를 통해서도 그 서비스에 접속할 수 있는데, 이는 이제 음악이 우리가 소유하는 상품이 아니라 하나의 모바일 서비스가 되었음을 의미한다.

이는 콘텐츠가 디지털화됨에 따라 자연스레 생긴 변화다. 예전에는 사람들이 자신에게 특별한 음악과 영화를 음반과 DVD 형태로 소장하고 싶어했다. 하지만 이제 mp3나 AAC로 변환된 음악 파일은 음질에서 음반과 별 차이가 없고, 다운로드한 영화 파일도 화질상 DVD와 별 차이가 없다. 따라서 굳이 음반이나 DVD를 '서가'에 소장하고 있을 필요가 없어졌다. '서가'라는 단어 자체가 구시대적인 표현이 돼버리고 말았다. 이제 사람들은 돈을 주고 문화 상품들을 사서 한쪽에 쌓아두는 것보다, 회원제 서비스에 가입해 웹상에서 즐기는 방식을 선호하기 때문이다. 소유가 아니라 서비스의 개념이 도입된 회원제 방식이 분명 문화의 미래가 될 것이다.

문화가 상품에서 서비스로 이행하는 것은 상당히 근본적인 변화다. 문화적 재화를 생산하던 기업이 문화적 서비스를 제공하는 기업으로 바뀌는 것이기 때문이다. 음반 업계가 웹 분야를 받아들이는 데 10년이라는 긴 세월을 허비하지 않았더라면, 몇 년 더 일찍 이 같은 변화의 흐름을 예상할 수 있었을 것이다.

이 전반적인 변화의 흐름과 더불어 전 세계 도처에서는 또 다른 활로가 개척되고 있다. '360도 매니지먼트'라고도 불리는 토털 매니지먼트 계약, 대중으로부터 십시일반으로 자금을 모으는 크라우드 펀딩, (아시아 지역에서 지속적으로 성행하는) 휴대전화 벨소리 판매, 콘서트와 라이브 공연 등 여러 가지 방향에서 수입원이 모색되고 있는 것이다. 자드 슈에이리 같은 일부 아티스트들은 이 모두를 활용하기도 한다.

"나는 제2의 전성기를 맞이하고 있다." 서른세 살의 레바논 아티스트 자드 슈에이리는 이렇게 내뱉었다. 가수였던 그는 이제 성공한 뮤직비디오 감독으로서의 인생을 살고 있다. 베이루트에서 그를 만났을 때, 우리 주위로 엄청나게 많은 사람이 몰려들었다. 자드 슈에이리는 그야말로 엄청난 '스타'였다. 레바논과 시리아, 걸프 지역, 마그레브 지역, 이집트 등지의 Top 50 차트에서 10년 동안 여러 번 1위를 차지한 아랍권 최고의 가수였기 때문이다. 특히 그의 1집 앨범은 이집트에서만 20만 장이 넘게 팔렸는데, 오래전부터 불법 복제가 성행하던 그 나라에서 그 정도의 판매량을 기록했다는 것은 대단한 성과가 아닐 수 없다. 그의 히트곡 중 하나인 「Warreiny」의 뮤직비디오는 유튜브 조회 수가 100만 이상이었으며 「Funky Arabs」「Banadilak」「Wala Awel」의 뮤직

비디오도 상당한 인기를 누렸다. 2013년 11월에는 「We don't care」의 뮤직비디오가 뜨거운 반응을 불러일으키기도 했다. 자드 슈에이리는 자신의 뮤직비디오가 이렇듯 인터넷과 위성 채널에서 동시에 큰 성공을 거두자, 뮤직비디오 제작 시스템을 갖춘 이집트의 멜로디 TV 산하 멜로디 뮤직Melody Music과 독점 계약을 맺었다.

"멜로디 뮤직과 맺은 계약은 '360도 계약'이라 불리는 형태다. 앨범은 물론 공연, 음원 파생 상품 등까지 포함하는 광범위한 계약이기 때문이다. 따라서 회사는 이 모든 부문에서 발생하는 수익의 일정 부분을 가져간다." 자드 슈에이리는 동베이루트의 기독교 지역인 아크라피에에 위치한 자신의 아파트에서 나와 함께 저녁을 먹으며 이렇게 말했다. "이러한 형태의 매니지먼트를 하고 있는 음반사는 멜로디 뮤직뿐만이 아니다. 그 회사의 경쟁사인 사우디아라비아의 로타나Rotana와 레바논의 아라비카Arabica 등도 음반 제작뿐 아니라 아티스트의 모든 활동을 관리하는 매니지먼트를 시도하고 있다."

로타나의 베이루트 지사에서 나와 인터뷰한 아티스트 및 레퍼토리Artist&Repertory 담당자 토니 세만은 이렇게 설명했다. "우리는 아티스트들과 주로 '360도 계약'을 맺는다. 아티스트의 음반뿐만 아니라 커리어 전체를 관리하는 계약을 맺는 것이다. CD 제작은 물론 온라인 음원 판매, 콘서트, 광고 제작까지 모든 걸 우리가 도맡는다. 우리 회사가 관리하는 아티스트의 90퍼센트 정도가 바로 우리와 이 같은 전방위 계약을 맺고 있다."

디지털 문화가 확산됨에 따라 이 독특한 형태의 계약 모델이 점차 일반화되고 있다. 자드 슈에이리는 "이 부문에서만큼은 아랍권이 다른 지역보다 훨씬 앞서 있다"면서 다음과 같이 말했다. "인터넷이 생기기 훨씬 전부터 이곳에서는 불법 복제가 상당히 성행했다. 모두가 불법 복제 테이프와 CD를 만들었다. 따라서 나는 음반 판매 수익은 애초부터 기대하지 않았다. 2005년에 처음 음반사와 계약을 했을 때부터 계약서에 콘서트와 광고 수익 배분 관련 내용만 명시했다. 요즘에는 미국과 유럽의 여러 아티스트도 그런 식의 계약을 하고 있다."

이렇듯 자드 슈에이리는 불법 복제 음반을 크게 신경 쓰지 않았고, 심지어 그것을 음반 산업의 일부로 생각하는 듯했다. 그를 포함한 레바논 사람들 대부분이 불법 복제 문제에 대해 상당히 초연한 태도를 보였다. 아시아, 남미와 마찬가지로 중동 지역에서도 불법 복제는 그리 대수로운 일이 아니기 때문이다. 불법 복제 방지에 열을 올리는 미국 기업이나 유럽 정부의 태도와는 확연히 구분되는 모습이었다. 중동의 한 음반 업계 전문가는 중동 음반 시장에서 불법 복제 음반이 차지하는 비율이 80퍼센트를 상회할 것이라고 말했다. 중동 지역 길거리에서 판매되는 대부분의 CD와 DVD가 불법 복제품임을 내 눈으로 직접 확인하기도 했다. 그러나 슈에이리는 다음과 같이 잘라 말했다. "불법 복제품이 길거리에서 버젓이 팔리고 있는 것도, 인터넷 P2P 사이트를 통해 불법 복제 파일이 교환되는 것도 두렵지 않다." (컬럼비아 대학 공공 정책 연구소인 아메리칸 어셈블리The American Assembly의 연구에 따르면 러시아의 소프트웨어 불법 복제 비율은 68퍼센트, 멕시코의 음원 불법 복제 비율은 82퍼센트, 인도의 영화 불법 복제 비율은 90퍼센트에 달한다. 또한 이 연구는 미국의 성인 46퍼센트가, 그중 18~29세 연령대에서는 70퍼센트가 영화나 음악 파일을 불법 다운로드한 적이 있음을 밝혔다.)

아랍 지역 국가만의 특징도 존재한다. 이 지역 아티스트들의 고정 수입 중에는 프라이빗 파티나 생일 파티, 결혼식 등의 행사 수입도 있는데, 음반사는 이 수입의 일정 부분도 가져간다. 미국 등 다른 나라에서 이 같은 '하우스 쇼'는 갓 데뷔한 신인들이 팬을 늘리기 위해 나가는 행사로, 수입도 팁 정도에 불과하다.

자드 슈에이리는 지금도 계속 노래를 하고 있지만, 이와는 별개로 뮤직비디오 감독으로서의 제2의 인생을 시작했다. 나왈 알 조그비, 우아디아 알 사피, 디아나 하다드 등과 같은 아랍권 스타들의 수많은 뮤직비디오를 제작한 그는 다음과 같이 말했다. "뮤직비디오 제작은 적게는 1만5000유로에서 많게는 15만 유로 정도의 수입을 가져다준다. 상당히 돈이 되는 일이다." 뮤직비디오를 비롯한 여러 동영상이 온라인에서 얼마나 주목받느냐에 따라 아티스트의 인기가 결정되는 시대를 맞아, 온라인 마케팅을 전문으로 하는 스타트업도 늘고 있다. 이에 대해 슈에이리는 다음과 같이 말했다. "온라인 마케팅과 오프라인 마케팅은 모두 아티스트가 대중과 이야기를 나누는 수단이며, 이 두 가지는 서로 보완된다." 서구권 아티스트들과는 달리 아랍권 아티스트들은 TV나 라디오를 통한 수입은 전혀 기대하지 않는데, 그 이유를 슈에이리는 이렇게 설명했다. "아랍 지역에서는 음반사와 아티스트가 오히려 방송국에 뇌물을 줘야 한다. 그래야 음악이 전파를 탈 수 있기 때문이다." 그러면서 다음과 같이 덧붙였다. "하지만 인터넷 덕분에 이제는 굳이 그럴 필요가 없어졌다. 아랍 뮤지션들의 수입은 이제 유튜브에 올리는 뮤직비디오의 조회 수에 따라 결정된다." 저스틴 비버 같은 뮤지션을 탄생시킨 유튜브는, 이제 뮤직비디오 제작사들에게 자금 지원도 하고 있다.

아랍 지역뿐 아니라 남미 지역에서도 방송 관계자에게 '파욜라payola' (뇌물)를 주는 것은 관행이나 마찬가지였다. 부에노스아이레스에서 만난 랜덤 레코드의 빅토르 포니에만은 다음과 같이 얘기했다. "그동안 메이저 음반사들이 남미 지역 음악 분야를 장악할 수 있었던 건 파욜라 덕분이었다. 하지만 인터넷 시대를 맞아 파욜라의 위력이 줄어들고 있다. 아직 완전히 사라지지는 않았지만 말이다. 따라서 우리에게는 인터넷이 TV나 라디오를 대체하는 매체가 된 것이 반가운 소식이다."

아시아 지역에서는 휴대전화 벨소리나 노래방을 통한 저작권료 수입이 일반화되었다. 자카르타에서 만난 인도네시아 소니 지사장 토토 위드조조는 "휴대전화 벨소리 서비스인 링톤ring tone과 통화 연결음 서비스인 링백톤ring back tone이 이제 음악 분야의 주요 수입원이 되었다"고 말했다. 제이팝과 케이팝, 그리고 타이완과 인도네시아의 대중음악이 특히 링톤과 링백톤 시장을 장악했다. 일본에서 시작된 통화 중 배경음악 서비스인 '컬러 콜 톤Color call tone'과 휴대전화 배경화면으로 앨범 재킷 사진을 제공하는 서비스도 한국, 인도네시아, 타이완, 베트남 등 아시아 도처에서 저작권료 수입을 올리고 있다.

광고나 영화에 쓰이는 배경음악은 물론이고 게임 사운드나 브랜드 로고송, 웹사이트의 음향 디자인까지 음악 산업의 새로운 수입원이 되었는데, 간혹 이로 인해 얻는 저작권 수입이 앨범 판매 수입을 넘어서는 경우도 있다. 그래서 메이저 음반사들은 이 새로운 수입원을 전담하는 부서를 만들었으며, 이에 특화된 투자 에이전시도 생겨나고 있다. 요컨대 음악 분야의 수익 모델이 다각화되었다는 말이다.

문화 산업의 또 한 가지 활로는 (다수의 대중으로부터 조금씩 자금을 조달하는) 크라우드 펀딩이다. 이는 장래성은 있지만 아직 크게 두각을 나타내지 못하는 신예 아티스트들을 위한 자금 조성 방식으로, 잘되면 일반 대중은 물론이고 전문 투자자까지 끌어들일 수 있다.

현재 크라우드 펀딩 부문에서 선두를 달리고 있는 곳은 미국의 소셜 펀딩 사이트 킥 스타터Kick Starter이고, 로켓허브RocketHub나 인디고고Indiegogo도 주목받고 있다. 스파이크 리나 제임스 프랑코 같은 영화 제작자는 물론 드라마 제작자나 다큐멘터리 제작자도 소셜 펀딩 사이트를 통해 제작비를 모금했다. 위륄Ulule(창작 및 연대), 피플 포 시네마People for cinema(영화), 투코프로Touscoprod(시청각), 마이메이저컴퍼니MyMajorCompany(음악)처럼 분야별로 특화된 소셜 펀딩 사이트도 있다.

이상에서 볼 수 있듯이 디지털 시대에 접어들면서 음악 분야 또한 창의적인 새로운 수익 모델을 모색 중이다. 인터넷은 문화 산업 분야에 이득이 될 수밖에 없는데, 거기서 자금원도 찾을 수 있고 다양성도 확보할 수 있기 때문이다. 인터넷에 대해 적대적인 논객들은 디지털 시대로 이행하면서 문화 분야가 획일화되었다고 진단한 바 있다. 하지만 오늘날 세계 여러 나라의 현장 전문가들은 이 같은 분석에 동의하지 않는다. 가령 전 세계 음악 분야가 영미권 음악을 중심으로 획일화되었다는 주장은 그다지 근거가 없다고 생각한다.

2013년 6월에 『이코노믹 저널The Economic Journal』은 22개국을 대상으로 실시한 밀리언셀러 차트 분석 결과를 내놓았다. 그것을 보면 일부의 추측과는 달리 음악 분야가 현지의 특성을 잘 반영하고 있음을 알 수 있으며, 세계 여러 나라의 아티스트들이 인터넷을 발판으로 영향력을 넓혀나갈 것임이 전망된다. 사실 디지털 혁명이 일어나기 전에는 미국, 영국, 스웨덴, 캐나다, 호주 아티스트들이 전 세계를 장악했으나, 오늘날에는 지역별로 다양한 나라의 아티스트들이 시장을 주도하고 있다. 물론 미국의 주류 음악은 전 세계를 아우르는 음악 차트의 31개 밀리언셀러 가운데 23개를 차지할 만큼 여전히 시장을 지배하고 있지만, 전체 음악계의 관점에서 보자면 (비중이 크긴 해도) 한 층위에만 해당하는 것이다. 1990년대 이후 각국의 베스트셀러 차트에서 자국 아티스트가 차지하는 비중이 점점 늘어나고 있는데, 이는 매우 중요한 변화다. 사실 음악 분야의 진정한 다양성은 인위적으로 더 많은 종류의 타이틀을 시장에 공급한다고 확보되는 것이 아니라 각 타이틀이 더 많은 사람들에게 다가가 어느 정도 인기를 누려야 확보될 수 있는데, 현재의 상황이 바로 그렇다. MTV 채널은 진정한 의미의 다양성을 잘 살린 경우에 해당한다. 인터넷이 지금처럼 발달하기 전부터 자사의 지역 방송국들을 통해 현지 채널을 발전시켜왔기 때문이다. 한편 콘서트가 수익 모델의 중심이 된 현재의 음악 시장에서, 인터넷은 특히 자국 아티스트들의 홍보 역할을 톡톡히 해내고 있다. 인터넷은 때로 비주류 국가 출신의 아티스트들에게 기회의 장이 되기도 하지만, 주로 자국 아티스트들의 얼굴을 알리는 곳으로 활용되고 있기 때문이다.

끝으로 지적할 점은, 각국의 아티스트들이 인터넷을 통해 전 세계에 흩어져 있는 재외 국민 공동체들을 대상으로 홍보를 하면 팬층을 늘릴 수 있다는 것이다. 이는 인도와 이란, 중국 아티스트들의 사례로 이미 입증됐다. 디지털 시대로 이행하면서 음원 배포 기술은 전 세계적으로 획일화되었지만 전 세계의 음악 시장은 획일화되지 않고 오히려 다양화되고 있는데, 그 요인 중 하나는 세계 각지의 재외 국민들이 인터넷을 통해 자국의 음악을 소비할 수 있기 때문이다. 이렇듯 음악 시장의 다양성은 우리가 생각지도 못한 요인으로 인해 확대되기도 한다. 결론적으로 말하자면 음악 시장은 새로운 시대를 맞아 주류에 장악된 것이 아니라, 디지털 기술에 힘입어 지리적 범위가 획기적으로 다변화되면서 폭넓은 비주류를 양산하게 되었다고 봐야 한다.

다만 이 같은 추세에도 불구하고 비주류 국가의 아티스트가 전 세계를 공략하기란 쉽지 않다. 「강남 스타일」로 20억 회에 가까운 유튜브 조회 수를 기록한 싸이는 일부 예외적인 경우에 해당된다. 현실은 미국 아티스트들이 아니면 아직은 자국 무대를 벗어나기 힘든 상황이다. 다시 말해 인터넷 덕분에 팬층이 넓어진 아티스트들도 세계적인 스타가 되기는 어렵다는 것이다. 유니버설 브라질 지사장 조제 이볼리도 같은 생각이다. "이곳 브라질에서는 브라질 음악이 가장 잘 팔려서 전체 음원 및 음반 판매량의 70퍼센트를 차지한다. 그다음이 28퍼센트를 차지하는 미국 음악이다. 우리는 이렇듯 자국 음악에 대한 자부심이 높지만, 국제적 차원에서 보면 브라질 음악의 존재감은 미미한 수준이다. 한때 브라질의 보사노바가 전 세계 무대에서 주류가 된 적은 있으나, 그 상태가 그리 오래가진 못했다. 이후로 브라질 음악은 국제 무대에서 더 이상 비중 있는 음악 주체가 되지 못하고 어디서든 '월드 뮤직' 범주에 속해 있을 뿐이다. 하지만 아직은 전 세계 음악 분야에서 나름의 생태적 지위를 갖고 있다. 브라질 음악의 저변을 확대시키는 최상의 도구는 디지털이라고 생각한다."

음악 분야는 인터넷을 통해 얼마든지 틈새시장을 개척할 수 있는데,

특히 재즈와 클래식이 이를 입증하고 있다. 1960년대 초 33퍼센트에 달했던 클래식 음반 판매량은 1990년대 말 3퍼센트로 줄어들었다. 그러나 디지털 시대에 접어든 지금은 원래의 활력을 되찾았다. 아이튠스에서도 클래식이 전체 음원 판매량의 10퍼센트를 차지하고 있는 것으로 추산된다(이는 아이튠스에서 이 수치를 직접 공개한 것이 아니라, 미국의 한 음악 전문지가 여러 음반사에 아이튠스가 지급한 저작권료를 분석한 결과 추정한 수치다).

무료든 유료 회원제든 클래식 음악 스트리밍 서비스를 제공하는 사이트 수는 계속 늘어나고 있으며, 클래식 전문 인터넷 라디오도 증가세에 있다. "지상파 라디오의 음악 프로그램은 사라질 것이다. 그리고 이제 음반은 공연 실황 음반이나 공연 입장권을 끼워주는 음반이 아닌 이상, 미래가 없다. 앞으로는 클래식 등 분야별로 특화된 인터넷 라디오가 시장을 이끌 것이다." 몬트리올의 라디오 캐나다 국장 파트리크 보두앵은 이와 같이 말하면서, 캐나다의 espace.mu가 보유하고 있는 수많은 인터넷 라디오 채널 중 대부분이 클래식 전문이라고 했다. "단 지상파 라디오든 인터넷 라디오든 클래식 채널에서는 진행자가 시간당 6분 이상의 말을 해서는 안 된다. 그래야 클래식 채널이라고 할 수 있다." 보두앵은 이렇게 강조하면서 라디오의 미래가 태블릿과 스마트폰 같은 모바일 기기, 그리고 페이스북 같은 SNS에 달려 있다고 주장했다. "라디오는 SNS와 잘 어울리는 매체다. 라디오는 본질적으로 쌍방향 대화형이기 때문이다." 그는 또한 아침 시간대 및 '드라이브 타임 drive time'을 제외하면 지상파 라디오는 독점적인 지위를 유지할 수 없을 것이라고 전망했다. "4G 스마트폰이 일반화됨에 따라 사람들은 주로 인터넷 라디오를 듣게 될 것이다. 팟캐스트는 과도기적 방식이다. 팟캐스트의 문제점은 생방송이 아니라서 생동감이 없다는 점이다. 또한 팟캐스트가 너무 많이 쏟아져 나왔다는 것도 팟캐스트의 발목을 잡고 있다. 팟캐스트 방송은 수명이 그리 길지 않고 대중의 요구를 정확히 꿰뚫어보지 못한다는 단점도 있다." 스웨덴의 라디오 방송국들은 스포티파이를 방송 경로로 선택했다. 그러지 않으면 사람들이 더 이상 지상파 라디오 프로그램을 듣지 않을 것 같아서였다. 영국 BBC 라디오는 장르별 인터넷 라디오 채널 40여 개를 서비스하고 있는데, 특히 재즈 및 클래식 채널이 많다.

클래식 음악은 넷플릭스 등 동영상 스트리밍 사이트에서도 차츰 입지를 넓혀가고 있다. 오페라나 콘서트를 DVD로 감상하던 클래식 팡들이 몇 년 전부터 그런 사이트를 이용하기 시작했기 때문이다. 이와 관련해 보두앵은 다음과 같이 말했다. "예상을 벗어나는 일이었지만, 어쨌든 사실이다. 클래식 전문 인터넷 라디오도 곧 영상까지 제공해야 할 것이다."

결과적으로 클래식 음악은 디지털 기술을 통해 새로운 생명력을 찾음으로써 클래식 대중화라는 꿈에 가까워졌다. 뉴욕 필하모닉오케스트라의 지휘자 레너드 번스타인이 무료 공연을 펼치면서 꿈꾸던 세계, 1940년대에 아르투로 토스카니니가 NBC 라디오로 실황 중계되는 공연을 지휘하면서 꿈꾸던 세계가 바로 인터넷에서 실현되고 있는 것이다. 그리고 이것은 시작에 불과하다.

아마존 클라우드

미 의회 건물에서 500미터도 안 되는 곳에 있는 C거리에는 19세기 말에 지어진 아담하고 붉은 벽돌집이 한 채 서 있다. 세계 최대의 전 자상거래 기업인 아마존 본사는 워싱턴 주 시애틀에 소재해 있지만, 아마존의 정책 사무국은 워싱턴 DC에 있는 이 소박하고 절제미 있는 벽돌집에 자리하고 있다. 홍보국장인 에밋 오키프와 로비 업무를 담 당하는 섀넌 켈로그가 나를 정중하게 맞아주었다. 용모 단정한 모습 의 두 사람은 쏟아지는 내 질문을 목사님에 버금가는 인내심으로 듣 고 있다가, 다음과 같이 신중하게 답변해주었다. 아마존은 스노든 사 건이 언론을 도배한 2013년 말에 미 의회 일각에서 제기된 사생활 보 호 조치 주장에 찬성했고, 인터넷 기업들이 주 정부에도 세금을 내야 한다는 의견에 찬성했으며, 아마존 클라우드 서비스를 이용하는 유럽 사람들에게 각자의 데이터가 어디에 저장되는지 알려주었다고 말이다. 이런 준비된 답변에 내 언성이 높아져도 그들은 침착함을 잃지 않았 다. 내 앞에 있는 두 사람은 고단수의 로비스트들이었던 것이다.

"새로운 분야로 진입할 때마다 '교란' 현상을 겪게 마련이지만, 아마 존의 방침은 단순하다. 소비자에게 이로운 모든 것은 아마존에도 이롭 다는 것이다." 에밋 오키프는 이렇게 태연하고 침착하게 말했다. 그는 또한 'GAFA'에 속한 기업들은 서로 공통분모도 있지만 각 사안에 대 한 시각차도 있다고 짚어주었다.

사람들이 'GAFA'라는 이름으로 묶어서 부르는 구글, 애플, 페이스 북, 아마존은 사실 다들 디지털 업계에 속하는 미국 회사라는 점 외에 는 연관성이 없다. 그 기업들은 미 정치의 중심지인 워싱턴과 유럽의 정치 수도 브뤼셀에 사무국을 두고 다수의 정치 단체와 싱크탱크에 자금을 대며 로비를 벌이고 있다. 서로 간에 전면전도 벌이고 있는데 모바일 분야에서는 애플과 구글이, 태블릿 분야와 음반 및 전자책 분야에서는 아마존과 애플이, 전자상거래와 클라우드 서비스 부문에서는 아마존과 구글이, SNS 및 동영상, 이미지 부문에서는 페이스북과 구글이 경쟁하는 상황이다. 그러면서도 그 기업들은 서로의 이익이 공통으로 걸려 있는 문제에 대해서는 힘을 합쳐 싸우기도 하는데, 디지털 문화 수호 문제도 그중 하나다.

일반 대중에게 있어 아마존은 일단 물리적 재고 창고를 두고 물리적 제품, 즉 '하드웨어'를 판매하는 온라인 사이트로 인식된다. 영어로 'retail' 혹은 'brick&motar'라고 일컫는 전통적인 오프라인 소매점과 비슷한 기업인 셈이다. 도서 부문에서 시작하여 CD와 DVD 그리고 컴퓨터게임 타이틀, 가전제품, 의류, 인테리어 가구, 장난감, 귀금속 등으로 품목을 늘린 아마존은 심지어 독창적인 예술작품이나 신선 제품, 포도주 판매로까지 사업 영역을 넓혔다. 아마존이 성공할 수 있었던 이유는 이렇게 놀라울 정도로 다양한 제품을 판매하고 있다는 점과 함께 신속한 배달 서비스를 들 수 있다(아마존은 지리적 연결성이 좋지 않은 지역 및 국가로는 진출하지 않는다). 아울러 타의 추종을 불허할 정도로 지능적인 검색엔진과 효율적인 전자 결제 방식 또한 아마존의 성공 요인이다. 앞으로는 아마존의 원 클릭 전자 결제 시스템이 아마존 사이트 밖으로도 진출해서 구글, 아이튠스, 페이스북(페이스북 크레딧) 등의 온라인 결제 시스템처럼 온라인 결제 방식의 옵션으로 자리 잡을 가능성도 없지 않다. 페이스북 로그인 시스템이 이미 수천 개의 인터넷 사이트 로그인 방식의 옵션이 된 것처럼 말이다(페이스북이 실명제를 고집하고 있는 것이 장점으로 작용해 페이스북 로그인 시스템은 더 많은 사이트로 확대될 전망이다). 온라인 경매 사이트인 이베이에 속한 페이팔 결제 시스템은 금융 거래가 수월하다는 장점으로부터 수익을 창출하고 있는데, 아마존 역시 이 장래성 있는 금융 부문에서 선두를 달리고 있다. 아마존이라는 브랜드에 대한 신뢰도와 백오피스의 기술적 신뢰도 덕분이다. 또한 아마존은 중고품 판매의 포문을 연 이베이의 전략을 근간으로 삼아 기업 간 거래인 'B2B' 형태의 중고 상품 재판매 플랫폼을 마련하여 성공을 거두었다. 덕분에 아마존은 도서 판매자와 재판매자, 그리고 오늘날 아마존에 의탁하여 사업을 벌이고 있는 소규모 자영업자들이 교류하는 결정적인 기반으로 자리 잡을 수 있었다. ('스퀘어'라고 하는) 모바일 소액 결제 시스템을 개발한 트위터의 창업자 잭 도시도, 전자상거래는 일단 교류가 가능한 '대화형' 서비스가 되어야 한다고 생각한다.

전자상거래 업계를 선도하는 아마존은 오프라인 창고에 있는 '하드웨어' 상품뿐 아니라 '소프트웨어' 상품도 중요하게 생각하여 디지털 콘텐츠 판매에 있어서도 세계 최강자가 되어가고 있다. 애플의 태블릿과 경쟁을 벌이고 있는 '킨들'이라는 전자책 리더기를 앞세워 전자책을 판매·대여하고 있으며, '프라임 인스턴트 비디오'를 통해 주문형 스트리밍 비디오 서비스 부문에서 넷플릭스와 경합을 벌이고 있고, 또한 아이튠스와 유사한 인터페이스의 '클라우드 플레이어'를 통해서는 무료로 음원을 저장해주는 서비스와 음원 구매 서비스를 제공한다. '킨들 뮤직'을 통해서는 스포티파이처럼 앨범 전체에 대한 무제한 스트리밍 서비스를 제공한다.

끝으로 아마존에는 두말할 필요도 없이 유명한 '클라우드' 서비스가 있다. 아마존의 CEO 제프 베저스는 2006년에 EC2(Elastic Compute Cloud)라는 서비스를 개시하면서 '클라우드'라는 단어를 유행시켰다. 오늘날 아마존의 클라우드 서비스는 놀라울 정도의 데이터 저장 용량을 자랑한다. 실시간으로 접속되어 있는 서버 수만 해도 1000만 대 이상이다. 이용자는 아마존 클라우드 드라이브에 접속해 별도의 돈을 들이지 않고도 그곳에 자신의 개인 문서나 이미지 파일, 오디오 및 비디오 자료들을 저장해둘 수 있다(저장 용량 5기가 이상부터는 유료로 제공된다). 프로 버전에서는 무제한 저장 용량이 제공되어 경쟁사인 넷플릭스와 드롭박스도 이 서비스를 이용할 정도다. 아마존은 자사의 백오피스 데이터도 모두 클라우드로 옮겼다. 최근에 나온 한 아마존 관련 신간에 따르면, 심지어 NSA조차 데이터 일부를 아마존 클라우드에 저장한다고 한다.

아마존에서 시작되어 구글과 애플로까지 확대된 이 굉장한 클라우드 인프라는 문화 '상품'이 문화 '서비스'로 대체되는 변화를 선도했다. CD, DVD, 도서의 판매 정체 현상은 아마존과는 무관하다. 아마존은 1995년부터 바로 그런 상품들을 온라인에서 판매해 수익을 올렸기 때문이다. 아마존은 이용자들이 '구매'에서 '대여'로 소비 패턴을 바꾸는 변화에도 적응할 준비가 되어 있다.

최근 인기를 얻고 있는 서비스로는 여러 가지가 있지만 그중에서도 스포티파이, 판도라, 디저, 애플 뮤직, 구글 플레이와 같은 무제한 스트리밍 음원 서비스가 주목된다. 영화 분야에서는 넷플릭스가 무제한 스트리밍 서비스를 제공한다. 도서 분야에서도 무제한 전자책 서비스를 제공하는 곳들이 있다(스크리브드Scribd, 오이스터Oyster, 인타이틀Entitle 도 있지만 이 분야의 최강자는 아마 아마존이 될 것이다). 최종적으로는 국제적인 경쟁력을 갖춘 GAFA라는 인터넷 공룡들만 획기적인 저장 용량을 발판으로 수많은 유저에게 (음악, 영화, 게임, 도서 등) 문화 전 분야에 걸친 무제한 회원제 서비스를 제공할 가능성이 높다. 우리는 그에 대비해야 한다.

그렇다면 정말로 오프라인 도서관과 CD, DVD는 큰 위기에 처했고 디지털 기술이 도입된 문화 분야만 낙관적인 미래를 가진 걸까? 정말로 아마존 모델이 곧 모든 걸 장악하게 되는 걸까? 이 질문에 대한 답을 하려면 현장 조사를 바탕으로 한 국제적 비교가 필요하다. 내가 방문했던 인도, 러시아, 중국, 일본에는 다행히도 아마존만 있는 것이 아니라 아마존의 또 다른 버전인 플립카트, 오존, 알리바바, 라쿠텐이 있었다. 하지만 그런 사이트들 자체가 아마존 모델이 세계적으로 일반화될 것임을 예고하고 있었다.

인도의 뭄바이, 뉴델리, 벵갈루루에 있는 IT 업체들은 매주 금요일을 '캐주얼 프라이데이'로 지정했다. 그래서 그날 그 업체 직원들은 편안한 복장으로 출근한다. 아모드 말비아는 그날 흰색 쿠르타Kurta를 입기도 한다.

32세의 말비아는 인도판 아마존이라 할 수 있는 인도 최대의 전자상거래 기업 플립카트의 부사장이다. 카스트 신분을 나타내지는 않지만 어느 정도 전통적인 의미가 있는, 힌두교도들이 즐겨 입는 기다란 상의인 쿠르타를 걸친 그는 내가 플립카트를 아마존과 비교하자 흥분하며 이렇게 말했다. "우리는 아마존의 복제판이 아니다. 우리가 협력 업체들과 맺고 있는 관계나 '전통 의류' 범주에 속하는 쿠르타 등 판매 하고 있는 상품들, 그리고 상품 배달 방식을 봐도 우리만의 특징이 분 명히 드러난다."

플립카트는 아마존과 달리 현금 착불 결제 시스템으로 중국이나 러 시아의 전자상거래 모델과 같다. 인도에서는 신용카드 보유율이 20퍼 센트 정도밖에 안 되고 배달 상황도 좋은 편이 아니라서 소비자들이 물건을 받은 후 현금으로 결제하는 것을 더 좋아하기 때문이다. 또한 아마존과 달리 기업 간 거래인 B2B도 활성화되어 있지 않다. 인도에서 는 기업들이 협력하는 법이 거의 없기 때문에 플립카트의 데이터 체계 내에서 기업들이 서로 연계되게 하는 것은 불가능에 가깝다.

하지만 플립카트는 분명 아마존과 공통점을 가지고 있다. 아마존과 마찬가지로 맨 처음에는 도서와 CD, DVD, 컴퓨터게임 판매로 시작했 다가 전자 제품과 의류 쪽으로 사업을 확장했기 때문이다. 아모드 말 비아는 미국 쪽 경쟁 업체인 아마존, 페이스북, 이베이 등을 주시하고 있지만 인도 고객들만의 요구도 이해하고자 애쓴다. 아마존 인도 법인 이 그리 큰 성공을 거두고 있지 못하는 이유는 인도 시장의 특수성에 적응하지 못했기 때문이라고 보기 때문이다. 즉 그는 아마존 인도 법 인의 부진이 온라인 판매 시장의 지역화 성향을 입증하는 것이라고 판 단하고 있다.

플립카트는 인도인들이 선호하는 SNS를 기반으로 물건을 판매하는 '소셜 커머스'를 선보임으로써 혁신을 시도한다. 다만 이 SNS가 대부분 미국 사이트라는 단점이 있다. 이렇듯 인도는 현지화와 국제화 사이에서 복잡한 줄타기를 하고 있다.

말비아는 다음과 같이 말했다. "현재는 유통 네트워크를 확대하기보다 상품 라인을 다각화해 소비자의 입맛에 맞는 서비스를 제공하는 데 초점을 맞추고 있다." 3만3000명의 직원을 둔 플립카트는 2015년 들어 매달 800만 건의 상품을 발송하는 등 폭풍 성장을 거듭하는 인도의 거대 인터넷 기업이지만, 배송은 인도 내 60만 개 도시 중 130여 개 도시에서만 이루어진다. 우편망이 미비한 탓인데, 이것 역시 인도의 특수성이라 할 수 있다.

"러시아의 경제는 대부분 현금 경제다." 러시아판 아마존인 오존의 CEO 마엘 가베는 확신에 찬 어조로 이렇게 단언하고는 다음과 같이 부연 설명했다. "오랜 기간 전자상거래 부문은 러시아인들의 신뢰를 얻지 못했다. 그래서 러시아인들은 인터넷에서는 상품 관련 정보만 보고 물건은 오프라인 매장에서 구입했다. 우리는 이런 국민에게 믿음을 심어주어야 했다. 일단 도서와 음반 판매부터 시작했고, 이어 가정용품과 장난감, 화장품 등으로 분야를 넓혀갔다. 우리는 서서히 사람들의 신뢰를 얻을 수 있었다."

마엘 가베는 오존이 키릴 자모권의 대표적인 사이트로 자리매김하게 된 세 가지 특징적인 요인을 짚어줬다. 첫째로, 물건을 받는 자리에서 현금으로 값을 치르는 현금 착불 결제 시스템을 적용한 것이다. 인터넷상의 주문 단계에서 신용카드로 결제해야 하는 다른 나라들의 시스템과는 매우 다르다(다만 익스피디아와 비슷한 온라인 여행 상품 사이트인 ozon.travel은 예외다). 둘째로, 오존만의 배송 모델을 만들어냈다는 점이다. 마엘 가베는 그에 대해 이렇게 말했다. "러시아 우체국은 신뢰할 수 없는 상황이기에 우리는 자체적으로 '오쿠리어Ocourier'라는 배송 시스템을 만들어야 했다. 페덱스나 DHL과 비슷한 모델이라고 보면 된 다." 셋째로, 매우 세심한 애프터서비스를 실시하고 있다는 점이다. 이 에 대해 가베는 다음과 같이 설명했다. "러시아 사람들을 안심시키는 구조를 만들어야 했다. 그래서 기기를 설치하거나 변경하는 와중에 문 제가 생긴 사람들에게, 또는 기기가 고장 난 사람들에게 정확한 답변 을 해주는 서비스를 만들었다." 가베는 러시아에 아마존이 진출하지 못한 이유에 대해 다음과 같이 말했다. "아마존이 결제 방식 및 배송 시스템, 애프터서비스에 있어 현지의 특수성을 고려하지 못했기 때문 이다."

오존과 아마존을 비교해보면 원본과 복제본 사이처럼 같은 듯 다른 것이 매우 흥미롭게 다가온다. 해외 사이트와 꼭 닮은 러시아 사이트 들은 그 외에도 꽤 많은데, 가령 쿠피브이아이피Kupivip라는 패션용품 쇼핑몰은 프랑스 방트프리베Vente-privée 사이트의 완전한 복제본이고, pinme.ru는 흡사 핀터레스트에 들어온 게 아닌가 싶을 정도로 닮은꼴 이다. 물론 독창적인 러시아 사이트도 얼마든지 많다. 자동차 부품을 판매하는 exist.ru도 그중 하나인데, 이 사이트는 보유 고객 측면에서 러시아 1위를 차지한다. holodilnik.ru는 가정용품에 특화된 사이트 로, 'holodilnik'란 러시아어로 '냉장고'를 뜻한다.

요컨대 러시아의 모든 사이트는 해외 사이트를 현지의 특성에 맞 게 개편한 것이다. 그 대표적인 예가 브콘탁테인데, 처음에는 페이스 북의 닮은꼴에 불과했지만 이제는 엄연히 페이스북과 구분되는 러시 아의 SNS로 거듭났다. 러시아어로 '접속' 혹은 '연락 중'이란 뜻을 가진

이 사이트에 들어가보면 일단 페이스북과 유사한 디자인과 색상 배치에 놀라게 되지만, 분명 차이점이 존재한다. 그중 하나가 저작권 문제에 있어 상당히 유연해서 문화 콘텐츠의 대대적인 불법 다운로드가 가능하다는 점이다. 그 때문에 불법 다운로드를 부추긴다는 지적도 받고 있지만, 러시아의 창작 산업 분야와 파트너십을 늘리면서 합법적인 유료 스트리밍 서비스 같은 회원제 서비스를 채택하는 방향으로 나아가고 있다. 이용자가 2억5000만 명에 달하는 이 사이트는 이처럼 문화 콘텐츠 부문에서 오존을 조금씩 침범하는 상황인데, 아마존과 달리 오존은 회원제 서비스 쪽으로의 사업 확장은 고려하지 않고 있다. 따라서 차후에 회원제 서비스 분야에서는 브콘탁테가 러시아판 아마존이 될 수도 있을 것이다.

러시아의 주요 검색엔진인 얀덱스는 구글을 연상시키는 부분이 많다. 하지만 구글과는 엄연히 다르다. 일단 얀덱스는 구글보다 훨씬 더 앞서 개발되었고, 원래는 성경 문구를 검색하는 사이트에서 출발했다는 독특한 이력이 있다. 이 사이트는 또한 러시아 사람들의 기대에 부응하는 서비스들을 제공하고 있다. 가령 '얀덱스 트래픽 잼Yandex Traffic Jam'은 도로 교통 상황에 특화되어 있는 상당히 인기 높은 맵 서비스다. 얀덱스는 러시아어 검색 결과 면에서도 러시아 구글을 훨씬 앞서고 있어 러시아 검색 시장 점유율 60퍼센트를 차지한다. 현재 얀덱스는 아마존과 브콘탁테처럼 회원제 스트리밍 서비스를 통해 문화 쪽으로 사업을 다각화할 계획을 추진 중이다.

미국 거대 넷 기업의 러시아 지부 사이트든, 그런 기업의 사이트를 모방한 러시아 사이트든 지역화는 필수적이다. 러시아의 오존, 중국의 알리바바, 일본의 라쿠텐 같은 사이트는 겉으로는 아마존과 별반 차이가 없어 보일지라도 상품 선정이나 배송 방식, 서비스 면에서 현지의 특성을 고려한다. 사실 이런 전자상거래 사이트가 지역화되는 것은 매우 당연한 현상이다. 판매 상품이나 배송 방식이 각국의 현실과 맞아야 하기에 결코 세계화될 수 없는 것이다.

세계 각국에 있는 지역화된 전자상거래 사이트들은 전체적으로 비슷한 길을 걷고 있다. 책, CD, DVD 판매로 시작했다가 차츰 유료 스트리밍 서비스 같은 회원제 서비스로 나아가고 있다는 말이다. 일찍부터 온라인 음악 분야에 투자했던 라쿠텐은 '온라인 비디오 클럽' 서비스를 출시해 영화 분야로도 영역을 넓혔다(영국의 음원 다운로드 플랫폼 play.com도 라쿠텐 소유다). 또한 라쿠텐은 아마존처럼 자체 검색엔진과 알고리즘을 바탕으로 고객의 입맛에 맞는 제품들을 추천한다. 자사가 추천하는 제품들이 곧바로 주문 목록으로 이어지는 것은 모든 전자상거래 사이트의 희망 사항이다. 따라서 라쿠텐은 물론이고 브콘탁테, 플립카트 등도 자사 사이트를 통해 제품 추천을 확대할 전망이다. 그로 인해 상품을 추천해주던 기자와 전문 평론가의 역할이 사라질 것으로 보인다.

사라지는 문화 비평과 '스마트 큐레이션'의 대두

뉴욕의 고커 미디어Gawker Media 본사 입구에 설치되어 있는 대형 스크린에는 가장 인기를 끈 순서대로 기사 제목들이 올라왔다. 트래픽 양이 끊임없이 달라져서 그 '빅 보드Big Board' 곳곳이 깜빡거렸다. 매월 평균 1억 명의 순방문자가 고커 사이트를 찾는다. 하루에 300만

~500만 명 정도가 방문하는 셈이다.

"정말 징그럽게 높다." 소호 지구 엘리자베스 거리에 위치한 본사 건물 맨 위층인 4층까지 올라온 제임스 델은 내게 이렇게 내뱉었다. 사이트 방문자 수가 아니라 가파른 계단을 두고 하는 말이었다. 뉴욕의 일반적인 건물 계단과 비교하면 그곳 계단은 정말로 심하게 높았다. 그래서 엘리베이터가 아니라 계단으로 4층까지 올라온 우리는 운동이라도 한 듯한 기분이었다.

널찍한 4층 공간은 탁 트인 구조였기에 가파른 계단과 달리 수평적인 느낌이었다. 잠시 휴식을 취할 수 있는 카페도 하나 있었고, 이제는 미국 내 모든 스타트업의 상징이 된 탁구대도 구비되어 있었다. 귀에 이어폰을 꽂은 직원들은 자기만의 공간 속에 틀어박힌 채 동료들과 메신저로 채팅을 하고 있었다. 하는 일이 다 다르기에 그곳에서는 서열을 앞세운 고압적인 태도는 통용되지 않는다. 4층을 차지한 건 '에디터' 혹은 '큐레이터'라고도 불리는 기자들이었다. 다른 한 층은 영업 팀이, 또 한 층은 엔지니어들과 회계 팀 및 법무 팀이, 나머지 한 층은 그 외 업무를 담당하는 팀이 쓰고 있었다. 따라서 300명이 넘는 전체 직원 중 절반가량을 차지하는 기자가 광고나 전산 같은 다른 업무를 담당하는 직원과 그 건물 안에서 서로 마주칠 일은 거의 없을 듯했다. 가파른 계단을 올라가다가 어느 층 출입구에서 출입증 카드를 찍고 있는 사람을 보게 되기는 하겠지만 말이다. 제임스 델은 끊임없이 계단을 오르내리며 건물 전 층을 돌아다녀야 하는 생활이 영 불편한 눈치였다. 그는 뉴욕대를 졸업한 스무 살 때 오늘날 고커 미디어라는 굴지의 기업이 된 스타트업에 입사했는데, 스물여덟 살인 현재는 부사장 직에 올라 마케팅과 기획을 담당하고 있다.

"우리는 '스마트 큐레이션smart curation'을 모델로 삼고 있다. 그래서 인
터넷상에 올라오는 모든 정보를 다 읽어본 뒤, 사람들이 관심을 가질
만한 사건이나 소재를 선택하여 관련 글을 그대로 싣기도 하고, 직접
기사화하기도 한다." 델은 이렇듯 가감 없이 솔직하게 말했다. 그의 앞
탁자 위에는 그의 머그잔이 놓여 있었다. 고커 사이트는 유명인들을
희화화하고 때로는 잔혹하리만치 파헤치는 대표적인 가십 전문 인터
넷 매체다. 그래서 다른 언론 매체들로부터 '치가 떨린다' '쓰레기 같은
저질 기사를 내보낸다' '구린내가 난다' 등의 평을 듣는다. 소름 끼치고
천박하며 악의적이고 역겨운 매체라는 뜻이다. 하지만 내가 만난 제임
스 델은 고커의 이미지와는 달리 전문가의 포스를 풍기며 진지하고 예
리하게 말했다. 내가 고커가 너무 지나친 게 아니냐, 쓸데없는 가십거
리를 괜히 기사화하는 건 아니냐, 관음증 성향이 짙다, 아슬아슬할 정
도로 개인의 사생활을 밀착 취재한다, 지나치게 냉소적이다 등의 비난
을 쏟아낼 때는 거의 현자처럼 침착한 자세를 보여서 오히려 내가 당황
스러웠다. 내 말을 들은 그가 편집 방향이나 데스크 방침에 대한 이야
기를 할 줄 알았는데, 예상과는 다른 대답이 나왔다. "웹의 세계는 다
르다"며 공유와 참여, 큐레이션, 알고리즘, 추천 시스템 등이 중요하다
고 말했다. 그래서 고커 사이트는 독자들이 직접 기사를 작성할 수 있
는 '킨자Kinja'라는 메타 블로그를 따로 마련했다면서 다음과 같이 덧붙
였다. "고커에는 누구든 기사를 올릴 수 있어서 독자와 기자 사이의 경
계가 없으며, 바로 그 때문에 새로운 콘텐츠와 인재가 발굴된다."

다른 사람들이 작성한 콘텐츠를 선별하여 싣는 큐레이터 역할과 직

접 기사를 생산하는 크리에이터 역할을 수많은 알고리즘을 바탕으로 동시에 수행하는 고커의 기본 모토는 '오늘의 가십이 내일의 뉴스가 된다'로, 사이트 내에 자랑스레 공개되어 있다. 고커 기자들은 회사의 지시에 따라 로봇처럼 기계적으로 움직이는 것이 아니라, 자발적으로 '쿨'한 이야깃거리나 트렌드를 쫓아다니며 대중의 취향을 선도한다. 그래서 그들은 '쿨 헌터cool-hunters' '트렌드 세터trend-setters' '테이스트 메이커taste-makers'라고 불리기도 한다. 제임스 델은 "우리의 주된 목표는 바로 대중을 위해 존재하는 것"이라고 단언했다.

고커 미디어의 창업자 닉 덴턴은 뉴욕으로 이민 온 영국 기자 출신으로, 2002년 소호 지구에 위치한 자신의 아파트에서 고커 사이트를 만들었다. 제이 매키너니의 컬트 소설 『밝은 빛, 큰 도시Bright Lights, Big City』의 주인공처럼 닉 덴턴은 『뉴요커New Yorker』나 콘데 나스트Condé Nast 계열지인 『배니티 페어Vanity Fair』 『보그Vogue』 소속 기자들의 사생활에 심취한다. 어쩌면 그 노련한 기자들 사이에 끼어들 수 없었던 그가 그들의 비하인드스토리를 폭로하고 싶어서 고커 사이트를 만들었을 수도 있다. 『배니티 페어』와 『뉴요커』의 편집장을 역임한 티나 브라운이나 그 유명한 『보그』의 편집장 애나 윈투어의 비밀을 풀어놓은 초창기 기사들은 말 그대로 '대박'을 쳤다. 그때부터 고커 사이트의 기사는 이미 냉소적인 성향을 띠고 있었다. 당시 닉 덴턴은 '포 타임스 스퀘어4 Times Square'라고 불리기도 하는 콘데 나스트 빌딩 안으로 인턴 사원들과 함께 들어가서 콘데 나스트 소속 기자들을 취재했다. 그런 후 그들의 독특한 식습관과 드레스 코드, 엘리베이터 안에서도 선글라스를 끼는 습관까지 묘사한 기사들을 내보냈다. 영화 「악마는 프라다를 입는다」에서 메릴 스트리프가 점심 식사를 했던 그 빌딩 안 카페테리아는 건축가 프랭크 게리가 설계한 것으로도 유명한데, 닉 덴턴은 그 안에서 벌어지는 온갖 음모와 술책에 초점을 맞춘 기사들도 터뜨렸다.

이렇듯 고커 사이트는 창간 초기부터 꽤나 악명 높은 매체였으나, 명사들의 프라이빗 파티에서 몰래 촬영한 수위 높은 사진을 게재하면서 더욱 문제적 매체가 되었다. 엔터테인먼트 분야의 터무니없는 계약금을 공개해 각종 송사에 시달리고 있기도 한데, 제임스 델은 그 문제는 대수롭지 않다는 듯 이렇게 말했다. "고커 미디어에는 막강한 법무팀이 있다."

고커의 이 같은 비윤리적 관행에 대해 콘데 나스트 측은 혀를 내두르면서도 그 사이트의 내용을 빠짐없이 체크하는 분위기다. 콘데 나스트 미디어 그룹 소속 잡지 『와이어드』를 창간한 크리스 앤더슨 역시 한 인터뷰에서 "자랑할 거리는 아니지만 나 또한 매일 아침 고커를 본다"고 인정했다. 티나 브라운도 어퍼 이스트사이드에 있는 자택에서 나와 인터뷰를 했을 때 고커의 흠집 내기식 기사에 별 관심이 없는 척하면서도 "뉴욕의 뜬소문 매체"라고 조롱했다.

오늘날 고커 사이트의 정식 소개 문구는 '미디어 및 대중문화 원스톱 가이드one-stop guide to media and pop culture'이지만, 오프더레코드를 조건으로 들은 연예인의 비밀이나 연예계의 비화를 특종으로 내보내는 폭로성 매체임을 스스로 인정한다. 고커는 여러 개의 사이트를 보유한 미디어 그룹으로 거듭나면서 애초의 취지에서 벗어나 실로 프랜차이즈 기업 같은 양상을 띠고 있다. 고커 미디어의 구조는 수직적이면서도 수평적이다. 즉 각각의 계열 사이트는 저마다의 독립성과 정체성을 가진 가운데 모회사 아래에 수직적 구조로 연결되어 있으면서도, 광고만큼은 어느 사이트의 독자든지 동일한 광고에 노출되는 수평적인 구조다. 고커 미디어의 메인 사이트(gawker.com)에 접속한 네티즌들은 10여 개의 하위 사이트와 블로그에 접근할 수 있는데 '디페이머Defamer'에는 할리우드 유명 인사들에 관한 정보가 모여 있고, '밸리 왜그Valley Wag'에는 실리콘밸리의 뒷얘기가 모여 있으며, 스포츠 분야의 뒷얘기는 '데드 스핀Dead Spin'에서 본격적으로 펼쳐진다. 포르노 관련 자료는 '플레시봇Fleshbot'에, 텔레비전 관련 기사는 '모닝 애프터Morning After'에, 비디오게임 관련 내용은 '코타쿠Kotaku'에, 군 관련 기사는 '포트리스 아메리카Fortress America'에 집중적으로 올라오며, 'io9'이나 '기즈모도Gizmodo' '라이프해커Lifehacker' 등에는 SF나 IT, 디지털 기기 관련 기사가 쏟아진다. 미국의 극우운동 단체인 티파티Tea Party에 맞서기 위해 정치적 목적으로 결성된 프로젝트성 미니 사이트도 존재한다. '안티바이럴Antiviral'이란 이름의 한 하위 블로그는 웹상에 떠도는 소문들의 진위 여부를 가리는 것으로 유명하다. '고커 리뷰 오브 북스Gawker Review of Books' 블로그는 출판계 소식 및 도서 서평이 실리는 곳으로 『뉴요커』의 문학 섹션 역할을 하고 있다.

고커 미디어를 창립한 닉 덴턴의 목표는 열두 개의 하위 사이트를 갖는 것이라는 설이 있는데, 이는 콘데 나스트가 보유한 잡지 수가 열두 개이기 때문이다.

사실 웹에는 어마어마한 수의 콘텐츠가 쏟아진다. "우리는 유사 이래 2003년까지 만들어진 콘텐츠만큼의 데이터를 48시간마다 온라인에 만들어내고 있다"고 했던 에릭 슈밋 구글 회장의 말은 양적인 풍부함이 인터넷의 대표적인 성격 중 하나가 되었음을 시사한다. 이 같은 콘 텐츠 과잉 현상은 수많은 흐름, 조류, 기류를 형성해 병적인 수준의 '다 변증'에 이를 수도 있다. 따라서 아날로그에서 디지털로 이행하면서 '상 품'에서 '서비스'로 거듭난 수많은 문화 콘텐츠를 추리고 선택해주는 전 문가의 역할이 무척 중요해졌다. 스포티파이 보유 음원은 2500만 개가 넘는데, 그 안에서 자신이 원하는 곡을 어떻게 찾아낼 것인가? 유튜브 에서는 매 분 300시간가량의 동영상이 올라오는데, 그 안에서 과연 어 떤 영상을 찾아볼 것인가? 공급되는 양이 너무 많아 현기증이 일 정도 다. 수없이 많은 메뉴가 즐비한 중국 음식점에서처럼 우리는 배가 찰 때까지 원 없이 먹을 수 있게 되어 이제는 소화불량에 걸릴 지경이다.

고커의 '큐레이터'들은 이처럼 정보가 홍수를 이루는 인터넷에서 자 신들이 지표 역할을 하고 있다고 주장한다. 즉 그들은 뉴미디어 시대 의 비평가를 자처하며 수많은 정보를 분류하고 선별한 뒤, 이용자에게 방향을 제시한다. 이런 일을 상징하는 단어가 바로 고커의 공식 블로 그에 여러 번 등장하는 '추천'이라는 말이다. 물론 고커는 미디어의 오 류를 바로잡고 비밀을 파헤치며 소문의 진위 여부를 확인한다는 언론 매체로서의 독특한 세계관도 갖고 있지만, 제임스 델의 설명에 따르면 고커의 주요 역할은 디지털 콘텐츠 추천이라는 미래의 인터넷 모델을 제시하는 것이다.

고커를 필두로 한 뉴미디어 매체들은 전통적인 저널리즘으로부터의 변혁을 시도하고 입소문에 큰 비중을 두는데 '버즈피드Buzzfeed' '복스 Vox' '바이스Vice' '더 데일리 비스트The Daily Beast' '업워디Upworthy' '미디 에이트Mediaite' '트위치Twitchy' '도즈Dose' '기브미호프GivesMeHope' 'OMG

팩트OMG Facts' '레딧Reddit' '매셔블Mashable' 등이 대표적이며 '허핑턴 포스트'나 '슬레이트'도 어느 정도는 이에 속한다고 볼 수 있다. 이런 온라인 매체들은 에릭 슈밋 회장의 예언대로 '뉴스 애그리게이터News Aggregator'가 되어 정보를 걸러주는 필터링 역할을 하는 동시에 콘텐츠 공급 역할도 하고 있다. 다시 말해 진위 여부를 확인하여 신뢰성 있는 정보를 제공하는 한편, 원래의 보도 기능까지 겸하고 있는 것이다. 이 같은 뉴미디어 매체에서는 기자들이 큐레이터, 데이터 분석가, 데이터 연구자, 메인 애그리게이터, 치프 트렌드 헌터Chief Trend Hunters 등으로 대체된다. 간혹 알고리즘이 인간의 일을 대신해줄 때도 있다. 에머슨 스파츠가 연달아 개설한 미디어 사이트 '도즈'와 '기브미호프' 'OMG 팩트' 등이 바로 이 알고리즘을 이용해 온라인상의 여러 콘텐츠를 선별, 분류해 자사의 콘텐츠를 생산하고 있다. 즉 이 사이트들은 다른 사람들이 써놓은 기사들을 선별해 그것들을 다시 포장하는 '큐레이팅' 작업을 거친 기사들을 생산해내는 것이다. 고커의 성공 비결도 바로 이 같은 편집 및 조합 방식에 있다.

『뉴욕 타임스』의 전 편집국장 빌 켈러는 허핑턴 포스트를 비롯한 뉴미디어 매체들을 다음과 같이 꼬집었다. "그들은 스타에 관한 가십, 귀여운 고양이 동영상, 원고료를 받지 않는 무료 봉사 기자들의 블로그 포스트, 다른 매체로부터 차용해온 정보들을 짜깁기해 좌파 색을 입힌 기사들을 올리면 수백만 명의 사람이 몰려들 것이란 사실을 잘 알고 있었다." 이 같은 저격용 발언의 타깃이자 일명 '짜깁기의 여왕'이라 불리는 아리아나 허핑턴은, 허핑턴 포스트에 다음과 같은 간접적인 답변을 올린다. '나는 신문들을 죽이지 않았다. 신문들의 발목을 잡은 건

바로 신기술이다.'

(정보를 취사선택해서 이를 소개하는) '큐레이션'이나 (여러 정보를 짜깁기하여 재배포하는) '애그리게이션aggregation' 같은 기술은 다양한 양상으로 나타나지만 주로 입소문을 통해 정보를 확산시킨다는 공통점을 가지고 있다. 이런 독자층에 대한 영향력은 자연히 광고 수입과 직결된다. 빌 켈러의 지적에도 불구하고 『뉴욕 타임스』 기자들마저 이미 웹에 순순히 굴복한 분위기다. 구글봇에 좀더 쉽게 노출될 수 있도록 기사 제목을 바꾸는가 하면, 기사 본문에 링크나 키워드를 집어넣음으로써 검색엔진으로 쉽게 검색될 수 있도록 하고 있기 때문이다. 또한 구전 마케팅 전문가들을 동원하여 SNS상에 자신들의 기사가 더 많이 돌아다닐 수 있도록 노력한다.

일부 편집국에서는 인터넷 기자들에게 단문 중심의 기사 작성법을 가르치기도 한다. 에머슨 스파츠의 설명에 따르면 기사를 쓸 때 마침표는 더 많이 쓰고, 쉼표는 적게 쓰며, 세미콜론이나 콜론 등의 문장부호는 거의 쓰지 말아야 한다. 또한 검색엔진에 최적화된 방식으로 기사를 작성해야 한다. (검색어 최적화 툴을 이용하여 세심히 고른) 주요 검색어를 포함하여 기사 제목을 뽑고 기사 내용 안에는 링크를 많이 포함시켜야 좀더 쉽게 검색엔진에 노출된다. 기사가 좀더 빨리 확산되게 하려면 다소 부자연스러울 정도로 정형화된 제목이나, 스토리가 정리된 제목을 써야 한다. 도즈는 기억하기 쉬운 기사 제목을 내세워, 업워디는 해시태그를 사용하는 '낚시형teasing' 기사로 독자들을 유인한다. 레딧은 일단 시선을 자극하는 사진을 앞세운다. 이 같은 기법들은 모두 트위터 타임라인이나 구글 알고리즘, 페이스북 뉴스피드에서 사람들의 인기를 끌기 위해 고안된 방식이다. (고커나 '머글넷MuggleNet', OMG 팩트, 기브미호프 등과 같은 사이트의 트래픽 양은 페이스북을 통해 유입된 트래픽 양에 크게 의존한다.)

아직은 인간이 직접 기사를 쓰고 그 기사의 제목도 달지만, 추후 로봇이 이 일을 대신할 가능성도 없지 않다. 미디에이트에서는 매일 아침 알고리즘이 수집한 1500개 매체의 콘텐츠 중에 큐레이터가 선택한 내용을 독자들에게 소개한다. 레딧은 네티즌들의 투표 결과, 페이스북의 '좋아요' 등 선호도 결과를 자동으로 끌어모아 분석한 뒤, 그에 따라 사이트의 첫 화면을 결정한다. 제임스 델의 설명에 따르면 고커에서는 사람이 아니라 새로운 알고리즘인 '파우와우Powwow'가 취합한 네티즌들의 코멘트를 바탕으로 화젯거리를 기획해낸다. OMG 팩트나 도즈처럼 '헤드라인 테스팅Headline Testing' 알고리즘을 사용하는 사이트들도 있는데, 이 알고리즘은 같은 기사를 20여 개의 서로 다른 제목으로 내보내 클릭 수를 비교한 후, 클릭 수가 많은 순서로 각 기사의 제목을 자동 수정한다.

웹 저널리즘에 영향을 미치는 페이스북의 '좋아요'나 한 줄짜리 추천사 '블러브blurb', 140자 트윗 등은 필연적으로 문화 비평에도 영향을 미친다. 하지만 과연 그런 것들로 제대로 된 자기 생각을 표현할 수 있을까? 내가 인터뷰한 기자들 대부분은 그에 회의적인 입장이었다. 특히 책이나 영화 홍보를 위한 전문가 및 평론가의 짤막한 추천사를 가리키는 블러브는, 비평으로서의 가치가 전혀 없다고 생각했다. 블로거인 안토니오 마르티네스 벨라스케스는 트위터에 대해 "사실 간결한 미디어이긴 하지만 긴 기사를 링크할 수도 있다"며 여지를 남겼다.

SNS에 등장하는 "The Best Family Film This Year" "Holiday Classic" "Wow!" "Absolutely Brillant!" "Hilarious!" "★★★★" 등의 광고 문구 같은 표현이 비평을 위협하고 있는 것은 확실하다. 인터넷상에서는 "Two Thumbs Up!"이라는 표현이 유행인데, 이것은 원래 영화평론가 로저 에버트와 진 시스켈이 ABC의 「앳 더 무비스At the Mov-ies」라는 프로그램에서 사용한 방식이다. 두 사람이 동시에 엄지손가락을 들거나 한 사람만 들거나 둘 모두 내리는 것, 이런 단순한 평가 방식에 기대 사람들은 어떤 영화가 '반드시 봐야 할 작품'인지 아니면 '졸작'인지를 판단했다. 시스켈이 세상을 떠나고 에버트도 은퇴하자, 두 명의 저명한 기자가 바통을 이어받아 엄지손가락을 들게 되었다. 그중 한 명이 다름 아닌 바로 『뉴욕 타임스』의 영화부 국장 앤서니 올리버 스콧이다.

2015년 봄, 『뉴요커』와 (『보그』 『배니티 페어』 『GQ』 『와이어드』 등의 잡지와 레딧 사이트 등을 거느리고 있는) 콘데 나스트 그룹은 북쪽으로 베시 거리와 면한 제1세계무역센터로 사무실을 이전했다. 『뉴요커』 사무실에 들어가기 위해서는 (고커 방문 때와는 달리) 힘겹게 계단을 오를 필요가 없었다. 엘리베이터가 나를 34층까지 원스톱으로 데려다주었기 때문이다. 하지만 그 이전에 건물 입구에서 신원을 확실히 밝히고 사진까지 찍혀야 했다. 9.11 테러로 붕괴된 쌍둥이 빌딩 자리 위에 새로 세워진 그 건물은 아직 공사 완료 전이라 대중에게 개방되지 않았기 때문이다.

『뉴요커』 편집장 헨리 파인더는 "미디어에서 관건은 바로 '발견 가능성discoverability'이다"라고 한마디로 정리했다. 그가 있는 34층 제1사무실 창문 너머로 세계무역센터 희생자들을 위한 추모비가 보였으며, 더 멀리에 있는 자유의 여신상도 눈에 들어왔다. 『뉴요커』의 주요 독자층은 '원칙에 따른' 문화 비평을 지지하는 엘리트 계층이고, 헨리 파인더는 바로 그런 독자층을 가진 『뉴요커』를 대표하는 상징적인 인물이다. 그는 지적 수준이 매우 높은 엘리트이자 세간에 크게 노출되지 않은 인물로, 생활 태도나 매너가 매우 신중하다. 하지만 문득 엉뚱한 농담이나 유머를 던질 때도 있다. (책을 많이 읽어) 매우 똑똑하고 양질의 교육을 받은 사람을 일컫는 미국 은어인 '북 스마트book smart'에 해당하는 그는, 트위터 계정 하나 없었다.

"좋은 기사가 하나 있는데, 그것을 어떻게 알릴 것인가? 그것이 바로 '발견 가능성'의 문제다." 그는 최근 유행하고 있는 그 단어를 다시 한 번 반복했다. 웹 콘텐츠가 무수히 늘어남에 따라 이제는 콘텐츠를 선별하여 사람들이 원하는 콘텐츠를 찾을 수 있도록 도와주는 작업이 매우 중요해졌다. 물론 굳이 찾으려 애쓴 것도 아닌데 특정한 콘텐츠를 발견하게 되는 '세렌디피티serendipity'(볼테르가 페르시아 동화에서 차용한 이 단어는 '반가운 우연' 혹은 '준비된 우연'을 의미한다)의 순간도 있다. 하지만 그런 순간의 빈도가 너무 낮다고 생각되면 알고리즘과 자동 추천 시스템에 기대를 걸어볼 수 있다. 그리고 대중의 인지도를 바탕으로 분류되는 임의적인 알고리즘도 못 미더울 경우에는 『뉴요커』 같은 전통적인 비평 시스템을 이용하면 된다.

윌리엄 숀이 이끌던 1950년대의 『뉴요커』는 '예술'을 옹호하고 '문화'를 보호한다는 사명을 띠고 있었다. 즉 '고급' 문화와 '저급' 문화 사이의 서열, 고급스러운 취향과 저급한 취향의 경계, 수준 높은 향유층과 일반 대중 사이의 경계, 문화와 엔터테인먼트 간의 경계를 무너뜨리려는 몰지각한 '미개인'에 대항하려 한 것이다. 1970~1980년대에 『뉴요커』는 저명한 영화평론가 폴린 케일의 기사를 통해 영화라는 대중문화를 '고급문화'로 끌어올렸는데, 이 같은 역발상이 이 잡지의 인기를 상승시켰다. 1990년대에 접어들어 티나 브라운이 편집장이 되자 『뉴요커』는 유럽 측에서 정한 소위 '문화적 서열'에 의혹을 제기하는 방향으로 기조를 잡는다. 그리하여 그 지면은 문화적 서열을 무시하고 메트로폴리탄 미술관 전시회, 영화 「스타워즈」, 셰익스피어 연극, 코미디 그룹 '몬티 파이튼Monty Python'의 공연, 존 업다이크의 소설 등 모든 창작물에 대한 평을 싣게 된다. 심지어 AOL과 타임워너의 합병에 관한 20여 쪽에 걸친 비평 기사도 실린다. 내가 전작인 『메인스트림』 집필을 위해 티나 브라운을 인터뷰했을 때, 그녀는 "내가 『뉴요커』 편집장이던 시절에는 TV 방송 등 엔터테인먼트 부문에서 나타나는 주요 변화를 짚는 '통신 연감Annales de la communication'이라는 제목의 오피니언 칼럼을 내보내기도 했다"면서 확고한 어조로 다음과 같이 덧붙였다. "『뉴요커』는 사람들 사이에서 화제가 되고 있는 부분을 논해야 할 의무가 있다."

'디지털 파괴Digital Disruption'의 시대에 『뉴요커』의 상징이 된 헨리 파인더에게 있어 '미개한' 존재란 웹상의 블러브, 알고리즘, 아마존의 추천 제도, 고커, 그리고 고커의 북 리뷰 메뉴인 '고커 리뷰 오브 북스'다.

파인더는 다음과 같이 말했다. "트래픽이 많은 사이트는 비평이 점점 줄어들게 마련이고, 방문자 수가 얼마 안 되는 사이트는 오히려 특정 독자층의 구미에 맞는 수준 높은 비평을 게재하게 된다. 『뉴요커』

가 계속해서 정확도 높은 비평을 내놓는 이유도 바로 여기에 있다." 그는 '롱 테일' 전략과도 비슷한 장기적 저널리즘을, 즉 입소문을 타서 빨리 인기를 얻지는 못해도 장기적 호응을 이끌어낼 수 있는 비평을 추구하고 있었다. 편집자적 시각이나 저널리즘 측면에서 보면 『뉴요커』는 바람직한 모델이다. 다만 이 모델에는 다음의 두 가지 문제가 있다. 첫째로, 단기적 판매율은 저조해도 장기적으로는 지속적·안정적 판매를 가능하게 해주는 '롱 테일' 마케팅 법칙이 인터넷에서는 전혀 통하지 않는다는 점이다. 둘째로, 『뉴요커』 기사 한 편의 원고료는 고커 포스트 한 개의 원고료보다 천문학적인 수준으로 높은데 두 매체의 광고 수입은 엇비슷하다는 점이다(고커 쪽에서 흘러나온 소문에 의하면 '고커'의 에디터들 다수는 포스트 한 개당 12달러 정도의 고료를 받는 프리랜서이며 그것을 읽은 독자 수에 따라 추가로 프리미엄 수당을 받는다고 한다).

파인더는 "비평도 점점 더 줄어들고, 문학 섹션 증보판도 점점 더 줄어든다"고 안타까움을 표시하면서 "따라서 우리는 비평에 더욱더 사활을 걸어야 한다"고 말했다. 그러고는 이렇게 덧붙였다. "우리는 지금의 우리 모습 그대로 계속 남아 있어야 한다. 우리 독자들이 우리를 좋게 평가하고 우리에 대한 기대를 잃지 않는 것도 우리가 원래 모습 그대로 있기 때문이다. 우리가 내보내는 기사 가운데 제일 조회 수가 높은 기사는 길이가 가장 긴 기사인 경우가 많다. 하지만 우리는 세간의 화젯거리도 되어야 하기에 기사를 모든 형태의 디지털 포맷으로도 제공한다. 그래서 『뉴요커』 기사는 여러 곳에서 눈에 띄지만, 어디서든 『뉴요커』는 『뉴요커』다."

주요 출판사 대표들도 그와 같은 생각이다. 나는 뉴욕의 아메리카스

애비뉴 1230번지에 위치한 널찍한 사무실에서 미국의 대형 출판사 중 하나인 사이먼 앤드 슈스터Simon&Schuster의 조너선 카프 사장을 만났는데, 그는 물어뜯을 기세로 다음과 같이 말했다. "알고리즘 따위, 전혀 겁나지 않는다. 그 어떤 알고리즘을 내 앞에 갖다놔도 나는 맞짱 뜰 준비가 되어 있다." 그는 자사의 편집자와 저자들에게 SNS 활동을 조금 더 늘리라고 지시했다면서 마치 신기한 발견이라도 한 듯이 "어떤 책에 대한 입소문을 내기에는 페이스북만큼 좋은 게 없더라"라고 말했다. 전적으로 SNS에서만 홍보한 자사의 신간 소설들도 알려주었다(매슈 토머스의 『우리는 우리 자신이 아니다We Are Not Ourselves』가 그 예다). 사이먼 앤드 슈스터 출판사 홈페이지는 각 콘텐츠가 한눈에 쉽게 들어오도록 구성되어 있어 마치 고커를 연상시키며, 방문자들이 각 콘텐츠를 자기 페이스북이나 트위터 같은 SNS에 공유할 수 있도록 버튼도 마련해놓았다. 조너선 카프 사장은 유튜브 관련 전담 부서도 있다고 털어놓았다. 즉 사이먼 앤드 슈스터는 인터넷과 '맞짱' 뜰 준비가 되어 있었다.

오늘날 비평은 위기에 놓여 있다. 현재 110만 가입자를 보유한 『뉴요커』의 입지가 단기적으로는 블로그나 소셜 미디어, 혹은 고커 같은 사이트들로부터 위협받지는 않겠지만, 비평의 위기는 이제 분명 현실이 됐다.

전문가의 전통적인 추천 방식이 사라지진 않았지만, 내가 만나본 기자들은 "현재 무언가가 벌어지고 있는 상황"임을 인정했다. 인터넷은 그 성격상 서열을 허물고 중간 단계를 없애버리며 집중보다는 분산을 부추긴다. 엘리트주의의 정당성을 없애는 것은 물론이다. 이 수많은 변화가 불가피하게 비평 분야에 영향을 미치는 것이다. 우리는 이제 '권위적인 논거'를 바탕으로 한 문화에서 '수다'와 '잡담'을 중심으로 한 문화로 이행하고 있다. 여기서는 전문가들보다 일반인들의 추천이 강력한 영향력을 가진다. 지면과는 달리 인터넷에서는 추천자의 사회적 지위나 학벌, 지식, 교양 수준이 중요하지 않다. 그보다는 추천자의 인터넷상에서의 인기나 그가 소속되어 있는 커뮤니티가 어디인지가 중요하다. 다시 말해, 전통적인 문화 평론의 권위적인 하향식 모델이 파괴되는 현상이 일어나고 있다.

멕시코에서 만난 블로거 안토니오 마르티네스 벨라스케스는 이러한 변화를 반기는 입장이었다. "전통적인 언론 매체들은 원래의 사회적 역할과 기능으로부터 점차 멀어졌다. 그 매체들은 이제 시민들을 대상으로 이야기하지 않는다. 거기에 실리는 비평은 현실에서 동떨어져 있고 냉소적이기까지 하다. 소셜 네트워크 분야가 크게 부상하고 해커 문화와 내부 고발자의 영향력이 점점 더 커짐에 따라 새로운 비평이 주목받고 있다. 이는 미디어 체제 전체를 변화시킬 것이다." 라디오 캐나다 국장 파트리크 보두앵은 그보다는 온건한 입장이었지만 그 역시 추천 문화가 비평의 미래가 될 것임에 동의했다. "곧 있으면 우리 같은 방송인들은 콘텐츠를 생산하는 사람이 아니라 콘텐츠 선택에 영향을 미치는 사람이 될 것이다. 그저 조언을 해주는 일종의 '큐레이터'가 되는 것이다." 심지어 안토니오 마르티네스 벨라스케스는 "이제 해커가 콘텐츠 선택에 영향을 미치는 존재가 될 것"이라고 주장했다. 소위 '블랙 키드black kid'나 '쿨 게이cool gay'가 과거 디스코 음악이나 팝 문화에서 했던 역할을 웹 문화에서는 해커가 맡게 될 것이라는 말이다. 실제로 해커들은 기존 문화와 확실히 단절되는 새로운 사이버 문화를 창조하고 있다. 즉 스스로 코드를 만들어 기존의 코드를 무너뜨린다. 또한 특정 대상으로의 선택을 유도하는 개입자, 한마디로 '힙스터hipster'가 되었다. [힙스터는 대중의 흐름과 상관없이 자기들만의 고유한 문화를 좇으며 트렌드를 선도하는 사람을 말한다.]

전문가들의 영화 비평은 이미 박스오피스에 전과 같은 영향력을 행사하지 못하고 있으며, 문학 섹션 증보판에 실리는 전문가들의 도서 비평도 곧장 도서 판매로 이어지지 않는다(신문 구독과 관련한 여러 조사에 따르면, 신문 구독자의 85~90퍼센트는 문학 섹션을 아예 들춰보지도 않는다). 그로 인해 미국 출판사들은 이제 문화비평서는 잘 출간하지도 않을뿐더러 출간한다 해도 별 홍보를 하지 않는다. 이제 출판사가 가장 중요시하는 것은 아마존과의 재무 관련 공조 협정이지 신문에 실리는 도서 추천 기사가 아니다. 『뉴욕 타임스』나 『월 스트리트 저널』의 문학 섹션에 실리는 도서 추천 기사는 아직 효력을 발휘하고 있으나, 다른 신문의 도서 추천 기사는 효력을 잃은 지 오래다. 때문에 각 신문의 북 섹션은 그 위상이 점점 축소되고 있다. 『워싱턴 포스트』의 '북 월드Book World'는 이 신문이 창간된 1967년부터 주말 특집호에 별도로 실렸으나, 2009년부터는 '스타일 앤드 아트Style&Arts' 섹션에 통합됐다. 『로스앤젤레스 타임스Los Angeles Times』의 '북 리뷰 섹션' 또한 2007년부터 본지에 합쳐졌다. 2006년에는 『샌프란시스코 크로니클San Francisco Chronicle』의 문학 특집호가 6페이지에서 4페이지로 줄었다.

"인터넷과 소셜 네트워크상에서는 포퓰리즘이 '쿨' 문화의 새로운 전형이 되고, 엘리트주의는 퇴물로 전락할 것이다." 『뉴욕 타임스』의 알렉산드라 몰로코프 기자는 한 기사에서 이와 같이 예견했다. 하지만 그 정도가 아니라 더욱 심각한 변화가 일어날 수도 있다. 우선은 시각 문화가 주류가 되면서 글의 영향력이 약화될 가능성이 있고, 각 콘텐츠의 정확한 구독률 측정이 가능해져서 구독률이 떨어지는 비평의 공신력이 의심받는 상황이 발생할 수도 있다. 폭주하는 인터넷상의 정보에 대한 필터링 작업이 필요해질 수도 있다. '롱 클릭long click'이 현재의 판도를 뒤집어놓으리라는 예측도 가능하다. ['롱 클릭'은 인터넷 검색 결과로 나오는 페이지에 들어가서 오래 머무는 것을 일컫는 말이다. 그에 반해 검색 결과로 나오는 페이지에 들어갔다가 곧바로 빠져나와 또 다른 페이지를 클릭하는 것을 '쇼트 클릭'이라고 한다.] 클라우드 서비스의 확대에 따라 무제한 문화 콘텐츠가 제공되는 회원제 서비스가 늘어날 가능성도 있다.

우선 가장 먼저 일어날 변화는 발행 주기나 포맷별 매체 간 구분이 무의미해질 것이라는 점이다. 나는 요하네스버그에서 남아공의 유력 주간지 『메일 앤드 가디언Mail&Guardian』의 웹사이트 mg.co.za를 관리하는 앨리스터 페어웨더를 인터뷰했는데, 그는 다음과 같이 말했다. "우리 매체는 주간지인데, 재밌게도 온라인상에서는 일간지가 된다." 바로 이 말이 지금의 변화를 압축하고 있다. 이렇듯 급격한 미디어의 변화는 다양하고도 역설적인 결과를 가져온다. 책은 짧은 에세이 형식이 되어가고, 에세이난은 자유 기고란으로 변모해가며, 대중 발언대는 블로그 포스트로 대체되고, 블로그는 트윗으로 바뀌어간다. 라디오는 영상과 음성을 함께 내보내는 팟캐스트가 되어가고, 팟캐스트는 스트리밍으로 대체되며, 텔레비전은 SVOD나 넷플릭스 같은 인터넷 TV로 발전한다. MTV의 역할은 이제 유튜브가 하고 있다.

페어웨더는 웹상에서는 TV 방송국과 라디오 방송국, 신문사가 서로 비슷해져간다며 그 현상을 다음과 같이 한마디로 요약했다. "인터넷에 선 모든 매체가 마치 하나의 회사에 통합된 듯하다." 그는 스마트폰들의 인터페이스가 서로 비슷해져가는 것에 대해서는 "문화가 시각적이 되어간다는 한 표식"이라고 말했다. 오랫동안 영화 평론을 해온 페어웨더는 이 같은 변화가 문화 비평에도 상당한 영향을 미칠 것이라 생각한다. 일단 '최종 원고'라는 개념이 사라지고 있는데, 기사가 끊임없이 수정되고 업데이트되기 때문이다. 주요 언론사들은 지금도 살아남았지만 독자들은 이제 언론사의 브랜드보다 기사 자체에 더 많은 관심을 보인다. "중요한 건 이제 독자들이 기사를 선택한다는 점이다. 『메일 앤드 가디언』 브랜드에 대한 신뢰도는 유지하면서도 그 지면에 있는 기사를 모두 보려 하지는 않는다." 즉 인터넷에서 페이퍼 언론사들의 영향력은 점차 줄어들고 있기에, 그들은 또 다른 표현 수단을 통해 또 다른 정당성을 내세우며 경쟁을 벌여야 한다.

두 번째 주된 변화는 각 기사의 구독률이 정확히 파악된다는 점이다. 고커 미디어 창업자인 닉 덴턴은 그에 대해 (『뉴요커』의 인물 탐구 인터뷰에서) 다음과 같이 말했다. "인터넷이 매체에 가져온 가장 큰 변화는 즉시성이나 비용 절감 등이 아니라 바로 '측정 가능성mesurability'이다. 기존의 전통적인 기자들은 이 같은 변화가 실로 두려울 것이다." 이렇듯 정확한 구독률 파악이 이루어짐으로써 그동안 사람들이 명확한 증거 없이 했던 추측들, 가령 무용, 오페라 등 문화 장르에 대한 전문가 비평에 관심을 갖는 독자들이 그리 많지 않으리라는 추측이 사실로 판명되었다(고커를 비롯한 몇몇 웹사이트에서는 독자들도 각 기사의 조회 수

를 확인할 수 있다). 구독률로 인해 빚어진 기사 서열화 현상 때문에 이
제 비평은 웹사이트의 첫 페이지에서 밀려나고 심지어 아예 없어지기
도 한다.

　세 번째로 일고 있는 중대한 변화는 웹에서 일어나는 정보의 홍수
현상과 관련되어 있다. 쏟아지는 콘텐츠 속에서 네티즌은 어떤 콘텐츠
를 취해야 할지 막막하기만 하다. 이에 '필터링'의 필요성이 제기되는
것이다. 문화부 기자들이 문화 상품에 대한 비평을 전담하던 과거에
는, 아티스트 수나 새로 발표되는 작품 수가 오늘날에 비해 턱없이 적
었다. 가령 개봉되는 극영화나 다큐멘터리 영화가 한 달에 수십 편 정
도에 불과했기에, 기자들은 작품을 '발견'하는 대로 글을 쓰면 되었다.
그러나 지금은 유튜브에 올라오는 영상만 해도 과거의 열 배에 달하
며, 새롭게 창작 산업의 핵심이 된 TV 드라마나 비디오게임 분야는 말
할 것도 없다. 스포티파이나 디저, 아이튠스, 애플 뮤직, 뮤직 키(유튜
브), 프라임 뮤직(아마존), 사운드 클라우드, 타링가(아르헨티나), 샤미虾
米(중국), 멜론(한국), 사븐Saavn(인도), 안가미Anghami(아랍권), (루퍼트 머
독에 이어 저스틴 팀버레이크가 인수하면서 하향세로 접어든) 마이스페이스
등에서도 말 그대로 끝을 알 수 없을 정도의 수많은 음악 신보가 쏟아
진다. 인터넷 TV 프로그램 수도 기하급수적으로 늘어나는데, 미어캣
이나 (트위터 계열의) 페리스코프Periscope 같은 앱을 통해 누구나 스트리
밍으로 영상을 생중계할 수 있기 때문이다. 또한 누구나 자신의 글을
출간할 수 있는, 도서 부문의 유튜브인 스크리브드나 아마존 킨들 같
은 플랫폼에도 수많은 콘텐츠가 쏟아진다. 따라서 이제 각 분야의 평
론가는 콘텐츠를 추천하기에 앞서 무제한으로 공급되는 콘텐츠에 대한

선별 작업을 진행해야 한다.

'롱 클릭' 혹은 전통적인 비평의 종말

대부분의 거대 IT 기업들은 이제 추천 알고리즘을 사용하여 웹 필터링을 한다. 아마존은 아마존 프라임에서 추천 알고리즘을 사용하며, 페이스북은 에지랭크EdgeRank라는 알고리즘으로 뉴스피드에 올릴 소식을 결정한다. 애플은 아이튠스 라디오와 애플 뮤직에서, 구글은 구글 플레이와 뮤직 키에서 추천 알고리즘을 활용한다. 추천 알고리즘은 무제한 스트리밍 서비스에서도 핵심 운영 기술로 활용된다. 영화 부문의 넷플릭스, 음악 부문의 스포티파이, 디저, 판도라, 비디오게임 부문의 스팀Steam, 트위치, 도서 부문의 스크리브드, 오이스터 등이 대표적이다(참고로 이 같은 무제한 스트리밍 서비스는 대개 아마존의 클라우드 서비스를 이용한다. 아마존이 2006년부터 개시한 이 서비스가 대중화되자 이제는 넷플릭스 같은 아마존의 경쟁 업체 서비스를 사용하게 된 것이다).

즉 여러 웹사이트 및 애플리케이션이 끊임없이 고도화되는 강력한 알고리즘(협업 필터링collaborative filtering)을 바탕으로, 다시 말해 전체적인 판매 추이와 시장의 추세 및 이용자의 소비 패턴을 기반으로 추천 상품을 제안한다(아마존의 'You may also like'와 같은 방식의 추천 상품이 이에 해당한다).

추천 알고리즘으로 일대 변혁이 일어나자 일각에서는 빅 데이터와 결합한 알고리즘 체계가 전통적인 비평의 기능을 대신할 것이라는 주장도 나온다. 사실 인간은 소프트웨어나 계산기의 힘을 빌리지 않는 한 추천 알고리즘처럼 최적화된 추천 결과를 보여줄 수 없다. 알고리즘은 현재 대세를 타고 있는 아티스트들뿐 아니라 틈새 소비자층이 좋아하는 아티스트들까지 파악한다.

이 같은 '비평 혁명'이 가능할 수 있었던 건 쿠키cookie의 발명 덕분이다. 쿠키는 이용자의 행동 패턴이나 성향을 파악하게 해주는 스파이웨어 툴로, 1994년에 넷스케이프 엔지니어 루 몬툴리가 개발한 것이다. 오늘날 대부분의 알고리즘은 쿠키가 제공하는 소스를 바탕으로 이용자 개개인의 성향을 파악한다. 또한 검색 사이트들은 쿠키를 통해 사용자들이 검색 결과로 뜬 페이지들 중 어디에 '롱 클릭'을 하는지를 추적해서 검색엔진의 성능을 향상시킨다. 인터넷상에서 우리가 어떤 콘텐츠를 클릭하거나 한 기사에 대해 '좋아요' 버튼을 누를 때, 혹은 어떤 메시지를 리트윗할 때, 우리는 자신도 모르는 사이에 여러 알고리즘에 소스를 제공한다. 그러면 각 웹사이트의 알고리즘은 그 소스를 바탕으로 우리의 관심사나 온라인 쇼핑 선호도를 분석해 고객의 취향에 맞는 '맞춤형' 결과를 제공한다. 이에 따라 온라인 광고에도 일대 혁신이 일어나 소셜 마케팅이나 RTB(real-time bidding, 실시간 경매 방식) 형식의 광고가 생겨나게 되었다.

주요 웹사이트의 광고 서비스도 알고리즘의 '스마트 큐레이션'에 기반을 두고 있다. 이용자가 정방형 박스 광고나 배너 광고를 클릭할 때만 광고주에게 광고료를 지급하는 구글의 광고 서비스 종류로는 애드센스AdSense, 애드워즈AdWords, 더블클릭DoubleClick 등이 있다. 유튜브는 무료 동영상이 재생되기 전에 나가는 '프리롤Preroll' 광고와 동영상 중간에 나가는 '스트림 애드stream ads' 광고를 채택하고 있다. 트위터 산하에 있는 메타마켓Metamarkets이나 모펍MoPub은 RTB 광고 서비스를 대행하고 있다. 이외에도 고객의 취향과 상황과 맥락에 맞는 광고를 제공하는 서비스는 다양하다. 한편 광고주는 광고용 공간을 '구매'할 수도 있지만, 직접 광고를 '배포'하거나 스스로 '제작'할 수도 있다. 따라서 이제는 '사는 광고, 도배하는 광고, 만들어내는 광고Ads you buy, Ads you spread, Ads you create'가 모두 가능해졌다. 이 같은 변화는 스토커처럼 다소 불편하게 느껴지는 스마트폰의 위치 추적 기능으로 인해 더욱 가속화되고 있다. 최근 인터넷 기업들은 네티즌과의 대화식 접근법을 시도하는 '네이티브 광고native ads'에 주목한다. [네이티브 광고란 내용이 해당 사이트나 모바일 앱의 콘텐츠와 잘 구별되지 않는, 거부감이 느껴지지 않는 광고를 말한다.] 가령 트위터는 '광고가 아니라 콘텐츠를 생각하라 Think content, not advertising'는 슬로건하에 '스폰서 트윗'이나 '프로모션 트윗' 광고를 만들었다. 이렇듯 디지털 시대에는 「매드멘」 시대와는 달리 소통에도 신경을 써야 한다. [「매드멘」은 1960년대 광고 제작자를 주인공으로 한 드라마다.] 우리는 실로 '대화형' 광고 시대로 나아가고 있다.

추천 상품 제도에 부작용이 없는 것은 아니다. 추천 알고리즘 방식이 반드시 '공정'한 것은 아니어서 왜곡 혹은 일탈 효과가 나타날 수 있기 때문이다.

우선 상업적인 목적의 추천 결과 조작 문제가 생길 수 있다. 잘 알려지지는 않았으나, 『뉴요커』의 기자 조지 패커는 아마존이 영리 목적으로 추천 결과를 조작하고 있음을 밝혀냈다. 아마존은 객관적 지표에 따라 추천 상품을 제시하는 것처럼 보이지만, 사실은 'Co-Op' 즉 '광고 협력 계약cooperative advertising agreement'이라고 그럴듯하게 명명한 계약에 따라 출판사에 광고비를 받고 추천 상품을 제시한다. 이러한 결과 조작에 기반한 추천 상품 제도는 실제 구매 행위에 기반한 추천 상품 제도보다 더 적은 수의 상품을 노출시키기에 효율성이 떨어진다. (겉으로는 광고의 형태를 띠지 않는 아마존의 추천 상품 제도는 '노출 대비 광고비pay-for-display' 시스템에 기반한다. 또한 아마존은 출판사들과 악착같이 협상을 벌여 도서 판매 수익의 3~5퍼센트를 추가로 가져가게 되었다. 이에 따라 아마존은 가령 랜덤하우스 도서 판매가의 53퍼센트까지 챙길 수 있게 되었다. 이는 반경쟁법에 의한 처벌을 가까스로 피할 수 있는 수익률이다.)

추천 상품 제도의 두 번째 부작용은 알고리즘 자체의 한계에 기인한다. 물론 알고리즘은 다량의 데이터를 능숙하게 처리해 이용 통계를 비롯한 각종 집계를 도출하고, 사용자의 소비 패턴 히스토리 분석도 훌륭하게 해낸다. 다만 사용자의 감정과 감성까지 분석해 그들의 행동과 취향을 '예상'하는 데 있어서는 한계를 드러낸다. 최저가 항공권이나 저렴한 호텔 검색 결과를 도출해내는 데 있어서는 알고리즘보다 더 뛰어난 것이 없지만, 사용자 개인에게 맞는 문화 콘텐츠를 추천하는 데 있어서는 한계가 있다는 말이다.

가령 판도라나 스포티파이, 디저 등의 음악 스트리밍 서비스에서 오랫동안 한 가지 장르의 음악만 들어왔던 사용자들은 해당 서비스의 알고리즘 체계에 의해 계속 같은 장르의 음악만 추천받는다(솔뮤직만 들었던 내 경우 모타운Motown, 애틀랜틱Atlantic, 스택스Stax 등의 흑인음악 전문 레이블의 타이틀만 추천받았다). 다시 말해 알고리즘은 상상력이 없어서 한 방향으로만 나아간다. (진부하게 한 방향만을 추구하는 다양성 퇴화 현상을 계량경제학자들은 '자연 감소attrition'라 부르는데, 이용자가 이런 자연 감소적인 알고리즘의 한계를 자각하지 못하면 선택의 폭이 더욱 좁아진다. 엔지니어들은 줄어든 다양성을 회복시키는 차원에서 간혹 임의의 음악 제안 코드를 집어넣기도 한다. 이를 통해 이용자의 반응을 유도하고 알고리즘 데이터를 갱신한다.)

이렇듯 알고리즘은 다양한 장르의 콘텐츠를 폭넓게 향유하고 싶어 하는 이용자의 기대를 충족시키지 못하며, 이용자의 계속되는 성향 변화도 제때 감지하지 못한다. 우리는 그때그때의 기분과 감정에 따라 다양한 음악을 듣고 싶어한다. 가령 아침에 잠에서 깨어났을 때는 힙합을, 직장에서 일할 때는 팝을, 운전할 때는 살사를, 침실에서 잠을 청할 때는 부드러운 재즈를 듣고 싶어한다. 그러나 알고리즘은 이러한 우리의 변덕을 따라가지 못한다.

알고리즘의 한계는 음악 스트리밍 사이트에서 클래식을 들을 때 더 극명하게 나타난다. 스포티파이와 디저에서 한 오페라 음반에 수록된 곡들을 순서대로 듣기란 쉽지 않으며, 베토벤 교향곡도 번호 순서대로 듣기가 어렵다. 같은 피아노곡을 마르타 아르헤리치나 스뱌토슬라프 리치테르 등 연주자별로 듣기도 어렵고, 바그너의 음악을 푸르트벵글러나 카라얀 등 지휘자별로 선택해서 듣는 것은 불가능에 가깝다. 이런 사이트들이 보유한 메타데이터에는 오류가 많기 때문이다. [메타데이터는 생성 날짜나 생성 위치 등 해당 콘텐츠의 구체적인 정보가 수록된 데이터로, 원하는 기준에 따라 정보를 검색할 때 유용하게 쓰인다.] 클래식 및 재즈 포털인 낙소스의 창업자 클라우스 하이만을 홍콩에서 만났을 때, 그는 이렇게 말했다. "알고리즘 체계는 효과적이지 못하다. 충분한 데이터 처리도 이루어지지 않는 데다가, 기본적으로 일부 표본 데이터나 세렌디피티 효과에 의해 작동하는 구조이기 때문이다. 특히 클래식 부문에서 알고리즘의 한계가 뚜렷이 나타나는 이유는 알고리즘을 만드는 프로그래머 대부분이 클래식의 특수성을 이해하지 못하기 때문이다. 『뉴요커』의 음악 칼럼니스트 앨릭스 로스는 앞으로는 클래식 전문 스트리밍 서비스든 다른 장르 전문 스트리밍 서비스든 "심미안과 윤리관이 필요할 것"이라고 말했다.

기계적인 추천 시스템의 오류는 넷플릭스와 아마존 서비스에서도 나타난다. 검색 지표가 고도로 발전하고 기술 개선이 이루어지면서 알고리즘 체계가 '학습'을 시작하고 있기는 하나, 여전히 양적 수준의 발전에만 머물러 질적으로 우수한 결과를 기대하기는 힘들다. 알고리즘은 속된 말로 '노이즈'(검색 정확도가 떨어지는 데이터와 콘텐츠)라고 하는 쓸데없는 결과를 보여주기도 한다. 부분적으로 이는 수집된 모든 데이터를 바탕으로 유용한 정보를 추출하는 '데이터 마이닝data mining' 기술이 아직 부족해서 생기는 결과다. 이는 추천 시스템을 더욱 취약하게 만든다. 물론 필터링 기능이 차츰 개선되고 있고 검색어나 메타데이터도 점차 고도화되고 있으며 자동 집계 기능도 발전하고 있는 상황이지만, 그에 따른 결과는 여전히 실망스러운 수준이다. 즉 아직은 개인화된 맞춤형 결과라고 하기에는 무리가 있는 이도저도 아닌 결과가 제시되고 만다.

여기에 또 다른 문제가 더해진다. 바로 필터링의 한계다. 구글 리더의 실패나 (맞춤형 뉴스 서비스) RSS 리더기의 실패도 부분적으로는 이로써 설명되며, 팟캐스트 또한 이 문제로 쇠퇴할 수 있다. 이 세 가지 경우 모두에서 추천 시스템이 부딪힌 한계는 바로 정보의 양이라는 문제다. RSS 리더기의 목록이 길어질수록, 구글 리더가 제안하는 콘텐츠나 구독하는 팟캐스트 채널이 늘어날수록, 이용자는 시간상의 제약으로 인해 각각이 제공하는 콘텐츠를 모두 조회하기가 어렵다. 따라서 원래의 '필터' 위에 추가로 새로운 '추천' 장치를 더해야 한다.

앨리스터 페어웨더도 다음과 같이 말했다. "구글 리더나 RSS 피드의 문제점은 바로 방대한 정보다. 처음에는 무조건 정보가 많은 것이 좋다고 생각했지만, 얼마 안 가 우리는 정보의 막대한 양에 압도되어버렸다. 검색의 정확도는 떨어지고 정보의 양만 감당할 수 없을 정도로 늘어났기 때문이다. 그런데 역설적이게도 바로 이런 상황이 네티즌들을 좀더 적극적으로 만들어주는 결과를, 수동적 자세에서 벗어나 직접 선택하게 만드는 결과를 가져왔다. 이런 네티즌들의 상호 간의 대화를 바탕으로 한 추천 시스템이 제대로 작동하게 된다면, 우리는 수많은 콘텐츠에 파묻히는 상황에서 벗어나 적절한 선택을 할 수 있을 것이다."

물론 네티즌들의 대화 공간인 SNS상에서도 추천제의 문제점이 불거질 수 있다. 특히 페이스북의 사례는 많은 점을 시사한다. 구글이나 애플, 아마존과는 달리 문화 콘텐츠를 직접 판매하지 않는 페이스북에서는 가입자들이 자신의 '친구'들에게 문화 콘텐츠 '추천'을 할 수 있다. 그런데 페이스북 협력업체들도 마케팅 동의를 기반으로 콘텐츠 '제안'을 할 수 있다. (영상 부문의 넷플릭스와 음악 부문의 스포티파이, 컴퓨터게임 부문의 징가Zynga, 영화 부문의 워너 스튜디오와 미라맥스Miramax, 라이언게이트Lions Gate, 뉴스 부문의 워싱턴 포스트와 야후, 콘서트 부문의 티켓마스터Ticketmaster, 그 밖에 여행 및 요식업 분야 업체도 대표적인 페이스북 협력업체다.) 페이스북의 개인 정보 취급에 관한 내용은 복잡하고 길고 가변

적이라 그것을 제대로 살펴보지 않은 이용자는 자신이 스포티파이에서 들었던 음악이나 넷플릭스에서 봤던 영화가 자기도 모르는 사이 자동으로 페이스북 계정에 게시되는 상황을 보고 놀랄 수 있다. 이렇듯 SNS는 자신들과 마케팅 계약을 맺은 스폰서 회사의 콘텐츠를 우선으로 추천하기 때문에, 추천 시스템과 마케팅의 경계가 모호하다.

페이스북상에서 일어난 최근의 변화도 추천 제도의 왜곡을 불러왔다. 페이지랭크PageRank 알고리즘을 앞세운 구글과 마찬가지로, 페이스북은 2006년부터 에지랭크 알고리즘이 만들어내는 '뉴스피드' 시스템을 수립했다. 에지랭크 알고리즘이 애초에 기준으로 삼은 것은 이용자의 근접성, 콘텐츠의 비중, 시간이었으나 이후 끊임없이 업데이트되는 10만 개에 가까운 변수를 바탕으로 수많은 기준을 결합시킨 결과를 내놓게 되었다. 그중 이동성과 현재 위치 정보는 점점 더 자주 고려되는 요인이 되었는데, 10억 명에 달하는 페이스북 사용자의 절반가량이 휴대전화를 통해 페이스북에 접속하기 때문이다(페이스북 수입의 절반도 모바일 광고에서 나온다).

좀더 최근에는 페이스북 이용자들이 콘텐츠를 '큐레이팅'하려는 움직임도 보이고 있는데 특히 (언론 매체나 기업 브랜드, 수많은 팬을 거느린 유명인이 운영하는) '페이지' 계정의 게시물을 중심으로 이 같은 변화가 나타나고 있으며, (친구 5000명으로 제한되는) 개인 계정 중 다수의 팔로어를 보유한 곳에서도 이런 움직임이 나타난다. 그런데 이럴 경우 페이스북이 제공하는 광고 툴을 사용해야 한다. 어떤 매체나 기업, 아티스트가 자신의 페이스북 페이지에 글을 하나 포스팅할 경우, 콘텐츠의 도달 반경을 의도적으로 제한하는 페이스북 알고리즘에 의해 그 글은 해당 페이지의 팔로어 중 5~7퍼센트에 해당하는 극소수의 팬들에게만 도달된다. 따라서 그 글이 확산되려면 기존의 확산 방식('좋아요' '댓글 달기' '공유하기')이 작동되거나 광고 구매가 이루어져야 한다. 달리 말하면 페이스북 페이지 계정 주인이 자신의 글을 페이스북 친구들 모두에게 도달하게 하려면, 광고를 구매해야 하는 상황이 됐다는 뜻이다. (대부분의 페이스북 사용자들은 자신이 특정 페이지 계정의 '좋아요'를 누르면 그 페이지에 가입되는 것이라 생각하지만, 사실 그 행위는 페이스북의 알고리즘 소스를 채우는 데에만 기여할 뿐이다. 즉 페이스북의 광고 모델 발전에만 이바지한다는 뜻이다. 사용자가 '좋아요'를 누른 페이지의 메시지는 그 사용자의 타임라인상에 거의 뜨지 않는다.)

유튜브와 구글플러스, 링크드인에도 페이스북과 유사한 뉴스피드 알고리즘이 존재한다. 반면 트위터는 그런 알고리즘 없이 게시된 시간과는 역순으로, 즉 최근에 올라온 트윗부터 노출하는 기존의 단순한 방식을 고수하고 있는데 언제까지 그럴 수 있을지는 모를 일이다.

페이스북의 이 같은 상술은 SNS의 특징인 불안정성을 극명히 보여준다. 가령 어떤 저자나 출판사, 영화 제작사 등이 페이스북상에 커뮤니티 페이지를 구축해도, 광고를 구매하라는 페이스북의 요구 사항을 들어주지 않으면 이 페이지는 무용지물이 될 수 있다. 페이스북 측에서 해당 페이지에 대한 지원을 0으로 줄이고 페이지 구독자들에게 메시지가 닿지 않도록 통제할 수 있기 때문이다. 차후에는 인스타그램이나 핀터레스트, 패스, 텀블러, 스냅챗, 미어캣, 페리스코프, 바인 등에서도 같은 문제가 생길 수 있다. 결국 미디어와 문화 산업, 기업은 물론이고 SNS상에서 자신의 콘텐츠 확산을 원하는 모든 이가 '클릭의 법칙'이라는 덫에 스스로 걸려든 꼴이다. 노출 빈도에만 급급한 나머지, 이제 자신이 만든 페이지의 구독자들이 메시지를 볼 수 있게 하기 위해 돈을 내야 하는 상황이 됐다는 말이다. 그러므로 지금 SNS상에서 돌아다니는 정보나 추천 글은 반드시 창의적인 것이라고 볼 수 없으며, 심지어 알고리즘에 의해 가장 많이 확산된 것이라는 보장도 없다. 다시 말해 사람들 사이에서 화제가 되고 있는 정보나 글은 사실 광고 구매를 통해 가장 많은 푸시를 받고 있는 것에 불과할 수도 있다.

이뿐만이 아니다. 잘 알려지지는 않았지만 페이스북과 트위터 등 일부 SNS 업체는 가입자의 콘텐츠와 추천 글을 연구해 그것을 영리 목적으로 이용한다. 지극히 상업적으로 변모한 페이스북으로 인해 'F-Commerce'라는 신조어가 생겨났을 정도다. SNS 업체들의 마케팅은 알고리즘을 통해 분석한 이용자 성향에 따른 맞춤형 광고의 삽입으로 이루어진다. 즉 가입자의 타임라인 포스트와 거기에 첨부된 사진 및 동영상까지 세심하게 분석한 후, 그 결과를 기반으로 가입자의 콘텐츠 사이에 '시기적절'하고 거부감 없는 포맷의 개인 맞춤형 광고를 끼워 넣는 것이다. 비상업적 콘텐츠의 탈을 쓰고 교묘히 이용자의 타임라인으로 숨어들어간 이 스폰서 트윗과 네이티브 광고, (이용자에게 인기 트렌드를 실시간으로 소개하는) 프로모션 트렌드 등은 굉장한 수익원이 된다 (가령 미국의 모든 트위터 계정에서 24시간 노출되는 이런 형태의 광고는 수십만 달러를 벌어들인다). 뿐만 아니라 SNS 업체들은 타임라인상의 '트렌딩 토픽trending topics' 즉 소비자의 실시간 관심사나 소비 패턴, 여론 등을 파악하려고 혈안이 되어 있는 창작 관련 업체나 언론 매체, 컨설팅 업체, 여론 조사 업체 등에 이용자들이 매일 주고받는 수백만 개의 메시지를 추천 데이터 형태로 판매한다. 결과적으로 이 업체들은 자신들의 페이스북 페이지의 모든 회원에게 메시지가 전달될 수 있도록 광고도 구매해야 하고, 바로 그 광고의 역할로 트렌딩 토픽이 된 추천 데이터를 손에 넣기 위해 또 한 번 돈을 지불해야 하는 상황이 된 것이다.

앞으로는 문화 관련 정보의 확산과 추천 과정에서 SNS가 중요한 역할을 맡게 될 것이다. 하지만 SNS를 통한 추천 시스템에는 이와 같은 맹점이 있다는 사실을 잊지 말아야 한다.

전통적인 문화 비평이 사라지고 추천 알고리즘의 오류와 왜곡 가능성이 제기되고 있는 이 같은 상황에서 새로운 형태의 콘텐츠 추천 방식이 요구되는데, 이 책에서는 이를 '스마트 큐레이션'이라 칭하기로 한다.

정보의 과잉이 발목을 잡고 있는 오늘날의 상황에서, 과거의 비평 모델로 돌아가는 것은 적절한 해법이 아니다. 고전적인 아날로그 문화와 내적으로 이어져 있는 과거의 비평 방식은 특유의 엘리트주의로 인해 진부한 모델로 인식되고 있을 뿐만 아니라 대중에게 제공되는 다량의 콘텐츠를 신속하고 효율적으로 '필터링'해내지도 못한다. 또한 과거의 비평 방식은 개인의 이력이나 상황, 소수 취향, 문화적 공동체에 맞는 다양한 추천을 제공하지 못하고 일부의 미적 취향에 한정된 시각만 일관되게 제공한다는 한계가 있다. 다양한 취향의 스펙트럼이 나타나는 인터넷 문화가 대세가 된 오늘날, 모두에게 통용되는 보편적인 비평은 존재할 수 없으며 다양한 방식의 추천이 이루어져야 한다.

인터넷은 외곽으로 분산되는 특징이 있으며, 하나가 아닌 다수로 존재한다. 이제 인터넷상의 각 주체는 원한다면 직접 콘텐츠에 다가갈 수 있기에 타인의 중개가 필요 없고, 따라서 소수의 평론가들이 주도하는 엘리트주의 모델로 회귀할 가능성은 거의 없다고 봐야 한다. 발자크의 작품 『잃어버린 환상Illusions perdues』의 주인공 뤼시앵 드 뤼방프레처럼 엘리트주의를 갈구하는 사람들은 이제 설 곳을 잃은 것이다.

그렇다고 전적으로 수학적 통계에만 의존하는 자동 알고리즘에게 콘텐츠 추천 기능을 완전히 떠맡길 수도 없다. 불완전한 부분이 너무 많기 때문이다.

따라서 알고리즘을 이용하는 한편 인간의 취사선택 과정도 함께 집 어넣는 '스마트 큐레이션'이 오늘날의 대안이 될 수 있다. 다시 말해 빅 데이터의 위력과 인간의 중재 역할을 조합한, 즉 기계와 인간의 힘을 모두 동원한 '이중 필터링' 방식의 스마트 큐레이션이 효과적인 추천 서 비스를 제공할 가능성이 있는 것이다.

알고리즘의 한계에 대해 페어웨더는 이렇게 설명했다. "알고리즘은 인기 있는 콘텐츠를 파악하는 데에는 도움이 되지만, 그 콘텐츠가 인 기를 끄는 이유를 설명하지는 못한다. 알고리즘은 그저 대량의 정보와 평균치, '좋아요/싫어요'의 대비만을 고려하여 추천 목록을 뽑아낼 뿐 이다. 이러한 방식이 예측할 수 있는 것은 '이런 콘텐츠를 좋아했던 사 람이라면 저런 콘텐츠를 좋아할 수도 있다' 정도밖에 안 된다. 물론 이 러한 예측이 정확히 맞을 때도 있지만, 그것만으로는 충분치 않다." 그 는 큰 그림과 작은 그림이 동시에 필요하다면서 다음과 같이 주장했 다. "전체적인 관점에서는 수학적인 통계치를 기본으로 삼되, 세부적으 로는 전문가가 개입하여 전문 지식을 바탕으로 콘텐츠를 선별하고 정 보를 필터링해주는 구조로 나아가야 한다. 아마존에서 별 다섯 개를 받은 상품이라고 우리 모두를 만족시키는 것은 아니기 때문이다."

스마트 큐레이션은 여러 형태로 나타날 수 있으나, 공통되는 첫 번째 요소는 기계와 사람의 결합이다. 네트워크의 위력과 알고리즘 체계를 이용하는 한편, 전문 큐레이터의 개입으로 개인화된 맞춤형 콘텐츠를 제안하는 것이다. 이 이중 필터링 작업은 스마트 큐레이션의 필수 요소다.

그리고 사람 손을 거치는 두 번째 필터링 과정에서 스마트 큐레이션의 두 번째 요소가 발견된다. 바로 제삼자의 개입이다. 콘텐츠 소비자에게 콘텐츠를 안내해주는 일은 콘텐츠 제작자가 직접 할 수도 없고 소비자가 할 수도 없다. 가령 어떤 저자가 자신의 책을 알리는 것은 '홍보'이지 큐레이션이 아니며, 독자가 자신이 읽은 책을 알리는 것은 그 책에 대한 일종의 '판단' 행위이지 역시 큐레이션은 아니다. 즉 스마트 큐레이션은 제삼자만 할 수 있는 행위다.

여기에서 명확히 그 정의를 내리기 어려운, 엘리트주의 냄새를 풍기는 '큐레이션'이라는 용어에 대해 잠깐 짚고 넘어가겠다. 원래는 미국과 유럽의 미술관이나 박물관에서 쓰이기 시작한 말로, 가령 메트로폴리탄 미술관이나 뉴욕 현대 미술관, 내셔널 갤러리 등에서 일하는 '큐레이터'는 전시를 기획, 소개하는 학예연구사를 의미한다. 그런데 '큐레이션'이라는 말이 점차 영화 분야나 도서 분야로 퍼지더니 이제는 디지털 분야로까지 퍼져 언론에 자주 등장하는 '유행어'가 되었다.

스마트 큐레이션의 마지막 요소는 바로 '대화형 서비스'라는 점이다. 기존의 비평이 보편성을 앞세우면서도 임의적이고 독선적인, 즉 권위적인 하향식 추천을 했다면, 스마트 큐레이션은 대화를 통한 상호 교류를 중시하기에 취향의 다양성을 존중한다. 한 콘텐츠에 대한 다양한 평가와 판단이 가능함을 전제한다는 것이다.

한마디로 스마트 큐레이션은 알고리즘을 바탕으로 한 '애그리게이션' 과정과 세분화된 큐레이션 과정을 조합한, 즉 수학적 통계의 힘을 빌리면서도 문화적 예외성을 인정하는 추천 방식이다.

'스마트 큐레이션'이라는 단어는 이 책을 위해 만들어낸 생소한 표현이기는 하나, 이를 보여주는 사례는 이미 한두 개가 아니다. 가령 페이스북의 '좋아요'나 트위터의 '리트윗', 핀터레스트의 '핀pins', 텀블러의 '♡', 구글플러스의 '+1' 등 SNS의 모든 추천 도구는 이미 스마트 큐레이션의 한 접근법에 해당한다.

페이스북에 올라온 문화 콘텐츠 추천 글을 보고 누군가가 '좋아요'를 누르면, 그 글의 노출 빈도는 높아진다. 물론 이것은 알고리즘의 계산에 따른 결과이긴 하나(개인 계정에 적용되는 알고리즘보다 페이지 계정에 적용되는 알고리즘이 '좋아요' 수와 사람들의 코멘트에 더 민감하게 반응한다), 애초에 그 글에 '좋아요'를 누르거나 댓글을 단 것은 바로 사람이다. 따라서 SNS에 도입된 알고리즘은 처음부터 인간의 '큐레이션' 행위를 반영하도록 설계된 것이라고 할 수 있다. 즉 '사용자끼리의 추천peer recommendation' 행위는 수학적 통계에 힘입어 더욱 위력을 발휘한다.

'같이 음악 듣기social listening'나 '추천 선곡표curated playlists' 같은 것도 스마트 큐레이션의 한 예에 속한다. 스포티파이나 디저, 판도라 등 회원제 무제한 스트리밍 서비스의 알고리즘은 앞서 살펴본 바와 같이 정확도가 떨어져 제대로 된 '큐레이션' 기능을 하지 못한다. 하지만 이런 스트리밍 사이트의 회원이 '같이 음악 듣기' 기능을 통해 자신의 플레이리스트를 SNS 계정에 올린다면, 스마트 큐레이션 서비스를 제공하는 셈이다. (스포티파이는 2014년 말부터 이런 기능에서 한발 더 나아간 'Top Tracks in Your Network' 서비스를 도입했다.)

래퍼 닥터 드레와 함께 비츠 헤드폰을 제작한 지미 아이오빈은 스마트 큐레이션 형태의 애플 뮤직을 론칭한다. 2014년 비츠 일렉트로닉스를 인수한 애플이 신규 스트리밍 음악 서비스를 론칭하기 위해 아이오빈에게 컨설팅을 의뢰했을 때, 그는 이미 판도라나 스포티파이의 알고리즘 추천 방식에 한계가 있다는 것을 인지하고 있었다. 때문에 알고리즘이 수집한 데이터를 사람의 판단 능력과 결합시키는 추천 기능이 제공되는 애플 뮤직을 탄생시킬 수 있었다.

라디오 분야에서는 NPR(National Public Radio)이—이름과는 달리 국영 방송은 아니다—같은 맥락에서 혁신적 행보를 보이고 있다. 비영리 방송인 NPR은 청취자에게 즐거움을 안겨주고자 일찍이 디지털 혁신을 시도한 곳이다. 현재 NPR 청취자 중 라디오 수상기를 이용하는 사람의 평균 연령은 52세이고, 웹사이트(매달 방문자 수 2000만 명)나 팟캐스트(매달 다운로드 수 2700만 회)를 이용하는 평균 연령은 36세로 거의 스무 살 가까운 차이가 난다. NPR의 스마트폰 앱에서는 독특한 스마트 큐레이션을 맛볼 수 있다. 청취자의 거주지에 따른 지역 방송국을 추천해줄 뿐만 아니라 취향에 맞는 프로그램과 플레이리스트를 추천하는 등 철저한 개인 맞춤형 서비스를 실시하기 때문이다. 이는 강력한 알고리즘과 '대화형' 서비스 툴, 그리고 지역 타깃 시스템을 도입했기에 가능했다. 청취자는 자신의 NPR 플레이리스트를 SNS 계정에 게시해 친구들에게 추천할 수도 있다. 이 같은 강력한 추천 시스템을 바탕으로 NPR은 자체 제작 프로그램뿐 아니라 타방송국에서 구매한 '신디케이션' 프로그램까지 청취율을 높일 수 있었다(NPR 앱에서는 TED 강연도 제공된다). 이로써 NPR은 팟캐스트가 과도기적 기술일 뿐이며, 미래의 라디오는 정확한 추천 알고리즘에 기반한 편리한 모바일 스트리밍 앱 서비스가 될 것임을 보여주고 있다.

해리 포터와 북튜버

로런 버드는 해리 포터와 와플을 좋아한다. 우스꽝스러운 안경을 쓴 앳된 외모의 그녀는 조앤 K. 롤링이나 수잰 콜린스의 작품 속에 등장하는 여자 주인공을 연상시킨다.

로런 버드는 내게 첼시 9번 대로와 16번가 모퉁이에 있는, 새로 생긴 뉴욕 유튜브 사무실에서 만나자고 했다. 로런 버드는 그 사무실 내에 있는 편집실에서 영상 작업을 할 권한을 갖고 있기 때문이다. 구독자 수가 많은 유튜브 채널 운영자는 그런 권한을 얻을 수 있다. 구둣방에 가려져 있는 승강기를 타고 건물 5층으로 올라가니, 유튜브 편집실이 나왔다. 그곳 가죽 소파에는 몇몇 채널 운영자가 앉아 있었고, '북튜버 Booktuber'가 출간한 책의 커다란 홍보 포스터도 붙어 있었다.

로런 버드 역시 '북튜버'로, 유튜브상에 있는 자신의 채널에 해리 포터 시리즈에 관한 짧은 영상들을 올리고 있다. 유튜브의 또 다른 채널에서는 '와플 기계Waffle Irons' 전문가로 활동한다. 다른 사람들이 아이폰 기기를 테스트하고 스케이트보드의 견고함을 실험하고 있을 때, 로런 버드는 와플 기계가 광고 내용과 같은지를 테스트하기 위해 그 기계로 계란, 초밥, 오이 피클, 스니커즈, 호박 등을 익히는 실험을 하는 것이다. 때로 놀라운 결과가 나오기도 하지만 대체로 웃음을 자아내는 실험이다.

최근 뉴욕대에서 영화학 학위를 받은 로런 버드는 해리 포터 시리즈의 팬클럽인 '해리 포터 동맹Harry Potter Alliance'에도 가입해 있다. 그 단체에 속한 해리 포터 팬들은 월마트나 맥도널드 같은 곳에서 근무하는 미 노동자들의 근로 조건 개선을 위한 활동도 벌이고 있는데, 로런 버드가 그 주제와 관련하여 유튜브에 올린 영상은 조회 수가 수백만에 이른다.

에머슨 스파츠 또한 로런 버드처럼 처음엔 단순히 해리 포터의 팬이었다. 열두 살에 그는 '머글넷'이라는 자신의 첫 웹사이트를 오픈했다. 머글넷은 조앤 K. 롤링의 최대 팬페이지 중 하나다. 조앤 K. 롤링은 스코틀랜드에 있는 자신의 개인 공간으로 스파츠를 초대하기도 했고, 로런 버드 및 해리 포터 동맹이 벌이는 활동도 지원했다.

아르헨티나와 스페인, 영국 등에서 처음 나타난 북튜버들은 분명 '스마트 큐레이션'과 맥을 같이한다. 나이 어린 독자나 대학생인 북튜버들은 스마트폰 카메라나 디지털 캠코더, 그리고 최근에는 페리스코프 같은 앱을 이용하여 자신이 읽은 책에 대한 소감을 말하는, 어느 정도 연출이 가미된 간단하고도 재치 있는 동영상을 올린다. 그 책에 대한 애정을 다른 사람들과 함께 나누기 위해서다.

북튜버들은 여러 장르의 책을 다양한 형태로 소개하는데, 그들이 제작하는 영상은 자못 심각할 때도 있고, 다소 엉뚱하거나 예술적인 경우도 있으며, 주류 문화에 가까운 형태를 띨 때도 있다. 가령 유튜브 채널에서 크리스틴 리치오, 제시, 라엘린, 아리엘 비세트, 프리실라, 캣 오키프, 리건 등의 영상을 찾아보면 이를 확인할 수 있다.

북튜버들은 간혹 작가를 꿈꾸며 자기 글을 쓰기도 한다. 사이먼 앤드 슈스터의 조너선 카프 사장이 단언한 바와 같이 최근 출판사들은 신예 작가를 발굴하기 위해 북튜버들의 유튜브 채널을 유심히 탐색한다. 유튜브 알고리즘 또한 간혹 그들의 동영상 중 몇몇을 인터넷상에 널리 알리기도 한다. 따라서 북튜버들이 모두 위대한 작가는 되지 못할지라도 하나의 '브랜드 콘텐츠brand content'는 될 수 있을 것으로 보인다.

그 외에도 스마트 큐레이션의 사례는 많다. 독서나 '팬픽'에 관련된 소셜 네트워크가 이에 해당한다. 가령 소셜 리딩 플랫폼인 '왓패드Wattpad'는 문학 분야의 페이스북 같은 곳이다. 캐나다를 기반으로 활동하는 이 소셜 네트워크는 이미 가입자가 4500만 명에 달하며, 업로드된 스토리도 1억 개에 가깝다. 주목받는 신인 작가 앤 토드의 작품 『그 후』도 처음에는 왓패드에서 발표됐는데, 스마트폰으로 쓰인 이 팬픽을 읽은 사람은 1200만 명에 이른다. 모두를 위한 출판 인터페이스라는 점을 넘어서서, 실로 온라인 독서 클럽이라고 할 수 있는 왓패드는 사람들이 저마다 자신의 코멘트를 달고 의견을 공유하는 큐레이션 행위가 이뤄지는 공간이다. 그리고 알고리즘은 가장 인기 있는 스토리가 사람들 입에 더욱 많이 오르내리도록 도와준다.

오스트레일리아와 영국에서 발전한 대학교수 및 학자들의 소셜 네트워크인 '더 컨버세이션The Conversation'도 스마트 큐레이션의 사례다. 이름대로 대화의 장을 만들어내는 것이 목표인 이곳은 '엄격한 아카데미즘, 공정한 저널리즘Academic rigour, journalistic flair'을 내세우며 서로 토론을 하는데, 그런 와중에 몇몇 사람은 유명세를 타기도 한다.

2013년에 아마존이 인수한 북 큐레이션 서비스인 '굿리즈GoodReads'

도 스마트 큐레이션의 대표적인 사례다. 검색 알고리즘에 의해 자동으로 정리되는 도서 목록과 서평 등을 제공하는 이곳의 회원들은 자기만의 라이브러리를 구성할 수도 있고, 굿리즈 측의 추천과 무관한 책에 대해 점수를 매길 수도 있다. 굿리즈는 일종의 도서 부문 SNS라고 볼 수 있으며, 이곳의 2000만 회원은 굿리즈에서의 활동을 페이스북이나 트위터와 연동시킴으로써 활동 반경을 넓힐 수 있다. (아마존은 1995년에서 2000년 사이에 자체적으로 개발한 툴을 이용해 일종의 큐레이션 서비스를 한 적이 있다. 『빌리지 보이스』와 『뉴욕 리뷰 오브 북스』 소속 기자, 소설가, 편집자 등으로 이루어진 20여 명의 팀을 꾸려 작품 소개 글, 작가 인터뷰, 추천 평을 게재한 것이다. 하지만 아마존의 이 '편집국'은 2002년에 폐쇄됐다. 알고리즘이 에디터의 역할을 대신하게 되었기 때문이다. 그러나 최근 아마존은 다시 큐레이션 서비스에 관심을 보이고 있는데, 평가 및 추천 서비스를 기반으로 하는 영화 부문의 IMDb와 비디오게임 부문의 트위치를 인수한 것도 바로 그런 맥락으로 보인다.)

뉴욕의 고커 미디어 본사에서 기획 및 마케팅을 담당하는 제임스 델 부사장은 자사의 서평 사이트인 '고커 리뷰 오브 북스'에 대한 이야기를 꺼냈다. 고커 메인 사이트의 하위 블로그 중 하나인 그곳은 신간의 일부 대목, 저자 인터뷰, 추천 도서를 게재하기 위해 개설됐다. 때로는 거만할 정도로 위풍당당한 그 디지털 온라인 미디어가 '올드 미디어'인 출판 분야도 배제하지 않고 있는 것이다. 사실 연간 30억 달러 선에 달하는 매출을 올리는 출판 분야를 고커의 창업자가 외면할 리 없다. 그런데 고커의 서평 사이트는 책을 다루는 나름의 방식이 있다. 방문자 수를 늘리기 위해 출판계의 은밀한 뒷거래, 명예훼손 관련 소송, 유명 작가의 죽음을 파헤치는 기사 등을 올리는 것이다. 또한 베스트셀러 중심의 '최고의 소설 첫 문장 50선' '할리퀸은 어떻게 최고의 로맨스 소설 출판사가 되었나?' 등의 기사를 올리는 한편, 『뉴욕 타임스』가 선정한 베스트셀러 목록을 깎아내리기 위해 그 매체는 흑인이나 라틴계 작가의 작품은 배제한, 지나치게 백인 중심적인 작품들을 선정했다는 기사를 싣기도 했다. 그렇다고 고커 서평 사이트의 기사가 늘 가벼운 것만은 아니다. 특히 홍보 중인 작가에 대한 긴 인터뷰 기사는 진지하고 적절한 내용을 담고 있으며 글의 작법이나 구성도 훌륭하다. 고커가 이런 기사를 실을 수 있는 비결은, 문예 창작 과정을 마쳤거나 최고의 저널리즘 학교를 우수한 성적으로 졸업한 사람들을 기자로 채용하기 때문이다. 바로 그런 기자들이 있기에 고커의 서평 사이트는 유수의 종합 일간지에 밀리지 않는 '주말 독서 목록Gawker Review Weekend Reading List'을 매주 게재할 수 있는 것이다. 또한 고커는 에머슨 스파츠가 만든 머글넷과 같은, 책을 매개로 한 대화 채널도 만들려 하고 있다.

다른 종합 인터넷 매체도 도서 부문에 대한 관심이 지대하다. 신예 주자들에게 도서 분야라는 틈새시장을 뺏기고 싶지 않아서다. 2014년에 서평 메뉴를 신설한 슬레이트가 대표적이며, 바이스와 '폴리티코Politico' 등도 최근에 새로이 메뉴를 개편하면서 도서 부문을 추가했다. 파급력이 높은 짧은 포스트 위주로 글을 내보내는 버즈피드의 경우 도서 섹션만큼은 장문의 서평을 게재하는데, 이에 대해 『뉴요커』의 헨리 파인더는 마음이 놓인다는 듯 다음과 같이 말했다. "버즈피드도 길이가 매우 긴 기사를 내보낼 때도 있다."

사실 인터넷에서 도서 분야의 경쟁은 매우 치열하다. 실험적인 사이트가 날로 늘고 있으며 새로 생길 사이트도 많다. 미국의 '리터러리 허브Literary Hub'라는 흥미로운 사이트는 매일 문학 신간을 선별해 상당히 긴 기사를 게재하고, 독일의 '페를렌타우허Perlentaucher'는 영국의 '이노비Enobii'와 마찬가지로 추천 중심의 도서 기사를 제공한다. 프랑스에는 '앙트레리브르EntréeLivre' '북노드Booknode' '상스 크리티크Sens Critique' '논픽션NonFiction'과 같은 서평 전문 사이트와 '베데제스트/베데테크BdG-est/Bedetheque'와 같은 만화 전문 서평 사이트가 있다. 전날 본 연극 기사를 올리기 위해 기자들이 매일 야근을 하는 독일의 연극 전문 사이트 '나흐트크리티크NachtKritik'도 도서 관련 기사를 올린다.

온라인과 오프라인에서 동시에 발행되는 새로운 문예지들도 있다. 1년에 서너 번 발행되는 미국의 『n+1』 『맥스위니스McSweeney's』 『더 빌리버The Believer』 『틴 하우스Tin House』 등이 그 예인데, 이 잡지들의 기본 수익 구조는 잡지 판매 및 파생 상품 판매다. 대체로 이런 잡지들은 양질의 저널리즘을 추구하며, (프랑스의 사회학자 앙젤 크리스틴의 표현에 따르면) 클릭 수보다는 퓰리처 상에 목숨을 건다. 그렇다고 이런 잡지들이 웹상에서 독창적이고 혁신적인 면모를 보이지 않는 것은 아니다.

문화 분야 외에도 스마트 큐레이션의 사례는 존재한다. IT 분야에 특화된 테크밈(techmeme.com)과 같은 사이트는 양적인 접근법과 질적인 접근법을 효과적으로 융합한 경우에 속한다. 다시 말해 일단 알고리즘이 자동으로 콘텐츠를 검토해 '핫 이슈'를 파악한 뒤, 이어 사람이 에디터로 들어가 추천 콘텐츠의 서열과 순서를 정해 재구성하는 단계를 거친다. '공동 큐레이션'을 지향하는 '펄트리스Pearltrees' '스토리풀

Storyful' '보카티브Vocativ' '데이터마이너Dataminr' '리코드ReCode' 등도 자동으로 데이터를 파악하는 알고리즘과 함께 '데이터 애널리스트data analysts' 또는 '치프 콘텐츠 오피서Chief Content Officer'라 불리는 데이터 분석가가 개입하는 복합적인 추천 시스템 모델을 가지고 있다.

한편 콘텐츠 추천에 특화된 스타트업인 아웃브레인은 언론사 고객에게 언어적 측면과 지리적 측면까지 고려해 가장 많은 조회 수를 기록할 만한 최고의 기사를 찾아낼 수 있도록 도와주는 B2B형 서비스를 제공한다.

끝으로 한 가지 일화가 있다. 2015년에 페이스북 CEO 마크 저커버그는 페이스북상에 '책의 해A Year of Books'라는 페이지를 개설하고, 2주에 한 번씩 자신의 독서 후기를 포스팅하기 시작했다. 문제의 페이지가 화제에 오르자 '고커 리뷰 오브 북스'는 그의 취미를 비난하기 위해 '마크 저커버그는 오프라가 아니다'라는 제목의 도발적인 기사를 올렸다. 같은 시기에 『뉴요커』는 현재 우리가 '리틀 오프라의 시대'에 접어들고 있다면서 오랜 기간 미국에서 유력한 도서 추천가였던 오프라 윈프리를 언급했다. 즉 오프라 윈프리는 전문 북 마스터가 아니라 아마추어 북 마스터가 창궐하는 이 시대의 자화상을 잘 보여주는 대명사가 된 것이다.

'리틀 오프라'의 시대

헨리 파인더가 트라이베카Tribeca에 위치한 자신의 멋진 자택에서 개최한 한 책의 저자 사인회 자리에는 뉴욕의 유명 기자 및 지식인, 에디터 등 초대장을 받은 몇몇 사람만 참석할 수 있었다. 헨리 파인더가 미

개인 취급하는 힙스터나 스타트업 쪽 사람들은 별로 눈에 띄지 않았다. 테이블에 차려진 작은 쿠키류는 일류 셰프의 작품이었고, 안내와 서빙을 맡은 여성들의 미모는 미스 아메리카라고 해도 손색이 없을 정도였다. 헨리 파인더가 그 자리를 통해 선보인 책은 프린스턴 대학의 한 교수가 쓴 책이었다. 그는 그 책이 올해 최고의 책이라고 상찬하며 붉은 생고추를 곁들인 모히토 잔을 들어 그 자리의 주인공에게 경의를 표했다. 그러고는 웃음기 없이 정제된 얼굴로 깍듯하게 짧은 연설을 했는데, 소설가 겸 비평가인 헨리 제임스를 인용하기까지 했다. 마치 과거로 돌아간 듯한 그 근엄한 사인회 분위기에 나는 당황하고 있었는데, 파인더가 만면에 웃음을 띤 채 다가와 나를 안심시키듯 그날 저녁의 주인공인 『노트북Note Book』이라는 책이 "원래는 페이스북에 포스팅됐던 시와 수필을 모아놓은 흥미로운 작품"이라고 말해주었다.

미국에는 인터넷을 두려워하지 않는 편집자, 기자, 작가가 많다. 그들은 알고리즘에도 SNS에도 별 감흥이 없다. 스스로는 부정하거나 언급하지 않아도, 알고리즘이나 SNS 같은 것들이 그들 삶의 한 부분이 되었기 때문이다. 『뉴요커』의 유명한 미디어 비평가 켄 올레타는 "인터넷상에 책에 대해 이야기하거나 비평을 제시하고 자신의 의견을 내놓는 새로운 목소리가 수없이 많다는 것은 분명한 사실"이라면서 이렇게 덧붙였다. "과거에는 사람들의 입에서 귀로 소문이 전해졌다면, 이제는 '좋아요'나 '링크'로 소문이 퍼진다. 멋지지 않은가?"

과거로 돌아가는 것은 불가능하다. 켄 올레타와 헨리 파인더 또한 이 사실을 잘 알고 있었다. 그러나 내가 알고리즘과 큐레이션에 대한 질문을 하자 올레타는 "인터넷에서 성공을 거두기 위한 마법의 주문 같은 것은 없다"는 말만 남겼다. 미디어 산업 및 엔터테인먼트, 인터넷 분야에 관해 수십 페이지에 이르는 장문의 글을 쓰고 20여 차례에 달하는 인터뷰를 진행한 미국 저널리즘계의 베테랑인 그도, 현재 변화를 불러일으키고 있는 알고리즘에 대해서는 아직 고민 중인 듯했다. 어퍼 이스트사이드의 그 집을 떠나면서 나는 괜히 한번 찔러보고 싶은 마음에 그에게 '올레타 알고리즘'이 언젠가 세상에 나올 날이 있겠느냐고 물었다. 그러자 그는 자신이 세상을 떠나고 난 후에는 어찌 될지 몰라도, 자기 생전에는 그럴 일이 없을 거라고 단언했다.

『뉴요커』와 고커의 싸움은 어떻게 될까. 우리 눈앞에서 펼쳐지는 거인들의 싸움은 이 두 매체의 대결로 요약될 수 있다. 신문, 잡지, 종이책의 미래가 어떻게 되느냐에 따라 그 운명이 달라질 문화 비평은 새로운 싸움에 대비하고 있다. "미디어의 디지털 혁명은 백년 전쟁이 될 것이다. 그리고 우리는 그 장기전을 이제 막 시작한 참이다." 이와 같이 진단한 제임스 델은 매체와 청중 사이의 구분, 저자와 독자 사이의 구분이 향후 몇 년간 근본적으로 달라져 대화 채널, 이용자들의 능동적인 참여, 큐레이터의 역할이 중요해질 것이며, 알고리즘은 이 같은 미래의 주춧돌이 될 것이라고 전망했다. (미래에 흠집을 내지 않고 광고주의 기대에 걸맞도록 고커 미디어 지도부는 자사의 일부 사이트의 향방에 대해서는 입을 다물었다. 다만 고커 미디어 산하의 정치 사이트 '원케트Wonkette'와 포르노 사이트 '플레시봇Fleshbot'은 매각됐고, 온라인 도박 및 게임 사이트인 '오드잭Oddjack'은 연결이 해제됐다.)

나는 알고리즘에 관한 고커 대표의 관점에 동의한다. 기술 회의주의자들의 시각과는 반대로, 나는 기계가 웹을 획일적으로 통합할 것이라고는 생각하지 않는다. 인터넷의 변화 양상에 대한 표면적인 분석에서 흔히 빚어지는 오류는 빅 데이터와 알고리즘에서 획일화 현상만을 본다는 점이다. 그래서 주류가 모든 걸 장악하여 통일시켜버릴 것이라고 착각하며, 기술과 기계는 블록버스터와 베스트셀러, 히트작 쪽으로만 네티즌을 몰아갈 것이라고 생각한다. 사람들은 대중문화와 엔터테인먼트 분야만 찾을 것이라는 의미에서 '폐쇄적 알고리즘'이나 '중독의 알고리즘'이라는 표현도 서슴지 않는다.

일견 맞는 말 같기도 하지만 꼭 그렇게 되지만은 않을 것이다. 알고리즘은 프로그래밍에 따라 움직이는 도구일 뿐이다. 알고리즘은 우리를 주류 문화와 광고로 이끌 수 있지만, 그와는 반대로 비주류 소비자층을 겨냥해 제3세계 음악과 영화, 전위 문학, 지극히 현대적인 예술 분야 쪽으로 인도할 수도 있다. 알고리즘의 기준과 변수를 무엇으로 삼느냐에 따라 결과는 얼마든지 달라진다.

알고리즘 체계가 발전하면 할수록 기술과 기계의 성능은 더 좋아지고 전문화되어, 소비자의 미묘한 차이와 성향까지 반영하는 수준으로 나아갈 수 있다. 따라서 진짜 문제는 주류 문화가 모든 것을 장악하는 것도 아니고, 비주류 문화가 상호작용이나 교류 없이 폐쇄적으로 되는 것도 아니다. 오늘날의 디지털 기술은 대중적 취향을 강요하기보다 '자기만의 세계'를 부추긴다. 그동안 이용자 개인이 소비해온 성향과 같은 콘텐츠를 계속해서 이용자에게 제공하는 것이다. 따라서 디지털 기술은 세상을 획일화시킨다기보다는 구분 및 차별화를 강화시킨다. 최악의 경우 이는 비주류 세력 내의 분열까지 초래할 수 있지만, 잘만 하면 문화 영역의 바람직한 세분화와 다양성을 실현시킬 수 있다. 즉 알고리즘은 문화적 예외성을 해치는 요소가 아니라 오히려 그것을 추구하기 위한 도구로 사용될 수 있다.

추천 제도 및 알고리즘, 회원제 서비스, 크라우드 펀딩, 새로운 형태의 카피라이트 제도 등과 더불어 스마트 큐레이션은 디지털 시대의 문화 부문에서 일어난 근본적인 변화다. 과거 '상품'이었던 문화는 오늘날 '서비스'가 되어가고 있으며, 이러한 문화 서비스는 모든 매체와 플랫폼을 기반으로 다양하게 나타날 수 있다. 남은 과제는 대화 채널을 마련하여 문화에 대해 이야기를 나누는 것이다.

바로 그 일을 고커 미디어의 젊은 주역과 북튜버들, 그리고 수많은 '리틀 오프라'가 하고 있다. 나는 그들과 마찬가지로 이제는 우리가 알고리즘에서 벗어날 수 없기에 전통적인 비평 문화에 집착하면 안 된다고 생각한다. 과거로 돌아가는 것은 불가능하기 때문이다.

그러나 나는 또한 모든 문화 콘텐츠가 알고리즘에 의존하는 세계는 바라지 않는다는 점에서 헨리 파인더, 켄 올레타, 조너선 카프와 같은 입장이기도 하다. 로봇은 기자들에게서 권력을 빼앗아갈 수 없다. 기계는 비평의 미래가 되지 못하기 때문이다.

기계와 인간의 조화를 도모하는 스마트 큐레이션이 인터넷에서 또한 번의 지각 변동을 일으킬 수 있다. 기존 질서를 파괴한 요인이 다시한번 파괴되는 결과가 생길 수도 있는 것이다. 뉴미디어는 물론 전통적인 매체들도 수학적 통계의 위력과 인간의 판단력을 결부시키는 놀랍고도 믿기 힘든 이 알고리즘 툴을 테스트하는 중이다. 학계에서도 스마트 큐레이션을 중심으로 사회과학 분야의 학자, 알고리즘 엔지니어, 문화 비평 전문가 등이 모이고 있다. 그리고 헤아릴 수 없을 만큼 많은 스타트업 기업들도 이 같은 '이중 필터링'에 대한 연구를 위해 투자를 유치하고, 있는 힘을 다해 인력을 끌어모으는 상황이다.

아직은 스타트업에 포함되는 고커 미디어는 얼마 후 뉴욕에서 가장 값비싼 곳 중 하나인 저 유명한 뉴욕 5번가로 이전한다. 제임스 델은 무척 행복해하는 표정으로 "이번 여름에 우리가 드디어 5번가로 입성한다!"고 외쳤다. 현재 제도권 미디어인 골리앗과 싸우는 다윗이자 아웃사이더이기도 한 그는, 고커 미디어가 신생 기업에서 중견 기업으로 발돋움한 증표가 있다는 듯이 이렇게 덧붙였다. "그리고 거기 가면 우리에게도 엘리베이터가 생긴다."

제10장

소셜 TV

나는 리우데자네이루의 TV 글로부 본사에서 열린 이사회를 참관한 적이 있다. 브라질 TV 시장을 장악한 그 거대 미디어 그룹의 회장은 호베르투 이리네우 마리뉴다. 나는 그가 성대한 행렬을 이끌고 잔뜩 허세를 부린 차림으로 이사회 자리에 나타날 것이라 예상했지만, 그는 알록달록한 티셔츠 바람에 흰색 양말과 운동화를 신고 있었다. 사실 그 자리에서 슈트를 입은 사람은 나밖에 없었다. 부자들이 간혹 규정에 어긋나는 '캐주얼' 차림을 함으로써 자유와 위엄을 표출하는 것은 나름 의미 있는 행동이다. 다혈질의 억만장자인 호베르투 이리네우 마리뉴는 알력관계 조절에 능하다는 평을 받고 있다. 이 그룹의 이사회는 일명 '블루 맨 그룹Blue man group'이라고도 불린다(이사회 임원 가운데 세 명이 '마리뉴Marinho'라는 성을 가졌기 때문이다. 브라질어로 '마리뉴'는 파란색을 뜻한다).

이사들은 10층 회의실의 U자형 테이블 주위에 놓인 가죽 의자에 착석했고, 호베르투 회장은 이사회를 주재했다. 연보라색 난꽃이 아름다운 자태를 뽐내며 테이블 위에 놓여 있었다. 그곳에는 보스 스피커와 연결된 대형 스크린도 설치되어 있었는데, 이사회가 열리는 동안 거기에 남미권 드라마 채널 '텔레노벨라' 화면이나(때때로 사람을 바보로 만드는) 파워포인트 화면이 띄워졌다.

그 멋진 회의실의 창으로 식물원과 치주카Tijuca 국립공원의 경치를 감상할 수 있었다. 화강암으로 된 바위산 코르코바두Corcovado도 눈에 들어왔는데, 바로 그 산의 정상에 리우데자네이루의 랜드마크인 예수상이 서 있었다.

그날 아침 회의의 안건은 소셜 TV와 인터넷 TV였다. 회의 시작을 알리는 호베르투 회장의 목소리는 잔뜩 잠겨 있었다. 과도한 음주와 흡연 탓일 수도 있고, 맛있는 음식을 과식한 탓일 수도 있다. 어쨌든 그는 소셜 TV에 관심이 많았다. 요즘 유행을 타고 있는 소셜 TV는 시청자들이 자신이 보고 있는 방송 프로그램에 대해 SNS상에 실시간으로 코멘트를 남기며 소통하는 새로운 시청 형태를 일컫는다. TV 글로부 회장은 소셜 TV라는 새로운 트렌드를 걱정하기보다는, 여유 있는 자세로 그것이 앞으로의 텔레비전 방송을 어떻게 바꿀 것인지 궁금해하는 듯했다. 소셜 TV는 과연 텔레비전의 미래가 될 것인가, 아니면 텔레비전의 보조적 수단에 불과할 것인가? 소셜 TV의 등장으로 무상의 주류 텔레비전 황금기는 종말을 맞이할 것인가? 이런 논의들이 오가는 상황을 예의 주시하는 그는, 필요하다면 디지털로의 대대적인 변혁을 감행할 준비가 되어 있는 듯했다.

TV 글로부 이사회가 디지털 위원회를 설립하기로 한 것은 2009년의 일이다. "우선은 그룹 내에 디지털 위원회를 따로 둘 것인지, 아니면 각 부서 단위로 세분화된 형태의 디지털 위원회를 만들 것인지를 결정해야 했다. 나는 그 문제를 두고 끝도 없는 토론을 벌인 일을 기억하고 있다. 결국 우리는 세분화된 형태 쪽을 택했다. 매주 월요일 오후 5시에 열두 명에 이르는 각 부서의 국장이 모두 디지털 위원회 회의에 참석했고, 그룹 내 관계자와 외부 전문가들도 그 회의를 지켜봤다." TV 글로부의 국장 중 한 명인 루이스 클라우지우 라트지는 이와 같이 설명했다. 그와는 알고 지낸 지가 몇 년 됐는데, 다시 만나 반가웠다. 자기 확신이 강하고 겉치레 말은 안 하며 나와 말이 잘 통하는 그는, 여전히 브라질 사람 특유의 낙천성을 유지하고 있었다. 달라진 게 있다면 턱수염을 기르고 있다는 점뿐이었다.

디지털 위원회가 만들어낸 가장 구체적인 결과물은 위원장인 카를루스 스로데르를 TV 글로부 총국장으로 승진시킨 것이다. 디지털 위원회로 인해 몇 달간 디지털 중심의 관점에서 방송국의 각 부서를 지켜볼 수 있었던 호베르투 회장은, 내가 참관했던 이사회 자리에서 직접 그를 총국장으로 임명했다. 라트지는 디지털 위원회 초창기를 이렇게 회고했다. "처음에는 이사회 임원들이 인터넷 경쟁에 뛰어드는 것을 두려워하는 눈치였다. 이전까지 임원들은 우리가 인터넷 분야에서는 업계 1위가 아니라는 사실을 모르고 있었다. 텔레비전 방송 쪽에서는 우리가 늘 업계 1위였기 때문이다. 그러나 우리가 인터넷 분야에서는 10위 안에도 들지 못한다는 것을 인터넷 검색을 통해 확인한 후, 그들은 모두 제정신이 아닌 상태가 되었다."

디지털 위원회는 그런 임원들에게 교육적인 역할도 하게 되었다고 라트지는 다음과 같이 말을 이었다. "디지털 위원회는 소셜 네트워크, 모바일 애플리케이션, 유튜브에 올려야 할 콘텐츠를 선별하는 기준 등 주제별 회의를 가졌다. 회의는 우려와 흥분이 교차하는 분위기였다. 우리는 전용 애플리케이션을 개발하는 게 나을지, 아니면 페이스북 애플리케이션을 이용하는 게 나을지를 고민했다. 화면에 트위터 해시태그를 띄울지 말지도 고민거리 중 하나였다. 트위터 해시태그가 우리의 광고 수단이 될지 아니면 무료로 트위터 홍보만 해주는 꼴이 될지 불분명했기 때문이다. 그런 고민들 속에서 우리는 웹상에서 우리 방송이 반향을 일으킬 수 있는 방법을 모색했다. 한마디로 당시는 이것저것 더듬거리며 암중모색하던 시기였다." TV 글로부는 결국 자체적인 스트리밍 플레이어를 만들었다. 시청자들은 이 플레이어를 통해 페이스북과 트위터에 메시지를 보낼 수도 있고, 자신의 상태 업데이트도 할 수 있다. "처음에 방송국 대표들은 시청자들이 소셜 네트워크상에서 드라마에 대해 실시간으로 의견을 늘어놓는 것을 탐탁지 않게 생각해 그것을 막으려 했다. 그러나 이제는 그들도 소셜 네트워크가 시청자층을 더 확대시키고 방송 콘텐츠도 개선시켜줄 수 있다고 생각하기에, 자사에서 제작한 드라마가 페이스북상에서 화제에 오르게 만들고자 노력한다." 라트지의 말이다.

글로부 그룹의 디지털 위원회 내에서 조금씩 디지털 철학이 만들어지면서 기술보다 콘텐츠를 우선시하자는 의견이 모아졌다. "우리는 전 세계 5대 콘텐츠 제작사 가운데 하나다. 기술로 승부하는 건 말도 안된다. 우리의 선택 기준이 되어야 하는 것은 바로 콘텐츠다. 우리는 조금씩 이를 이해하게 됐다. 하루는 스마트폰에 대한 논의를 진행한 적이 있는데, 다들 회의실을 나가면서 '이게 바로 미래의 텔레비전이다'라고 말했다." (브라질에서 이러한 예언이 이루어질 수 있으려면 일단 스마트폰 분야가 브라질 국내시장에서 크게 성장해야 하며, 3G 및 4G가 일반화되고 선불폰이 무제한 데이터 가입제 서비스로 대체되어야 한다. 그 같은 환경이 마련되어야 브라질 사람들이 수시로 휴대전화를 통해 TV 영상을 볼 수 있는데, 아직 현실은 요원하다.)

글로부 그룹 성공 스토리의 중심에는 '텔레노벨라'라고 하는 남미식 드라마가 있다. [텔레비전television과 소설novela의 합성어인 텔레노벨라는 남미권 드라마 채널의 명칭이기도 하지만, 원래는 남미권 국가에서 제작되는 일일 연속극을 가리킨다.] 텔레노벨라는 맨 처음 TV 글로부 지상파 채널을 통해 황금 시간대에 방송된 이후로 지금까지, 지역 민방 채널에서도 끊임없이 인기를 누려온 성공적인 수익 모델이다. 인터넷 시대를 맞아, TV 글로부는 텔레노벨라를 인터넷을 통해서도 방송하고 있다.

"처음에는 인터넷이 텔레비전의 적이라고 생각했지만, 그 후 우리는 그렇지 않다는 걸 깨달았다. 다만 우리는 우리 콘텐츠로 진입하는 경로가 오로지 우리 사이트가 되게 하기 위해 모든 전략을 집중하고 있다. 즉 유튜브나 페이스북 같은 외부 사이트를 통해서는 우리 콘텐츠에 접근하지 못하도록 하는 것이 우리 목표다." 글로부 사이트(globo.com)의 책임자이자 글로부 그룹 이사회의 영향력 있는 임원이기도 한 주아레스 캄푸스는 이렇게 말한 뒤 다음과 같이 덧붙였다. "텔레노벨라가 방송되고 25분 후부터 사이트에 그 드라마 영상이 올라오기 시작한다. 일단 주요 장면 영상이 올라오고, 두 시간 후면 에피소드 전체

영상도 올라온다. 광고가 포함된 영상은 모두 무료로 볼 수 있다." 글로부 사이트는 드라마 삽입곡은 물론 업계 은어로 '브리지 콘텐츠bride contents'라 부르는, 드라마의 각 회차 사이를 이어주는 사전 영상과 사후 영상도 제공한다. 간혹 조연에 더 비중을 둔 특별 영상을 공개하기도 하는데, 그로 인해 새롭게 이름을 날리는 조연 배우가 생기기도 한다. "텔레노벨라는 이제 방송국에서 일방적으로 내보내는 콘텐츠가 아니라 (시청자와 상호작용하는) 유동적인 콘텐츠가 됐다." 글로부 그룹의 부회장 조르지 노브레가는 웃으며 이렇게 말했다.

글로부 그룹은 여기에서 멈추지 않고 유료 채널을 열 개로 늘려 실로 놀라운 성공을 거두었다. 2010년 5만 명 정도였던 유료 채널 가입자 수가 2012년 1500만 명으로 늘어나면서 유료 채널에서 거두는 수입이 글로부 그룹 전체 수입의 45퍼센트를 차지하게 된 것이다. 일각에서는 인터넷이 콘텐츠의 획일화를 야기한다고 하지만, 사실 인터넷을 통해 나타나는 각계의 모습은 다양한 콘텐츠로 생산된다. 가령 축구계, 요리계, 의료계, 종교계 등 특정 분야를 다룬 드라마나 (주부를 다룬 드라마 「셰이아스 지 샤르미Cheias de Charme」와 같은) 특정 사회계층을 다룬 드라마가 만들어지게 되는 것이다. 이런 드라마가 만들어지면 글로부는 드라마와 동명의 사이트를 개설해 관련 정보를 제공한다. 가령 '이우 아틀레타Eu-Atleta' 사이트는 동명의 드라마 내용과 관련된 육상 경기 정보를 제공하고, '셰이아스 지 샤르미' 사이트는 사회 환경 개선을 희망하는 가정주부들을 위한 정보를 제공하며, '이구Ego'는 그 드라마에 출연하는 스타들의 일상생활에 대한 정보를 제공한다.

"TV 글로부는 브라질 사람들의 욕구를 매우 훌륭하게 예측해냈다.

가령 유료 채널을 늘린 것은 중산층으로 신분 상승한 브라질 사람들이 소비 욕구를 드러내고 싶어한다는 것을 간파했기 때문이었다. TV 글로부는 드라마 내용에서도 국민이 동질성을 느낄 만한 부분을 집어넣으려고 노력했다. 한마디로 국민과의 끊임없는 소통을 통해 그들의 욕구를 먼저 간파한 것이 바로 TV 글로부의 성공 요인이다." 상파울루에서 인터뷰한 미디어 전문가 안드리스 브루조니의 설명이다.

글로부 그룹은 제작 모델도 새로운 시대의 요구에 맞게 변화시켰다. 단순히 하나의 방송 콘텐츠만 제작하는 것이 아니라, 그룹 내 여러 채널과 사이트에서도 활용할 수 있는 다양한 포맷의 콘텐츠를 제작하게 된 것이다. 그 대표적인 예가 세계적인 리얼리티 쇼 「빅 브라더Big Brother」를 브라질 사람의 입맛에 맞게 각색하여 만든 「빅 브라더 브라질Big Brother Brasil」이다(「빅 브라더」는 다른 곳에서도 「로프트 스토리Loft Story」나 「시크릿 스토리」 등으로 각색된 바 있다). 「빅 브라더 브라질」의 첫 방송은 TV 글로부의 메인 채널을 통해 독점 방송됐으나, 이후로 그룹 내 한 유료 채널은 그 리얼리티 쇼 참가자들의 경합 과정을 담은 부가 영상을 내보냈고, 또 다른 유료 채널은 참가자들의 모든 장면을 24시간 내내 생중계로 내보냈다. 글로부 사이트도 그 쇼의 주요 장면들을 담은 VOD를 공개했다. 그러자 그 쇼의 시청자들은 SNS에 계속 코멘트를 올리게 되었고 심지어 거기서 시청자 투표도 진행되었다. "그 리얼리티 쇼가 인터넷상에서 수억 명의 투표를 불러일으켰다. 분명 수억 명이다. 굉장하지 않은가?" 주아레스 캄푸스는 흥분을 감추지 못하며 이렇게 말했다. 조르지 노브레가는 다음과 같이 결론지었다. "언론이나 음악, 출판 분야에서는 인터넷이 하나의 위협이 될지 모르지만, 텔레비전 분야에서 인터넷은 하나의 기회다."

TV 글로부는 몇 년 전 G1이라는 뉴스 사이트도 개발했다. G1은 전국 뉴스가 아니라 100퍼센트 지역 뉴스만 내보내는 사이트다. G1 국장인 마르시아 메네지스는 다음과 같이 말했다. "G1은 하나가 아니라 서른두 개다. 지역별 메인 페이지도 다 다르다. 지역별로 사이트를 조금 더 특화시킬 수도 있다." G1은 미국식 '신디케이션' 원칙을 기반으로 만들었기에 이렇듯 권력 분산 형태를 띠고 있다. 즉 전국 각지에서 G1을 운영하는 122개 산하 기관은 글로부 그룹 측으로부터 콘텐츠를 제공받되 각자 독립성을 유지한다. 이는 글로부가 언론 사이트를 통해서도 경제적 성공을 거둔 비결이다. 루이스 클라우지우 라트지는 "우리는 늘 전국적인 동시에 지역적으로 활동해왔다"고 주장했다.

면적과 인구 면에서 세계 5위의 국가인 브라질에서 전국적 차원의 네트워크를 기반으로 지역적 차원의 뉴스를 내보내는 G1 편집장 헤나타 프란지니는 "G1은 각 지역 제작 팀에서 운영하기 때문에 G1에 소속된 총 기자 수만 해도 300명에 달한다"고 말했다. G1 사이트를 유심히 살펴보니 각 지역 제작 팀은 원본 영상을 굉장히 많이 올리고 있었다. 그것만 봐도 G1이 TV 글로부의 부속 사이트가 아니라 지역적 색깔이 강한 자체 콘텐츠를 배포하는 사이트임을 알 수 있었다(TV 글로부의 부속 사이트는 G1이 아닌 globo.com이다). 그리고 G1은 그런 본연의 임무를 순조롭게 해나가고 있었다. G1의 월간 순방문객 수는 2000만 명이 넘는다. 각 지역의 상황에 부응하면서도 브라질 전 국민을 대상으로 한 뉴스 사이트를 만들겠다는 글로부의 계획은 성공한 셈이다. 그리고 이 사이트가 세계적인 전략이 아니라 이렇듯 지역적인 전략을 내세울 수 있었던 것은 바로 인터넷의 특성 덕분이다.

아랍 아이돌

폴리네시아의 작은 섬나라 투발루. 태평양 한가운데에 있는 아홉 개의 산호섬으로 이루어진 이 나라는 인터넷 국가 코드가 부여될 때까지 세상의 주목을 받지 못했다. 그러나 독일이 '.de', 캐나다가 '.ca'라는 국가 코드를 부여받았듯이 투발루도 국가명에서 따온 '.tv'라는 국가 코드를 배정받자 그 나라는 전 세계의 이목을 끌게 되었다. 그 나라에서 제출되는 인터넷 도메인 이름들이 전 세계의 수많은 TV 방송국이 제출한 도메인 이름과 치열한 경쟁을 벌이게 되었기 때문이다. TV 방송국들이 디지털 분야에 얼마나 신경을 쓰고 있는지를 압축적으로 보여주는 일례라 하겠다.

나는 전 세계를 돌면서 홍콩 Star TV, 베이징 CCTV, 알 자지라, 텔레비사 등 각 지역의 TV 방송국 책임자 수십 명을 만나봤다. 그들은 현재 TV라는 매체가 겪고 있는 대대적인 변혁과 그에 따른 위험성을 인식하고 있었으나, 대부분 새로운 가능성에 대한 기대에 차 있었다. 특히 신흥개도국의 방송국 책임자들은 디지털에 TV의 미래가 있다고 보고 하나둘 그 부문의 전쟁에 뛰어들고 있었다.

마젠 하예크도 그중 한 명이다. 노련한 모사꾼 분위기를 풍기는 그는 MBC(Middle East Broadcasting Center) 그룹의 대변인이다. 18개의 범아랍 위성 TV 채널을 거느린 MBC 그룹의 회장은 사우디아라비아 리야드에 살고 있으나 MBC 본사는 두바이에 있고, 제작 스튜디오는 베이루트와 카이로에 있다. 나는 열정적인 레바논 사람인 마젠 하예크와 전부터 친분이 있었다. 전작인 『메인스트림』 집필을 준비하면서 두바이 미디어 시티에 있는 그의 사무실에서 그를 인터뷰했기 때문이다. 이번에는 카이로의 포시즌스 호텔에서 그를 만났다. 그는 나일 강변에 있는 그 호텔에 이틀을 머무를 예정이었다. 연달아 커피를 들이켜면서 손짓을 해가며 말을 하는 그의 옆에는, 그의 말을 빠짐없이 살피는 언론 보좌관이 있었다. 그는 성격이 좋아 누구와도 말이 잘 통하는 스타일이고, 표현력도 매우 뛰어나다. 2년 전에 우리는 (MBC의 뉴스 채널 알 아라비야의 성공 사례를 비롯하여) 주로 텔레비전에 대해 이야기를 나누었는데, 이번에는 오로지 인터넷에 관한 이야기만 나누었다. MBC는 아랍권 위성 TV의 리더로, 21개 아랍 국가에 방송을 내보내고 있다. 하지만 MBC의 대변인인 마젠 하예크는 인터넷 분야에 대한 생각밖에 없는 듯했다. 그는 인터넷이 MBC 그룹의 모든 측면에 어떻게 영향을 미치고 있는지를 상세히 들려줬다.

　MBC는 오래전부터 인터넷 분야에 투자해왔고 mbc.net을 통해 수많은 디지털 콘텐츠를 제공해왔다. 또한 MBC 산하 모든 매체의 일관된 이미지를 유지시키는 업무를 담당하는 '브랜드 운영 분과Brand Department Management'도 새로 만들어 그 분과를 중심으로 조직 개편도 했다. 2012년에 만든 샤히드 사이트(shahid.mbc.net)는 넷플릭스와 비슷한 주문형 동영상 사이트로, 매달 순방문객 수만 1200만 명에 이르며 1억8000만 편 이상의 동영상이 업로드되어 있다. 이 사이트가 이 같은 성공을 거둘 수 있었던 건 미국 및 아랍권의 영화를 볼 수 있기 때문이기도 하지만, MBC에서 자체 제작한 콘텐츠와 유저들이 직접 만들어 올리는 UGC(혹은 UCC) 콘텐츠 때문이기도 하다. 이 사이트의 일부 프리미엄 콘텐츠를 통해 벌어들이는 수익은 MBC 그룹의 일부 위성 채널의 수익보다 더 많다. 이 사이트의 모든 동영상은 여러 기기를 통해 즐길 수 있는데, 특히 태블릿용 애플리케이션을 통해 다운로드된 횟수는 70만에 이른다. 마젠 하예크는 다음과 같이 말했다. "제일 먼저 우리가 샤히드의 성공에 놀랐다. SNS상에서도 샤히드의 인기는 높다. 페이스북 샤히드 페이지에 '좋아요'를 누른 사람은 9500만 명에 달하고 샤히드의 트위터 계정 팔로어 수도 2400만 명에 이른다. 유튜브에 있는 샤히드 채널도 인기가 높다. 상상할 수 없었던 상황이다. 하지만 시대가 바뀌었음을 제대로 깨달을 수 있었던 건 「더 보이스The Voice」 「아랍 갓 탤런트Arabs Got Talent」 「아랍 아이돌Arab Idol」과 같은 오디션 프로그램을 통해서였다."

「아랍 아이돌」은 베이루트의 MBC1 채널을 통해 생방송으로 중계된 바 있는 영국의 「팝 아이돌Pop Idol」 포맷을 그대로 따온 오디션 프로그램이다. 「아랍 아이돌」의 2013년 6월 말 결선 방송 당시, SMS로 전송된 시청자 투표수는 6800만 이상이었다. 최종 우승자는 가자 지구에 거주하는 23세의 팔레스타인 청년 모하메드 아사프로, 그는 야세르 아라파트에 대한 추모의 의미로 「Raise the Kufiya」를 공연하여 가자 지구 쪽에서만 500만 표를 획득한다.

가자 지구에서 만난 소설가 겸 교수인 아테프 아부세이프는 가자 지구 사람들이 "자그마치 500만 건의 SMS를 보냈다"며 그 일에 대해 흥분을 감추지 못했다. 하룻밤 만에 아사프는 아랍세계 전체의 상징적 인물이자, 특히 팔레스타인을 대표하는 인물이 된 것이다. 며칠 후 수만 명의 팔레스타인 군중은 라파 국경 초소에서 환희에 찬 모습으로 곧 고향 땅을 밟을 그를 기다렸다. 그리고 그 주 내내 가자의 뢰벤피크 호텔 앞에는 그의 얼굴을 보러 온 사람들이 장사진을 쳤다. 아부세이프는 "그렇게 한 사람이 모든 팔레스타인 사람을 하나로 뭉치게 해준 건 처음 있는 일이었다"고 말했다. 젊은 소설가이자 팔레스타인 블로거인 마흐무드 오마르도 "가자 지구 사람들이 그렇게 많이 운집한 것은 1994년 아라파트가 가자로 이주한 때 이후 처음 있는 일이었다"고 인정했다.

「아랍 아이돌」 심사위원들은 오디션 동안 수차례 트위터에 글을 올렸는데, 그 글들은 TV 화면에 나오기도 했다. 페이스북과 트위터에 올라온 일반 사람들의 코멘트도 수천만 건에 달했다. MBC 역사상 최고의 시청률을 기록한 「아랍 아이돌」 결선 방송은 소셜 네트워크와 SMS가 위성방송에 필수적인 요소임을 보여주는 계기가 되었다. 하예크도 "소셜 TV는 불가피한 하나의 현실이라는 점을 확인했다"고 말했다. 「아랍 아이돌」의 제작을 바로 곁에서 지켜본 하예크는 두바이와 베이루트 사이를 끊임없이 오가며 프로그램이 원활히 진행될 수 있도록 보조했다. (사실 소셜 TV의 성공 사례는 이때가 처음이 아니었다. 원래는 포르투갈에서 제작한 프로그램이었으나 2011년 4월부터 미국 NBC에서 방송되면서 전 세계적인 인기를 끈 「더 보이스」가 방송될 때도 트위터가 보조 역할을 톡톡히 해냈다. 전 세계의 방송 효과를 증폭시켜준 소셜 TV 포맷을 아랍권에서는 MBC가 채택한 것이다.)

요르단 출신의 팔레스타인 여성으로, 미국에서 자란 사마르 아크루트는 MBC의 프로그램 관리자다. 사마르 아크루트는 과거에는 되도록이면 프로그램을 자체 제작하던 MBC가 독립 제작사들에게 외주를 주는 일이 많아졌고, 그 독립 제작사들이 온라인용 영상은 물론 라마단 기간에 방영되는 '라마단 드라마' 등 방송 프로그램까지 만들게 되면서 프로그램이 지역화되는 추세라고 말했다.

"전에는 TV 방송국이 아랍권을 대상으로 한 주류 콘텐츠를 제작하여 곧장 위성으로 각 나라에 송출했다. MBC1 프로그램도 그런 식으로 방송됐다. 그러다 아랍 지역에서 점차 혁명의 분위기가 일어나고 SNS가 그런 상황에 추진력을 가하자 각 지역 시장 중심의 다양한 프로그램이 제작되기 시작했다." 사마르 아크루트는 이런 변화가 일고 있는 지역이 최소 다섯 군데라고 했다. 그중 하나가 이집트인데, 이집트 시장은 이제 자체적으로도 자생할 수 있는 시장이 되었다. 그 외에 사우디아라비아를 중심으로 한 걸프 지역 시장, (언제까지 그럴 수 있을지는 모르겠지만) 아직은 하나로 뭉쳐 있는 마그레브 시장, 서로 인접한 레바논과 시리아 시장, 그리고 이라크 시장이 있다. "「아랍 아이돌」같이 여러 나라에서 오디션이 치러지는 다국적 프로그램은 계속 유지하되, 가능한 한 지역에 초점을 맞추려는 움직임이 생기고 있다." 사마르 아크루트는 베이루트의 기독교 지역인 게메이즈Gemmayze에 있는 보헤미안 분위기의 카페 폴Paul에 앉아 그렇게 말했다. 매력적이고 우아한 분위기의 그녀는 디지털 시대의 도래에 따라 아랍에 어떤 중요한 변화가 나타나고 있는지를 알려주었다. "아랍권 내의 이 다섯 지역은 이제 별도의 광고 시장을 이룬다. 그래서 펩시콜라도 전에는 아랍 지역 국가들 전체를 대상으로 하나의 광고를 만들었을 뿐이지만 이제는 다섯 개의 광고를 제작한다. 우리는 이집트 카이로에 MBC Masr라는 채널을 신설했는데, 이집트 광고 시장이 이제 제법 커져 재정적으로 자립할 수 있기 때문이다. 앞으로는 마그레브 지역과 걸프 지역 각 국가에도 맞춤형 채널이 신설될 가능성이 높다. 디지털 시대의 도래와 더불어 진행되는 획일화로 나타나는 게 아니라 훨씬 더 복잡한 지역화 및 지역 재이전 현상으로 나타난다."

마젠 하예크도 이러한 관점에 공감한다. "MBC Masr를 신설하기로 했을 때, 우리는 그것이 또 하나의 이집트가 되길 바랐다. 'Masr'라는 이름도 사실 현지 방언으로 이집트를 뜻한다. 이를 필두로 하여 MBC는 근본적으로 방송 프로그램 전체의 지역화를 추구할 것이다."

언어 문제도 방송 지역화의 중요한 요소로 작용한다. (MBC 그룹에 속한) 알 자지라나 알 아라비야 같은 범아랍 채널에서는 정확한 문법의 고전적인 표준 아랍어를 사용하는데, 그래서 때로 표준 아랍어가 '알 자지라 아랍어'라고 불리기도 한다. 그러나 아랍인 대부분은 자기가 속한 국가나 지역에서 통용되는 방언을 사용한다. 따라서 가령 마그레브 지역에는 표준 아랍어를 알아듣지 못하는 사람들도 있다. 때문에 각 지역 채널은 방언이 사용되는 방송을 제작해 시청률을 높인다.

하예크는 방송 지역화 과정의 중심에 광고도 놓여 있다고 생각한다. 온라인 광고 시장은 문자 그대로 대박이 난 상황인데, 다수의 광고 구입 업체에 물어본 바에 따르면 일명 'MENA'로 통하는 중동 지역 및 북아프리카 지역의 광고 수입이 현재 TV 부문만 연간 10억 달러 규모로 추산되며, 인터넷 광고는 (스마트폰과 SMS, MMS, 인터넷 동영상 등을 모두 포함하여) 연간 2억5000만 달러에 이른다고 한다. 이 같은 광고 시장의 절반은 아마 두바이에 집중되어 있을 것이다. 두바이 지역의 광고 시장 성장세는 연간 25퍼센트 선으로 상당히 놀라운 수준이다.

하지만 마젠 하예크는 온라인 광고 시장에 대한 지나치게 낙관적인 전망은 경계한다. "광고주들은 과연 더 비싼 돈을 주고 온라인 광고를 살 의향이 있을까? 그에 대한 대답은 '그렇다'이다. 다만 그들이 그보다 우선시하는 것은 위성 채널 광고다. 그것이 기본이고, 온라인 광고는 그 위에 붙는 옵션일 뿐이다."

소셜 TV는 방송의 지역화를 더욱 가속화시킨다. 소셜 TV는 각 TV 채널이 시청자와 대화를 하도록 유도하는데, 소셜 네트워크는 전 세계적인 현상이지만 그 안에서 만들어지는 대화의 통로는 보통 (국제적인 스포츠 경기 결승전이나 범아랍권 방송이 아니라면) 국내 사용자들을 기반으로 하기 때문이다. 언어와 해시태그, 소재지, 소속 공동체 등의 요인이 이 같은 대화 통로의 경계를 유지시킨다. 소셜 TV는 페이스북 이용자가 자신의 뉴스피드 페이지상에서 직접 동영상을 보기 시작하면서 더욱 위세를 떨친다. 이러한 기능이 가능해진 것은 2009년부터였는데, 페이스북의 엔지니어들이 페이스북의 상태 표시창을 동영상 플레이어에 연계시키는 툴을 개발해냈기 때문이다. (2012년 미 의회는 사생활 침해 논란에도 불구하고 '비디오 사생활 보호법Video Privacy Act'을 새로이 채택함으로써 이 같은 기능의 사용을 인가해주었다. 이 법은 '넷플릭스 수정법'이라는 이름으로 불리기도 한다.) 트위터의 경우, 2010~2011년에서야 제 길을 찾는다. 텔레비전 방송과 연계되는 라이브 트윗 시스템을 도입한 것이다. 이는 오늘날 트위터 이용자 수가 2억4000만 명으로 급성장하게 만든 한 요인이 된다(그러나 트위터 이용자 수는 페이스북 이용자 수에 비하면 아직 미미한 수준이다. 페이스북 이용자 수는 현재 10억 이상이다). 어쨌든 이런 SNS 기능을 통해 소셜 TV는 도처에서 모습을 드러내게 되었다.

물론 여전히 아랍 지역에서 해결되어야 할 부분은 많다. 빈곤 문제나 이집트를 비롯한 몇몇 지역의 문맹 문제, 컴퓨터와 스마트폰의 저조한 보급률, 초고속 인터넷의 부재, 그리고 특히 아랍어로 제공되는 콘텐츠 부족 등은 중동 지역과 마그레브 지역의 변화에 제동을 거는 요인이 될 수 있다. 하지만 언제까지고 현 상태가 그대로 유지되리라는 법은 없다.

인터넷은 콘텐츠의 세계화를 가속화시킬 것인가, 아니면 그것의 지역화에 기여할 것인가? 내가 인터뷰한 사람들은 이 문제에 대해 현재 진행 중인 여러 실험적 시도에 비추어 다양한 답변을 내놓았다. 그 실험적 시도의 대표적 예로, 카타르의 세계적 미디어 그룹 알 자지라가 매일 방송하는 「더 스트림The Stream」이라는 프로그램을 들 수 있다. 「더 스트림」은 전통적인 토크쇼와 온라인 소스를 결합하여 포괄적인 대화를 끌어내는 프로그램이다. 방송 중에 스카이프상에서의 대화 내용과 트윗, 페이스북 메시지, 인스타그램, SNS 모음 서비스 스토리파이Storify 내용을 활용하는 완벽한 이원 미디어 프로그램인 것이다. 현재 이 실험적 프로그램은 영어권 시청자에게만 제공된다. 도하가 아닌 워싱턴의 알 자지라 잉글리시 채널을 통해 방송되기 때문이다.

어쨌든 이제 각 방송사의 구심점은 디지털 담당국이 되었다. 사실 디지털 담당국이 방송국 내에서 변방에 머물러 있던 3~4년 전부터도 영화나 비디오뿐만 아니라 인터넷 콘텐츠에도 접속할 수 있는 '인터넷 TV'가 생겨나 성공을 거두고 있었다. 2010년 4월 3일에는 아이패드 3가 출시되어 실로 '내 손 안의 TV'를 가능하게 만들었다. 주요 인사들이 만들어낸 상징적인 전환점도 있었다. 가령 오프라 윈프리는 2009년

4월 17일에 최초로 트위터에 'Hi Twitters. Thank you for a warm welcome. Feeling really 21st century'라는 메시지를 남기면서 21세기 세상 속으로 들어왔다. 비욘세도 빼놓을 수 없다. 2011년 MTV 비디오 뮤직 어워즈에서 「Love on Top」 공연을 끝내고 비욘세는 임신으로 불룩해진 배를 어루만지면서 자신이 래퍼 제이지의 아이를 임신했다고 밝혔는데, 그 순간 트위터는 그 소식으로 초토화되었다. 즉 비욘세는 초당 9000건에 달하는 트윗이 몇 분간 쏟아지는 대기록을 만든 주역이다.

한편 세계 각국은 미국의 텔레비전 환경이 어떻게 달라지고 있는지를 예의 주시하며 그것을 그대로 따라가는 경향이 있지만, 역으로 미국이 외국의 텔레비전 실험을 연구하는 경우도 있다. 그 대표적인 사례가 2013년에 이루어진 바셈 유세프의 쇼에 관한 연구다.

그날 바셈 유세프가 진행하는 TV 쇼 게스트는 다섯 명의 엄선된 경찰관이었다. 그중 한 명이 "오늘 저녁 우리는 이곳에 민간인 신분으로 즐기러 왔다"고 말했다. 지나칠 정도로 단련된 근육을 가진 이 초대 손님들은 반테러 특수경찰대 소속이었다. 간단한 티셔츠 차림으로 온 그들은 그 풍자쇼 무대 위에서 매우 편안해 보이는 모습이었다.

이 TV 쇼의 제목 「알 베르나메그AI Bernameg」는 직역하면 '프로그램'을 의미한다. 촬영은 매주 수요일 카이로 타흐리르 광장 인근의 탈라트 하르브 거리에 있는 라디오 극장에서 이루어진다(야쿠비안 빌딩과 가까운 탈라트 하브르 거리는 아페리티프용 비스킷 가게와 저렴한 신발 가게 사이에 있다). 방청객으로 초대된 나를 포함한 100여 명이 촬영장에서 그 유명한 바셈 유세프가 오기를 기다렸다. 39세의 그는 아랍권에서 가장 인지도 높은 인물 중 한 명이다. 극장 입구에는 4×3미터 크기의 유세프 초상이 걸려 있었는데, 그 속에서 그는 만면에 웃음을 띤 채 무바라크나 무르시 전 대통령을 연상시키는 포즈를 취하고 있었다. 그것은 분명 무바라크와 무르시를 비웃고 있는 모양새였다. 정치권을 비웃으며 한바탕 웃음판을 벌이는 이 정치 풍자쇼의 촬영본은 약간의 편집을 거쳐 이틀 후 이집트 텔레비전 방송국 CBC를 통해 방송된다. 촬영이 끝난 후 무대 뒤에서 만난 진행 프로듀서 암르 이스마일은 다음과 같이 말했다. "이 프로그램은 아랍권에서 시청률이 제일 높은 풍자쇼 중 하나이고, SNS에서도 팔로어가 제일 많은 편에 속한다." 이스마일은 존 스튜어트가 진행하는 미국의 「더 데일리 쇼The Daily Show」에서 영감을 받아 이 풍자쇼를 심야 시간대에 방송하기로 했다. (이집트의 존 스튜어트라 할 수 있는) 바셈 유세프의 독백으로 시작되는 이 쇼는 여러 코너로 구성되어 있다. 논객이나 특파원들과 함께하는 코너도 있고, 빈축을 샀거나 황당한 사건을 중점적으로 다룬 방송 뉴스 편집본을 내보내는 코너도 있다. 물론 그런 뉴스가 나가는 동안 해학적인 멘트가 곁들여진다. 이 프로그램은 작가들이 쓴 매우 상세한 대본을 바탕으로 진행되기에 즉흥적인 부분은 적은 편이다. 정치인을 희화화한 표현이나 패러디 음악, 악의적인 멘트 등은 이 프로그램의 고정 레퍼토리이며, 진행자인 바셈 유세프의 엉뚱하고 기상천외한 표정은 이 프로그램의 트레이드마크다. 그의 얼굴을 보고 있으면 악당 이아고가 떠오르고, 그의 말을 듣고 있으면 악마 메피스토펠레스가 연상된다. 또한 전직 외과의사 출신인 이 만담꾼은 메피스토펠레스와 계약을 맺은 파우스트까지 덩달아 연상시킨다. 바셈 유세프의 먹잇감 가운데에는 무슬림 형제단과 이슬람주의 성향의 무르시 전 대통령, 살라피스트 정당 등이 있다. 그러니 무르시 대통령 축출에 유세프도 일조한 셈이다. 뿐만 아니라 거짓말을 일삼는 정치인이나 폭력적인 군부도 그의 도마 위에 오른다. 보기에 따라 이슬람 변절자 같기도 한 이 바셈 유세프가 진행하는 쇼는 꽤 '불량'스럽다.

원래 「알 베르나메그」는 인터넷에서 방송되었다. 일종의 유튜브 방송처럼 바셈 유세프의 자택에서 대충 촬영한 8분 정도의 짧은 영상을 온라인에 올리는 식이었던 것이다. 이 쇼의 제작사인 큐소프트QSoft의 실무 감독 아흐메드 압바스는 "과거 몇천 명 정도가 보던 인터넷 방송이 이제는 수천만 명이 보는 TV 프로그램이 되었다"고 말했다. 즉 「알 베르나메그」는 인터넷 방송이 주류 TV 부문으로 이행한 흥미로운 사례를 만든 것이다. 압바스는 다음과 같이 부연 설명했다. "우리는 중동 지역 최대의 유튜브 협력업체다. 이제는 「알 베르나메그」가 인터넷뿐 아니라 TV에서도 높은 시청률을 자랑하지만, 우리는 그 프로그램의 뿌리가 인터넷이라는 사실을 잊지 않으려고 한다." 그래서 「알 베르나메그」는 처음 인터넷에서만 방송되던 시절의 특징을 지금까지도 간직하고 있다. '중고생' 콩트와 노트북 카메라로 촬영된 동영상 코너가 여전히 유지되고 있는 것이다. 내가 촬영장에 갔던 날엔 동영상 코너에서 그 쇼의 프로듀서인 암르 이스마일이 바셈 유세프의 경호원을 흉내 내는 영상이 소개되었다. 그 영상과 무대 위 곳곳에서는 「알 베르나메그」의 인터넷 사이트 주소(albernameg.com)와 유튜브 채널 주소가 눈에 띄었다.

구글의 중동 지역 대변인 마하 아부엘레네인은 다음과 같이 말했다.

"보통 사람들의 생각과는 달리 한 프로그램이 TV 화면으로 나간다고 동일한 프로그램의 유튜브 방송 인기가 떨어지지는 않는다. 그와 반대로 TV 방송 후 유튜브 방송의 인기는 더욱 탄력을 받는다. 현재「알 베르나메그」는 중동 지역과 마그레브 지역에서 가장 높은 조회 수를 기록하는 유튜브 채널로, 채널 구독자 수가 100만 명에 이르고 누적 조회 수는 8500만 회에 달한다." (유튜브 소유주인) 구글이 중동 지역 대변인 자리에 이집트계 미국인인 아부엘레네인을 앉힌 것은, 바셈 유세프 현상에 대한 구글의 관심을 방증한다. 바셈 유세프의 쇼 덕분에 유튜브가 대중적인 프로그램을 앞세워 차츰 더 지역화할 수 있었기 때문이다. 아부엘레네인은 다음과 같이 강조했다. "「알 베르나메그」는 지역적 특성이 강하다. 사용되는 유머 코드나 은어도 그렇고, 뉴스도 이집트를 중점적으로 다루며, 무슬림 문화에 기반하고, 아랍권 이외의 지역에서는 이해하기 힘든, 아니 때로는 이집트에서만 이해할 수 있는 고유명사가 등장하기도 한다." 유튜브는 바셈 유세프의 풍자쇼가 지속적인 수익을 창출해낸다면, 다른 나라에서도 그와 같은 성공적인 콘텐츠가 만들어지기를 기대하며 도움을 줄 것이다. 아부엘레네인은 끝으로 다음과 같이 덧붙였다. "일각에서는「알 베르나메그」를 따라 하는 유튜브의 신생 프로그램들이 정작 인터넷은 도외시하고 TV로 옮겨갈 생각만 할 위험이 있다는 우려를 하기도 한다. 우리는 그런 식으로 보지 않는다. 우리가 보기에 유튜브와 구글은 TV의 미래이기 때문이다."「알 베르나메그」촬영장 입구 홍보용 게시판에는 이런 말이 쓰여 있었다. 'How to make money & built a business on YouTube: content is king.' '유튜브에서 수익성 있는 경제 모델을 만들어내는 길은 바로 콘텐츠를 우선시하는 것'이라는 뜻이다.

바셈 유세프가 그렇듯 놀라운 삶을 살게 될 줄은 아무도 예상하지 못했다. 소시민으로서 심장 전문의 일을 하며 살아가던 그는 타흐리르 광장 진압 시 발생한 수백 명의 부상자를 수술하게 되면서 인생이 바뀌었다. 지금의 유세프는 2011년 이집트 혁명의 결과물인 것이다. 그는 혁명이 끝난 후 큐소프트에 있는 자신의 친구 몇몇과 함께 무바라크 독재 시절에는 상상조차 할 수 없었던 프로그램인 「알 베르나메그」를 기획해 그 동영상을 유튜브에 올렸다. 구글의 허락도 구하지 않은 상태였다. 자유주의 노선과 매우 자유로운 언어 구사, 무수한 정치적 은유와 성적 암시 등은 프로그램의 성공을 앞당긴 요소들이었다. MBC 프로그램 국장 사마르 아크루트는 바셈 유세프의 쇼를 높이 샀다. 내가 그를 인터뷰했을 당시에는 그 쇼가 MBC의 경쟁사인 CBC에서 방송되고 있었음에도 말이다. 그는 "큐소프트가 제작사라는 점이 흥미롭다"면서 다음과 같이 말했다. "큐소프트는 텔레비전 쪽 콘텐츠를 웹상에 올리는 기존 모델을 완전히 뒤집어, 웹상에 올린 콘텐츠를 텔레비전에 재방송으로 내보내는 방식을 쓰고 있다. 그로 인해 「알 베르나메그」 팀은 (방송국 제작 팀은 결코 누리지 못하는) 제작의 자유를 누릴 수 있다. 우리 같은 방송국 제작진은 어느 정도 수위 조절을 해야 한다. 한편으로 「알 베르나메그」 팀은 그런 자유를 누릴 수 있기에 위협도 받게 되었다."

2012~2013년, 유세프는 당시 정권을 잡고 있던 무슬림 형제단으로부터 위협을 받았고 심지어 무르시 대통령의 고발로 기소까지 되었다 (그는 2013년 3월에 약 1700유로의 보석금을 낸 뒤 조건부로 풀려났다). 그러

나 그 결과 이미 이례적으로 높은 수준이었던 그의 프로그램 시청률이 더 급격히 치솟아 매주 금요일 저녁 3000만 명의 중동 지역 시청자를 끌어모으게 되었다. 이것은 곧 (형제단에서는 '쿠데타'라 규정하는) 2013년 6, 7월 '혁명'의 서곡이나 다름없었다. 바셈 유세프는 무르시 정권에 반대하는 청년들의 지지를 받았고, 법정 소송 기간 중에는 심지어 이집트 특수경찰대의 보호를 받기도 했다. 바셈 유세프 쇼 촬영장에서 나는 그 경찰대 중 한 명과 인터뷰를 했다. 그는 "바셈은 그저 코미디언으로서의 일을 한 것뿐"이라면서 다음과 같이 말했다. "우리는 소송 기간 중에 그의 신변을 보호했고, 이제는 그의 친구가 된 것을 자랑스럽게 여긴다. 우리가 이곳 무대에 서게 된 것도 그 때문이다." (2013년 7월부터 「알 베르나메그」는 CBC에서 방영되지 못했다. 바셈 유세프가 군대를 강력히 비판했기 때문이다. 10월부터 방송이 재개됐지만, 그때부터 그 프로그램은 신군부의 검열을 받게 된다. 2014년 2월부터는 MBC Masr 채널을 통해 방송되었으나 같은 해 여름에 결국 그 프로그램은 정부의 압력으로 완전히 폐지된다.)

나는 아랍 지역 각 방송국에서 디지털 담당국 사람들을 만나봤다. 처음에 디지털 담당국은 인기가 높지 않았기에 인턴이나 젊은 신입 직원들만 소속되어 있었다. 그런데 이제는 너나없이 디지털 담당국으로 발령받기를 원하고, 방송국 조직도상에서도 변방이 아니라 사령탑 위치를 차지하게 되었다. MBC 디지털 담당국인 '뉴미디어국'의 일개 직원이었던 모피드 사드 알노와이지르는 디지털 담당국의 이런 위상 변화에 따라 해마다 직급이 오르면서 이제는 뉴미디어국 국장이 되었다. 나는 그를 리야드에 있는 MBC 본사에서 인터뷰했는데, 그는 전신을 가리는 하얀색 토브를 입고 케피에까지 쓴 모습이었다. 그의 의자에는 FCUK 브랜드의 재킷이 걸려 있었지만, 어쨌든 내 눈앞에 나타난 그는 사우디아라비아의 전통 의상 차림이었다. 그는 내게 아랍 지역에서 디지털이 어떤 식으로 미디어 지형을 뒤엎어놓고 있는지 이야기해주었다. "우리는 아랍권 제1의 미디어 그룹이다. 현재까지는 아랍권 전체를 대상으로 하는 방송을 주로 내보내고 있지만, 지역별 채널을 개설하는 안을 고려하고 있다. 우선 이곳 리야드에서 MBC KSA 채널로 지역화 방향을 잡아가고 있다." KSA(Kingdom of Saudi Arabia)는 아랍 지역에서 가장 큰 시장 규모를 가지고 있는 이집트와 두바이를 아우르는 말이다. 이렇듯 갑작스럽게 재지역화 노선을 택한 동력은 무엇일까? "물론 SNS가 그 동력이다. 거기서 오가는 대화나 '피드백'으로 인해 우리 시청자들은 달라졌다." 모피드 사드는 오디션 및 온라인 게임 형태의 프로그램에 모바일과 대화형 서비스를 결합하면 큰 수익을 거둘 수 있을 것이라 확신했다. "앞으로는 상호 간의 대화형 서비스를 제공할 기회가 더 많아질 것이다. 디지털을 발판으로 우리의 사업 계획과 목표가 달성될 수 있을 것이다." 그의 입에서 나오는 사업가들이 즐겨 쓰는 용어들을 듣고 있자니, 실리콘밸리의 한 30대 스타트업 사장과 이야기를 나누고 있는 듯한 느낌이 들었다.

사우디아라비아 내에서 MBC와 경쟁을 벌이고 있는 미디어 그룹 로타나도 이제는 인터넷을 매우 진지하게 생각하는 분위기다. 이 그룹의 소유주는 다름 아닌 '자유주의' 억만장자 알 왈리드 왕자다. 사우디 왕가에 속한 그는 초현대식 사이트 제작 및 IPTV 분야에 수백만 달러를 투자했다. 나는 리야드 중심부에 위치한 킹덤 타워 58층의 로타나 본사에서 뉴미디어를 담당하는 유세프 무그하르빌을 만났다. 그는 다음과 같이 이야기했다. "우리는 음악, 영화, 텔레비전, 도서 등 모든 문화 부문이 디지털화되리라 예상하고 있다. 즉 CD나 종이책, 신문, 텔레비전 등은 사라지고 그 안의 콘텐츠만 인터넷 화면으로 볼 수 있는 '텔레코테인먼트telecotainment' 시대가 열릴 것이다. 우리에게 있어 그것은 위협이 아니라 기회다. 우리는 그 기회를 끌어안을 것이며, 그럴 만한 수단도 갖고 있다. 우리의 모든 콘텐츠에 대한 권리가 우리에게 있기 때문이다. 그 콘텐츠를 각국의 모든 플랫폼으로 확산시킬 예정이다." 그러고는 이렇게 덧붙였다. "여기에서 나는 미래의 아랍 문화를 살아가고 있다."

베이루트 MTV에서도 비슷한 변화가 감지됐다. 무르 왕가에 속하여 채널 이름도 'MTV'가 된 이 방송국은 미국의 음악 전문 채널 MTV와는 아무 관련이 없다. 베이루트 북부에 위치한 MTV의 거대한 제작 스튜디오를 처음 가본 것은 2009년이었다. 당시 MTV의 CEO였던 미셸 엘 무르를 인터뷰하기 위해서였다. 4년 후 다시 가본 그곳은 사뭇 달라진 모습이었다. 도처에서 인터넷이 활용되고 있었던 것이다. 생방송 토크쇼가 나가는 동안 별도의 웹 팀이 나름의 작업을 하고 있었다. 가령 그 토크쇼에서 요리 레시피가 소개되면 바로 페이스북 페이지에 그 내용을 업로드하거나 무대 뒤에서 일어나는 소소한 사건들을 촬영한 동영상을 즉시 해당 프로그램 사이트에 올렸다. 그러면 네티즌들은 코멘트를 달거나 정보를 추가해주었고, 그 내용은 즉시 '시청자 리포트You Report'라는 코너에 소개되었다. 진행자들이 메이크업을 하는 모습이나 게스트들이 도착하는 장면, 스카이프로 전화를 걸어온 사람들의 모습이 담긴 영상도 해당 프로그램 사이트에 올라왔다. "토크쇼든 뉴스쇼든 리얼리티 프로그램이든 레바논의 텔레비전 쇼 프로그램은 이제 완전히 이원 미디어 체제로 나간다. 그리고 본방은 코너별로 나뉘어 사이트에 포스팅된다." MTV의 시니어 웹마스터 자드 야민은 이렇게 설명했다(직책은 '시니어' 웹마스터이지만 그는 서른 살도 안 된 '주니어' 세대다). 자드 야민은 현재 아랍권 국가들을 장악하고 있는 위성 TV 채널들이 TNT처럼 사라질 것이라면서 "앞으로는 인터넷 TV가 위성 TV를 완전히 대체할 것"이라고 말했다. 또한 방송사에서 정한 시간 순서대로 프로그램을 봐야 하는 '일차원적' 텔레비전도 사라져가는 중이며, 대신 '주문형' 텔레비전이 나올 것이라고 전망했다.

미래의 텔레비전

'세컨드 스크린second screen'이라는 용어가 유행이다. 세컨드 스크린은 시청자가 텔레비전 화면을 보면서 동시에 이용하는 또 다른 디스플레이 장치를 의미한다. 스마트폰 화면이나 태블릿 화면, 노트북 화면 등이 세컨드 스크린이 될 수 있다. 같은 뜻으로 '컴패니언 텔레비전companion television'이라는 용어도 사용된다. 한 사람이 여러 개의 디스플레이 장치를 갖게 되면서 '서드 앤드 포스 스크린third&fourth screens'이라는 말도 쓰이게 되었다. (2011년 포레스터 리서치 조사에 따르면 미국인의 48퍼센트가 세컨드 스크린을 사용하면서 TV를 보는 것으로 집계됐고, 같은 해 닐슨과 야후의 공동 조사에 따르면 미국인의 86퍼센트가 프로그램 시청 도중 휴대전화를 사용한 경험이 있는 것으로 나타났다.)

멕시코 차풀테펙에 위치한 텔레비사 본사에서 지도부 세 명과 인터뷰 자리를 가졌을 때, 갑자기 그들끼리 토론이 벌어졌다. 서로 반대 의견을 내기도 하고 잘못된 부분을 지적하기도 했지만 전체적으로는 화기애애한 분위기였다. 디지털 및 뉴미디어 부문 부대표인 마누엘 힐라르디는 다음과 같이 주장했다. "TV는 여전히 가장 중요한 메인 화면이다. 하지만 우리 앞에는 최대 네 개의 화면이 놓일 수 있고, 여기서 중요한 점은 바로 이동성이다. TV를 보면서 스마트폰으로 트위터에 코멘트를 날리는 것과, 태블릿으로만 TV 프로그램을 보는 것은 완전히 다르다." 인터랙티브 분과 총괄 국장 리카르도 코르티나 곤살레스도 한마디 거들었다. "방송을 더 이상 TV 화면으로는 보지 않고 태블릿이나 휴대전화로만 본다면, 다시 말해 언제 어디서든 다양한 기기를 통해 무료로 모든 TV 콘텐츠를 볼 수 있는 'TV everywhere' 시대가 열린다면, 이야기는 완전히 달라진다. 지금 우리는 소셜 TV와 세컨드 스크린에 대한 논의를 중점적으로 하고 있지만, 상황이 달라져 아예 세컨드 스크린이 주가 되는 시대가 오면 우리는 어떻게 해야 할지 갈피를 잡지 못할 것이다." (미국에서 실시된 최근의 한 조사에 따르면, 유년층과 청소년층에게는 이미 '퍼스트 스크린'이 TV가 아니라 태블릿이 되었다.)

처음에 텔레비사는 자사의 홈페이지인 televisa.com에는 회사 관련 정보만 올리고, '에스 마스Es Mas'라는 별도의 사이트에 디지털 서비스를 집중시켰다. 텔레비사 기획국장 안토니오 알론소 로페스는 이와 관련하여 다음과 같이 말했다. "그건 분명 실수였다. 사람들은 동영상 감상과 다시 보기 서비스, SNS 기능 등이 별도의 사이트가 아니라 televisa.com에서 구현되기를 원했기 때문이다. 그제야 우리는 디지털 부문을 TV 부문의 주변부가 아니라 중심에 두어야 한다는 걸 깨닫고 모든 콘텐츠를 televisa.com으로 신속하게 이전시켰다." 텔레비사 지도부 세 명은 세컨드 스크린과 소셜 TV, 광고 등을 주제로 논의를 계속하면서 서로 상반되는 의견을 쏟아냈다. 소셜 TV는 왜 라이브 프로그램에 더 적절한가, 만일 TV가 점점 더 '주문형' 시스템으로 발전한다면 소셜 TV는 어떻게 될 것인가, 세컨드 스크린 관련 애플리케이션인 'Miso'와 'IntoNow'와 'Yahoo Connected TV' 중에서 무엇이 제일 좋은가 등에 대한 논란이 벌어진 것이다. 그 와중에 한 사람은 내게 파워포인트 자료를 보여주기도 했고 또 다른 사람은 그 자료를 반박하기 위해 자신의 연구 결과를 꺼내 보였다. 누군가가 '시청자'라는 표현을 사용하자 또 다른 누군가가 그의 말을 자르며 "여러 플랫폼에서 프로그램이 방송되고 있으니 이제는 '이용자'라고 말해야 한다"고 이야기했다. 누군가가 "그걸 다 하려면 돈이 너무 많이 든다"고 고집하자 또 다른 누군가가 "미래를 위해 반드시 해야 할 투자"라면서 미국의 뮤지컬 드라마 「글리Glee」가 시즌3부터 세컨드 스크린 전용 플랫폼을 별도로 제작해 성공한 사례를 읊었다.

  지도부 세 명 중 두 명이 텔레비사 시청자의 17퍼센트가 스마트폰으로 텔레비전 방송을 보고 있을 것이라고 말하자, 나머지 한 명은 17퍼센트가 아니라 20퍼센트라고 주장했다. 두 명이 앞으로는 모두가 모바일 기기를 통해 텔레비전 방송을 볼 것이라고 하자, 로페스는 "사람들이 모바일 기기를 통해 텔레비전 방송을 보긴 하겠지만, 그 자세가 불편하기 때문에 텔레비전이 완전히 사라지지는 않을 것"이라고 주장했다. 한 사람이 최근에 개최된 월드컵이 '인터넷 월드컵'이었다고 주장하자, 다른 한 사람은 다음번 월드컵은 '스마트폰 월드컵'이 될 것이라고 말하기도 했다. 또한 그들은 각자 내게 온갖 통계 자료를 보여주었는데, 한눈에 봐도 그 각각의 통계 수치가 달랐다. 마누엘 힐라르디는 약간 민망해하면서 이렇게 말했다. "전통적인 매체인 텔레비전은 아직 소셜 TV와 사이좋게 양립하지 못하고 있다. 우리는 이제 막 소셜 TV를 시작한 단계이기에, 조금씩 더듬어 앞으로 나아가며 함께 길을 모색해야 한다. 정확한 해법을 찾은 사람은 아직 아무도 없다."

물론 텔레비전이 프로그램의 개인화, 프로그램 추천 제도의 일반화, 소셜 네트워크와의 결합 등으로 나아갈 것임은 모두가 알고 있다('소셜 TV 지침Social TV Guide'이나 '인터랙티브 프로그래밍 지침interactive programming guides' 등에 그렇게 나와 있기도 하다). 미국에서는 이 같은 변화가 빨리 시작되어 이미 자리를 잡고 있는 분위기다. 변화의 첫 번째 단계는 TV 메인 화면에 모든 프로그램이 표시되는 'on screen' 단계였다. 이 메인 화면은 고가의 광고 수익 공간이기도 했다. 그런데 프로그램 검색 환경이 단순한 상태에서, 이 방식은 이용자에게 너무 많은 양의 콘텐츠를 제공한다는 한계에 부딪혔다. 그러자 새로운 서비스가 나타났는데, 바로 소셜 네트워크를 기반으로 한 콘텐츠 추천 서비스다. SocialGuide, yap.tv, fav.tv, Buddy TV 등이 이런 서비스를 제공해주는 대표적인 모바일 애플리케이션으로, 시청자의 행동 패턴을 연구하는 알고리즘을 도입해 수백 개의 채널에서 제공되는 수많은 프로그램에 의해 선택 장애에 빠진 사람들에게 각 개인의 입맛에 맞는 프로그램을 제안한다. 이런 앱들에 케이블 사업자(혹은 인터넷 접속 업체)의 이름과 사용자의 위치 정보를 입력하면, 현지의 일반적인 추세를 반영한 콘텐츠도 실시간으로 추천해준다.

여기서 조금 더 나아간 추천 서비스도 있다. 방송 프로그램에 대해 직접적인 평가를 내리는 '소셜 TV 레이팅Social TV rating' 서비스는 시청자는 물론 방송국 및 광고주에게도 귀중한 정보를 제공한다(소셜가이드SocialGuide, 트렌더Trendrr 등이 이러한 서비스를 실시하는 데이터 분석 전문업체다). 전적으로 GPS 정보에 기반한 소셜 네트워크인 겟글루GetGlue는 더욱 개선된 형태의 추천 시스템 서비스를 선보이고 있다. 겟글루 이용자들이 TV 프로그램을 보기 시작한 시간을 알리면(이것을 호텔에서 쓰는 용어인 '체크인'이라고 표현한다) 그 정보는 페이스북이나 트위터에도 자동으로 포스팅되는데, 이런 방식은 프로그램 홍보 및 추천에 상당히 유용한 것으로 밝혀졌다. 끝으로, 전 세계에 이미 2억 명의 사용자를 보유하고 있는 (현재도 매주 평균 100만 명씩 사용자가 늘어나는) 샤잠Shazam과 같은 실시간 음악 인식 앱을 텔레비전 분야에 적용시킨 앱들도 있다. 이런 앱들은 온라인상에서 어느 시간에나 볼 수 있는 수억 개의 프로그램 동영상 중, 현재 자신의 스마트폰에서 재생되고 있는 동영상의 프로그램 제목이 무엇인지를 알려주며, 해당 프로그램에 대한 평가도 제공한다.

디지털 시대에 일어난 텔레비전 분야의 모든 변화는 통계 자료를 생산해낸다는 공통점을 가지고 있어, 수학과 알고리즘의 위력을 다시금 일깨워준다. 막대한 통계 자료를 생산해내는 '소셜 TV' 덕분에 수많은 연구도 가능해진다. 뉴욕의 비아콤Viacom 그룹 본사에서 만난 음악 전문 채널 MTV 부사장 매슈 앤더슨도 이 같은 사실을 확인시켜주었다. "소셜 네트워크와 소셜 TV로 인해 우리는 전보다 시청자들에 대해 훨씬 더 많은 것을 알게 되었다. 우리는 이 같은 양적·질적 데이터를 면밀히 연구한다. 이제는 이런 통계 자료를 바탕으로 한 연구가 우리 일의 중심을 차지한다." 소셜 네트워크 '전도사'를 자청하는 앤더슨은 모바일과 소셜 분야, 알고리즘, 시청자의 참여도 등에 있어 현재 진행 중인 변화에 대해 내게 간략히 소개했다. "대중이 소셜 네트워크상에 존재한다는 것을 알게 된 이후, 우리는 대중과 함께 대화를 나누기 위해 무엇이든 다 한다. 참여는 굉장히 중요하다. 우리 페이지를 구독하는 사람들은 우리가 트위터나 페이스북, 구글플러스, 텀블러 등과 같은 자신들의 영역에 함께 있다는 걸 알고 우리를 무척 친근하게 여기게 되었다." 디지털 미디어 분야를 이끌어가는 앤더슨에 따르면 MTV는 실로 '팝 문화의 전위부대'다. 따라서 MTV는 시장 트렌드를 이끌어야 하고, 젊은 층의 기대에도 부응해야 한다. 앤더슨은 다음과 같이 결론을 내린다. "MTV 팬들은 실로 프로그램의 일부가 되고 있다. 그들은 이런저런 스타들의 옷차림에 대해 서로 의견을 내고 추천안도 내놓는다. 우리는 그들의 트위터 해시태그와 아이디어를 다시 차용한다. 사실 우리를 개화시켜주고 있는 것은 바로 우리의 팬들이다."

할리우드의 패배

"넷플릭스는 케이블 TV 같은 것이다. 다만 광고가 없을 뿐이다." 넷플릭스의 크리스토퍼 리버텔리 부사장은 이렇게 요약했다. '글로벌 공공 정책Global Public Policy' 부문을 담당하고 있는 그를 워싱턴에 있는 넷플릭스 본부에서 만났을 때, 그는 자신이 교육 부문 담당자임을 내세웠다(넷플릭스 본사는 실리콘밸리에 있지만 공적인 업무는 주로 워싱턴 본부에서 관리한다). 미국 내 영화 및 스트리밍 비디오 시장의 선두 주자인 넷플릭스는 자신의 주 활동 무대에서 일반 TV 채널과 케이블 채널, 유료 채널과의 전면전을 결정했다. 이 새로운 단계에 접어들면서 텔레비전 분야는 그야말로 '스마트'해지기 시작했다. 그리고 완전히 인터넷에 연결된 TV 분야는 텔레비전의 초기 화면과 인터넷 초기 페이지 사이의 결합을 가능하게 만들었다.

1997년 캘리포니아에서 창업한 넷플릭스는 원래는 DVD를 붉은색 우편 봉투에 담아서 배송해주는 것으로 유명했던 DVD 대여 전문 업체였으나, 차츰 온라인 동영상 서비스 업체로 바뀌었다. 처음에는 다운로드 형식의 서비스를 하던 넷플릭스가 영화와 TV 드라마 등 수백만 편의 VOD를 회원제 스트리밍 형식으로 서비스하기 시작한 것은 2011년의 일이었다. 당시에는 다운로드 서비스와 스트리밍 서비스의 수익 차가 너무 커서 넷플릭스의 성공을 점치는 사람은 별로 없었다.

이제 스트리밍 플랫폼은 인터넷상에서 광고가 들어가지 않는 일종의 프리미엄 채널이 되었다. (Apple TV, Roku3, Plair, Google TV, 혹은 일종의 Google TV의 라이트 버전인 Chromecast, 아니면 단순한 게임 콘솔 등) 스마트 TV용 인터넷 셋톱박스만 있으면 TV 수상기에서 바로 인터넷에 접속해 스트리밍 서비스를 즐길 수 있을 뿐만 아니라, 한집에 있는 가족 다섯 명이 각기 다른 기기를 통해서도 스트리밍 서비스에 접속할 수 있다. 넷플릭스 부사장 크리스토퍼 리버텔리는 "이런 새로운 신디케이션 모델에 현재 불꽃 튀는 경쟁을 벌이고 있다"고 말했다. 넷플릭스 사용자는 매달 7.99달러만 내면 넷플릭스에 있는 모든 영화를 시청할 수 있으며, 방대한 양의 TV 드라마도 대부분 볼 수 있다(넷플릭스는 앞으로 아동 프로그램도 인기가 많을 것으로 기대하고 있다). 리버텔리는 "뉴스, 토크쇼, 슈퍼볼 등 스포츠 방송, 리얼리티 쇼, 생방송 프로그램은 우리의 주요 타깃 서비스가 아니다"라고 짚어주었다. 넷플릭스는 매우 정교한 알고리즘을 바탕으로 회원들에게 적절한 프로그램을 추천하는데, 이것이 바로 넷플릭스의 성공 비결이다. 리버텔리는 "넷플릭스의 알고리즘은 하나가 아니라 여러 개"라면서 "600명 이상의 엔지니어가 계속 알고리즘에 대해 연구하고 있다"고 밝혔다(그 엔지니어들의 정식 직함은 '데이터 사이언티스트data scientist'다). 넷플릭스는 가입자 한 사람 한 사람을 7만9000개 카테고리로 분류해 각각의 취향을 파악한다. 넷플릭스의 또 다른 기술적 쾌거는 스트리밍 서비스 플랫폼이 서로 다른 제조사 및 모델의 디바이스 450개 이상과 호환된다는 점이다. 또한 자사만의 고유 콘텐츠도 제작하는데, 인기 웹 드라마 「하우스 오브 카드House of Cards」가 대표적이다.

이 같은 새로운 모델의 성공은 예기치 못한 것이었다. 넷플릭스는 현재 4400만 명에 가까운 가입자를 거느리고 있으며, 그중 800만 명은 미국 이외 지역에 속하는 가입자다. '세계를 장악하겠다'고 공언한 이 기업은 3년 전부터 해외 진출도 시작했다. 가령 브라질에서는 DVD 단계를 거치지 않고 바로 VOD 서비스 시장에 진출했다. 나는 브라질 VOD 시장에서 넷플릭스와 경쟁을 벌이고 있는 한 브라질 업체 대표 사브리나 네불리를 상파울루에서 만났는데, 그녀는 다음과 같이 말했다. "넷플릭스는 초고속 인터넷 접속이 가능한 부유층만을 대상으로 한다. 넷플릭스 계정을 갖고 있다는 것은 곧 엘리트 계층에 속한다는 뜻이다." 하지만 사실 넷플릭스 이용료는 한 달에 15헤알(약 5유로) 정도로 저렴한 편이다. 그럼에도 불구하고 브라질 중산층 및 서민층이 넷플릭스를 이용하지 않는 것은 브라질에서는 불법 다운로드가 만연하기 때문이다.

다른 곳과 마찬가지로 미국에서도 넷플릭스 형태의 서비스인 '오버 더 톱Over the top'(인터넷 기반의 동영상 콘텐츠 제공 서비스) 시장은 현재 순항 중이다. 이 플랫폼은 인터넷상에 시청각 콘텐츠를 배포함으로써 전통적인 케이블 사업자를 따돌리고 있다. (다만 인터넷 대역폭만은 케이블 사업자의 브로드밴드를 이용하는데, 미국에서는 케이블로 인터넷 회선을 받는 가정이 많기 때문이다.) 이로부터 인터넷 접속업체와 콘텐츠 제공업체 사이의 전쟁이 야기된다. 인터넷 접속업체는 콘텐츠 제공업체 측에 비디오 트래픽 비용에 대한 초당 이용료 지급을 원하고 있고, 콘텐츠 제공업체 측은 신성한 '넷 중립성'의 원칙을 방패막이로 내세우며 (이제 미 규제 당국의 지원하에) 이를 내지 않으려 하고 있다. 일각에선 최근에 나온 법원의 판결에 근거하여 이러한 넷 중립성의 시대가 끝날 것이라는 예측도 내놓는다. 어쨌든 무료 TV와 유료 TV, 영화 분야의 모든 수익 구조는 이러한 변화와 잠재적인 규제들의 영향을 받고 있다. 참고로 넷플릭스의 저녁 시간 비디오 트래픽 이용량은 미국 내 광대역 인터넷 트래픽의 30퍼센트를 차지한다.

실리콘밸리에서는 넷플릭스, 세컨드 스크린, '오버 더 톱OTT' 서비스가 영화와 텔레비전의 미래라고 생각한다. 그러나 LA에서는 이것들을 하나의 위협으로 받아들인다. 다시 말해 캘리포니아 북부에서는 인터넷을 낙관적으로 바라보는 반면, 캘리포니아 남부에서는 이를 비관적으로 바라보는 양상이다. 따라서 할리우드의 주요 영화사와 방송사는 이에 대항하는 움직임을 보이고 있다. 할리우드에서는 이미 2007년부터 합법적인 동영상 사이트 '훌루Hulu'를 개설했는데, 당시엔 아직 넷플릭스가 디지털 분야로의 전향을 완성하기 전이었다. 훌루는 영화와 드라마 분야에서 일종의 아이튠스 같은 존재가 되고자 했다. 다만 애플에 소속된 아이튠스가 아닌 다수의 미디어 복합기업에 속한 아이튠스였던 셈이다. NBC유니버설(컴캐스트), 폭스 엔터테인먼트(뉴스코퍼레이션Newscorp), ABC(디즈니)가 투자하여 설립된 사이트이기 때문이다(미국의 대표적인 미디어 복합기업 중 CBS만 훌루에 투자하지 않았다). 훌루는 넷플릭스처럼 VOD 스트리밍 서비스를 하는 곳이지만, 주요 수익 모델이 유료 회원제가 아니라 광고다(월 8달러의 이용료를 내는 '훌루 플러스Hulu Plus'라는 유료 서비스가 출시되었으나, 이용자는 그리 많지 않다).

할리우드는 음반 산업이 디지털 시대에 접어들며 음반 판매량 급감 등 쓰라린 참패를 당하는 것을 우려의 눈으로 바라보면서, 그와 똑같은 운명을 맞지 않겠다고 다짐했다. 할리우드는 유료 케이블 TV라는 기존의 수익 모델을 유지했는데, 넷플릭스에만 자신들의 콘텐츠를 넘기는 것은 위험한 일이라고 생각했기 때문이다. 미국 영화는 지금도 전 세계에서 매출 성적이 우수한데, 2014년 전 세계 박스오피스에서 미국 영화가 올린 총 수익은 364억 달러로 전년도 대비 1퍼센트의 성장세를 기록했다. 할리우드는 전 세계 영화 시장이 성장할수록 매출액이 늘어난다. 미국이 그 시장의 55퍼센트를 점유하고 있기 때문이다(총 28개국으로 구성된 유럽연합의 영화 시장 점유율은 25퍼센트 수준이다). 미국 영화가 자국에서도 해외에서도 순조로운 흥행을 보이고 있는 것은, 사람들이 아직까지 영화관을 찾는 것을 즐기기 때문이다. 부모들은 자녀들을 데리고 영화관에 가고, 청소년들은 친구들과 어울리거나 이성 친구와 데이트를 하기 위해, 혹은 가족의 굴레에서 벗어나기 위해 영화관을 찾는다. 2014년에 할리우드 영화 중 136편이 전 세계 박스오피스에서 우위를 차지한 것에서도 알 수 있듯이, 최근 들어 할리우드 영화는 자국에서 벌어들이는 수익보다 해외에서 거둬들이는 수입이 더 많다(전체 수익의 30퍼센트가 자국 수익, 70퍼센트가 해외 수익이다). 과거 할리우드의 해외 시장은 유럽, 일본, 멕시코 정도였으나 5년도 안 되어 중국, 인도, 한국, 러시아, 브라질까지 뻗어나갔기 때문이다(2013~2014년에 중국 박스오피스에서 미국 영화가 차지하는 비율은 34퍼센트 증가한 것으로 나타났다). "할리우드 영화는 이제야말로 국제적인 시장을 가지게 되었다. 할리우드 영화는 중국을 필두로 한 아시아 시장에서 특히 더 크게 성장할 가능성이 높다." 할리우드 영화사들의 영향력 있는 로비 단체인 미국영화협회Motion Picture Association of America 대표를 맡고 있는 전 민주당 상원의원 크리스 도드는 흐뭇해하며 이렇게 말했다. 할리우드 시장이 지금과 같이 성장할 수 있었던 건 영화관과 스크린 수가 늘어나 공급을 확대시킬 수 있었기 때문이다. 신흥개도국에서 멀티플렉스 영화관과 스크린 수는 문자 그대로 '폭발적인' 증가세를 보이고 있다. 중국에서는 매일 열다섯 개가량의 스크린이 생겨나고 있으며, 지난 몇 년간 연평균 3000개의 스크린과 800개의 멀티플렉스 영화관이 생겨났다. 이에 대해 크리스 도드는 다음과 같이 말했다. "2005년 할리우드 영화 수익 중 중국에서 벌어들인 것은 1억2000만 달러 정도였다. 그런데 2014년에는 그 액수가 37억 달러로 늘어났다. 10년 만에 중국 영화 시장의 규모는 유럽 영화 시장의 두 배가 되었다. 몇 년 사이 중국의 개봉관 수는 1800개에서 1만8000개로 늘어났으며, 심지어 이게 끝이 아니다. 중국 영화 시장의 성장세가 어디까지 갈지는 아무도 모른다." 인도와 브라질, 멕시코에서도 꾸준하게 (하루 평균 1~3개 정도) 스크린 수가 늘어나고 있다. 크리스 도드는 인도 관객의 취향이 달라져 인도에서 개봉되는 미국 영화 수가 점점 늘어나고 있다고 말했다. 인도 국내 영화 시장에서 '발리우드'의 독점적 지위가 서서히 약화되고 있는 것이다. 베트남과 인도네시아 등 다른 아시아 지역에서도 미국산 블록버스터가 대중을 사로잡을 기회가 점점 늘어나고 있다. 남미도 이제 미국 영화계의 중요한 시장으로 자리 잡았기에, 할리우드는 브라질과 아르헨티나, 칠레, 콜롬비아는 물론 멕시코도 노리고 있다. 크리스 도드는 "남미 박스오피스에서 미국 영화가 78퍼센트의 굉장한 성장세를 보이고 있다"고 요약했다.

그러므로 LA 영화사들은 여전히 낙관적인 관점을 가지고 있다. 디즈니, 유니버설, 패러마운트는 영화 예산 규모 및 제작 편수를 늘릴 것이라 예고했고 소니, 폭스, 워너 등은 이미 제작 편수를 늘린 상태다. 예산은 물론 마케팅 규모도 전보다 더 커졌기에 이제는 세계적 차원에서의 활동이 이루어져야 하는 상황이다.

이렇듯 할리우드는 영화 부문 수익이 늘어나고 국제 무대에서의 성장세도 더욱 가속화될 전망이지만 '홈 엔터테인먼트home entertainment' 부문 수익 모델에 대한 고민은 점점 깊어지고 있다. 미 영화 산업 성공 비결이 바로 '홈 엔터테인먼트', 즉 집에서 보는 영화에 있기 때문이다. 사실 모두가 박스오피스 수치를 언급하며 대형 스크린에서의 성공을 말하지만, 정작 수익이 되는 건 소형 스크린 쪽이다. 미국에서든 유럽에서든 영화는 3개월간 극장에서 상영된 후 DVD나 VOD로 출시되고 또한 'DVD window'라는 이름으로 호텔이나 비행기에서 상영되다가, 9~12개월 후에는 유료 케이블 채널에서 방송을 타는 것이 일반적인 사이클이다(그리고 평균 2년 후에는 일반 채널에서 방영된다). 북미 지역에서 통상 영화사별로, 그리고 영화별로 계약이 체결되는 이 같은 상영 주기는 디지털 시대로의 이행에 따라 크게 달라질 것이다. 최근 5년간 DVD 판매량은 급감했고, 앞으로도 이 같은 하향세는 지속될 가능성이 높다. 인터뷰를 진행한 전 세계 영화 산업 관계자 대부분은 DVD에 이어 블루레이가 모습을 감추는 것이 불가피한 수순이라고 생각했다. 물론 온라인 시장에서의 영화 배급이 급격히 늘어나고 있긴 하나, DVD 쪽에서의 판매 부진을 상쇄하기엔 역부족이다. 제작사도, 일반적인 극장주도, 케이블 사업자도 아닌 새로운 주체가 디지털 배급을 맡고 있긴 하나, 할리우드 영화 분야의 전통적인 수익 채널은 불안해지고 있다. 위기에 처한 할리우드는 말없이 홈 엔터테인먼트 분야의 장기 하향세에 대비한다. 넷플릭스의 문제는 바로 이 지점에 위치한다. 물론 이 신규 사업자가 현재로서는 미국 미디어 주기를 잘 지키고 있기는 하다. 'post DVD window'라고 하여 극장에서 상영된 뒤 평균 4개월에서 12개월이 지난 뒤, 그리고 때로는 36개월이 지난 후에 극장 개봉 영화를 내보내기 때문이다. 하지만 제작사에 거금을 주고 독점 계약을 체결하면 이 주기를 좀더 앞당길 수 있다. 처음에는 경계하던 할리우드 영화계도 이제는 넷플릭스 모델을 채택했다. 확실히 새로운 수입원이 되어주었기 때문이다. 할리우드 영화사 로비 단체의 수장인 크리스 도드는 "넷플릭스에서 영화 판권료를 지불하고 있기 때문에 우리가 넷플릭스와 함께 일하는 것"이라고 말하고는 이렇게 덧붙였다. "넷플릭스는 미디어 상영 주기를 준수한다. 무단으로 영화를 제공하는 게 아니라는 말이다." (넷플릭스는 '고정 수수료flat fee'를 내고 각 영화의 상영권을 구입한다. 반면 유튜브는 광고 수입 공유만 제안하기에 할리우드 입장에선 별 수익이 안 되는 곳이다.) 어쨌든 이 같은 스트리밍 형식의 회원제 VOD 모델은 점점 더 일반화될 것이다. 벌써 아마존(프라임 인스턴트 비디오), 애플(아이튠스), 구글(유튜브) 등 거대 넷 기업들이 막대한 투자를 감행하여 서비스를 개시한 상황이다. 10년 후에는 텔레비전이 인터넷과 VOD 서비스를 통해 완전히 스트리밍 서비스로 전환할 것이라는 전망 때문이다. 이에 모두 서로 인프라를 공유하는 가운데서도 경쟁의 끈을 늦추지 않는다. (워싱턴의 아마존 정책 사무국에 갔을 때 알게 된 사실인데, 넷플릭스는 2012년부터 아마존의 클라우드 서비스만 사용하고 있다고 한다. 이렇듯 기업들이 인프라를 공유하면서도 경쟁하는 현상을 의미하는 'coopetition'이라는 신조어가 나오기도 했다. 이는 '협력 경쟁cooperative competitions'의 준말이다.)

거대 기업들이 각축전을 벌이는 가운데, 할리우드도 날을 갈고 있다. 예전에는 진지전을 벌였다면 지금은 기동전의 양상이 되었다. 할리우드는 영화계에 코페르니쿠스 혁명을 일으킬 새로운 대인터넷 전략을 공들여 마련했다. 첫 번째 전략은 저작권 보호와 관련한 전략이며, 두 번째 전략은 공급의 다양화, 세 번째 전략은 지역화 전략이다. 첫 번째 전략인 저작권 보호와 관련하여, 할리우드는 이전에는 영화를 불법 다운로드하는 네티즌들과의 전면전을 선호했었다. 그러나 이러한 네티즌 개인에 대한 과도한 처벌 전략은 미국은 물론 유럽 등 세계 곳곳에서 실패로 드러났다. 11만5000개 이상의 웹사이트가 서비스를 중단하며

SOPA(Stop Online Piracy Act) 법과 PIPA(Protect IP Act) 법을 비난하고 나서고 게다가 오바마 대통령까지 불법 다운로드 퇴치운동에 대해 유보적인 모습을 보이자, 메이저 영화사 및 음반사는 싸움이 자신들의 패배로 끝났음을 깨달았다. 인터넷 문화의 기본 정신과 실리콘밸리 모델은 이렇듯 웹 콘텐츠에 대한 규제를 거의 허용하지 않는다. 이에 따라 할리우드는 전략을 변경한다. 비상업적 용도의 개인 사용자 간 파일 교환보다 대량으로 이루어지는 상업적 불법 다운로드에 초점을 맞추기 시작한 것이다. 크리스 도드 미국영화협회 회장도 초기의 전략이 실패했음을 인정했다. "처음에는 일단 불법 다운로드를 하는 개인을 잡으려고 했었다. 하지만 이는 잘못된 생각이었다. 불법 다운로더 대부분은 상업 목적의 전문 다운로더가 아니라 음악을 좋아하는 젊은이들이었기 때문이다. 이에 따라 할리우드의 이미지는 심히 타격을 입었다. 현재는 다른 곳으로 목표물을 변경했다. 불법 다운로드는 여전히 우리의 근심 사안이지만, 전처럼 10대 청소년들이 경찰에 끌려가게 만들지는 않는다. 그보다는 그들에게 왜 저작권이 중요한지를 설명하며 계도하려고 노력한다. 얼핏 보면 효과적인 대응 방식이 아닌 것 같지만, 이제 우리는 기술이 할리우드의 적이 아니라는 사실을 인지하고 있다. 가령 IT 분야에 심취해 있는 젊은이일수록 영화관에 더 자주 간다. 불법 다운로드는 합법적인 공급 루트로 막아야 한다. 그리고 이제 우리가 집중하고 있는 대상은 합법적인 경로로 콘텐츠를 향유하는 사람들 뒤에서 돈벌이를 하는 정말로 나쁜 헤비 다운로드 사이트들로, 현재 이들에 대한 처벌에 초점을 맞추며 사이트를 폐쇄시키고 있다."

할리우드의 두 번째 전략인 공급의 다양화는, 합법적인 공급 경로 다양화를 의미한다. 양질의 동영상을 저렴한 가격에 서비스하지 못한다면 불법 다운로드와의 싸움에서 결국 지게 된다는 것을 몸소 체득한 할리우드는, 공급 경로의 다양화를 통해 불법 다운로드를 근절해나가기로 한 것이다. 그러려면 모든 재생 기기에서 다운받을 수 있는 포괄적인 형태의 동영상 서비스를 제공해야 했다. 일단 TV 드라마 부문 동영상의 합법적인 공급 경로는 넷플릭스가 해답이었지만, 할리우드는 배급사 하나만 정해 사업을 운영하는 방식은 피했다. 음반 산업이 아이튠스에 거의 독점적으로 음원을 공급한 바람에 치른 대가를 알고 있었기 때문이다. 따라서 할리우드는 공급 라인의 다각화 전술을 고안해낸다. 온라인 동영상 배급 협력업체를 다수로 늘려 그들 간의 경쟁을 유도한 것이다.

한편 구글이 유튜브를 넷플릭스화하지 않은 것은 다행으로 여겨진다. 방향을 전환하여 전문 채널을 늘림으로써, 즉 사용자들이 제작한 UCC 영상을 Awesomeness TV, Machinima, Fullscreen 등의 모델에 따라 채널화하여 재편성함으로써 상당한 성공을 거두고 있기 때문이다. 이렇듯 세계적인 (동영상) 검색엔진 유튜브는 자칫 넷플릭스와 유사해질 수도 있었지만, 다른 길을 선택해 두각을 나타내고 있다. 훌루도 스트리밍 서비스 시장에서 결정적인 힘을 보여줄 가능성은 가지고 있었지만, 이렇다 할 성공을 거두지 못했다. 앞서 말했듯이 할리우드는 그 어떤 콘텐츠 배급자도 콘텐츠를 독점하게 해서는 안 된다는 입장이기에 넷플릭스, 아마존, 아이튠스, 유튜브, 훌루 등 여러 업체에 콘텐츠를 제공하는데, 이제는 페이스북도 그런 업체 중 하나가 되었다. 페이스북 페이지상에서 넷플릭스나 훌루 영상을 볼 수 있게 되었기 때문이다. 할리우드는 영국의 FindAnyFilm, 이탈리아의 mappadeicontenuti.it, 스페인의 Me siento de cine와 같은 해외 콘텐츠 배급자에게도 콘텐츠를 제공한다. 공급 경로의 다양화는 할리우드의 새로운 좌우명이 되었기 때문이다.

물론 할리우드 내에서는 공급 경로 다양화에 대한 밀도 있는 논의도 이루어진다. 케이블 사업자를 약화시키는 위험을 감수하면서까지 넷플릭스에 콘텐츠를 몰아줄 수는 없다는 의견도 있지만, 수백만 달러의 저작권료를 지불하는 넷플릭스로 공급 경로를 집중하지 않는 것은 콘텐츠 저작권료를 별로 중요하게 여기지 않는 아마존이나 아이튠스, 유튜브에 투신하는 꼴이라는 의견도 있다. 영화 콘텐츠의 상영 주기에 새로운 채널을 집어넣는 것은 상영권 부분을 더욱 복잡하게 만든다는 주장도 있다. 심지어 같은 영화사 안에서도 다양한 의견이 제기되고 있는 실정이다. 한편 할리우드는 공개적으로는 뭐라 말하지 않지만, 콘텐츠 배급업자들이 직접 콘텐츠 제작에 나서는 움직임을 예의주시했다. 가령 넷플릭스는 (에미상 3관왕에 빛나는) 「하우스 오브 카드」와 「오렌지 이즈 더 뉴 블랙Orange is the New Black」과 같은 드라마를 제작했고, 아마존도 「알파 하우스Alpha House」 「베타스Betas」 「트랜스 페어런트Transparent」 등의 드라마를 제작했다. 콘텐츠 배급업자가 콘텐츠 제작에 수백만 달러를 투자하는 것은 할리우드 영화사로서는 반가운 소식이기도 했다. 결국 넷플릭스와 컬럼비아(소니), 마블(디즈니), 와인스타인, 드림웍스 영화사 사이에 파트너십 계약이 체결됐다. 한편 컴캐스트나 타임워너 케이블과 같은 케이블 기업들은 VOD 서비스로 인해 수익에 큰 타격을 입지 않았음에도 불구하고, 광대역에 비용이 크게 소요되자 공격적인 성장 전략을 펼치기 시작했다. 컴캐스트가 NBC 유니버설을 사들인 것도, 그리고 넷플릭스의 발목을 잡기 위해 경쟁사인 폭스 및 디즈니 사와 함께 훌루 출범에 참여한 것도 바로 그런 전략에서 나온 행동이었다. 하지만 이 같은 경쟁사 간의 파트너십은 한시적으로밖에 지속되지 않았고, 훌루는 간신히 자기 자리를 잡는 수준에 그친 반면 넷플릭스는 감히 대적할 수 없는 존재가 되었다. 최근 컴캐스트는 경쟁사인 타임워너 케이블을 사들여 독점 체제를 굳히려는 시도를 했지만, 결국 무산됐다. 어쨌거나 많은 이는 캘리포니아 남부 북부 할 것 없이 텔레비전 업계가 지난 50년간 변화해온 것보다 앞으로 5년간 더 많이 변화하게 될 것이라고 예측한다.

　할리우드가 세 번째 전략으로 택한 지역화는, 원래는 전 세계를 획일화하려던 기존 전략에서 벗어나는 것이다. 그러나 전 세계 획일화 싸움에서는 구글과 애플, 아마존이 막강한 승자가 될 것으로 예상되자 영화계는 다른 길을 모색할 수밖에 없었고, 이에 좀더 지역적 다양성에 초점을 맞추게 되었다. 미국영화협회는 더 이상 자국 영화 산업(혹은 '문화적 예외성')을 지원하는 해외 각국의 스크린 쿼터제와 맞서 싸우지 않는다. 외려 이를 환영하는 입장이다. 그리고 각국에 사무국도 개소했다. 미국영화협회 브뤼셀 사무국 대표인 크리스 마르키치는 "우리는 유럽의 문화적 특수성을 수용했다"고 인정했다. 넷플릭스와 구글의 공세에 맞서 할리우드는 이제 세계 영화계 전체를 보호하려는 포지션을 취한다. 전 세계 영화 공급 라인이 미국으로 일원화되면 각국 영화 산업이 약화되면서 거대 인터넷 기업들이 더욱 힘을 얻을 것이기 때문이다. 따라서 할리우드는 이제 블록 단위 협상이 아니라 케이스 바이

케이스, 즉 국가별 맞춤형 협상을 벌인다. 과거 미국 중심의 세계화 전략을 펼쳤던 할리우드가 이제는 보편적 존재를 자처하며 지역적 맥락에서 사고하고 있는 것이다. "우리는 단일 시장을 추구하는 브뤼셀 이데올로기에 반대한다. 이는 구글에만 이로운 것이다." 크리스 마르키치는 이렇게 말했는데, 유럽에 주재하는 할리우드 대표가 이 같은 발언을 한다는 건 10년 전만 해도 상상도 할 수 없는 일이었다.

여전히 미국의 상징적 존재이며 미국의 소프트 파워형 무기인 할리우드가 이렇듯 세계화에서 지역화로 전략을 바꾼 것은, 디지털 시대라는 환경 변화 때문이다. 이제 구글은 할리우드에게 있어 과거 강력한 스크린 쿼터제를 유지하던 한국보다 더 위험한 존재가 되었다. LA의 할리우드 영화사들은 더 이상 유럽연합의 영화 로비를 불안해하지 않는다. 그것을 불안해하는 건 오히려 샌프란시스코 인근에 자리한 넷플릭스 쪽이다. 넷플릭스 같은 VOD 서비스 업체를 위협적인 존재로 생각하는 쪽도 있다. 시청자가 프로그램 방송 시간을 기다려야 하는 일반 TV와 홈시어터 부문이다. 이렇듯 현재 우리 눈앞에는 캘리포니아 북부와 남부 간의 디지털 전투가 벌어지고 있다. 실리콘밸리는 처음과 달리 저작권에 대한 값을 지불해야 한다는 점을 서서히 깨닫고 있고, 할리우드 영화사들은 인터넷상에서도 결국은 소비자가 모든 결정권을 쥐게 되리란 사실을 이미 깨달은 상태다.

인터넷 TV, 소셜 TV, VOD 등은 영상업계의 새로운 전쟁을 예고하고 있지만, 일부의 생각대로 그 전쟁이 반드시 전 세계적 차원에서만 일어나지는 않을 것이다. 이 대대적인 변화는 지역적 차원에서도 일어날 전망인데, 중국의 유쿠가 그것을 증명하고 있다.

중국판 유튜브인 유쿠의 대변인은 진사오다. 나는 그녀를 베이징 최대의 전자제품 밀집 지역인 중관춘에 있는 유쿠 그룹 본사에서 만났다. 나는 전통적인 지상파 TV 채널이 제공하는 것이든, 위성 채널이 제공하는 것이든, 새로운 콘텐츠 배급자인 동영상 사이트가 제공하는 것이든, 모든 시청각 콘텐츠는 지역적 특색을 유지할 것이라는 가설을 세우고 있었는데, 진사오의 다음 발언은 내 가설이 사실임을 확인시켜 주었다. "중국의 미디어 분야는 지역별로 다 나뉜 상태다. 가령 상하이 사람들은 베이징의 TV 채널에는 관심이 없다. 따라서 동영상 사이트인 유쿠도 베이징이라는 지역에 집중해야 한다." 중국에는 2000개에 가까운 위성 TV 채널이 있으며, 국영 지상파 방송국인 CCTV도 중국의 자치구 수만큼이나 많은 채널을 보유하고 있다.

'뛰어나고優 쿨하다酷'라는 뜻을 갖고 있는 유쿠優酷 사이트는 원래는 네티즌들이 어떤 콘텐츠든 자유롭게 올리고 공유할 수 있는, 유튜브 같은 곳이었다. 그런데 2007년부터 중국 텔레비전 채널이 제공하는 콘텐츠를 포함시키면서, 법적으로 문제가 없는 '클린' 콘텐츠를 지향하게 된다. 진사오는 현재 유쿠에 올라온 콘텐츠 중 70퍼센트 이상이 합법적으로 유통될 수 있는 동영상이라면서, 그것이 바로 유쿠와 유튜브의 근본적인 차이점이라고 강조했다. 그러고는 다음과 같이 말을 이었다. "중국 정부는 네티즌들이 이곳에 올리고 공유하는 콘텐츠에 대해 관대한 편이었지만, 그렇다고 콘텐츠 불법 유통 문제에 손을 놓고 있지는 않았다. 다만 그 문제를 어떻게 해결해야 할지 모를 뿐이었다." 유쿠는 그 문제를 메이저 음반사 및 영화사, 텔레비전 방송국과 제휴 계약을 체결하거나 자체 콘텐츠를 제작하는 방식으로 풀었다(유쿠의 자체

제작 콘텐츠는 빠르게 증가하는 추세이긴 하나 현재로서는 유쿠 전체 동영상의 10퍼센트밖에 차지하지 못한다). 중국의 또 다른 주요 동영상 사이트인 투더우는 상하이를 기반으로 하는데, 이곳 역시 콘텐츠의 합법적 유통 논리를 따르고 있다(투더우는 2012년에 유쿠에 매각되었으나, 두 사이트는 워낙 지역색이 달라 따로 운영되고 있다. 그러나 둘 다 저작권 수호 논리를 따르고 있다).

이제 중국의 주요 동영상 사이트들은 프리미엄 서비스를 제공하는 단계로 발전했다. 유쿠의 경우 '유쿠 프리미엄' 서비스를 제공하는데, 이 서비스에 가입하면 TV 드라마와 토크쇼, 스포츠 경기, 영화 등을 회원제 스트리밍 서비스로 이용할 수 있다(이용 요금은 월 30위안, 즉 4유로 수준이다). 진사오는 이 서비스를 넷플릭스 서비스와 비교하지 않았지만, 내 눈에는 이 서비스로 인해 유쿠가 중국판 유튜브에서 중국판 넷플릭스로 변해가는 것 같았다. 그녀는 프리미엄 서비스가 "실로 매우 빠르게 성장하고 있다"면서 즐거워했다. 중국은 현재 외국 영화 수입을 한 해에 20편으로 제한하는 스크린 쿼터제를 실시하고 있는데, 인터넷에서는 이것이 은근슬쩍 해제됐다. 그래서 유쿠 프리미엄 회원들은 IT 당국에서 합법적으로 유통될 수 있다고 인정한 외국 영화들 중에서 원하는 것을 골라 볼 수 있다. 유쿠 프리미엄 서비스에서 이런 합법적인 유통을 인정받아 최초로 서비스한 외국 영화는 「인셉션Inception」이다.

중국의 주요 동영상 사이트들이 합법적 콘텐츠를 앞세우고 UCC 콘텐츠는 소외시키고 있는 흐름 속에는, 경제적인 논리는 물론 정치적인 논리도 작용하고 있다. 유튜브 모델에서 넷플릭스 모델로 넘어가는 것은 경제적 논리에 따른 것이고, 저작권 수호를 앞세워 허가된 작품만을 내보내는 것은 검열이라는 정치적 논리를 은연중에 충족시키기 위함이다. 원래 중국 사람들은 저작권 문제를 그리 중요하게 생각하지 않는다. 그러나 네티즌들이 어떤 콘텐츠든 자유롭게 올릴 수 있는 플랫폼에서는 반체제 동영상도 언제든 바이러스처럼 확산될 수 있기에, 중국 정부는 저작권을 이유로 검열을 하려 한다. 바로 이러한 모순적인 배경이 중국만의 인터넷 모델을 진화시키고 있다. 중국판 유튜브에서 넷플릭스로 변화하는 유쿠가 바로 그 예로, 이 업체는 자신이 앞으로 또 어떻게 변하든 상관하지 않을 것이다.

중국의 텔레비전들도 인터넷에 의지해 소셜 TV, 인터넷 TV, 넷플릭스형 중개 서비스 등을 도입하면 할수록, 즉 정해진 방송 시간에서 자유로운, 좀더 새롭고 복합적이며, 흥미로운 존재가 되어갈수록 중국에 맞게 지역화되고 있다. 유쿠는 '세계가 보고 있다The World is watching'라는 아름다운 슬로건을 갖고 있지만 역설적이게도 세계를 바라보고 있지 않고, 세계 역시 중국에 시선을 두지 않는다.

제11장

'.EU'

알렉산드리아 도서관의 32미터 높이에 달하는 화려한 둥근 외벽에는 4200여 개의 서로 다른 문자가 새겨져 있다. 다만 안타깝게도 이제 이 도서관에서 관심을 갖는 언어는 오직 한 개뿐이다.

신알렉산드리아 도서관 프로젝트는 2002년에 시작됐다. 이 프로젝트의 목표는 주요 고대 건축물이었던 그 유명한 알렉산드리아 도서관을 재건하는 것이다. 과거에 이미 한 번 불타 없어졌다가 재건된 역사가 있는 알렉산드리아 도서관은 역사가들의 주장에 따르면 주로 로마인들에 의해, 그리고 콥트파와 기독교인, 무슬림 등에 의해서도 수차례 파괴된 전력이 있다. 지진으로 무너진 적도 있다.

새로이 문을 연 알렉산드리아 도서관도 과거처럼 지중해 연안에 있는 이집트 제2의 도시 알렉산드리아에 지어졌으나, 원래의 부지는 지금 자리에서 100미터 정도 떨어진 곳에 있었을 것으로 추측된다. 그러나 그 어떤 발굴 조사도 과거 이 도서관의 정확한 위치를 증명해내지 못했다. 1995년 알렉산드리아 항구에서 발굴된 프톨레마이오스 왕조 시대의 조각상이 재건된 알렉산드리아 도서관 입구를 장식하고 있는데, 무려 높이 13미터에 무게 또한 63톤에 달한다. 그 조각상의 음부는 의도적으로 가려져 있었는데, 나 같은 무신론자로서는 그런 조치가 놀랍게 느껴졌다. 아마도 오늘날의 이슬람 원리주의자들은 헐벗은 조각상의 모습을 참을 수가 없었나보다. "상반신이 나체인 이 조각상은 분명 남자, 파라오의 모습을 표현한 것이다." 이 도서관의 관장인 이스마일 세라겔딘은 이렇게 단언했다.

유리 통로를 통해 진입하게 되어 있는 그 건물 안에는 여러 개의 전시실과 회의실이 있었으며, 플라네타륨[반구형의 천장에 천체 현상을 투영하는 기구]도 설치되어 있었다. 신알렉산드리아 도서관 프로젝트의 대변인인 셰린 가파르는 "11층 규모의 이 도서관은 2000명을 동시에 수용할 수 있다"고 말했다. 또한 총 800만 권의 장서를 수용할 수 있는 규모이나, 현재는 80여 개 언어로 된 150만 권 정도만 소장하고 있다.

사실 신알렉산드리아 도서관 프로젝트는 현재 진행 상황도 지지부진한 데다가 재정도 부족하다. 과거에 이집트 정부는 이 훌륭한 프로젝트를 대대적으로 지원하는 분위기였으나, 이제는 이를 끝까지 완수하겠다는 정치적 의지도 부족하고 재원도 없다. 이 프로젝트가 축출된 무바라크 정권과 무관하지 않기 때문이다(무바라크 전 대통령의 아내가 이 프로젝트의 이사회를 주재했다). 2011년 혁명 기간 동안 또 한 번 파괴될 위기에 처했던 이 도서관은 다양한 형태의 정치적·사상적 검열이 이루어진다는 비판도 받고 있는 터라, 애초의 기대와 달리 제 역할을 다하지 못하고 있다. 게다가 디지털 혁명이 진행됨에 따라 이 프로젝트는 그 의미마저 없어진 꼴이 되었다. 이 프로젝트의 중요한 목표 중 하나는 출간되는 모든 책을 알렉산드리아 도서관에 모아놓는 것인데, 도처에서 종이책이 전자책으로 만들어지는 세상에 굳이 그럴 필요가 없어진 것이다. 위키피디아가 모든 언어 버전으로 존재하는 상황에서 굳이 새로운 만국 백과사전을 만들어야 할 필요가 없는 것과 마찬가지다.

이스마일도 "애초의 계획은 가능한 한 더 많은 책을 모아두자는 것이었지만, 이는 디지털 시대에 더 이상 의미를 갖지 못한다"고 인정하면서 "현재는 양서를 선택해주는 '큐레이터' 역할이 더욱 중요하다"고 말했다.

신알렉산드리아 도서관 프로젝트는 처음에는 매우 참신하고 독특한 기획으로 여겨졌으나, 얼마 안 가 탄탄한 기술력과 재정을 보유한 다른 유사 프로젝트와 경쟁 상황에 놓인다. 그리하여 미국 및 유럽 쪽 파트너와 손을 잡고 유네스코와 구글의 후원을 받는 세계 전자 도서관 World Digital Library 건립에 결합해야만 하는 상황이 됐지만, 거기서 맡는 역할은 미미했다. 신알렉산드리아 프로젝트 팀은 웹상에 올라와 있는 모든 자료를 기록·보관함으로써 '인터넷 메모리'라는 새로운 위상을 정립하고자 했으나, 그마저도 이미 1996년 샌프란시스코에서 시작된 인터넷 아카이브 프로젝트(archive.org)로 인해 여의치 않게 되었다. 그리하여 신알렉산드리아 도서관 프로젝트는 아랍어권의 부속 서고를 구축하는 역할에 머물게 되었으며, 2007년부터는 웹 페이지 기록·보관 작업도 중단하기에 이른다. 현재 하버드 대학과 미 의회 도서관, 유로피아나Europeana, 구글 북스가 추진하고 있는 대규모 디지털 프로젝트에 비해 알렉산드리아 도서관의 디지털 작업은 도저히 따라잡을 수 없을 만큼 뒤처져 있다. 하루 2000명을 수용할 수 있다는 알렉산드리아 도서관을 찾았을 때, 내 눈에는 고작 몇십 명 되는 방문객밖에 보이지 않았다.

그런데 지하 4층의 디지털 연구실은 부지런히 가동되는 모습이었다. 그곳의 부책임자인 라샤 샤반다르를 비롯한 여성 직원 대부분은 히잡을 쓰고 있지 않았다. 샤반다르는 내게 원본 원고가 이미지 모드로 스캔된 뒤 다시 텍스트 모드로 변형되는 고서 디지털화 과정에 대해 설명해주고는 다음과 같이 덧붙였다. "하지만 이미지에서 텍스트로 변환되는 과정에서 수많은 오류가 나타나기에 직원들이 단어 하나하나를 대조해가며 수정 작업을 한다." 그 작업이 완료되면 원고는 다시 DjVu 포맷의 이미지로 변환된다. 저작권에서 자유로운 DjVu는 PDF의 경쟁 포맷으로, 복사 및 검색 기능을 제공하고 PDF보다 더 많은 이미지를 압축할 수 있다. 원래 나는 그곳에서 고서 디지털화 작업 시연을 보기로 되어 있었으나, 마침 내가 간 날 컴퓨터 시스템이 고장 난 상태였다. 샤반다르가 미안하다며 양해를 구했고, 그녀의 동료들도 미안해하는 모습이었다. 그들 중 한 명은 오프더레코드로 "컴퓨터가 늘 고장이 난다"고 귀띔해주었다. 그 디지털 연구실 벽에는 쿠란 구절이 적힌 액자 하나가 걸려 있었다.

알렉산드리아 도서관의 디지털 부문 책임자 중 한 명인 마리암 나구이 에드와르드는 프로젝트의 현 상황에 대해 다음과 같이 토로했다. "우리 임무는 변했다. 원래는 모든 언어로 된 모든 책을 집대성하고 웹상의 모든 것을 기록·보관하는 게 우리 일이었으나, 이제는 오직 아랍어와 관련된 작업만 한다. 목표가 바뀐 것이다. 우리는 웹상에 아랍어 페이지를 더욱 늘리고 인터넷에 아랍권의 메모리를 유지한다. 웹상의 아랍어 콘텐츠에 대한 스폰서 역할을 맡고 있는 셈이다." 이렇듯 한 가지 언어에 대한 작업으로 축소되자, 신알렉산드리아 도서관 프로젝트는 애초의 다문화적 성격에서 벗어나 아랍 민족주의적 성격을 띠게 되었다.

프로젝트 규모가 축소되자 의욕이 줄어들었지만, 그렇다고 작업의 어려움이 줄어든 것은 아니다. 아랍어를 디지털화한다는 건 생각만큼 그리 쉽지 않다. 일단 아랍어의 종류 자체가 여러 가지다. 쿠란의 고전 아랍어가 하나의 아랍어 표준으로서 존재하긴 하지만, 여러 무슬림 국가에서는 수많은 아랍어 방언이 사용된다. 베르베르 족이나 쿠르드 족의 언어는 말할 것도 없다. 세라겔딘은 "이집트어는 현재 보존되고 있는 전체 아랍어의 13퍼센트밖에 차지하지 않는다"고 말했다. 변형 아랍어는 그야말로 무궁무진하다. 게다가 인터넷이 차츰 동영상을 중심으로 돌아가고 있기 때문에 이러한 언어적 차이를 고려하지 않으면 아랍어권의 웹을 보존하는 것 자체가 힘들어진다. 표준 아랍어의 글쓰기 형태에서도 수많은 문제점이 제기된다. 마리암은 "인터넷에서 아랍어 단어로 검색을 해보면, 라틴어 단어로 검색할 때보다 훨씬 더 어렵다는 것을 깨닫게 된다"고 말했다. 마리암에 따르면 아랍어는 글자가 쓰이는 방식이 매우 다양하고, 글자와 글자를 연결하는 것도 필체별로 크게 달라지며, 글자의 위아래에 나타나는 구두점과 그 외 다른 기호들도 통일되지 않는다고 한다. 텍스트 정보를 스캔하거나 특정 단어 및 문장을 검색해주는 소프트웨어가 이 같은 기호를 '노이즈'로 인식하여 무시하고 지나가버리면, 모든 데이터는 엉망이 될 수 있다. (디지털화 작업에서는 원고상의 오염된 부분이나 자국 같은 인식하지 말아야 할 부분을 '노이즈'라고 부른다.) 마리암은 "몇 년 전부터 이 같은 소프트웨어에 대해 연구했고, 수많은 책을 디지털화하는 과정에서 조금씩 소프트웨어 개선이 이루어져 현재 아랍어 검색 신뢰도는 99.8퍼센트에 이른다"면서도 "100퍼센트에는 도달하지 못할 것"이라고 덧붙였다. (여기에서 이용되는 기술은 광학 문자 판독 장치Optical Character Recognation, 줄여서 OCR이라고 불리는 기술인데, OCR로 아랍어를 판독할 때는 Sskhr 및 Noboverus 등 아랍어에 특화된 소프트웨어를 함께 사용한다.)

알렉산드리아 도서관의 또 다른 변화는 점차 이집트 역사에 특화되어가고 있다는 점이다. 나세르와 사다트에 대한 책을 상당수 보유하고 있으며, 수에즈 운하에 관한 자료 일체도 소장하고 있다. 또한 카이로 고문서 보관소의 자료를 디지털 파일로 변환하는 작업을 진행하고 있다. 무바라크 축출에 관한 자료 일체도 보관해두고 있는 것을 보고 나는 적잖이 놀랐다. 2011년 혁명 당시 사람들이 마우스로 클릭해서 봤던 모든 자료가, 다시 말해 기사는 물론이고 플리커, 피카사, 인스타그램에 올라왔던 모든 사진과 페이스북 페이지, 트위터에 게시된 모든 글이 기록물로 보관되어 있었다. 마리암은 "혁명 관련 자료가 3000만 건 이상"이라며 흐뭇해했다. 알렉산드리아 도서관이 마침내 제 할 일을 찾은 듯했다.

인터넷상의 언어를 둘러싼 전쟁이 한창이다. 취재를 진행한 국가들에서 내가 디지털 문제를 언급하는 순간, 그 전쟁을 실감할 수 있었다. 멕시코와 퀘벡, 중국, 인도, 브라질, 러시아 등에서는 자국어나 방언 문제를 둘러싼 논쟁이 셀 수 없이 많았으며, 다양성이나 민족주의를 앞세운 논란도 끝이 없었다. 다만 모두의 지탄을 받는 유일한 공공의 적은 바로 미국의 '글로비시globish'였다.

'글로비시'라는 용어는 IBM에서 근무하던 한 프랑스인이 만들어낸 신조어로, 제대로 된 영어가 아니라 전 세계인들이 그럭저럭 사용하는 아주 기초적인 미국식 영어를 의미한다. 이러한 언어가 사용되는 세태를 제일 먼저 비웃고 나선 것은 영국인들이었다. 영국의 작가 오스카 와일드는 "최근 미국의 활약이 두드러지면서 모든 사람이 모든 것을 똑같이 공유하게 됐는데, 언어만은 예외다"라고 말한 바 있다. 최근 영국인들은 오스카 와일드의 이 말을 인용하며 자부심을 느끼는 경우가 많다.

사실 '글로비시'만 있다면 상황이 이렇게 복잡해지지는 않았을 것이다. 나라별로 상이한 '브로큰 잉글리시broken English'도 존재한다. 싱가포르 사람들은 '싱글리시Singlish'를, 미국의 히스패닉계 사람들은 '스팽글리시Spanglish'를, 중국 사람들은 '칭글리시Chinglish'를, 인도의 타밀어권 사람들은 '탕글리시Tanglish'를 사용한다.

세계화 및 인터넷의 일반화와 더불어 영어 사용이 빠르게 확산되고 있다는 점은 분명하다. 국제 불어권 협회에서 발간한 연구 자료 및 여러 연구 결과에 따르면, 영어는 사실상 웹상의 '공용' 언어가 되었다(국제 불어권 협회가 미국화를 좋아하는 조직은 아니다). 내 생각에 영어는 웹상의 '디폴트 값'이 된 것 같다. 즉 특정 언어를 지정하지 않을 경우 자동으로 설정되는 기본 언어이자 '유저 친화적인' 실용어가 된 것이다. 다시 말해 유럽연합 소속 국가들을 포함한 각국 네티즌들의 의사소통을 가능하게 해주는 만국 공통어lingua franca가 된 셈이다.

하지만 그렇다고 해서 인터넷이 언어의 획일화를 가져온다고 보기엔 무리가 있다. 외려 상황은 그와 반대다. (표준 아랍어 사용자나 표준 중국어 사용자, 러시아어나 프랑스어 사용자 또한 적지 않은 상황에서) 서로 다른 언어를 사용하는 네티즌들 사이에서는 영어가 유일한 의사소통 언어가 되었으나, 한편으로 네티즌들은 대부분 자국어로 된 사이트를 찾아보고 SNS에서도 자국어로 소통하는 경우가 많다. 물론 세계 여러 나라의 네티즌들이 사용하는 미국 사이트도 꽤 있지만, 그 수는 전 세계의 모든 사이트 수를 고려해볼 때 미미한 수준이다. 페이스북은 물론 미국 사이트이지만, 이를 사용하는 사람들은 대부분 영어가 아닌 자기나라 언어로 표현한다. 위키피디아 역시 마찬가지다. 영어를 사용하지 않는 수백만의 사람이 인터넷 세계로 진입함에 따라 이러한 경향은 앞으로도 더욱 확대될 전망이다.

샌프란시스코 중심가 뉴 몽고메리 거리에는 외부에 그 어떤 표식도 없고 눈에 잘 띄지도 않는 소박한 건물 하나가 있다. 약속 시간보다 조금 일찍 도착해 난감해하고 있는데, 주름이 깊게 팬 수척한 얼굴의 경비원이 살며시 내 어깨를 치며 말했다. "저녁 6시가 내 퇴근 시간이라, 다른 데 갔다가 그 시간보다 늦게 오면 문이 닫혀 있을지도 몰라요. 괜찮다면 여기서 기다리는 건 어떻겠소?" 그리하여 나는 그 건물 6층에 있는 위키피디아 본사로 올라가기 전에, 잠시나마 경비원과 이야기를 나누게 되었다.

위키피디아는 전 세계에서 가장 많은 사람이 찾는 10대 웹사이트 중 하나인데도 그 건물 승강기에는 위키피디아 표지판 하나 붙어 있지 않았다. 사무실 입구에 ID 카드 통제 시스템도 없었다. 사무실 크기도 꽤 협소했고 외양이 고급스럽지도 않았다. 매달 190억 뷰의 페이지 조회 수를 가졌음에도 페이스북처럼 어마어마한 수의 엔지니어도 없었고, 몇 블록 떨어진 마켓 거리에 있는 트위터 본사처럼 거리에 커다란 네온 표지판도 내걸지 않았다. 온라인 백과사전인 위키피디아는 공식적으로 그 누구의 통제도 받지 않으며, 회원들끼리 자율적으로 통제가 이루어진다. 위키피디아 재단은 법적 문제나 기술적인 문제에만 개입할 뿐, 콘텐츠 문제는 네티즌들이 알아서 민주적인 방식으로 조율하도록 방임한다. 위키피디아의 나라별 사이트는 독립적인 지위를 갖고 있지만, 위키피디아 재단 대변인 매슈 로스는 다음과 같이 말했다. "사실 위키피디아는 나라별로 운영된다기보다는 언어별로 운영된다. 처음에는 이 문제로 말이 많았지만, 이제는 네티즌들도 지리적 분류보다는 언어적 분류를 더 중요시한다." 친절한 성향의 매슈 로스는 내 질문에 대해 전문가다운 답변을 해주었으며, 내가 필요로 하는 모든 수치를 제공해주었다. 즉 실리콘밸리 곳곳에서 나타나는 기밀 문화 같은 건 위키피디아엔 없었다. 다만 그는 현재 위키피디아가 거두고 있는 성공에 다소 압도된 듯한 모습이었다. 위키피디아의 창업자 지미 웨일스의 무모하리만치 과감한 정책에도 아직 적응하지 못한 것 같았다. 현재 런던에 살고 있는 지미 웨일스는 해당 분야의 전문가들을 중심으로 하되 부분적으로 일반인들도 참가할 수 있는 집단 백과사전 체계가 승산이 있을 것으로 생각하고 위키피디아를 만들었다.

그리고 그의 도박은 성공했다. 오늘날 위키피디아에는 2700만 개의 글이 올라와 있으며, (크리에이티브 코먼스 라이선스의 적용으로) 누구나 자유롭게 접근이 가능하다. 지금까지 인간이 만든 백과사전 가운데 이렇게 큰 규모에 다다른 백과사전은 없었으며, 이와 같이 즉각적인 반응과 피드백이 적용되는 백과사전도 없었다. '위키피디아가 수정한 브리태니커 백과사전의 오류' 페이지까지 만든 위키피디아는 불과 몇 년 사이 현존하는 백과사전 거의 모두를 사장시켜버리는 파괴적인 효과도 낳았다.

현재 위키피디아상에는 287개의 언어가 존재한다. 매슈 로스는 "영어가 제1언어이긴 하지만 (위키피디아상에선) 그저 하나의 소수 언어에 불과하다"며 위키피디아의 은어인 'NPOV', 즉 '중립적 시각에서Neutral Point of View' 이야기했다. 하지만 위키피디아에 올라온 독일어나 네덜란드어로 된 글 수는 각각 160만 개인 데 반해, 영어로 된 글 수는 440만 개에 달한다. 프랑스어로 된 글은 140만 개, 스페인어와 이탈리아어, 러시아어로 된 글 수는 각각 100만 개 정도다.

위키피디아상에 존재하는 언어 수는 말 그대로 놀라운 수준이다. 프랑스 브르타뉴 지방의 고유어인 '브르통', 프랑스 루아르 강 남부에서 사용되는 옥시타니아어(혹은 오크어), 코르시카 섬에서 사용되는 코르시카어 등 지역 언어는 물론이고 북미 원주민이 쓰는 체로키어와 샤이엔어, 북아프리카 원주민이 쓰는 카빌리아어와 베르베르어 같은 소수민족 언어도 있고, 수많은 방언도 있다. 위키피디아 페이지상에는 심지어 에스페란토어도 있어서 수천 명의 독자가 그 언어로 된 글을 읽는다. 로스는 "소수 언어권 사람들일수록 더욱 적극적으로 위키피디아를 이용하는 경향이 있다"고 말했지만, 그 현상에 대해 어떤 가치 판단을 내리려 하지는 않았다. 그는 현재, 위키피디아 페이지상에서 서비스되는 언어 수가 287개에 이르지만, 전 세계에 존재하는 언어 수가 6000개임을 감안하면 아직 부족한 수준이라는 것도 알고 있었다.

이 같은 사실은 인도의 인터넷 및 사회 센터 책임자인 니샨트 샴 역시 공감하고 있었다. 벵갈루루에서 만난 그는 이렇게 말했다. "공식 언어만 22개이고 지역 언어는 1600개 이상인 인도에서도 위키피디아가 점점 더 많은 지역 언어와 방언으로 번역되고 있다. 이는 상당히 흥미로운 변화인데, 인터넷이 차츰 지역화되고 있다는 것을 보여주기 때문이다." 포르투갈어 버전 위키피디아도 급격한 성장세를 보이고 있다. 브라질 포털 사이트 UOL의 대변인인 헤지스 안다쿠는 "현재 포르투갈어 버전은 정말 놀라운 속도로 커지고 있는데, 포르투갈어의 본토인 포르투갈 사람들보다 주로 브라질 사람들에 의해 탄력을 받고 있는 상황"이라고 말했다.

매슈 로스는 전 세계적으로 위키피디아에 참여하는 사람이 많아지는 현상을 흐뭇해하며 다음과 같이 말했다. "아직 위키피디아는 시작 단계에 불과하지만, 미처 백과사전을 갖추지 못한 일부 국가들에게 백과사전을 보유할 수 있게 해준다는 점에서 의미가 있다고 생각한다. 아울러 그런 국가들은 윅셔너리를 통해 처음으로 자국만의 단어 사전도 갖게 됐다." 샌프란시스코에 소재한 위키미디어 재단 본부의 각 회의실에는 오대륙 출신의 유명한 백과사전 집필자 이름이 붙어 있었다.

인터넷상에서 언어의 존재감은 대개 해당 언어의 사용자 수에 비례한다. 전체 인터넷 사용자 중 27퍼센트가 영어권 사용자라는 특수한 상황에도 불구하고, 인터넷상에서는 그 밖의 10여 개 언어 비율도 높다. 2011년 기준 사용자 수에 따른 언어별 페이지 비율을 살펴보면, 중국의 만다린어 페이지가 25퍼센트를 차지하고 그 뒤를 이어 스페인어 (8퍼센트), 일본어(5퍼센트), 포르투갈어(4퍼센트), 독일어(4퍼센트), 아랍어(3퍼센트), 프랑스어(3퍼센트), 러시아어(3퍼센트), 한국어(2퍼센트) 순이다. (힌디어의 경우 사용 비율이 낮은 편인데, 인도에서 인터넷 이용은 주로 영어로 이루어지기 때문이다. 벵골어나 우르두어, 말레이시아어도 사용 비율이 낮은데, 이는 이 언어들을 쓰는 인도 일부 지역 및 파키스탄, 인도네시아 등의 개발 수준이 낮기 때문으로 보인다. 하지만 인터넷 및 스마트폰 보급률이 높아짐에 따라 언어별 페이지 비율은 빠르게 달라지고 있다.)

반면 인터넷 사이트 내에서 사용되는 언어를 보면 아직은 55퍼센트의 유저가 웹사이트 홈페이지에서 영어를 더 선호한다. 나머지 언어권에서 해당 언어가 홈페이지로 사용되는 경우는 영어에 비해 크게 떨어지는데, 비율 순으로 살펴보면 러시아어(6퍼센트), 독일어(5퍼센트), 스페인어(5퍼센트), 중국어(4퍼센트), 프랑스어(4퍼센트), 일본어(4퍼센트), 아랍어(3퍼센트), 포르투갈어(2퍼센트), 폴란드어(2퍼센트), 이탈리아어(1.5퍼센트), 터키어(1퍼센트), 네덜란드어(1퍼센트), 이란어(1퍼센트) 순이다. (이 같은 결과 또한 어떤 관점에서 보느냐에 따라 뒤집힐 가능성이 높은데, 이 수치만 하더라도 일단 홈페이지 현황만을 집계한 2013년 통계 기준에 불과하다.)

Ñ

텔레비사의 디지털 및 뉴미디어 부문 부대표인 마누엘 힐라르디는 "Ñ란 글자는 스페인어에만 존재한다"며 자랑스레 말한 뒤 이렇게 덧붙였다. "문제는 이 글자가 인터넷상에서는 잘 나타나지 않는다는 점이다."

이 글자는 심지어 완전히 사라질 위기에 처했던 적도 있다. 1990년 대 초, 스페인에서는 'ñ'란 글자가 컴퓨터 시대에 과연 통용될 것인가를 두고 논쟁이 벌어졌는데, 그 열기는 투우 경기 금지 관련 논쟁이 벌어졌을 때와 버금갔다. 그 논쟁은 키보드에서 'ñ'가 빠진 컴퓨터들이 출시된 일을 계기로 시작되었다. 결국 스페인은 그런 컴퓨터들의 자국 판매를 금지하는 새로운 법 조항을 마련했다. 그러자 유럽연합은 1991년 5월 스페인 측에 그 법 조항을 폐기하라는 권고를 내렸다. 유럽연합 집행위원회 측에서 봤을 때, 해당 조항은 자국의 컴퓨터 산업을 발전시키기 위한 스페인의 보호주의적 성향을 나타내는 것이었기 때문이다. 하지만 스페인 사람들의 시각에서 봤을 때, 그 조항은 분명 정체성을 지키기 위한 것이었다. 마드리드에서 인터뷰한 스페인 일간지 『엘 파이스El País』의 온라인판 주필이자 유명한 블로거인 톰 C. 아벤다뇨는 다음과 같이 말했다. "유럽연합 본부의 요구에 순순히 따르게 되면, 모든 웹사이트에서 스페인은 'España'가 아니라 'Espanya'로 표기될 게 뻔했다." 스페인 정부는 유럽연합 측이 그 같은 권고 명령을 내린 바로 다음 날, 그 명령을 거부하겠다는 의사를 밝혔다. 스페인으로서는 차라리 스페인 왕실을 버리면 버렸지, 'ñ'를 포기할 수는 없었다.

'ñ'와 관련된 논란은 몇 년 후 다시 수면 위로 떠올랐다. 노벨문학상 수상자인 페루의 소설가 마리오 바르가스요사를 포함한 스페인어권 지식인들이 인터넷상에서 사라질 위기에 처한 'ñ'자를 지키기 위한 운동을 조직한 것이다. 스페인의 언어학자 라사로 카레테르는 'ñ'자를 희생시키느니 차라리 스페인은 유럽연합에서 탈퇴해야 한다고 엄숙하게 선언했다. 다행히 협상이 이루어져 다른 여러 특수 문자와 마찬가지로 'ñ'자 입력도 편리하게 이루어지게끔 컴퓨터 시스템이 수정됐다. "약간 우스운 일화이긴 하나, 이는 스페인 사람들의 세계화에 대한 두려움을 보여주는 사건이었다. 스페인 사람들은 인터넷 자체에 대한 두려움보다는 인터넷으로 인한 세계화에 대한 두려움이 더 크다. 어쨌든 그 사건은 스페인 사람들에게 유리한 결과로 마무리되었다." 톰 아벤다뇨는 이렇게 말하면서 자신의 성에 들어가는 'ñ'자를 빼먹지 말아달라고 부탁했다.

세계 최대의 스페인어권 채널인 텔레비사의 마누엘 힐라르디는 "인터넷상에서 계속해서 'ñ'가 빠지고 있다"고 강조했다. 그런 뒤 향후 10년에서 20년 사이에 스페인어 사용자 수가 얼마나 늘어날지를 예측한 파워포인트 자료를 보여주었다. 예상 수치는 상당히 놀라웠다. 그 자료에 있는 지도상에 스페인어 사용자는 브라질을 제외한 남미 지역 전체는 물론 카리브 제도와 스페인, 적도기니, 사하라 서부 일부 지역, (탕헤르 주위의) 모로코 북부, 나아가 스페인어 사용자가 급격히 늘고 있는 미국까지 분포되어 있었다. 또한 그 자료에서 텔레비사의 경쟁사 중 하나인 미국의 보도 채널 CNN은 'CÑN'이라고 표기되어 있었는데, 꽤 상징적으로 느껴졌다.

현재 미국에 사는 히스패닉계 수는 5300만 명으로 추산된다. 나라별로 나누어보면 멕시코, 푸에르토리코, 쿠바, 엘살바도르, 도미니카공화국 사람 수는 각각 3200만, 500만, 200만, 170만, 150만 명이며 과테말라와 콜롬비아 사람 수도 각각 100만 명에 이른다. 이 수치는 합법적인 체류자 수만 포함한 것이고, 히스패닉계 불법 체류자도 1000만

~1500만 명가량으로 추측된다(그중 다수는 멕시코인들이다).

마누엘 힐라르디는 "현재 인터넷 덕분에 텔레비사는 전 세계 어디에서나 시청이 가능하다"면서 "텔레비사는 멕시코뿐 아니라 스페인어를 사용하는 모든 이를 시청자로 두고 싶어한다"고 말했다. 특히 이 거대 멕시코 미디어 그룹은 미국 내 히스패닉 시장을 점령하고 싶어한다.

"미국에서 스페인어 텔레비전 시장은 두 자릿수 성장세를 보이고 있다." 과거 유니비전Univision 책임자였으며 현재는 마이애미에 있는 WPLG-TV 사장인 베르트 메디나는 이와 같이 말했다. ABC의 계열사인 WPLG-TV는 미국의 주요 스페인어 방송국들 중 하나다. 'MeTV'와 'Live Well'이라는 두 개의 채널을 보유하고 있으며, 다수의 웹사이트와 모바일 애플리케이션도 갖고 있다. 미국 최대의 스페인어 텔레비전 방송국인 유니비전은 텔레비사와 제휴관계를 맺고 있지만 완전히 독립적인 방송국이다(텔레비사는 유니비전 자본의 극히 일부만 보유하고 있다). 메디나는 "그럼에도 불구하고 유니비전은 대부분 텔레비사에서 제작한 텔레노벨라만 재방송하며, 프라임 시간대에도 텔레노벨라를 내보낸다"고 말했다.

유니비전은 얼마 전 디지털 혁명이라는 대세에서 밀리지 않기 위해 유비데오스 사이트(uvideos.com)를 신설했다. 텔레노벨라 동영상과 일종의 미니 드라마인 인터넷 드라마도 제공하는 이 사이트는 주로 온라인 광고를 통해 수익을 창출한다(미국의 온라인 광고 시장은 2012년 기준으로 30억 달러 규모의 수익을 올렸으며, 2014년에는 그보다 40퍼센트 많은 40억 달러 이상의 수익을 달성했다). 여론 조사 업체 닐슨Nielsen이 실시한 한 조사에 따르면 미국 내 히스패닉계 사람들의 구매력은 급격히 신장하고 있으며, 그들 중 72퍼센트는 스마트폰을 사용한다. 또한 그들은 온라인 비디오게임 분야에서 상당한 소비자 파워를 보이고 있고, 비히스패닉계 사람들보다 평균 1.5배 더 많은 온라인 동영상을 시청한다. 따라서 온라인 시장은 유니비전으로서는 놓칠 수 없는 곳이다.

미국의 히스패닉계 사람들이 스페인어 방송국 웹사이트는 텔레노벨라를 제공하는 것만으로 충분하다고 생각했다면, 유니비전은 인터넷상에서도 미국 최고의 스페인어 방송국이라는 지위를 쉽게 차지했을 것이다. 하지만 유니비전은 인터넷 분야에 뛰어들면서 두 가지 난관에 봉착했다. 첫 번째 난관은 미국 내 히스패닉계의 인구 구성과 관련된 것이다. 주로 텔레비사에서 제작한 프로그램을 내보내는 유니비전은 멕시코계 미국인들 사이에서는 여전히 인기가 많지만, (푸에르토리코나 쿠바 출신 등) 그 외 히스패닉계 사이에서는 차츰 인기가 떨어지고 있다. 때문에 여러 히스패닉계를 겨냥한 동영상들이 수없이 쏟아지는 인터넷상에서는 선두 주자의 지위를 상실할 수밖에 없었다. 현재 인터넷 부문에서는 유니비전의 주요 경쟁사인 텔레문도Telemundo가 선두를 달리고 있다. NBC 유니버설 산하 스페인어 채널인 텔레문도는 최근 젊은 스페인어권 게이머들을 끌어들이기 위해 mun2.tv도 개설했다.

유니비전이 봉착한 두 번째 난관은 문화적 차원의 문제다. 미국 내 히스패닉계 중 특히 미국에서 태어난 젊은이들은, 자신들이 현재 미국에서 처한 현실을 다룬 드라마를 찾고 있다. 즉 히스패닉계를 싫어하는 인종주의 문제를 다룬 드라마, 당뇨병이나 과체중으로 고민하는 히스패닉계를 다룬 드라마, 턱없이 높은 대학 등록금 문제나 불법 이민자 문제를 다룬 드라마, 그리고 미국으로 이주해온 히스패닉계와 미국 현지에서 태어난 히스패닉계 간의 갈등을 다룬 드라마를 원한다. 또한 그들은 스페인어로 된 음악도 좋아하지만, 미국 내에서 결성된 히스패닉계 밴드의 영어로 된 음악도 듣기를 바란다. 히스패닉계가 사용하는 은어도 차츰 다양해지는 양상이며, 사회적·직업적 지위도 달라지고 있고, 선호하는 요리나 생활양식, 문화 등도 차별화되어간다. 또한 미국의 히스패닉계 젊은이들은 드라마와 토크쇼를 영어로 시청하길 바라기에, 유니비전의 일부 프로그램들에는 영어 자막이 달릴 정도다. 베르트 메디나는 다음과 같이 주장했다. "히스패닉계 사람들은 미국 사회에 동화되어갈수록 점점 더 영어를 사용하게 된다. 따라서 그들을 위한 인터넷 사이트는 물론 케이블 채널을 포함한 TV 채널도 늘어나야 한다."

유비데오스 사이트가 스페인어는 물론 영어로도 서비스되는 것은 바로 이 같은 상황을 반영했기 때문이다. 2013년에 유니비전과 Disney-ABC TV가 합작하여 만든 케이블 채널 퓨전Fusion도 영어를 사용하는 라틴계 젊은이들을 대상으로 한다. 이 채널의 웹사이트(fusion.net)도 라틴계 젊은이들의 문화와 그들이 환호하는 스타에 관한 소식을 주로 다루고 있다. 한편 미국의 거대 인터넷 기업들도 미국 내 히스패닉계 사람들을 위한 서비스를 제공한다. 가령 넷플릭스는 스페인어 페이지를 서비스하고 있고, 훌루도 훌루 라티노 페이지(www.hulu.com/latino)를 신설했다. CBS Interactive는 기술적 정보 및 소비에 관한 자사 사이트 CNET의 스페인어 버전을 구상 중이며, 비디오게임 사이트 게임 스팟Game Spot도 스페인어 사이트 구축을 고려 중이다. 이 같은 예를 보면 인터넷상에서 언어는 분명 중요한 문제임을 알 수 있다. 이와 함께 인터넷 사용자의 지리적 위치 또한 중요하다. 콘텐츠 산업은 결코 세계화되지 않았으며, 이는 여전히 특정 지역과 언어에 깊게 뿌리내리고 있다. 라틴아메리카에서도 언어와 장소라는 두 가지 기준이 차츰 흐려지기보다는 더욱더 뚜렷해지고 있다. 즉 인터넷은 전통적인 지리적·언어적 경계를 없애는 게 아니라 오히려 이를 확인시켜주는 도구인 셈이다.

미국 입장에서는 다양한 인구 구성과 문화를 둘러싼 싸움이 문제이지만, 멕시코 입장에서는 자국의 문화와 언어를 지키는 것이 중요한 문제다. 나는 멕시코에서 멕시코 전 문화부 장관 콘수엘로 사이사르 게레로를 만났는데, 그녀는 카를로스 푸엔테스, 옥타비오 파스, 호르헤 루이스 보르헤스 등과 같은 유명 작가들의 작품을 출간한 출판업자 출신이다. 콘수엘로 전 장관은 스페인어를 위한 공동의 싸움은 신뢰하지 않는 사람으로, 자국의 언어를 '스페인어'가 아니라 '멕시코어'라고 표현하면서 멕시코어의 특수성을 내세웠다. 그녀는 미국에서 살아가는 히스패닉계 사람들이 미국의 언어와 문화에 오염되는 것을 우려했다. 또한 멕시코인의 10퍼센트는 스페인어가 아니라 마야어 같은 멕시코 내 50개 주요 토착어나 수백 개의 소수 언어를 사용한다는 점을 일깨워줬다. 흰색 블라우스와 검은색 정장을 입고 곱슬거리는 중간 길이의 머리에 둥근 얼굴을 한 콘수엘로 전 장관은 머리에 공사장 헬멧을 쓰고 있었다(당시 우리는 멕시코의 유물 복원 현장에 있었다). (5만 명의 팔로어를 대상으로 총 2만3000건의 트윗을 작성한) 그녀는 손에서 절대 스마트폰을 놓지 않고 쉼 없이 트윗을 올리더니, 내 앞에서 펜 하나를 들고 종이에 두 개의 커다란 원을 그려 보이며 이렇게 말했다. "여기는 구텐베르크의 영역이고, 여기는 애플의 영역이다. 책의 역사에 있어 두 개의 중요한 포인트가 된 지점이다." 자신의 말을 잠시 음미한 뒤, 그녀는 현재 존립을 위협받고 있는 책과 출판 분야, 그리고 아름다운 스페인어를 구하기 위한 전쟁을 구상하고 있다고 얘기했다.

멕시코의 인터넷 및 통신 규제 기구 코페텔의 청장 모니 데 스완은 좀더 노골적으로 말했다. "스페인어는 현재 위기에 빠진 게 아니다. 외려 그 반대다. 우리 언어를 쇠약하게 만들고 있는 텔레비사만 아니라면 전혀 문제될 게 없다. 언어를 파괴하는 것은 인터넷이 아니라 대중 텔레비전이다."(모니 데 스완은 멕시코 TV 시장을 독점하고 있는 텔레비사를 포함해 두 개 방송국에 대한 지속적인 투쟁을 벌여왔다.)

이렇듯 갈등은 영어권과 다른 언어권 사이에서만 빚어지는 것이 아니라 같은 언어권 안에서도 나타난다. 그리고 인터넷은 모든 언어의 지도를 새로이 만들고 있다.

키릴 자모 인터넷

모스크바 톨스토이 거리의 근사한 건물에 입주해 있는 러시아 검색 포털 얀덱스Яндекс(알파벳으로는 Yandex) 본사는 도처에 녹색이 보이고, 어디서나 무선인터넷이 잡히며, 페이스북 본사와 마찬가지로 여기저기서 자유롭게 샐러드 접시 위에 과일을 담아 먹을 수 있는 등 캘리포니아의 IT 회사 분위기를 풍겼다. 의도적으로 따라 한 듯했다. 본사 직원 수는 2000명으로(얀덱스 전체 직원 수는 4000명), 시장의 60퍼센트를 차지하는 구글 직원 수와 비슷했다. 직원들은 회사 내에서 운동이나 다트 놀이를 즐기고, 미국의 갱스터 래퍼처럼 자유롭게 벽에 낙서를 하기도 했다. 영어나 키릴 자모로 쓰인 그 낙서들 중에는 반문화적 슬로건이나 유명한 인용구도 눈에 띄었다.

"인터넷에서 언어는 앞으로 가장 중요한 문제가 될 것이다." 얀덱스의 공동 창업주 중 한 명인 옐레나 콜마놉스카야는 이렇게 말했다. 전 세계적으로 디지털 산업 분야에서 여성의 비율은 적은 편이고 러시아에서는 특히 더 적은데, 옐레나 콜마놉스카야는 그런 러시아에서 그야말로 보기 드문 여성 창업주다. 그녀는 "러시아에서 시작한 얀덱스는 키릴 자모를 사용한 덕분에 구소비에트 연방에 속해 있던 대부분의 국가에서 인기를 얻게 됐다"고 말했다. 다시 말해 키릴 자모 사용이 얀덱스의 성장 동력 중 하나였던 셈이다. 그로 인한 또 하나의 장점을 그녀는 다음과 같이 설명했다. "러시아에서는 구글과 같은 미국 검색엔진보다 얀덱스가 더욱 정확한 검색 결과를 보여준다."

얀덱스는 키릴 자모를 쓰는 수많은 러시아권 웹사이트 중 하나에 불과하다. 러시아권 웹사이트들은 주로 '.ru'라는 도메인 확장자를 갖고 있기에 전체가 '루넷RuNet'이라고 불리기도 한다. 하지만 일부 러시아 웹사이트는 '.com'을 사용하기도 하는데, 러시아판 페이스북인 브콘탁테(VK.com)가 이에 해당한다. '.da'나 '.net'이라는 도메인 확장자를 갖고 있는 러시아 웹사이트들도 있는데, 러시아어 'da'와 'net'은 각각 'Yes'와 'No'를 의미하기 때문에 언어유희가 생겨나기도 한다.

키릴 자모로 된 콘텐츠가 나라에서 나라로 배포되는 양상을 분석해 보면 언어 문제와 관련한 상황이 꽤 복잡하다는 것을 알 수 있다. 얀덱스를 비롯한 러시아 포털들은 여러 가지 복합적인 문제를 안고 있다. 일단 중앙아시아 지역 국가들을 포함해 구소비에트 연방이었던 국가들은 러시아와의 관계가 제각각 다르다. 포스트 소비에트 시대에도 벨라루스와 카자흐스탄 등 몇몇 나라는 러시아가 구상한 신권위주의 모델을 따르고 있다. 그래서 루블화를 중심으로 한 단일 화폐제도 제정도 고려하고 있으며, 관세 철폐까지 생각하는 상황이다. 이 나라들은 인터넷 환경도 러시아의 영향을 받아 필터링이 이루어진다. 반면 러시아에 대한 반감이 큰 조지아 등의 나라는 모스크바의 간섭을 거부하고 디지털 검열에 저항하려는 성향을 보인다. 또한 러시아로부터 자국의 정체성을 지키기 위해 영어 사용이 권장되는 등 다소 역설적인 상황이 연출되기도 한다. 혁명 이후 상황이 안정되지 못한 우크라이나의 경우, 웹 환경 또한 러시아와 유럽 사이에서 우왕좌왕할 가능성이 높다. 그에 반해 투르크메니스탄, 우즈베키스탄, 타지키스탄, 아제르바이잔, 아르메니아 등은 러시아를 하나의 롤모델로 삼고 있다. 이 나라들은 터키나 이란의 영향도 일부 받고 있는데, 쉽게 말해 이슬람이라는 또 하나의 요인이 작용하는 것이다. 베르디무함메도프의 독재가 맹위를 떨치는 투르크메니스탄은 심지어 중국식의 무조건적 검열 모델을 채택했다. 이렇듯 키릴 자모권 안에서도 지역에 따라 인터넷 환경은 다르게 나타난다. 러시아와 이란, 터키는 서로 각축전을 벌이며 중앙아시아에 영향을 미치고, 중국은 몽골에 영향을 준다. 테헤란이나 모스크바, 베이징에서와 마찬가지로 이스탄불에서도 디지털 주체들은 텔레비전 드라마나 음악, 뉴스 채널 등을 무기로 한 소프트 파워를 앞세워 인터넷을 정복하려 한다.

약덱스 역시 이 같은 맥락을 잘 알고 있다. 현재 약덱스는 터키 등 키릴 자모권 밖의 지역으로도 진출하여 소소한 성과를 거두고 있다.

모스크바에 있는 얀덱스 터키 사무국을 찾은 나는 터키 초대 대통령 아타튀르크의 초상과 터키 국기가 걸려 있는 것을 보고 꽤 놀랐다. 마치 앙카라에 와 있는 듯했다. "우리는 유럽의 외곽 지대에서 시장을 찾았다. 터키의 검색 시장은 구글이 장악하고 있지만, 그래도 구글 이외의 거목은 아직 존재하지 않는다. 또한 우리는 터키어를 비교적 쉽게 이해할 수 있다는 강점이 있다. 물론 얀덱스는 터키에서 완벽한 터키어로 서비스된다. 웹사이트 구축에 사용되는 기술은 동일해도, 웹사이트 각각은 지역적 특색을 지닌다. 우리는 구글처럼 글로벌 시장을 추구하기보다 러시아 내의 로컬 기업, 터키 안의 로컬 기업이길 원한다. 다른 지역에서도 마찬가지다. 우리는 '초지역적인translocal' 기업이고 싶다." 이렇게 말한 옐레나는 소프트 파워 측면에서의 전략 과제에 대해서는 함구했다. 이 러시아 기업이 아시아의 거대 시장인 터키에 진출한 목적은 바로 이 소프트 파워를 갖기 위해서인데도 말이다.

이야기를 마치고 자리에서 일어나던 옐레나가 갑자기 다시 자리에 앉으며 일화 하나를 들려주었다. 파리에서 열린 '고위급' 유럽 회담에서 있었던 일이라고 했다. 그 자리에 있는 "모든 사람이 페이스북 애플리케이션과 트위터상의 홍보 수단에 대해서만 논의하고 있었다." 옐레나는 흥분한 모습으로 말했다. "러시아에서는 그들과 다르게 인터넷 문제에 접근한다. 가령 미국의 SNS를 받아들이려 하기보다, 그것에 대항할 수 있는 러시아만의 페이스북과 트위터를 만들고자 노력했다. 그리고 우리는 그 일을 해냈다."

.quebec

프랑스어권의 인터넷 상황도 러시아어권이나 스페인어권과 다르지 않다. 즉 프랑스어권 네티즌들도 프랑스어로 된 웹사이트를 원한다. 몬트리올에서 만난 소설가 장프랑수아 리제도 바로 그 점을 반복해서 강조했다. 그는 영어가 강세를 보이는 인터넷상에서 프랑스어 수호운동을 펼치자는 취지의 글을 매일 '블로그blogue'에 올린다. [프랑스어로도 블로그는 보통 영어 표기 그대로 'blog'라 쓰지만, 프랑스어 발음을 더 준수한 'blogue'라는 표기를 쓰기도 한다. 'blog'는 프랑스어 발음에 따르면 '블록'이라고 읽히기 때문이다. 단 프랑스에 있는 프랑스어 사용자 대부분은 'blogue'라는 표현을 쓰지 않는다.]

나와 장프랑수아 리제는 라디오 캐나다의 한 간판 프로그램에 패널로 초대됐다. (프랑스어로 진행되는) 그 토론 프로그램에서 비록 안타깝긴 하지만 프랑스 젊은이들은 영어를 '쿨한' 언어로 생각한다고 내가 지적하자, 그는 크게 흥분하여 펄쩍 뛰면서 문화 분야의 미국화와 인터넷상의 영어 우위 현상에 반대한다고 강하게 주장했다. 그를 도발해보려는 심산으로 내가 "유럽인들은 영어로 말할 때 자신이 유럽인임을 드러내기 위해 일부러 프랑스어나 이탈리아어, 스페인어 억양을 노출한다"고 하자 그는 두 배로 분노한 듯한 표정을 지었다. 그러나 그는 내가 농담을 하고 있다는 걸 알고 있었다. 그는 나와는 달리 프랑스어 억양이 전혀 없는 영어를 구사하기 때문이다.

우리는 모로코, 루마니아, 아르헨티나, 미국의 메인 주에 이르기까지 과거에는 프랑스어권이었으나 지금은 프랑스어가 쇠퇴한 지역의 프랑스어 이용 실태를 짚어본 후 방송을 마쳤다. 그가 라디오 캐나다에서 벗어나 프랑스어 대변인 역할을 내려놓았을 때, 나는 전통적인 프랑스어권 중 하나인 레바논에서 이제 젊은 층을 대상으로 한 라디오 방송국과 그 웹사이트는 아랍어도 프랑스어도 아닌 영어만 사용한다고 말해주었다. 가령 NRJ 레바논 방송국의 웹사이트 nrjlebanon.com에는 아랍어 페이지가 존재하지 않으며, 프랑스어를 쓰는 레바논 사람들이 찾을 수 있는 프랑스어로 된 방송국 사이트는 라디오 노스탈지Radio Nostalgie의 사이트(nostalgie.com.lb)뿐이라고. 물론 그가 영어의 전 세계적인 확산 현상을 모르는 바는 아니었으나, 그래도 꽤 충격을 받은 듯했다. 하지만 그는 포기하려 하지 않았고, 심지어 더 열심히 싸우겠다는 의지를 보이며 방송 토론 자리에서와는 전혀 다른 말을 했다. 거기서는 인터넷 때문에 전 세계의 미국화 현상이 나타나고 있다고 이야기했던 그가 다음과 같이 말한 것이다. "프랑스어에 제2의 기회를 제공하는 것이 바로 웹이다. 이 기회를 잡을 수 있어야 한다." (나와 이런 대화를 한 지 얼마 지나지 않아 장프랑수아 리제는 퀘벡 정부에 입성하여 국제관계, 프랑스어권, 대외무역을 담당하는 장관직을 맡았다.)

몬트리올을 암암리에 둘로 나누고 있던 언어적 경계는 디지털 경계로 인해 더욱 뚜렷해졌다. 캐나다는 인터넷 이용도가 꽤 높은 편이라서 카페와 음식점 등 대부분의 가게들이 쇼윈도에 자기 가게의 웹사이트 도메인 명을 적어놓고 있으며, 와이파이도 무료로 제공한다. 도메인 확장자 명은 캐나다 동부의 경우 '.qc.ca'가 사용되었고, 생로랑 대로를 넘어 서부로 들어서면 '.ca'가 사용된다. 캐나다의 프랑스어권 지역과 영어권 지역을 둘로 나누는 암묵적 경계선인 이 유명한 대로를 사이에 두고, 한쪽에서는 퀘벡 주민임을 자랑스러워하는 한편 또 다른 한쪽에서는 캐나다인임을 내세우며 영어를 사용한다. 장프랑수아 리제는 ".qc가 하나의 정체성인 셈"이라고 말했다.

프랑스어를 사용하는 퀘벡 주 사람들은 셰익스피어와 레너드 코언의 언어가 인터넷을 장악하자 조직적으로 단결해 프랑스어로 된 디지털 콘텐츠 공급을 늘리는 한편, 프랑스어의 위상을 높이기 위한 상징적 측면에서 'qc.ca'가 아니라 아예 '.qc'를 사용하자는 운동을 벌이고 있다.

이런 퀘벡 주 사람들과 정면으로 대치하고 있는 것이 캐나다 인터넷 주소등록기구 CIRA(Canadian Internet Registration Authority)다. 비영리기구인 이 조직은 오래전부터 '.ca'를 우선시해왔고, (프랑스어로 된) 공식 웹사이트상에서도 "캐나다 도메인 확장자의 일원화"를 주장하며 이는 "웹상에서 캐나다의 국기를 다는 일"이라고 역설했다. 거기까지만 했다면 퀘벡 사람들의 반발을 불러일으키지는 않았을 것이다. 그러나 이 기구는 한발 더 나아가 2010년에 이중 도메인 확장자를 반대하고 나섰다. 이유는 도메인 간소화와 검색엔진 조회 결과 개선이었다. 이 기구의 주장이 받아들여져 앞으로 만들어지는 새로운 사이트는 '.qc.ca'(퀘벡 주)나 '.on.ca'(온타리오 주) 같은 도메인을 쓸 수 없게 되었다. 이 일방적인 결정이 처음 내려졌을 때 퀘벡 의회는 동요했으나 철회시키지는 못했다.

전쟁은 계속 이어졌다. 특히 새로운 도메인 확장자 원칙이 퀘벡 주 정부에도 적용되면서 상황은 더욱 악화됐다. 그런데 2013년에 도메인을 관리하는 미국의 ICANN이, 기존의 ('.com' '.edu' '.org' 등) 20개 이상의 1차 확장자와 ('.uk' '.de' '.it' 등) 240여 개의 국가명 확장자에 더해 1000여 개의 신규 확장자 입찰 신청을 받아들이기로 했다. 이는 ICANN이 2000년대 중반부터 폭넓게 자문을 구한 끝에 내린 결정이었다. 따라서 앞으로 구글은 '.google', 음악 사이트는 '.music', 파리 지역 사람들은 '.paris', 호텔 사이트는 '.hotel'이란 최상위 도메인을 가질 수 있게 되었다. 상황이 이렇게 되자 퀘벡 주 사람들은 '.quebec'이란 도메인 확장자를 등록하고 싶어했다. 그리 신중한 방식이라 보기는 힘들지만 '.ca'만을 허가하는 캐나다 당국의 결정을 벗어날 수 있는 좋은 방법이었다.

"더 이상 '.qc'이나 'qc.ca'를 위해 싸우지 않는다. 이제 우리는 '.quebec'을 원하기 때문이다." 몬트리올에서 만난 라디오 캐나다와 텔레 퀘벡Télé Québec의 기자인 장필리프 시프리아니는 내게 이렇게 말했다. 푸앵 퀘벡Point Quebec이라는 조직이 웹상에서 퀘벡의 정체성을 고취시켜야 한다며 '.quebec'이라는 도메인 신청서를 내자는 운동을 벌였지만, 그러자면 18만5000달러 상당의 자금이 필요했다. 그때까지 이 문제와 관련하여 전면에 나서지 않았던 퀘벡 의회는 일단 푸앵 퀘벡에 대한 자금 지원 결의안을 통과시킨 뒤, 다음으로 ICANN에 대한 로비활동을 벌여 결국 푸앵 퀘벡에 240만 캐나다 달러의 대출금을 지급해주었다. 퀘벡 주 정부는 한 성명을 통해 다음과 같이 주장했다. "퀘벡 고유의 도메인 확장자를 가지면 인터넷상에서 퀘벡의 정체성을 드러낼 수 있기에, 문화적·관광적 측면에서도 도움이 될 것이다. 또한 퀘벡 네티즌들도 도메인 확장자를 통해 프랑스 기업과 퀘벡 기업을 좀더 쉽게 구분할 수 있을 것이다." 하지만 순수주의자들은 '.quebec'에도 만족할 수 없었다. 그들은 '오르디폰ordiphone'(퀘벡에서 스마트폰을 일컫는 말)에 퀘벡의 새로운 도메인 확장자를 '.quebec'으로 입력할 것인가 아니면 프랑스어에서 통상 '악상accent'이라 일컫는 발음 부호를 넣어 '.québec'이라고 입력할 것인가라는 질문을 던졌다. 전자를 택하면 프랑스어를 배신하는 꼴이지만, 후자를 택하면 비프랑스어권 사람들을 따돌리는 꼴이었다. 퀘벡 주는 그 두 가지 도메인 확장자를 모두 ICANN 측에 요청하는 것으로 그에 대한 논란을 마무리 짓는다.

그러자 CIRA는 프랑스어 사용자들이 '.ca'를 쓰도록 장려하기 위한 유인 카드를 준비한다. 공식 웹사이트를 통해 '발음 부호가 모든 것을 변화시킵니다. 제대로 된 프랑스어로 '.ca' 주소를 완성하세요'라는 메시지를 전하면서 '.ca'만 쓰면 그 앞에는 'é'나 'è' 'û' 'à' 'ç' 'ë' 'œ' 등을 쓸 수 있다고 천명한 것이다. 사실 'qc.ca'가 금지되기 전에도 이를 사용하는 사이트 수는 매우 적은 편이었다고 전문가들은 말했다. '.ca' 사용을 꺼리는 퀘벡 사람들은 대개 '.com'이나 '.net'을 사용했고, 심지어 프랑스의 국가 도메인인 '.fr'을 사용하는 경우도 있었다. 이들이 과연 '.quebec'을 사용할 것인가가 앞으로의 문제다.

CIRA의 말마따나 국제 규정에 따르면 도메인 확장자가 '.ca'이기만 하면 그 앞에는 발음 부호가 포함된 다양한 프랑스어를 쓸 수 있으며, 심지어 'cira.ca'라는 도메인 이름을 갖고 있는 사람은 'cirà.ca' 'çira.ca' 'cîra.ca' 등의 도메인도 등록할 권리를 갖게 된다. 이런 주소들은 다른 나라의 검색엔진에서는 발음 부호 없이 'cira'라고 입력해야 하지만, 프랑스어권 웹사이트에서는 발음 부호까지 포함하여 입력할 수 있으며 홍보 또한 해당 주소로 할 수 있다. 하지만 벨기에 사람들이 우스갯소리로 하는 말마따나 "그런다고 콩고가 반환될 리는 없다." [무언가 뜻대로 되어가지 않는 상황을 가리키는 표현이다.] 다시 말해 프랑스어권 사람들의 프랑스어 수호를 위한 싸움은 그런 규제 규정으로 인해 중단되지 않았다.

언어를 둘러싼 이 같은 싸움은 세계화된 인터넷 안에서도 국가나 지역, 혹은 특정 공동체의 정체성이 유지되고 있음을 알려준다는 면에서 희소식이 아닐까 싶다.

도메인 이름이나 이메일 주소에 자국의 발음 부호를 집어넣기 위한 싸움은 오늘날 전 세계에 걸쳐 진행되고 있다. 영어가 주도하는 인터넷상에서 그 존재를 위협받고 있는 것은 악상 부호가 들어간 프랑스어 문자, 틸드 부호가 들어간 'ñ' 같은 스페인 문자 등 라틴어 계열만의 문제가 아니라 러시아 자모, 아랍어, 히브리어, 중국어의 한자, 일본의 히라가나 등의 문제이기도 하기 때문이다. 위키피디아나 구글은 물론 70개 언어를 쓰는 회원 10억 명을 거느린 페이스북의 성공 요인 중에는 여러 언어로 구축된 사이트를 제공한다는 점도 포함되어 있음을 명심해야 할 것이다.

도메인 이름에 영어 이외의 문자가 쓰이기까지 왜 그토록 오랜 시간이 걸렸을까? 도메인 이름을 주관하는 ICANN이 미국 기관이라는 사실과 결코 무관하지 않겠지만, 그보다는 기술적 난관이 더 크게 작용했다. 일단 도메인 이름에 발음 부호가 들어간 문자를 읽을 수 있으려면 새로운 버전의 인터넷 브라우저가 필요했다. 인터넷 익스플로러의 경우 버전 7.0부터 이 작업이 가능했고, 파이어폭스는 버전 2.0부터, 사파리는 버전 1.2부터 발음 기호가 들어간 인터넷 주소를 로딩할 수 있었다. 앞으로 인터넷의 발전 방향은 이 같은 언어적 제약을 해결하는 쪽으로 나아갈 듯하다. 워싱턴에서 만난 ICANN의 특별자문위원 제이미 헤들런드는 다음과 같이 말했다. "그것은 기술적으로도 꽤 복잡한 문제이고 인터넷 규약에 관한 문제이기도 해서 계속 연구 중이다. 현재는 도메인의 ' . ' 왼쪽에는 특수 기호나 발음 부호를 사용할 수 있지만, 오른쪽에는 그런 것들을 사용할 수 없다." 쉽게 말해 'école.edu'라는 도메인은 쓸 수 있지만 'école.édu'는 불가하다는 것이다.

좀더 상황이 복잡한 아랍어의 경우, 도메인에 아랍어 문자를 쓸 수 있게 만드는 것도 문제이지만 브라우저가 그것을 인식하게 만드는 것도 문제다. 그럼에도 이집트는 가장 먼저 아랍어 국가 도메인 이름을 획득한 나라다. '이집트의 아랍어 국가 도메인 이름 'مصر.'은 우측에서 좌측으로 읽으면 문자 그대로 '이집트'라는 뜻이다. 알제리의 국가 도메인도 2012년 이후로는 기존의 '.dz'에 더해 'الجزائر.'도 쓰이게 되었다. 이런 새로운 도메인 이름은 인터넷의 지역화를 더욱 가속화하는 요인이 됐다.

중국어의 경우는 다른 이유에서 문제가 복잡하다. 문자 수가 너무 많기 때문이다. 또한 중국어의 로마자 표기법인 '핀인pinyin'으로 쓸 것인지, (대륙 쪽에서 사용하는) 중국어 간체자를 쓸 것인지, 아니면 타이완이나 싱가포르, 마카오, 홍콩 등지에서 사용되는 전통 번체자를 쓸 것인지도 문제인데, 이는 정치적 사안이기도 하다. 심지어 홍콩과 마카오에서는 만다린어 대신 광둥어를 구어로 쓰고 있다. "1990년대에 디지털 혁명이 시작됐을 때, 웹상에서는 중국어 문자 대신 라틴어계 문자를 써야 하는 현실에 두려움이 일었지만, 우리는 꽤 빠른 시일 내에 이 문제를 해결했다. 신속하게 중국어 문자를 쓸 수 있게 해주는 간편한 소프트웨어를 개발했기 때문이다. 현재는 8억 중국인들이 이 소프트웨어를 사용하고 있다." 베이징에서 만난 중국의 주요 웹 포털이자 검색엔진인 소후Sohu의 대변인 왕쯔후이의 말이다.

언어 투쟁은 여러 지역의 인터넷 주체들에게 있어 매우 중요한 싸움이다. 자신들의 언어는 물론 정체성이나 문화와도 관련돼 있기 때문이다. 나는 취재 중에 중국, 러시아, 한국, 아프리카, 그리고 이란을 포함한 아랍권의 피시방에서 라틴어계 문자를 잘 모르는 사람들이 웹 주소를 입력하기가 얼마나 어려운지를 눈으로 직접 확인했다. 자국어로 웹 주소를 입력하면 자동으로 원하는 웹사이트에 접속하게 해주는 소프트웨어들이 나와 있긴 하지만, 그 기능은 아직 제한적이라 근본적인 발전이 요구된다. 뉴델리에서 사용되는 이런 자동 변환 소프트웨어 퀼패드Quillpad의 슬로건은 다음과 같이 지극히 단순하다. '영어로는 충분하지 않기 때문에.'

현재 웹의 국제화 과정이 진행되고 있고, 매년 비로마자 계열의 새로운 도메인 이름이 인증을 받고 있다. 제네바에서 만난 아마둔 투레 ITU 사무총장은 "비로마자 계열의 인터넷 주소 문제가 현재 해결되는 중"이라고 확언했다. 결국 인터넷에서 전 세계의 모든 언어가 통용되고 인터넷 주소 역시 전 세계 주요 언어로 표기될 가능성이 높다.

To Gengo

실리콘밸리에서는 이미 이 같은 혁명적 움직임을 예측했다. 예전에는 인터넷 전문가와 거대 인터넷 기업들이 전 세계에 미국화된 무형의 콘텐츠를 배포할 수 있으리라 생각했다. 하지만 이제는 디지털 세상이 더 이상 그와 같이 돌아가지 않는다는 사실을 깨달았다. 인터넷 지역화 현상에 적응하기 위해 문화의 다양성과 언어의 다양성을 고려해야 하는 상황이 된 것이다.

실리콘밸리 중심부 마운틴뷰에 위치한 구글 본사에서 몇 블록 떨어지지 않은 곳에는 칸 아카데미의 훌륭한 오픈 스페이스 건물이 있다. 사람들 말로는 구글이 임대해준 것이라고 한다. 칸 아카데미가 게시하는 동영상 강의 덕분에 매달 수백만 뷰가 올라가는 (구글에 속한) 유튜브는, 이 비영리기구의 성공이 그저 반가울 따름이다. "구글은 우리를 재정적으로 지원해주며, 구글의 CEO는 우리 이사회 임원이다. 구글의 호스팅을 받고 있는 우리는 전적으로 유튜브상에서만 동영상을 배포한다." 칸 아카데미의 전략 콘텐츠 국장 민리 비르도네는 이와 같이 말했다. 매우 독특한 이 아카데미 건물 입구에 걸린 모니터에는, 개설 중인 강좌 및 '미니 강연'의 실시간 조회 수가 표시되어 있었는데, 거의 500만에 육박했다. 매초 늘어나는 이 수치는 매일 아침 초기화된다.

뉴올리언스 출신의 살만 칸은 방글라데시 출신의 아버지와 인도 출신의 어머니 밑에서 태어난 미국인이다. MIT와 하버드 비즈니스 스쿨에서 학위를 받은 칸은 전 세계 어린 학생들이 교육받을 수 있는 칸 아카데미를 설립했다. 그가 유튜브상에 올린 짤막한 무료 교육 동영상은 무려 4500개가 넘는다. 이 동영상을 통해 아이들은 대수학과 분수의 원리와 피타고라스 정리를 배울 수 있다. 강의 내용은 자동으로 제공되는 실전 연습 문제로 보완된다. 비르도네는 다음과 같이 말했다. "우리는 무상교육 실현을 위해 노력하고 있으며, 우리가 추구하는 목표는 단 한 가지, 바로 문제를 푸는 것이다." 비르도네는 실리콘밸리에서 디지털 사업가들이 종종 사용하는 기적의 문장 'problem solver'를 말하고 있었다. 프로젝트의 특징에 대해 열거하면서 그는 이렇게 강조했다. "교육은 인간의 권리이기에 무상으로 제공되어야 한다. 우리는 비영리적 성격의 스타트업이기에 광고를 하지 않으며, 우리 동영상이 자유롭게 공유될 수 있도록 크리에이티브 코먼스로 배포한다. 또한 학생들의 데이터를 상업화하지도 않는다."

칸 아카데미를 대표해서 나온 샬럿 쾨니거는 내게 건물 내부를 구경시켜주었다. 50여 명의 개발자와 콘텐츠 매니저들은 아이 같은 순수한 마음으로 분주히 일하고 있었다. 일부는 쿠키를 만들고 있어서 공동주방의 커다란 테이블 위에 수많은 쿠키가 쌓여가고 있었다. 매주 목요일 저녁 사무동에서 열리는 '게임 파티game party'를 위한 것으로, 이 행사는 실리콘밸리의 전통이기도 하다.

"우리는 개인화 전략으로 성공을 거두었다. 다시 말해 우리가 제공하는 동영상은 학생 개개인의 특수성에 맞춰져 있다. 중요한 건 적절한 때에 적절한 학생에게 적절한 콘텐츠를 제공해주는 일인데, 우리가 만들어놓은 알고리즘을 이용하면 이 같은 서비스를 성공적으로 제공할 수 있다. 동영상은 30개의 서로 다른 언어로 이용이 가능하다." 비르도네는 잠시 말을 끊었다가 널따란 개방형 사무실을 찬찬히 둘러본 뒤 이렇게 덧붙였다. "기술이 가진 힘 덕분에 우리는 학생들 한 명 한 명을 대상으로 맞춤형 교육을 실시할 수 있었다. 그만큼 개별화된 여러 가지 대화 채널이 존재한다." 각국에 진출한 칸 아카데미는 콘텐츠의 현지화 작업 및 번역 작업을 진행하기 위해 현지 연구 기관이나 단체와 파트너십을 체결한다.

급격한 성장세를 보이고 있는 분야인 개방형 온라인 대학 '무크 Moocs'도 비슷한 발전 양상을 보이고 있다. 대규모 공개 온라인 강좌 Massive Online Open Courses의 약자인 무크는 실제 대학 기관이 온라인상에 제공하는 대학 강좌다. 미국에서 고안된 이 같은 형태의 강좌는 아직 미국 측의 선두 주자 네 곳이 장악하고 있는 상황이다. 바로 하버드대와 MIT가 운영하는 비영리적 컨소시엄 EdX, 예일대에서 개설한 오픈 예일Open Yale, 100여 개 대학을 등에 업고 캘리포니아의 영리기업이 운영하는 코세라Coursera, 마찬가지로 높은 수익성을 추구하는 샌프란시스코 기반의 유다시티Udacity다.

이 같은 온라인 대학 강좌는 여전히 수익 모델을 모색하고 있는 상황이나, 나중에는 이런 강좌들 때문에 대학 교육 전체의 판이 다시 짜일 수도 있다고 스탠퍼드대 역사학과 교수 에런 로드리그는 예측했다. 실리콘밸리에 몸을 담고 있는 만큼 그는 고등교육계의 변화를 매우 가까이에서 지켜보는 입장이다. 브이넥 스웨터 차림의 그는 스탠퍼드 휴머니티 센터Humanities Center에서 오래전부터 역사학과를 이끌어왔다. 스탠퍼드 대학 내 이과 학부에 비해 문과 학부의 고립이 점차 심화되는 것을 우려스럽게 지켜보는 그는 교육 부문에서 기술적 진보의 바람이 불고 있는 현 상황을 주의 깊게 바라본다. "현재 스탠퍼드 강사진에게 있어 페이스북은 필수적 도구다. SNS를 통해 학생들과 소통하기 때문이다. 온라인 대학 강좌는 이미 '거꾸로 교실flipped classroom'이라는 모델을 발전시켰다. 강사의 강의식 수업은 교실이 아닌 온라인상에서 이루어지고 교실에서는 학생들이 SNS로 강사와 소통하기 때문에 붙여진 이름이다. 앞으로 스탠퍼드에서는 교실에서 강사가 진행하는 강의식 수업이 사라질 것이다. 그런 수업은 학생들이 온라인상에서 선택해서 듣고, 오프라인 수업은 토론과 의견 교환을 중심으로 이루어질 것이다. 학생들은 오로지 대화 채널을 통해서만 교육 과정에 관심을 표할 수 있을 것이다."

온라인 대학 강좌 플랫폼인 코세라와 유다시티는 스탠퍼드 졸업생이 만들었다. 동영상의 폭발적인 확산을 가져온 인터넷은 이제 교육 강좌의 폭발적인 확산을 예고하는 것일까? 아마 그럴지도 모르겠다. 다만 대학의 경우, 이 같은 모델은 아직 문제점이 남아 있다. "온라인상에 올라온 강좌는 수업인가 아니면 강연인가? 해당 강좌의 소유권은 대학에 있는가 아니면 강사에게 있는가? 이렇듯 온라인 강좌는 끝없는 문제를 제기하며, 특히 해당 강사가 외부 계약제 강사인 경우에는 문제가 더 복잡해진다." 이와 같이 우려를 표한 스탠퍼드 CTO 브루스 빈센트는 현재 진행 중인 온라인 대학 강좌의 저작권 관련 협상에 막대한 돈이 걸려 있다고 일러주었다. 이 밖에도 미국의 대학 행정 당국이 피할 수 없는 문제가 남아 있다. 모든 수업이 온라인상에서 무상으로 진행된다면 학교 학생들에게 그 높은 등록금을 어떻게 계속 요구할 수 있겠는가 하는 문제다. 그렇게 되면 미국의 고등교육 시스템 전체가 위험에 처한다. 샌프란시스코에서 나와 만난 유다시티의 크리스 세이든은 "온라인 대학 강좌는 대부분의 가정이 감당하기 힘들 정도로 높은 미국 대학 수업료의 문제점을 드러내는 전조에 해당한다"고 강조했다.

이렇듯 대학은 온라인 강좌 때문에 위기를 맞을 수 있는 상황이지만, 한편으로는 기회를 잡을 수도 있다. 일각에서는 온라인 대학 강좌가 평생교육 제도에 실로 결정적인 역할을 할 것이라 분석한다. 미국이 온라인 대학 강좌를 통해 자국의 콘텐츠를 배포해 고등교육 부문에서의 국제적 우위를 과시할 수 있으리라고 보는 시각도 있다. 스탠퍼드 석좌교수 윌리엄 밀러도 "온라인 대학 강좌를 통해 미국의 대학들은 글로벌 리더십을 안착시킬 수 있을 것"이라고 전망했다. 미 국무부도 이런 전망을 받아들이고 40여 개 나라에 온라인 대학 강좌 100여 개를 배포하기 위해 코세라 측과 협정을 체결했다. 그러나 현재 온라인 대학 강좌의 영향력이 어느 정도가 될지는 아직 미지수다. 100만 명을 대상으로 한 심층 조사에서 등록자의 절반 미만이 첫 강좌만 재생한 것으로 나타났으며, 프로그램 전체를 끝마친 사람은 4퍼센트 정도로 집계됐다.

온라인 대학 강좌에서도 중요한 것은 언어 문제다. 야마다 켄은 "온라인 대학 강좌가 성공을 거두려면 학생들의 문화권과 언어에 부합해야 한다. 언어가 차별화를 만들어내는 요인"이라고 말했다.

야마다 켄과 만난 곳은 전 세계에 많고 많은 도시적이고 획일적인 분위기의 스타벅스 중 한 곳이었다. 샌프란시스코의 다른 카페들과 마찬가지로 그곳에서도 무선인터넷이 무료로 제공됐다. 커피 맛은 형편없었으며 빵 종류는 말도 안 되게 고칼로리였다. 그런데 야마다 켄은 이곳을 좋아했다. 그가 특히 좋아하는 음료는 라테 종류였다. 그는 손님들이 콘센트에 플러그를 꽂아 휴대전화를 충전하는 모습을 보며 미소를 지었다. LA와 싱가포르에서 자란 일본계 미국인인 그는 과거 도쿄에서 갭Gap의 웹사이트를 관리했고, 현재는 겐고Gengo의 대변인이다.

2008년 일본에서 창업한 이 스타트업은 샌프란시스코 실리콘밸리에 메인 사무국을 두고 있다. 길바닥에서 시간 버리는 것을 별로 좋아하지 않는 그는 마켓 거리 근처에 위치한 스타벅스 카페에서 보자고 하면서 내가 자신을 알아볼 수 있도록 '푸른색 카디건을 입고 있는 동양인을 찾으라'는 문자를 보내주었다. "인터넷에서 성장하길 바란다면, 그리고 전 세계적으로 활동하길 바란다면 샌프란시스코에 있어야 한다. 하지만 내 조국은 일본이다. 나는 일본이 그립다." 야마다 켄은 피츠버그 출신의 미국인 여성과 결혼하여 얼마 전 아들을 얻었는데, 자식을 일본에서 교육시키려는 생각을 버리지 않고 있다. 그는 "아이와 집에서 일본어로 대화한다"며 스스로를 달래듯 말했다.

겐고의 특화 사업은 번역 부문이다. 구글 번역기처럼 근사치 결과를 통한 알고리즘을 쓰는 대신, 수많은 준전문가가 작업하는 온라인 번역을 제안한다. 매달 1만 명 이상의 번역가들이 이 사이트에 합류하고 있는 상황이라 놀라운 속도로 성장하고 있다. "알고리즘 하나만으로는 좋은 번역이 나올 수 없다. 올바른 번역은 사람의 손을 통해야 한다. 따라서 우리는 번역이 필요한 사람들을 번역가와 연결시켜준다." 에릭 슈밋 구글 회장은 알고리즘 체계를 통해 번역 문제가 조금씩 해결되어갈 것이라고 말했지만, 겐고 측의 생각은 다르다. 실리콘밸리의 벤처 캐피털리스트들은 겐고의 입장에 동의하는지 얼마 전 이 기업에 1000만 달러 상당을 투자했다.

현재 영어와 일본어, 타이어로 서비스하고 있는 겐고는 언어를 더욱 다양화하여 성장할 계획이다. "몸집이 커지려면 더욱 다양한 언어를 번역해야 한다. 그리고 우리는 그렇게 해낼 것이다." 번역가 채용은 온라인으로 이루어지며, 그 과정에서 그 어떤 학위도 요구하지 않는다. 지원자들은 간단한 테스트를 거친 뒤, 납품한 번역물의 질에 따라 고객의 평가를 받는다. 기초 번역은 단어당 6센트, 상업적 번역은 12센트, 전문적인 감수가 필요한 번역은 15센트가 지급된다. 야마다 켄은 "복잡한 문제를 간단하게 만드는 것이 우리 모델"이라며 실리콘밸리식 어법으로 설명했다.

샌프란시스코에서 겐고는 현재 매우 '핫'한 스타트업이다. 모두가 이 기업에 대한 이야기를 한다. 온라인 번역가를 채용하는 아이디어 자체도 독창적이지만 또 다른 이유가 있다. 바로 겐고만의 수익 모델이다. 실리콘밸리에서는 통상 좋은 아이디어를 중심으로 스타트업을 창업한 뒤, 그 후에 비즈니스 플랜을 모색한다. 그런데 본의 아니게 겐고는 전자상거래 사이트에 절대적으로 필요한 존재가 되었다. 아마존, 익스피디아, 트립어드바이저TripAdvisor, 유튜브 유료 채널, 일본의 전자상거래 사이트 라쿠텐 등은 모두 상품 관련 정보 및 네티즌 베스트 상품평을 번역하는 데 애로 사항이 많았다. 하지만 이들 기업은 이제 겐고의 서비스를 이용한다. 향후에는 페이스북이나 트위터상의 광고 메시지를 번역함으로써 글로벌 잠재력을 키울 수도 있다.

야마다 켄이 커피를 거의 다 마셨을 때는 스타벅스가 꽤 한산해진 후였다. 그는 스마트폰으로 다음 약속 시간을 확인했다. 그에게 있어 시간은 중요하다. 일본인답게 수차례 미안하다며 양해를 구한 그는 헤어질 때 웃으며 이런 말을 했다. "심지어 '겐고하다'라는 동사까지 생긴 것을 아는가? 이곳 샌프란시스코 사람들은 '번역하다'라는 단어 대신 '겐고하다'라는 말을 사용하기 시작했다." ['겐고げんご'란 일본어로 '언어'를 뜻한다.]

유럽의 디지털 모자이크

건물 이름은 '파크 스테이션Parc Station'이었고, 매우 평범한 외관을 갖추고 있었다. 그 건물은 브뤼셀 북부의 도시 마헬런 교외 지역 디험 Diegem에 들어서 있는 시스코, 마이크로소프트, 사노피sanofi 등의 사옥 사이에 있었다. 그 건물에 들어가려면 여러 개의 암호가 필요하고, 목에는 출입 카드를 패용해야 한다. 엘리베이터도 잘 골라서 타야 하는데 각각 운행 층이 다르기 때문이다.

EURid 사무실 입구에는 '.eu는 곧 유럽의 정체성.EU: Your European identity'이라는 문구가 적혀 있었다. 만일 유럽의 정체성이 이 영혼 없는 건물과 비슷하다면 유럽은 자신의 정체성을 다시 한번 고민해봐야 할 듯했다. "이곳에서 우리는 '.eu' 도메인을 관리한다." 이 비영리단체의 대표 마르크 판베세마얼은 이와 같이 말했다.

2005년 창설된 EURid는 유럽연합 집행위원회의 산하 기관으로, 입찰을 통해 갱신 가능한 10년짜리 사업권을 따냄으로써 웹 주소를 부여하는 업무를 맡게 되었다. "처음에는 '.eu'라는 도메인을 회사 브랜드와 정부 기관만 쓸 수 있었지만, 2006년부터는 유럽 내 거주라는 조건만 충족되면 개인도 쓸 수 있게 되었다." 현재 '.eu'를 쓰고 있는 도메인 수는 370만 개로 집계된다. 1억1000만 개에 이르는 '.com'이나 독일의 '.de', 프랑스의 '.fr' 등과 같은 국가 도메인 수에 비하면 아직은 미미한 수준이다. 더 심각한 것은 '.eu'를 사용하는 도메인 수가 2012년 이후 계속 정체 상태에 빠져 있다는 점이다. 마르크 판베세마얼도 "예전에는 성장률이 연간 10~14퍼센트 정도였는데 이제는 2~3퍼센트 정도로 떨어진 상태"라고 시인했다.

이름으로 보나 억양으로 보나 마르크 판베세마얼은 프랑스어권 플랑드르 사람인 것 같았으나, 그는 웃으면서 "아니다. 나는 네덜란드어권 벨기에 사람이다"라고 완벽한 프랑스어로 말했다. "내가 플랑드르 사람이라고 느껴본 적은 없다. 정치적으로 지역을 구분하는 것에는 반대한다. 나는 그저 벨기에 사람이며, 내가 벨기에 사람이라는 것에 자부심을 느낀다." EURid의 협력업체들은 유럽연합의 23개 공식 언어를 사용하고 있고, 따라서 웹사이트 역시 그만큼의 언어 수대로 존재한다.

　'.eu'가 유럽의 정체성을 압축적으로 보여주는 것이라면, 이 도메인의 사용이 줄어들고 있다는 것은 유럽이 약해졌음을 의미하는 걸까? '.eu'는 여러 가지 문제점을 안고 있다. 이것이 '국가 코드'로 분류되는 것부터가 문제이지만, 원칙적으로는 유럽연합 소속 국가들에만 발급되어야 할 이것이 노르웨이나 아이슬란드에도 개방되어 있다는 점 역시 문제다(스위스에는 발급되지 않는다). 이보다 더 의미심장한 것은 '.eu'의 개인 대 기업 사용 비율이 35 대 65라는 점이다. "'.eu'라는 도메인 확장자는 고급스럽고 국제적이라는 이미지를 갖고 있다. 그에 반해 '.com'은 그 어떤 정체성도 지니고 있지 않다. '.com'의 비정체성에서도 주어진 국경에서도 벗어나고자 하는 사람들이 유럽 쪽 정체성을 내세우는 '.eu'를 선택할 수 있다." 판베세마얼은 분명한 자기 논리와 유럽에 대한 애정을 가지고 이렇게 말했지만, 개인 사용률을 보면 알 수 있듯이 '.eu'는 아직 유럽 사람들을 설득하지 못하고 있다. 거기에는 지역성이 없기 때문이다. 독일인들은 대개 '.eu'보다 '.de'를 선호하고(1500만 개), 영국인들도 '.uk'를 더 좋아하며(1000만 개), 네덜란드인도 '.nl'을(500만 개), 프랑스와 이탈리아 사람들도 '.fr'과 '.it'를 선호한다(각각 260만 개). 이는 곧 유럽인들이 유럽연합보다 자신이 살고 있는 국가에 더 소속감을 느낀다는 뜻이 아닐까? 현재 유럽연합 소속 국가 중 '.eu'를 가장 많이 사용하고 있는 독일과 영국도 대개는 브랜드 보호 차원이나 보조 주소용으로만 그 최상위 도메인을 사용하는 경우가 많다. 즉 '.eu'가 들어간 웹 주소가 인터넷상에서 홍보용으로든 다른 어떤 용도로든 실제로 사용되는 경우는 드물다는 말이다. 이보다 더 우려스러운 점은 '.eu'의 이용 감소가 유럽인 사이의 대화가 줄어든 현실을 반영하고 있다는 점이다.

'.eu'에 대한 관심 저하는 현재 유럽이 안고 있는 모든 난제를 보여준다. 유럽연합의 통일성은 허울 좋은 사상일 뿐 언어나 문화는 물론 경제적인 면에서도 실현되지 않았다. 유럽연합 내 빈국과 부국의 격차가 극명하기 때문이다. 서유럽과 동유럽, 대국과 소국, 유럽연합 초창기 회원국과 신규 회원국 사이에도 차이가 두드러지게 나타난다. 외려 미국 문화가 유럽 공통의 문화로 자리 잡는 추세다. 뿐만 아니라 유럽은 아직까지 효율적인 디지털 정책을 수립하지 못했다. 유럽인들의 사생활 보호를 위해 데이터 이전을 규제하고 있으나, 현재로서는 의지만 앞세운 선언적인 수준에 머물러 있다. 물론 마이크로소프트, 구글, 애플의 시장 지배적 지위 남용에 맞서 부지런히 고소를 진행하긴 했다(MS에 대해서는 성공했고, 구글과 애플에 대해서는 현재 소송이 진행 중이다). 그리고 '클라우드' 관련 규제 및 유럽 전역에서의 휴대전화 '로밍' 요금 관련 문제도 협상이 진행 중인데, 이 모든 작업이 끝나려면 상당한 시간이 소요될 것으로 보인다. 심지어 휴대전화 충전기 일원화에 관한 의견서는 애플 쪽에 제출도 하지 못한 상황이다.

유럽연합 내 통신 분야 사업자 수는 국가 수보다 많지만 혁신을 도모하지 못해 초국적인 거대 기업은 한 군데도 없고 앞으로의 성장 전망도 미약하다. 검색엔진 분야도 28개 회원국을 가진 유럽연합의 약 86퍼센트를 구글이 장악한 상태다. 그나마 각 분야를 선도하던 몇몇 디지털 기업도 미국(미틱Meetic, 스카이프, 노키아)이나 러시아(디저, 약 30퍼센트), 일본(프라이스미니스터PriceMinister, 알파 다이렉트 서비스Alpha Direct Services, 슈퍼셀Supercell, 플레이닷컴Play.com, 로봇 '나오Nao'를 만든 알데바란Aldebaran) 등으로 넘어갔다. 프랑스의 데일리모션이나 스웨덴의 스포티파이, 사운드클라우드SoundCloud 등도 같은 길을 가게 될지 모른다. 유럽의 디지털 정책, 특히 웹 콘텐츠 관련 정책은 매우 취약하다. 앞으로의 유럽은 디지털 분야가 얼마나 분화하느냐에 따라 크게 달라질 것이다.

2014년 3월, 유럽의 한 회담 장소에서 독일의 앙겔라 메르켈 총리에게 이 문제와 관련하여 직접적으로 질문할 기회가 있었다. 메르켈 총리의 대답은 다음과 같았다. "중요한 문제 제기를 해주었다. 우리는 현실을 직시해야 한다. 현재의 상황은 당신이 언급한 바와 같고, 어쩌면 더 심각할지도 모른다. 우리는 더 이상 라우터(네트워크 중계기)를 생산하지 않으며, 전자 부품도 소량으로만 생산하고 있다. 보안 분야의 몇몇 업체를 빼면 소프트웨어 업체도 얼마 안 되고 그나마 거대 인터넷 기업들에 인수될 위험까지 있다. 우리가 기술 분야의 최첨단에 서서 적극적으로 업계 표준을 만들어내지 못한다면 그 어떤 기회도 누리지 못할 것이다. 가령 독일은 자동차 산업에 자부심을 갖고 있지만 자동차 생산에 있어 매우 중요한 소프트웨어를 보유하지 못한다면 앞으로 어떻게 되겠는가? 당장은 이렇다 할 결정 없이 계속 성장과 번영을 주장할 수 있을지 모른다. 하지만 곧 최첨단 기술을 보유한 지역에만 부가 집중되는 현상이 나타날 것이다. 나는 지나치게 부정적이고 싶진 않지만, 우리는 지금보다 훨씬 더 결단력 있고 구체적인 모습을 보여줘야 한다."

유럽이 현재 이런 처지에 놓이게 된 것은 여러 유럽 기구가 힘을 쓰지 못하고 있고 정치적 의지도 약하기 때문이다. 브뤼셀의 영화 부문 운동가이자 유로시네마EuroCinema 대표인 이본 티크는 다음과 같이 말했다. "진짜 의회와는 거리가 먼 유럽의회는 점점 유엔과 비슷한 조직이 되어가고 있다. 의사 진행이 더디고 기술적이지 못하며, 다루는 주제도 굉장히 포괄적이라는 말이다. 다수파가 나오기도 어렵다. 발의안을 낼 수 있는 유일한 기구인 유럽연합 집행위원회는 점점 워싱턴을 닮아간다. 법률가와 기술 권력, 견제 세력, 로비스트가 판을 치는 것이다. 유럽 이사회는 일종의 미 상원이나 다름없어서 거기에서 내려진 결정이 결국 유럽연합의 모든 회원국에 반영되는 식이다." 그럼에도 향후의 결과가 기대되긴 한다. 비비안 레딩 EU 집행위원회 부위원장도 예전에는 데이터 보호에 대한 의지를 보였고, 2014년까지 무역 및 경제 부문을 담당하던 호아킨 알무니아나 카럴 더휘흐트 등의 EU 집행위원들도 비비안 레딩 부위원장과 타협까진 못할망정 그의 견해를 신중히 고려하는 모습을 보이지 않았던가. 한편 구글의 조세 회피 문제는 G20의 결정을 기다리며 정체 상태에 빠져 있다. 유럽 기업들에 돌이킬 수 없을 정도로 막심한 손해를 끼친 구글의 검색 결과 조작 문제와 경쟁 왜

곡 등의 문제도 아직 결론이 나지 않았다. 그 밖에 사생활법 위반 문제, 유럽 사용자 개인 정보의 미국 이전 문제 등 유럽은 여러 사안에서 총체적 무력함을 보여주고 있다(참고로 유럽인들의 개인 정보는 3150억 달러 규모의 가치를 갖고 있는 것으로 평가된다).

2014년 초 대다수의 찬성으로 유럽의회에서 채택된 데이터 보호법의 시행은 집행위원회와 새로 구성되는 유럽의회의 의지에 달려 있다. 이와 관련한 로비활동이 이미 활발하게 벌어지고 있으며, 반대파도 등장한 상황에서 여러 문제가 제기되고 있다. 데이터는 과연 전적으로 개인 소유인가, 아니면 집단 공공재에 해당하는가? 무료 서비스를 제공하는 거대 인터넷 기업이 이러한 데이터를 이용하는 것은 정당하다고 봐야 하지 않을까? 데이터를 각국 차원으로 '재이전'하는 문제에 대해 진지하게 고려하는 사람은 아무도 없지만, 일부는 이 데이터가 최소한 28개 유럽연합 회원국 차원에서 고려되어야 한다고 생각한다. 전 디지털 담당 집행위원 네일리 크루스의 대변인 라이언 히스는 다음과 같이 말했다. "데이터를 유럽으로 재이전하는 것보다 더 좋은 방법은 브라질에서 미국을 거치지 않고 유럽으로 직접 이어지는 해저 광케이블을 신규 건설하는 것이다. 이것이 더 현명하고 원초적인sioux 방법이다."

2012년과 2014년 사이 브뤼셀과 바르샤바, 베를린 등지에서 수차례 만나 인터뷰를 진행한 조제 마누엘 바호주 당시 EU 집행위원장은 유럽의 정체성을 강화하고 '유럽의 새로운 담론a new narrative for Europe을 구상'하려는 집행위원회 측의 '의지'를 역설했다. 바호주 위원장은 유럽이 세계화를 두려워해서도, 나아가 디지털을 두려워해서도 안 된다는 입장이다. 그는 다음과 같이 말했다. "유럽은 고립무원 상태를 자초하거나 반세계화 형태로 흘러가지 말아야 하며 국제 교역에 참여해야 한다." 그러고는 "포퓰리즘과 외국인 혐오증이라는 두 망령이 그동안 잠들어 있다가 다시 깨어나고 있다"며 집요하게 비난의 목소리를 높였다. 그는 '유럽 칼뱅주의'에 맞서 '개방적인 사상'을 옹호하면서 '벽을 허물고 다리를 놓게 되기를' 희망했다. 또한 이런 말도 했다. "유럽은 기술 부문의 선두 주자가 될 지적 능력과 창의력, 지식을 가지고 있다. 그럼에도 불구하고 우리가 왜 지금과 같은 상황에 처했는지 자문해봐야 한다. 우리의 인재 대부분이 미국으로 떠나고 있다. 우리는 왜 다른 부문에서는 세계를 이끌고 있으면서도 디지털 부문에서는 그러지 못하는 걸까?" 이어 그는 제안이라기보다는 진단에 가까운 발언을 덧붙였다. "만일 유럽이 기술 부문에서 뒤처지고 혁신 역량마저 잃어버리면 디지털 부문만이 아니라 모든 경제 및 산업 분야가 타격을 받을 것이다." 그러니 행동을 해야 한다는 얘기인데, 유럽이 미국의 인터넷 거물들에 맞서 어떻게 대등한 무기로 싸움을 벌일 수 있겠는가? 미국 기업의 시장 지배적 지위 남용을 규제하지 않는다면 어떻게 형평성 있는 게임의 법칙이 보장될 수 있단 말인가? 바호주 전 위원장과 선대 집행위원회 위원들의 말을 듣는 동안 나는 그들이 '규제'라는 단어를 굉장히 안 좋은 뉘앙스로 쓰는 듯한 인상을 받았다.

룩셈부르크의 장클로드 융커 위원장이 이끄는 신임 집행위원회는 2014년에서 2019년까지 5년간 임기를 맡는다. 디지털 부문을 담당하는 집행위원은 모두 세 명인데, 디지털 단일 시장을 담당하는 안드루스 안시프(에스토니아) 부위원장, 디지털 경제 및 사회를 담당하는 귄터 외팅거(독일) 집행위원, 경쟁 부문을 담당하는 마르그레테 베스타게르

(덴마크) 집행위원 등이다. 선대 집행위원회에서 이미 알린 바와 같이 현 집행위원회가 우선시하는 부분은 유럽의 디지털 단일 시장 구축이다. 이는 디지털 경제 분야에 대한 지원이나 통신 부문 및 저작권 부문의 현대화 작업, 인터넷상에서의 개인 정보 및 사생활 보호 문제 등과 관련한 16개 발의안으로 이루어진 프로젝트다.

조세제도 통일 문제도 포함되어 있는데, 그것을 담당하는 사람이 장클로드 융커 집행위원장이라는 점이 좀 의외다. 그가 룩셈부르크 총리직에 있었을 때는 유럽의 조세제도 통일에 반대했기 때문이다. 참고로 룩셈부르크는 부가가치세 비율이 낮아 거대 IT 기업들이 주소지로 채택하고 있는 곳이다. 최근 몇 년 사이 룩셈부르크와 아일랜드는 유럽 내 탈규제 문화의 주요 관문이 되었다. 이러한 흐름이 달라질 수 있을까? 우연인지 모르겠지만 브뤼셀에 있는 아일랜드 상임 대표국은 구글 유럽 본사와 인접한 건물에 소재해 있다.

애플, 페이스북, 구글, 마이크로소프트, 트위터의 자회사 소재지는 아일랜드인데, 아일랜드는 수익세 부과 비율이 12.5퍼센트에 불과하기 때문이다. 아마존과 이베이는 법인세가 21.8퍼센트 수준인 룩셈부르크가 자회사 소재지다(참고로 프랑스의 법인세 부과 비율은 34.3퍼센트다). 이 같은 '조세 최적화'를 피하기 위한 첫 수순은 부가가치세 일원화로, 이는 2015년 1월부터 시행됐다. 특히 부가가치세 일원화는 해당 전자상거래 기업의 본사가 소재해 있지 않은 지역이라 하더라도 상품이 판매되는 지역 기준으로 적용된다. 그렇다면 과연 이러한 조치만으로 충분할까? 조세 문제와 관련해선 상황이 매우 더디게 진전되고 있는데, 하나의 합의를 도출해내기 위해서는 유럽연합 28개국의 만장일치를 얻어내야 하기 때문이다.

한편 유럽연합 집행위원회는 데이터 전송 규제와 관련해서도 진전을 보일 듯하다(이를 위해 좀더 구속력 강한 규정이 담긴 기획안이 입안된 상황이다). 미국과 맺은 세이프 하버 협정 현실화를 위한 기획안도 제출되었는데, 개인 정보 보호 의무가 있는 기업들을 대상으로 단일화된 창구를 설치한다는 내용을 담고 있다. 개인 정보 삭제권 또한 주요 기획안 중 하나인데, '검색 결과 삭제'의 가능성은 2014년 5월 13일 스페인의 구글 검색 중단 조치로 검증된 바 있다. 비록 이 조치는 '.com'이 아니라 유럽 쪽 도메인 확장자가 달린 구글 사이트에만 적용되었으나, 어쨌든 검색 결과 삭제가 불가능한 일은 아님을 증명했다. 이는 인터넷상의 법적 보호 수준이 지역에 따라 어느 정도 달라진다는 것을 보여준 사례이기도 했다.

유럽연합 집행위원회는 저작권법 일원화도 주장하여 거센 논란을 불러일으켰다. 반대파들은 집행위원회가 프랑스식 '저작권'보다 미국식 '카피라이트' 모델을 중시하기에, 그들의 기준대로 저작권법을 일원화하면 '저작인격권'이 빠져 예술가에 대한 보호 수준이 낮아진다고 주장한다. 브뤼셀에서 만난 라이언 히스는 "스포티파이나 디저, 데일리모션 등에 대한 지원을 원한다면 일단 이들 업체가 각국에서 협상해야 하는 28개의 개별적인 저작권 라이선스 문제를 갈무리지어야 한다"는 변을 덧붙였다. 집행위원회는 좀더 포괄적인 관점에서 창작 산업의 대대적인 '현대화'를 주장하는데, 이를 위해 중기적으로는 각국의 문화 분야 쿼터제 및 사적 용도의 복제에 대한 부담금 철폐를 목표로 하고 있으며, 영화 부문 지원금 및 그 외 '시대에 뒤떨어진' 지원금 축소도 고려하고 있다. 집행위원회에서 미디어 콘텐츠 컨버전스 부문을 담당하는 로레나 부아 알론소 위원은 "저작권법 통일에 부정적인 면은 없다"면서 "일부 문화적 예외성은 더욱 개선될 수 있다"고 말했다. 과연 저작권법만 통일하면 유럽에서 디지털 창작 부문의 선도 기업이 더 쉽게 탄생할 수 있을까? 물론 의도는 좋지만 과연 이것만으로 충분할까?

거대 넷 기업의 시장 지배적 지위 남용 또한 신임 집행위원회가 우선적으로 해결하고자 하는 사안이다. 호아킨 알무니아 전 집행위원은 우호적인 태도로 구글과의 협상을 시도했으나 결과는 지지부진했다. 신임 경쟁 담당 집행위원인 마르그레테 베스타게르는 그와는 다른 접근법을 선택했다. 과거 덴마크의 경제 및 내무부 장관이었던 마르그레테 베스타게르는 구글 측에 '기소 사유 통지서'를 보냄으로써 구글에 대한 조사를 대대적으로 재개했다. 말하자면 구글을 정식으로 기소한 셈이다. 기소의 요지는 구글 검색엔진이 구글 및 협력사의 제품을 구조적으로 장려할 소지가 있기에 구글은 60억 유로를 배상해야 한다는 것이었다. 그 무엇도 두려워하지 않아 덴마크에서 '철의 여인'으로 통하는 마르그레테 베스타게르는 이렇듯 구글과 완력 싸움을 벌이고 있다. 한 언론과의 인터뷰에서 그녀는 "구글에 앙심 같은 걸 품은 것도 아니고, 구글과 싸움을 벌일 생각도 없다"고 이야기했다. 그리고 "(유럽의) 소비자들은 우리가 더 공정하고 형평성 있는 경쟁을 담보할 수 있도록 우리를 신뢰한다"고 덧붙였다. 마르그레테 베스타게르는 또 다른 법적 갈등을 불러일으킬 소지가 있다. 따라서 앞으로 구글은 불공정 홍보 기법 및 안드로이드 체제의 독점적 지위 남용에 대해서도 고민해야 하는 상황이 될 것이다. 그 뒤를 이어 아마존과 애플도 불공정 경쟁 위반

사례로 철퇴를 맞을 가능성이 있다.

그간 유럽연합이 미국의 거대 인터넷 기업들을 상대로 늑장 대응을 하거나 미온적 태도를 보인 이유 중에는 그들의 로비활동의 영향도 있다. 구글과 애플, 페이스북, 아마존 등은 거액을 주고 최고의 로비스트들을 고용했다. 그들은 보통 유럽의회 의원 출신이거나 유럽연합의 기술 관료 집단에서 밀려난 전직 고위 공무원들이다. 그들은 당근과 채찍을 번갈아 사용하며 노련한 설득 작업을 펼친다. 한편으로는 저녁 식사 자리에 초대하고 호의적인 사업 주체에게 간접적인 재정 지원도 하지만, 또 다른 한편으로는 정치적 반기를 내걸며 필요하다면 영미권의 비즈니스 전문 거대 로펌의 변호사 군단을 이끌고 법정 싸움도 불사하는 것이다. '데이터 보호 산업 동맹Industrie Coalition for Data Protection' '유럽 디지털 미디어 협회European Digital Media Association' '디지털 유럽Digital Europe' 등 이름만 보면 전혀 무해한 것처럼 보이는 단체들이 사실상 모두 거대 인터넷 기업이나 통신 장비 업체의 간접적인 재정 지원을 받고 있는 로비 업체들이다. 이들은 28개 유럽연합 회원국의 디지털 정책이 제각각 다른 데서 발생하는 허점을 가지고 놀면서 자신들의 관점과 운영 방침을 따르게끔 만드는 일에 능통하다. 또 다른 로비 업체인 디지털 유럽의 파트리크 체이즈랜드는 "우리 회원들의 경우 자신의 사업이 복잡해지는 것을 별로 좋아하지 않는다"고 강조하면서 "무세금 무규제No taxation, No regulation"란 말을 좌우명처럼 덧붙였다. 미국 상공회의소 또한 로비 업체와 크게 다르지 않으며, 필요한 경우 유럽연합 주재 미 대사의 지원을 받기도 한다. 전 유럽연합 주재 미 대사인 윌리엄 케너드와 인터뷰했을 당시, 그는 자신이 그곳에 있는 이유가 "미국인들의 입장과 미국 정부의 입장, 그리고 미국 경제 주체의 입장을 설명하기 위해서다"라고 신중하게 말했다. 오바마 행정부가 IT 분야의 대표적 전문가이자 변호사인 케너드를 유럽연합 주재 대사로 임명했다는 사실은 대수롭지 않게 넘길 일이 아니다. 그는 FCC 위원장을 역임했던 인물이기도 하다.

그렇다고 유럽이 디지털 하수인 것은 아니다. 심지어 인터넷에서는 결정적인 '임계 질량'을 보유한 거물급 존재이고, 28개 회원국의 5억 인구를 거느린 세계 최고의 경제 블록이기 때문에 미국으로서도 유럽은 상당히 중요한 시장이다. 따라서 향후 몇 년 안에 디지털 규제와 관련된 논의가 점차 늘어날 것이며, 이 문제에 대한 미국과 유럽 쪽 정부 기관 사이의 강력한 중심축이 마련될 수밖에 없다는 가설을 제기해볼 수 있다. 과거 경쟁 부문을 담당하던 집행위원 호아킨 알무니아는 "미국과 유럽이 서로 정보를 공유할 뿐 협상을 벌이지는 않는다. 다만 미국 측과는 거의 매일 언제든 이야기를 나누고 있는 상황"이라고 했다. 미국이 다른 나라들에게 오로지 혼자 힘으로만 자국의 디지털 규범과 '이용 조건'을 따르게 할 수는 없을 것이다. 따라서 불가피하게 유럽과 동맹을 맺어, 중국을 필두로 한 신생 국가들의 규제 요구에 제동을 걸려 할 것이다.

구글에 대적할 수 있을 만한 유럽의 대표적 검색엔진을 만드는 것은 너무 늦은 일일지도 모른다. 하지만 전문화된 검색으로 특화하거나 틈새시장을 공략하는 것은 가능하다. 동영상과 음악 스트리밍 서비스 및 모바일 애플리케이션 부문에서 앞서 있는 유럽은 클라우드 시대를 맞이할 만반의 준비도 되어 있고, 특히 TV와 음악, 출판, 비디오게임 등 미디어 콘텐츠 전반에 걸쳐 비중 있는 주체다. 이와 병행하여 유럽은 그 자신의 디지털 규제 권한도 수립해야 할 것이다. 유럽의 인터넷은 그렇게 한 단계 한 단계씩 틀이 잡혀가는 게 아닐까.

유럽연합의 좌우명은 '다양한 가운데 통일된 유럽'이지만, 유럽 사람들은 나라별로 제각각 다른 정체성을 가지고 있고 인터넷에서는 그 고유의 정체성이 더욱 두드러진다. 그럼에도 불구하고 유럽 사람들은 뿌리 깊은 공동체 의식을 가지고 있다. 현재는 유럽 통합 과정 중에 나타난 여러 문제로 인해 실망하고 있을지라도, 디지털 분야에서 유럽을 부흥시키겠다는 공동의 목표가 정해지면 유럽 사람들은 금세 단결할 수 있지 않을까? 디지털 전환기를 맞이한 세계에서 수동적으로 끌려다니지 않으려면 끈기를 가지고 디지털 부문을 개척해나가야 한다. 따라서 신임 유럽연합 집행위원회는 우선적으로 디지털 정책을 수립해야 할 것이다. 전 유럽연합 집행위원회 위원장인 바호주는 '유럽 르네상스'를 꿈꾸고 있다고 말했는데, 나는 그것이 가능하려면 우선 유럽이 인터넷 분야에서 르네상스 운동을 일으켜야 한다고 생각한다.

유럽의 인터넷 르네상스 운동의 결과가 미국에 대적하는 범유럽적인 인터넷의 모습으로 나타나지는 않을 것이다. 미국과의 갈등을 일단 넘어서면, 유럽 인터넷은 단일화된 인터넷이 아니라 여러 개로 분화된 인터넷을 보여줄 것이다. 그때도 유럽연합이 하나의 목소리로 발언하는 경우는 물론 있겠지만, 인터넷상에서는 28개 국가가 각자의 지역성을 유지하면서 거대한 모자이크를 이루는 형상이 될 것이다. 유럽연합 소속 국가들은 결코 '.eu'라는 도메인 확장자로 하나가 되지는 않을 것이다.

에필로그

실리콘밸리의 시각에서 보면 디지털과 글로벌은 서로 동의어처럼 느껴진다. 미국의 거대 인터넷 기업들에 있어 국경이란 디지털 시대에 걸맞지 않은 구시대적 개념이다. 그들은 우리에게 경계선이란 존재하지 않는 완전히 개방된 세상, 늘 네트워크에 접속된 세상을 약속한다. 그들이 만들어준 소셜 네트워크상에서 우리는 심지어 잘 모르는 사람과도 친구를 맺어 친구 수를 늘려간다. 그로 인해 개인의 사생활에 유례없는 위협이 가해질 수 있다는 것은 그들에게 별로 중요한 문제가 아니다. 다시 말해 그들은 미 수정헌법 제1조보다 제4조를, 즉 사생활 보호보다 표현의 자유를 더 중요하게 여긴다. 이 거대 인터넷 기업들은 그동안 미국의 이미지였던 자유와 드넓은 공간, 속도감 등을 인터넷의 이미지와 본능적으로 동일시하는 경향이 있다. 구글의 에릭 슈밋 회장은 "개인 간의 상호작용을 가로막던 지리적·언어적 장애물은 점차 사라지고 있는 추세"라면서 앞으로는 "국경을 초월하여 더욱더 많은 사람이 서로 이야기를 나누게 될 것"이며, 미디어 또한 "새로운 글로벌 구독층"을 갖게 될 것이라고 말했다. 그러면서 미래의 "가상 온라인" 세계는 더 이상 "지상의 법으로 제한받지 않을 것"이라고 덧붙였다. 페이스북 대표인 마크 저커버그는 "소통의 부재와 유대감 결여"로 인해 생기는 테러 문제는 소셜 네트워크를 통해 해결될 수 있다고 말했다. 구글 대표와 페이스북 대표의 말 모두에서 사생활 보호 조치는 결국 '비상식적인 일'이 될 것이라는 뜻을 읽을 수 있는데, 이 두 기업 모두 개인 정보 수집 기반의 수익 모델을 갖고 있다.

거대 인터넷 기업들은 우리 앞에 경계와 구분이 사라진 '월드 와이드 웹' 세계, 즉 공간적 거리도 서로 다른 언어도 사라진 세상이 펼쳐질 것이기에, 과거 '역사의 종언'을 논했듯이 이제는 '지리적 경계의 종언'을 논할 차례라고 말한다. 다시 말해 가상공간의 세계화로 인해 개인은 원래의 역사와 문화, 언어로부터 분리될 것이라고 생각한다. 그들의 시각에 따르면 미래에는 혁신을 저해하는 국가의 인터넷 규제가 무의미해지고 미국 기업들의 주도하에 정보 교류가 더욱 가속화되기에, 어디서든 비슷한 '주류' 문화가 나타나게 된다. 구글의 바람은 모든 삶이 온라인상에서 이루어지는 세상이 도래하는 것이다. 저마다 원래의 뿌리와 정체성을 뛰어넘어 그 어디 하나 묶인 곳 없이 살아가는 세상, 그것이 곧 구글이 꿈꾸는 진보적인 세상이다. 구글을 비롯한 거대 IT 기업들이 꿈꾸는 미래상에 따르면 자녀를 기르는 방식은 물론 학교 시스템도 몰라보게 달라진다. 대학은 캠퍼스와 강의실을 떠나 온라인으로 옮겨지고, 교과 이수 결과도 링크드인에 있는 온라인 이력서에 자동으로 업데이트되어 기업과 헤드헌터 측은 바로 그 이력서를 보고 원하는 인재를 쉽게 구할 수 있다. 거대 IT 기업들은 검열 없는 정보의 자유화가 일반적인 현상이 되는 시대에는 독재가 종적을 감출 것이며, 탈레반이 파괴한 불상도 3D 프린트 기술을 통해 복원할 수 있을 것이라고 말한다(불상 복원을 언급한 사람 역시 구글 대표다).

현재 우리가 겪고 있는 디지털 혁명이 세계화로 이어질 것이라는 그들의 생각과는 달리, 나는 인터넷에 또 다른 지정학적 밑그림이 그려지고 있음을 이 책에서 밝혔다. 전 세계 사람들이 모두 똑같은 컴퓨터와 스마트폰으로 온라인 콘텐츠에 접근하고 있지만, 인터넷의 쓰임새는 지역별로 상이하고 콘텐츠도 각 지역의 현실에 맞게 변화해가는 경향을 보인다. 다시 말해 세계화된 플랫폼은 존재하지만 콘텐츠까지 세계화되지는 않는다. 그러므로 '글로벌 인터넷'이란 존재하지 않으며, 앞으로도 영원히 그럴 것이기에 네트워크상에서 문화적·언어적 획일화 현상이 나타날 것이라고 걱정할 필요는 없다. 디지털 혁명은 외려 그와는 반대로 '영역'별로 존재하는 인터넷을 보여줄 것이다.

내가 사용한 영역별 인터넷이라는 말은 국가나 지역 등 물리적 공간별로 나뉜 인터넷뿐 아니라 인종, 언어, 성적 취향, 종교, 취미 등 특정한 '커뮤니티'별로 나뉜 인터넷까지 포함한다. 다시 말해 인터넷은 지리적 인접성을 기반으로 할 수도 있고, 공통의 언어나 (키릴 자모 같은) 문자를 기반으로 할 수도 있으며, 오타쿠otakus나 페멘Femen(여성 인권 단체), 베어bears(게이 커뮤니티) 등 하위문화를 기반으로 할 수도 있다. 뿐만 아니라 (#BringBackOurGirls, #JeSuisCharlie 등과 같은) 국제 연대 운동을 기반으로 할 수도 있으며, 과거 대영제국이나 오스만제국의 일부

이던 국가에서 형성된 포스트 식민주의를 기반으로 할 수도 있다. 인터넷상에서의 영역은 대개 이러한 문화적 기반을 중심으로 다시 지역적으로 세분화되기에, 글로벌한 분위기는 드물게 나타난다. 따라서 미국에서 출발했으나 이제는 영역별로 세분화된 인터넷이 더 이상 대문자 단수인 Internet으로 표현되어서는 안 된다는 것이 내 연구 조사의 첫 번째 결론이다.

이렇듯 인터넷은 점점 더 우리가 어느 정도까지는 스스로의 '선호도'에 따라 선택할 수 있는 커뮤니티를 중심으로 나뉘기에, 개인의 권력을 빼앗는 존재가 아니라 개인에게 권력을 부여해주는 역할을 한다. 각 개인이 직접 이야기의 주인공이 되도록 만들어준다는 말이다.

페이스북 안에 있는 10억 명 이상의 사람들은 언뜻 보기엔 서로 비슷한 것 같지만, 각 개인은 그 안에서 자신이 쓰는 언어로 이야기하고 있으며 누가 누구와 친구를 맺고 있는지 알려주는 '소셜 그래프social graph'도 사용자마다 독특한 모양을 하고 있다. 이탈리아 남부 중학생과 폴란드 북부 중학생의 '친구' 목록에 미국인 친구가 등록되어 있을 가능성은 별로 높지 않다. 언어와 문화의 차이, 그리고 지리적 거리 때문이다. 페이스북의 공동 창업자 중 한 명인 크리스 휴스는 '현실성과 지역성을 유지하라Keep it real, Keep it local'가 페이스북의 좌우명이라고 밝혔다. 페이스북을 만든 사람들조차 소셜 네트워크라는 플랫폼이 지역적이 되어야 성공할 수 있음을 처음부터 알고 있었던 것이다. 구글, 위키피디아, 트위터 등이 성공할 수 있었던 이유도 지역성을 고려하여 각 지역 언어를 서비스했기 때문이다.

앞으로도 소셜 네트워크는 지역적인 연결망을 바탕으로 개인화될 것이다. 트위터, 텀블러, 패스, 인스타그램 등은 모두 미국에서 만들어진 SNS이지만 각 사용자의 국가, 언어, 관심사 등에 따라 팔로어 수가 늘어날 것이기 때문이다. 즉 SNS상의 대화는 특수하고 개별적인 성향을 띨 수밖에 없어서 획일성보다 서로 간의 차이를 드러내게 해주는 역할을 할 것이다.

때문에 인터넷 거대 기업들도 마치 부동산 업자들처럼 'location, location, location'이라는 표현을 자주 쓴다. 애플리케이션 부문에서 '위치 정보 인식location awareness'이 중요해진 것도 그 때문이다. 아이폰 지도 서비스나 구글 맵, 그리고 전 세계 전철 노선도나 버스 시간을 알려주는 애플리케이션은 현재 가장 많은 다운로드 수를 기록하고 있는데, 그중 구글 맵의 사용도는 사용자가 해외에 나갔을 때는 낮은 편이다. 3G 데이터 로밍 이용료가 어마어마하게 나오기 때문이다. 릴레이라이드RelayRides, 버즈카Buzzcar, 휩카Whipcar, 팁 어드바이저Tip Advisor, (개 전용 에어비앤비라 할 수 있는) 도그 배케이Dog Vacay 등은 인접성을 기반으로 한 '협업 경제' 서비스이며 이웃 간의 페이스북이라고 할 수 있는 넥스트도어Nextdoor도 인접성을 바탕으로 하고 있다.

휴대전화는 물론이고 스마트 워치 등 다양한 네트워크 연결 기기의 사용 양태에서도 인접성의 중요성이 드러난다. 미국에서는 한 사람이 한 달 평균 678건의 문자 메시지를 보내는데, 수신 대상은 대개 가까이 사는 친구나 친인척들이다. 그래서 문자 메시지의 언어도 보통 모국어다. 스카이프나 바이버, 왓츠앱, (아이폰의) 아이메시지, (GPS 기반의 익명 메시지) 익약Yik Yak, 몇 초 후면 내용이 자동으로 삭제되는 스냅챗Snapchat 등도 인접성의 영향을 받는다. 인접성은 지리적 가까움뿐만 아니라 관계의 가까움도 포함하는 개념이다. 따라서 대화 상대자가 해외에 있어도 사적으로 가깝다면 인접한 관계에 포함된다. 다시 말해 글로벌한 기술에 의해 가능해진 온라인상의 대화도 사적인 관계를 기반으로 한다는 말이다.

인도 사람들이 미국에 있는 사람들과 메시지를 주고받는 양으로 보면, 인도는 미국과 브라질에 이어 세계에서 세 번째로 큰 메시지 서비스 시장이다. 그런데 상황을 자세히 살펴보면 인도 사람들이 인터넷 메시지로 대화를 나누는 미국에 있는 사람들은 대개 NRI(Non Resident Indians)라고 불리는 인도인들이다. 다시 말해 미국에 있는 260만 명 이상의 인도인들은 인도의 22개 공식 언어 중 하나나 100여 개에 가까운 방언 중 하나, 혹은 영어로 인도에 있는 사람들과 얘기를 나눈다는 말이다.

이뿐만이 아니다. 인도의 전통과 카스트 제도, 정략결혼 풍습 등은 기술의 발전과 세계화에 따라 쇠퇴할 것 같지만 외려 인터넷과 소셜 네트워크를 통해 새로이 부상하고 있다. 가령 매달 인도인 5만 명의 결혼을 성사시킨다고 하는 결혼 중매 사이트(bharatmatrimony.com)는 인도사회의 전통적인 사회계층을 웹상에 그대로 재현해놓아 기존의 사회계층 구분을 약화시키기는커녕 더욱 굳건히 하고 있다. 즉 이 사이트에서는 인도의 전통적 카스트와 부副카스트(혹은 신新카스트)에 기반한 위계질서를 볼 수 있고, 심지어 인도사회 일부가 가진 편견까지 반영해 근친혼을 장려하기도 한다. 또 다른 영향력 있는 교제 알선 사이트(shaadi.com)는 이 시대에도 배우자 선정 과정에 부모가 적극적으로 개입할 수 있음을 보여준다. 인도에 사는 인도인과 미국에 사는 인도인

사이의 온라인 만남도 상황이 크게 다르지 않다. 또한 인도인들은 '별자리 궁합' 애플리케이션으로 결혼 궁합을 보기도 하고, 미신 관련 사이트나 유심론적 사이트를 만들어 그들의 토속 신앙을 온라인에 그대로 살려놓기도 한다. 그 예로 일부 힌두교 커뮤니티에서 신도들을 대상으로 운영하는 e-darshan이라는 온라인 기도 사이트가 있다. 심지어 좋은 기운을 돌게 하고 나쁜 기운은 쫓아내는 집의 방향을 정해준다는 인도식 풍수지리학인 '바스투 샤스트라Vastu Shastra' 관련 사이트(moonastro.com/vastu)도 생겨났다. 이러한 종류의 사이트는 셀 수 없이 많은데, 대개는 재외 인도인들이 미국에서 호스팅을 받아 해외에 구축한 것들이다. 따라서 만국 공통의 디지털 도구들은 각국의 전통을 유지하는 데에도 사용된다고 볼 수 있다.

온라인 교제는 인도뿐 아니라 세계 도처에서 나타나는 현상인데, 만남이 이루어지는 방식은 각지의 특성에 따라 달라진다. 이 분야의 선도적 사이트인 Match.com과 PlentyOfFish(POF)는 북미 지역 사이트이지만, 각 지역의 연애 코드와 언어에 맞는 서비스를 제공한다. 중국의 자위안Jiayuan, 러시아의 오케이큐피드OkCupid, 유럽의 미틱스Meetix, 남미권의 바두Badoo 같은 온라인 교제 사이트는 연애 패턴의 지역적 특수성 때문에 해당 지역 이외의 곳으로 진출하는 경우는 거의 없다. 일본에서는 이러한 만남 주선 사이트들이 페이스북과 연동되는 경우가 많은데, 가령 매치알람MatchAlarm, 오미아이Omiai, 페어스Pairs 같은 사이트는 매일 아침 8시에 회원에게 페이스북 친구 네트워크 안에 있는 사람 중 성격이 맞는 상대를 추천해준다. 가끔 그 범위에서 벗어나는 사람을 추천해줄 때도 있는데, 이런 경우는 회원의 출신 도시나 현

거주지를 기준으로 한다. 아랍권 사람들을 대상으로 '정결한' 상대를 주선해주는 알 아시라Al Asira라는 사이트는 (암스테르담에서 호스팅을 받고 있는 것으로 추정되는데) 이슬람법 샤리아에 부합하는 곳임을 내세운다. 이곳에서도 만남의 주선은 나라별로 이루어진다. 종교, 인종, 성적 취향을 기준으로 삼는 만남 주선 사이트들도 기본적으로는 사용자가 사는 권역을 중시한다. 가령 유대인 간의 만남을 주선하는 제이데이트Jdate나 동성애자를 대상으로 한 게이더Gaydar, 게이로미오GayRomeo, 맨잼Manjam 등에 들어오는 이용자들은 곧바로 소속 국가나 도시를 선택하여 자신의 정확한 소재지를 밝힌다. 게이 커뮤니티를 기반으로 전세계적인 성공을 거두고 있는 미국의 애플리케이션 그라인더Grindr는 GPS 서비스를 도입해, 몇백 미터 반경 안에 있는 게이들끼리의 만남을 주선한다. 확고한 지역 기반 앱인 셈이다. 흥미롭게도 얼마 전 중국에서 역시 GPS를 기반으로 한 중국판 그라인더라 할 수 있는 블루드Blued 앱이 출시되었는데, 이용자 수는 1500만 명으로 벌써 그라인더를 앞질렀다.

그 정의상 국지적 성격이 강한 '사물 인터넷'[생활 속 사물들이 유무선 네트워크를 통해 연결되어 정보를 공유하는 환경]과 스마트폰의 일반화는 지역화 경향을 더욱 강화시킨다. 주로 데스크톱만 사용되던 인터넷 초창기보다 현재의 모바일 환경이 인터넷의 지역성을 열 배로 늘려준 것이다. 그로 인해 틈새 공략 서비스와 언어적 특화 양상이 더욱 두드러지고 있다. 현재 일어나고 있는 현상은 '지리적 위치géolocalisation'라는 한 단어로 요약할 수 있다. 갈수록 GPS를 기반으로 하는 스마트폰 서비스가 많아지고 있으며, SNS도 GPS 기능에 더욱 의존하고 있다. 이

것은 모두 '위치'의 중요성을 확인시켜준다. 가령 포스퀘어Foursquare나 고왈라Gowalla 같은 모바일 위치 서비스 애플리케이션을 사용하면 우리가 어떤 카페나 음식점에 있는지를 '체크인'해 사람들에게 즉각 알릴 수 있다. 이런 우리의 위치 정보 데이터는 '클라우드'라는 구름 위에 있지만, 우리의 두 다리는 굳건히 지면 위를 딛고 있다.

남아공 흑인 거주지 소웨토, 북미 지역 빈민가, 인도 빈민굴, 남미 파벨라 등에서는 휴대전화 손전등 기능이 매우 인기이며 앱스토어에서도 손전등 앱이 가장 많이 다운로드된다. 손전등 앱은 어두운 곳을 걸을 때도 도움이 되지만 전기가 끊겼을 때도 유용하게 쓰인다. 현재 앱스토어에서는 Smart Torch, Lampe-Torche, iLumiere, iTorche, Flamme, Flashlight 등 700개 이상의 손전등 앱이 판매되고 있으며, 인도에서는 위험한 상황이나 성추행 위기에 놓였을 때 활용할 수 있는 경고음 기능이 추가된 손전등 앱도 나왔다. '정보의 고속도로'라는 표현은 스마트폰 시대에는 더 이상 어울리지 않는다. 물론 인터넷이 정보의 고속도로인 것은 맞지만, 스마트폰 앱은 고속도로뿐 아니라 몇 미터 앞을 제대로 내다보며 안도의 마음을 갖고자 하는 세계 도처의 사람들이 지방 국도, 작은 지름길, 어두운 골목길에서도 사용하기 때문이다.

전 세계 전자상거래 사이트는 모두 고객이 있는 장소까지 상품을 가져다주어야 한다는 원칙을 갖고 있기에 중국의 알리바바, 일본의 라쿠텐, 인도의 플립카트, 러시아의 오존 등 앞서 언급한 전자상거래 사이트 대부분은 국내 배송을 전문으로 한다. 운영 방식도 제각각이어서 현금 결제가 원칙인 곳도 있다. 아마존은 전 세계를 대상으로 한 전자상거래 사이트 같지만, 사실 지역별 아마존은 직원도 현지 인력을 채용하며 상품도 현지에 맞는 것들을 제공한다. 가령 독일 사람들은 독일어로 된 책을 독일 아마존에서 구매하지, 이탈리아 아마존에서 구매할 리가 없기 때문이다. 비물리적 상품인 콘텐츠 시장도 지역화되는 추세다. 따라서 전자상거래가 발달할수록 관련 사이트들은 더욱더 지리적 기반에 깊게 뿌리내릴 것으로 보인다.

원래부터 지역화 경향이 강했던 광고 마케팅 분야는 디지털 시대에 더욱 지역화될 전망이다. 광고 마케팅의 지역화는 코카콜라의 광고 전략 역사를 살펴봐도 알 수 있는데, 과거에는 전 세계적으로 획일화된 광고 전략을 펼쳤던 이 회사는 1980년대 초부터 생산 라인을 지역화하면서 광고 및 마케팅 접근 방식도 지역 중심으로 전환한다. 현재 인터넷 광고 시장에서 전 세계적으로 통일된 광고 전략은 존재하지 않는다. 가령 유럽의 인터넷 광고 전략도 국가별로 다르게 수립되며, 라틴아메리카에서도 TV 드라마만큼이나 다양한 광고가 지역별로 존재한다. 최소 다섯 개의 중견 광고 시장이 존재하는 아랍 지역의 범아랍권 TV 채널인 알 자지라나 MBC 등에서 방영되는 광고도 차츰 지역화 경향을 보이고 있다. 주류 TV나 언론 매체의 이러한 광고 지역화 경향은 웹사이트에서 더 뚜렷하게 나타난다. 구글은 세계 도처에 광고 사무국을 두고, 그를 통해 현지 광고 대행사와 계약을 체결해 지역화된 광고 전략을 구사한다(유럽의 몇몇 나라는 이 같은 계약 형태를 통해 세금을 피한 구글에 막대한 과징금을 부과하기도 했다). 물론 구글의 애드센스나 애드워즈, 트위터의 모펍 같은 광고 플랫폼은 세계화될 수 있지만, 그 플랫폼을 통해 게시되는 광고 콘텐츠 자체는 앞으로도 세계화되지 않을 것이다. 인터넷에서 뜨거운 감자가 될 보건과 교육 분야도 지역 중심적으로 흘러갈 가능성이 높다.

인터넷상에 있는 정치 조직도 지역화 움직임을 보인다. 일각에서는 참여민주주의 운동을 벌이는 독일의 해적당이나 이탈리아의 오성운동 등 '인터넷' 정당들이 범유럽 차원의 활동을 펼친다고 하지만, 사실 해적당은 지역 기반 활동을 펼쳤기에 성공할 수 있었다. 이 새로운 형태의 정당들에 너무 많은 기대를 걸어서는 안 되겠지만, 분명한 건 그들이 지역을 기반으로 다양한 민주주의 실험을 하고 있다는 것이다(사실 개인적으로 나는 각종 안건에 대해 무조건적으로 국민투표를 주장하는 인터넷 정당들에 대한 믿음은 별로 없다).

결론적으로 말하자면, 이제 제도권 인터넷과 국경 없는 디지털 세계화의 시대는 막을 내렸다. 앞으로는 지역화된 인터넷이 부상할 것이며, 따라서 인터넷의 미래는 지역별 '맞춤화customization' 전략에 따라 달라질 것이다. 그리고 '스마트'라는 말은 '디지털화'와 '지역화'를 동시에 의미하게 될 것이다.

신흥개도'넷'

2012년 여름, 미국의 시사 주간지 『뉴스위크』는 'The Digital 100'이라는 표지 기사를 내며 디지털계의 '영웅'이라고 알려진 100명의 사람들을 소개했다. 그중 대다수는 미국인이었고, '주목받는 신인' 부문에 언급된 인물들도 전부 미국에 살고 있었다. 2010년 『타임』에서 선정한 '올해의 인물' 1위는 페이스북 대표 마크 저커버그였으며 그 뒤를 이은 아마존의 제프 베저스, 빌 게이츠 부부, 인텔 창업주 등도 모두 미국인이었다. 『뉴욕 타임스 매거진』『이코노미스트』『파이낸셜 타임스』 등도 디지털 및 IT 업계에서 미국이 강세를 보이는 현상을 표지 기사로 보도했다. 이렇듯 세계적인 유력지의 (영어로 된) 기사만 보면 인터넷의 판도는 주로 미국 기업들과 그 대표들이 장악하고 있는 것처럼 보인다. 물론 그동안에는 인터넷 분야에서 미국이 강세를 보인 것이 사실이다. 하지만 앞으로도 그러리라는 법은 없다.

신흥개도국들을 취재하면서 나는 그 국가들이 인터넷을 상당히 중요하게 생각한다는 점을 알 수 있었다. 고도의 성장세를 보이는 그 국가들은 세계화된 경제나 인구만을 발판으로 성장한 것이 아니었다. (전작 『메인스트림』의 주제였던) 문화와 (『글로벌 게이Global Gay』의 결론이었던) 가치, 그리고 (이 책의 주제인) 인터넷 또한 그들의 성장 발판이었다. 따라서 웹을 영어로 된 정보가 난무하는 서구권 네트워크나 미국식 서비스가 제공되는 공간으로 바라보는 단순한 시각은 지양되어야 한다. 웹은 잘사는 나라들끼리만 즐기고 노는 '그들만의 세계'가 아니라는 것이다. 초창기에는 인터넷이 '우리us'와 '미국US'이 서로 마주 보는 관계, 즉 각국이 실리콘밸리와 맺는 관계 속에서 인식되었지만, 앞으로의 인터넷은 분권적이며 분할된 양상을 보일 것이다. 미국 인터넷만의 특색은 여전히 살아남겠지만 미국과의 (다소 불평등했던) 관계는 차츰 퇴색할 것이라는 말이다. 웹의 새로운 지정학은 미국이 주도하는 '메인스트림mainstream'으로만 구성되지 않을 것이며 모든 국가 간의 흐름은 물론 자국 내의 여러 작은 지류 간의 흐름도 포함할 것이다. 실제로 현재 개도국에서는 이런 작은 지류 간의 흐름을 바탕으로 한 엄청난 디지털 혁명이 일어나고 있다. 그렇다면 우리는 BRICs 국가 고유의 디지털에 대해 논할 수 있을까?

브라질, 러시아, 인도, 중국의 앞 글자를 따서 만든 브릭스BRICs라는 용어는 떠오르는 신흥 시장을 가리키는 신조어다. 요새는 인도네시아와 남아프리카공화국을 추가시킨 브리익스BRIICs라는 용어도 쓰이고 있다. 어쨌거나 이 브릭스 혹은 브리익스라는 개념은 디지털 분야에서는 점점 유명무실해지고 있다. 이런 개념으로 묶인 나라들의 상황이 디지털 분야에서는 제각각 다르기 때문이다. 가령 중국의 인터넷은 독특한 환경을 구축하며 성숙 단계로 진입했지만, 남아공의 인터넷은 여전히 낙후된 상태다. 이와 관련해서는 앞에서 상세히 분석했다. 브라질은 1인당 GDP가 중국의 두 배, 인도의 일곱 배에 이르는 나라로 웹분야에서도 선도 국가로 자리매김한 상태다. 러시아는 사실 브리익스에 속한 여느 나라들과 경제적 상황이 다르다. 인구 감소 문제도 있고 수출 분야도 취약하기 때문이다. 디지털 부문에서는 국가주의나 검열 등 다소 중국과 유사한 면이 있지만, 그것이 러시아가 브리익스에 속할 수 있는 명분이 되기에는 부족해 보인다. 사실 브리익스에 속한 국가들은 오늘날 유사성이 떨어지고 있으며, 디지털 부문까지 포함하면 더욱 그렇다.

또한 브릭스 혹은 브리익스라는 개념은, 현재의 디지털 부문 개도국들을 포함하지 못한다는 문제를 안고 있다. 나는 거기에 속하지 않는 15개 국가들에서 놀라운 디지털 역동성을 확인했다. 멕시코, 콜롬비아, 터키, 카타르, 아랍에미리트, 사우디아라비아 등은 말할 것도 없고 베트남, 타이, 케냐, 모로코, 알제리, 이란, 이집트 등도 뛰어난 디지털 역동성을 지니고 있었다. 여기에 내가 직접 찾아가보지는 못했던 3개국을 더 추가해야 할 듯한데 바로 칠레와 미얀마, 나이지리아다. 이 국가들은 디지털 분야의 발전을 통해 그동안의 기술적 낙후 상황을 놀라운 속도로 극복하고 있으며, 이에 따라 생산성도 향상되고 중산층 계급도 빠르게 성장하고 있다. 즉 디지털 부문에서는 브리익스에 속한 나라들을 신흥개도국이라 할 수 없다. 다른 20여 개 국가를 디지털 부문의 신흥개도국으로 삼아 각국의 고유한 인터넷 특성을 주의 깊게 살펴야 한다. 인터넷은 포괄적으로 뭉뚱그려 보기보다 국가적 특수성을 감안해서 봐야 하기 때문이다.

결국 디지털 시대의 현실을 거의 반영하지 못하는 신흥개도국이라는 표현은 이제 의미가 없어졌다. 기존에 신흥개도국이라 불리던 국가들을 '고성장 국가'로 부르자는 주장도 있었지만, 이후 그 나라들의 성장세가 둔화되고 2013년에는 재정 상황까지 불안해져 그 같은 표현도 적절하지 못하게 되었다. 디지털 분야와 관련해서 중요한 점은 소위 '빈국'에 속해 있던 20여 개국이 존재감 있는 주체로 자리매김하고 있다는 사실이다. 혁신 역량과 위력을 갖춘 이 비서구권 국가들을 결코 과소평가해서는 안 된다. 이 국가들의 디지털 부문 발전 속도는 기존 선진국들의 그것보다 더 빠를 것이기 때문이다. 이 국가들은 아날로그 시대에서 디지털 시대로 넘어가는 과도기에 선진국이 겪었던 과정을 다 경험할 필요가 없다. 태블릿이나 스마트폰 등 모바일 분야로 곧장 넘어갈 수 있으니 굳이 개인용 컴퓨터나 유선전화망, 유선인터넷 등에 투자할 필요가 없고, 데이터 보관 면에서도 서버에 돈을 들일 필요 없이 더 저렴한 클라우드로 곧장 넘어갈 수 있다(클라우드 서비스의 주권 문제는 추후 살펴볼 생각이다). 바로 브라질이나 케냐 같은 나라가 이렇게 20세기를 건너뛰고 곧장 21세기로 넘어갈 수 있었다. 즉 유선전화, PC, 모뎀, ADSL 등 아날로그 정보 기기나 케이블 네트워크 단계를 거치지 않은 것이다. 기술 분야의 여러 단계를 뛰어넘은 이 국가들은 선진국에서 20년간 공을 들여 도달한 수준에 불과 5년 만에 도달할 수 있었다. 두바이와 상하이, 벵갈루루, 요하네스버그, 나이로비, 상파울루 등의 디지털 부문 주체들을 만나보면 바로 이런 도약으로 인해 경제 및 문화 부문의 모든 알력관계가 다시금 판이 짜이고 있음을 알 수 있다. 카드 패가 완전히 뒤섞인 것이다.

이 디지털 부문 신흥국들의 인터넷에 대한 내 판단은 어떤 이데올로기적 해석이나 웹에 대한 이상화된 시각에서 내려진 것이 아니라, 직접 현장에서 관찰한 결과를 바탕으로 내려진 것이다. 러시아판 구글인 얀덱스, 남아공판 왓츠앱인 믹시트, 러시아의 브콘탁테, 이란의 (페이스북과 유사한) 클룹, (아랍 지역 야후인) 막툽, 브라질의 (페이스북 유사 버전) 오르컷 등 몇 개 사이트만 유심히 살펴봐도 내 판단이 맞음을 알 수 있을 것이다. 바이두, 알리바바, 티몰, 웨이보, 런런, 후둥, 바이두 바이커, 유쿠, 알리페이, 웨이신, QQ 등 미국 사이트를 말 그대로 갖다 베낀 중국 사이트들의 성공은 말할 필요도 없이 분명해서, 이제 GAFA로 통칭되는 구글, 애플, 페이스북, 아마존보다 BAT로 통칭되는 바이두, 알리바바, 텐센트의 시장 지배적 지위 남용이 더 걱정되는 상황이다. 그렇다면 누군가는 그 폐쇄성으로 인해 인터넷이라기보다는 거대한 인트라넷에 가까운 중국의 인터넷이 미래 인터넷의 모습이라는 말이냐는 도발적인 질문을 할 수도 있을 것이다. 그에 대해 나는 중국 인터넷을 중국의 특색이 반영된 지역화된 인터넷으로 볼 것을 제안한다. 지역화된 중국의 인터넷을 폐쇄적이라는 이유로 인트라넷에 비유한다면, 본질적으로 따져봤을 때 오늘날의 인터넷 세계는 여러 개의 인트라넷이 상호 소통하는 인트라넷 집합체라 할 수 있을 것이다. 중국의 인터넷 모델이 별 차질 없이 순항을 거듭하는 이유는 만리장성과도 같은 방화벽으로 검열을 시행하고 있기 때문이 아니라, 그것이 중국 지역의 특색을 잘 반영하고 있기 때문이다. 중국의 인터넷이 인트라넷이 아니라 엄연한 인터넷임을 증명하는 중요한 사실이 있다. 중국은 인터넷 부문에서 세계적 패권 장악을 목표로 하고 있다. 일단 바이두는 곧 쿠바와 카라카스Caracas, 테헤란에 상륙할 전망이다. 중국의 특허 출원 수가 52만6000건으로, 50만3000건인 미국을 앞지르고 세계 1위를 기록하고 있다는 점도 중국의 이런 계획을 확인시켜준다. 중기적으로 이는 중국 지역 내 지식재산권의 법적 보호 강화로 나타날 가능성이 높다.

언어와 문화, 상거래의 성격을 고려해봤을 때, 중국의 인터넷 사용자 대부분은 자국 인터넷을 벗어날 필요가 거의 없다. 중국의 블로거나 해외 망명자들은 중국 정부가 세계의 다른 지역과 소통하면서 폐쇄적인 인터넷 환경을 바꾸어야 한다고 비판하는 가운데, '넷 중립성' 개념을 보지 못하는 베이징 사람들의 현실을 유감스럽게 생각한다. 하지만 중국인 대부분이 가상의 디지털 국경 안에서 만족하며 살아가고 있는 것은 분명한 사실이다. 이는 폐쇄적이고 검열이 심한 국가 소유 체제의 중국 인터넷이 끊임없이 성장하고 있는 이유가, 바로 지역화에 있다는 것을 확인시켜준다.

디지털 부문 신흥국들의 인터넷은 나라별로도 차이를 보이지만 나라 안에서도 다양한 양상을 나타낸다. 무슬림 국가 15개국을 직접 찾아다니며 조사한 결과를 바탕으로 나는 이 책에 '디지털 이슬람'의 탄생에 대한 이야기를 길게 늘어놓았다. 다른 지역의 인터넷과 차별화되는 이슬람 지역 인터넷은 내부적으로도 결코 균일한 모습을 보이지 않는다. 시아파와 수니파 사이는 물론이고 이집트처럼 수니파 내에서도 다양한 입장 차이가 나타나는 이슬람의 현실을 그대로 반영하고 있는 이슬람 지역 인터넷은 그 각각의 입장을 더욱 두드러지게 해준다. 따라서 아랍의 인터넷은 이슬람 원리주의 십자군의 공간인 동시에 온건파 이슬람의 공간이며, 또한 이슬람법에 맞게 구축된 가상공간이기도 하다. 무슬림 게이들이 서로를 유혹하는 공간 또한 아랍의 인터넷 안에 포함되어 있다.

주류 인터넷

인터넷을 세계화의 한 현상이 아니라 단위별로 구분되는 단편적 현상으로 바라보고 해석하는 관점은 인터넷의 글로벌한 측면을 부인하는 것일까? 온라인 대화 채널을 지역화된 개별적 공간으로 바라보는 시각은 이 채널의 세계화 가능성을 배제하는 입장인 것일까? 물론 아니다.

인터넷은 우선 기술적으로 국가 간의 경계가 없다. 전화번호는 국가번호를 기반으로 하지만 컴퓨터와 컴퓨터의 구분이 IP 주소로 이루어지는 인터넷에서는 국경이 존재하지 않는다. 웹사이트 주소에도 국가 코드가 없는 경우가 많다. 웹 호스팅도 어느 지역에서든 가능하다. 그러므로 웹사이트 구축은 지리적인 맥락과 하등 상관이 없다. 하지만 모든 사람이 세상 모든 사람과 소통할 수 있다는 이론은 단지 기술적인 맥락에서만 가능할 뿐, 경제적·사회적으로는 이야기가 다르다.

그럼에도 인터넷은 분명 글로벌한 공간이다. 20억에 가까운 사람들이 유튜브에서 싸이의 「강남 스타일」 뮤직비디오를 봤으며, 레이디 가가의 동영상에는 이란과 팔레스타인 사람들도 열광한다. 세계화된 주류 인터넷의 상징적 인물인 마돈나나 샤키라의 신보는 웹사이트를 통해서든 P2P를 통해서든 전 세계 네티즌의 컴퓨터로 다운로드됐다. 수백만의 사람이 아이튠스를 이용하고 넷플릭스에 가입하며 킴 닷컴이 만든 불법 복제 사이트 메가업로드Megaupload를 이용한다. 4chan 같은 익명 게시판, (해킹 커뮤니티) 어나니머스Anonymous, (고양이의 익살스러운 사진이 올라오는) 롤캐츠Lolcats 같은 곳도 글로벌한 공간이다. 오타쿠 커뮤니티의 콘텐츠나 하드코어 포르노 자료들도 국적을 초월해서 전 세계 네티즌들이 즐겨 찾는다. 위키리크스를 만든 줄리언 어산지 같은 해커, 미국의 군사 기밀 정보를 공개한 브래들리 매닝(성 전환 후 첼시 매닝이라는 이름으로 개명했다)이나 NSA의 민간인 사찰 내용이 담긴 문서들을 폭로한 에드워드 스노든 등 이른바 '내부 고발자'들, 그리고 그들을 대중에게 알린 글렌 그린왈드 기자와 로라 포이트라스 감독도 지역적 성격의 인터넷이 아니라 글로벌 인터넷을 자신들의 무대로 삼았다. 인터넷으로 생중계된 버락 오바마의 공천 행사와 마이클 잭슨 추도식은 물론이고, 자신의 임신 소식을 트위터에 알려 초당 9000건의 트윗을 양산한 비욘세 사건도 인터넷이 세계적 공간임을 확인시켜주었다. 이런 사례들에도 불구하고 인터넷을 전 세계가 공유하는 공간이 아니라고 주장하는 것은 오만일 것이다. 모든 명제에는 그에 반하는 사례가 있게 마련이듯, 내가 주장하는 인터넷의 지역성이라는 명제에도 그에 반하는 사례가 있는 것이다.

바로 그에 해당하는 최고의 사례는 비디오게임 분야다. 비디오게임은 현재 인터넷 때문에 유례없는 변화를 겪고 있긴 하지만, 보편성이 매우 중요한 분야이기에 특정 지역에 국한된 특징이 뚜렷할 경우 큰 인기를 얻기 힘들다. 그래서 게임 시장에서 꽤 영향력 있는 일본의 소니 스튜디오나 프랑스의 유비소프트조차 미국적인 게임을 만들어내려 애쓰고 있다. 이렇듯 비디오게임 분야는 지역적 성격이 그리 두드러지지 않은 채 디지털 시대에 별 무리 없이 순항 중이다. 한마디로 비디오게임 시장은 국경 없는 시장이라고 볼 수 있는데, 이는 이 책에서 주장하는 명제와 정면으로 배치된다.

그 외에도 디지털 부문에서 지역과 무관하게 만국 공통의 사례가 나타나는 경우는 얼마든지 존재한다. 가령 온라인 개방형 대학이나 칸 아카데미 등이 이에 해당한다. 다만 이런 온라인 교육 모델도 콘텐츠 및 기본 교육 지침, 그리고 언어는 지역화했다. 연예 및 오락 분야도 지역화 경향에서 벗어나 있는데, 특히 영화는 여전히 미국 중심적이다. 전작인 『메인스트림』에서도 언급했지만, 오프라인은 물론이고 온라인에서도 영화 부문은 미국이 장악하고 있다. 음악은 장르별로 세분화되어 있고, 출판이나 텔레비전 분야도 독자층과 시청자층에 따라 콘텐츠가 차별화되어 있으며, 인터넷 콘텐츠도 다양한 양상을 보이지만, 유독 비디오게임과 영화 분야는 천편일률적인 흐름이 감지된다. 인터넷마저 미국 주류 영화를 약화시키기보다는 더욱 강화시키는 요인으로 작용해, 다양한 작품이 생산되고 있음에도 불구하고 미국 블록버스터 영화들의 성공 가도는 멈출 줄 모른다. 아날로그 세상보다 디지털 세상이 영화 부문을 더 히트작 중심이 되게 하고 있으며, 성공은 또 다른 성공으로 이어진다. 중기적 관점에서 이 같은 양상이 안정적으로 지속되리라고 단언하기는 힘들지만, 영화를 비롯한 대중 연예 부문의 주류와 인터넷이 상보관계에 있다는 것만은 확실하다. 이 둘은 콘텐츠의 보편화, 세계화를 이끌면서 국경 없는 세상을 구축해가고 있다. 특히 주류 엔터테인먼트 문화의 생산 공장인 할리우드와, 글로벌한 인터넷 스타트업을 양산해내는 실리콘밸리를 품고 있는 캘리포니아가 해당 분야에서 전 세계의 패권을 장악하고 있다는 사실은 인터넷의 지역화라는 내 명제와 근본적으로 배치되는 예외적인 경우다. 그런데 흔히 생각하는 바와는 달리 텔레비전, 미디어, 음악, 도서 분야에서는 영화나 비디오게임 분야에서처럼 미국 지배적 추세가 나타나지 않는다. 또한 연예오락 부문과 정보 부문, 디지털 부문은 통합될 것이라고 했던 MIT 미디어랩 창시자 니컬러스 네그로폰테의 예언처럼 인터넷이 이 부문들을 통합해가고 있긴 하나, 전체적인 인터넷의 모습은 획일적이지 않다.

내 생각에 '글로벌 인터넷'은 특정 시점까지 계속 존재하겠지만 스마트폰 사용자와 인터넷 접속자 수가 늘어남에 따라 차츰 쇠퇴할 것으로 보인다. 현재 25억 명으로 추산되는 네티즌 수는 2020년경에는 50억으로 늘어나고 2025년에는 거의 70억 명에 육박할 것으로 전망된다(ITU 그리고 MS 및 구글 대표의 이런 전망이 맞다면 가까운 미래에 거의 전 세계 인구가 인터넷에 접속한다는 말이 된다). 이렇게 사람들의 디지털 활용 능력이 신장되면 될수록 인터넷의 지역화는 더욱 뚜렷해질 것이다. '지구촌'이 도래할 것이라던 마셜 매클루언의 예측은 지금도 유효하지만, 그 '지구촌'이라는 말을 완전히 하나로 통합된 세상이나 획일화된 세계의 표현으로 받아들여서는 안 될 것이다. 서로 연결되어 있지만 지역과 영역의 특성은 존속하는 세상이라는 뜻으로 이해해야 한다.

이것이 바로 이 책의 주된 명제다. 물론 전 세계적으로 나타나는 주류 인터넷의 존재를 부인할 수는 없다. 인터넷에는 분명 세계화의 흐름을 포함하고 있는 획일적인 콘텐츠도 존재한다. 그러나 조사를 통해 내가 확인한 것은 그 같은 콘텐츠는 대개 피상적이며 양적으로도 제한되어 있다는 사실이다. 다시 말해 인터넷에는 미국을 중심으로 한 '메인스트림' 외에도 수많은 조류가 있다. 우리는 대부분 우리 말로 된 콘텐츠를 이용한다. 즉 인터넷에서 우리가 즐기는 동영상을 포함한 문화 콘텐츠는 대개 우리 언어를 기반으로 한 지역적인 것이다. 모두가 서로 '연결'된 세계에 진입해 있지만, 그 세계에 존재하는 콘텐츠는 지역별로 단절되어 있다. 페이스북 친구들과 트위터 팔로어들, 동창회 사이트의 동문들에게 우리는 우리 말로 메시지를 보내며, 우리 말로 된 사이트를 주로 조회하고, 우리 말로 대화를 나눌 수 있는 만남 주선 사이트를 돌아다닌다. 즉 우리는 온라인에서도 자신이 살고 있는 현실세계, 자신이 속한 공동체와 연결되어 있다. 따라서 온라인 교류도 본질적으로는 개별적인 특성을 지니고 있다. 세계적인 인터넷은 예외적인 경우이며, 대개는 세분화된 인터넷이 주를 이룬다.

다르게 말하면 인터넷에 '경계frontiers'는 있되 '국경borders'은 없다고 이야기할 수 있다. 미국에서는 법적·정치적 개념인 '국경'과 추상적·상징적 개념인 '경계'를 구분하여 쓴다. 국경은 세관, 관세, 여권, 국경 수비대 등과 연관된 물리적 경계선의 개념이지만, 경계는 좀더 비유적인 의미로 문명사회와 야생의 세계를 구분해주는 '프런티어' 신화부터 케네디가 주창한 개척자 개념인 '뉴프런티어'까지 포괄한다. '국경없는의

사회'는 영어로 'Doctors without borders'라고 쓴다. 'borders' 대신 'frontiers'를 사용하여 'Doctors without frontiers'라고 쓰면 영어로는 말이 되지 않기 때문이다. 인터넷에는 나라와 나라 사이를 명백하게 구분하는 국경은 없지만, 언어와 종교와 문화 등을 구분하는 유동적이고 상징적인 경계는 존재한다고 볼 수 있다. [불어로 '국경없는의사회'는 'Médecins sans frontières'이기 때문에 이 대목에서 저자가 'frontiers'와 'borders'의 차이를 짚어준 것이다.]

여기서 인터넷의 또 다른 측면을 언급하고 넘어가야 한다. 본래 인터넷은 캘리포니아의 반문화에서 생겨났기에 공동체적 성격을 지니면서도 획일화의 반대 개념인 주관성을 허용한다. 주관성이라는 동력은 반드시 지역화되는 것은 아니지만 비유적 의미에서 (동질성에 따라) '영역화' 혹은 '권역화'될 수 있다. 동질성은 사람들을 결집시키고 규합하는 힘이 있으며, 집단을 더욱 키워가는 원천이 되기도 한다. 비슷비슷한 사람들끼리의 소통과 연대를 가능하게 하는 일체감은 함께 있으면 더욱 강해진다는 느낌도 이끌어내는데, 이는 인간의 매우 중요한 군집본능이기도 하다. 개개인이 무리를 이루어 하나의 공동체를 형성하는 이유는 서로 비슷한 취미나 관심사를 갖고 있고 행동 패턴도 유사하기 때문이다. 인터넷에서도 동질감을 느끼는 개체들이 모여 자기들의 방식과 입맛에 맞는 또 하나의 인터넷을 만들어낸다.

그런데 집단주의자나 극단적 이슬람주의자의 생각과는 달리 각 개인은 하나의 정체성만 갖고 있는 것이 아니다. 종교, 문화, 성별, 인종, 사회계층, 언어, 거주지, 국가, 직업 등의 요소에 따라 여러 정체성을 갖고 있으며, 그 다양한 정체성들이 노벨상 수상자인 아마르티아 센의 표현대로 '경쟁적 제휴affiliations concurrentielles'를 벌인다. 따라서 한 개인을 하나의 정체성에만 국한시키는 것은 그의 정체성을 축소시키는 일이다.

인터넷상에서 각 개인은 (내가 전작인 『메인스트림』에서 사용했던 표현대로) 다양성보다 더 높은 가치를 가진 '다양성의 다양성'을 펼친다. 간혹 인터넷은 외부 세력을 배척하고 구성원에게 고착된 정체성을 강요하면서 소속감과 충성심을 요구하는 극단적 공동체주의 집단들의 자기 폐쇄성을 더욱 부추기는 공간이 되기도 하지만, 대부분은 대화와 개방을 장려하고 새로운 발견을 부추기는 능동적인 공간으로 기능한다.

결론적으로 말해 인터넷 인프라 자체는 포괄적이고 탈지역적이라 할 수 있지만, 그 안에서 오가는 대화나 콘텐츠는 단절적이고 지역적이며 세분화된 특성을 가지고 있다. 즉 인터넷은 포괄적인 상호작용이 오가는 지역화된 공간이다.

미국의 특수성

인터넷이 다른 곳보다 더 지역화된 나라를 꼽자면 역설적이게도 미국이다. 실리콘밸리를 포함한 미국의 인터넷은 전 세계 수많은 나라가 따라 하고자 하는 모델이지만, 독자적인 역사와 기술적 맥락에서 탄생한 이 독특한 생태계를 재현해내기란 쉽지 않다. 중국의 대표적 사이트들이나 전 세계적으로 양산되고 있는 스마트 시티들만 봐도, 미국식 모델을 그대로 재현해내기가 얼마나 어려운지를 알 수 있다.

미국은 어떻게 디지털 신화를 만들어낼 수 있었을까? 첫 번째 요인은 군사적 목적에서 세계 최초로 인터넷을 탄생시켰다는 점, 두 번째 요인은 공공 분야와 민간 분야(특히 비영리 조직) 사이에 독특한 자금 조달 관계가 형성되어 있었다는 점이다. 뿐만 아니라 미국은 창작 산업 분야에서 이미 전 세계를 선점하고 있었는데 그 대표적인 예가 할리우드 영화다. 캘리포니아의 반문화와 창의적인 인재, 그리고 문화적·인종적 다양성도 미국이 디지털 신화를 쓰는 데 한몫했다. 어디 그뿐인가. 미국은 아시아, 이스라엘, 남미, 유럽 지역 기술자들에게 수많은 비자를 발급해주어 전 세계의 인재들을 대거 유치했다. 이 모두가 미국 인터넷의 특수성을 설명해주는 요인이다. 미국이 일구어낸 이 같은 '기적'은 장기간 지속적으로 구축된 것이다. 출발점을 알려면 1950~1960년대의 캘리포니아 주로 거슬러 올라가야 한다. 당시 캘리포니아 주에서는 '멀티 캠퍼스'가 발전하고 있었고 (제대 군인에게 교육비 등의 특혜를 주는) 'GI Bill' 제도도 시행되고 있었다. 또한 아이젠하워의 결정으로 캘리포니아 주와 다른 주 사이를 잇는 고속도로가 건설되었고, 샌프란시스코 공항은 아시아권으로 이어지는 허브 공항으로 발전해 있었으며, 케네디는 (소련이 스푸트니크 위성을 발사하자) 캘리포니아 주 과학계에 연방 지원금을 조달했다. 그때부터 수십 년에 걸쳐 캘리포니아 주에 조성된 디지털 생태계를 바탕으로 만들어진 인터넷 모델을 다른 나라가 쉽게 모방하기 힘든 것은 어찌 보면 당연한 일이다.

미국이 이렇듯 독보적으로 디지털 분야를 장악하고 있는 상황에서, 페이스북이나 트위터에 대항하는 다른 국가의 경쟁 업체들은 과연 살아남을 수 있을까? 브라질의 오르컷이나 프랑스의 스카이블로그Sky-blog 사례를 생각하면, 그에 대한 긍정적인 답변을 하기가 어렵다. 하지만 런런이나 텐센트, 웨이보 같은 중국 사이트를 보면 그와 정반대의 답이 가능하다. 지역화된 포털 사이트들은 과연 미래의 야후가 될 수 있을까? 브라질의 UOL이나 중국의 소후, 시나 등을 보면 그렇다고 대답할 수 있다. 구글이나 아이튠스, 유튜브의 대항마는 출현할 수 있을까? 중국의 바이두와 유쿠가 그 실례이며, 유럽에도 (검색엔진 콰에로Quaero나 동영상 사이트인 데일리모션dailymotion은 역부족이지만) 스포티파이나 디저 같은 사이트가 있다. 유럽이나 개도국을 포함한 세계 여러 나라의 디지털 주체들은 미국 이외 지역의 인터넷 사이트도 얼마든지 성공 가능함을 입증하고 있으며, 중기적으로 보면 훨씬 더 치열한 경합이 벌어질 것으로 전망된다. 중국과 인도가 입증하고 있듯이, 디지털 부문의 지식재산권과 특허 출원 수도 앞으로는 여러 나라가 균형을 이룰 것으로 예상된다.

그렇다면 디지털 수도를 만들 수 있는 결정적인 기준은 무엇일까? 실리콘밸리의 모델에 따라 스마트 시티를 탄생시키기 위한 열쇠는 무엇일까? 수십 개의 국가가 현재 그 답을 찾기 위해 노력하면서 새로운 디지털 도시 건설에 사활을 걸고 있다. 전 세계의 모든 스마트 시티는 캘리포니아를 하나의 롤모델로 여긴다. 그래서 다들 캘리포니아처럼 산학연 기반의 창조적 상호작용 시스템을 구축하고자 하며, 제2의 스탠퍼드와 버클리를 만들기 위해 대학을 끌어들인다. 뿐만 아니라 기술 혁신에 있어서도 우위를 선점하고자 노력한다. 영어도 사용하기 시작했는데, 인터넷에서는 영어가 디폴트 값이기 때문이다. 나아가 이제는 제2의 캘리포니아가 아니라 캘리포니아 그 자체가 되기 위해 스타벅스까지 끌어들일 기세다. 그러나 디지털 신화를 쓰고 싶어하는 국가들은 자국이 안고 있는 복잡한 현실적 문제들을 풀어나가야 한다.

전 세계적으로 유명한 디지털 중심지가 된 도시들은 실리콘밸리의 모델을 그대로 따르지는 않았다. 물론 그 모델에서 영감을 받긴 했으나 자기 지역에 맞게끔 재조정하고 다른 모델들의 이점도 받아들였다. 좋은 기준이란 수없이 많을뿐더러 서로 복잡하게 얽혀 있기도 하다. 성공적인 스마트 시티들은 대부분 옛날부터 상업적 길목에 위치해 있었거나 산업 '허브' 역할을 했다. 지역이라는 요소가 얼마나 중요한지가 또 한 번 확인된다. 아울러 그 도시들은 일정 정도의 법적인 재정 보호 장치도 갖추고 있었다(그래서 베이징보다는 홍콩이, 카라카스보다는 마이애미가, 호찌민보다는 싱가포르가 디지털 시티로 자리매김하는 데 더 유리했던 것이다). 특허, 저작권, 데이터에 대한 보호도 스마트 시티에 필수적인 조건이다. 더 결정적인 것은 위기 상황으로 인해 재정 조달이 필요한 경우에도 정부의 개입을 최소화할 능력을 갖추어야 한다는 것이다. 그러려면 비즈니스 에인절과 벤처 캐피털리스트의 활동을 중시해야 하고, 노동법과 규제를 완화해야 하며, 세금 우대 등 투자 활성화에 필요한 환경을 조성해야 한다. 훌륭한 인프라도 필요하기에 초고속 인터넷이 가능한 광케이블도 설치해야 하고 창작 산업 생태계도 구축해야 한다. 양질의 노동력을 갖추어야 함은 두말할 필요도 없고 두바이, 마이애미, 홍콩처럼 광고 시장의 교두보가 되는 광고 대행사도 확보해야 한다. 언론 및 블로거의 표현의 자유도 보장되어야 한다. 표현의 자유가 있는 나라라는 입소문이 나면 다른 나라의 창의적인 인재들을 유치할 수 있기 때문이다.

　스마트 시티들은 보통 이민자들의 거점인 경우가 많다. 즉 문화적·언어적·인종적 다양성이 스마트 시티 조성을 가능하게 하는 것이다.

그래서 스마트 시티가 되고자 하는 도시들은 전 세계의 엔지니어, 기업가, 창작 분야 인재 등을 유치하기 위해 미국의 임시 비자 H-1B와 비슷한 비자를 그들에게 발급해준다(캐나다, 호주, 영국, 칠레 등이 이 전 세계 인재 유치 전쟁에 뛰어들었다). 스마트 시티가 되려면 소수 종교와 소수 인종 및 동성애자에 대한 관용의 정신도 필요하다(잘 알려진 바와 같이 사회적 소수자를 존중한 샌프란시스코의 카스트로 거리가 실리콘밸리 정신에 미친 영향은 지대하다). 창의적인 문화 인재 및 개발자, 엔지니어는 기업 정신과 정치적인 면은 물론이고 다양한 소수자까지 인정하는 자유로운 환경에서 더욱 자신들의 능력을 꽃피우기 때문이다. 정리하자면 분권화, 현장 감각, 유동성, 스타트업 정신, 최소한의 정부 개입 등 위계적이고 권위적인 중앙집권적 하향식 모델과 반대되는 상향식 모델에 더해 반문화와 전위 문화에 대한 긍정적인 시각까지 갖추어야 스마트 시티 조성에 유리하다.

실리콘밸리의 성공은 앞에서 말한 모든 조건이 샌프란시스코에 갖추어져 있었기에 가능했는데, 그 조건들을 다 갖추기란 어렵기 마련이다. 그럼에도 불구하고 (과거의 항구가 새로운 디지털 항구로 변모한) 브라질의 포르투 디지털 시티나 ('국민 군대'가 '창업 국가'로 변신한) 이스라엘, (군대 기술 생태계가 클라우드 서비스와 해외 아웃소싱 서비스의 모태가 된) 인도의 벵갈루루 등은 성공적인 스마트 시티를 구축했다. 반면 창작 능력을 발휘하는 개인들의 생활 방식이나 그들이 만들어내는 콘텐츠를 엄격하게 통제하는 국가들이 계획한 스마트 시티는 곧 한계를 드러냈다. 러시아 혹한 지대에 위치한 스콜코보나 케냐 대초원에 위치한 콘자 시티는 지역적 기반도 역사적 배경도 없을뿐더러 정부 당국의 통제하에 조성된 곳이기에 실패할 수밖에 없었다. 처음부터 끝까지 정부 당국의 계획하에 스마트 시티를 건설하는 것보다는, 오히려 기존 도시를 좀더 '스마트'하게 만드는 편이 낫다.

웹의 세계화를 가능하게 한 실리콘밸리는 오랜 역사적 배경과 지역적 기반을 배경으로 탄생했기에 역설적이게도 미국만의 특수성을 보여주는 대표적 사례가 되었다. 실리콘밸리가 세계 어느 곳보다 지역적 특성이 두드러진다는 점은 반박의 여지가 없을 정도로 분명하다.

인터넷의 영유권 전쟁

인터넷은 세계화·획일화되지 않았기에 문화별·언어별·국가별로 매우 다양한 모습으로 나타난다. 인터넷상에서 이루어지는 대화도 영역별로 독특한 특색을 드러내는데, 이런 인터넷의 분권화 현상을 더욱 발전시키려면 인터넷의 기술적 운영 주체들이 시장 지배적 지위 남용을 하지 말아야 한다. 규제가 필요한 이유도 바로 여기에 있다. 개방된 상태를 유지해야 하는 인터넷에 대한 규제가 아닌 그 주체에 대한 규제가 이루어져야 하는데, 이것이 디지털 분야에 경제적 애국심을 조장해야 한다는 뜻은 아니다. 어쨌든 규제는 필요하기에 일종의 디지털 사법 당국이 존재해야 한다.

내가 다섯 대륙에서 만난 사람들 중에는 인터넷 규제를 주로 미국의 ITU가 맡고 있는 현실을 더 이상 참을 수 없다고 생각하는 이들이 많았다. 그로 인해 미국의 거대 넷 기업들이 간접적으로 이득을 누리고 있기 때문이다. 그럼 어떻게 해야 할까. 그에 대한 답변을 해준 사람들 대부분은 각국 중심의 규제가 이루어져야 한다고 말했다. 가령 캐나다의 '.ca'나 브라질의 '.br' 같은 국가 도메인 관리를 각국이 직접 담당하고, 구글이나 페이스북, 트위터의 나라별 페이지도 각국의 국내법 적용을 받아야 한다는 의견이었다(그렇게 되면 가령 브라질 구글은 브라질 국내법을 준수해야 할 것이다). 또한 그들은 인터넷 거대 기업들이 유도하는, 클릭 한 번으로 이루어지는 '사전 고지 및 동의' 방식도 각 나라가 관리해야 한다고 생각했다. 각국이 전자상거래 사이트나 SNS가 벌어들이는 소득에 대한 세금을 거둬야 한다는 이야기도 나왔다. 2013년에 미국 대법원은 인터넷 기업들에 대한 주 정부의 세금 부과를 허용했는데, 다른 나라들도 미국의 선례를 따르지 말라는 법은 없다. 물론 각 나라는 자국의 법과 기업의 규정이 충돌하는 디지털 시대의 문제를 자국의 상황에 맞게 풀어나가야 할 것이다. 전 세계가 오로지 미국의 법을 따를 수도 없고, 그래야 할 이유도 없기 때문이다. 기업들이 (불투명한 방식으로) 천명한 규정이나 세부 규칙에 좌우될 필요는 더더욱 없다. 한편 각국 정부는 이런저런 형태의 사이버 주권을 확보해야 할 것으로 보이지만, 그것이 혁신이나 창작에 해를 가해서는 안 될 것이다. 또한 관료화된 방식이나 유엔의 지휘에 따른 방식으로 인터넷을 규제해서도 안 될 것이다.

ITU가 인터넷을 조율하는 적절한 버팀목이 될 수 없다면 이를 담당할 새로운 제도적 틀을 구상해야 한다. 인터넷 주소 관리는 계속 ICANN이 맡을 수도 있겠지만, 단 미국과의 유착관계는 끊어야 하며 그를 위해 이 기관의 본부도 미국 바깥으로, 가령 스위스 같은 곳으로 이전하는 것이 좋을 듯하다(미국 측에서도 2015년에 이 기관에 대한 관리 감독의 끈을 늦추겠다고 말했지만 몇 가지 조건을 달아둔 상태다). 세계무역

기구도 인터넷을 관리하는 기관에 포함될 수 있을 것이다. 공정 경쟁이나 개인 정보 보호, 혁신과 창의력의 가치, 독점 구조 종식과 시장 지배적 지위 남용 해소 등에 관한 논의가 이루어지는 미국과 유럽연합 간의 대화 채널도 개설되어야 한다. 이 대화 채널로부터 새로운 인터넷 규제안이 도출될 수 있을 것이다. 이미 미국과 유럽 사이에는 데이터 전송에 관한 일곱 가지 원칙을 규정한 세이프 하버 협정이 체결되었지만, 이것을 법적으로 보장하는 틀은 아직 제대로 마련되지 않았으며 에드워드 스노든 사건으로 인해 이 협정은 비웃음거리마저 되었다. 따라서 이제 이와 관련한 심도 있는 재협상이 필요하다. 아울러 데이터 이동 경로를 추적하는 제도가 마련되어야 하며, 데이터의 저장 장소도 명시되어야 한다. 내 생각에 인터넷 규제안은 미국의 의사에 반하는 방향이 아니라 미국과 유럽이 모두 찬성하는 방향으로 나아갈 것으로 보인다. 그리고 그 규제안은 차츰 신흥개도국을 포함한 여러 나라로 확대 적용될 것이다.

어쨌든 이러한 규제들은 '소프트 파워'의 표현이다. 오늘날 미국은 굉장히 복잡한 체계의 수많은 연방 및 주 정부 규제로써 전 세계의 통합적 인터넷을 구축해나가고 있는데, 이 같은 규제들은 백악관과 미 상무부 혹은 법무부에서 추진하고 미 의회가 뒷받침하는 것으로, FCC와 FTC가 내용을 정하거나 혹은 대법원이나 재판부의 판례로 만들어진다. 그럼으로써 이는 미국 영토 내에서 만들어진 기업들을 위해 강력한 보호주의를 부추긴다. 이들 기관이 일단 경쟁을 조절하는 기관이기 때문이다.

루스벨트 정신에 입각한 이 연방 기관들이 부당 경쟁이나 시장 지배적 지위 남용에 맞서 효과적으로 싸워나갔던 과거의 상황이 그립지 않은가? 현재 미국의 인터넷 거물 기업들은 미국의 규제 당국에 대한 우려는 전혀 하지 않은 채 계속해서 독점적인 성향을 보이고 있으니 말이다. 웹 콘텐츠는 점점 지역적 성향이 강해지는 데 반해 인터넷 도구와 플랫폼, 데이터 등은 여전히 미국에 집중되어 있다. 그러나 미국의 이 같은 시대착오적이고 터무니없는 권력은 더 이상 설 자리가 없어질 것이다.

그렇다면 인터넷을 둘러싼 권력 싸움이 일어나게 될까? 백악관과 미국의 주요 디지털 규제 기관들은 인터넷이 지역 및 국가 중심으로 세분화되어가는 것을 하나의 위협으로 받아들인다. 힐러리 클린턴도 이 현상을 '사이버 철의 장막'이라고 표현한 바 있다. 미국인들은 세분화되지 않고 하나로 통합된 글로벌 디지털 시장을 꿈꾸기 때문이다. 인터넷에서 영유권 분쟁이 일어나지 않을까 우려한 미국인들이 인터넷의 세분화를 위협적 현상이라고 진단한 것은 실수다. 내 생각에 그들은 사실 확인부터 하는 게 좋을 듯싶다. 거대 인터넷 기업 대표들은 미국에서 클라우드 서비스의 수익성이 하락할 것이라고 우려한다. NSA의 인터넷 감시에 관한 스노든의 폭로 사건 때문에 2014~2016년 사이에 350억 달러의 순손실액이 발생할 것으로 추정되기 때문이다. 자기 확신이 강하고 무모한 성격에 때로는 거만하기까지 했던 그 수십 억대의 부호들은 기존의 수익 모델과 관련해 걱정이 많아졌다. 그들의 '황금 낙하산golden parachutes' 전략과 '401(k)' 플랜도 차질을 빚게 됐다. 퇴직금과 연금 모두에 문제가 생긴 것이다. ['황금 낙하산'은 기업의 CEO가 적대적 M&A로 인해 임기 전에 물러나게 될 경우 그에게 일반적인 퇴직금

외에 거액의 특별 퇴직금이나 보너스, 스톡옵션 등을 주도록 하는 제도이며, '401(k)'는 매달 일정량의 퇴직금을 회사가 적립하되 그 관리 책임은 종업원에게 있는 미국의 퇴직 연금 제도다.]

그럼 미국의 인터넷은 이걸로 끝인 걸까? 물론 그렇지 않다. 그렇게 될 거라고 여기는 건 지나친 우려다. 미국은 계속 디지털 부문의 선도국으로 남을 것이다. NSA의 첩보활동에 대해 비판의 목소리를 높였던 사람들 중 다수는 이제 자신들의 데이터가 중국이나 이란의 레이더망에 잡히지 않을까 두려워한다. 이제 우리는 러시아판 스노든, 중국판 혹은 이란판 스노든이 나타나 권위주의 정부의 기밀을 밝혀주길 기대하고 있고 워싱턴도 같은 입장이다. 스노든의 폭로는 그리 길지 않은 인터넷의 역사상 중요한 전환점이 되었고, 웹의 미래에 지대한 영향을 끼칠 것임은 의심의 여지가 없다. 미국은 이제 고결함에 지울 수 없는 상처를 입었고, 미국 이외의 지역에서 이 사건은 대량 정보 수집이 가져올 위협에 대해 눈을 뜨게 해주었다. 유럽인들에게 있어 이 사건은 하나의 호재로 작용할 수도 있다. 유럽만의 디지털 세계를 구축하고 새로운 형태의 규제 및 통제를 고안해야 할 필요성을 인식하는 기회가 된다면 말이다. 독일의 시사전문지 『슈피겔』을 비롯한 유럽 쪽 언론들은 스노든에게 정치적 망명처가 제공되어야 한다는 내용을 1면 머리기사로 내보냈고, 미국의 『뉴욕 타임스』도 사설에서 스노든에 대한 사면과 관용을 요구했다. 유럽이 스노든에 대해 선처를 요구하는 것은 해커나 내부 고발자를 옹호하기 위해서가 아니라, 미국이 기술 분야에서 계속 시장 지배적 지위를 남용하면 인터넷 영유권 분쟁을 일으킬 수도 있음을 경고하기 위해서다. 아울러 웹의 총체적 암호화를 우려하고 있다는 메시지를 보내는 행위이기도 하다. (한편 유럽이 스노든에게 망명처를 제공했다면 적어도 그는 러시아의 품에 안기지는 않았을 것이고, 그랬다면 미국이 스노든 문제에 지금처럼 과민 반응을 보이지도 않았을 것이다.)

과연 미국의 시장 지배적 지위 남용에 맞서 세계적인 인터넷 영유권 분쟁이 일어날 수 있을 것인가? 중국이나 이란 같은 국가들은 몇 년 전부터 그런 상황이 닥치기를 기대하고 있고, 베네수엘라의 우고 차베스 대통령도 고인이 되기 얼마 전 이런 주장을 통해 미국에 경고를 보냈다. "인터넷은 모든 말과 행동이 가능한 자유로운 무언가가 될 수 없다. 그래서는 안 된다. 각국은 스스로 정한 규정과 규제를 인터넷에 부과할 수 있어야 한다."

정치적 민족주의와 경제적 애국주의가 결합된 이 같은 감정적 호소는 의심할 바 없이 위력을 발휘한다. 디지털 주권 수립에 대한 바람은 도처에서 느껴지며, 스노든 사건은 이를 더욱 시급한 사안으로 만들었다. 브라질과 인도네시아, 노르웨이, 헝가리, 그리스 등의 정부는 자국 네티즌들의 데이터를 자국 영토 내에 보관할 수 있게 해주거나 사생활 보호에 대한 근본적인 대책을 마련해달라고 미국의 주요 사이트 및 자국 내 사이트에 요구했다. 브라질에서는 (인터넷 권리장전이라고도 불리는) '마르쿠 시비우 다 인터넷Marco Civil da Internet' 법안이 채택되었으며, 유럽연합에서도 관련 논의가 진행 중이다. 캘리포니아와 같은 미국 내 일부 주에서도 비슷한 움직임이 감지되는데, '데이터 재지역화data relocation'를 내세우며 미 연방 정부에 압력을 넣고 있는 것이다. 일각에선 인터넷 콘텐츠와 통신 내역에 대한 '총체적 암호화'가 NSA의 첩보활동과 중국의 검열 문제를 동시에 해결할 수 있는 해법이라는 의견도 제기한다. (사실 에릭 슈밋 구글 회장이 제안한 이 같은 의견은 거대 인터넷 기업들의 개인 정보 통제 문제를 해결하지 못한다. 또한 이는 불법 콘텐츠 문제와 저작권 침해 문제를 다시금 제기하는데, 웹 전체가 암호화될 경우 모든 게 완전히 통제 불가한 상황이 될 우려가 있기 때문이다.)

그런데 데이터의 '재지역화'는 장기적으로 봤을 때 실현 가능성이 별로 없다. 이유는 여러 가지다. 우선 특정 네티즌의 국적을 정하는 게 쉽지 않고, 네티즌이 만든 콘텐츠는 더더욱 그 국적을 정하기 힘들다. 네티즌 국적의 경우 시민권을 기준으로 해야 할지 아니면 소재해 있는 물리적인 장소를 기준으로 삼아야 할지 알 수가 없다. 콘텐츠 국적의 경우 인터넷 접속 서비스 업체, 호스팅 업체, 콘텐츠 배포자, 이 세 주체의 국적 중 무엇을 기준으로 삼을 것인지가 애매하다. 또한 항공 운송 관련 사이트인 익스피디아나 해외 주거지 검색 사이트인 에어비앤비, 고용 및 재무 관련 사이트인 링크드인처럼 다양한 나라의 데이터가 공존하는 사이트들에 있어, 데이터의 재지역화는 검색 결과의 정확도를 떨어뜨릴 수 있다. 아울러 데이터의 재지역화가 이루어진다 해도 다른 곳에서 이를 복제하기란 그리 어렵지 않은 일이고, 그 같은 조치가 제도화될 경우 국내 기업 및 신생 기업들이 해외에서 개발활동을 벌이지 못하는 역효과도 생길 수 있다. 결국 이는 미국의 거대 인터넷 기업들에게만 유리하게 작용할 가능성이 없지 않다. 아마존이나 구글 정도는 되어야 해외 각국에 데이터 센터를 양산할 수 있기 때문이다. 사실 구글의 성공 신화는 구글 특유의 검색 알고리즘에 기인한다기보다 해외 인프라에 기인한다고 보는 게 맞다. 1000만 개에 가까운 서버가 네트워크에 연결되어 32개 데이터 센터에 분포되어 있기 때문이다.

우리는 과연 여러 사이트와 애플리케이션 측에 국내 입법 규정에 완벽하게 부합하는 콘텐츠를 만들라고 요구할 수 있을까? 그렇게 되면 이들 사이트와 애플리케이션은 세계 각국 200여 개 규정에 부합해야 하는데, 그 규정들은 나라별로 서로 배치되는 경우도 많을뿐더러 한 나라 안에서도 지역이나 지방별로 다른 경우가 있다. 인터넷이 이 같은 화약고로 변하는 위험을 감수할 수는 없다.

물론 개인의 사생활은 보장되어야 하지만, 인터넷이란 분야는 사실 원천적으로 사생활 보호가 이루어지기 힘들다. 일정 정도의 개인 정보 활용이 이루어지지 않았다면 구글이나 페이스북, 트위터, 넷플릭스, 아마존 등 각국의 수천 개 사이트는 아마 지금 세상에 존재하지도 못했을 것이다. 그 사이트들의 수익 모델은 바로 개인 정보에 기반을 두고 있기 때문이다. 즉 웹이라는 곳은 그 성격상 개인 정보 활용에 운명이 좌우된다고도 말할 수 있다. 브라질의 오르컷, 러시아의 브콘탁테, 프랑스의 데일리모션, 중국의 바이두 역시 이런 흐름에서 예외일 수 없다.

아울러 인도, 남아공, 헝가리, 터키 같은 후발민주주의 국가에서 자국의 인터넷 통제권을 강경하게 주장하는 움직임이 감지된다. 한편 2013년 프랑스 상원에서는 '유럽연합, 디지털 세계의 식민지인가?'라는 제목의 공식 보고서가 발표되었고, 독일의 한 국회의원은 미국이 '군사적 침략기'에 이어 '디지털 침략기'로 접어들었다고 비판했다. 이러한 유럽 국가의 반응이 다소 과한 것은 사실이지만, 유엔 단위의 인터넷 규제 당국 신설을 해법으로 생각하는 다른 지역의 국가들도 많다.

가령 중국, 러시아, 이란 등 권위주의적 정부들은 인터넷이 전화망

같이 조직되길 원한다. 국제적인 표준을 두되, 각국이 자국만의 국번을 받아 통신 관련 비용 및 그 내역을 자국 스스로 관리하길 바라는 것이다. 내 생각에 이는 인터넷의 현실을 반영하지 않은 이데올로기적 관점이다. 사실 인터넷은 이미 어느 정도 지역화되어 있기에 그런 조치까지 할 필요는 없다. 어쨌든 상황이 의도치 않은 방향으로 나아가자 미국은 화약고가 된 인터넷에서 주도권을 잃게 되진 않을까 우려하는 반면, 다른 나라들은 세계화의 이점을 더 누리고자 하면서도 각국 차원에서 인터넷의 관리와 통제가 이루어지길 바라고 있다.

인터넷을 규제하거나 재지역화하려는 시도는 여러 면에서 기술 관할 규정에 대한 무지와 무능력을 보여준다. 각국 정부의 인터넷 통제 권한과 데이터 관리 주도권이 낮아질수록, 미국에 대한 반발은 더욱 커질 것이다. 그러나 문제는 미국도 아니고 정보 기술도 아니다. 각 개인은 더 많은 자유를, 각 기업은 더 많은 수익을, 그리고 각국 정부는 더 많은 통제 권한을 원한다는 것이 문제다. 빅 데이터 시대를 맞아 각국 정부는 저마다 잃어버린 권력을 되찾을 수 있으리라 기대한다. 빅 데이터는 사회경제적 접근법을 근본적으로 바꾸어놓을 만큼 지대한 영향을 미치기 때문이다(인도의 UID 제도가 데이터 개방과 공중 보건 분야에 미친 영향이 그 예다). 클라우드 서비스는 디지털 지형을 바꾸어놓았고, 스마트 시티는 도시를 변모시켰으며, 알고리즘은 정보와 문화, 전자상거래의 양상을 뒤집어놓았다. 지능의 자동화도 더욱 박차를 가하고 있으며, 스마트 전자 결재 시스템은 의원들 대신 결정을 내려주고, 사생활 부문도 전과 모든 게 달라졌다. 정부가 이에 맞서 할 수 있는 일은 거의 아무것도 없다. 거대 인터넷 기업들이 각국 정부보다 더 많은 데이터를 갖고 있고, 전략적인 무기도 더 많이 보유한 상태다. 실질적인 알력관계가 완전히 뒤바뀐 것이다. 따라서 알고리즘을 내세운 '구글'이라는 이름의 정부가 각국 정부와 대결을 벌이고 있는 양상이라 보면 된다. 검열과 감시, 데이터 통제 권한은 이제 정부에서 디지털 다국적기업으로 넘어가고 있다. 때문에 각국 정부는 인터넷 분야에서 권력을 갖겠다는 다소 공허하게 들리는 주장을 하고 있는 것이다.

지역화된 인터넷이라는 개념은 국제 교류의 양상이 인터넷 이전 시대의 모습으로 돌아간다거나, 디지털 전환기에 따른 변화의 양상을 벗어날 것이라는 뜻이 아니다. 외려 지역화된 인터넷은 인터넷의 파괴적 기능, 즉 아날로그 시대와의 근본적인 단절을 더욱 확대시킬 것이다. 지역화된 인터넷은 우리가 활동하고 소비하는 영역은 물론 우리의 만남이 이루어지는 가장 국지적인 영역에까지 도달할 것이기 때문이다. 그렇다고 당장 내일부터 모든 국가가 평등해지지는 않을 것이다. 강력한 지역 허브가 생길 것이고, 일부 디지털 빈곤 지대는 여전히 존재할 것이다. 어쨌든 미국 혼자서 모든 것을 장악하던 시대는 이제 끝날 것이다. 물론 디지털 경제와 인터넷 부문에서 미국은 여전히 세계를 선도할 것이지만, 다른 나라의 여러 주체도 활발하게 활동할 것으로 기대된다. 유럽이 현재의 취약한 상태에서 벗어나 변화하는 인터넷 세계에 적절히 대응하고 인터넷 분야에서 강세를 보이는 신흥개도국들에 맞설 수 있을 것인지는 여전히 의문이다. 하지만 생산과 소비의 중심지이자 부가 집중되는 지역인 유럽은 여전히 인터넷의 주요 주체로 남아 있다.

디지털 혁명이 진행되는 현재의 상황에서 우리는 아직 돌파구를 찾지 못하고 있다. 이 디지털 과도기에 대해 구글 대표는 "우리는 이제 막

출발 지점에서 발을 뗀 상태"라고 말했다. 즉 우리는 인터넷 분야에서 '베타' 단계에 있을 뿐이다. 경제의 세계화 현상에 대한 해석도 고전을 면치 못하고 있는 상황에서 인터넷은 미래에 대한 불안을 더욱 증폭시키고 있으며, 그런 와중에도 인터넷을 새로운 기회로 삼아 이득을 취하려는 일부 사람들의 욕심은 더욱 커져만 간다. 현장에서 인터뷰를 진행하면 할수록 내 머릿속에 이 같은 모순이 더욱 뚜렷하게 각인되었다.

(유럽을 포함한) 일각에서 인터넷은 두려움의 대상이다. 인터뷰에 응했던 사람들 가운데 다수가 디지털 과도기를 불편하게 느끼는 것 같았다. 이름을 밝히지는 않겠지만 프랑스 영화 산업계의 주요 인사 중 한 명은 경멸 섞인 어조로 "나는 인터넷 근처에도 가지 않는다"고 말했다. 곧 자신의 발언이 지나쳤음을 깨닫고 "내가 즐겁게 인터넷을 하는 일은 없을 것이다"라고 고쳐 말했지만, 불만과 불평 섞인 어조였다. 하지만 상파울루나 멕시코, 뭄바이, 상하이, 자카르타, 홍콩, 서울, 요하네스버그, 리야드 등지에서 그의 경쟁 상대들과 인터뷰를 진행했을 때는 그와 정반대의 답변이 쏟아졌다. 이렇듯 한쪽에선 걱정과 두려움의 원천인 인터넷이, 또 다른 쪽에선 전 세계로 뻗어나갈 기회와 가능성의 동의어였다. 구대륙 유럽 사람들은 과거의 문화를 보호해야 한다고 주장하는 반면, 그 반대쪽에 있는 사람들은 미래의 문화에 투자하길 원한다. 한쪽에서 문화 상품의 수호를 주장한다면, 다른 한쪽에선 이미 문화는 하나의 상품이 아니라 '서비스'로 이행했음을 주장하고 있는 것이다. 과거의 익숙한 습관을 유지하려 하는 이들은 새로운 것의 역동성을 이해하지 못한다. 미래를 하나의 과정으로 받아들여야 함에도 불구하고 그들은 여전히 미래를 하나의 입장으로 생각한다. 구세계가 서

서히 무너지고 있는 동안, 신흥개도국 창작 산업계의 젊은 선두 주자들은 새로운 세계의 건설을 준비하고 있다. 그들은 신흥개도국들이 없었다면 새로운 세계는 오지 않았을 것이라고 입버릇처럼 말했다.

나는 이러한 시각차가 놀라웠다. 이는 장차 우리가 진입하게 될 세계를 예고하는 듯했다. 인도, 남아공, 브라질 등 신흥개도국 사람들은 이미 오래전부터 DVD와 CD, 블루레이의 입지가 좁아질 것임을, 그리고 인터넷으로 인해 불특정 다수를 대상으로 한 공중파 방송과 특정 집단을 대상으로 한 유선 방송 사이의 전통적인 구분이 사라질 것임을 예견했었다. 심지어 그들은 인터넷 TV가 공중파 TV는 물론 위성 TV, DMB TV, 케이블 TV를 위협할 것이라는 점도 내다봤다. 그들의 예견대로 공중파 TV 시청자 층은 점차 줄어들고 있으며, 인터넷 TV 시청자 층은 계속 늘어나고 있다. 앞으로 텔레비전은 완전히 스트리밍 서비스 중심으로 흘러갈 것이며, 무선인터넷 서비스를 제공하고 수많은 애플리케이션을 갖추게 될 것이다. 이제 '다운로드' 문화는 사라질 전망이며, 아이튠스 모델의 문화 콘텐츠 판매도 감소할 가능성이 있다. 그리고 무제한 인터넷과 모바일 인터넷의 정점인 회원제 형식의 스트리밍 서비스가 일반화될 것이다. 소유권의 경제가 물러가고 회원제 서비스와 대여 서비스의 경제가 자리 잡는 셈이다.

아랍과 아시아, 남미권 지역에서 인터뷰한 사람들은 몇 년 전부터 크게 부상한 결정적인 신규 서비스 툴 몇 개만 눈여겨봐도 앞으로의 인터넷과 문화를 충분히 가늠할 수 있다고 말했다. SNS는 새로운 형태의 대화 방식을 제공했고, 애플리케이션은 스마트폰에서 웹사이트를 대신하는 주요 현상으로 자리 잡았으며, 페이스북의 '좋아요'는 트위터의 '리트윗'과 함께 추천 기능을 하게 됐다. 해시태그와 대시보드, 신규 소식, 뉴스피드, 그 외 SNS의 여러 타임라인 기능은 좌표 기능을 하고 있고, 소셜 TV는 화젯거리를 양산하는 모태가 됐다. 이러한 신규 서비스 툴은 언어와 관심사를 기반으로 삼고 있기 때문에 인터넷의 단편화 및 지역화 현상을 더욱 증대시킨다. IP 주소도 그 정의상 국지적 성격을 갖고 있고, 소셜 TV와 모바일도 속지적 성격을 갖고 있다. 그렇다면 미래의 웹을 가능하게 해주는 다른 도구는 없을까? 언제나 더 강력한 위력을 발휘하는 추천 알고리즘과 점점 더 개선되는 자동 번역 소프트웨어는 어떤가? 준비된 우연인 세렌디피티는 어떠하며 다중복합적 문화는 또 어떠한가? 끊임없이 페이지가 새로 고침되는 시스템은? 검색 엔진의 맥락 검색과 콘텐츠를 수집 선별하여 적확한 상황에 따라 배포하는 큐레이션은 어떠하며, 사물 인터넷과 3D 프린터는 또 어떠한가? 중간 매개체가 없는 직접적인 웹 환경이나 새로운 매개체의 등장에 따른 재매개화의 경우, 혹은 공유 문화, 유저 참여, 모바일 문화는 어떤가? 이 모든 변화는 획일화된 글로벌 인터넷의 발전을 부추길까, 아니면 지역별로 분산된 대화를 키워갈까? 소셜 문화와 클라우드 서비스, 모바일 서비스와 같은 현재의 근본적인 변화 양상은 어느 쪽에 더 힘을 실어줄까? 다른 건 몰라도 이 같은 변화 양상은 언어와 문화, 공동체, 지역에 발맞춰나갈 경우 더욱더 빨리 확산될 것이다.

어쨌든 이 유례없는 변화를 위협으로 느끼는 것도 이해는 간다. 디지털에 대한 두려움에는 일면 타당한 측면도 있다. 오늘날 웹은 불안감의 근원이다. 기술 회의주의자와 전통주의자, 반세계화 운동가는 물론 일부 학자와 작가도 너나없이 불안에 휩싸인 채 한목소리로 인터넷

반대 운동에 동참하고 있다. 페루의 작가 마리오 바르가스요사, 프랑스의 철학자 알랭 팽켈크로트, 이탈리아의 언어학자 라파엘레 시모네, 벨라루스의 작가 예브게니 모로조프 등이 디지털에 대해 비판하는 것도 어찌 보면 당연하다. 디지털의 운용 방식이나 그 궁극적인 목표를 제대로 인지하지 못하고 있기 때문이다. 이런 사람들은 개인이 인터넷을 통해 능력을 표출할 수 있다고 생각하지 않는다. 불안함과 당혹감에 사로잡힌 채 그저 기존 세상이 해체되고 있다고 여기는 것이다. 도서관과 책을 바탕으로 한 고전적인 엘리트주의 문화가 인터넷 접속 업체나 통신 사업자의 손아귀에 떨어질 수도 있다는 위기감은 그들에게 불안감을 안겨주기에 충분하다. 더욱이 전자는 점점 더 쇠퇴하고 후자는 더욱더 성장하는 상황이다. 21세기의 현대화에 반대하는 이 사람들은 위계질서가 약화되고 정보의 가속화가 진행되며 엘리트주의와 문화적 원리주의가 서서히 사라져가는 상황을 안타깝게 바라본다. 자신들의 성장 배경이었던 것들이 차츰 없어지고 있기 때문이다. 그들은 더이상 수정할 수 없도록 마무리된 완성본으로서의 책이 사라지고 그 자리를 움베르토 에코의 개념인 '열린 예술작품Œuvre ouverte'이 차지하는 지금의 상황이 그저 두려울 뿐이다. 문화의 미래란 무엇일까? 그건 바로 SNS이며 모바일 서비스이자 클라우드 서비스다. 이런 식의 문답 구조가 그들을 두려움에 빠뜨리고 있으며, 나는 그러한 두려움이 이해가 간다.

인터넷이 인간적인 면모, 심지어 인본주의적인 측면을 갖추어야 한다는 주장에는 다 이유가 있다. NSA 사건으로부터 교훈을 받은 사람들은 사생활 침해 수준의 개인 정보 수집활동을 벌이는 것은 NSA만

이 아니라고, 구글이 NSA보다 우리 사생활을 더 잘 알고 있다고 경고한다. 또한 앞으로 디지털 기술이 우리 생활에 더 깊숙이 개입해 보건 및 교육 분야까지 장악하면, 우리 개인 정보는 더 큰 위험에 처하게 된다고 경고한다. 인터넷에서의 지식재산권과 저작권을 보호해야 한다는 주장에도 나름의 이유가 있고, 미국화의 힘이 걷잡을 수 없이 커지는 것에 대한 우려, 그리고 그에 따른 미국 문화에의 의존도와 미국의 독점적 지위 남용 문제에 대한 염려도 괜한 것은 아니다. 이 모든 건 '우리가' 인터넷에서 서핑을 하기 때문에 생기는 게 아니라 '인터넷이' 우리를 서핑하기 때문에 생기는 문제들이다. 우리가 전자책을 읽는 게 문제인 것이 아니라 전자책이 우리를 독파하기 시작했다는 점, 그게 바로 문제의 핵심인 것이다.

이렇듯 과거의 세상을 보호하려는 사람들의 우려가 괜한 것이라고는 할 수 없다. 하지만 그들은 인터넷이 전기만큼이나 인간사회에 결정적인 변화를 일으킨 발명품임을 깨닫는 순간, 자신들의 분석을 새로이 '업데이트'할 것이다.

인터넷에 대한 반대의 목소리를 높이는 또 다른 지식인이나 정당들도 있다. 그들은 외부로부터의 모든 유입에 대해 반대하는 행동을 취하는데, 그런 자신들의 행동을 '탈문명에 대한 저항'이라 부른다. 그들은 세상에 대해 개방적인 태도를 취하지 않기에 자신의 정체성이 가상의 세계화 속에 융합되길 바라기보다, 자신의 나라가 좀더 안으로 기울어 국가의 범위가 좁아지길 희망한다. 그들은 의도적으로 인터넷 접속을 제한하는, 일종의 인터넷 산아제한 정책이 실시되기를 바란다. 하지만 인터넷 접속을 제한하면 사람들 사이에서 일종의 피포위 신드롬

(포위된 도시에서 일어나는 집단적 심리 현상)이 번질 수도 있다. 주위가 온통 폐쇄되었다는 느낌으로 인해 자신이 박해를 받고 있다는 생각이 드는 것이다. 이렇듯 스스로 두려움을 만들어내는 사람들은, 디지털에 대한 이해의 필요성조차 인지하지 못하는 상황에 놓이게 된다.

나는 인터넷 접속을 제한하는 나라들이 막다른 길목에 들어섰다고 생각한다. 그리고 그런 나라들은 자신의 나라가 작아지는 것을 용인하는 꼴이다. 인터넷에 대한 개방을 거부하면 경제가 위축되고 대화의 폭이 협소해지며 민족주의가 고착되고 개발이 취약해지기 때문이다. 앞서 이야기한 바와 같이 인터넷은 기존 문화에서 벗어나게 한다거나 기존의 뿌리가 송두리째 뽑히는 결과를 가져오는 것이 아니라, 오히려 정반대의 상황을 초래한다. 위험 요소가 없는 것은 아니지만, 나는 이번 책을 준비하는 과정에서 인터넷을 좀더 긍정적으로 바라보는 일이 가능하다는 것을 확인했다. 디지털 과도기를 냉소적으로만 볼 필요는 없다. 디지털 과도기는 그저 정보에 접근하게 해주는 단순한 정보화 시대에서 지식사회로 이행하고 있는 단계를 말한다. 교류와 공유를 통해 지식 기반의 인터넷, 즉 '스마트'한 인터넷의 시대로 진입하는 단계를 일컫는 것이다.

디지털 시대에 자국의 문화와 정체성이 장차 어떻게 될 것인지 불안과 우려를 느끼는 사람들은 있게 마련인데, 나는 그들에게 인터넷은 우리가 통제할 수 없으며 그저 감내해야 하는 미국 중심적인 것이 아니라, 우리가 통제하고 관리할 수 있는 지역적인 것이라고 말하고 싶다.

인터넷은 다양한 언어와 문화와 공동체를 아우른다. 즉 지역성에 대해 적대적이지 않다. 인터넷은 일직선형 '관'이 아니라, 수많은 조각으로 완성되는 퍼즐 판과도 같다. 인터넷은 수평적으로 세상을 넓히기도 하지만, 세상의 각 부분을 수직적으로 파내려가기도 한다. 즉 각 지역의 차이를 없애는 것이 아니라 오히려 강화시킨다. 다시 말해 인터넷은 세계적인 것이 아니라 지역적인 것이기에 정체성을 죽이기보다는 오히려 살린다. 우리는 인터넷에서 주로 지역 기반의 대화를 나누고 있고, 앞으로도 계속 그러할 것이다. 지역 기반이 같아야 대화가 맥락을 타고 흘러갈 수 있기 때문이다.

인터넷에 대해 격렬한 비판의 목소리를 높이는 사람들은 현재의 인터넷을 이해하고 싶어하지 않는다. 즉 인터넷 자체를 거부한다. 그러나 그들이 정작 해야 할 일은 인터넷상에서 활동하는 것이다. 나는 인터넷을 기피하는 사람들을 기피하지도 않고, 그들의 전의를 꺾고 싶지도 않다. 다만 그들이 이 책을 읽고는 문을 열고 나가 스스로 인터넷의 주체가 되기를 희망한다. 인터넷은 좋은 것도 나쁜 것도 아니다. 기술 앞에서 수동적인 사람이든 능동적인 사람이든 어떻게 함께 만들어가느냐에 따라 인터넷은 달라진다. 따라서 인터넷은 단수의 고유명사가 아니라 복수의 보통명사로 표기되어야 한다. 즉 Internet이 아니라 internets로 표기되어야 하는 것이다.

주요 용어

(가나다 순)

공정성 원칙fairness doctrine 1949년에서 1987년 사이 미국의 FCC가 실시한 규정으로, TV 및 라디오 방송국에 일정 정도의 다원주의를 의무적으로 부과한다.

교란, 파괴 Disruption 인터넷이 경제에 미치는 기능으로, 기존 질서와 단절시키고 이를 방해하는 특성이 있다.

국제인터넷주소관리기구ICANN, Internet Corporation for Assigned Names and Numbers LA에 소재한 미국의 법적 기구로, 도메인 이름을 할당하고 인터넷의 일부 기본 골조를 관리한다.

권능화Empowerment 각 개인에게 다시 권력을 부여해주는 행위.

근거리 네트워크LAN 인터넷 프로토콜을 사용하기도 하고 그렇지 않을 수도 있는 로컬 네트워크.

넷 중립성 Net neutrality 모든 콘텐츠는 인터넷상에서 동일한 속도에 동일한 조건으로 자유롭게 유포되어야 한다는 원칙.

대역폭Bandwidth 상한 주파수와 하한 주파수 사이의 주파수 폭으로, 보통 헤르츠로 표시한다.

도메인 확장자 1차 도메인 이름을 정의하기 위해 사용되는 용어로, '.com'이나 '.org' 등이 이에 해당한다. 영어로는 최상위 도메인top-level domain, TLD이라고도 한다. 현재 ICANN이 부여하는 도메인 확장자는 20여 개의 일반 도메인과 260여 개의 국가 도메인 등 총 300여 개이지만, 이를 훨씬 더 늘리기 위한 입찰 작업이 진행 중이다.

도메인 이름 시스템 Domain Name System(DNS) ICANN에서 IP 주소 형태로 할당된 도메인 이름의 전환 규약.

디바이스Device 휴대전화나 태블릿, 컴퓨터, 게임기 등의 기기.

디지털 문해력 Digital literacy 웹 문서 '읽기' 능력을 포함하여 인터넷에 접속해 접하게 되는 디지털 문화에 대한 습득 능력을 가리킨다. 관련어로는 '디지털 문맹'이 있다.

라우터Routeur 서버와 서버 사이를 연결하거나 서버와 네트워크를 이어주는 상호 접속 장비.

메인스트림Mainstream 문자 그대로 '지배적인' 혹은 '대중의'라는 뜻을 갖고 있으며, 포괄적인 대중을 노린 문화 상품이 그 예에 해당한다. '주류 문화Mainstreamculture'는 '모두를 위한 문화'라는 뜻에서 긍정적인 뉘앙스를 가질 수도 있고, '지배적인 문화'라는 뜻에서 부정적인 뉘앙스를 내포할 수도 있다.

모니터링Monitoring 특정 상황이나 한 국가에 대해 곁에서 가까이 지켜보며 감시하고 관찰하는 행위.

미디어 재벌 Media Conglomerate 여러 개의 회사를 거느리며 국제적 차원에서 여러 분야의 산업에 개입하는 미디어 대기업 집단. 타임워너나 디즈니, 소니 사 등이 이에 해당한다. 재벌, 페어런트 컴퍼니, 메이저 제작사, 대형 스튜디오 등의 표현을 쓰기도 한다.

백오피스Back office (총무국, 행정국, 법무 사무국, 인사부 등) 기업 내의 운영 지원국.

벤처 인큐베이터 Venture Incubator 신규 창업 기업이 입주하여 성장 기반을 마련할 수 있도록 해둔 지원 시설. '벤처 양성소'라는 표현도 사용한다.

벤처 캐피털 Venture capital, **벤처 캐피털리스트**Venture capitalist 벤처 캐피털은 스타

트업 기업에 투자하는 위험성이 큰 자금을 말하고, 벤처 캐피털리스트는 그런 자금을 투자하는 사람을 일컫는 말이다.(자기 돈을 투자하는 비즈니스 에인절과는 다른 개념)

부부도심Exurb, Exurbia, Exurbain 대도시 주변 교외 지역의 외곽 도시권으로, 보다 넓게는 도심 지역을 지나지 않는 주민들이 거주하는 원거리 교외 지역을 일컫기도 한다. 교외 지역보다 더 멀리 나아간 곳으로, '에지 시티edge cities'나 '테크노폴technopole' 같은 용어로 대신 지칭할 때도 있다.

브라우저Browser 인터넷 내비게이터. 익스플로러, 파이어폭스, 크롬, 사파리 등이 대표적이다.

브로드밴드Broadband, **광대역 인터넷 접속**Broadband Internet Access 초고속 인터넷 접속을 뜻하는 표현으로 전화선(ADSL)이나 케이블, 광케이블을 통한 유선 연결도 있고, 와이파이나 (스마트폰의 경우) 3G와 4G, WiMax, LTE, 위성 등을 통한 무선 브로드밴드도 있다.

BRIC, BRIIC, BRIICS 주요 '신흥개도국'인 브라질, 러시아, 인도, 중국의 앞 글자를 딴 신조어가 BRIC이며, 여기에 인도네시아를 더하면 BRIIC, 남아프리카공화국을 더하면 BRIICS가 된다. 고전적인 분류법에 기초해 앞의 나라들만 신흥개도국으로 인정하는 경향에 반대하는 일부 경제학자들은 멕시코와 콜롬비아, 터키, 베트남, 칠레 등 15개국을 신흥개도국 명단에 추가한다. '신흥개도국' 대신 '고성장 국가'라는 표현을 쓸 때도 있다.

BAT 중국의 거대 IT 기업인 바이두Baidu, 알리바바Alibaba, 텐센트Tencent의 앞 글자를 딴 약어.

비즈니스 에인절 Business angel 순수한 자기 자금을 스타트업 기업에 투자하는 사람.(벤처 캐피털Venture Capital 참고)

B2B, B2C Business to Business와 Business to Consumer의 약자로, 각각 기업 간 거래와 기업과 개인 간의 거래를 의미한다.

상향식Bottom-up 아래쪽에서 위쪽으로 갈수록 진전이 이루어지는 정책이나 활동, 문화 등을 일컬음. 반대로 위에서 아래로 내려가는 경우는 '하향식top-down'이라고 한다.

세렌디피티Serendipity 인터넷상에서 우연히 운 좋게 어떤 정보를 발견하는 경우를 뜻한다.

세컨드 스크린 Second screen 제2의 화면. 보통 전통적인 미디어와 동시에 이용되는 뉴미디어를 가리키는 경우가 많다. 가령 스마트폰 화면 위에서 토크쇼에 대한 코멘트를 다는 상황이 세컨드 스크린을 이용한 경우다.

소셜 네트워크 서비스SNS, Social Network Services 페이스북이나 트위터, 넥스트도어, 스냅챗, 인스타그램, 포스퀘어 등의 사회적 관계망 서비스.

소셜 TV 엄밀한 의미에서는 텔레비전과 SNS의 결합. 가령 현재 방송 중인 한 프로그램에 대한 트윗을 날리는 행위가 이에 속한다.

소셜 TV 가이드, 소셜 프로그래밍 가이드 Social Programming Guide(SPG) TV 프로그램에 대한 정보를 알려주거나 코멘트 작성 기능과 함께 추천 기능을 제공하는 스마트폰·태블릿·인터넷 애플리케이션.

소프트웨어 컴퓨터나 '디바이스' 등 하드웨어에 속하는 기기들을 작동시키는 프로그램.

소프트 파워 문화나 디지털 등의 영향력을 이용한 과격하지 않은 권력으로, 군사력이나 강제력을 앞세운 하드 파워에 대비되는 권력.(스마트 파워 참고)

스마트 TV 인터넷에 연결된 텔레비전. 넷 TV, 인터넷 TV, IPTV 등으로 부르기도 한다.

스마트 파워 하드 파워에 의한 영향과 소프트 파워에 의한 영향의 결합. 소프트 파워 참고.

스마트폰 인터넷과 SNS에 접속할 수 있는 기능과 자체의 운영체제를 갖추고 있는 휴대전화. 애플의 아이폰이나 삼성의 갤럭시폰 시리즈가 이에 속한다. '기본형 휴대폰'이나 '피처폰'과는 차별화된다.

스트리밍 인터넷에 연결된 기기에서 다운로드하지 않고 음악을 듣거나 동영상을 시청하는 것.

오버 더 톱 Over the top 전통적인 케이블 사업자와 인터넷 접속 업체의 대역폭을 이용하면서도 이들의 서비스 절차를 따르지 않은 채 동영상 콘텐츠를 배포하는 플랫폼. 넷플릭스와 훌루, NowTV, MyTV 등이 대표적이다.

오픈 소스 Open source 운영체제나 프로그래밍 언어, 웹 툴, 프리웨어 등의 개발 소스 코드가 공개됨으로써 해당 소스 코드의 배포 및 수정, 재사용이 무료로 허용되는 것. 리눅스나 Apache, PHP, 파이어폭스, VLC 미디어 플레이어, Audacity 등이 이에 해당한다.

운영체제 컴퓨터나 스마트폰의 '엔진'에 해당하며, 애플의 iOS나 구글/삼성의 안드로이드 체제가 대표적이다.

웹Web 2.0 참여식 혹은 협동식의 웹 환경. 다수의 네티즌이 콘텐츠의 생성에 참여한다.

유니콘 기업 Unicorn 가치 10억 달러 이상의 비상장 기업. 우버, 에어비앤비, 스냅챗, 핀터레스트, 드롭박스, 스퀘어 등이 대표적이다.

인터넷 TV, 인터넷 프로토콜 텔레비전 Internet Protocol Television(IPTV) 인터넷에 연결된 텔레비전. 가령 인터넷 공급업체의 셋톱박스를 통해 TV 시그널이 전송되는 텔레비전을 가리킨다. '스마트 TV'라고도 한다.

인터넷 프로토콜 Internet Protocol IP 주소라고도 불리며, 서버 및 사이트들이 상호 간에 통신을 할 수 있도록 고유의 신원을 부여하는 인터넷 규약.

인하우스In-house 기업이나 제작사의 내부 인력 혹은 내부 활동을 가리키는 말로, 외주 작업이나 아웃소싱과 대비되는 개념이다.

커뮤니티 매니저 Community Manager 인터넷상에서 커뮤니티를 관리 운영하는 사람.

커스터마이징Customizing 고객 취향에 따른 개성화.

클라우드Cloud, **클라우드 컴퓨팅** 다른 곳에 있는 서버에 데이터나 소프트웨어, 애플리케이션 등을 저장해두는 원격 호스팅 시스템으로, 이용자의 PC에는 해당 자료가 저장되지 않는다. 아마존 웹 서비스, 시스코, 드롭박스, 구글 등이 이렇듯 '구름' 위에 데이터를 저장하는 클라우드 서비스를 제공한다.

클러스터Cluster 여러 업체나 사무국 등이 모여 있는 산업 기술 단지. 같은 뜻으로

'테크노폴technopole'이나 '테크 시티tech city' 등이 있다.

퓨어 플레이어 Pure player '핵심 사업Core business'에만 치중하는 기업 혹은 온라인 매체를 일컫는다.

피처폰Feature phone 일반 휴대전화. 스마트폰과의 구분을 위해 사용되는 용어.

해시태그Hashtag 트위터(혹은 웨이보, 페이스북, 텀블러, 오르컷 등의 SNS)에서 '#' 뒤에 덧붙이는 키워드.

해커톤hackerthon 여러 개발자가 동시다발적으로 뛰어들어 신규 소프트웨어나 애플리케이션을 제작하는 활동.

자료 출처

『스마트』는 전 세계적인 디지털 과도기에 관한 현장 조사 보고서이며, 단순히 양적인 차원에만 치중하지는 않았다. 이 책은 문화 및 미디어의 세계화에 관한 현장 보고서인 필자의 전작 『메인스트림』의 후속 작업이자 마무리 작업이다. 나는 그 마무리 작업을 하기 위해 꽤 오랜 시간을 들여 이전에는 미처 가지 못했던 곳을 포함한 세계 각지를 방문했다.

총 50여 개 국가를 방문했는데 남아공(2012), 독일(2014, 2015), 사우디아라비아(2009), 아르헨티나(2009, 2011, 2014), 벨기에(수차례 방문), 브라질(2009, 2011, 2012, 2014), 카메룬(2008), 캐나다(2010, 2011, 2013), 칠레(2014), 중국(2008, 2012), 콜롬비아(2012, 2014), 한국(2009), 쿠바(2010, 2014, 2015), 덴마크(2009), 이집트(2008, 2013, 2014, 2015), 아랍에미리트/두바이(2009), 스페인(수차례 방문), 미국(2001년에서 2015년 사이 35개 주 100여 개 이상의 도시 방문), 핀란드(2013), 홍콩(2008, 2014, 2015), 인도(2008, 2013, 2015), 인도네시아(2009), 이란(2010), 이스라엘(2006, 2010, 2012, 2015), 이탈리아(수차례 방문), 일본(2009, 2012), 요르단(2010), 케냐(2013), 레바논(2009, 2013), 모로코(2011, 2012), 멕시코(2009, 2010, 2012, 2013, 2014), 팔레

스타인/가자 지구(2013), 팔레스타인/요르단 서안 지구(2006, 2010, 2012, 2015), 네덜란드(수차례 방문), 페루(2014), 폴란드(2012, 2013), 카타르(2009), 체코공화국(2011), 영국(수차례 방문), 러시아(2012), 싱가포르(2009), 스위스(수차례 방문), 시리아(2009), 타이완(2011), 타이(2009), 튀니지(2009, 2010, 2014), 터키(2008), 베네수엘라(2009), 베트남(2009) 등이다.

그러므로 이 책에 나오는 정보 대부분은 필자인 내가 직접 보고 들은 것이다. 상기한 50여 개 국가에서 5년간 수천 번의 인터뷰가 진행됐으며, 인터뷰는 무조건 직접 만나는 식으로 이루어졌다(즉 전화나 이메일 인터뷰는 한 건도 없었다). 익명의 제보에 대한 출처는 기입하지 않았으며, 극히 드문 경우에 한해서만 이유와 함께 출처를 기재했다. 디지털은 스카이프나 바이버, 왓츠앱, 페이스북 등 수많은 커뮤니케이션 솔루션을 제공하지만, 이 책의 집필 과정에서 내게는 '실제' 접촉이 필수적으로 느껴졌다. 현장에서 수집한 정보들은 세세한 확인 작업을 거치고 필요한 경우에는 관련자들의 도움까지 받아 업데이트되었다(그럼에도 불구하고 오류가 있다면, 내 웹사이트나 트위터로 연락을 주길 바란다).

내용의 독립성과 기자로서의 윤리성을 지키기 위해 이 책의 집필 기반이었던 해외 취재는 대부분 스톡 출판사와 내 자금으로 진행됐다. 즉 취재비를 대준 기업이나 컨설팅 사무소, 정부 등은 일절 없었다. 나는 기업 컨설팅 업무는 맡은 적이 없고 다만 2013~2014년에 프랑스 문화통신부의 전문위원으로 일한 적은 있는데, 그 경험이 이 책의 내용을 보강하는 데 있어 일정 부분 도움이 되었다.

이 책은 현장 조사 보고서인 동시에 수많은 문헌 자료와 참고 자료의 도움을 받아 집필되었지만, 지면 관계상 해당 자료의 상세 내용은 언급하지 않기로 한다. 자료의 출처에 관심 있는 독자나 학자는 이 책의 공식 웹사이트를 참고하기 바란다. 그 웹사이트에는 다음과 같은 자료가 올라와 있다.

- 디지털 경제 및 전 세계 인터넷 그룹에 관한 통계 자료 및 도표
- 분석·조사 방법론에 대한 메모 및 추가 연구 자료(비디오게임과 관련된 장문의 글도 포함되어 있다.)

– 각 자료 및 주제별로 정리된 수백 개의 원전 출처 등 풍부한 참고 자료 목록
– 감사의 말

이 모든 자료는 fredericmartel.com에서 찾아볼 수 있으며, smart2014.com에서
는 수시로 자료 업데이트 및 추가 정보 게시가 이루어진다. 필자인 내 트위터 계정
(@martelf)을 팔로잉하면 이 책과 나에 관한 최근 소식을 계속 접할 수 있다.

Internet과 internets

영어에서든 불어에서든 인터넷은 항상 단수에 첫 글자는 대문자로 시작한다. 고유명사로 취급하기 때문이다. 미 국방성 통신망에서 출발한 인터넷은 아르파넷ARPANET이라는 이름을 거쳐 TCP/IP 프로토콜을 따르는 고유한 통신망으로서 인터넷Internet이란 고유명사를 부여받게 된다. 지금으로부터 그리 멀지 않은 과거인 1980년대의 이야기다. 그 후 인터넷은 놀라운 속도로 전 세계로 확산되었고, 그에 따라 인터넷의 이용 방식도 일부 지역에서만 사용되던 시절과는 달리 지역별로 다양해졌다. 이 책의 문제의식은 바로 여기에서 출발한다. 인터넷의 보급 이후 세계 각지의 인터넷 이용 실태는 어떻게 달라졌는가? 이는 지역별로 고유한 양상을 보이는가, 아니면 다들 비슷하게 획일적인 양상을 보이고 있는가?

50여 개국을 직접 발로 뛰어다니며 취재한 저자의 결론부터 말하자면 각 지역이나 집단별로 인터넷의 쓰임새는 저마다 달라진다. 가자 지구의 인터넷과 중국의 인터넷은 분명 서로 다른 얼굴을 하고 있고, 러시아에는 러시아 고유의 인터넷 문화가 자리 잡고 있다. 통신망 규제 문제에 따라 네트워크 접속 방식도 나라별로 상이하다. 국경 없이 모든 나라가 하나가 될 줄 알았던 네트워크 세계는 국경과는 다른 경계선으로 나뉘어 있다. 이렇듯 다양한 인터넷의 이용 실태를 확인한 저자가 내린 결론은, 인터넷이라는 단어가 앞으로는 Internet이 아니라 internets라는 복수의 일반명사로 쓰여야 한다는 것이다.

이 책은 단순히 인터넷 브라우저 안의 세계만을 다루지 않는다. 저자는 인터넷 접속 방식과 규제 및 검열 양상, 개인 정보 및 사생활 보호 문제, IT 산업 생태계 등 각국 인터넷과 디지털 세계 전반에 관한 내용을 이 책에 다 포함시켰다. 그래서 책 제목도 'internets'가 아니라 '스마트'다. 스마트폰이나 스마트 TV, 스마트 워치, 스마트 밴드 등 어느 순간 '디지털'의 자리를 대체한 '스마트'라는 단어는 지금 이 시대를 대표하는 단어가 되었고, 저자는 이 시대의 '스마트'한 양상을 이 한 권의 책 속에 모두 담아냈다.

하지만 IT 분야의 변화 속도가 워낙 빠르기 때문에, 이 책의 번역 및 출간 준비가 이루어지는 동안 저자의 요청으로 내용이 몇 차례나 수정되었다. 따라서 기본적으로는 2014년 4월에 출간된 책으로 번역 작업을 했으나, 중간에 상당 부분 내용 수정이 이루어진 데다 그사이 프랑스에서는 개정판까지 출간되어 이 내용까지 반영해야 하는 상황이 되었다. 이 과정에서 원래 있던 비디오게임 관련 챕터가 통째로 삭제되고, 이보다 더 오늘날의 이슈에 가까운 '스마트 큐레이션' 부분이 새로

이 추가됐다(이에 따라 9장의 제목도 '문화 상품에서 문화 서비스로의 이행'에서 '스마트 큐레이션'으로 변경되었다). 9장의 내용이 다른 장에 비해 상대적으로 더 길어진 것도 바로 이 때문이다. 사실 게임 분야는 몇몇 특정 국가를 중심으로 시장이 형성되어 있기 때문에 세계 각지에서 다양하게 나타나는 IT 이용 실태라는 이 책의 취지에는 다소 맞지 않는 부분도 있었다. 따라서 클라우드와 스트리밍 서비스의 확대로 그 필요성이 대두되는 스마트 큐레이션에 관한 내용으로 이를 교체한 것은 시의적절한 판단이었다고 생각한다. 다만 비디오게임 분야의 대표 주자인 일본 게임 시장에 관한 내용이 누락된 것이 게임 문화에 친숙한 국내 독자들로서는 다소 유감스러울지도 모르겠다. 그래도 변화된 상황을 반영하고자 하는 저자의 발 빠른 대처 덕분에 결과적으로는 오늘날의 IT 현실에 더 부합하는 책으로 탄생했다.

사실 미니텔이라는 고유의 PC 통신 서비스가 워낙 광범위하게 확대되어 있던 탓에 역설적으로 IT 분야로의 진입이 늦었던 프랑스는 10년 전만 해도 IT 후진국에 해당했다. 그래서 맨 처음 이 책의 번역 의뢰를 받았을 때에도 주제 때문에 좀 놀랐던 게 사실이다. IT 분야와 관련한 번역은 영미권 역자의 특권이라 생각했기 때문이다. 번역 작업을 하면서 프랑스가 데일리모션이나 디저 등의 웹 서비스로 세계를 공략하고 있다는 사실을 발견하고 놀랐지만, 더 놀라운 것은 따로 있었다. 흔히 디지털 소외 지역이라 생각하는 아프리카나 중동 지역에도 이미 IT 문화가 깊숙이 침투해 있다는 사실, 그리고 이들 지역에서 지역 상황에 맞게 디지털 문화를 수용하고 있다는 사실, 그래서 지역 특색이 반영된 고유의 인터넷을 만들어나가고 있다는 사실이었다. 소위 IT 강국이라 불리는 한국의 상황이 상세히 다루어지지 않은 점이 아쉽긴 한데, 저자의 차기작에서는 한국에 대한 심층 취재 내용이 좀더 상세히 분석되길 기대한다.

2016년 4월

배영란

스마트

초판 인쇄	2016년 4월 22일
초판 발행	2016년 4월 29일

지은이	프레데리크 마르텔
옮긴이	배영란
펴낸이	강성민
편집장	이은혜
편집	고나리 박세중 이두루 박은아 곽우정 차소영
편집보조	조은애 이수민
마케팅	정민호 이연실 정현민 김도윤 양서연
홍보	김희숙 김상만 이천희
독자모니터링	황치영

펴낸곳	(주)글항아리	출판등록 2009년 1월 19일 제406-2009-000002호
주소	10881 경기도 파주시 회동길 210
전자우편	bookpot@hanmail.net
전화번호	031-955-1936(편집부) 031-955-8891(마케팅)
팩스	031-955-2557

ISBN	978-89-6735-314-8 03300

글항아리는 (주)문학동네의 계열사입니다.

이 도서의 국립중앙도서관 출판시도서목록(CIP)은 서지정보유통지원시스템 홈페이지
(http://seoji.nl.go.kr)와 국가자료공동목록시스템(http://www.nl.go.kr/kolisnet)에
서 이용하실 수 있습니다. (CIP제어번호 : CIP2016008443)